Rumos da História Econômica no Brasil

CONSELHO EDITORIAL
Ana Paula Torres Megiani
Eunice Ostrensky
Haroldo Ceravolo Sereza
Joana Monteleone
Maria Luiza Ferreira de Oliveira
Ruy Braga

Rumos da História Econômica no Brasil

25 anos da ABPHE

Alexandre Macchione Saes
Flávio Azevedo Marques de Saes
Maria Alice Rosa Ribeiro
(organização)

Copyright © 2017 Alexandre Macchione Saes/ Flávio Azevedo Marques de Saes/ Maria Alice Rosa Ribeiro

Grafia atualizada segundo o Acordo Ortográfico da Língua Portuguesa de 1990, que entrou em vigor no Brasil em 2009.

Edição: Haroldo Ceravolo Sereza/ Joana Monteleone
Editora assistente: Danielly de Jesus Teles
Projeto gráfico, diagramação e capa: Danielly de Jesus Teles
Assistente acadêmica: Bruna Marques
Revisão: Alexandra Colontini

Este livro contou com o apoio da ABPHE.

CIP-BRASIL. CATALOGAÇÃO NA PUBLICAÇÃO
SINDICATO NACIONAL DOS EDITORES DE LIVROS, RJ
R89
Rumos da história econômica no Brasil: 25 anos da ABPHE / organização Alexandre Macchione Saes, Maria Alice Rosa Ribeiro, Flávio Azevedo Marques de Saes . - 1. ed.
- São Paulo: Alameda, 2017.
      23 cm.

   Inclui bibliografia
   ISBN 978-85-7939-482-9
1. Brasil - História. 2. Brasil - Política e governo. 3. Brasil - Condições econômicas. I. Saes, Alexandre Macchione. II. Ribeiro, Maria Alice Rosa. III. Saes, Flávio Azevedo Marques de.

17-42715   CDD: 981
                                CDU: 94(81)

ALAMEDA CASA EDITORIAL
RUA 13 DE MAIO, 353 – BELA VISTA
CEP 01327-000 – SÃO PAULO, SP
TEL. (11) 3012-2403
WWW.ALAMEDAEDITORIAL.COM.BR

Sumário

9	APRESENTAÇÃO
13	DIRETORIA (2015- 2017)
15	Vinte e cinco anos da ABPHE *Wilson Suzigan & Flávio Azevedo Marques de Saes*
35	I. HISTÓRIA ECONÔMICA EM DEBATE
37	A institucionalização da História Econômica: história e ambiente intelectual na formação das associações de História Econômica *Alexandre Macchione Saes*
85	Por uma renovada História Econômica *José Jobson de Andrade Arruda*
113	Retomando a questão do início da historiografia econômica no Brasil *Tamás Szmrecsányi*

141	Lutas e conquistas das primeiras historiadoras em História Econômica, 1934- 1972 *Maria Alice Rosa Ribeiro*
207	A revista *História Econômica & História de Empresas*: balanço e perspectivas *Cláudia Alessandra Tessari*
235	**II. Homenagem aos mestres**
237	Alice Piffer Canabrava (1911-2003) *Flávio Azevedo Marques de Saes*
263	Francisco Iglésias, um historiador para o nosso tempo *João Antonio de Paula*
285	A presença de Eulália *Maria Alice Rosa Ribeiro*
309	Tamás József Károly Szmrecsányi (1936-2009) *Victor Pelaez*
323	Carlos Roberto Antunes dos Santos (1945-2013): uma vida dedicada à educação e à universidade *Armando Dalla Costa*
331	Notas sobre os sócios-honorários da Associação Brasileira de Pesquisadores em História Econômica – ABPHE *Maria Alice Rosa Ribeiro*
339	**Álbum de retratos e de imagens**
347	**III. Temas e problemas de História Econômica nas áreas temáticas da ABPHE**
349	A História Econômica colonial e a ABPHE *Bruno Aidar, Tiago Gil & Fábio Pesavento*
377	Os trabalhos e temas de Brasil Império nos congressos da ABPHE: primeiras impressões *Carlos Gabriel Guimarães & Luiz Fernando Saraiva*

395	A trajetória da área "Brasil República" na história da ABPHE (1993-2015)
	Pedro Paulo Zahluth Bastos, Guilherme Grandi & Alexandre Macchione Saes
433	Pensamento econômico e história do pensamento econômico do Brasil
	João Antônio de Paula
501	História Econômica Geral: balanço e perspectivas para um amplo campo de conhecimento
	Luiz Carlos Soares
521	História de Empresas no Brasil: entre os desafios teóricos e os estudos de caso
	Armando Dalla Costa
559	**ANEXOS**
559	Diretorias (1993-2017)
572	Informações sobre os Congressos Brasileiros
582	Crédito dos retratos e das imagens

Apresentação

O ano de 2017 marca o início das comemorações de 25 anos de existência da Associação Brasileira de Pesquisadores em História Econômica (ABPHE). Formada durante o I Congresso Brasileiro de História Econômica e 2ª Conferência Internacional de História de Empresas, eventos realizados na FEA/USP em setembro de 1993, a associação tornou-se a principal instituição voltada exclusivamente para as atividades da área no país, promovendo os congressos nacionais bianualmente, intercalados pelos encontros de pós-graduação e responsável pela publicação do principal periódico nacional do campo, a revista *História Econômica & História de Empresas*, além de constituir um canal constante de comunicação com as diversas comunidades de pesquisadores do país e do exterior.

O presente livro, *Rumos da História Econômica no Brasil: 25 anos da ABPHE*, foi uma iniciativa da Diretoria da ABPHE (2015-2017) no intuito de não somente resgatar e registrar a história de Associação nesses 25 anos de história, como também de estabelecer um momento de reflexão sobre os avanços e desafios da área visando pensar o presente e projetar o futuro do campo da história econômica. Para a organização da obra, a Diretoria contou com o apoio de Maria Alice Rosa Ribeiro e Flávio Azevedo Marques de Saes, sócios da ABPHE que já passaram por diferentes posições na Diretoria e na Revista *História Econômica e História de Empresas*.

Tratando-se de um momento de comemoração, mas também de reflexão sobre o desenvolvimento da área no Brasil e, mais especificamente, dos desafios futuros da Associação, foram convidados para participar da redação dos capítulos que compõem o livro pesquisadores não somente com reconhecida atuação acadêmica em suas áreas de especialidade, mas que também deram importantes contribuições ao desenvolvimento da Associação.

O livro foi organizado em três partes, além de uma introdução de autoria de Wilson Suzigan e Flávio Azevedo Marques de Saes sobre os "Vinte e cinco anos da ABPHE". A introdução apresenta os principais marcos e realizações da Associação ao longo de sua existência, permitindo acompanhar as realizações da ABPHE, assim como apresenta alguns dos desafios a serem enfrentados para os próximos anos.

A primeira parte, *História econômica em debate*, discute a trajetória da história econômica no século XX, além de levantar questões sobre o futuro da área no século corrente. O artigo "A institucionalização da História Econômica: história e ambiente intelectual na formação das associações de história econômica", de Alexandre Macchione Saes, reconstrói a formação das associações de história econômica da Inglaterra, Estados Unidos e França, a luz do ambiente intelectual de cada país. José Jobson de Andrade Arruda no artigo "Por uma renovada história econômica" procura apontar uma saída para o embate entre a história econômica e a história cultural, propondo um estreitamento de diálogo para uma renovação do conhecimento na área.

Os artigos "Retomando a questão do início da historiografia econômica no Brasil", do presidente fundador da ABPHE, Tamás Szmrecsányi, e "Lutas e conquistas das primeiras historiadoras em História Econômica, 1934- 1972" de Maria Alice Rosa Ribeiro, promovem alentadas discussões sobre os precursores no ofício da pesquisa em história econômica no Brasil. O artigo de Tamás, originalmente publicado na revista *Nova Economia*, cumpre o papel de apresentar os autores que construíram as grandes sínteses sobre nossa história econômica, assim como aqueles que estabeleceram alguns dos caminhos metodológicos da pesquisa na área. Já o texto de Maria Alice faz um apanhado acerca do percurso histórico de oito historiadoras, cujos trabalhos pioneiros tiveram papel de grande relevância na historiografia brasileira, e de seus desafios intelectuais e pessoais dentro da estrutura universitária.

Finalmente, a primeira parte se encerra com o artigo "A revista *História Econômica & História de Empresas*: balanço e perspectivas" de Cláudia Alessandra Tessari. O texto compreende uma análise detalhada sobre o perfil da produção publicada no periódico da ABPHE e se propõe a discutir os desafios da política editorial em um contexto institucional marcado por rigorosos sistemas de classificação de revistas por parte das agências de fomento nacionais.

Essa segunda parte, *Homenagem aos mestres*, é composta por três artigos voltados para a exposição da trajetória dos pioneiros da história econômica nas universidades brasileiras. O primeiro artigo trata da vida e obra de Alice Canabrava, e foi preparado por Flávio Saes; o segundo, sobre Francisco Iglésias, foi redigido por João Antonio de Paula; e o terceiro, centrado na figura de Eulália Lobo, é de autoria de Maria Alice Rosa Ribeiro.

A segunda parte do livro ainda incorpora homenagens póstumas aos presidentes da ABPHE, Tamás Szmrecsányi e Carlos Roberto Antunes dos Santos. Tais textos, o primeiro de autoria de Victor Pelaez e o segundo assinado por Armando Dalla Costa, foram respectivamente publicados nas revistas *Revista de Economia Política e História Econômica & História de Empresas*. Finalmente, a segunda parte do livro traz breves notas sobre os sócios-honorários da ABPHE que, conforme seu estatuto, os define como personagens que revelam "interesse ou dedicação especial pela Associação".

Para a redação da terceira e última parte, *Temas e problemas de História Econômica nas áreas temáticas da ABPHE*, foram convidados todos os ex-presidentes para que discorressem a respeito da trajetória das pesquisas realizadas em torno das atividades da Associação. Os artigos foram divididos entre as seis grandes áreas temáticas que historicamente estruturam o arcabouço organizacional dos congressos nacionais da ABPHE: Brasil Colônia, Brasil Império, Brasil República, História do Pensamento Econômico, História Econômica Geral e História de Empresas.

Assim, a terceira parte apresenta os seguintes capítulos: "A história econômica colonial e a ABPHE" de Bruno Aidar, Tiago Gil e Fábio Pesavento; "Os trabalhos de Brasil Império nos congressos da ABPHE: primeiras impressões" de Carlos Gabriel Guimarães e Luiz Fernando Saraiva; "A trajetória da área 'Brasil República' na história da ABPHE (1993-2015)" de Pedro Paulo Zahluth Bastos, Guilherme Grandi e Alexandre Macchione Saes; "Pensamento econômico e história do pensamento econômico do Brasil" de João Antônio de Paula; "História econômica geral: balanço e perspectivas para um amplo campo de conhecimento" de Luiz Carlos Soares; e, finalmente, "História de Empresas no Brasil: entre os desafios teóricos e os estudos de caso" de Armando Dalla Costa.

A Diretoria acredita que a publicação deste *Rumos da História Econômica no Brasil: 25 anos da ABPHE* proporcionará aos leitores um amplo balanço sobre os caminhos percorridos pela pesquisa em história econômica ao longo das últimas décadas, não somente por meio da necessária recuperação do legado deixado para as novas gerações pelos pioneiros do campo no Brasil, mas também pela reflexão acerca dos rumos a serem tomados pelos pesquisadores nas diferentes áreas de especialização consolidadas pela Associação, bem como pelos desafios a serem enfrentados pelos historiadores econômicos. Boa leitura!

Diretoria da ABPHE (2015-2017)

Alexandre Macchione Saes
Guilherme Grandi
Cláudia Alessandra Tessari

Diretoria da ABPHE (2015-2017)

Presidente: Alexandre Macchione Saes
Vice-Presidente: Luiz Fernando Saraiva
Primeiro Secretário: Guilherme Grandi
Segundo Secretário: Rita de Cássia da Silva Almico
Primeira Tesoureira: Cláudia Alessandra Tessari
Segundo Tesoureiro: Walter Luiz Carneiro de Mattos Pereira

Conselho de Representantes da ABPHE 2015 – 2017

Região Centro-Oeste
1º Titular: Hamilton Afonso de Oliveira
2º Titular: Teresa Cristina de Novaes Marques
Suplente: Paulo Roberto Cimó de Queiroz

Região Sudeste
1º Titular: Rogério Naques Faleiros
2º Titular: Carlos Eduardo Suprinyak

Suplente: Michel Marson

Região Norte
1º **Titular:** Siméia de Nazeré Lopes

Região Nordeste
1º **Titular:** João Rodrigues Neto
2º **Titular:** Luiz Eduardo Simões de Souza

Região São Paulo
1º. **Titular:** Felipe Pereira Loureiro
2º. **Titular:** Fábio Alexandre dos Santos
Suplente: Fábio Antonio Campos

Região Sul
1º. **Titular:** Alcides Goularti Filho
2º. **Titular:** Pedro Antônio Vieira
Suplente: Maria Heloisa Lenz

Ex-presidentes (membros do Conselho de Representantes)
Tamás József Márton Károly Szmrecsányi (1993-1997) †
Luiz Carlos Soares (1997-1999)
Carlos Roberto Antunes dos Santos (1999-2001) †
Wilson Suzigan (2001-2003)
João Antonio de Paula (2003-2005)
Carlos Gabriel Guimarães (2005-2007)
Josué Modesto dos Passos Subrinho (2007-2009)
Pedro Paulo Zaluth Bastos (2009-2011)
Armando João Dalla Costa (2011-2013)
Ângelo Alves Carrara (2013-2015)

Revista História Econômica e História de Empresas
Comissão Executiva
Bruno Aidar (editor)
Ivanil Nunes
Alcides Goularti Filho
Carlos Eduardo Valencia Villa

Vinte e cinco anos da ABPHE

Wilson Suzigan[1]
Flávio Azevedo Marques de Saes[2]

No V Congresso Brasileiro de História Econômica e 6ª Conferência Internacional de História de Empresas, realizado em Caxambu em 2003, Tamás Szmrecsányi fez um breve histórico dos dez anos da ABPHE, advertindo que não aderira ao "ufanismo complacente da indústria das efemérides e do culto às personalidades". Por isso, seu texto, publicado posteriormente na revista *História Econômica & História de Empresas* (V. XI, n. 2, jul/dez 2008), apresenta um balanço crítico das atividades da Associação sem menção nominal a qualquer pesquisador a ela vinculado, com a única exceção de Maria Bárbara Levy, por um motivo especial a que fazemos referência mais adiante. Em nosso texto, procuramos evitar, seguindo Tamás, o ufanismo da indústria das efemérides, mas tomaremos a liberdade de citar com frequência nomes de pesquisadores que fizeram e fazem parte da história da ABPHE. E não o faremos na perspectiva do "culto às personalidades": trata-se, na verdade,

---

1 Professor do Departamento de Política Científica e Tecnológica, Instituto de Geociências/Unicamp e Presidente da ABPHE entre 2001 e 2003.
2 Professor da FEA/USP e Vice-presidente da ABPHE entre 2007 e 2009.

de identificar, por meio dos pesquisadores e das instituições a que pertencem (ou pertenceram), as tendências da historiografia brasileira presentes na Associação e as mudanças que ocorreram ao longo de sua existência.

Em seu "Dez anos da ABPHE", Tamás informa sobre o nascimento da proposta de fundação de uma Associação Brasileira de História Econômica. Em outubro de 1991, Maria Bárbara Levy organizou, no Rio de Janeiro, a Conferência Internacional de História de Empresas, ocasião em que ela apresentou a ideia da Associação. Já doente - Maria Bárbara faleceu alguns meses depois – ela não conseguiu levar a cabo sua proposta, que, no entanto, permaneceu latente.

Em setembro de 1993, por iniciativa de Tamás, realizou-se em São Paulo, um Congresso de História Econômica que recebeu o título de I Congresso Brasileiro de História Econômica e 2ª Conferência Internacional de História de Empresas: procurava-se, desse modo, dar sequência ao evento que Maria Bárbara havia organizado no Rio de Janeiro em 1991 e, ao mesmo tempo, ampliá-lo para o âmbito da história econômica. O evento congregou grande número de pesquisadores brasileiros e estrangeiros e foi a oportunidade para que a proposta de Maria Bárbara fosse levada adiante pela comunidade de pesquisadores de história econômica.

No dia 10 de setembro de 1993, na sessão de encerramento do Congresso e da Conferência, foi decidida a constituição da Associação Brasileira de Pesquisadores em História Econômica com a adesão de 148 participantes do congresso. Nessa sessão, foi eleita uma Diretoria Provisória: Presidente, Tamás Szmrecsányi; Vice-presidentes: Francisco Falcon, Jacques Marcovitch, Flávio Versiani; Tesoureiros: Wilson Suzigan e Clélio Campolina Diniz; Secretários Executivos: José Jobson Arruda e Eulália Lobo. Também foi eleito um Conselho de Representantes Regionais: Roberto Santos e Francisco de Assis Costa (Norte); Manuel Correia de Andrade e Fernando Pedrão (Nordeste); Caio Boschi e Douglas Libby (Sudeste); Janaína Amado e Dércio Munhoz (Centro Oeste) e Ary Minella e Sandra Pesavento (Sul). A maior parte dos diretores e conselheiros era de historiadores e economistas que há mais de vinte anos dedicavam-se à pesquisa de temas de história econômica. A Diretoria deveria elaborar os estatutos da entidade e, após aprovação pelo conselho, promover a eleição para a primeira diretoria definitiva.[3]

---

3   Ata de Fundação da Associação Brasileira de Pesquisadores em História Econômica – ABPHE. 10 de setembro de 1993.

O Congresso e a Conferência de 1993, como marco da fundação da ABPHE, também constituíram um parâmetro para as atividades da Associação. Havia uma espécie de compromisso de realização periódica de novos congressos e conferências; além disso, o "modelo" de 1993 acabou prevalecendo em quase todos os eventos posteriores. Tratava-se de um evento amplo e aberto ao conjunto da comunidade: naquele ano foram apresentadas cerca de 100 comunicações. Por se tratar do primeiro evento conjunto – congresso e conferência –, os pesquisadores foram convidados a apresentar seus trabalhos, mas nos eventos seguintes uma comissão científica se tornou responsável pela seleção dos textos submetidos pelos autores. Outra preocupação foi a de trazer pesquisadores estrangeiros que tratassem da história econômica do Brasil ou que tivessem contribuições importantes para a história de empresas. A conferência de abertura coube ao Prof. Frédéric Mauro da Universidade de Paris. Além de Mauro, cerca de 20 outros pesquisadores estrangeiros participaram do Congresso e da Conferência, como Albert Broder, Alain Caillé, Roberto Cortés Conde, Peter Hertner, Colin Lewis, Russel Menard, Stuart Schwartz, Eddy Stols, Mira Wilkins entre outros.

A estrutura proposta para esse primeiro evento foi reproduzida na maior parte dos eventos posteriores. As comunicações foram organizadas em cinco módulos (as de História Econômica do Brasil em Período Colonial, Independência e Império, Primeira República, Período Pós 1930; mais um módulo para História de Empresas). A maior parte das comunicações foi publicada pela editora Hucitec em cinco volumes. Em 2002, Hucitec e Edusp lançaram uma nova edição.[4]

Em agosto de 1995 foi realizada a eleição para a Primeira Diretoria e para o Conselho de Representantes da ABPHE. Na composição da diretoria se definia uma prática que viria a vigorar nos anos seguintes: Presidente, 1º Secretário e 1º Tesoureiro, responsáveis pela administração geral da Associação, seriam originários do núcleo regional que havia organizado o evento anterior; já Vice-presidente, 2º Secretário e 2º Tesoureiro seriam de outra região e assumiriam o compromisso de organi-

---

4   Os textos do congresso e da conferência foram organizados nos seguintes volumes: Szmrecsányi, T. (org.). *História Econômica do Brasil Colonial*; Szmrecsányi, T. & Lapa, J.R.A. (orgs.). *História Econômica da Independência e do Império*; Silva, S.S. & Szmrecsányi (orgs.). *História Econômica da Primeira República*; Szmrecsányi, T. & Suzigan, W. (orgs.). *História Econômica do Brasil Contemporâneo*; Szmrecsányi, T. & Maranhão, R. (orgs.). *História de Empresas e Desenvolvimento Econômico*. A primeira edição foi publicada pela Editora Hucitec em co-edição com Fapesp e ABPHE no ano de 1996; a segunda edição, revista, foi publicada pela Editora Hucitec em co-edição com ABPHE, Edusp e Imprensa Oficial no ano de 2002.

zar o próximo evento. Assim a primeira diretoria foi composta por Tamás Szmrecsányi (Unicamp), Flávio Saes (USP) e Wilson Suzigan (Unicamp), respectivamente Presidente, 1º Secretário e 1º Tesoureiro, membros da Comissão Organizadora do I Congresso e 2ª Conferência; e Eulália Lobo (UFRJ), Cezar Honorato (UFF) e Sonia Mendonça (UFF), respectivamente Vice-presidente, 2º Secretário e 2º Tesoureiro, como responsáveis pela realização do próximo evento. Desse modo, ficaram definidos o local do II Congresso e 3ª Conferência – Universidade Federal Fluminense, Niterói – e a data – o ano de 1996.

A Diretoria provisória promovera a filiação dos sócios fundadores da ABPHE num total de 126, distribuídos pelas regiões do País: Centro Oeste (6); Nordeste (10); Sudeste (33); Sul (10) e São Paulo (67). De acordo com os Estatutos, o estado que somasse mais de 50 associados, se tornaria uma região separada. Como o I Congresso e 2ª Conferência haviam se realizado em São Paulo, era esperado que grande número de associados dali viesse. Além disso, São Paulo e Rio de Janeiro deviam concentrar o maior número de pesquisadores de História Econômica e História de Empresas: na ABPHE, o Rio contava 22 associados dos 33 da Região Sudeste. Desse modo, o Rio de Janeiro aparecia como o candidato natural para a realização do II Congresso e 3ª Conferência. A Comissão Organizadora foi composta por Eulália Lobo, Cezar Honorato e Sônia Mendonça, da diretoria da ABPHE e ainda por Carlos Gabriel Guimarães, Theo Lobarinhas Piñeiro, Moacyr Fecury, Newton Cardoso de Oliveira da UFF; Elisa Müller e Almir Pita da UFRJ.

Os eventos foram realizados entre 13 e 16 de outubro de 1996 contando com cerca de 120 comunicações organizadas em seis módulos: Economia Agrária, Economia Urbano-Industrial, Economia Internacional, Políticas Públicas e Finanças, História do Pensamento Econômico e História de Empresas. A conferência inaugural foi proferida pelo Prof. Annibal Villanova Villela. Na sessão de abertura foram entregues diplomas de sócios honorários ao Prof. Villela e ao historiador Nelson Werneck Sodré. O mesmo título foi atribuído aos Professores Alice Canabrava, Charles Boxer e Frédéric Mauro que não puderam comparecer ao evento.

A realização do II Congresso e da 3ª Conferência, os primeiros propriamente organizados pela ABPHE, representou importante passo no sentido da consolidação da entidade, o que era indicado, por exemplo, pelo aumento do número de associados. Em março de 1997 a Associação contava com 171 associados: aos 126 fundadores se somaram 45 efetivos, certamente atraídos por um evento que procurava congregar os pesquisadores de História Econômica do país. Ao fim do evento, foi eleita a nova diretoria: Presidente, Luiz Carlos Soares; 1º Secretário, Carlos Gabriel Guimarães; 1º Tesoureiro, Hildete Pereira de Melo, todos da Universidade Federal Fluminense; também foram eleitos o Vice-presidente, Carlos Antunes dos Santos; o 2º Secretário, Fábio Scatolin e o 2º Tesoureiro, Ramón Garcia Fernandez, todos da Universidade Federal do Paraná.

Esta eleição significou importante momento para a consolidação da ABPHE: o Prof. Carlos Antunes dos Santos, na Assembleia realizada ao final do II Congresso e 3ª Conferência, dispôs-se a organizar o III Congresso e a 4ª Conferência em Curitiba, na Universidade Federal do Paraná, na qual era chefe do Departamento de História. A realização do Congresso e Conferência em Curitiba foi um passo importante para a ampliação da abrangência da ABPHE, pois permitia atrair os pesquisadores da região sul para as atividades da Associação. Este é um dos problemas de uma associação como a ABPHE: os pesquisadores de história econômica constituem uma comunidade relativamente pequena – por exemplo, em comparação com aquela que a ANPUH congrega – e, em geral, muito dispersa em termos espaciais e institucionais. Por isso, o evento de Curitiba teve um significado especial para a ABPHE. Igualmente expressivo foi o número de textos enviados para apreciação da Comissão Científica – 246 – a indicar o crescente reconhecimento da ABPHE pela comunidade dos pesquisadores de História Econômica. Desses 246, 172 foram selecionados, mas dada a limitação de tempo e espaço, foram efetivamente apresentados durante o Congresso e a Conferência 130 trabalhos, distribuídos por oito módulos: Economia Agrária, Economia Urbano Industrial, Economia Internacional, Políticas Governamentais e Finanças, Pensamento Econômico no Brasil, História de Empresas, Economia do Trabalho e Metodologia da História Econômica. Durante o evento houve também a adesão de novos associados de modo a ampliar o quadro social da ABPHE: no início do ano 2000, o número de associados era de 263, além dos 5 honorários, com acréscimo de quase 100 associados em relação ao evento anterior.

Embora expressivo do interesse da comunidade de pesquisadores pela Associação, esse número deve ser qualificado: na verdade, a cada congresso e conferência há um número razoável de inscrições de novos associados, talvez pelo entusiasmo que o evento gera em seus participantes. No entanto, muitos desses associados não permanecem no quadro de associados, pois não contribuem com suas anuidades. Portanto, ao lado de um núcleo sólido de associados, há grande rotatividade de parcela importante do quadro social, o que parece inevitável em associações científicas do tipo da ABPHE.

A atração de novos associados talvez tenha sido também estimulada pela criação da revista *História Econômica & História de Empresas* no 2º semestre de 1998, por iniciativa de Tamás Szmrecsányi, que foi também seu primeiro editor. Com a publicação de dois números por ano, a revista se constituiu, assim como o congresso e a conferência, num espaço para a divulgação de pesquisas e para a discussão de temas de história econômica e história de empresas, em especial por ser a única revista acadêmica brasileira com foco nessas duas áreas. Desde então, a revista é publicada com regularidade; nos últimos anos, passou também a ter o formato eletrônico.

O IV Congresso Brasileiro de História Econômica e a 5ª Conferência Internacional de História de Empresas voltaram a ter lugar em São Paulo, na USP, em setembro de 2001. Por decisão da Assembleia da ABPHE realizada em Curitiba, no evento anterior, os congressos e conferências, antes organizados a cada 3 anos, passaram a ser realizados a cada 2 anos. A diretoria eleita em Curitiba, em 1999, incluía pesquisadores do núcleo do Paraná: Carlos Roberto Antunes dos Santos, Presidente; Fábio Scatolin, 1º Secretário e Victor Pelaez Alvarez, 1º Tesoureiro; e do núcleo de São Paulo: Wilson Suzigan, Vice-Presidente; Maria Alice Ribeiro, 2º Secretário e Flávio Saes, 2º Tesoureiro. Foram aprovados 90 trabalhos para apresentação nas mesas do evento, distribuídos em cinco módulos: Brasil Colônia e Império; Brasil República; História Econômica Geral; Metodologia, Historiografia e Pensamento Econômico; História de Empresas. Uma sessão especial foi aberta para comunicações de Teses e Dissertações que abrigou 11 trabalhos. Como se observa, os módulos temáticos procuravam dar espaço para trabalhos que não se classificavam propriamente como de História Econômica do Brasil ou de História de Empresas, a sugerir que a ABPHE já atraia, para seus eventos, pesquisadores do Pensamento Econômico, de Metodologia e de História Econômica Geral (ou Economia Internacional). Por outro lado, a sessão de comunicações de teses e dissertações indicava que o público dos eventos incluía também os pós-graduandos que, aliás, deveriam constituir a base do futuro da associação.

O interesse dos pós-graduandos pelos eventos da ABPHE levou à realização, em setembro de 2002, do I Encontro de Pós-Graduação em História Econômica, patrocinado pela associação e organizado pelo Programa de Pós-Graduação em História Econômica da Faculdade de Ciências e Letras da UNESP (Araraquara), sob a coordenação dos Professores Maria Lúcia Lamounier, Maria Alice Ribeiro e Renato Colistete. Foram submetidos 50 trabalhos e, desses, 42 foram selecionados para apresentação nos dois dias do evento, que contou com pós-graduandos dos estados de São Paulo, Rio de Janeiro, Minas Gerais, Paraná, Santa Catarina, Espírito Santo, de Brasília e ainda de Portugal e dos Estados Unidos. A receptividade do Encontro levou a ABPHE a torná-lo uma atividade regular da associação a se repetir a cada dois anos.

Durante o IV Congresso e 5ª Conferência foram realizadas as eleições para a nova diretoria e para o conselho de representantes. A nova diretoria incluiu, além dos representantes de São Paulo que haviam organizado o evento (Wilson Suzigan, Presidente; Maria Alice Ribeiro, 1º Secretária; Flávio Saes, 1º Tesoureiro), os professores Clélio Campolina Diniz (Vice-Presidente), Sérgio Birchal (2º Secretário) e Douglas Libby (2º Tesoureiro), com o compromisso de realizar o próximo Congresso e Conferência em Minas Gerais. Efetivamente, o evento teve lugar no Hotel Glória em Caxambu (MG), em setembro de 2003; a Comissão organizadora foi composta pelos membros da Diretoria sob a coordenação geral do Prof. João Antonio de Paula, da UFMG. Foram apresentados 114 trabalhos organizados em cinco módulos: Brasil Colônia e Império; Brasil República; História Econômica Geral e Economia Internacional; Metodologia, Historiografia e Pensamento Econômico; História de Empresas, reproduzindo a estrutura do evento anterior. A conferência de abertura coube à Professora Emília Viotti da Costa e, entre pesquisadores estrangeiros, podemos lembrar a presença de Colin Lewis, Juan Carlos Garavaglia, William Summerhill, Luis Bertola, José Luís Cardoso, Raúl Jacob, Mario Cerutti, Jaime Reis entre outros. Vale ressaltar, entre os estrangeiros, a presença de número expressivo de pesquisadores latino americanos e portugueses, a indicar o reconhecimento da importância dos eventos da ABPHE. As eleições para a Diretoria no biênio 2005-2007 conduziram os Professores João Antonio de Paula, Hugo Cerqueira e Alexandre Mendes Cunha, todos da UFMG, respectivamente à Presidência, 1ª Secretaria e 1ª Tesouraria; e os Professores Carlos Gabriel Guimarães (da UFF), Elisa Muller (da UFRJ) e Theo Lobarinhas Piñeiro (da UFF) à Vice-Presidência, 2ª Secretaria e 2ª Tesouraria, com o compromisso de realizarem o próximo evento no estado do Rio de Janeiro.

É razoável afirmar que em 2003, ao completar dez anos, a ABPHE tinha definido três atividades fundamentais que seriam os pilares de sua ação no futuro: a realização, a cada dois anos, do Congresso Brasileiro de História Econômica e da Conferência Internacional de História de Empresas; a edição semestral da revista *História Econômica & História de Empresas* e a realização, a cada dois anos (naqueles em que não havia o Congresso e Conferência) do Encontro de Pós-Graduação em História Econômica. Mas, em sua exposição sobre os dez anos da ABPHE, durante o V Congresso e 6ª Conferência em Caxambu, Tamás chamava a atenção para alguns problemas para o futuro da associação. O primeiro dizia respeito ao número e à distribuição espacial dos associados: julgava importante ampliar o número de sócios, talvez até dobrando-o nos dez anos seguintes, junto com o esforço para atrair a filiação de pesquisadores das regiões Norte, Nordeste e Centro Oeste. Sugeria a realização de pequenas reuniões nas regiões com menor número de associados como forma de divulgação das atividades da associação.

Um segundo problema dizia respeito ao financiamento da revista *História Econômica & História de Empresas* que era, na época, a maior fonte de despesas da ABPHE (considerando que os eventos podiam contar com verbas específicas para tanto). Entendia que, pelo contrário, a revista, assim como outras publicações, poderia ser fonte de receitas e não apenas de despesas. Para tanto sugeria a busca de assinantes, principalmente os institucionais. Entendia também que a questão do financiamento poderia ser enfrentada pela criação de um fundo gerado a partir de doações, mas para tanto seria necessário obter a declaração de utilidade pública pelos órgãos do governo.

Podemos afirmar que as diretorias posteriores da ABPHE enfrentaram os problemas apontados por Tamás e procuraram superá-los, embora não exatamente na forma imaginada por ele.

Ao longo de seus vinte e cinco anos, a ABPHE deve ter somado mais de 500 associados (aproximadamente o dobro a que se referia Tamás). No entanto, o número efetivo se mantém em torno de 200 a 250 e os pagantes giram em torno de metade desse número. Pelos estatutos, os que deixam de pagar três anuidades são excluídos do quadro social. Como notamos, a cada evento há um número razoável de novos filiados; no entanto, ao longo do tempo, são muitos os que se desligam da associação voluntariamente ou são desligados por falta de pagamento, talvez pela dificuldade em manter efetiva participação nas atividades da ABPHE ou mesmo por uma mudança no rumo profissional. Os eventos (Congresso e Conferência e Encontros de Pós-Graduação) são momentos de filiação de novos associados, mas o histórico da ABPHE mostra que é difícil ampliar o quadro social além dos números acima indicados e também de manter o número de associados que pagam anuidades regularmente muito acima de 100 ou 150. Em levantamento realizado em julho de 2016, a diretoria registrava um total de associados de 279, dos quais apenas 103 mantinham suas anuidades em dia. Quanto à distribuição espacial dos associados, houve a preocupação de promover eventos em diferentes regiões, o que nem sempre é fácil pelo reduzido número de associados em algumas delas. Congresso e Conferência se concentraram em São Paulo, Rio de Janeiro, Minas Gerais e Paraná, mas também foram realizados em Sergipe (Aracaju) e Vitória (Espírito Santo). E o Encontro de Pós-Graduação teve uma de suas edições em Brasília (DF). Entre setembro e novembro de 2016, a ABPHE, por seus associados, foi coorganizadora de seminários e encontros como os realizados em Criciúma, na UNESC; em Belém do Pará, no Núcleo de Altos Estudos Amazônicos/ Universidade Federal do Pará; em Campinas, no Instituto de Economia da Unicamp; em Caruaru, na Universidade Federal de Pernambuco e em Varginha, na Universidade Federal de Alfenas. Trata-se de um esforço no sentido de atrair associados das várias regiões do país, como fora proposto por Tamás.

Quanto à revista, nos quase quinze anos posteriores a 2003, observou-se substancial mudança no campo editorial. Hoje, grande parte das revistas científicas não tem mais edição impressa, circulando apenas em forma eletrônica. *História Econômica e História de Empresas* também caminhou nessa direção (embora a edição impressa ainda esteja disponível aos interessados): se o custo maior de impressão deixou de existir, permanecem outros custos (embora menores) relativos a revisão de originais, preparação de textos, editoração eletrônica e inserção na internet (além do complexo trabalho para incluí-la no Scielo). A exigência atual de criação e manutenção de um site também importa em custos relativamente elevados para os recursos da associação. Como a receita regular da ABPHE (as anuidades) é pequena, grande parte do trabalho necessário às atividades da associação (eventos, revista e sua administração) acaba sendo realizado por seus dirigentes e alguns colaboradores, o que implica forte restrição à ampliação dessas atividades (já que seus dirigentes têm compromissos profissionais dos quais não podem se desvincular). Por essas razões, a venda da revista e de outras publicações da ABPHE não se mostrou viável, seja pela imposição de uma edição eletrônica de livre acesso, seja pela falta de uma estrutura administrativa que desse conta das tarefas inerentes à produção e venda de publicações. Do mesmo modo, obter a declaração de utilidade pública e conseguir doações exige grande esforço e dispêndio de tempo, para resultados incertos. Em suma, a questão da escassez de recursos persegue a Associação desde seu início, mas isso parece ser comum a outras associações de comunidades profissionais relativamente pequenas. A alternativa tem sido a busca de recursos para atividades específicas em função do acesso de seus dirigentes a determinadas fontes.

Apesar dessas limitações, a ABPHE tem conseguido manter suas atividades com regularidade: Congresso e Conferência a cada dois anos, Encontro de Pós-Graduação a cada dois anos alternados e publicação semestral da revista *História Econômica e História de Empresas*. A tradição de se enviar boletins informativos trimestrais (antes impressos e pelo correio, agora pela internet e bimestrais) também se manteve e outras formas de comunicação são acionadas pela diretoria (como o atual boletim Notícias da Semana). A seguir, procuramos relatar de forma sucinta as atividades da ABPHE realizadas depois de 2003.

Os Congressos Brasileiros de História Econômica e as Conferências Internacionais de História de Empresas são os eventos que mobilizam maior número dos pesquisadores. Em 2015 foi realizada a 11ª edição desses eventos com os quais a ABPHE procura atingir alguns de seus objetivos estatutários como o de estimular estudos, difundir a informação e promover o contato entre pesquisadores e instituições dedicadas à pesquisa em história econômica.

O VI Congresso Brasileiro de História Econômica e 7ª Conferência Internacional de História de Empresas tiveram lugar em Conservatória (RJ), no Hotel Fazenda Vilarejo, em setembro de 2005. O Comitê Organizador, sob a presidência de João Antonio de Paula (da UFMG), contou com Carlos Gabriel Guimarães (da UFF) como Coordenador Geral, e ainda com Elisa Muller (da UFRJ), Theo Lobarinhas Piñeiro (da UFF), Hugo Cerqueira e Alexandre Cunha (ambos da UFMG). Foram apresentadas 116 comunicações nos módulos: Brasil Colônia, Brasil Império, Brasil República, História Econômica Geral e Economia Internacional, Metodologia, Historiografia e Pensamento Econômico, História de Empresas. A conferência de abertura foi dedicada a Celso Furtado e proferida por Ricardo Bielschowsky. Vários pesquisadores estrangeiros participaram de mesas redondas: Javier Cuenca Esteban (University of Waterloo), Joseph Inikori (University of Rochester), Caroline Shaw (Arquivo Rothschild), Joseph Miller (University of Virginia), José Capela (Universidade do Porto), William Summerhill (UCLA), Alda Mourão Filipe (Universidade de Coimbra) e Roy Hora (CONICET). Durante o evento, o Professor Josué dos Passos Subrinho (da Universidade Federal de Sergipe) se propôs a levar o Congresso e a Conferência de 2007 para Aracaju. Desse modo, a nova Diretoria ficou composta por Carlos Gabriel Guimarães (UFF), Fania Fridman (UFRJ) e Theo Lobarinhas Piñeiro (UFF) como Presidente, 1ª Secretária e 1º Tesoureiro e Josué dos Passos Subrinho (UFS), Fernando Pedrão (UNIFACS) e Amilcar Baiardi (UFRB) como Vice-presidente, 2º Secretário e 2º Tesoureiro.

A proposta de Josué dos Passos Subrinho atendeu a antigo anseio dos membros da ABPHE de levar os eventos para um estado do nordeste de modo a ampliar a abrangência regional da associação. Assim, em setembro de 2007, o VII Congresso Brasileiro de História Econômica e a 8ª Conferência Internacional de História de Empresas foram realizadas em Aracaju, no Hotel Parque dos Coqueiros, com o apoio da Universidade Federal de Sergipe, como uma forma de facilitar a aproximação da ABPHE com os pesquisadores da região. A Conferência de Abertura foi proferida por Fernando Novais; uma segunda conferência coube ao Prof. Luís Felipe de Alencastro. Entre os pesquisadores estrangeiros podemos lembrar Susana Bandieri (Argentina), Pedro Lains e Rita Martins de Souza (Portugal), Luis Jauregui (México) e Ernest Pijning (Estados Unidos). Das 116 comunicações apresentadas, 17 eram de pesquisadores dos estados do Norte e de Nordeste a indicar o interesse gerado pelos eventos nessas regiões. Na Assembleia de encerramento foi eleita a nova Diretoria, composta por Josué dos Passos Subrinho (presidente), Flávio Saes (Vice-Presidente), Maria Lúcia Lamounier (1ª Secretária), Lígia Osório Silva (2ª Secretária), Maria Alice Ribeiro (1ª Tesoureira) e Pedro Paulo Bastos (2º Tesoureiro).

O VIII Congresso Brasileiro de História Econômica e 9ª Conferência Internacional de História de Empresas foram realizados novamente no estado de São Paulo em setembro de 2009. Desta vez, os eventos tiveram lugar em Campinas, no Instituto de Economia da Unicamp, sob a coordenação do Professor Pedro Paulo Bastos. Os organizadores ressaltaram o grande número de textos enviados para apreciação da Comissão Científica, num total de 267, o que levou à ampliação do número de incluídos na programação do evento: 170, quando nos eventos anteriores eram apresentados de 100 a 120 comunicações. Na sessão de abertura, Wilson Suzigan fez uma homenagem a Tamás Szmrecsányi, falecido no início daquele ano. A conferência de abertura coube a Peter Cain (Inglaterra); entre os convidados do exterior cabe mencionar Jonathan Israel (Estados Unidos), Carlos Mallorquin (México) e Colin Lewis (Inglaterra). A nova diretoria, eleita ao fim dos eventos, foi composta por Pedro Paulo Bastos (Presidente), Lígia Osório Silva (1ª secretária) e Eduardo Mariutti (1º Tesoureiro), todos da Unicamp; e por Armando Dalla Costa (UFPR), Vice-Presidente, Alcides Goularti Filho (UDESC), 2º Secretário e Pedro Vieira (UFSC), 2º Tesoureiro, cabendo a estes três últimos a incumbência de organizar os próximos congresso e conferência.

Em setembro de 2011, foram realizados o IX Congresso Brasileiro de História Econômica e 10ª Conferência Internacional de História de Empresas, novamente em Curitiba (como em 1999). A organização coube ao Departamento de Economia da Universidade Federal do Paraná, sob a Presidência de Armando Dalla Costa. Em seis módulos temáticos foram apresentadas 135 comunicações. A conferência de abertura foi proferida pelo Professor Colin Lewis (London School of Economics) e a de encerramento pelo Professor Malcolm Rutherford (University of Victoria, Canadá). Em mesas redondas foram lembradas as obras de Alice Canabrava, Nelson Werneck Sodré e ainda a participação de Celso Furtado na elaboração do Plano Trienal. A diretoria eleita para o biênio 2011-2013 foi composta por Armando Dalla Costa (Presidente), Alcides Goularti Filho (1º Secretário), Pedro Vieira (2º Secretário), Angelo Carrara (Vice-presidente), Thiago Gambi (2º Secretário) e Afonso Alencastro (2º Tesoureiro). Carrara, Gambi e Alencastro aceitaram a incumbência de organizar os eventos de 2013 em Minas Gerais.

A UFJF – Juiz de Fora – sediou o X Congresso Brasileiro de História Econômica e a 11ª Conferência Internacional de História de Empresas em setembro de 2013. Os eventos voltaram a Minas Gerais pela segunda vez: a primeira em 2003 – nos dez anos da ABPHE – e a segunda em 2013 quando a ABPHE completava 20 anos. O Professor Angelo Carrara coordenou os eventos em que foram apresentados 134 trabalhos. A conferência de abertura foi proferida pelo Professor Luis Bértola (da Universidade de Le Republica, Uruguai); outra conferencista foi a Professora Teresa Lopes (da Universidade de York, Inglaterra). Uma mesa redonda foi dedicada à obra da Professora Eulália Lobo, vice-presidente da ABPHE no período 1995-1996, falecida em 2011. A nova diretoria – biênio 2013-1015 – incluiu Angelo Carrara (presidente), Thiago Gambi (1º Secretário), Afonso Alencastro (1º Tesoureiro), Alexandre Saes (Vice-presidente), Felipe Loureiro (2º Secretário) e Cláudia Tessari (2º Tesoureiro).

Seguindo a tradição da ABPHE, os próximos eventos – XI Congresso Brasileiro de História Econômica e 12ª Conferência Internacional de História de Empresas – deveriam ser realizados em São Paulo. No entanto, durante o IV Congresso Latino Americano de História Econômica (Colômbia, 2014), a ABPHE assumiu o compromisso de sediar o V CLADHE, em 2016 em São Paulo. Diante da dificuldade de realizar em anos seguidos o Congresso/Conferência e o CLADHE, a Diretoria da ABPHE aceitou a proposta do associado Rogério Naques Faleiros de oferecer a Universidade Federal do Espírito Santo, da qual é professor, como sede para os eventos da ABPHE de 2015. Essa proposta atendia também a um anseio da Associação de levar suas atividades a outras regiões: embora Vitória esteja na região sudeste (como Rio de Janeiro e Minas Gerais), era uma oportunidade para se aproximar de pesquisadores e estudantes de um estado que não havia ainda sediado eventos da ABPHE. Desse modo, em setembro de 2015, o XI Congresso Brasileiro de História Econômica e 12ª Conferência Internacional de História de Empresas tiveram lugar em Vitória (Espírito Santo), na Universidade Federal do Espírito Santo, sob a coordenação do Professor Rogério Naques Faleiros. A conferência na sessão de abertura coube ao Professor José Jobson Arruda. Mesa redonda em homenagem a Ciro Flamarion Santana Cardoso, falecido naquele ano, foi realizada sob a coordenação de Thiago Gambi e com a participação de André Velasco Pereira, Virgínia Fontes e Fábio Frizzo. Nos seis módulos do congresso e conferência foram apresentados 122 trabalhos aos quais se adicionaram 18 pôsteres de bolsistas de Iniciação Científica. Ao fim dos eventos, em Assembleia foram eleitos Alexandre Saes (Presidente), Guilherme Grandi (1º Secretário), Cláudia Tessari (1º Tesoureiro), Luiz Fernando Saraiva (Vice-presidente), Rita Almico (2º Secretário) e Walter Mattos Pereira (2º Tesoureiro). Os três últimos, todos da UFF, assumiram o compromisso de organizar o XII Congresso e a 13ª Conferência no ano de 2017.

Se o Congresso e a Conferência são os principais eventos da ABPHE, os Encontros de Pós-Graduação – o segundo pilar da Associação - ganharam, ao longo do tempo, crescente dimensão e significado porque, além de atraírem expressivo número de pós-graduandos, também mobilizam pesquisadores mais experientes que atuam como coordenadores e comentadores dos textos e também aqueles que acompanham os trabalhos de seus orientandos. Para os pós-graduandos é ainda uma oportunidade para travar contato com os que estudam temas similares, abrindo um diálogo importante para o desenvolvimento das pesquisas. Um breve relato da sequência de encontros de pós-graduação permite avaliar o quanto se ampliou o escopo desses eventos.

Se no primeiro Encontro – Unesp/Araraquara- 2002 – haviam sido apresentados 40 trabalhos, no segundo esse número havia dobrado. Em setembro de 2004, o II Encontro de Pós-Graduação em História Econômica foi organizado pela Universidade Federal Fluminense, sob a coordenação de Carlos Gabriel Guimarães. Teve lugar em Niterói e foram apresentados 80 trabalhos, concentrados em História Econômica do Brasil, e divididos em três módulos: Colônia, Império e República/Economia Contemporânea.

O III Encontro de Pós-Graduação, em setembro de 2006, incluiu também a I Conferência Internacional de História Econômica. Os eventos foram organizados pelo Instituto de Economia da Unicamp sob a coordenação de Pedro Paulo Bastos. No Encontro foram apresentados cerca de 60 trabalhos e a Conferência trouxe como conferencistas convidados os Professores Colin Lewis (Londos School of Economics), Vivek Chibber (New York University) e Robert Brenner (UCLA – University of California, Los Angeles). Desde então, a Conferência Internacional de História Econômica passou a ser realizada regularmente junto com o Encontro de Pós-Graduação em História Econômica.

O IV Encontro de Pós-Graduação em História Econômica e a II Conferência Internacional de História Econômica ocorreram em São Paulo, na FEA-USP, dentro do evento denominado Simpósio de Pós-Graduação em História Econômica que também incluiu o IV Congresso de Pós-Graduação em História Econômica, organizado pelo Programa de Pós-Graduação em História Econômica da FFLCH-USP. Buscava-se, assim, uma maior aproximação de um dos poucos programas de pós-graduação em História Econômica do Brasil com a ABPHE, entidade que procura congregar os pesquisadores da disciplina. O Simpósio incluiu cerca de 100 apresentações de pós-graduandos ou de recém mestres e doutores. A Conferência Internacional contou com a participação de Gail Triner (Rutgers University), William Summerhill (University of California – Los Angeles) e José Amado Mendes (Universidade de Coimbra).

O V Encontro de Pós-Graduação em História Econômica e a III Conferência Internacional de História Econômica tiveram significado especial para a ABPHE: foram os primeiros eventos realizados no centro oeste, atendendo ao anseio de ampliar a divulgação da Associação para outras regiões. Em setembro de 2010, a UNB, em Brasília – DF, sediou os eventos, tendo na Comissão Organizadora Teresa Novaes Marques, Pedro Paulo Bastos, Tiago Luís Gil e Luiz Nogueról. No Encontro foram apresentados 72 trabalhos em seis módulos temáticos; os conferencistas internacionais convidados foram Jaime Reis (Universidade de Lisboa) e Paloma Fernandez Perez (Universitat de Barcelona).

Em outubro de 2012, o VI Encontro de Pós-Graduação em História Econômica e a IV Conferência Internacional de História Econômica foram realizados pela ABPHE em conjunto com o Programa de Pós-Graduação em História Econômica da FFLCH-USP, com o apoio da FEA-USP. A Comissão Organizadora contou com os professores Alexandre Saes, Felipe Loureiro e Claudia Tessari, pela ABPHE e por Vera Ferlini e Rodrigo Ricupero pelo Programa de Pós-Graduação em História Econômica da FFLCH. A Conferência Internacional teve a participação do Professor Jeffrey Frieden (Harvard University); outras conferências foram proferidas pelos professores Alexandre Hands (UFPE), José Jobson Arruda (FFLCH-USP) e Pedro Fonseca (UFRGS). Nos seis módulos temáticos do Encontro de Pós-Graduação foram apresentados 132 trabalhos.

O VII Encontro de Pós-Graduação e a V Conferência Internacional de História Econômica foram realizados em Niterói e organizados pela UFF sob a coordenação de Luiz Fernando Saraiva e Rita Almico. Foram apresentados 82 trabalhos em seis módulos temáticos; para a Conferência Internacional foram convidados Carlos Marichal (Colegio de Mexico) e Stanley Engerman (Rochester University) que fez uma reflexão sobre os 40 anos da publicação de seu conhecido livro *Time on the Cross*.

Em Julho de 2016, o VIII Encontro de Pós-Graduação em História Econômica e a VI Conferência Internacional de História Econômica ocorreram em São Paulo, na FEA-USP. A Comissão Organizadora foi composta por Alexandre Saes, Cláudia Tessari, Fábio Santos, Guilherme Grandi e Thiago Gambi. Foram apresentados 48 trabalhos em seis módulos temáticos e ainda uma sessão com 4 trabalhos de Iniciação Científica. O Encontro e a Conferência foram realizados simultaneamente ao V Congresso Latino Americano de História Econômica (CLADHE V); desse modo, seus participantes puderam se beneficiar das atividades do CLADHE que incluiu duas conferências internacionais e seis mesas redondas, além das sessões dos simpósios do congresso, como relatamos a seguir.

O CLADHE foi realizado pela primeira vez no Brasil tendo como entidades anfitriãs a ABPHE e a FEA-USP. Trata-se de um evento organizado pelas associações de história econômica da América Latina: nesta edição de 2016 integraram o Comitê Organizador Internacional representantes das associações da Argentina, do Brasil, do Caribe, do Chile, da Colômbia, do México, do Peru e do Uruguai. As associações de história econômica de Espanha e de Portugal também participaram do CLADHE como convidadas. As edições anteriores do Congresso Latino Americano ocorreram no Uruguai, no México, na Argentina e na Colômbia, sendo que a próxima deverá ser realizada no Chile. Trata-se de um evento importante para a área de História Econômica por sua dimensão e pela expressão acadêmica dos participantes oriundos não só da América Latina, mas também da América do Norte e da Europa. O Congresso é organizado com base em simpósios propostos por pelos menos dois coordenadores (de países diferentes), os quais selecionam os textos a serem apresentados em sessões durante os três dias do congresso. No CLADHE V foram aprovados 39 simpósios que incluíram 620 artigos; coordenadores, autores e coautores somaram mais de 700 pesquisadores de história econômica. Durante os dias do evento, a presença foi de cerca de 500 participantes. A conferência de abertura coube ao Professor Victor Bulmer-Thomas, do University College London (Grã-Bretanha) e a de encerramento ao Professor Gareth Austin da Cambridge University e do Graduate

Institute de Genebra (Suiça). Também foram realizadas seis mesas redondas sobre os seguintes temas: Fiscalidade na Colônia, Primeira Globalização, Escravidão, Industrialização e desenvolvimento, Pensamento Econômico Latino Americano e Relações Brasil África. O Comitê Organizador Local foi composto por Alexandre Saes, Angelo Carrara, Cláudia Tessari, Daniel Feldman, Fábio Santos, Guilherme Grandi, Leonardo Weller, Luciana Lopes, Rodrigo Ricupero, Thiago Gambi e Vera Ferlini. A realização do CLADHE V no Brasil e a expressiva presença de pesquisadores de vários países no congresso contribuíram para consolidar a imagem da ABPHE na comunidade latino americana de História Econômica.

Cabe lembrar, por fim, a revista *História Econômica & História de Empresas* que consideramos o terceiro pilar de sustentação da ABPHE. Seu primeiro número foi lançado no segundo semestre de 1998 e, desde então, foi publicada regularmente, duas vezes por ano. De acordo com os Estatutos da ABPHE, as publicações da entidade são dirigidas por um Conselho Editorial, renovado a cada dois anos, junto com as eleições para a Diretoria. No caso da revista, o Conselho Editorial foi por vezes designado como Comissão Executiva e teve as seguintes composições:

> 1998/2000 – Tamás Szmrecsányi, Eulália Lobo e Flávio Saes
>
> 2000/2003 – Tamás Szmrecsányi, Luiz Carlos Soares, Maria Teresa Ribeiro de Oliveira
>
> 2004/2006 – Luiz Carlos Soares, Maria Alice Ribeiro, Maria Teresa Ribeiro de Oliveira
>
> 2006/2007 – Maria Alice Ribeiro, Clélio Campolina Diniz, Sonia Mendonça
>
> 2008/2009 – Renato Marcondes, Sonia Mendonça e Alexandre Mendes Cunha
>
> 2009/2011 – Renato Marcondes, Teresa Novaes Marques, Rita Almico
>
> 2011/2012 – Teresa Novaes Marques, Rita Almico, Luiz Fernando Saraiva
>
> 2012/2013 – Luiz Fernando Saraiva, Cláudia Heller, Cláudia Alessandra Tessari
>
> 2013/2015 – Luiz Fernando Saraiva, Cláudia Tessari, Teresa Novaes Marques, Carlos Suprinyak e Marco Cavalieri.
>
> 2015/2017 – Bruno Aidar, Alcides Goularti Filho, Ivanil Nunes e Carlos Valencia Villa.

História Econômica & História de Empresas, que chegou ao seu 19º Volume em 2016, tornou-se uma referência para as áreas definidas pelo título da revista, mas também tem recebido contribuições de áreas próximas como História do Pensamento Econômico, Metodologia e Historiografia. O periódico promove a difusão de estudos de pesquisadores brasileiros e tem atraído crescente interesse de pesquisadores estrangeiros que submetem seus artigos ao Conselho Editorial. Hoje a revista já está indexada em EconLit, Journal of Economic Literature, Econpapers, IDEAS, LATINDEX e Portal de Periódicos da Capes. Esforços são dirigidos para a indexação no Scielo e no Redalyc.

A ABPHE também promoveu a publicação de livros. Como já referido, artigos do Primeiro Congresso Brasileiro de História Econômica e da Segunda Conferência Internacional de História de Empresas foram publicado em cinco volumes. Outras obras contaram com a co-edição da associação, Celso Furtado cedeu à ABPHE os direitos de publicação de sua tese de doutorado defendida em 1948 na Sorbonne. Sob o título *Economia Colonial no Brasil: séculos XVI e XVII*, a obra foi lançada em 2001 em co-edição da Editora Hucitec e da ABPHE. *História Econômica: Estudos e Pesquisas*, de Alice Piffer Canabrava, uma coletânea de artigos, foi publicada em 2005 (Hucitec; Editora Unesp; ABPHE); organizado por Armando Dalla Costa, Adriana Sbicca Fernandes e Tamás Szmrecsányi, *Empresas, empresários e desenvolvimento econômico no Brasil*, reuniu artigos apresentados no módulo de História de Empresas dos Congressos Brasileiros de História Econômica (Hucitec/ABPHE, 2008).

Parece plausível afirmar que, neste quase quarto de século de existência, a ABPHE, por seus dirigentes, colaboradores e associados, cumpriu com os objetivos básicos propostos em sua fundação. Cremos que esta afirmação não implica em ceder ao que Tamás chamou de "ufanismo complacente da indústria das efemérides". Por isso mesmo, cumpre lembrar algumas ações que ainda não foi possível concluir, como desejava Tamás: a atração de sócios de regiões com pequena representação (principalmente Norte e Nordeste). A sugestão de Tamás - de realização de pequenos encontros regionais para estimular a associação de pesquisadores dessas regiões – tem sido contemplada no período recente como indicamos anteriormente. Ainda assim, a concentração regional de sócios é muito forte: dos 103 associados em dia em julho de 2016, a maior parte era da "região" São Paulo (48) e Sudeste (31). Os outros 24 se distribuíam entre o Sul (10), o Centro Oeste (8), o Nordeste (4) e o Nordeste (2). A questão dos recursos financeiros continua a ser crítica, pois a receita das anuidades dos associados é reduzida e cobre apenas os gastos da administração geral da associação (contador, eventualmente secretária, revista, etc.). A falta de uma sede fixa para a secretaria da associação implica, por vezes, alguma descontinuidade entre gestões sucessivas. Estas dificuldades parecem inerentes a uma associação científica de porte relativamente pequeno e reconhecer essas falhas implica em valorizar o trabalho das diretorias e conselhos que conseguiram manter as atividades da ABPHE, cumprindo com seus objetivos precípuos. Mais importante é lembrar que "sucessivas gerações" tem assumido a direção da ABPHE sem que isso tenha causado uma ruptura com a proposta que orientou sua fundação. Até a gestão 2007-2009, seus presidentes faziam parte do quadro de fundadores e/ou haviam participado do congresso de 1993: alguns militavam há mais tempo na profissão (como o próprio Tamás Szmrecsányi, Carlos Antunes dos Santos, Wilson Suzigan), outros eram de geração posterior (como Luiz Carlos Soares, João Antonio de Paula, Carlos Gabriel Guimarães e Josué dos Passos Subrinho). Depois de 2009, foram eleitos presidentes que se engajaram na ABPHE em períodos mais recentes (Armando Dalla Costa participou do Congresso de 1999 em Curitiba; mas Pedro Paulo Bastos, Angelo Carrara e Alexandre Saes provavelmente se tornaram sócios depois dessa data). A essa renovação ao nível da presidência corresponde a renovação entre os demais diretores que assumiram a gestão da entidade e também entre os associados que, por sua participação em congressos e encontros, justificam a própria existência da associação. Em suma, parece haver motivos para ser otimista quanto ao futuro da ABPHE, pois, apesar das dificuldades que foram até hoje enfrentadas e que, certamente, se reproduzirão mais adiante, não faltam associados dispostos a assumir a responsabilidade de manter, e até mesmo de ampliar, as atividades da associação.

A essa "sucessão de gerações" entre diretores, conselheiros e associados da ABPHE também deve corresponder alguma mudança nos temas, problemas e métodos de pesquisa que sustentam os trabalhos apresentados em eventos e os artigos publicados na revista *História Econômica & História de Empresas*. Em outros textos deste livro, o leitor encontrará uma análise específica das mudanças observadas nos trabalhos incluídos nos principais módulos temáticos (Brasil Colônia, Brasil Império, Brasil República/Economia Brasileira, História Econômica Geral/Economia Internacional, História do Pensamento Econômico/Historiografia/Metodologia e História de Empresas). Certamente, o "acervo" da ABPHE constitui um importante indicador dos rumos da historiografia econômica brasileira do fim do século XX aos dias de hoje. É provável que prevaleça uma tendência a pesquisas minuciosas, fundadas em fontes primárias pouco exploradas, sofisticadas do ponto de vista técnico e metodológico. É provável também que grande parte das pesquisas tenha se distanciado de uma perspectiva total que era característica dos clássicos de nossa historiografia. Talvez caiba à ABPHE, nos limites de sua abrangência, estimular a recuperação do "espírito" de nossos historiadores econômicos "clássicos" para que a história econômica, ao revelar realidades pouco exploradas de nosso passado, seja novamente um ponto de partida para a reflexão sobre o presente e o futuro do país.

I

História Econômica
em debate

A institucionalização da História Econômica: história e ambiente intelectual na formação das associações de História Econômica[1]

Alexandre Macchione Saes[2]

Formada a partir do I Congresso Brasileiro de História Econômica, em setembro de 1993, a Associação Brasileira de Pesquisadores em História Econômica – ABPHE conta atualmente com cerca de 290 associados e caminha para completar seu jubileu de prata. Ao longo de seus 25 anos de existência, a associação foi responsável pela realização de doze congressos nacionais e de oito encontros de pós-graduação, pela edição de 18 volumes da revista *História Econômica e História de Empresas*, cujo primeiro número circulou em 1998, e pelo apoio e/ou realização dos congressos latino-americanos de história econômica. Em suma, a ABPHE esteve à frente das principais atividades voltadas exclusivamente para pesquisadores em história econômica, sendo por isso espaço central de encontro e disseminação dos avanços da área no país. Mas, considerando que, de maneira geral, nos encontros e nos periódicos dedicados tanto à

---

[1] Este texto contou com a revisão e os comentários de Pedro Hoeper Dacanal, Flávio Saes, Maria Alice Rosa Ribeiro, Luiz Felipe Bruzzi Curi e Guilherme Grandi, aos quais agradeço e eximo por eventuais problemas. Agradeço adicionalmente às indicações de leitura que recebi de Laura Valladão Mattos e de Carlos Eduardo Suprinyak.
[2] Professor da FEA/USP, Presidente da ABPHE entre 2015 e 2017.

economia quanto à história, a divulgação de pesquisas no âmbito da história econômica se faz presente, uma questão pode ser levantada ao completarmos esse um quarto de século de existência: afinal, qual a importância e o sentido de uma associação exclusivamente dedicada à área de história econômica?

O século XX, especialmente a partir da década de 1960, foi palco da constituição de um grande número de associações nacionais de história econômica (Tabela 1). Em comum, com a formação das associações, buscava-se a construção de espaços para o encontro da comunidade – por meio de congressos e seminários – ou mesmo para a divulgação das pesquisas de seus sócios – por meio de revistas científicas dedicadas exclusivamente aos temas característicos dos historiadores econômicos. Podemos dizer que esse momento de formação das associações representava o contraditório contexto de efervescência de uma massa-crítica de pesquisadores e professores, que sustentava certa identidade entre os historiadores econômicos e, por outro lado, de uma conjuntura de crescente questionamento do método da história econômica por parte de outras áreas do conhecimento.

Nesse sentido, é possível encontrar a razão da constituição das associações de história econômica no cotejamento do florescimento de pesquisas e de lideranças na área com o ambiente intelectual de cada país – por vezes, de estreitamento dos espaços acadêmicos e de menor reconhecimento das contribuições de historiadores econômicos por parte de seus pares na academia, ora economistas, ora historiadores. Por exemplo, em se tratando da ciência econômica, a sua crescente instrumentalização e formalização, a partir de meados do século XX, tendeu, em certo sentido, a inferiorizar as interpretações e as análises históricas ante os métodos matemáticos e estatísticos. Por outro lado, a ascensão de uma história cultural, de valorização de aspectos antropológicos e psicológicos, particularmente ascendente a partir dos anos 1960 e 1970, retirou dos historiadores econômicos a posição outrora dominante na produção de obras históricas.

Tabela 1. Ano de fundação das associações de História Econômica membros da IEHA

International Economic History Association	1960
Economic History Society (UK)	1926
Economic History Association (US)	1940
Finnish Economic History Association	1952
Gesellschaft für Sozial- und Wirtschaftsgeschichte	1961
Economic History Society of Australia and New Zealand Inc.	1961*
Korean Economic History Society	1963
Association Française d'Histoire Économique (AFHE)	1965
Canadian Network for Economic History/ Reseau Canadien d'Histoire Economique	1965*
Economic and Social History Society of Ireland	1970
Asociación Española de Historia Económica	1972
Schweizerische Gesellschaft für Wirtschafts- und Sozialgeschichte	1974
Asociación Argentina de Historia Economica	1979
Economic History Society of Southern Africa	1980
Associação Portuguesa de História Econômica e Social	1980
Società Italiana degli Storici dell'Economia (SISE)	1984
N.W. Posthumus Instituut - The Netherlands	1988
Greek Economic History Society	1990
Asociación Uruguaya de Historia Económica	1992
Associação Brasileira de Pesquisadores em História Econômica	1993
Asociación Mexicana de Historia Económica	1998
Asociación Colombiana de Historia Económica	2007
Economic and Social History Association of Israel (ESHAI)	2012*

Fonte: Site da International Economic History Association (http://www.ieha-wehc.org/) e site das associações credenciadas à IEHA. Datas com asterisco são referentes ao primeiro congresso organizado pela associação e não necessariamente ao ano de fundação da associação. No total são 39 Associações Nacionais de História Econômica credenciadas à IEHA, mas para 17 casos não conseguimos informações pela inexistência de sites.

Escrito para o livro de 25 anos da ABPHE, este capítulo se propõe a apresentar o percurso de constituição de três importantes associações de história econômica, da Inglaterra, dos Estados Unidos e da França, levando em conta o ambiente intelectual em que estavam imersos seus pesquisadores e estabelecendo o embate entre as lideranças fundadoras da história econômica e os economistas e historiadores. É preciso dizer que essa relação entre o espaço de formação dos historiadores econômicos e a constituição das associações deve ser encarada muito mais como *afinidades eletivas* do que como uma estreita causalidade. Se não é possível negar a influência do ambiente intelectual, e dos desafios por ele colocado, sobre os historiadores econômicos que assumiram a tarefa de definir os marcos institucionais, todavia não duvidamos que outras motivações – frutos de experiências particulares de cada localidade e de possíveis disputas nem sempre teóricas entre personagens – podem ser levadas em conta como motivações para indicar o caminho da institucionalização das associações. Ao longo do século XX, a institucionalização da história econômica, por meio da formação das associações, da promoção de congressos e das publicações de revistas direcionadas para a comunidade, deve ser encarada, portanto, como um indicador da vitalidade da área, e também como sinal da importância da organização dos pesquisadores na disseminação de resultados de pesquisa, no debate dos grandes temas da sociedade e na própria valorização da área.

A primeira geração das Associações de História Econômica (1920-1950)

A primeira geração de Associações de História Econômica foi formada entre as décadas de 1920 e 1950, tendo como espaço privilegiado para sua emergência o universo acadêmico de economistas de tradição anglo-saxã. Figuram entre as primeiras sociedades dedicadas exclusivamente à área a Economic History Society, constituída na Inglaterra em 1926, e a Economic History Association, formada nos Estados Unidos em 1940. Ainda nos anos 1950, uma terceira associação de história econômica, a Finlandesa, também seria constituída, mas certamente tendo menor expressão internacional que as suas antecessoras. Vale dizer que a partir das duas associações pioneiras surgiriam as – ainda hoje consideradas – mais importantes revistas dedicadas à história econômica: a inglesa *Economic History Review* e a americana *The Journal of Economic History*.

Em ambos os casos, o da Inglaterra e o dos Estados Unidos, foi possível efetivar a congregação de historiadores econômicos, os quais durante as primeiras décadas do século XX possuíam lideranças intelectuais e institucionais que foram mobilizadas para organizar pesquisadores e simpatizantes em defesa da área da história econômica. Tal liderança, todavia, cumpria o papel de um movimento de resistência, pois tanto na Inglaterra de início do século XX, como nos Estados Unidos dos anos 1940, o ambiente de constituição das associações estava longe de ser favorável aos economistas que se amparavam na história como instrumento de análise e interpretação dos fenômenos econômicos. Se para os ingleses o momento era de profunda difusão do marginalismo naquilo que daria base para a consolidação da já então chamada Ciência Econômica, para os americanos o ambiente era de instrumentalização da economia, com a demanda de planejamento e de controle dos recursos também por conta da Segunda Guerra

Mundial, promovendo o fortalecimento da Econometria como instrumento de mensuração e avaliação econômica (COATS, 1980).[3]

Mas nem sempre existiu esse contexto de desconfiança contra os historiadores econômicos. Ao longo das últimas décadas do século XIX, o prestígio dos economistas históricos britânicos preservou um lugar privilegiado dos estudos históricos para a análise econômica. Com a crise da Economia Política Clássica nos anos 1870, os "economistas históricos" disputaram os temas, as interpretações econômicas e a própria direção do futuro da teoria econômica na Inglaterra com os economistas da corrente marginalista em ascensão (HODGSON, 2001, cap. 8).[4] O mesmo vale para o universo acadêmico dos Estados Unidos, que durante os anos 1920 e 1930 viu um crescente número de economistas aderirem ao institucionalismo americano, liderado por Thorstein Veblen, entre outros, abrindo maior espaço para aqueles que buscavam nos métodos das ciências sociais – com algum espaço para a análise histórica – um instrumento essencial para a pesquisa de temas econômicos (HODGSON, 2001, cap. 11).

A institucionalização da história econômica pode ser datada do período das duas últimas décadas do século XIX. Para N. B. Harte, o período de 1882 a 1904, entre a publicação da primeira edição do livro de William Cunningham e a constituição da primeira cadeira dedicada exclusivamente à história econômica na Inglaterra (na London School of Economics – LSE), seria o "take-off" da história econômica. Isto é, o momento em que, partindo dos debates sobre o método em economia da década de

---

[3] Foi nesse mesmo ambiente que, vale lembrar, a Econometric Society se formou em 1930, em Cleveland, Estados Unidos, tendo como seu primeiro Presidente o economista Irving Fisher. Fisher, em texto publicado no volume 1 do periódico da sociedade, *Econometrica*, de 1933, ao discutir a Grande Depressão, não recusava a relevância da história econômica, mas a distanciava do papel da "Ciência Econômica", como dois campos distintos de contribuições: "The study of dis-equilibrium may proceed in either of two ways. We may take as our unit for study an actual historical case of great dis-equilibrium, such as, say, the panic of 1873; or we may take as our unit for study any constituent tendency, such as, say, deflation, and discover its general laws, relations to, and combinations with, other tendencies. *The former study revolves around events, or facts; the latter, around tendencies. The former is primarily economic history; the latter is primarily economic science.* Both sorts of studies are proper and important. Each helps the other". (FISHER, 1933, p. 337-8, grifos nossos).

[4] N.S.B. Gras (1920, p. 217) distingue de maneira *sui generis* os historiadores econômicos e os economistas históricos por meio do viés de interpretação, os primeiros valorizando a produção e os segundos a circulação. Contudo, Gerard Koot não duvida da importante ligação entre os dois grupos na Inglaterra, considerando inclusive, os precursores da história econômica, Ashley e Toynbee, como representantes dos economistas históricos: "Despite the fact that the impetus for the creation of the new society [Economic History Society] came from the historians, it was nonetheless, historical economics which, during the last quarter of the nineteenth century, played a major role in laying the intellectual as well as some of the institutional foundations for the recognition of economic history as a distinct academic discipline in England" (1980, p. 174 e p. 201 nota 98).

1870, os economistas históricos encontrariam na criação de uma disciplina separada a solução para garantir a demarcação do espaço da história econômica. Por outro lado, o período entre 1904 e 1926, que vai do início da disseminação das disciplinas pelas universidades inglesas até a formação da Economic History Society, seria para o autor o momento de "drive to maturity" (HARTE, 1975, p. XII e XXVII).[5]

Embebida no incipiente take-off da experiência inglesa dos anos 1880, a primeira cadeira destinada à História Econômica foi constituída em 1892, na Universidade de Harvard, Estados Unidos, assumindo-a o inglês Sir William James Ashley (1860-1927), autor de *Introduction to English Economic History and Theory* de 1885.[6] Ashley, que lecionara em Oxford e Toronto, também lideraria em solo inglês a constituição da história econômica como área do conhecimento: estabelecido novamente em seu país natal, assumia a cadeira de Comércio da primeira Faculdade de Comércio da Inglaterra, na Universidade de Birmingham, em 1901.[7]

Entre os interlocutores ingleses de Ashley estavam Arnold Toynbee (1852-1883), cujo famoso curso sobre a Revolução Industrial inglesa no Século XVIII, apresentado em Oxford entre 1881 e 1882, tornar-se-ia referência temática e metodológica com o livro póstumo *Lectures on the Industrial Revolution in England* de 1884; Herbert S. Foxwell (1849-1936), professor de Economia Política na Universidade de Londres e autor de *Irregularity of employment and the fluctuations of prices*, de 1886; William Cunningham (1849-1919), que se tornou o principal oponente de Alfred Marshall em Cambridge e foi escritor das obras *The growth of English Industry and Commerce in Modern Times*, de 1882 e *The growth of English Industry and Commerce during the early and middle ages* de 1890; e William Albert Samuel Hewins (1865-1931), diretor da LSE entre 1895 e 1903 e autor de *English trade and finance, chiefly in the Seventeenth Century* de 1892.[8] T.C. Barker reforça o argumento

---

5 Para uma referência sobre estudos com temáticas de história econômica antes dessa institucionalização da área, conferir o artigo de N.S.B. Gras (1927, p. 12-27). Para o autor, as obras publicadas entre o século XVI e XVIII eram poucas e basicamente se voltavam para pensar as atividades comerciais. Na Inglaterra, mesmo depois de Adam Smith, o diálogo entre a história e economia ainda será limitado, tendo maior espaço entre os economistas políticos alemães.

6 O interesse de Ashley pela história econômica pode ser creditado em parte a influência de Arnold Toynbee, seu professor em Oxford, e Gustav Schmoller, professor em Berlim (HARTE, 1975, p. xxii).

7 Harte considera como os pioneiros da história econômica na Inglaterra, além de W. Ashley, Arnold Toynbee, Thorold Rogers e William Cunningham (HARTE, 1975, p. XIX).

8 Mesmo autores que não advogaram em prol de um método histórico para o ensino de Economia, como Thorold Rogers – visto como o mais ortodoxo economista histórico inglês –, não se furtaram de contribuições com críticas à Economia Clássica por meio das evidências históricas:

da crescente aceitação dos estudos históricos no país, lembrando os sucessos editoriais de autores como Gibbins, com *Industrial History of England*, obra de 1890, com 28 reimpressões até 1926; Townsend Warner, com o livro *Landmarks of English industrial history*, publicado 1899, e com mais de 26 mil cópias vendidas até 1913; e Sidney e Beatrice Webb, com *Industrial democracy*, de 1897, com mais de 13 mil cópias vendidas até 1914 (BARKER, 1977, p. 4).

Assim, podemos dizer que foram três as tendências que contribuíram para o desenvolvimento da história econômica entre economistas na Inglaterra nas décadas de 1880 e 1890: em primeiro lugar, existia um movimento de revisão do papel da história na economia no momento em que a "Economia Política" passava a se tornar "Ciência Econômica" (vale lembrar o impacto da publicação de *Princípios de Economia* de Alfred Marshall em 1890); em segundo lugar, a Grande Depressão do século XIX, e suas consequências para os trabalhadores, tinha levado economistas a se preocuparem crescentemente com os problemas sociais, assim como a questionar alguns dos princípios da Economia Política Clássica; e, finalmente, no ambiente acadêmico/científico, vivia-se a disseminação da ideia de evolução, que levaria os economistas a pensarem quais seriam os elementos que haviam alçado as sociedades mais evoluídas do período a tal patamar. Por outro lado, entre historiadores a própria perspectiva do que era a História vinha se transformando nas universidades inglesas: com William Stubbs em Oxford, a disciplina se distanciava de uma perspectiva literária, presente em obras como de a Carlyle, para uma área de pesquisa com método mais preciso da análise documental, dando maior atenção para aspectos sociais e econômicos da história, como presente no livro de J.R. Green, *Short history of English people* de 1874 (HARTE, 1975, p. XIX).

Portanto, os pioneiros da história econômica na Inglaterra basicamente atacavam em duas frentes. Promoviam uma evidente defesa da maior presença da análise histórica, fundamentada no empirismo, dentro dos cursos de economia, o que no entendimento de Gras era uma reação ao debate do método em economia (GRAS, 1927, p. 21). E, ao mesmo tempo, mantinham uma posição crítica à política econômica britânica, defendendo a maior intervenção do governo na economia, e exigindo o maior arbítrio entre os conflitos de capital e trabalho e a implementação de reformas sociais. Para Gerard Koot, seguindo a tradição dos economistas históricos

---

History of agriculture and prices (1866), *Six centuries of work and wages* (1884) e *Industrial and commercial history of England* (1882). (KOOT, 1980, p. 183-5).

da década de 1870, os historiadores econômicos estavam realmente preocupados em debater a política econômica inglesa (KOOT, 1980, p. 202).

A identificação dos economistas ingleses com as interpretações históricas pode ser resgatada pelas influências da escola histórica alemã. Na origem, a escola histórica alemã emerge durante a década de 1840, com a liderança de Wilhelm Roscher – autor de *Grundriss zu Vorlesungen über die Staatswirthschaft Nach geschichtlicher Methode* (1843) – e de outros representantes como Friedrich List, Bruno Hildebrand, Karl Knies (HARTE, 1975, p. XIII). Essa seria a antiga escola histórica alemã, cujos autores advogavam o uso de evidências históricas na construção do conhecimento econômico, sem oporem-se necessariamente à elaboração de teorias, mas sim refutando a validade das teorias de caráter dedutivo, como David Ricardo defendeu.

Para Harte, a nova escola histórica alemã deve ser lembrada especialmente pelo papel desempenhado por Gustav von Schmoller, responsável por formar gerações de economistas da Europa e dos Estados Unidos, como também por participar da "batalha do método" em contraposição a Carl Menger.[9] O *Methodenstreit*, como ficou conhecido o debate realizado por meio de artigos publicados entre 1883 e 1884, em linhas gerais, demonstrava na perspectiva do austríaco uma visão cosmopolita e individualista de sociedade, enquanto por detrás dos argumentos historicista do alemão estava uma visão nacionalista e coletivista da economia. Em termos teóricos: "Em termos teóricos: "a escola austríaca defendia teoria, abstração e dedução. A escola histórica defendia história, realismo e indução" (NARDINELLI & MEINERS, 1988, p. 543-4).[10]

Koot ilustra essa influência germânica se valendo do caso de William Ashley, um dos autores ingleses que mais foi influenciado pela escola histórica alemã. Para Ashley, a questão do método histórico era duplamente importante, tanto por questões teóricas como por implicações políticas. O seu contato com a escola história, contudo, deu-se inicialmente pela "versão inglesa" do debate do método, *Methodendikurs*, ocorrida quase uma década antes da germânica, e somente anos

---

9 N.S.B. Gras narrou a influência de Schmoller desta forma: "Germany no longer has before it the colossal figure of a Schmoller, surrounded by a seminar of disciples destined to spread his influence in distant parts and fulfill wish more careful special studies on economic history. Schmoller was a historical economist, but his methods called for painstaking researches in economic history. His influence in our generation, upon such scholars as Ashley, Gay, Seligman and Unwin, may be compared with that of Ranke in the field of political history a generation or so ago" (GRAS, 1920, p. 210).

10 Para o debate do método alemão há uma vasta literatura, cf.: Schumpeter (1968, cap. 4); Hodgson (2001, cap. 4, 7 e 9).

mais tarde pelos estudos na Alemanha, onde conheceu pessoalmente Gustav von Schmoller (KOOT, 1980, p. 188-9).

A origem do *Methodendikurs* foi o cenário de crise da Economia Política Clássica dos anos 1870, tanto por conta do falecimento de John Stuart Mill em 1873, possivelmente o último grande representante dessa escola na Grã-Bretanha (MATTOS, 2010, p. 271), como pela publicação das obras de Jevons, Menger e Walras que inauguravam o marginalismo naquela década. Antecipando a polarização do ambiente alemão da década de 1880, "[...]Antecipando a polarização do ambiente alemão da década de 1880, "por volta dos anos 1870 a Economia Política caminhou para se tornar profundamente dividida no que mais tarde as gerações tratariam como um inútil debate metodológico em que os economistas seriam divididos entre indutivistas e dedutivistas, em que os esforços dos economistas deveriam se concentrar no desenvolvimento de teorias ou na compilação de fatos". (HARTE, 1975, p. XIV).

Entre as principais lideranças dos economistas históricos ingleses estava Cliffe Leslie, um discípulo pouco ortodoxo de Stuart Mill, professor de Jurisprudência e Economia Política em Belfast.[11] Preocupado com as questões sociais na Irlanda, especialmente derivadas da questão agrária, durante a década de 1870 o autor empreendeu uma batalha contra os princípios clássicos da Economia Política. Acreditava que somente por meio da uma investigação histórica, em oposição às teorias dedutivas, seria possível compreender as raízes da crise econômica que assolava os irlandeses (KOOT, 1980, p. 180). Sua crítica era de que os postulados da teoria econômica estavam fundamentados na realidade econômica da Inglaterra que, todavia, não poderia ser reproduzida para outros contextos. A fome que se abatia sobre a Irlanda teria sido resultado, desta forma, de erros de políticas de livre-comércio guiadas pelas "leis universais" da teoria econômica. Nesse sentido, somente seria possível avaliar outras realidades econômicas, culturais e institucionais, valendo-se das evidências empíricas, de um método indutivo, assim encontrando políticas econômicas que fossem mais adequadas para problemas em específico (HODGSON, 2001, p. 66-7).[12]

Advogando na mesma perspectiva de Leslie, estavam economistas como Walter Bagehot e John Ingram. Em artigo de 1876, Bagehot via a Economia Política, especialmente aquela gerada a partir da obra de David Ricardo, como grande simplifica-

---

11 Cliffe Leslie e seu colega John Ingram foram responsáveis por trazer algumas referências da escola histórica alemã, como Karl Knies, para a língua inglesa (HODGSON, 2001, p. 69).
12 O debate inglês foi polarizado entre as contribuições de Cliffe Leslie e W.S. Jevons, na segunda metade da década de 1870.

ção da realidade (HARTE, 1975, p. XV); por outro lado, John Ingram, em discurso como Presidente da British Association for the Advancement of Science, em 1878, afirmaria a necessidade do desenvolvimento de uma economia histórica, por meio da análise empírica dos fatos (HODGSON, 2001, p. 68). Nesse sentido, tanto Ingram como Leslie, seguindo a perspectiva da escola histórica alemã, pretendiam reconstruir a economia como uma ciência indutiva, observacional, empírica, negando o movimento de fortalecimento da uma teoria abstrata (BLADEN, 1977, p. 21).

Pode-se dizer que a repercussão do debate do método realizado durante a década de 1870, tanto no ensino como na compreensão do que seria a teoria econômica na Inglaterra, começaria a ser sentida, efetivamente, somente anos mais tarde, a partir de uma nova polarização. A contenda ocorreria em Cambridge, na década de 1890, entre William Cunningham, autor da volumosa obra sobre a indústria e comércio britânico, e Alfred Marshall, autor de *Princípios de Economia*, possivelmente o mais importante economista daquele período.[13] Marshall, contudo, não era necessariamente desconhecedor da história econômica ou contrário a ela, como demonstrado em seu livro *Industry and trade* ou mesmo em seus discursos nos quais buscava uma conciliação entre os métodos dedutivos e indutivos, entre a teoria e a história (MARSHALL, 1897, p. 133).[14]

Mas o impacto de *Princípios* de Marshall foi profundo para a teoria econômica inglesa. Com a obra, Marshall alcançava seu objetivo de construir as bases "científicas" para a então Ciência Econômica ascendente. A partir da aproximação com a matemática, o autor defendia a possibilidade de realizar análises objetivas e de caráter universal, apontando para os limites do método indutivo. Sua teoria de equilíbrios parciais entre oferta e demanda formava um elemento essencial da teoria econômica que não poderia ser contestada. Para Hodgson, contudo, seu marginalismo não pode ser considerado puramente individualista e subjetivo, pois como lembra o próprio autor nos *Princípios*: "Então, a análise econômica e o raciocínio geral são de grande aplicabilidade (...) [mas] qualquer mudança nas

---

13 Os comentaristas do debate lembram que além da polarização teórica-metodológica dos autores, existia uma disputa política e pessoal entre Cunningham e Marshall pela cadeira de Economia Política de Cambridge. Esta, com a morte de seu titular, Henry Fawcett, acabou sendo assumida por Marshall em 1884 (MALONEY, 1976, p. 441).

14 Barker sintetiza tal disputa como quase fiel reprodução da batalha dos métodos: enquanto o primeiro defendia um ensino com maior peso empírico, o segundo advogava a favor de uma perspectiva mais teórica (1977, p. 6). Hodgson questiona posições como a de Barker, que colocam Marshall como uma oposição à escola histórica alemã, alegando que o autor chega e tecer comentários elogiosos aos historicistas alemães, inclusive no *Principles* (2001, p. 95-7).

condições sociais deve ser considerada para o novo desenvolvimento das doutrinas econômicas" (*apud* HODGSON, 2001, p. 99).

O debate Cunningham-Marshall não assume o mesmo teor daquele de outrora, pois o próprio Marshall em suas colocações é um defensor da importância do método histórico, dizendo que a análise teórica teria o papel de criar uma estrutura de causalidade no processo histórico, e criticando aquele que estaria estudando história econômica apenas como uma série de fatos (HODGSON, 2001, p. 107). De qualquer maneira, sua posição hegemônica em Cambridge lhe rendeu os ataques de William Cunningham, seu maior antagonista, entre a década de 1880 e 1900.[15] Nesses anos, a "vitória" de Marshall verificou-se pela reformulação da estrutura do curso de economia de Cambridge (o novo *Tripos* de 1903) e pela própria difusão da obra do autor, que gerou uma mudança significativa no campo da teoria econômica, da transformação da Economia Política em Ciência Econômica (KOOT, 1982, p. 4).[16] Com a nova graduação, os alunos teriam que cursar dois anos de ensino teórico e um último de economia aplicada, história econômica e política. O ensino perdia, desta forma, seu peso nos cursos de História e de Ciências Morais: era inegavelmente uma derrota para os defensores da maior presença do método histórico em Cambridge, como Foxwell e Cunningham (HODGSON, 2001, p. 105).[17]

Fora de Cambridge e concomitantemente à concretização do projeto de Alfred Marshall, dois importantes eventos envolveram os historiadores econômicos ingleses. O primeiro episódio de destaque foi a resposta que deram ao modelo de curso, que vinha se firmando em Cambridge: procuraram disseminar (com algum sucesso) disciplinas especificamente voltadas à história econômica nas mais diversas faculdades do país.[18] O segundo evento, por outro lado, foi a reunião, por

---

15 Vale o registro da troca de artigos entre os autores no *Economic Journal*: "The perversion of Economic History" (v. 2, número 7, 1892), é a principal acusação de Cunningham, após a publicação dos *Princípios*; e a resposta de Marshall é: "[The perversion of Economic History]: A reply" (v. 2, número 7, 1892).

16 Maloney acredita que a maior conquista do marginalismo de Marshall foi dar independência à economia, como uma ciência autônoma, rigorosa, com um corpo teórico próprio (1976, p. 450).

17 Marshall ainda conseguiria garantir uma sólida sucessão após sua aposentadoria. Passando o bastão a Arthur Pigou em 1908 e tendo John Maynard Keynes como editor do *Economic Journal* a partir de 1911, a Ciência Econômica, conforme seus desígnios, estava em boas mãos.

18 Nas palavras de T.C. Barker: "Essa grande superioridade dos economistas de Cambridge em relação aos de Oxford, assim como essa influência dos economistas de Cambridge em relação aos historiadores econômicos dentro da própria universidade, colocou problemas para a nascente Associação de História Econômica, já que nos seus primórdios não teve a participação da elite dos economistas de Cambridge". (1977, p. 8).

parte daqueles que se filiavam a uma perspectiva histórica, em torno de algumas questões da política econômica inglesa, notadamente no debate sobre a reforma tarifária do início do século XX.

Quanto ao espaço institucional aberto ao método histórico e à própria história econômica, um passo decisivo no fortalecimento da área ocorreu em fins do século XIX na Universidade de Londres. A London School of Economics and Political Science (LSE) foi fundada em 1895, tendo entre seus objetivos, ser uma instituição para se opor às diretrizes ortodoxas vindas de Cambridge. Como defende Koot (1982, p. 3-4), um dos princípios fundadores da LSE pode ser encontrado na batalha dos métodos inglesa, em que os economistas históricos defendiam que a teoria econômica *per se* não teria nenhum sentido, e para contrapô-la, os economistas deveriam se valer dos fatos, isto é, da história. Mas, como considera o autor, essa posição é muito mais do que somente uma posição metodológica, sua implicação estava diretamente relacionada às disputas sobre a política econômica inglesa.

Afinal, a fundação da LSE deve ser compreendida também como um movimento de contestação política. Seus fundadores, Beatrice e Sidney Webb, tinham suas origens dentro do socialismo Fabiano, acreditando no caminho de um socialismo por via reformista, dentro das regras constitucionais. Inclusive, foi a partir dos recursos da sociedade Fabiana que se viabilizou a constituição da faculdade de Economia em Londres, cujo currículo deveria valorizar o ensino empírico, intervencionista, histórico e, acima de tudo, prático (KOOT, 1982, p. 5). Em oposição ao que seria o novo *Tripos* idealizado por Marshall em Cambridge, o curso de Economia na LSE legava à teoria uma posição secundária, enfatizando, por outro lado, a história do pensamento econômico, a estatística, a história econômica e a economia aplicada.[19] A centralidade da história na formação dos economistas da Universidade de Londres alcançaria o auge com a reforma universitária de 1901, quando passava a ser possível que os estudantes do curso de economia se especializassem em história econômica. Nesse momento, Lilian Knowles, assistente de pesquisa de William Cunningham, seria apontada para assumir a primeira cadeira exclusivamente de história econômica na Inglaterra (HARTE, 1975, p. XXV).

Na direção do projeto da LSE, desde sua fundação, esteve W.A.S. Hewins, economista formado em Oxford, com grande simpatia pelo papel da história como

---

19 Vale acompanhar as cartas arroladas por Coats enviadas por Alfred Marshall com questionamentos sobre o projeto em curso para o então diretor da LSE, W.A.S. Hewins (1967).

ferramenta para indicar o progresso social. Na direção, desempenhou papel fundamental para garantir o perfil contestador da Faculdade naqueles anos iniciais.[20] Entretanto, a liderança política da instituição estava nas mãos dos Webbs, os quais, no campo acadêmico, produziam vigorosa crítica às conclusões dos economistas clássicos e uma leitura também crítica dos efeitos sociais da revolução industrial; no campo político, os Webbs defendiam a regulação estatal dos trustes e da organização sindical, assim como pregavam que o economista deveria cumprir primordialmente com o papel de reformista social, relegando a segundo plano a busca por ser um destacado cientista. Com essa perspectiva, o curso tornou-se um centro de encontro de economistas históricos e reformistas sociais, recebendo *lectures* de personagens como William Cunnigham, Herbert Foxwell, Edwin Cannan, William Ashley e, até mesmo, John A. Hobson.[21]

Hewins se afastaria da direção da London School of Economics nos primeiros anos do século XX, quando aderiu ao movimento em defesa da reforma tarifaria de Joseph Chamberlain e veio a assumir a secretaria da Comissão Tarifária no ano de 1904. Em agosto de 1903, contudo, a proposta de reforma sofrera um ataque que abriria mais um capítulo na disputa entre economistas filiados à perspectiva histórica e os teóricos/ortodoxos. O chamado "Manifesto dos Professores", publicado no *The Times*, foi assinado por economistas encabeçados por Alfred Marshall e tinha apoio de personagens como A.C. Pigou e F.Y. Edgeworth. Ao se colocar contrário ao projeto protecionista de Chamberlain, Marshall recuperava argumentos clássicos liberais. Para o grupo dos economistas históricos, que contava não só com Hewins, mas também com a participação de Ashley e Cunningham, a intervenção seria um instrumento para corrigir a concorrência desleal dos produtos importados, permitindo a manutenção da produção e do emprego na Inglaterra. Ewen Green considera que a influência do historicismo alemão sobre o pensamento desses intelectuais ingleses não pode ser comprovada, mas ressalta a sintonia da argumentação em prol da proteção econômica e da intervenção do Estado, assim como o contato dos economistas históricos ingleses com os autores alemães, especialmente Gustav Schmoller (GREEN, 1996, p. 163-5).

---

20 Koot comenta que Hewins era otimista sobre o projeto em curso, chegando a dizer em 1898 que, com a London School of Economics seria possível passar o centro gravitacional dos economistas históricos da Alemanha para a Inglaterra (1980, p. 201).

21 John Hobson foi uma personagem de destaque no debate econômico inglês, mas que nunca conseguiu lançar-se para dentro dos muros das Universidades por meio de uma posição expressiva. Foi autor de inúmeros livros, entre eles *Imperialismo, um estudo* (HODGSON, 2001, p. 111-2).

Passadas a polêmica em torno das tarifas e a consolidação do novo *Tripos* em Cambridge, ao que nos parece, as disputas entre as duas correntes de economistas se dissiparam. A Ciência Econômica, seguindo a perspectiva dos *Princípios* de Marshall, tornou-se o modelo de ensino e profissionalização dos economistas; a história econômica, por sua vez, perdia espaço dentro do campo dos economistas, mas se delimitava como área específica e cada vez mais coesa. O ensino de História Econômica estava reservado em algumas poucas disciplinas oferecidas nos cursos ingleses de economia, mas já não era indispensável como outrora pensado pelos economistas históricos ingleses. Para Hodgson essa posição secundária dos economistas históricos entre os economistas era decorrência da incapacidade da escola histórica inglesa de formar um corpo teórico ou metodológico amplo e aplicável (2001, p. 111).

Nesse sentido, as duas primeiras décadas do século XX foram marcadas pela disseminação do ensino de história econômica na Inglaterra. Tratava-se do movimento de manter um espaço para a história econômica na formação de economistas neoclássicos. Em Manchester a disciplina foi assumida, entre 1905 e 1908, por H.O. Meredith, autora de *Outlines of the history of England*. Em Cambridge seriam oferecidas algumas disciplinas com temas em história econômica, como a de S.J. Chapman com sua história econômica da Inglaterra – posteriormente publicada em três volumes como *Economic history of modern Britain* (primeiro volume de 1926); ou ainda disciplinas oferecidas por Meredith, que em 1909 se transferiu para Cambridge. Apesar da temática se fazer presente dentro da formação dos economistas de Cambridge, a cadeira de história econômica seria criada somente em 1928 – pouco depois da formação da Economic History Society – sendo ocupada por Clapham. Em Oxford o espaço foi muito mais oxigenado, sendo L.L. Price o responsável pelo oferecimento de disciplinas de história econômica entre 1907 e 1921; enquanto isso, em Edinburgh, a partir de 1908, a disciplina seria oferecida por George Unwin, autor de *Industrial organization in the sixteenth and seventeenth centuries* (1904). Finalmente, Eileen Power e R.H. Tawney reforçariam os quadros da London School of Economics na década de 1920 (HARTE, 2001).[22]

Ainda assim, na década de 1920 eram poucos profissionais dedicados exclusivamente à história econômica na Inglaterra, contudo, já existiam muito simpatizantes. Em 1923, no Congresso Histórico Internacional, organizado em Bruxelas,

---

22 Ironicamente, considera Koot, durante o entreguerras, a LSE tendeu a caminhar para uma crescente ortodoxia, sob a liderança de William Beveridge entre 1919-1927, e presença de economistas como Lionel Robbins e Friedrich A. Hayek, enquanto Cambridge tornou-se "herética" (1980, p. 204).

Ashley entrou em contato com Pirenne, Posthumus e Lucien Febvre para tentar criar uma sociedade internacional de história econômica e social, assim como uma revista própria dedicada ao tema. Mas a investida não surtiu efeito (BARKER, 1977, p. 6). No retorno à Inglaterra, compreendeu que a iniciativa deveria ocorrer dentro das fronteiras do país.

Tal empreendimento foi então liderado por Eileen Power, organizadora de uma sessão dedicada à história econômica na Segunda Conferência Anglo-Americana de Historiadores no Instituto de Pesquisas Históricas, em julho de 1926. Para o evento, William Ashley foi convidado a proferir a palestra "O lugar da história econômica nos estudos universitários". Ashley, nessas alturas, era o decano dos historiadores econômicos ingleses, já aposentado da Universidade de Birmingham.[23] Eileen Power, na oportunidade, colocou em discussão o tema "a nova sociedade de História Econômica, a revista de História Econômica e outros métodos para desenvolver a área". Era o marco de fundação da associação: a Economic History Society, tendo como presidente Ashley e como vice-presidentes E.F. Gay (de Harvard) e W.R. Scott (da Escócia); aproximadamente 480 sócios individuais e 125 bibliotecas filiadas (tendo cerca de 80 sócios individuais provenientes dos Estados Unidos). A secretaria foi comandada por Eileen Power e F.W. Tickner, enquanto o tesoureiro era J.A. White.

Constituída a associação, o segundo objetivo do grupo era garantir a elaboração da nova revista de história econômica. Barker (1977, p. 3-5) sugere que durante o entreguerras a associação foi uma organização para manter viva a revista, afinal, até a década de 1920, as pesquisas inglesas de história econômica precisavam buscar revistas na Alemanha, ou espaços marginais nas revistas inglesas.[24] A edição da revista foi encabeçada por Ephraim Lipson (Oxford) e R. H. Tawney (LSE), e essa presença de historiadores econômicos de Oxford e de Londres nos principais postos da associação parecia incomodar os economistas de Cambridge. Segundo Barker, para frear a formação da sociedade de história econômica, que não estaria nas mãos de Cambridge, a Royal Economic Society decidiu publicar em 1925 um número especial de sua revista dedicada à história econômica. O número *Economic History* do *Economic Journal*, cujo editor era ninguém menos do que John M. Keynes, foi pu-

---

[23] Outras lideranças já tinham falecido: William Cunningham (1919), Lilian Knowles (1926), George Unwin (1927).

[24] *The Economic Journal* limitava o perfil dos estudos de história econômica, enquanto *English historical review* e *Transactions of the Royal Historical Society* davam prioridade para estudos de história política (BARKER, 1977, p. 5).

blicado em janeiro de 1926, poucos meses antes da formação da Economic History Society (BARKER, 1977, p. 12). Mas o projeto da *Economic history review* já estava em andamento, e seu primeiro número foi publicado no início de 1927, tendo como artigo inicial a conferência proferida por Ashley no ano anterior. O primeiro presidente da Economic History Society comemorava a conquista:

> Que nesta Conferência Anglo-Americana de Professores de História há uma seção para História Econômica é um fato significativo. (...) Isso indica que a História Econômica ganhou um lugar de reconhecimento como campo de estudo, lado a lado com os campos Político, Constitucional, Eclesiástico e Militar. E este é o resultado do reconhecimento de que o aspecto econômico da história é de grande importância (ASHLEY, 1927, p. 1).

Também em artigo publicado no primeiro número da *Economic History Review*, N.S.B. Gras, professor de Harvard, considerava que o caminho de especialização da história econômica, na Inglaterra e nos Estados Unidos, vinha dando relevante impulso para aprofundar os temas específicos da área. Saudando a constituição da *Economic History Review*, acreditava que a tendência seria de aperfeiçoamento dos estudos de história econômica, que teria "potente força nos próximos anos" (GRAS, 1927, p. 23). O otimismo de Gras não era infundado, a Economic History Society cresceria nas décadas seguintes, tornando-se um espaço relevante de reunião de pesquisadores e divulgação de novos estudos. Contudo, se comparada à ambição dos economistas históricos ingleses, de que a história econômica se tornasse o núcleo formador dos economistas, a associação transparecia uma conquista tímida, quase um espaço de resistência.

***

A Economic History Association, instituição organizada nos Estados Unidos, teria sua origem quatorze anos depois de sua congênere britânica. Os historiadores econômicos americanos que haviam saudado vivamente a constituição da Economic History Society em 1926, lá estavam bem representados como seus membros desde a fundação. Nesse sentido, ainda não pretendiam caminhar na constituição de sua própria associação, com o medo de fragilizar a iniciativa britânica já existente. Mas passada uma década da criação da associação pioneira, o cenário parecia diferente para os americanos. Em 1939 algumas iniciativas independentes indicavam a possível formação de sociedades com temáticas específicas, mas aderentes à história econômica: durante o encontro da Associação Americana de História, em Washington, H.A.Keller consolidou a formação da Sociedade de História Industrial (somando-se então as já existentes organizações de História de Empresas e de História da Agricultura).[25] Temendo uma fragmentação dos pesquisadores em história econômica, durante o encontro da Associação Americana de Economia, ocorrida na Filadélfia, também em dezembro de 1939, outro grupo, agora liderado pelo historiador Earl Hamilton, igualmente buscou criar uma sociedade, a qual fosse independente das associações já existentes de história e de economia, mas não tão específica como as associações de história de empresas, de indústria e de agricultura (HEATON, 1941, p. 107-9).[26]

A partir dessa iniciativa de Earl Hamilton (da Duke University), com apoio de Herbert Heaton (da University of Minnesota), Arthur H. Cole (da Harvard University) e Anne Bezanson (da University of Pennsylvania), o ano de 1940 foi marcado pelo trabalho do grupo na organização de mesas voltadas à História Econômica nos encontros das Associações de História (em Nova Iorque) e de Economia (em Nova Orleans) em dezembro. Esse esforço se justificava já que os eventos da American Economic Association, assim como sua própria revista, *American Economic Review*, reservavam pouco espaço para os estudos de história econômica. Assim, desde 1926 os historiadores econômicos organizavam uma mesa regular a fim de garantir sua presença nos congressos de economia (LAMOUREAUX, 2016, p. 36).

Frente aos desafios, ao longo dos primeiros meses do ano de 1940, Anne Bezanson conduziu um levantamento de nomes a partir das universidades americanas, que alcançou mais de 500 pesquisadores que poderiam potencialmente integrar a nova sociedade que vinha sendo gestada. O retorno à sua consulta alcançou 400

---

25 As duas principais e mais amplas sociedades foram formadas ainda na década de 1880: a American Historical Association foi fundada em 1884 e sua revista *American Historical Review* começou a circular em 1895; a American Economic Association foi fundada em 1885 e a circulação da *American Economic Review* começou em 1911 (mas já eram publicadas as revistas *Quarterly Journal of Economics* por Harvard e *Journal of Political Economy* por Chicago). Por outro lado, no entreguerras emergiam outras sociedades com temáticas mais específicas: a Agricultural History Society foi fundada em 1919 e possuía a revista *Agricultural History* criada em 1927; a Business History Society foi fundada em 1925 e sua revista *Journal of Economics and Business History* teve a circulação iniciada em 1928.

26 Cole chama a atenção para uma "circunstância interna que não parecia boa", que era a possível fragmentação da área com a constituição de associações de história de empresa, da agricultura e de indústria. Essa foi a fagulha que faltava para alavancar rapidamente a iniciativa de formar a associação de história econômica (1968, p. 583).

respostas positivas, o que garantia apoio a continuidade ao projeto de construção da Economic History Association (HEATON, 1941, p. 107-9 e 1965, p. 470).

No final do ano de 1940, durante o evento de História em Nova Iorque, o professor de Harvard Abbott Usher ministrou a conferência sobre "The next decade in economic historiography". Logo após sua apresentação, o comitê fundador reuniu-se para definir a formalização da nova sociedade, instituída então com 361 filiados. As primeiras tarefas eram a realização de um congresso próprio em setembro de 1941 e a formação de uma revista voltada para os estudos de história econômica. Dois dias depois, as propostas foram ratificadas no encontro de Economia em Nova Orleans, com a nomeação de Edwin Gay (Harvard) para a presidência, de Shepard Clough (Columbia University) para a secretaria e de Edgar A. J. Johnson (New York University) como editor da revista *The Journal of Economic History*. A Associação nascia verdadeiramente interdisciplinar, formada entre os encontros de historiadores e economistas (LAMOREAUX, 2016, p. 38), e nas palavras de Heaton, num "parto pouco usual", com um nascimento ocorrido entre dois eventos, em duas cidades diferentes (1965, p. 471). O primeiro Encontro Anual da Economic History Association, organizado em Princeton, em setembro de 1941, como previsto, conduziu Edwin P. Gay à presidência – vale lembrar a experiência de Gay, que foi vice-presidente da primeira gestão da britânica Economic History Society (1927) e presidente da Associação Americana de Economia (1929). Como vice-presidentes foram nomeados Earl Hamilton e Herbert Heaton e como secretário Shepard Clough.

Conforme entendimento de seus fundadores, a associação precisava garantir seu caráter interdisciplinar e efetivamente nacional. A perspectiva interdisciplinar estava inscrita na própria circular de filiação. A associação encorajava a pesquisa e o ensino de história econômica e do pensamento econômico, assim como a cooperação com sociedades dedicadas ao estudo da agricultura, indústria e de empresas. Buscava a filiação de economistas, estatísticos, historiadores, geógrafos, entre outros (HEATON, 1965, p. 472). Por outro lado, no que diz respeito ao caráter nacional, tanto a primeira diretoria como o comitê editorial da revista foram formados por representantes das mais diversas universidades, abarcando membros das faculdades de economia e história, ainda que a liderança de Edwin Gay fosse inegável (COLE, 1968, p. 583).[27] Segundo N.S.B. Gras, Gay era "a figura mais marcante na história

---

27 O comitê editorial do *Journal of Economic History* era composto por: R.G Albion (Princeton); Evertt Edwards (Washington University); Earl Hamilton (Duke University); F.C. Kirkland (Bowdoin University); Curtis Nettels (Wisconsin); Frederic Land (John Hopkins); Abbott Usher (Harvard); e,

econômica americana" e "sua influência nos jovens historiadores econômicos não teve paralelo nos Estados Unidos" (1927, p. 26).

A preocupação com o caráter interinstitucional se justificava pelo receio de que a associação de História Econômica se tornasse, por conta da liderança de Gay, uma Business History Society, isto é, uma sociedade com grande identidade com a Harvard University. Edwin Gay (1867-1946), economista que ocupou o lugar do historiador econômico inglês William Ashley na primeira cadeira de história econômica nos Estados Unidos (e do mundo), ascendeu a Diretor da Harvard Business School entre os anos de 1908 e 1919 e teve relevante papel ao fortalecer a história econômica como área independente desde o início do século XX. Além de herdar a cadeira de história econômica, Gay mantinha outra importante identidade com Ashley: ambos receberam a influência da escola histórica alemã, ao estudarem em Berlim com Gustav Schmoller (GRAS, 1927, p. 27; KOOT, 1980, p. 188). Não eram os únicos: Nardinelli & Meiners (1988, p. 548) falam em milhares de americanos que teriam se deslocado à Alemanha para estudar entre fins do século XIX e início do século XX. Num levantamento realizado em 1908, de 116 economistas americanos, 59 tinham realizado sua pós-graduação na Alemanha, onde a escola histórica era dominante. Essa influência garantia que dentro dos departamentos de economia as disciplinas de história econômica tivessem algum espaço, permitindo que o método histórico pudesse manter um papel na formação dos economistas americanos.

Não à toa Harvard tinha se tornado esse centro disseminador e formador de historiadores econômicos. Afinal, a própria criação da cadeira de História Econômica por William Ashley era resultado da iniciativa de Charles Dunbar e Frank Taussig, dois entusiastas do papel da história como instrumento de interpretação do tempo presente e da realidade econômica. Ao longo da década de 1880, Dunbar e Taussig realizavam pesquisas na área de história econômica, valendo-se da abundância de fontes primárias das bibliotecas de Harvard. Enquanto o primeiro oferecia o curso de Economia Política, tendo sido autor do livro *The theory and history of banking*; o segundo era responsável pelo curso de história da legislação tarifária nos Estados Unidos, que lhe rendeu uma publicação de *Tariff History of the United States*, tema de seus cursos (COLE, 1968, p. 559-560).

Em suma, ainda nas décadas finais do século XIX, em menor medida ao que vinha ocorrendo na Inglaterra, a história econômica começaria a florescer como área

---

W.L. Westermann (Columbia). Cf.: *The Journal of Economic History*, v. 1 (1), maio de 1941.

autônoma em Cambridge, dos Estados Unidos. Antes desse movimento de Harvard, Arthur Cole lembra-se de esforços individuais, ainda de meados do século XIX, de autores como James Bishop, Thomas P. Kettel, Freeman Hunt e James Swank que teriam publicado obras que poderiam ser classificadas como de história econômica, com estudos sobre a manufatura e o comércio americano. Além dos autores, Cole lembra a formação da American Statistical Association, de 1839, como instituição importante no sentido de contribuir na organização e disponibilização de dados sobre a sociedade e economia americana (COLE, 1968, p. 557).[28]

Assim, Ashley foi decisivo para sedimentar a área e difundir um grupo de estudos sobre temas de história econômica ao longo de praticamente uma década em que esteve em Harvard. O legado de Ashley foi assumido por Edwin Gay em 1902, que, além de oferecer cursos sobre revolução industrial, colonização americana e sobre economistas franceses e alemães do século XIX, também estimulou seus alunos a adotar a história econômica como um especial campo de estudo. Sob sua influência e orientação, Edwin Gay atraiu para a história econômica personagens como Abbott Usher, Chester Wright e Norman Gras (COLE, 1968, p. 561).

No início do século XX, vieram estudos como os de Katherine Coman, *Industrial history of United States* (1905) e Clive Day, *History of Commerce* (1907).[29] Foram importantes obras, mas não alcançariam a liderança dos "founding fathers" da história econômica, como dos ingleses William Ashley e William Cunningham (HEATON, 1965, p. 466). Essas obras enquadravam-se na linha dos estudos monográficos disseminados pelos Estados Unidos à época, tais como a publicação de séries: em Harvard, "Historical" e "Economic", e na John Hopkins, "Studies in History and Political Science". Tais monografias foram também incentivadas por agências de fomento, como a Carnegie Institution, que financiavam a pesquisa e a publicação de séries históricas, como as de: Johnson sobre *Commerce* (1915), Clark sobre *Manufactures* (1916), Meyer & McGrill sobre *Transportation* (1917), Bidwell & Falconer sobre *Agriculture* (1925) (GRAS, 1927, p. 28). Finalmente, uma terceira iniciativa que estimulou a disseminação

---

28 N.S.B. Gras faz um levantamento das relevantes obras sobre a história da economia americana durante o século XIX (1927, p. 23-25).

29 Cole (1968, p. 567) reforça que os estudos de história econômica avançavam em todos os lugares, tais como: Carroll Wright, *Industrial evolution of the United States* (1897), Davis Dewey, *Financial history of the United States* (1902), Ellen Semple, *American history and its geographic conditions* (1903), Ernest Bogart, *Economic history of the United States* (1907). Gras coloca autores como Borgart, além de Lippincott, *Economic development of the United States* (1921) e Faulkner, *American economic history* (1924) como membros de uma segunda geração de historiadores econômicos americanos (1927, p. 25).

de novos estudos entre os historiadores econômicos, cuja liderança esteve nas mãos de Edwin Gay e Wesley Mitchell, foi a criação da National Bureau of Economic Research – NBER, durante a década de 1920 (LAMOUREAUX, 2016, p. 36).

Outra face dessa disseminação da história econômica pode ser encontrada no ensino universitário. Nos primeiros anos do século XX, disciplinas de história econômica passaram a ser oferecidas nas faculdades de economia de Yale, com Guy Callender e de Columbia com R.A. Seligman; na John Hopkins, eram os historiadores Richard Ely, Henry Adams e Herbert Adams os responsáveis pelas disciplinas. Outras iniciativas relacionadas à história de empresas também foram realizadas nos Estados Unidos no período.[30] Essa expansão do interesse pela história econômica pareceu manter-se estável nos Estados Unidos após a Primeira Guerra Mundial, ainda que existisse sempre o obstáculo da divisão entre os departamentos de História e Economia (COLE, 1968, p. 563-4).

Em 1920 eram quatro universidades de economia com cadeira em História Econômica nos Estados Unidos: Harvard, Columbia, Yale e Minnesota. Professores de outras universidades também já demonstravam interesse na área, ainda que ocupassem cadeiras em disciplinas correlatas nos Departamentos de História ou Economia. Contudo, conforme a consideração de Norman Gras, em palestra conferida no Encontro Anual da American Historical Association de 1920, o problema para a área no entreguerras era o crescente desinteresse dos economistas pela história econômica.[31] Para Gras, a explicação para esse desinteresse podia ser encontrada tanto no descrédito da economia histórica, como nos limites dos métodos estatísticos na história. A solução que vislumbrava, considerando a história econômica uma área com características bastante próprias, era ampliar sua autonomia, dando-lhe uma posição independente dos departamentos de História e Economia, mas sem esquecer as lições apreendidas das duas áreas "mães". Como exemplo, Gras acreditava no crescimento da demanda

---

30 Na John Hopkins, conforme Norman Gras, foi onde se constitui o primeiro grupo de pesquisa em história econômica. Os pesquisadores, Ely e Adams, defendiam o método indutivo, seguindo as lições do historicismo de Schmoller. O principal e mais reconhecido discípulo do grupo foi J.R. Commons, responsável pela edição do *Documentary History of American Industry Society*, em dez volumes, e a publicação da *History of Labour in the United States* (1927, p. 25-6).

31 Cole acredita que tal transformação pode ter sido resultado das novas preocupações dos economistas pós-Primeira Guerra Mundial, e mesmo do distanciamento de Edwin Gay de Harvard até 1926, tendo a principal liderança americana afastada do campo da história econômica (1968, p. 571). Lamoreaux lembra, todavia, que essa sensação já era percebida por Guy Callender em 1913, quando o historiador econômico afirmava que os temas de história econômica já não tinham mais espaço dentro dos programas de economia (2016, p. 8).

de história econômica pelas escolas de comércio ou mesmo pelo ensino secundário, considerando que nem a "velha história", tampouco a atual economia, eram suficientes para responder os anseios da população (GRAS, 1920, p. 221-3).

Em certo sentido, a primeira resposta dada por Edwin Gay e Norman Gras ao descaso dos economistas para com a história econômica foi fortalecer a área de business history em Harvard. Em 1925, os dois formaram a Business Historical Society, como resultado da expansão Harvard Business School e com apoio de seu novo Diretor, Wallace Donham. A partir da sociedade, seria publicada a revista *Journal of Economics and Business History*, cujo primeiro número foi lançado em 1928, disseminando o modelo de estudo de caso de empresas amplamente difundido a partir de Harvard. Apesar do apoio financeiro de empresas e do bem-sucedido esforço de concentração de arquivos nas bibliotecas de Harvard, Arthur Cole questiona os resultados que se centraram, acima de tudo, sobre história de caráter institucional de companhias e biografias de empresários (1968, p. 577).

De qualquer maneira, o desenvolvimento da história econômica manteria uma estreita relação com os pesquisadores da Harvard Business School, mesmo depois de formada a Economic History Association. Por exemplo, o comitê da Economic History Association fomentaria, a partir de recursos da Rockefeller Foundation, não somente determinados temas de estudos relacionados com a área de história de empresas, como também apoiaria a constituição do Research Center in Entrepeneurial History, em Harvard no ano de 1948 (LAMOUREAUX, 2016, p. 38-9). Esse centro seria um ambiente interdisciplinar, com participação de personagens relevantes como Arthur Cole, Joseph Schumpeter, Alexander Gerschenkron, Leland Jenks, Thomas Cochran, entre outros. Com igual relevância, outro projeto lançado a partir do comitê da Economic History Association foi voltado para compreender o papel do governo no desenvolvimento econômico americano (HEATON, 1965, p. 477).

A verdade é que o entreguerras teria sido ainda um período relativamente favorável e profícuo para os historiadores econômicos, mesmo entre economistas. Se a conjuntura das crises econômicas provocadas pela Primeira Guerra e, especialmente pela Crise de 1929, colocava o tema dos ciclos econômicos em destaque, exigindo dos historiadores econômicos séries estatísticas (COLE, 1968, p. 571-2; LAMOREAUX, 2016, p. 10), por outro lado, como vimos anteriormente, a liderança de Edwin Gay em Harvard teria disseminado grande número de pesquisas em história de empresas, e também, entre os economistas, o institucionalismo americano transmitia certo ambiente de abertura para estudos históricos. A capacidade de diálogo do institucionalismo com outras áreas das Ciências Sociais era visível entre os historiadores: nas sessões do congresso da Historical Association, os temas como capitalismo e mundo do trabalho sofriam grande influência dos trabalhos de Commons, um dos expoentes do institucionalismo (GRAS, 1920, p. 212).

Assim, diferentemente do que ocorrera na Inglaterra na passagem para o século XX, a economia como disciplina viveu um clima de pluralismo metodológico até o pós-Segunda Guerra Mundial. Como discute Coats sobre a formação da American Economic Association – AEA, de 1885, os principais economistas envolvidos na tarefa tinham sido treinados na Alemanha até a eclosão da Primeira Guerra Mundial (COATS, 1985, p. 1702 e segs.). Essa característica fazia a primeira geração da AEA constituir um espaço de negação do *laissez-faire*, opondo-se ao uso exclusivo do método dedutivo, à existência de leis naturais, advogando no sentido de que a teoria deveria ser avaliada frente às instituições de cada época e de cada país (HODGSON, 2001, p. 139).[32]

A American Economic Association não permaneceu com tal posição ao longo das décadas seguintes, mas é possível afirmar que até a década de 1940 prevaleceu um ambiente plural entre os economistas americanos. Tanto economistas neoclássicos como institucionalistas disputavam espaços nas universidades, nos programas de fomento à pesquisa e nos postos do governo.[33] Vale lembrar que entre os presidentes da American Economic Association figuraram expoentes do institucionalismo, sendo alguns deles, personagens com trajetórias muito marcadas pela história econômica: John R. Commons em 1917, Wesley C. Mitchell em 1924, Edwin F. Gay em 1929 e Ernest L. Bogart em 1931, John Bates Clark em 1935, Frederick Mill em 1940, e entre outros (HODGSON, 2001, p. 156).

A especificidade e a força do institucionalismo americano, quando comparado com a evolução do ensino e pesquisa de economia na Inglaterra do início do século XX, permitiram, portanto, um maior diálogo entre economistas e historiadores econômicos nos Estados Unidos. Como afirma Koot, os institucionalistas que alcançaram proeminência nas décadas iniciais do século XX tinham como importante influência a escola histórica alemã. Contudo, diferentemente dos economistas his-

---

32 Em oposição ao grupo da AEA foi formado quase que simultaneamente o Political Economic Club, em que as teorias ricardianas e a defesa do liberalismo eram dominantes (COATS, 1993, p. 225-238).

33 Para Hodgson é possível falar na posição dominante dos institucionalistas nas universidades e nos debates econômicos entre o final da Primeira Guerra Mundial e o início da Segunda Guerra Mundial (2001, p. 156).

tóricos ingleses, os institucionalistas americanos estavam menos preocupados em buscar suas respostas na história, demonstrando maior interesse em outras ciências sociais, sobretudo na área de política social e regulação, e, até mesmo na biologia. Em comum, não obstante, os movimentos americano e inglês buscaram encontrar respostas para questões contemporâneas que teriam sido ignoradas ou vistas de maneira errônea pela tradição ortodoxa. Seus representantes criticavam o nível de abstração da teoria clássica e neoclássica e consideravam importante buscar maior diálogo com outras disciplinas e numa perspectiva indutiva (KOOT, 1980, p. 203).[34]

O pensamento de Thorstein Veblen, principal expoente do institucionalismo, pode exemplificar tal perspectiva. Para o economista, a teoria do comportamento humano deveria ser encarada a partir de uma dimensão universal e de outra cultural (de caráter histórico-institucional). Nesse sentido, o comportamento humano seria envolvido por ações instintivas, tais como presentes na ideia da racionalidade dos economistas neoclássicos, mas também por meio dos hábitos e elementos culturais, que são historicamente determinados. Para Hodgson (2001, p. 148-152), a defesa da especificidade histórica estaria mais presente nos trabalhos de John Commons, o qual defenderia que diferentes circunstâncias históricas e geográficas geravam diferentes formas de capitalismo, tais como as organizações e instituições econômicas americanas, que seriam bastante distintas das europeias.[35] No que diz respeito ao espaço reservado à história econômica, o importante é que, independente do grau de apropriação da pesquisa histórica, mais presente em Commons do que em Veblen, esta estava garantida e respeitado pelos teóricos do institucionalismo.

Esse cenário de ampla difusão do institucionalismo, entretanto, começou a declinar em fins da década de 1930. As causas do esvaziamento da corrente podem ser encontradas tanto na própria corrente, como na evolução da teoria econômica. Para Douglass North e Geoffrey Hodgson, o declínio do institucionalismo poderia ter sido consequência de suas lideranças terem falhado em construir um corpo teórico sistemático (NORTH, 1986, p. 235; HODGSON, 2001, p. 174). Interessante perceber como esse era o mesmo diagnóstico apresentado por Norman Gras sobre os estudos de história econômica realizados nos Estados Unidos: escrevendo ainda

---

34 Para Nardinelli & Meiners, nos trabalhos de autores institucionalistas como Wesley Mitchell e John Commons a coleção de fatos históricos representava parte importante da pesquisa/teoria (1988, p. 545).
35 Herbert Simon também parece seguir essa mesma linha, afirmando que a economia seria por necessidade uma ciência histórica (BARROS, 2004, p. 135).

em 1920, considerava que o método histórico aplicado aos estudos econômicos já demonstrava sinais de falhar como instrumento para construir uma teoria (1920, p. 210). Anos mais tarde, o autor reforçaria sua crítica aos historiadores econômicos, considerando que era preciso maior desenvolvimento de técnicas para o trabalho acadêmico (GRAS, 1927, p. 33).[36]

Essa preocupação de Gras foi respondida dentro da ciência econômica na década de 1940, tanto pelo keynesianismo, como pela ampla difusão dos métodos econométricos e dos modelos matemáticos nas pesquisas econômicas. Assim, a crise do institucionalismo nos Estados Unidos, durante a década de 1940, pode ser também resultado da ascensão da abordagem macroeconômico de John Maynard Keynes, aprofundado com a revolução keynesiana que traria os modelos teóricos para o centro da análise, reduzindo a relevância da história para a identificação da dinâmica econômica. Tal movimento foi aprofundado com a ascensão da economia matemática e da econometria que substituíram a história como método de validação da teoria, para se colocar como um instrumento mais científico e objetivo de análise. A história, nesse sentido, seria relegada a um status inferior – o que para Nardinelli & Meiners foi também resultado da má qualidade dos estudos de história econômica realizados nos Estados Unidos, que reuniam uma má teoria econômica com uma má história (1988, p. 545-6; HODGSON, 2001, p. 174).

As frestas para os historiadores econômicos, nesse sentido, tornavam-se cada dia mais estreitas entre os economistas americanos no período de fundação da associação americana. Inicialmente, a Economic History Association parecia seguir a mesma experiência de sua congênere inglesa, um espaço de resistência para manutenção dos estudos de história econômica mais plural. Contudo, passadas duas décadas, a associação caminharia para uma relevante transformação, em que a perspectiva interdisciplinar dos historiadores econômicos americanos seria sugada pelas técnicas dos economistas do pós-guerra, se valendo de modelos e da econometria como instrumento de análise das experiências históricas. A revolução da cliometria,

---

[36] Coats mostra a tendência de profissionalização do economista dentro da Associação Americana de Economia no período da Segunda Guerra Mundial: "Nevertheless, in the interwar years there were distinct signs of change in the organization's procedures and in its members' [of EAE] attitudes. Of special interest here is the growing concern with certain professional issues that had occasionally surfaced in earlier years and were to become increasingly insistent during and after World War II" (1985, p. 1708).

consubstanciada em fins dos anos 1960, marcou o fim de uma era do perfil dos historiadores econômicos americanos (LAMOUREAUX, p. 13).[37]

Em termos numéricos, é possível dizer que foi uma virada muito bem-sucedida. De 476 sócios registrados em 1959 (o que representava um crescimento de cerca de 30% dos sócios inscritos na associação em 1940, ano da fundação), a Economic History Association passou para mais de 800 sócios em 1965, com crescente adesão de economistas. A alteração da posição editorial da revista *Journal of Economic History* foi evidente nessa aproximação com a teoria econômica neoclássica: se apenas 10% dos artigos podiam se enquadrar como cliométricos entre 1956-1960, essa percentagem aumentou para 40% entre 1966-70 e para os incríveis 70% entre 1971-75 (WHAPLES, 1991, p. 293).

Em suma, a história econômica preservou seu espaço dentro dos departamentos de economia dos Estados Unidos, mas como um tipo específico de história, aquela delineada pela teoria econômica e pelo novo instrumental econométrico à disposição dos economistas. Uma história econômica voltada para testar a teoria, para exemplificar e reforçar os modelos teóricos. Diferentemente do divórcio entre teoria e história econômicas ocorrido na Inglaterra, em que o campo de atuação dos historiadores econômicos foi mantido, mas como uma área dissociada do núcleo do conhecimento dito econômico, nos Estados Unidos; ao menos nas décadas seguintes à formação da Economic History Association, a "nova história econômica" conseguiu manter um diálogo mais estreito com a teoria econômica.

A difusão das Associações de História Econômica, 1960-2000

Foi durante a década de 1960 que se intensificou a formação das associações nacionais de história econômica (Tabela 1), com a disseminação de instituições tanto na Europa, como também nos mais diversos continentes, tendo sido a América Latina um especial espaço de difusão a partir dos anos 1990. Se os anos 1960 vivenciaram a constituição de associações europeias em países com uma já relevante tradição em pesquisa de história econômica, tais como a Alemanha em 1961 e a França em 1965, as décadas seguintes foram o momento de difusão das associações em países periféricos, nos quais o desenvolvimento de uma sistemática de produção em história econômica teve início somente na segunda metade do século XX. O primei-

---

37 Uma curiosidade que pode ter influído no desenvolvimento da cliometria justamente nos Estados Unidos, foi a forte ligação entre os centros de história econômica com as agências de estatística.

ro "sistema nacional ambicioso" de pós-graduação na América Latina, por exemplo, foi constituído no Brasil somente na década de 1970 (BÉRTOLA & RODRIGUEZ-WEBER, 2015, p. 12).

Podemos considerar que esse movimento de propagação das associações pelo mundo, na segunda metade do século XX, também deparou-se com um ambiente bastante ambíguo no que diz respeito ao desenvolvimento das pesquisas de história econômica. Conforme a Tabela 1, foram quatro associações criadas por década entre os anos de 1960 e 2000, número que é certamente muito maior, afinal o levantamento não encontrou o ano de fundação de quase vinte associações. O vigor dessa trajetória de formação das associações deve-se à especialização das áreas e à massificação do ensino superior, em especial para os países desenvolvidos, que ampliaram consideravelmente a possibilidade de arregimentação de novos quadros. Adicionalmente, os programas de pós-graduação ampliaram a formação de pesquisadores, inclusive de estrangeiros que posteriormente seriam responsáveis por constituir essa estrutura acadêmica em seus países de origem, como foi o caso do Brasil a partir da reforma do ensino superior na década de 1970. Assim, o número de historiadores econômicos nas últimas décadas do século XX cresceu mundialmente, permitindo a formação de sociedades por diversas localidades e, inclusive, a fundação da própria Associação Internacional de História Econômica (International Economic History Association – IEHA) em 1960, que promoveria congressos internacionais a cada três anos, realizados, em sua maioria, na Europa e nos Estados Unidos.[38]

O cenário otimista, que essa trajetória de difusão da história econômica ensejava, vinha acompanhado de melhoras nas técnicas de pesquisa e também na disponibilidade e organização de arquivos e fontes. Todavia, nesse mesmo período, o ambiente teórico tanto entre economistas como entre historiadores tornou-se mais desafiador para os historiadores econômicos na tarefa de ocupar espaços de destaque entre seus pares. Ao menos três movimentos podem ser lembrados nesse sentido.

Em primeiro lugar, há uma mudança radical no campo historiográfico, materializada a partir da transformação dos interesses dos historiadores franceses. A direção editorial da revista dos *Annales* é símbolo dessa mudança, da ascensão de uma "Nova História", pois ao valorizar os temas de uma história cultural, da mentalidade, etc., retirou a centralidade da história econômica como outrora era a tônica da revis-

---

[38] Os Congressos Internacionais somente saíram da rota Europa - Estados Unidos nos anos 2000, com a realização do evento na Argentina (2002), África do Sul (2012) e Japão (2015). Conferir site oficial da IEHA: http://www.ieha-wehc.org/

ta e da produção científica. Essa transição ocorrida inicialmente na França, em fins dos anos 1960, estendeu-se para o restante do mundo, abrindo uma nova vertente historiográfica que dominaria a formação dos novos alunos nos cursos e programas de pós-graduação de história, assim como as linhas editoriais e de fomento as pesquisas na área de história.[39]

A segunda relevante mudança deve ser encontrada no campo dos economistas. A crescente instrumentalização da economia – tanto por meio dos avanços teóricos realizados a partir da síntese neoclássica do pós-Segunda Guerra Mundial, como por meio da valorização crescente da econometria como instrumento de validação dos modelos econômicos – colocou a história econômica numa posição secundária dentro da área. Esse movimento foi mais intenso inicialmente nos Estados Unidos, mas ao longo da "Era de Ouro do capitalismo" foi absorvido pelas mais diferentes escolas econômicas, inclusive na periferia, e o resultado seria uma marginalização dos historiadores econômicos, ou a cooptação de seus estudos para uma nova forma de se fazer a história, por meio dos modelos e instrumentos "modernos" da teoria econômica. O resultado desse movimento é o nascimento, por exemplo, da Nova Economia Institucional ou da própria Nova História Econômica (mais tarde chamada de cliometria), que dominaria, a partir dos anos 1960, revistas como *Journal of Economic History*.[40]

Finalmente, a terceira tendência foi a de destronar pesquisadores marxistas de posições estratégicas na estrutura acadêmica, assim como de reduzir sua influência nos debates histórico, econômico e político. O marxismo foi um campo em que a história econômica pôde se desenvolver de maneira considerável, vale lembrar "o debate da transição" dos anos 1950, lançado a partir da publicação do livro de Maurice Dobb, *Studies in the Development of Capitalism* de 1946.[41] Fortalecido pela ascensão dos representantes da Nova História, no campo dos historiadores, e dos adeptos da Nova História Econômica, entre os economistas, o questionamento ao marxismo reduziu ao longo das últimas décadas a influência e a capacidade da história econômica marxista em conduzir as diretrizes da produção acadêmica.[42]

---

39 Para trabalhos de referência sobre essa inflexão na historiografia francesa, cf.: Burke (2010), Le Goff (2001), Fontana (1998).
40 Cf.: Coats (1980) e Morgan (2003). Como afirma Lamoreaux, depois da revolução da cliometria na década de 1960, os economistas dominaram a forma de se fazer história econômica nos Estados Unidos, com o custo de quase desaparecimento da interdisciplinaridade na área (2016, p. 35-6).
41 O livro foi traduzido para o português como *A evolução do capitalismo*.
42 Cf.: Saes & Saes (2013, introdução). Para um exemplo das críticas ao marxismo, cf.: Bois (2001).

Por conta dessas três tendências, a inegável disseminação de pesquisadores e associações de história econômica na segunda metade do século XX não significa que esse processo tenha ocorrido sem desafios. A seguir mostraremos como a constituição da Associação Francesa de História Econômica se insere nesse movimento de mudança das perspectivas entre os historiadores e, posteriormente, à guisa de conclusão, faremos sintéticos comentários a respeito do ambiente de formação das associações de história econômica da América Latina (em especial para o Brasil).

A dominante história econômica entre os historiadores franceses

A tardia formação da associação francesa de história econômica – tardia em relação às associações inglesa e americana – deve ser compreendida justamente pela dominância da abordagem histórico-econômica entre os cientistas sociais e, em especial, entre os historiadores franceses. Possuindo um espaço de prestígio, tendo como núcleo irradiador a revista dos *Annales*,[43] os pesquisadores do país não careciam de uma "instituição própria" para fomentar estudos de história econômica entre as décadas de 1930 e 1960. O caso é que, ainda que não fosse propriamente uma associação, a Escola dos *Annales*, constituída na França em 1929, certamente cumpriu com o importante papel de congregação de estudiosos e definiu parâmetros de pesquisa – em história econômica – para a geração de historiadores franceses até meados do século XX.[44]

Em comparação aos processos americano e inglês, a institucionalização da área de história econômica na França se deu algumas décadas mais tarde, quando novas abordagens, da chamada Nova História, começaram a questionar a posição de dominância dos estudos de história econômica. Assim, a trajetória da própria revista dos *Annales* – que sendo um espaço privilegiado para historiadores econômicos na

---

[43] A revista internacionalmente conhecida como *Annales*, chegou a ter quatro títulos ao longo de sua história: *Annales d'histoire économique et sociale (1929-39); Annales d'histoire sociale (1939-42;45); Mélanges d'histoire sociale (1942-44); Annales: économies, societés, civilisations (1946-).* (BURKE, 2010, p. 11).

[44] Outra característica particular do percurso da história econômica francesa em comparação com os casos da Inglaterra e dos Estados Unidos é a proximidade da área com os historiadores em detrimento dos economistas, como mais comum entre os pesquisadores anglo-saxões. Uma possível explicação para essa característica é que as faculdades de economia na França somente foram autorizadas a funcionar em 1959. Antes, os economistas recebiam formação nos cursos de Direito, como uma especialização. Nesse sentido, os cursos priorizados nas faculdades de Direito eram os de Economia Política (FOURCADE, 2009, p. 188-195).

sua origem, em 1929, viu a ascensão de uma nova perspectiva nos anos 1960 – parece ilustrar de maneira bastante clara a evolução da área no país.

A liderança no processo da formação dos *Annales* coube a dois jovens historiadores, na época professores da Universidade de Estrasburgo, Lucien Febvre e Marc Bloch. Ambos buscavam superar a tradição dos estudos de história do período, afastar-se do "antigo regime da historiografia", nas palavras de Peter Burke, uma "narrativa dos acontecimentos políticos e militares, apresentado como a história dos grandes feitos de grandes homens – chefes militares e reis" (BURKE, 2010, p. 16).[45] Essa tradição, em fins do século XIX, fora aprofundada pelos estudos de Leopold von Ranke, o qual, influenciado pelo positivismo do período, defendia uma história objetiva, profissional e, sendo conservadora, distante de perspectivas sociais e culturais.

Essa crítica ao modelo de uma história tradicional, modelo que ficou conhecido como "historicismo", não era nova. Na Alemanha a influente escola histórica apontava para a centralidade dos eventos econômicos e sociais. Gustav Schmoller seria uma liderança dessa escola em fins do século XIX e, em 1893, seria criada a revista *Vierteljahrschrift fur Sozial - und Wirtschaftsgeschichte*, como núcleo de estudos de história econômica e social.[46] Entre os sociólogos como Herbert Spencer, Auguste Comte e Emile Durkheim, essa história de caráter personalista e de fatos políticos representava "manifestações superficiais" a serem superadas (BURKE, 2010, p. 19-20). Finalmente, o sociólogo e economista francês, François Simiand, escreveria "O método histórico e ciências sociais" em 1903, artigo em que afirmava a necessidade de os historiadores superarem três ídolos: o "político", o "indivíduo" e o "cronológico", isto é, superando as narrativas políticas, os estudos de trajetórias individuais de grandes homens e a preocupação com a incessante busca pelas origens. Essa crítica de Simiand foi publicada na *Revue de Synthèse Historique*, fundada por Henri Berr, cuja perspectiva editorial influenciaria anos mais tarde os fundadores dos *Annales*, Marc Bloch e Lucien Febvre.

---

45 Para Jacques Le Goff, a história política era a "pedra no sapato" de Bloch e Febvre, uma história--narrativa, dos acontecimentos que precisa ser "combatida" (2001, p. 30-1).

46 Publicada originalmente como *Zeitschrift für Social- und Wirthschaftsgeschichte* (entre 1893-1900) a revista era um importante instrumento de divulgação de pesquisas de historiadores econômicos da Europa antes da criação da *Economic History Review* e dos *Annales*. Autores como William Cunningham, Henri Pirenne e Henri Sée, por exemplo, possuem textos publicados nas duas primeiras décadas de existência da revista. Conferir site da revista: https://www.digizeitschriften.de/dms/toc/?PID=PPN345858352

A trajetória de François Simiand ilustra o novo percurso que a história seguiria no início do século XX. Foi membro do conselho editorial da revista *Année Sociologique*, na seção de sociologia econômica e, mais tarde, publicou *La Méthode positive en science économique* (1911), em que reforçava a necessidade de que estudos nas áreas das ciências humanas dialogassem com temas de disciplinas como a história, a sociologia e a economia. Para Simiand, era necessário pensar uma unidade metodológica que reunisse todo o conhecimento humano, sem distinção, posição esta que seria muito combatida por pensadores e historiadores positivistas. O autor queria evitar uma possível restrição analítica e, para compreender a realidade, uma síntese dos métodos das ciências humanas seria mais adequada.

Partindo dos pressupostos de Simiand, Marc Bloch e Lucien Febvre se lançariam, anos mais tarde, em uma busca incansável pela construção de uma história total, em que a atividade humana – o homem e a sociedade em que ele estaria envolto – receberia destaque. Afinal, das mais particulares experiências históricas, era possível encontrar uma totalidade – originária das estruturas do capitalismo – que não poderia ser abandonada. Social, como dizia Lucien Febvre, servia para se livrar das muralhas das ciências específicas e, pelo contrário, para que fosse capaz de integrar a análise por diferentes esferas da existência, atingindo a totalidade. Era nesta interface entre ciências sociais e história que Febvre e Bloch constituiriam em 1929 *Annales d'historie économique et sociale* (CARDOSO & BRIGNOLI, 2002, p. 471).

Os dois professores de Estrasburgo assumiram alguma notoriedade entre os historiadores franceses ainda durante a década de 1920. Lucien Febvre publicou em 1922 *La terre et l'evolution humane*, obra com influência do geógrafo Vidal de La Blache; anos mais tarde, enveredou pelos estudos de atitudes coletivas, ou como ele mesmo denominou, de "psicologia histórica", escrevendo sobre o renascimento e a reforma.[47] Bloch, por sua vez, era autor de *Les rois thaumaturges*, de 1924, cuja perspectiva antropológica era usada para compreender o poder dos reis numa análise de longa duração – por meio de uma história dos milagres, de "representações coletivas" –, estabelecendo um diálogo com o sociólogo Émile Durkheim (BURKE, 2010, p. 32-3).

A criação da revista era ideia de Lucien Febvre, e já se fazia presente nos primeiros anos após a Primeira Grande Guerra, mas somente tomou rumo a partir de 1928,

---

47 No período são produzidos textos para conferências sobre o Renascimento francês e uma biografia sobre Lutero. Mas sua obra de destaque sobre o tema seria publicada nos anos da Segunda Guerra Mundial, em 1942, *Le problèm de l'incroyance au XVIe siécle: la réligion de Rabelais*.

com a iniciativa de Bloch. Para a direção da revista, foi convidado o historiador econômico belga Henri Pirenne, renomado por seus estudos sobre as cidades e o comércio na Idade Média – estudos pelos quais os dois organizadores nutriam especial admiração (LE GOFF, 2001, p. 30). Na recusa de Pirenne, Febvre e Bloch tomaram a dianteira do projeto e assumiram a edição da revista. O primeiro número, de 15 de janeiro de 1929, já explicitava o objetivo, um tanto ambicioso, dos autores:

> Existem outras revistas, e mais importantes, de história econômica e social? Certamente sabemos, nossa revista na produção francesa, europeia e mundial, não é a primeira. Todavia, nós acreditamos que, ao lado de seus antecessores gloriosos, sua aura terá lugar ao sol. Ela se inspira pelos exemplos passados, mas traz um espírito que lhe é próprio (BLOCH & FEBVRE, 1929, p. 1-2).

Tendo os estudos de história econômica lugar de prestígio nos primeiros números, a revista se colocava como uma possível rival da *Economic History Review*, entretanto, diferentemente da revista inglesa, os *Annales* sustentavam como característica o diálogo muito mais aberto entre os historiadores, sociólogos, geógrafos. Como os autores defendiam: "não há história econômica e social. Há somente história, em sua unidade. A história que é, por definição, absolutamente social" (FEBVRE, 1970, p. 40). Ao recuperar os conceitos das ciências humanas, com o intuito de buscar uma síntese da evolução do homem, intentava-se caminhar na direção de uma história total: uma história problema para pensar as questões do tempo presente. Assim, nos primórdios dos *Annales*, antes da eclosão da Segunda Guerra Mundial, a revista estava embebida em elementos do materialismo histórico, mas sua maior preocupação era garantir o diálogo com as Ciências Sociais, como já se defendia na *Revue de Synthèse Historique*, fundada por Henri Berr.[48] Em suma, era visível a defesa de um ecletismo teórico e metodológico, estimulando uma modernização do ofício do historiador, mas sem criar um pensamento teórico próprio (FONTANA, 1998, p. 204).

No comitê editorial, além dos historiadores, estavam também presentes um geógrafo (Albert Demangeon), um sociólogo (Maurice Halbwachs), um economista (Christ Rist) e um cientista político (André Siegried) (BURKE, 2010, p. 36-7). Entre os artigos publicados durante o primeiro ano da revista, vale destacar a presença de temas clássicos da história econômica, como o comércio na Idade Média, ou os

---

48 Para a proximidade dos *Annales* com os estudos marxistas, conferir: Wallerstein (1980, p. 12 e segs.), Rojas (1993, especialmente p. 128-133) Bois (2001) e Fontana (1998, p. 204).

aspectos da atividade industrial e o caráter da produção rural na Europa medieval, entre outros temas. Outras duas características dos artigos publicados nos primeiros números são dignas de nota: tanto a abrangência da contribuição dos pesquisadores, com temas e nacionalidades dos mais variados países da Europa e Estados Unidos, como também com a presença de importantes pesquisadores, lideranças da história econômica, tais como Pirenne, Heckscher, Lefebvre e Usher.[49]

Essa primeira fase da revista pode ser dividida em dois momentos: se até a eclosão da Segunda Guerra Mundial, ao que parece foi Marc Bloch quem deu as principais diretrizes na política editorial da revista, com sua morte – Bloch foi fuzilado pelos nazistas em 1944 –, Febvre assumiu sozinho a empreitada até 1956, ano de seu falecimento.[50] No período posterior à guerra, os *Annales* pareciam cumprir com o ambicioso objetivo de seus criadores, se colocando definitivamente como uma "escola", no sentido de orientar um perfil de pesquisas. Nas palavras de Burke: "os *Annales* começaram como uma seita herética (...). Depois da guerra, contudo, a revista transformou-se no órgão oficial de uma igreja ortodoxa" (2010, p. 48).

Após essa primeira fase da revista de 1929 a 1956, os *Annales* teriam outras duas fases marcantes, caracterizadas por posições editoriais que certamente influenciaram a própria trajetória dos estudos históricos. A primeira delas, entre 1956 e 1968, conhecida como "a segunda geração", foi marcada por ser o período em que Fernand Braudel assumiu a direção da revista. Nesses anos, Braudel promoveu ampla difusão de sua perspectiva de uma "história estrutural" e de "longa duração", garantindo uma importante valorização dos trabalhos de história econômica e social. Entre os historiadores franceses, talvez essa possa ser considerada a época de ouro da história econômica – coincidindo com a época de ouro do capitalismo e com as

---

49 Como ilustração, conferir alguns artigos publicados nos *Annales d'histoire économique et sociale* de 1929: PIRENNE, Henri. L'instruction des marchands au moyen âge. n. 1, 1929, p. 13-28; BAUMONT, Maurice. L' activité industrielle de l'Allemagne depuis la derniere guerre. n. 1, 1929, p. 29-47; SAYOUS, André-É. Les transformations des méthodes commerciales dans l'Italie médiévale. n. 2, 1929, p. 161-176; HECKSCHER, Éli F. Suède: histoire urbaine. n. 2, 1929, p. 282-288; SNELLER, Z.-W. La naissance de l'industrie rurale dans les Pays-Bas aux XVIIe et XVIIIe siècles. n. 2, 1929, p. 193-202; HAUSER, Henri. Réflexions sur l'histoire des banques à l'époque moderne (de la fin du XVe à la fin du XVIIIe siècle). n. 3, 1929, p. 335-351; LEFEBVRE, Georges. La place de la Révolution dans l'histoire agraire de la France. n. 4, 1929, p. 506-523; USHER, Abbot Payton. Comment se placent les usines. L'exemple des États-Unis. n. 4, 1929, p. 524-550.

50 Josep Fontana é categórico em distinguir as duas fases, a primeira marcada pela presença de Marc Bloch, e a segunda pelo seu afastamento e posterior falecimento. Para o autor essa "virada" da posição editorial da revista, de uma revista de "combate" para uma "nova história" já se efetiva em 1941, cuja manifestação mais intensa se apresenta quando Febvre, no editorial da revista de 1946, diz: "os *Annales* mudam porque ao seu redor tudo muda" (1998, p. 206-7).

críticas a partir do marxismo acadêmico (WALLERSTEIN, 1980, p. 15).[51] A terceira geração, por seu turno, foi marcada pela saída de Braudel da direção da revista, e pela violenta transformação da linha editorial, demarcando os novos tempos da historiografia mundial, com a ascensão de temas culturais, da história das mentalidades, da micro-história. O comitê editorial já não teria mais a liderança de um historiador do peso de Lucien Febvre ou de um Fernand Braudel, tornando-se mais fragmentado, com a presença de historiadores como André Burguière e Jacques Revel, ou mesmo historiadores de maior destaque, como Jacques Le Goff, Marc Ferro e Emmanuel Le Roy Ladurie.

A partir da segunda geração, mas de certa forma já desde o pós-Segunda Guerra Mundial, a revista dos *Annales* assumiu uma posição de notoriedade internacional.[52] Sob a liderança de Fernand Braudel a revista manteve os traços de suas origens, com espaço para o diálogo com a geografia e a preocupação com a história econômica (FONTANA, 1998, p. 209), mas houve alguma modificação: o artigo de Braudel publicado em 1958, "História e ciências sociais: a longa duração", sintetizava a nova perspectiva que nascia com o autor de *O mediterrâneo*. A leitura de totalidade, fiel herança da geração anterior, agora passava pelo manejo dos "tempos do mundo", considerando que todas as estruturas estavam sujeitas a mudanças, e essa seria a principal contribuição do historiador às ciências sociais (BURKE, 2010, p. 75).

No período de direção intelectual de Fernand Braudel – vale dizer que ele foi também diretor da VI Seção do Centro de Pesquisas Históricas na Escola de Altos

---

51 Marion Fourcade reitera a importância dos historiadores econômicos nessa segunda geração, num momento em que o ensino de Economia ainda era muito rudimentar no país, de maneira que os projetos interdisciplinares liderados por personagens como Febvre, Braudel e Charles Mozaré acabavam por envolver também os economistas franceses. Lembra a autora que os membros da VI Sessão do Centro de Altos Estudos estiveram envolvidos também a formação da *Revue Économique* (2009, p. 199).

52 Eric Hobsbawm lembra que já nos anos 1930 a revista era acompanhada pelos historiadores em Cambridge: "Imagino que alguns de nós, pelo menos em Cambridge, líamos os *Annales* já nos anos 30. Além do mais, quando Marc Bloch veio e conversou conosco em Cambridge (...) foi-nos apresentado como o maior medievalista vivo, a meu ver, com toda justiça. Talvez isso se devesse especificamente a um fenômeno local, a existência em Cambridge de Michael Postan, que então ocupava a cadeira de história econômica, um homem de raras afinidades cosmopolitas e vasto conhecimento. Mas também se devia a outro fenômeno já mencionado por outros participantes deste colóquio, ou seja, a curiosa confluência, via história econômica, entre o marxismo e a escola francesa. Foi no terreno da história econômica e social, evidente no título-insígnia da *Annales* original, que nos encontramos. Os jovens marxistas daqueles tempos descobriam que a única parte da história oficial que fazia algum sentido para eles, ou pelo menos que podiam utilizar, era a história econômica, ou a história econômica e social. Dessa forma, foi por meio dela que a junção foi feita" (HOBSBAWM, 1998, p. 194).

Estudos –, por conta dessa valorização da análise das estruturas, houve, entre os artigos da história econômica marxista e aqueles produzidos e divulgados pelos *Annales*, uma profunda confluência de temas na academia francesa (WALLERSTEIN, 1980, p. 12 e AGUIRRE-ROJAS, 1993, p. 133).[53] Assim, na França o marxismo nesse período se fez presente em estudos históricos de relevantes pesquisadores, como Albert Soboul, Pierre Vilar, Charles Parain, Georges Lebfevre e Ernest Labrousse. Para além das fronteiras francesas, é interessante notar que, na Grã-Bretanha, um importante grupo de historiadores marxistas tinha alguma identidade com a Escola dos *Annales*, e acompanhava suas pesquisas, mantendo contato com os historiadores franceses (HOBSBAWM, 1998, cap. 13). Nesse sentido, embora não se caracterizasse como marxista, havia pontos de aproximação entre a Escola dos *Annales* e o pensamento marxista que não podem ser desprezados.

Também como parte da segunda geração, que permitiria uma respeitada valorização da história econômica, emergiam os estudos de história serial. Oriunda do desenvolvimento das técnicas e da coleção de documentos, a história dos preços, por exemplo, transformou-se num importante objeto para a explicação dos fenômenos históricos. Ernest Labrousse, historiador francês, membro da segunda geração da escola dos *Annales*, ao publicar sua tese em 1932 sobre os movimentos de preços e salários na França do século XVIII, fortalecia a importância de se aprimorar a utilização de séries econômicas para compreender os fenômenos sociais.[54] Na década de 1940, como professor que sucedeu Marc Bloch na Sorbonne, Labrousse passou a estudar a crise econômica na França setecentista que implicaria na irrupção da revolução francesa, publicando *Crise de l'économie française à la fin de l'Ancien Régime et au début de la Révolution* (1944).

As preocupações totalizantes da escola dos *Annales*, todavia, não desapareceram; apesar de a história serial ser uma história econômica quantificadora, estando presente nas pesquisas de demografia histórica, de história regional e estimulando-

---

53 Vale dizer que alguns temas do debate marxista "acadêmico" do pós-Segunda Guerra Mundial, como a debate da transição lançado a partir da publicação da *Evolução do capitalismo* de Maurice Dobb (1946), tomaram dimensão planetária (FONTANA, 1998, cap. 13).

54 Para a importância de Labrousse no período conferir os trabalhos de Burke (2010, p. 74-77), Caron (1990) e Vovelle (2001, p. 69-71). Para o primeiro, o historiador francês foi responsável pela orientação de alunos de pós-graduação, direcionando estudos sobre temas conjunturais e regionais, com grande análise serial de dados; o segundo, por sua vez, defende que a liderança de Labrousse, juntamente com F. Simiand, colocou a "dialética dos tempos da história econômica" como método dominante. Aqui vale ressaltar também a importância da tese de Pierre Chaunu, *Sevilha e o Atlântico*, manejando perfeitamente os movimentos de conjuntura e estrutura.

-as, ao escolher estudar o movimento da economia, de suas ondas e transformações, a explicação não perdia de vista as estruturas da sociedade. Por isso, questões como a repartição desigual das rendas, os conflitos sociais e as revoluções eram temas essenciais para os autores. A teoria econômica e as séries estatísticas seriam apenas instrumentos para se compreender o passado, que ainda teria sua dinâmica própria preservada. A análise ainda era histórica e não estaria presa aos modelos e a teoria econômica, como o seria com a vertente contemporânea da New Economic History (VOVELLE, 2001, p. 70). Em suma, durante duas gerações a história econômica esteve com espaço privilegiado entre os historiadores franceses, mas esse cenário mudaria rapidamente em fins da década de 1960.

A inflexão na historiografia francesa pode ser simbolizada pelo afastamento de Fernand Braudel da liderança dos principais centros de estudos históricos do país. Deixando a direção dos *Annales* em 1968 e a Presidência da VI Seção da Escola de Altos Estudos em 1972, Braudel abria espaço para uma nova geração que teria ficado a sua sombra até então. Transferindo seu foco da base econômica para a "superestrutura cultural" (BURKE, 2010, p. 91), a *Nouvelle histoire* emerge com toda força nos anos 1970. Era a fase da valorização da micro-história, das minorias, das racionalidades locais, do cotidiano e da diversidade de histórias em contraposição à história totalizante. Não existiria mais a História, mas histórias, como fica evidenciado pelo título da coleção de Michel Foucault, *La bibliothèque des histoires*. Mais importante tornou-se a descrição, explicar o *como* dos fatos históricos, desprezando crescentemente a interpretação, isto é, o *porquê* dos acontecimentos. Essa é a ideia de inflexão defendida por Pierre Nora e Jacques Le Goff com a publicação da coletânea *Faire de l' histoire* em 1974. Uma história que flerta com o estudo das mentalidades, com os aspectos culturais (ARRUDA, 1998, p. 177-9).

Para a história econômica, a ascensão dessa(s) corrente(s) significava o fim da hegemonia das análises totalizantes, da problemática do crescimento, da importância das transformações econômicas, em suma, da centralidade dos aspectos econômicos e da própria compreensão de capitalismo presente nas interpretações historiográficas anteriores. No campo historiográfico, era a crise da história econômica em sua interface com a história; uma resposta também contra os estudos marxistas, um questionamento aos determinantes econômicos de suas interpretações. Assim, a economia descolava-se para segundo plano dentro dos espaços dedicados à história, tais como da nova direção dos *Annales* e do seminário da VI Seção da Escola de Altos Estudos, que por determinação de seu presidente, Jacques Le Goff, passava a se chamar *Antropologie historique*, em oposição ao anterior *Histoire et sociologie*.

Foi nesse ambiente de virada historiográfica que a Associação Francesa de História Econômica foi constituída. A origem da associação, ainda com o nome de Associação Francesa de Historiadores Econômicos, deve ser compreendida dentro de uma ambição de Ernest Labrousse de estabelecer uma história dos preços e da produção agrícola na França do Antigo Regime, por meio dos dízimos. Para tanto, em outubro de 1963 o historiador lançou uma enquete entre os pesquisadores franceses para avaliar o movimento da produção agrícola no Antigo Regime. Poucos anos mais tarde, a pesquisa foi relançada por meio da Associação Francesa de História Econômica, formada em 1965, sob a liderança de Joseph Goy e Emmanuel Le Roy Ladurie. O primeiro congresso da Associação Francesa de História Econômica, cujo tema foi justamente o movimento da produção agrícola francesa entre os séculos XV e XVIII, tornou-se o espaço para divulgação da pesquisa liderada por Goy e Le Roy Ladurie. Apesar de realizado em 1969, o resultado do congresso foi publicado pelo Centre de Recherches Historiques, da Escola de Altos Estudos – de que Goy era secretário da presidência – somente em 1972.[55]

Teria sido a constituição da associação, nesse sentido, uma saída para a crise em que se via a história econômica no período? Certamente a emergência de uma associação dedicada exclusivamente à história econômica numa fase de ascensão da história cultural deve ser encarada no mínimo como uma sutil coincidência. Na liderança da criação da associação estavam dois importantes pesquisadores que dialogavam com as duas correntes historiográficas em oposição no período. Emmanuel Roy de Ladurie, autor de *Les paysans de Languedoc* (1966) e *Montaillou* (1975), ao escrever sobre Languedoc, pendulou entre uma história com aspectos estruturais e uma micro-história, com profunda valorização de aspectos como a mentalidade e a cultura material (BURKE, 2010, p. 108-9). Pessoalmente, foi discípulo de Labrousse e Braudel, contudo, com sua pesquisa sobre o clima, mentalidade e micro-história, tornou-se um dos expoentes da corrente da Nova História. Joseph Goy, por sua vez, inicia sua carreira de pesquisador com apoio de Fernand Braudel, mas ao mesmo tempo, foi secretário da presidência da VI Seção da Escola de Altos Estudos com Jacques Le Goff, tornando-se diretor da Escola de Altos Estudos em Ciências Sociais

---

[55] Conferir duas resenhas da obra, *Les Fluctuations du produit de la dîme*, publicada em 1972: Cavignac (1974, p. 176-7) e Renardy (1973, p. 139-142). Sobre o congresso da associação, conferir comentários introdutórios de Joseph Goy ao artigo de Ponsot (1969. p. 97-112).

em 1975. Além da pesquisa sobre preços e produção agrícola conduzida juntamente com Le Roy Ladurie, Joseph Goy também incentivou estudos interdisciplinares, conduzindo outra grande pesquisa, com apoio de Gérard Béaur, com o título de *Histoire sociale et anthropologie historique de l'Europe, XVIIIe-XXe siècle*.[56]

Diferentemente das associações inglesa e americana, a Associação Francesa de História Econômica acabou não criando uma revista própria. Até 1977 circulou na França a *Revue d'histoire économique et sociale*, criada em 1913 por Auguste Dubois, professor titular da cadeira de Doutrinas Econômicas e Sociais na Universidade de Poitiers, e por Auguste Deschamps, professor titular da cadeira de História das Doutrinas Econômicas, da Faculdade de Direito de Paris até 1900 e mais tarde da Escola de Altos Estudos Comerciais em Paris. Nos anos 1930, quem assumiu a secretaria de redação da revista foi Ernest Labrousse. A revista cumpria, nesse sentido, com um papel de publicar também estudos de historiadores econômicos, mas estabelecendo um diálogo muito mais próximo com os economistas do que a revista dos *Annales*. Sua extinção em 1977, contudo, num momento de hegemonia da Nova História, deixou os historiadores econômicos carentes de espaço para divulgação de suas pesquisas, como afirmaria Pierre Chaunu na primeira edição da revista *Histoire, economie & société* de 1982. Na introdução do primeiro número, Chaunu relatava o interesse de recuperar o espaço deixado pela *Revue d'historie économique et sociale*, e não negava as contribuições advindas da "nova história", da área antropológica, do "terceiro nível", mas as considerava "sem um método rigoroso e uma problemática claramente definida". Assim, reforçava a importância de reestabelecer o espaço para contribuições de uma história total, social e econômica, como fora o objeto da primeira geração dos *Annales* (CHAUNU, 1982, p. 3-6).

Enquanto a transição para a década de 1970 demarcava a ascensão dos estudos históricos culturais em diversas instituições, a Associação Francesa de História Econômica permaneceria com o perfil de estudos herdado da tradição de Fernand Braudel e, especialmente, da história serial de Ernest Labrousse e Pierre Chaunu. Joseph Goy estimularia, via associação, o desenvolvimento dos estudos agrários, avaliando o movimento de preços e de produção. Contudo, é preciso admitir que, a Associação Francesa de História Econômica, perto da revolução historiográfica em curso no país na década de 1970, teria uma influência bastante restrita no espaço acadêmico francês, seria quase um campo de resistência.

---

56 Para a vida de Joseph Goy, conferir seu obituário por Gérard Béaur (2014).

Associações latino-americanas de história econômica, 1980-2000

As quatro primeiras associações de história econômica instituídas na América Latina foram a da Argentina, criada na virada para a década de 1980, e as de Brasil, Uruguai e México, criadas no início dos anos 1990. Se tais instituições se formavam num período em que o campo da história econômica na região vinha perdendo seu prestígio, num momento em que a história econômica era "relegada num ambiente marginal em comparação com outras ciências sociais", por outro lado, suas lideranças, que assumiam o papel de institucionalização, eram herdeiras da era de "ouro da história econômica latino-americana" (BÉRTOLA & RODRIGUEZ-WEBER, 2015, p. 1-2).[57] Nesse sentido, é possível traçar algum paralelo entre as experiências de formação das associações latino-americanas de história econômica e o ambiente em que foram constituídas as associações de história econômica da Inglaterra, Estados Unidos e França.[58]

Entre as décadas de 1960 e 1970 os estudos de história econômica puderam viver um ambiente de grande difusão na América Latina, estudos estes que não somente voltavam-se ao passado, mas, ao fazê-lo, colocavam-se como valiosos instrumentos de interpretação da sociedade para o debate dos grandes temas então contemporâneos. Para o caso brasileiro, por exemplo, eram estudos que tratavam do caráter da colonização e da relação da produção nacional com o mercado externo; das especificidades da formação da mão-de-obra e do próprio povo brasileiro; dos desafios e limites do processo de industrialização periférico; do papel regulador do Estado na economia e na sociedade, entre outros. Tais temas eram debatidos entre

---

[57] Avaliando o ano de ingresso dos docentes de história econômica na Universidade, o que é possível perceber é um *gap* geracional, com uma reposição de docentes na década de 1990, mas com resultado especialmente expressivo na década de 2000. Por isso, considerando a trajetória da ABPHE, é perceptível essa concentração de docentes formados nos anos 1970 como lideranças na fundação da instituição, e somente mais recentemente uma nova geração assumindo a ABPHE (SAES et al, 2015, p. 244).

[58] As associações ibéricas podem ser incluídas nesse mesmo movimento, formadas na transição da década de 1970 para a de 1980, possivelmente estimulando a organização das associações latino-americanas por meio do intercâmbio de pesquisadores e da própria organização de eventos. A Associação Espanhola de História Econômica foi formada em 1972, durante o I Congresso de História Econômica do país. Contudo, apesar da iniciativa de Gabriel Tortella Casares e Jordi Nadal, a associação permaneceu sem uma estrutura institucional até 1980, quando uma diretoria foi eleita e constitui-se a *Revista de Historia Económica – Journal of Iberian and Latin American Economic History*. No caso da Associação Portuguesa de História Econômica e Social, fundada por Vitorino Magalhães Godinho, em 1980, foi a partir dos anos 1990, com a maior preocupação com a internacionalização, que começou a receber crescente número de pesquisadores estrangeiros em seus eventos. Conferir site das associações: www.aehe.es e www.aphes.pt

personagens das mais diversas formações, sendo que a "origem intelectual" dos pesquisadores que se voltavam às pesquisas de história econômica pode ser buscada fundamentalmente em três diferentes filiações teórico-metodológicas.

Entre os economistas, a história passou a ser um instrumento fundamental para aqueles que, formados nas bases da Comissão Econômica para a América Latina – Cepal, questionavam a doutrina econômica convencional e buscavam apresentar uma leitura própria sobre o desenvolvimento econômico brasileiro, a partir do estruturalismo cepalino. Isto é, como ponto de partida, questionavam-se os princípios dominantes da teoria econômica, reconhecendo a existência de uma dinâmica econômica própria na periferia, distinta daquela das economias centrais. Tal corrente foi influenciada pelas teorias do desenvolvimento surgidas no pós-Segunda Guerra Mundial, assim como pelas transformações de algumas economias latino-americanas no pós-1930, em que tanto a industrialização como a maior presença do Estado na economia questionavam, na prática, certos pressupostos das teorias neoclássicas.[59] No Brasil, um personagem que sintetiza essa perspectiva é certamente Celso Furtado, que, partindo do estudo das relações centro-periferia, apresentaria uma das principais leituras sobre o subdesenvolvimento latino-americano. Sua análise em *Formação Econômica do Brasil* (1959) tornou-se uma poderosa síntese sobre as condições e os limites da transição de uma economia escravista para uma economia industrial, temas que foram objetos de qualificações por parte de estudos realizados nos anos 1960 e 1970.

Entre os historiadores, por outro lado, a assimilação de temas e problemas evidenciados nos *Annales* possibilitou um novo olhar para a história latino-americana, promovendo o mesmo tipo de "revolução" daquela ocorrida décadas antes na Europa, ao substituir uma história política, factual, por uma história total, com priorização de temas econômicos e sociais. Uma ampla gama de estudos seria produzida, especialmente dentro dos programas de pós-graduação na década de 1970, com o debate de temas como o caráter da colonização brasileira, o perfil da mão-de-obra tanto escrava como imigrante, o perfil da estrutura produtiva nacional, etc. Vale dizer que Fernand Braudel foi professor da Faculdade de Filosofia da Universidade de São Paulo ainda na década de 1930, exercendo alguma influência sobre as pri-

---

59 Sobre o tema há uma vasta literatura. Para uma síntese do pensamento desenvolvimentista, conferir Bielschowsky (1988); para uma contextualização das correntes formadoras do pensamento cepalino, conferir Fonseca (2000).

meiras gerações de historiadores formados naquela cidade, as quais valorizavam o entrecruzamento entre sociedade e economia na exposição dos temas pesquisados.

Finalmente, a terceira corrente era aquela constituída por estudos marxistas. Na segunda metade do século XX, certos estudos marxistas separavam-se gradativamente de sua vertente dogmática/ortodoxa, alinhada às diretrizes da terceira internacional, e apresentavam relevantes contribuições, bastante originais, sobre o capitalismo latino-americano. Vale dizer que para o caso brasileiro a publicação de *Formação do Brasil contemporâneo* (1942) de Caio Prado Jr. deve ser considerada um avanço precoce na superação do dogmatismo. Ao tratar da temática do "sentido da colonização", inscrevendo a colonização brasileira dentro do processo de expansão comercial europeia, o autor não somente definia o caráter da relação entre metrópole e colônia por meio do capitalismo, com também justificava a estrutura produtiva e social empregada na colonização. Partindo da definição feita por Caio Prado Jr., da caracterização do passado colonial, nas décadas seguintes ampla discussão seria estruturada no país em torno do aprofundamento ou da revisão das teses do autor, como no debate sobre o modo-de-produção colonial, envolvendo autores como Fernando Novais, Ciro Flamarion Cardoso, Jacob Gorender.

Tema que alcançou uma dimensão internacional na passagem para a década de 1970, partindo dos debates marxistas, foi a teoria da dependência. Tanto por parte da perspectiva (neo)marxista de autores como André Gunder Frank, Rui Mauro Marini e Theotônio dos Santos, como por parte da revisão sobre o caráter da relação entre dependência e desenvolvimento, realizada por Fernando Henrique Cardoso e Enzo Faletto, as obras se propunham a definir o capitalismo periférico. Novamente, ainda que esses autores não fossem historiadores econômicos de profissão, a problemática de pesquisa requeria uma alentada base histórica, estabelecendo uma profícua interlocução com os mais variados cientistas sociais, entre eles, os historiadores econômicos.

As duas últimas décadas do século XX, todavia, reverteriam esse ambiente próspero para as pesquisas de história econômica. A crise do marxismo, o divórcio dos *Annales* com a história econômica e o enfraquecimento da economia do desenvolvimento, em oposição à hegemonia da economia neoclássica, liquidaram com as principais bases que sustentavam os estudos de história econômica, colocando-os num espaço crescentemente marginal tanto nos departamentos de economia, como nos de história. A resolução dos problemas do desenvolvimento latino-americano por meio da adoção dos parâmetros macroeconômicos neoclássicos não estimulava o estudo histórico como instrumento de diagnóstico para o debate de política econômica. Adicionalmente, foram poucos os casos os historiadores econômicos que nesse momento de crise, recorreram a Nova História Econômica, especialmente de sua vertente americana, para se salvaguardar entre os economistas.

Nada mais exemplar dessa tendência de crise da história econômica nos anos 1990 do que a abertura do capítulo "História Econômica" de João Fragoso e Manolo Florentino em coletânea publicada no ano de 1997. Colocando a realidade brasileira dentro de um cenário mundial, os autores apresentam evidências de tal crise, como a redução no número de defesa de teses e dissertações em história econômica na Universidade de São Paulo e na Universidade Federal Fluminense, a diminuição tanto da publicação de livros como da presença de artigos da área em determinadas revistas. E concluíam: "A história econômica agoniza" (FRAGOSO & FLORENTINO, 1997, p. 36). Curioso verificar que a constituição da ABPHE se realizou exatamente nesse momento definido pelos autores como de agonia, reproduzindo as experiências estrangeiras levantadas anteriormente. A institucionalização da história econômica, portanto, longe de uma vitória dos membros da confraria, mostrava-se mais uma vez como instrumento de organização e defesa dos seus pesquisadores.

***

Escrevendo em 2013, depois de alguns anos de sua aposentadoria do MIT, Peter Temin fez um balanço da História Econômica naquela instituição, sugerindo sua ascensão e auge na década de 1970 e identificando sua queda e desaparecimento como disciplina em 2010 (TEMIN, 2013). Tal trajetória de desaparecimento da história econômica em outros departamentos de economia (ou mesmo em departamentos de história) pode ser encontrada, não somente dentro das faculdades dos Estados Unidos e de outros países, mas também na marginalização de nossa forma de respondermos aos problemas de pesquisa que nos são postos pela realidade.[60] Assim, apesar da aparente vitalidade da área, com o crescimento das associações de história econômica em todo mundo, como também do número de participantes em nossos congressos nacionais e internacionais, dois desafios devem ser enfrentados por nós, historiadores econômicos, nos próximos anos, e a associação aparece como instrumento decisivo para a plena realização dos objetivos.

Em primeiro lugar temos um desafio institucional. Se a sensação é de que crescemos como área, ainda persiste esse desafio de termos que recorrentemente justificar

---

[60] Para o caso da Universidade de Chicago, cf.: MITCH, 2011. Para uma discussão mais geral da área conferir os trabalhos: ROMER, 1994; HODGSON, 2001.

aos nossos pares a relevância da História Econômica como disciplina tanto para as faculdades de economia como para as de história. Nesse sentido, é importante garantir que a formação de historiadores e economistas contemple essa perspectiva de compreensão e análise da realidade, derivada de nossos estudos, permitindo formações mais amplas e plurais. Esse desafio deve ser enfrentado tanto nos cursos de graduação, como nos Programas de Pós-Graduação, mas também no papel institucional que precisamos desempenhar dentro de sistemas de avaliação de revistas acadêmicas, de distribuição de recursos para pesquisa e de formação de novos pesquisadores, que são requisitos decisivos para manter a atração de bons quadros para a área.

O segundo desafio é garantir à História Econômica um papel na compreensão e avaliação do tempo presente. Nesse sentido, os historiadores econômicos não podem se furtar à análise dos acontecimentos contemporâneos. Não **só** para comparar as questões que nos perturbam hoje com os eventos do passado (o que há de similar entre a crise de 2008 e a de 1929), mas para mostrar como a análise histórica pode ser instrumento poderoso para explicar as tendências do presente e para pensar os projetos para o futuro. Num contexto tão turvo como dos dias de hoje, de persistentes crises econômicas, polarizações políticas, culturais e religiosas crescentes, talvez uma das maiores contribuições que nós, pesquisadores, podemos oferecer para nossa área, seja não fugir dos grandes temas de nossa sociedade contemporânea. Temos um campo fértil de problemas de pesquisa, num ambiente de ampliação de métodos e fontes primárias. A história econômica é instrumento valioso para o enfrentamento de temas como a trajetória dos ciclos econômicos, o bem-estar e da pobreza; do papel do meio-ambiente, das instituições, das relações de trabalho, no crescimento de longo prazo; comparação de modelos de sociedades e de projetos políticos ao longo do tempo; enfim, um sem número de questões em que a história econômica pode, num diálogo com as ciências humanas, encontrar novos e melhores caminhos para trilharmos.[61]

E, nesse cenário de dois grandes desafios, uma associação, que esteja voltada tanto para os enfrentamentos institucionais e preocupada com as questões contemporâneas, poderá auxiliar no fortalecimento da própria área e permanecer alinhada com as necessidades e dilemas de sua sociedade. Ao que parece, essa pode ser a maior lição deixada pelas experiências de constituição das associações de história econômica in-

---

61 Essa perspectiva foi retomada no debate mais recente, especialmente com a crise econômica internacional, fortalecendo o coro em defesa da história econômica, cf.: Whaples (2010), Calafat & Monnet (2015).

vestigadas acima nesse artigo. Nesse sentido, a diretoria da ABPHE acredita que o jubileu de prata é um momento fundamental não somente para a celebração da história da instituição, como também para a reflexão sobre seus desafios futuros.

Referências bibliográficas

ARRUDA, José Jobson de Andrade. "Linhagens historiográficas contemporâneas por uma nova síntese histórica". *Economia e Sociedade*, (10), p. 175-91, 1998.

ASHLEY, William. "The place of economic history in University studies". The *economic history review*. v. 1, n°1, 1927, p. 1-11.

AGUIRRE ROJAS, Carlos Antonio. "Convergences y divergences entre los Annales de 1929 a 1968 y el marxismo. Ensayo de balance global". *Historia Social*, n. 16, 1993, p. 115-141.

BARKER, T.C. "The beginnings of the Economic history society". *The Economic History Review*, v. 30 (1), 1977, p. 1-19.

BARROS, Gustavo. *Racionalidade e organizações: Um estudo sobre comportamento econômico na obra de Herbert A. Simon*. São Paulo: Dissertação - FEAUSP, 2004.

BÉAUR, Gérard. "Joseph Goy (1935-2014)". *Le Monde*, jeudi 20 novembre 2014, Carnet, p. 18

BÉRTOLA, Luis & RODRÍGUEZ-WEBER, Javier. "Latin American Economic History: looking backwards for the future". *Working paper. Doc. Online*, n. 37, 2015.

BIELSCHOWSKY, Ricardo. *Pensamento econômico brasileiro: o ciclo ideológico do desenvolvimentismo*. Rio de Janeiro: Contraponto, 1988.

BLADEN, V.W. "Mill to Marshall: the conversion of the economists". *The Journal of Economic History*, v. 1 (Supplement), 1941, p. 17-29.

BLOCH, Marc; FEBVRE, Lucien. "À nos lecteurs". *Annales d'histoire économique et sociale*. 1 année (1), 1929, p. 1-2.

BOIS, Guy. "Marxismo e história nova". LE GOFF, Jacques. *A história nova*. São Paulo: Martins Fontes, 2001.

BURKE, Peter. *A escola dos Annales, 1929-1989. A revolução francesa da historiografia*. São Paulo: Editora Unesp, 2010.

CALAFAT, Guillaume & MONNET, Éric. "Le retour de l'histoire économique?". *Le vie des idées.fr*. www.laviedesidees.fr, 5 de janeiro de 2015.

CARDOSO, Ciro Flamarion & BRIGNOLI, Hector Pérez. *Os métodos da história.* Rio de Janeiro: Edições Graal, 2002.

CARON, François. "Ernest Labrousse et l'Histoire économique". *Histoire, économie et société*, 9 année, n°3, 1990, p. 423-440.

CAVIGNAC, Jean. "Association française des historiens économistes. Premier Congrès national. Les fluctuations du produit de la dîme. Communications et travaux rassemblés et présentés par J. Goy et E. Le Roy Ladurie. Paris et La Haye, 1972". École pratique des hautes études, VIe section. Centre de recherches historiques. Bibliothèque de l'école des chartes, 1974, tome 132, livraison 1, p. 176-179.

CHAUNU, Pierre. "Introduction". *Histoire, économie et société*, 1 année, (1), 1982, p. 3-6.

COATS, A. W. "Alfred Marshall and the Early Development of the London School of Economics: Some Unpublished Letters." *Economica*, v. 34, no. 136, 1967, p. 408–417.

_____, A.W. "The historical context of the 'new' economic history". *Journal of European Economic History*, v. IX (1), 1980, p. 185-207.

_____, A.W. The American Economic Association and the Economics Profession. *Journal of Economic Literature*, v. 23 (4), 1985, p. 1697-1727.

_____, A.W. "The political economy club". *The sociology and professionalization of economics.* v. 2. British and American economic essays. London: Routledge, 1993.

COLE, Arthur. "Economic history in the United States: formative years of a discipline". *Journal of economic history*, v. 28 (4), 1968, p. 556-589.

FISHER, Irving. "The Debt-Deflation Theory of Great Depressions". *Econometrica*, v. 1, n. 4, 1933, p. 337–357.

FONSECA, Pedro C.D. "As origens e as vertentes formadoras do pensamento cepalino". *Revista Brasileira de Economia.* Rio de Janeiro, 54 (3), 2000.

FONTANA, Josep. *História: análise do passado e projeto social.* Bauru: Edusc, 1998.

FOURCADE, Marion. *Economists and societies. Discipline and profession in the United States, Britain & France, 1890 to 1990s.* New Jersey: Princeton University Press, 2009.

FRAGOSO, João & FLORENTINO, Manolo. "História econômica". CARDOSO, Ciro & VAINFAS, Ronaldo. *Domínios da história.* Rio de Janeiro, Campus,1997.

GRAS, N.S.B. "The present condition of economic history". *The quarterly journal of economics.* v. 34 (2), 1920, p. 209-224.

_____, N.S.B. "The rise and development of Economic History". *The Economic History Review*, v. 1 (1), 1927, p. 12-34.

GREEN, E.H.H. *The crises of conservatism. The politics, economics and ideology of the Bristih Conservative Party, 1880-1914.* London: Routledge, 1996.

HARTE, Negley. *The study of economic history: collected inaugural lectures, 1893-1970.* Londres: Frank Cass, 1975.

_____, Negley. "The Economic History Society, 1926-2001". HUDSON, Pat. *Living economic and social history.* Glasgow: Economic History Society, 2001.

HEATON, Herbert. "The early history of Economic History Association". *The Journal of Economic History.* v. 1 (Supplement), 1941, p. 107-109.

_____, Herbert. "Twenty-Five Years of the Economic History Association: A Reflective Evaluation". *Journal of Economic History*, 25 (4), 1965, p. 465-79.

HOBSBAWM, Eric. *Sobre História.* São Paulo: Companhia das Letras, 1998.

HODGSON, Geoffrey. *How economics forgot history.* The problem of historical specificity in Social Science. London: Routledge, 2001.

KOOT, Gerard. "English historical economics and the emergence of economic history in England". *History of Political Economy.* v. 12 (2), 1980, p. 174-205.

_____, Gerard. "An alternative to Marshall: economic history and applied economics at the early LSE". *Atlantic economic journal*, v. 10 (1), 1982, p. 3-17.

LAMOREAUX, Naomi. "Beyond the old and the new: Economic History in the United States". BOLDIZZONI, F. & HUDSON, P. (eds.). *The Routledge handbook of Global economic history.* London: Routledge, 2016.

LE GOFF, Jacques. "A história nova". LE GOFF, Jacques. *A história nova.* São Paulo: Martins Fontes, 2001.

MALONEY, J. "Marshal, Cunningham, and the emerging economics profession". *Economic history review,* v. 29 (2), 1976, p. 440-51.

MATTOS, Laura Valladão de. "Marshall e os críticos à economia política clássica". *Revista Economia Política.* v. 30 (2), 2010, p. 271-292.

MARSHALL, Alfred. "The old generation of economists and the new". *The quarterly Journal of Economics*, v. 11 (2), 1897, p. 115-135.

MITCH, David. "Economic History in Departments of Economics: the case of the University of Chicago". *Social science history*, v. 35 (2), 2011, p. 237-271.

MORGAN, M. S. "Economics" PORTER, T. M. & ROSS, D. (eds.). *The Cambridge History of Science, Volume 7: The Modern Social Sciences.* Cambridge: Cambridge University Press, 2003.

NARDINELLI, Clark & MEINERS, Roger. "Schmoller, the Methodenstreit, and the development of Economic History". *Journal of Institutional and Theoretical Economics,* v. 144 (3), 1988, p. 543-551.

NORTH, Douglass. "The new institutional economics". *Journal of Institutional and Theoretical Economics,* v. 142 (1), 1986, p. 230-7.

PONSOT, Pierre. "En Andalousie occidentale: les fluctuations de la production du blé sous l'Ancien Régime". *Études rurales,* n°34, 1969, p. 97-112.

RENARDY Christine. "Goy (Joseph) et Le Roy Ladurie (Emmanuel). *Les fluctuations du produit de la dime. Conjoncture décimale et domaniale de la fin du Moyen Age au XVIIIe siècle*". *Revue belge de philologie et d'histoire,* v. 51 (1), 1973, p. 139-142.

ROMER, Christina. "The end of economic history?". *The journal of economic education.* v. 25 (1), 1994, p. 49-66.

SAES, Flávio & SAES, Alexandre. *História econômica geral.* São Paulo: Saraiva, 2013.

SAES, Alexandre Macchione; MANZATTO, Rômulo Felipe & SOUSA, Euler Santos de. "Ensino e pesquisa em história econômica: perfil docente e das disciplinas de história econômica nos cursos de graduação de Economia no Brasil". *História Econômica & História de Empresas,* v. 18 (2), 2015, p. 229-263.

SCHUMPETER, Joseph. *Fundamentos do pensamento econômico.* Rio de Janeiro: Zahar Editores, 1968.

TEMIN, Peter. "The rise and fall of economic history at MIT". *Working paper 13-11,* Department of Economics, Massachusetts Institute of Technology, June 5, 2013, p. 1-22.

VOVELLE, Michel. "A história e a longa duração". LE GOFF, Jacques. *A história nova.* São Paulo: Martins Fontes, 2001.

WALLERSTEIN, I. "Braudel, le 'Annales' e la storiografia contemporanea". *Studi Storici,* v. 21 (1), 1980, p. 5-17.

_____, I. "Annales as resistance". *Review* (Fernand Braudel Center), v. 1 (3/4), 1978, p. 5-7.

WHAPLES, Robert. "A quantitative history of the Journal of Economic History and the Cliometric Revolution." *The Journal of Economic History,* v. 51 (2), 1991, p. 289–301.

_____, Robert. "Is Economic History a Neglected Field of Study?" *Historically Speaking.* John Hopkins University Press, v. 11, (2), 2010.

Por uma renovada História Econômica[1]

José Jobson de Andrade Arruda[2]

Proposições

As narrativas historiográficas comumente tendem a naturalizar certas linhagens analíticas que segmentam o conhecimento em esferas produzidas por específicas relações sociais, identificadas por suas lógicas internas e aparente autonomia funcional. No caso da história econômica, tal tendência manifestou-se em abordagens que tornaram a esfera do econômico auto-explicativa, ou seja, como se a sua compreensão fosse capaz de dar conta da complexidade dos fenômenos históricos. A ciência econômica, igualmente, caminhou em direção a abordagens cada vez mais especializadas, tendo

---

[1] O artigo foi apresentado como Conferência de Abertura do XI Congresso Brasileiro de História Econômica, organizado pela ABPHE na cidade de Vitória, em setembro de 2015. *Este texto contou com as preciosas sugestões de Maria Arminda do Nascimento Arruda e os comentários de Roberto Pereira Silva, Eduardo Holderle Peruzzo, Leandro Vizin Villarino, Alberto Luiz Schneider, Renato Martins e Iris Kantor, todos eles membros do Grupo de Estudos Historiográficos Ibero--Americanos da FFLCH/USP, sediado na Cátedra Jaime Cortesão, aos quais agradeço e eximo por eventuais impropriedades que venha a conter. Integra o Projeto de Pesquisa Colonização e (E) imigração na América Ibérica.*

[2] Professor da FFLCH/USP e Secretário-Executivo da ABPHE entre 1993 e 1995.

abandonado, no limite, o entendimento de que o seu objeto de reflexão são os fenômenos sociais. Não por casualidade, houve uma tendência ao declínio das análises oriundas da Economia Política, substituída por modelos econométricos, baseados na pura *mathematics*. O prestígio alcançado pela história quantitativa em determinado momento da trajetória historiográfica foi, sem dúvida, a expressão mais acabada de tal inclinação no campo da produção histórica. Tendo em vista o caráter historicamente determinado do conhecimento, tais tendências de sobrevalorização da esfera econômica reproduziram, em essência, a forma de estruturação do capitalismo no século XX. O modo pelo qual os fenômenos econômicos construíram o sentido fundamental das relações sociais. Dito de outra maneira, a economia expressava ao mesmo tempo o conteúdo e a forma das sociedades na quase totalidade do último século, ou, pelo menos, até o momento no qual a racionalidade dominante foi rompida pela eclosão de um conjunto de eventos cruciais: disseminação crescente das tecnologias de informação; expansão das dimensões simbólicas do consumo; manifestações contraculturais; mudança nas relações familiares e de gênero; naturalização das crises recorrentes do capitalismo globalizado; e, finalmente, um evento de alta significação, a destruição das torres gêmeas, em 2001, marco real e simbólico do nascer trágico do século XXI (ARRUDA, 2003, p. 745 e segs).

De lá para cá, a historiografia acentuou tendências gestadas já nos fins do decênio de 1970, como transparece nas formulações conhecidas de Georges Duby, segundo as quais, partindo do princípio de que a "sociedade forma um todo", o historiador não poderia dissociar os "aspectos econômicos do político ou do cultural". Reconhecia que a noção *althusseriana* de "determinação em última instância" o induzira a iniciar suas pesquisas pelos fenômenos econômicos, não por razões aleatórias, mas porque considerava tal procedimento uma via de acesso privilegiado aos demais níveis da sociedade (DUBY *apud* DOSSE, 1992, p. 192). Perspectiva corroborada por François Dosse para quem, na longa duração do século XIX e parte do século XX, o econômico tornara-se uma instância poderosa por "englobar todos os aspectos da vida social" porque, "ao estruturar a sociedade no seu conjunto", convertera-se em ponto de referência estratégico para a análise histórica. Correlações privilegiadoras da dimensão econômica sensivelmente alteradas nas últimas décadas por conta da fragmentação do discurso histórico e da elevação dos fenômenos culturais à condição de forma dominante; pela transferência para a dimensão simbólica do papel que fora outrora ocupado pela economia (DOSSE, 1992, p. 254). Transformações epistemológicas que nos conduzem a pensar sobre as vantagens de uma história econômica que seja, ao mesmo tempo, aberta e inclusiva. Que possa nutrir-se de todas as esferas da vida social. Mas que não recusará uma história econômica fechada, mais circunscrita ao objeto específico da economia, uma espécie de história da economia, que terá significado em si mesma e servirá aos propósitos de uma disciplina amplificada e de escopo alargado, espécie de micro análise a serviço das macro reflexões.

Por história econômica aberta se entenderá uma abordagem propriamente histórica da dimensão econômica que, por esta via, se revelará uma economia histórica. Aberta não apenas no sentido da busca de diálogo sistemático com as ciências que compõe o rol clássico das humanidades, com as quais tem interagido de modo assistemático, apesar dos apelos de Fernand Braudel; ou com vertentes das ciências matemáticas, da estatística em especial, dada a inevitabilidade do trato com números neste campo do conhecimento. Aberta, sobretudo, à interação com os demais níveis de uma determinada especialidade do fazer histórico. Realmente aberta por abdicar da necessária determinação das relações econômicas e imaginar que, em circunstâncias específicas, a esfera do econômico submete-se a injunções que lhe são exteriores. O que não significa atribuir-lhe qualquer inferioridade científica à abordagem estritamente econômica. Significa, pelo contrário, assumir a complexidade de sua vocação integradora. Ou, noutros termos, a assunção plena de sua historicidade expressa na interação entre todas as esferas da vida social. A construção de uma cadeia de conhecimentos que se realize no processo de mediação entre as variadas instâncias da realidade observada, de modo gradativo e consistente.

Esta perspectiva analítica não elimina a história econômica *tout court*, focada nos objetos propriamente econômicos, material e temporalmente circunscritos, cujos contornos se definem por procedimentos teóricos e metodológicos próprios. Esta história econômica fechada preserva seu valor, mas corre o risco de se ver reduzida à condição de insumo para interpretações de fundamentação econômica mais ousada, estas sim, abertas ao diálogo interdisciplinar voltado a um telos explicativo. Transitar entre estas duas vertentes, abertura e fechamento do foco, é a tarefa que se oferece ao historiador econômico cuja interpretação ganhará em perspectiva e verticalidade. Postura metodológica que requer a sábia ação mediadora, procedimento adequado tanto à problematização da subjetividade do historiador, quanto ao vôo rumo a uma universalidade histórica dialeticamente constituída.

Por que propomos? Porque as explicações excessivamente calcadas na materialidade econômica têm se revelado insatisfatórias na explicação de fenômenos históricos de alta significação, aqui considerados a partir de dois exemplos exponenciais: política e distribuição de riqueza; cultura e reprodução capitalista.

Política e Economia

O *Capital no Século XXI* de Thomas Piketty é um prodígio editorial que enfureceu os conservadores, mesmerizou os liberais e renovou as esperanças dos radicais (PIKETTY, 2014). Um sólido exemplo do esperado diálogo entre a economia e a história em prol da história econômica. A densa quantificação em seu texto não se transforma em procedimento analítico auto-explicativo. É uma ferramenta a serviço da economia política entendida como ciência do social. Tem a virtude de restabelecer contribuições notáveis ao relacionamento entre política e distribuição da riqueza, problema crucial do desenvolvimento social da humanidade desde tempos imemoriais. Um bom exemplo do entrosamento entre economia e política na análise dos fenômenos ditos econômicos, mas que são, no fundo, essencialmente sociais. Sua proposta metodológica envolve a pesquisa paciente dos fatos e padrões e a análise paciente dos mecanismos econômicos, sociais e políticos que podem explicá-los, procedimento metodológico ao qual oportunamente retornaremos.

Seu alvo prioritário é a dinâmica na distributiva da riqueza gerada pelo capitalismo, considerado em perspectiva histórica, que o leva a relacionar a taxa de retorno do capital excedente à taxa de crescimento da produção e da renda, condição na qual o capital gera automaticamente desigualdades insustentáveis, corroendo os valores meritocráticos nos quais a sociedade se sustenta. Para demonstrar sua tese recorre a séries estatísticas colhidas na Europa Ocidental (Inglaterra, França, Alemanha) e América do Norte (Estados Unidos), além da Ásia (Japão), um conjunto expressivo de 20 países em três séculos, recuados historicamente até os limites permitidos pelos registros estatísticos. Mas inova em termos de análise econômica, ao incluir materiais pouco usuais, tais como os clássicos da literatura oitocentista que lhe permitem alargar o conceito de riqueza para nele incluir bens que reservam valor, identificando renda a patrimônio, e não apenas aos valores auferidos a partir dos critérios tradicionais constantes nas declarações de renda.

Perspectiva analítica que o leva a admitir uma retomada da tendência mundial à intensificação da desigualdade havida na segunda metade do século XIX, desigualdade que fora amenizada entre a segunda e a sétima década do século XX, largamente relacionada à destruição patrimonial verificada no decurso dos conflitos mundiais havidos no período. Sua pesquisa lhe permite constatar a intensificação da desigualdade nas últimas décadas do século XX e primeiras do século XXI, vaticinando que o capitalismo competitivo estaria cedendo lugar a uma espécie de renascimento do capitalismo patrimonialista que fora dominante no século XIX, fenômeno percebido por Marx e redimensionado por Piketty em nova chave interpretativa. Tendências que não foram geradas exclusivamente pelo movimento do capital, por sua própria dinâmica, pelas ditas leis de mercado. Prescindiu de decisões políticas tomadas no nível do Estado, nas constrições impostas à plena liberdade do capital, seja por meio da política tributária distributiva, seja por intermédio da educação voltada à qualificação da mão de obra, segmentos que conferem um papel estratégico à esfera pública no próprio movimento da acumulação. Constatação que dá à esfera política e, neste sentido, à própria história política, uma posição de realce na análise dos problemas econômicos, pois ela passa a se converter no lugar em que se articulam as ações sociais e suas representações; onde se coagulam as significações.[3]

Este laço apertado entre política e economia não é, contudo, privilégio do capitalismo maduro. Em sua fase inicial, a da acumulação originária de capitais, o regime político absolutista, através da política econômica mercantilista, alavancou a acumulação de capitais, interferindo diretamente na repartição da renda gerada, na distribuição e redistribuição da riqueza entre os vários segmentos sociais. Promoveu o crescimento do patrimônio nos setores da sociedade considerados prioritários para a manutenção da estabilidade política, estabilidade dos regimes absolutistas de governo que não se conseguia por via do equilíbrio social entre os principais segmentos, a nobreza e a burguesia, mas sim pela apropriação política do conflito social entre estamentos, classes e frações de classes por parte do Estado, que concedia privilégios à nobreza, recursos à burguesia, estabilidade aos artesãos e camponeses. Os recursos concedidos aos empreendedores capitalistas, na forma de transferências de direitos de propriedade do Estado a particulares consubstanciado nos monopólios, privilégios, direitos, isenções fiscais e tributárias, representam uma distribuição líquida de riqueza, a privatização de patrimônio público em favor de poucos e prejuízo de muitos, uma ferramenta política na expansão da desigualdade na sociedade colonial.

Se pelo exposto se confirma a relação intrínseca entre política e economia na longeva estabilidade do regime absolutista de governo, a ruptura do equilíbrio em contextos revolucionários e seu reordenamento político institucional, constituíram-

---

[3] Para René Rémond, cabe à nova história política "tudo que toca a existência individual: o corpo, a vida, o nascimento, a morte", uma nítida emulação da história cultural (RÉMOND, 2002, p. 58-59).

-se em eventos relevantes no desencadeamento de transformações profundas nas estruturas econômicas. Pensamos na *Revolução Puritana de 1640* na Inglaterra e seu desdobramento, a *Revolução Gloriosa de 1688*, que reequacionaram as forças políticas em presença sem extinguir o regime monárquico. Uma revolução que deságua na conciliação entre as elites aristocráticas e a *gentry* encastelada no Parlamento, uma acomodação de interesses políticos que assimila os espasmos sociais e promove a arrancada em direção à Revolução Industrial. Isto porque a Revolução Inglesa reorganiza a dívida pública, o sistema fiscal e financeiro através da institucionalização do Banco da Inglaterra e do Tesouro. Porque promove a transformação da propriedade rural através da legislação agrária da Revolução que, de um lado, cria a propriedade privada da terra por via dos cercamentos e, do outro, instala as relações de trabalho assalariado no campo. Conjunto de mudanças que alavanca a produtividade rural, expande a um só tempo a produção, o mercado de trabalho e o consumo interno. Porque, através da política de proteção à indústria naval e ao mercado interno, consolidada nos Atos de Navegação, cria um poderoso instrumento de conquista dos mercados mundiais: a *Royal Navy* (ARRUDA, 1996). Em suma, as ações políticas emanadas do Estado criado pela Revolução Inglesa gestam as condições estruturais que aceleram as transformações econômicas, consubstanciadas na Revolução Industrial.

Se a estreita conexão política/economia é válida para as metrópoles colonizadoras, no espaço colonial ela é levada ao extremo. O poder central contemplou os colonizadores com favores excepcionais nos primeiros tempos da ocupação territorial. Concederam-lhes grandes privilégios políticos, especialmente o mando político dos Senados e das Câmaras e, complementarmente, enormes vantagens econômicas na forma de mercês, contratos de exploração dos recursos naturais, arrecadação de impostos, execução de obras públicas, etc. Isto nos primeiros tempos da colonização, porque no século XVIII o controle político da colônia se estreita em função da riqueza mineral. O ouro extraído das minas era riqueza líquida, imediata, exigindo por parte das autoridades metropolitanas o controle eficaz dos distritos mineradores que leva ao enrijecimento do aparato burocrático/militar instalado na colônia representado pelos Vice-Reis, desembargadores, ouvidores, capitães-generais, intendentes. O privilégio, outrora destinado aos colonos, transferiu-se para os representantes do poder metropolitano e, mais tarde, para as forças sociais emergentes, viabilizando a reprodução da política absolutista de apropriação do conflito social no espaço colonial. Já não convinha mais à Coroa a aliança direta com a aristocracia rural, com os senhores de engenho ou assemelhados, "convêm-lhe a aliança com a plebe das cidades, contra os magnatas rurais; com os mascates, contra os nobres; com os mercadores de sobrado do litoral, contra os senhores das casas-grandes do interior; com os mulatos, até, contra os brancos de água doce" na síntese lapidar de Gilberto Freyre (FREYRE, 2000, p. 817).

A interpretação do privilégio como traço fundamental da formação social brasileira foi levada às últimas consequências por Fernando Novais em seu estudo clássico sobre o sistema colonial, no qual o instrumento do monopólio, inscrito nos regramentos políticos do Antigo Regime, assume função estruturante na vida colonial (NOVAIS, 1979). Política de Estado, transferível a particulares na forma de privilégios que João Fragoso, num artigo voltado à temática da exclusão social, considera a face perversa da iníqua desigualdade, visível já nos primeiros momentos da colonização. No Rio de Janeiro, no século XVII, diz ele, "a economia passava pela política" dado que os postos de comando na administração da colônia eram prerrogativas da nobreza da terra, o que lhes dava o "controle sobre os mecanismos de enriquecimento e ascendência sobre o mercado", viabilizando a extração de excedentes que adensava a acumulação e agravava a exclusão social, num século em que "a economia era gerida a partir da política". Mecanismo que não se interrompe no século XVIII, apenas troca algumas personagens, à medida que põe os "comerciantes de grosso trato no lugar da velha nobreza da terra". Perfil social da elite que se transmuta no século XIX, continua o historiador, quando as fortunas acumuladas no comércio imobilizam-se em prédios e fazendas, tornando-se proprietária de casas de empréstimos, companhias de seguro e bancos, acentuando o seu perfil financeiro. Processo de acumulação que se viabilizava primacialmente na órbita pública, nos negócios com os papéis do governo, no monopólio de emissão e circulação monetária, no controle da banca, contexto no qual o Estado desempenhava um papel central nos destinos do mercado financeiro e no qual a "política tinha um papel decisivo a cumprir na economia" (FRAGOSO, 2002, p. 12-9). Papel decisivo que transparece, por exemplo, na criação do segundo Banco do Brasil em 1853, um projeto civilizador arquitetado pelos Saquaremas que visava transformar o banco em ferramenta de centralização política, veículo de modernização administrativa destinado a por ordem no caos monetário resultante da multiplicidade de casas emissoras existentes que potencializavam o poder das elites locais, como convinha a um banco privado (GAMBI, 2013).

Raymundo Faoro, em seu livro significativamente intitulado *Os Donos do Poder, A Formação do Patronato Político Brasileiro*, eleva o Estado no Brasil, desde os primórdios coloniais, à condição de provedor de benesses. Onipotente e tutelador. Responsável pela política de privilégios que punha os empresários do Império numa atitude de expectativa, a de tudo esperar do governo, articulador oficial de uma rede de favores em proveito dos particulares, cuja intervenção não se "circunscrevia às finanças e ao crédito". Dele irradiavam ações dirigidas a todas as atividades econômicas, comerciais e industriais, pois cabia ao Estado autorizar o funcionamento das sociedades anônimas, a contratação dos bancos, a concessão de estradas de ferro, de linhas de navegação, de exploração dos portos e, fundamentalmente, afiançar a garantia de juros, de tal sorte que a "soma desses favores e dessas vantagens constitui a maior parte da atividade econômica, senão a maior na soma, a mais relevante e ativa, regulada, incentivada e só possível pela vida que o condão umbilical do oficialismo lhe transmite" (FAORO, 1977, p. 433-444). Gama tão variada de poderes que faziam do Império brasileiro um agente regulador insubstituível, cujas ações, entretanto, não objetivavam a promoção do bem-estar social *lato sensu*, mas a produção de ações políticas destinadas a contemplar as elites detentoras do poder, um Estado provedor do bem-estar social às avessas.

Cultura e Economia

Do mesmo modo que se pode estabelecer uma correlação interativa entre política e economia, pode-se fazê-lo entre cultura e economia. Não se pretende sobre-determinar a economia pela política, menos ainda subsumi-la ao universo da política. Mas sim reconhecer que o tratamento estanque dos fenômenos econômicos é reducionista e compromete a eficácia histórica. O mesmo se pode afirmar da correlação entre cultura e economia. Uma relação necessária, reconhecida até mesmo em territórios interpretativos aparentemente infensos a estas proposições. Pensamos na tradição historiográfica de fundamentação marxista aplicada ao estudo das revoluções e, muito especificamente, na abordagem da Revolução Inglesa do século XVII, por ela identificada à Revolução Puritana de 1640. Se prioritariamente as motivações econômico-sociais ocuparam a cena explicativa, autores consagrados como Christopher Hill passaram a reconhecer a necessária inclusão da dimensão cultural no rol das condições essenciais à explicação desse movimento revolucionário de alta significação (ARRUDA, 2014, p. 199 e segs.).

Se os entraves interpostos pelo Estado absolutista ao desenvolvimento econômico da Inglaterra se constituíram na condição fundamental à eclosão revolucionária do século XVII, um embate de classes nitidamente delineadas em seus primeiros escritos, o mesmo não se deu em suas obras de maturidade. Nestas, "foram as fraturas e as pressões da sociedade" que determinaram a Revolução de 1640 (HILL, 1980, p. 111), inquestionavelmente uma revolução burguesa "porque criou as condições favoráveis ao desenvolvimento do capitalismo" (HILL, 1969, p. 20). Não obstante, ressalva Hill, para que pudessem desafiar os padrões tradicionalmente aceitos, os homens precisavam "ter um corpo alternativo de ideias para sustentá-los", uma vez que "as ideias são todo poderosas para os indivíduos a quem impelem para a ação", advertindo aos historiadores que eles "devem dar igualmente importância às circunstâncias que originaram estas mesmas ideias", pois, se "revoluções não são feitas sem ideias", "também não são feitas por intelectuais" (HILL, 1965, p. 5). Um forte apelo à interação entre diferentes instâncias da realidade em contextos específicos, recusando qualquer predisposição determinista, nos quais as condições socioeconômicas produzem o fermento intelectual e, reciprocamente, iluminam-se por suas imagens, sonhos e perspectivas.

Encerrado o processo revolucionário, instalados os vencedores no Parlamento, tem início uma nova fase da trajetória histórica da Inglaterra que aponta para a relação explícita entre política e economia, tendo na legislação agrária e mercantil suas ferramentas estratégicas. Numa vertente, a legislação agrária produz os cercamentos, expressão singela para a transformação da terra em propriedade capitalista pela eliminação de posses e posseiros tradicionais, transformados em mão de obra assalariada nas propriedades rurais ampliadas pela inclusão das terras devolutas, pastos e florestas de uso coletivo. Noutra, pela criação de uma poderosa marinha mercante e de guerra protegidas pelos Atos de Navegação, armou-se para o assalto aos mercados mundiais, provedores de matéria-prima, consumo e capitais. Binômio estratégico para o arranque da industrialização nos fins do século XVIII, transformação decisiva para a história britânica e mundial lastreada num amplo conjunto de ações de natureza política, encetadas pelo Parlamento. Constatações que nos permitem conectar a Revolução Inglesa do século XVII à Revolução Industrial do século XVIII, uma relação complexa em que as condições propriamente econômicas e sociais interagem intensamente com as instâncias políticas e culturais.

Se a cultura tem um papel inquestionável no desenvolvimento da revolução em sua dimensão propriamente política, e esta se torna fundamental para entender a revolução econômica, o que não pensar da relação entre cultura e economia no contexto da globalização. Um momento privilegiado para ocultar esta relação, exatamente quando o capital se transfigura, assume formas abstratas, mais permeáveis aos influxos culturais. Reversamente, a cultura absorve princípios que antes eram característicos da esfera econômica, transformando-se numa cultura-mercantilizada, da qual o fenômeno da indústria cultural é expressão paradigmática. Cultura integradora de experiências diversas, a um só tempo múltiplo e sintética, uniformizadora dos padrões culturais, comportamentos, gostos e valores, estendidos aos confins do planeta pela magia das comunicações, que contraem o espaço pelo aceleramento do tempo promovendo a homogeneização e a unificação dos mercados globais.

Em suas reconfigurações através da história o capitalismo atinge nas últimas décadas do século XX a sua quintessência, simbolizada na sofisticação do capital financeiro, cuja marca distintiva é a integração financeira do planeta. Difere essencialmente da fase anterior, nascida da Revolução Industrial, quando se estabeleceu uma relação simbiótica entre capital industrial e capital bancário. Nesta fase, o capital financeiro descola-se do capital industrial, assume a suprema abstração, transmitindo-nos a sensação de que paira sobre todas as formas concretas de suas manifestações. Autonomiza-se o capital, convertido no "sujeito de um processo que permite aos detentores do dinheiro como capital o comando de meios de produção e de trabalhadores assalariados" (BELLUZZO, 1980). Magia que Marx antecipara, premonitoriamente, ao perceber que no capital produtor de juros estava a perfeita representação fetichista do capital, por sua capacidade de produzir automaticamente mais-valia em progressão geométrica, por uma virtude oculta "de qualidade inata e oculta" (MARX, 1971, p. 459). Oculta porque simboliza um capital imaginário que se capitaliza, que se transforma em capital fictício ao entranhar a condição de capital-futuro; capital sem lastro, volátil, pura fantasmagoria (MARX, 1971, p. 536); verdadeiros "mistérios religiosos do fetichismo da mercadoria" (JAMENSON, 2010, p. 229).

Neste sentido, o capital fictício *latu sensu* é capital financeiro, mas em termos específicos pode ser entendido como sua fração, sua expressão mais abstrata enquanto capital-futuro, uma modalidade do capital financeiro propriamente dito por ser o capital que se valoriza por si mesmo (ARRUDA, 2010, p. 131). Um típico movimento de autonomização das formas, posto que o capital financeiro adquire autonomia [na capitalização], deslocando-se de seu referente [o capital], assumindo assim o dom místico de se autorreproduzir ao desprender-se de sua condição de forma transitória, fetiche do capital análogo ao fetiche da forma mercadoria, pois ao constituir-se em forma que se sobrepõe a outra forma torna-se "riqueza financeira imaginária" (MARX, 1971, p. 549), por afastar-se de sua própria forma- base.

Nos tempos que correm, "a categoria capital fictício atinge possivelmente o seu ápice, a absoluta desmaterialização, riqueza carente de lastros reais" (ARRUDA, 2010, p. 133). Motivo pelo qual o paraíso do capital fictício são os mercados futuros onde, através dos mercados de câmbio ou do mercado interbancário mundial, pode-se dar vazão ao seu potencial especulativo sem limites porque ele opera fora dos controles tradicionais sobre capital e divisas (GUTTAMANN, 1998, p. 82-3). Capital financeiro que tem o poder de subordinar o movimento do capital em macroescala e produzir crises recorrentes de sobreacumulação, fruto da busca incessante por posições de mercado; por deter o controle das tecnologias avançadas via direito de patentes e direitos especiais de propriedade; por comandar a reprodução através da sobreacumulação financeira, por gestar o descolamento entre crescimento real e virtual que leva à germinação permanente de bolhas financeiras, produto do "caráter desmaterializado e volátil do capital", ao qual "corresponde uma dominação sem corpo" (ARRUDA, 2010, p. 136).

Este é o lado perverso do moderno capitalismo financeiro. A produção de crises de sobre acumulação. Fruto do controle de uma massa inimaginável de capital por uma parcela infinitesimal de atores sociais, cujos recursos podem ser continuamente alavancados por via da valorização fraudulenta; da desvalorização de ativos via cultura da reciclagem; da dilapidação de ativos via aquisições e fusões; do ingurgitamento incessante das dívidas públicas ou privadas via agregação de encargos; da expropriação dos direitos de propriedade individual ou coletiva via operações espúrias, em suma, ações que levam o capital na era da globalização a promover uma acumulação predatória, que David Harvey denominou acumulação por espoliação, por assemelhá-la à acumulação primitiva original essencialmente predatória (HARVEY, 2003, p. 122-6), uma espécie de destruição criativa inerente à própria dinâmica do capital.

O impacto político e social dessa nova configuração do capital não se faz esperar. É imediato. A capacidade reguladora do Estado sobre o capital se esvai, levando à perda de substância do trabalho; à sua "imaterialidade". Neste contexto, quanto mais a mercadoria se descola do trabalho regulamentado, quanto mais se multiplicam os seres envolvidos em sua criação/produção/reprodução, mais o seu caráter abstrato se firma, mais fetiche ela é. Em contrapartida, quanto mais o simbolismo econômico tornar-se estruturalmente preponderante, mais cultura ele se torna, transmitindo a impressão de que "sua corporificação humana parece ter sumido" (MORETTI, 2014, p. 11). Estreita-se, por esse prisma analítico, a distância entre cultura e economia. Configuração que tenderá a se estreitar enquanto o caráter metafísico da própria mercadoria, entendida como forma abstrata de relações sociais, prevalecer sobre a fórmula expressa na condensação de força de trabalho e de mais-valia materializada, uma possibilidade previsível já nos meados do século XIX e que não escapou ao tino do jovem Marx.

A expansão do consumo simbólico na fase do capitalismo abstrato é impulsionado em larga medida, nos dizeres de Remo Bodei (BODEI, 2001, *passim*), pelos poderosos sistemas midiáticos de produção e reconstrução de imagens; de sua capacidade inaudita de criar e recriar imaginários completamente desenraizados das tradições culturais precedentes, posto que o transculturalismo possibilita agregar imagens e símbolos de culturas transnacionais com enorme fluência; imaginários introjetados na retina e na memória dos consumidores tornados cativos pela atração incoercível do poder imagético. Tragados, todos, pelo multiculturalismo que valoriza as especificidades entendidas preliminarmente como trincheira de resistência identitária, mas que de fato trazem em seu bojo a possibilidade de ampliar o leque dos produtos culturais apropriáveis para produção e comercialização em escala mundial, pois as forças da globalização nutrem-se dos localismos, da diversidade cultural metamorfoseada em mercadoria e materializada numa vasta amplidão de objetos singulares lançados ao mercado global onde, na síntese lírica de Remo Bodei, num festim escatológico fartam-se de símbolos culturais. Converte-se o mercado por esta via num poderoso sistema simbólico, cujo impacto se faz sentir sobre o próprio significado do tempo, afetando sua intensidade e direção, pois a temporalidade futura assume um papel relevante na reprodução do sistema social no qual os consumidores, sobretudo os mais jovens, antecipam o futuro colando-o no presente, compungidos pela urgência do imediato, a pulsão pelo usufruto do *future now*. Uma realidade mais do que objetiva neste sistema por dar concretude ao mercado de derivativos, um universo essencialmente abstrato, articulado no presente, realizado no futuro, mas com enorme capacidade de impactar este mesmo tempo presente, configurando-se uma efetiva intromissão do futuro no presente e, necessariamente, na modelagem ideológica desta temporalidade.

Qual o significado destas reflexões? Significa que o modo de consumo simbólico assumiu a primazia em relação ao modo de produção material no governo do mercado? Que a cultura prevalece sobre a economia em qualquer circunstância espacial e temporal?

Marx disse que não. Disse que não se pode separar produção de consumo, na medida em que a produção se realiza no consumo e o consumo somente se viabiliza na produção. Por conseguinte, como produção é consumo e consumo é produção, o ato de produção em todos os seus momentos torna-se, ao mesmo tempo, um ato de consumo. Em decorrência, a produção torna-se imediatamente consumo e o consumo imediatamente produção. Isto porque, por oferecer ao consumo a sua matéria, o seu objeto, a produção cria o consumo, e, por via de consequência, cria o consumidor, determinando não somente o objeto do consumo, pois engendra, acima de tudo, o modo de consumo em termos objetivos e subjetivos. Neste sentido os termos se equivalem. "Ambos surgem como intermediários um do outro", daí sua interdependência, sua reciprocidade, "embora se conservem exteriores um ao outro", cada um não é apenas imediatamente o outro, nem apenas intermediário do outro, cada um, "ao realizar-se, cria o outro; cria-se sob a forma do outro". Reiterando, "é o consumo que realiza plenamente o ato da produção ao dar ao produto o seu caráter acabado de produto, ao dissolvê-lo consumindo a forma objetiva independente que ele reveste, ao elevar a destreza, pela necessidade de repetição, a aptidão desenvolvida no primeiro ato da produção, ele não é somente o ato último pelo qual o produto se torna realmente produto, mas o ato pelo qual o produtor se torna também verdadeiramente produtor". De modo recíproco, "a produção motiva o consumo ao criar o modo determinado do consumo", por originar, na sequência, "o apetite do consumo, a faculdade de consumo sob a forma de necessidade". Nestes termos, a produção se apresenta como ponto de partida e o consumo como ponto de chegada do processo de produção capitalista (MARX, 1977, p. 207-11). O que não nos autoriza a concluir que produção e consumo sejam idênticos; autoriza-nos apenas a deduzir que são elementos de uma mesma totalidade, momentos diferenciados no interior de uma mesma unidade (MARX, 1977, p. 127). Mas, autoriza-nos sim a afirmar que num momento determinado de expansão do mercado mundial no século XVIII, e da consequente impulsão ao consumo de manufaturados na Inglaterra, foi a *demanda* que, dada a rebaixada capacidade das forças produtivas existentes, da insuficiência da estrutura técnica da produção para satisfazê-la, tornou-se a "força propulsora que deu nascimento ao terceiro período da propriedade privada desde a Idade Média, criando a grande indústria e, com ela, a aplicação das forças naturais à produção industrial, a maquinaria e a mais extensa divisão do trabalho" (MARX, 1977, p. 68), momento decisivo em que a dinâmica da industrialização foi comandada pelo *consumo* e não pela produção, uma interação dialética entre dois momentos distintos mas integrados do processo capitalista de produção.

Depreende-se do exposto que produção e consumo são ambos "o verso e o anverso de uma mesma moeda" [que] "realizam, por assim dizer, um movimento dialético [...], dialético porque interdependentes, complementares e, sobretudo, antagônicos" (ARRUDA, 2004, p. 33) e que não são, sobretudo, excludentes em relação à dimensão simbólica entranhada no tecido social. Pelo contrário, o pressupõe, porque não há possibilidade de produção sustentada sem a sensibilidade para as dimensões culturais que permeiam o mercado e se manifestam em seus símbolos mais expressivos, mais cultuados, seus totens, expressões gestadas nas entranhas das relações sociais. Esfera do simbólico capturada e transformada pela indústria cultural, segmento do sistema produtivo indispensável à criação de um mercado de consumo de massa, para cujo concurso as mensagens publicitárias são veículos estratégicos. Por essa razão, "a indústria cultural, numa sociedade dominada pelo valor de troca, juntamente com a publicidade, que é a sua seiva, transformaram-se em importantes mecanismos reprodutores" (ARRUDA, 2004, p. 32). Isto porque a publicidade "atua como potente método de transferência de significado, fundindo um bem de consumo a uma representação do mundo culturalmente constituído dentro dos moldes de um anúncio específico" (McKRAKEN, 2003, p. 106), estabelecendo-se por esta via um liame inextricável entre a indústria cultural e as ferramentas da publicidade e do *marketing* (TASCHNER, 2009, p. 51 e segs.), que operam através de um conjunto de ações estratégicas destinadas a capturar e influir nos desejos dos consumidores e, consequentemente, para adequar produtos e produção às suas preferências, acabando por conformar um consumo de massa, cujo fim último é otimizar a lucratividade e, por desdobramento, intensificar a acumulação.

Processo no qual, os "princípios da cultura são substanciados pelos bens de consumo e esses bens, assim carregados, ajudam a forjar o mundo culturalmente constituído", tornados, ao mesmo tempo, seus objetos e sua objetivação, que, mais do que nos ajudar a saber quem somos, ajuda-nos a antecipar o sonho de "quem gostaríamos de ser", dado que estes bens são pontes "capazes de alimentar a posse de ideais que as circunstâncias presentes nos negam no momento" (McKRAKEN, 2003, p. 106 e 150). Qualidade distintiva dos bens de consumo no processo de produção capitalista que, intuíra Marx, não se faz sem uma dimensão cultural, posto que este consumo produtivo, entendido como realização do valor, é uma fase do processo de reprodução do capital cuja particularidade reside no fato de que o objeto de consumo é um "objeto determinado que deve ser consumido de forma determinada, à qual a própria produção deve servir de intermediária" (MARX & ENGELS, 1973, p.

210), objetos de consumo substancialmente diferenciados em relação ao consumo de bens destinados a suprir necessidades vitais. Dimensão simbólica realçada nos momentos de crise, quando a identidade entre produção e consumo é rompida e a desarmonia se instala no sistema, ampliando o descompasso, aprofundando a crise. Dessa forma, quando Marx acentua a interdependência entre os dois momentos, está operando no âmbito abstrato, no plano categorial. Não é por outro motivo que escande a contradição como complemento da interdependência e, com isso, introduz a historicidade que pressupõe, no capitalismo contemporâneo, absorver nas análises – categoriais e históricas – o papel central da publicidade e da indústria cultural, que leva à rearticulação do movimento do capital e das relações sociais que lhe são inerentes, por incorporar as crises como componentes estruturais do processo.

Indústria cultural aqui entendida nos termos em que foi concebida por Adorno e Horkheimer, a indústria que, ao mesmo tempo em que sacia o desejo de consumo dos indivíduos, os conduz à apatia. Satisfaz porque promete, mas não cumpre suas promessas, abrindo espaço para que a publicidade ocupe esse vácuo uma vez que compensa a não-fruibilidade completa pelo oferecimento de um desfrute imagético (ADORNO & HORKHEIMER, 1970, p. 196). "Em síntese, enquanto a indústria cultural no seu sobrevôo serve principalmente à ideologia dominante, a publicidade atua, sobretudo, como a face visível do grande capital que se impõe e submete os consumidores aos seus produtos" (ARRUDA, 2004, p. 33). Por esta via de raciocínio, o sistema simbólico entranha-se na produção das mercadorias sim, mas por vias travessas, pois, considerando-se que todo ato de produção é também um ato cultural e que as ditas necessidades são também culturalmente produzidas, as mercadorias concebidas, neste contexto, não se desprendem das condições existentes, sobretudo em um sistema desenvolvido de produção onde ocorre a apropriação dos valores simbólicos pelos *mass media*, via publicidade, que os transmutam do estado bruto em que se encontram na cultura num sistema simbólico para o consumo, pois, de seu estado original, não emergem automaticamente ícones de consumo, precisam ser trabalhados pela indústria cultural que os submetem ao princípio organizador da lógica do capital, razão pela qual não há primazia da cultura, posto que a lógica simbólica do consumo solidariza-se à lógica propriamente econômica da produção: criação e serventia do sistema produtivo.

Mas, antropólogos de nomeada diriam que sim. Que o modo de consumo simbólico comanda a produção no capitalismo contemporâneo. Ancorado na formulação clássica de Max Weber segundo a qual o "homem é um animal suspenso por teias de significados que ele mesmo teceu", Clifford Geertz define cultura como um sistema ordenado de símbolos em cujos termos os homens definem seu mundo. Um padrão de significados transmitidos historicamente, incorporados em formas simbólicas por meio dos quais os seres comunicam-se, perpetuam-se, desenvolvem seus conhecimentos sobre a existência, definem suas atitudes em relação a ela, interpretam sua experiência e projetam suas ações, convertendo a estrutura social na forma que a ação assume, isto é, a rede de relações sociais realmente existentes, derivando-se daí que estrutura social e cultura são abstrações distintas do mesmo fenômeno (GEERTZ, 1989, p. 15 e segs), sua dimensão ôntica e ontológica. Concepção que faz da história cultural um imenso repertório de significações, uma disciplina interpretativa à busca de significados, não apenas das significações culturais, mas da totalidade significativa da condição humana, nela incluída a produção de sua sobrevivência.

Mas foi Marshall Sahlins quem levou a análise dos significados ao seu limite na reflexão sobre o modo de consumo na era do capitalismo abstrato. Influenciado pelo marxismo, acolheu criticamente as teorias de Karl Polanyi que recusava a possibilidade de que a subsistência em sociedades simples pudesse ser organizada pelos mesmos princípios da vida em sociedades complexas. Argumentava que as atividades econômicas estavam entranhadas na vida doméstica e familiar, regidas por uma ética de solidariedade de parentesco na qual a parcela maior das mercadorias produzidas destinava-se ao núcleo parental, ficando as trocas das mercadorias excedentes circunscritas aos tempos de escassez, a objetos de puro valor cerimonial realizados em ciclos fixos e com parceiros estabelecidos, ajustados para expressar relações de reciprocidade dentro e fora do grupo, práticas que reforçavam a dimensão simbólica da vida social.

Princípios teóricos projetados por Sahlins sobre a economia capitalista madura, pensada como um "sistema cultural", no qual "as forças materiais se instauram sob a égide da cultura" e, como qualquer outro sistema econômico, converte-se numa especificidade cultural "e não uma mera atividade natural e material, pois, como é o meio para um modo de vida total, ela é necessariamente produção de significação simbólica", razão pela qual é a "lógica simbólica que organiza a demanda" nas sociedades contemporâneas. Neste sentido, Sahlins tem certeza de que não apenas as forças materiais são reais, pois devem ser entendidas como parte de um sistema de ideias no qual a infraestrutura aparece como manifestação de um sistema total de significados em ação no mundo. A convicção de que, nas sociedades complexas do ocidente, a cultura surge como a "primeira área de produção simbólica", razão pela qual "a singularidade da sociedade burguesa não está no fato de o sistema econômico escapar à determinação simbólica, mas sim em que o simbolismo econômico é estruturalmente determinante", e o capitalismo não seria, portanto, a pura racionalidade, mas sim "uma forma definida de ordem cultural" (SAHLINS, 2003, p. 176, 204-11). Argumentos rascantes em que o vocábulo determinante aparece duas vezes na mesma frase, não deixando qualquer tipo de dúvida quanto ao posto de comando na relação entre o material e o cultural. Na ótica *sahliniana*, é a força do simbólico que cria a sociedade de consumo, a energia vital que move o sistema capitalista maduro e comanda o sistema produtivo em sua fase de alta abstratibilidade.

Proposições incisivas que, na continuidade de suas argumentações, são substancialmente amenizadas. Reconhece, por exemplo, que se não se pode falar ingenuamente da geração de demanda pela oferta, também não se pode cair na mistificação inversa, a de entender a "produção capitalista como uma resposta aos desejos do consumidor", pois a produção se desenvolve como resultado de uma "lógica significativa do concreto, de significação das diferenças objetivas", portanto, de desenvolvimento de "signos apropriados para as distinções sociais emergentes" (SAHLINS, 2003, p. 184-5). Adverte além do mais aos seus leitores de que tampouco devemos "nos iludir com a aparente objetividade do signo, o qual não passa do resultado de um *processo dialético* [grifo nosso] em que o fato natural foi primeiro dominado culturalmente de maneira a ser reaplicado naturalmente" (SAHLINS, 2003, p. 195).

A demonstração prática de seus pressupostos teóricos se faz a partir da economia americana, uma experiência antropológica por ele vivenciada. Nela, as necessidades básicas de alimentação e vestuário dos consumidores, argumenta Sahlins, não são "coisas úteis", pois, nos Estados Unidos impera a cultura do consumo, na qual as "relações aparecem vestidas de objetos manufaturados". São totens sociais que não representam simplesmente posições na sociedade, pois as mercadorias, operando como símbolos, "produzem as relações sociais", restando aos capitalistas a tarefa de "fabricar imagens de identidade que ainda serão criadas" (SAHLINS, 2003, p. 170), o que faz do sistema simbólico o elemento diferenciador entre sociedades simples e complexas (SAHLINS, 2003, p. 212), pois, nestas, por operar numa "lógica específica de correspondência entre contrastes materiais e sociais", a produção material transforma-se, inevitavelmente na "reprodução da cultura em um sistema de objetos" (SAHLINS, 2003, p. 178).

Tais concepções constituem-se numa antítese do arcabouço teórico que Sahlins denomina razão prática, um conjunto de teorias ditas utilitaristas cuja lógica seria a maximização das relações meio-fins, teorias naturalistas ou ecológicas, que privilegiam a utilidade objetiva, sem se ater ao essencial "a qualidade distintiva do homem", que não é o fato dele viver num mundo material "mas o fato de fazê-lo de acordo com um *esquema significativo criado por si próprio*" [grifo nosso] (SAHLINS, 2003, p. 7). Concepção que o leva a desviar-se do materialismo histórico, apesar de fundamentar-se em alguns de seus pressupostos essenciais. Por entender que o modo de produção na concepção de Marx não se atinha simplesmente à reprodução dos produtores, mas também às relações sociais sob as quais ela se dava, destacando em abono de seus argumentos uma passagem extraída do livro *A ideologia alemã*, na qual Marx afirmava que o modo de produção não deve ser considerado como sendo simplesmente a reprodução da existência física dos indivíduos, mas sim como um "determinado modo de atividade desses indivíduos, um determinado modo de manifestar suas vidas, um *modo de vida por eles definido*" (MARX & ENGELS, 1973, p. 19), derivando-se daí que a produção é algo maior, diferente da prática lastreada na lógica da eficiência material: "É uma intenção cultural", organizada como um processo significativo do ser social, que situa a "sociedade na história, e a produção na sociedade" (SAHLINS, 2003, p. 168-169). Um largo passo rumo ao simbólico presente em Marx, no qual Sahlins se fundamentou, mas a quem critica por considerar que ele o atrelou ao objeto em sua forma-mercadoria, isto é, ao fetichismo, "deixando de lado as relações significativas entre homens e objetos, que são essenciais para compreender a produção em qualquer forma histórica", reiterando que o "valor de uso não é menos simbólico ou menos arbitrário que o valor-mercadoria", porque a "'utilidade' não é uma qualidade do objeto, mas uma significação das qualidades objetivas" (SAHLINS, 2003, p. 169).

Ou seja, mesmo que reconhecidamente o ponto de partida esteja no marxismo, na noção de fetichismo da mercadoria, Sahlins avançou ao se fixar na ideia de que na "sociedade burguesa a produção material é o lugar dominante da produção simbólica", caracterizando-se aí um modo de produção simbólico – que às vezes surge como modo de consumo simbólico –, isto porque, como a acumulação de valor de troca se dá enquanto valor de uso, a produção capitalista desenvolve um código, expresso nas diferenças significativas entre produtos que servem ao esquema geral de classificação social, visto que "a integração econômica do todo, a transmissão do quadro e do código, da diferenciação social e do contraste objetivo" [...] "é assegurada pelo mecanismo de mercado, pois qualquer pessoa necessita comprar e vender para viver, mas só pode agir desse modo na medida em que suas relações com a produção assim o permitam", sistema de produção este que se constitui como "meio para um *modo de vida total*" (SAHLINS, 2003, p. 211), avanço expressivo na concepção haurida em Marx pelo circunstanciamento cauteloso da dimensão simbólica, referida aos mecanismos de mercado e constituinte de um modo de vida total.

Avanço sim. Não sem recaídas, como se deduz da frase "tudo no capitalismo conspira para esconder a ordem simbólica do sistema" (SAHLINS, 2003, p. 218), reveladora de uma certa hesitação. A certeza determinista numa passagem, o aceno à dialetização noutra e, de novo, o retorno ao determinismo do símbolo. Um pêndulo que oscila entre a preeminência da materialidade e da simbolização que o obriga, por vezes, a afirmações secas, enfáticas, em favor da lógica dos significados que na sequência, na transladação de esquemas, na transposição temporal, se vê obrigado a amenizar, revelando certa ambiguidade e, por decorrência, perda de consistência argumentativa. Afinal, se o mercado constitui um "modo de vida total", como acima refere, o desdobramento mais coerente seria "quase tudo na sociedade primitiva conspira para esconder a ordem prática do sistema". Uma frase por ele criada e outra por mim imaginada, com o intuito de forçar o contraste e explicitar as posições, posto que são, ambas as frases, expressões candentes de alienação, o que não é, aliás, exclusividade de nenhuma sociedade, embora no capitalismo tenha assumido sua forma mais acabada. Infere-se, do exposto, que para Sahlins, todas as dimensões da existência humana, inclusive a produção de bens materiais, constituem um modo de produção da vida [que reverbera Marx], entendido como produção de significados, configurando-se aí um efetivo excesso de simbolização que, neste sentido, tange sim ao culturalismo porque escande a radicalidade da determinação simbólica em prejuízo da dialética entre materialidade e significação. Negligencia, portanto, o preceito *kantiano* de que a cultura não é algo dado, imanente à natureza humana, pois ela transcende a experiência objetiva do conflito social que leva os homens ao extremo limite de seus talentos individuais, a tensão criativa que produz cultura.

Não entendo as postulações de Sahlins como uma recusa peremptória de Marx. Mas sim como refração de sua teoria. Uma etapa ulterior à qual o próprio Marx poderia ter chegado se vivesse noutros tempos, no momento atual do capitalismo abstrato, por exemplo. Não nos meados do século XIX, mas nos meados do século XX como Sahlins, que vivencia e protagoniza o *cultural turn* dos anos 70, paradoxalmente, um giro cultural que se dá no mesmo momento em que a dinâmica do capitalismo tornou-se mais presente na vida dos indivíduos, quando o modelo de produção fordista de regulação se desintegrou nos Estados Unidos. Foi esta significativa decalagem de tempo que possibilitou a Sahlins avançar na busca da mediação materialidade/cultura, sujeito/objeto, prática/significação, que, apesar de sua enfática aposta no poder da significação, acaba por suavizá-la, por reconhecer que tanto o marxismo quanto os estruturalismos antropológicos são "teorias apropriadas respectivamente para épocas históricas ou universos culturais específicos" (SAHLINS, 2003, p. 8), com o que concordamos plenamente.

Apreensões teórico-metodológicas

O peso do econômico se faz sentir em qualquer condição histórica com a mesma intensidade explicativa? Sua relação com os demais segmentos da totalidade histórica permanece inalterada através dos tempos? O papel do Estado na época moderna, na medida em que expressa primacialmente a dimensão política da vida material, não teria assumido naquele momento uma posição relevante, para não dizer hegemônica em relação ao governo da própria vida econômica? A longa duração que medeia entre as primeiras décadas do XIX e a sétima década do século XX, indelevelmente marcada pela instalação do moderno sistema fabril e bancário, não teria conferido ao econômico, à dimensão material, um papel privilegiado? E, nos interstícios desta longa temporalidade, não teria havido lugar para o ressurgimento da política na configuração dos Estados totalitários fortemente ideologizados? A razão prática, o princípio da necessidade, não teria sido fundamental no contexto das duas guerras mundiais e dos processos de reconstrução que a elas se seguiram? A dimensão exponencial do desenvolvimento do tecnológico no mundo atual pode ser atrelada exclusivamente ao modo de produção simbólico? Ou, contrariamente, ao modo de produção material? Não é justo reconhecer que se nas sociedades ágrafas a razão simbólica prevalece ela não tem o mesmo peso no mundo da globalização mesmo que sob a égide do capital abstrato?

Vislumbra-se, portanto, que estamos diante de dois conjuntos interpretativos antagônicos, assentados em paradigmas ontológicos contrapostos que se querem irreconciliáveis, em que a razão prática se propõe a explicar a razão simbólica e vice--versa. Afinal de contas, onde estaria o comando do processo histórico, no lócus da razão histórica, que mediaria a razão prática e a razão simbólica: na economia ou na cultura; na produção ou no mercado; na oferta ou na procura; no modo de produção material ou no modo de consumo simbólico?

Em ambos. O que surge como um jogo de oposições, de antagonismos que criam epistemologias antinômicas são, no fundo, manifestações diferenciadas da própria complexidade histórica, pares contratados que aos historiadores cabe mediar. O esquema simbólico funciona muito bem em circuito fechado, nas ilhas da história, porque se abrimos o compasso, se expandimos a espacialidade e a temporalidade, se introduzimos a constante da mudança que é a própria essência da história, ele perde força interpretativa. O simbólico, mesmo nos circuitos fechados, não dá conta das mudanças cruciais porque necessita apelar para ingredientes externos, esquemas outros que não os supridos pela razão simbólica. É necessário pensar a relação dialética entre simbolização e materialidade, entre linguagem e meio social, entre esquemas e recursos, entre economia e cultura. Dialética porque, ao mesmo tempo em que estas lógicas se reforçam tendem ao conflito, pois, na medida em que a lógica da razão prática transforma o meio ambiente, tende a subverter a estrutura sincrônica da linguagem, conformando uma unidade complexa e contraditória.

Assumindo-se, nos termos propostos por Sewell (2005, p. 164), que toda prática humana, em todos os contextos sociais ou esferas institucionais, é estruturada simultaneamente, tanto pelos significados quanto por outros aspectos no ambiente em que venham a ocorrer, à exemplo das relações de poder ou da distribuição espacial dos recursos. Os significados apresentam-se, por esta via analítica, muito mais como a dimensão semiótica da prática social humana em geral, dimensões estas que se moldam e se constrangem umas às outras, ao mesmo tempo em que guardam relativa autonomia entre si. Afirmar a autonomia de certas dimensões da vida social, porém, não implica afirmar que estas autonomias sejam prévias, precedentes, ou inteiramente independentes em relação à cultura. A ação social é culturalmente constituída, mas isto não quer dizer que uma narrativa cultural seja uma explicação cabal da vida social, pois, o fato da vida social ser significada, não autoriza inferir que necessariamente a ação social seja moldada por nada mais além do que o significado. Isto porque, outros tipos de coerções afetam as ações sociais, mas escapam à percepção dos agentes e não são facilmente debitáveis na conta da análise do simbólico, a exemplo da abundância ou escassez de recursos; localização espacial e mobilidade física dos indivíduos; disparidades gritantes na partilha do poder político entre os atores da cena social.

Esta argumentação se sustenta por vários motivos, reitera (SEWELL JR., 2005, p. 165). Primeiro, porque a cultura tem um princípio semiótico estruturante que é diferente dos princípios estruturantes equivalentes na economia ou na política que, por sua vez, também informam, compõem e agem na prática social, significando que, se uma ação for quase que inteiramente determinada pela esmagadora disparidade de recursos econômicos, estas mesmas disparidades ainda assim darão significado à sua ação de acordo com uma lógica semiótica, ou seja, expressar-se-ão semioticamente. Segundo, porque a dimensão cultural tem um certo grau de autonomia no sentido de que os significados que a constituem são moldados e remoldados por uma multidão de outros contextos, exatamente porque os símbolos são transportados junto com seu uso para uma multidão de instâncias ou práticas sociais outras que transcendem ao seu contexto de germinação, redefinindo-se e ressignificando-se continuamente. Ou seja, os símbolos viajam, aderindo a contextos sociais diversos e, por decorrência, a diferentes contextos históricos em diferentes momentos de sua trajetória histórica.

Vê-se, pois, que a noção de estrutura está no centro das duas formulações, mas com funções diferenciadas. Na primeira, assume-se que a dinâmica estrutural cria os eventos que, a partir daí, passam a ser entendidos como manifestações externas às estruturas, mas que se são vias de acesso privilegiado para nelas se penetrar, paradigma indiciário para os quais devem estar permanentemente atentos os intérpretes da vida social. Na segunda, os eventos convertem-se em categorias quase teóricas por sua capacidade em promover mudanças sociais à medida que transformam as categorias culturais, responsáveis por compelir a ação humana.[4] Desta forma, os eventos criam a estrutura e as transformam na dependência de sua intensidade, de se manifestarem sob a forma de eventos-marco, uma condensação de eventos significativos articulados em cadeia, diferenciados em relação aos eventos corriqueiros, banais, de incidência cotidiana que agem no sentido de preservar a estrutura, mas que, mesmo assim, na longa duração, também podem alterá-la. Talvez seja esta a chave do enlace compreensivo entre os dois sistemas interpretativos delineado, o foco no jogo dialético entre evento e estrutura, que aponta para a essencialidade da mediação, a chave para contrair a distância entre a percepção e as coisas que se quer perceber; os significados e aquilo que eles significam; pois as manifestações dos eventos não se revelam de imediato, exigem o entrelace com as totalidades circundantes, visto que a apreensão do individual só se faz por via da percepção de sua inscrição na ordem universal das coisas, sendo exatamente aí, nestas coisas integradas na totalidade, os eventos, que a própria totalidade integralmente se materializa: vira história.

---

4   Esta é a perspectiva de Marshall Sahlins. Não utilizamos neste texto a noção de evento em seu sentido vulgar, o de ser um fato histórico tal qual se configura em sua apreensão positivista.

A relação intrínseca entre evento e estrutura está na base da formulação teórica do próprio Sahlins: "eventos e estruturas requerem-se mutuamente", pois os eventos são transformações da estrutura e as estruturas acumulações de eventos, razão pela qual a chave para uma adequada teoria do evento é uma robusta teoria da estrutura, pois ao se reproduzir a história se transforma, uma vez que a reprodução é a condição da transformação, daí derivando que a reprodução tem certa dinâmica entranhada na sucessão de eventos corriqueiros, significando que, ao serem acionadas pelos eventos inesperados, que se tornam eventos marcos, as estruturas históricas adquirem novos valores funcionais, o mesmo se dando com os eventos corriqueiros que acionam a mesma lógica da transformação cultural, mas operam no sentido de preservar as estruturas, de garantir sua reprodução (SAHLINS, 1991, p. 42).

Noutros termos, presenciamos uma dialetização do evento, que em sua latência estruturaliza-se, passa a constituir a própria estrutura, vira estrutura, ou seja, é a estrutura produtora de eventos que colhe os frutos de sua própria semeadura, transformando-se. Por esta via, o evento torna-se a face visível da estrutura, a própria materialização da mudança estrutural, na qual o evento é para a estrutura o que o social é para o individual, o essencial para o acidental, o recorrente para o idiossincrático, o visível para o invisível, o legal para o aleatório, o anônimo para o autoral, o normal para o traumático, o comparável para o único (SAHLINS, 1991, p. 38-40). Forma viva da interação social, o evento é o *link*, a essência mediadora do inter-relacionamento entre os indivíduos em contextos sociais que os tornam "membros interdependentes do mundo de cada um [de seus membros]", fazendo do mundo social o relacionamento entre grupos, classes, categorias sociais, instituições e os indivíduos que os compõe, unidades interligadas em uma totalidade estruturada "implicando que a mudança histórica, quando ocorre, deve ser entendida como a consequência da tensão, do conflito, ou das contradições entre os grupos já constituídos, muito mais do que um processo contínuo pelo qual os grupos são precipitados, remoldados ou dissolvidos pelo próprio processo no qual estão implicados" (SEWELL JR., 2005, p. 329-330), nos termos de William Sewell Jr. Ele que, prioritariamente, concebera as estruturas como o reforço mútuo da teia de esquemas e recursos, da construção e da linguagem, passa a entendê-las na maturidade intelectual como unidade contraditória; reconceitualizando-a como uma relação dialética das diferentes formas da prática humana temporalmente situada, uma dinâmica intra-estrutural cujo mecanismo central indutor das mudanças é sua tensão relacional, responsável pelas diferenças das práticas humanas em suas diferentes temporalidades, quase uma teoria das práticas humanas contraditórias hauridas no materialismo histórico onde colhe o conceito chave de movimento desigual e combinado da história.

A tensão relacional, portanto, se expressa via evento, distinguindo-se por suas múltiplas ritimações incrustadas na estabilidade estrutural cristalizadas em três intensidades básicas reconhecidas por Sewell, tendências, rotinas e eventos, a chave que faculta o acesso aos segredos íntimos da cadeia de relações estruturais. O evento expressa a ação social no interior da estrutura. É a própria mediação estrutural. Medeia as estruturas de um dado sistema ou contexto histórico específico. Realiza a interação entre práticas racionais e os esquemas simbólicos. Responde pela mudança porque é a própria dinâmica entranhada na estrutura. A pura ação social historicamente circunstanciada traduzida em eventos que transformam as estruturas delineando a tonalidade histórica do momento considerado, a preponderância do material ou do simbólico, lógicas aparentemente flexíveis, mas que são, de fato, historicamente determinadas, exigindo dos historiadores a sensibilidade para surpreender a estrutura do evento, no evento em processo de construção da vivência humana.

Desdobramentos

O andamento deste texto poderá ter projetado na retina dos leitores a imagem de certa adesão à vertente culturalista da história. Ledo engano. Não me apraz ver a história como mero sistema simbólico que opera via figuras de linguagem. Procedimento metodológico sem dúvida capaz de criar artesanias primorosas, que produzem no leitor a estesia lúdica própria da obra de arte. Mas que, ao mesmo tempo, lhe transmitem a sensação de estarem suspensas no ar, por recenderem a um quê de idealismo, por transpirarem excesso de simbolização. Por sustentarem-se sobre materiais randômicos, que conduzem a uma reprodução estética e literária do passado, mas que são excessivamente descompromissadas em relação às exigências explicativas, propriedade inegociável da história assumida como ciência da compreensividade, um esforço de autoconhecimento de nós mesmos e da própria história.

Recusamos a inópia teórica, mas não recusamos a história artefato, pois a micro-história, como já referimos, é a substância energizante da macro-história em sua perspectiva crítica. Nos termos de Remo Bodei, a produção histórica deve ser um esforço de superação da anomia do tempo presente, de desencantamento da razão, de morte das utopias, somente realizável através do acesso à cadeia relacional entre eventos e estruturas, pelo travejamento entre descrição e conceitualização, via interação dialética entre a parte e o todo, entre a materialidade e a simbolização, único procedimento capaz de conferir à história um telos unificador. Um laivo de racionalidade no caos aparentemente ininteligível. O retorno do bom sentido, que a análise atenta pode extrair das conexões mais amplas dos fenômenos históricos, de modo a fazer do plural um singular, de reforçar a dimensão prospectiva dos problemas e proceder à contínua atualização da cartografia conceitual (BODEI, 2001, p. 71 e 80). Proposições que nos conduzem a inevitável recusa de uma concepção naturalizada da economia, aprisionada à mecânica das limitações naturais, em favor das representações coletivas. A concessão de um lugar às dinâmicas intersubjetivas que implica o desvio "pelas representações que têm os agentes econômicos das diversas interações econômicas nas quais estão engajados"; atitude que conduzirá a uma inversão singular das relações entre o econômico e o social, pois evidenciará que "as determinações dos valores econômicos repousam sobre uma escolha social, sobre a adesão a uma certa convenção" (DOSSE, 2003, p. 313).

Assim pensar implica assumir que remoldamos continuamente o passado que nos molda e, por via de consequência, a história que nos construiu e constrói. A história econômica que fazemos é a herança tardia das concepções de história erigidas no meio século XX. Um arquétipo interpretativo que repousa largamente sobre os paradigmas *braudelianos*, lastreados em Marx e Weber, que conferia à economia posição preponderante na explicação da totalidade histórica porque era ela, naquele momento, que estruturava a vida social, política e cultural. Mas, como já aludimos, a partir de meados do século XX, a cultura passa a adquirir um lugar central no próprio sistema de produção e reprodução da economia, porque estes se manifestam como processos culturais: porque a produção em massa criadora da indústria cultural estabelece uma colagem rente entre a produção de bens e os processos de distinção social; porque os processos econômicos se manifestam como processos culturais. Nestes termos, como a economia e o capitalismo tornam-se parte de uma totalidade maior de produção de bens simbólicos num dado sistema cultural, a abordagem da história em termos puramente econômicos não esgota o objeto. Ou seja, para conferir sentido a um dado objeto econômico é preciso inseri-lo num sistema de referências que não se circunscreva aos limites estreitos da materialidade econômica. É necessário assumi-lo como bem simbólico, como cultura econômica. Mesmo que em sua análise não se consiga extrair todas as implicações possíveis, é preciso ter em mente este referencial porque ele interfere na totalidade do objeto considerado, que pressupõe, evidentemente, a esfera da economia.

Ou seja, evidencia-se que os sistemas teóricos interpretativos são historicamente condicionados. Frutos de suas temporalidades. Se o marxismo foi erigido sobre uma base histórica na qual a plataforma econômica era a instância privilegiada, o *cultural turn* foi uma tentativa de moldar as estruturas do sistema simbólico e apontar sua profunda influência no comportamento humano; teorias estas que, não por acaso, germinaram entre os antropólogos que vivenciavam as profundas transformações que se produziam no capitalismo contemporâneo exatamente na fase de consolidação do capital em sua forma mais abstrata, a forma fictícia. O prestígio da razão simbólica, entretanto, não será eterno, como não o foi o prestígio da razão prática, dada a historicidade dos paradigmas. Certeza que nos obriga, na condição de historiadores alojados no campo da economia, a pensar em termos de uma "produção social, um sistema de troca, de materiais diferenciados, de um código de significados e valores constituídos", assumindo-se que "a análise da produção de símbolos e cultura não se mostra externa, ulterior, ou superestrutural em relação à produção material; ela se mostra como uma revolução da própria economia política, generalizada pela intervenção teórica e prática do valor de troca simbólico" (BAUDRILLARD, 1972, p,130). Perspectiva que poderá conduzir a uma indispensável renovação do campo da história econômica; uma conciliação dialética entre duas lógicas interpretativas que, ao invés de se antagonizarem, se completarão no esforço de produzir um conhecimento histórico mais aprimorado.

Em síntese, visualiza-se uma escrita histórica que não seja autocomplacente de si mesma, de sua criação científica ou estética. Conscientes de que as circunstâncias produzem a história, do mesmo modo que a história produz as circunstâncias. Que vivenciamos o momento ideal para a escrita de uma história econômica inquieta, atenta às inovações do conhecimento, travejada na política e imbricada na cultura, que seja capaz de entender como os símbolos, verdadeiros hieróglifos sociais, simbolizam; por que meios se expressam "para mediar os significados" (GERRTZ, 1989, p. 166) e integrar a explicação histórica em qualquer uma de suas variedades, especialmente da histórica econômica. Variedade que deve estar atenta à forma pela qual os símbolos agem na sociedade, às representações coletivas, que se empenhe em demonstrar que a determinação dos valores econômicos repousa "sobre uma escolha social, sobre a adesão a uma certa convenção",[5] incorporando esse campo renovado de investigação que pode ser descrito a partir da síntese entre a "parte explicita e a

---

5   Entrevista de Laurent Thévenot concedida a François Dosse (DOSSE, 2003, p. 313).

parte inconsciente das representações" (DOSSE, 2003, p. 148). O que não significa, contudo, render-se ao império do símbolo, tampouco à imposição do sentido.

Referências bibliográficas

ADORNO, Theodore W. e HORKHEIMER, M. A Indústria Cultural. O Iluminismo como mistificação de massas. LIMA, Luiz Costa (Org.). *Teoria da cultura de massa*. Rio de Janeiro: Saga, 1970.

_____, José Jobson de Andrade. *A Grande Revolução Inglesa 1640-1780*. São Paulo: Editora Hucitec, 1996.

_____, José Jobson de Andrade. *Historiografia: Teoria e Prática*. São Paulo, Alameda Casa Editorial, 2014.

_____, José Jobson de Andrade. *Nova História Moderna e Contemporânea*. Bauru, EDUSC, 2003.

_____, José Jobson do Nascimento. *A florescência tardia. Bolsa de valores de São Paulo e mercado global de capitais (1989-2000)*. Bauru: EDUSC-FAPESP, 2010.

_____, Maria Arminda do Nascimento. *A Embalagem do sistema*. A Publicidade no Capitalismo Brasileiro. Bauru: EDUSC, 2004.

BAUDRILLARD, Jean. *Pour une critique de l'économie politique dusigne*. Paris, Gallimar, 1972.

BELLUZZO, Luís Gonzaga de Mello. *Valor e Capitalismo: um ensaio sobre a economia política*. São Paulo: editora Brasiliense, 1980.

BODEI, Remo. *A História tem um sentido?* Bauru, EDUSC, 2001.

DOSSE, François. *La marche dês idées*. Paris: La découverte, 2003.

_____, François. *A História em Migalhas*. Campinas: Editora Ensaio/Editora da Unicamp, 1992.

_____, François. *O Império do sentido*. Bauru, EDUSC, 2003, p. 313.

FAORO, Raymundo. *Os donos do poder. Formação do patronato político brasileiro*. Porto Alegre, Editora Globo, 1977.

FRAGOSO, João. "Para que serve a história econômica? Notas sobre a história da exclusão social no Brasil". *Estudos históricos*: Rio de Janeiro, n. 29, 2002.

FREYRE, Gilberto. Sobrados e Mocambos. SANTIAGO, Silviano (org.). *Intérpretes do Brasil*. Rio de Janeiro: Nova Aguillar, 2000.

GAMBI, Thiago Fontelas Rosado. *O Banco da Ordem. Política e Finanças no Império Brasileiro (1853-1866)*. São Paulo: Alameda, 2013.

GEERTZ, Clifford. *A Interpretação das Culturas*. Rio de Janeiro: LTC Editora, 1989.

GUTTMANN, R. "As mutações do capital financeiro". In: CHESNAIS, F. (Coord.). A *mundialização financeira: gênese, custos e riscos*. São Paulo: Xamã, 1998.

HARVEY, David. *O Novo Imperialismo*. São Paulo, Edições Loyola, 2003.

HILL, Christopher. "A Bourgeois Revolution". POCOCK, J.G.A (Ed.), *Three British Revolutions: 1641, 1688, 1776*. Princeton: Princeton University Press, 1980.

_____, Christopher. *Intellectual Origins of the English Revolution*. Oxford: Clarendon Press, 1965.

_____, Christopher. *The Good Old Cause. The English Revolution of 1640-1660*. London: Frank Cass, 1969.

JAMESON, Frederic. *Marxismo tardio. Adorno y la persistência de la dialéctica*. Buenos Aires: Fondo de Cultura Económica, 2010.

MARX, Carlos e ENGELS, Federico. *La Ideologia Alemana*. Ediciones Pueblos Unidos: Buenos Aires, 1973.

_____, Karl. *Contribuição à crítica da economia política*. São Paulo: Editora Martins Fontes, 1977.

_____, Karl. *O Capital*. Crítica da Economia Política, Rio de Janeiro: Civilização Brasileira, 1971.

McKRAKEN, Grant. *Cultura & Consumo*. Rio de Janeiro: Mauad, 2003.

MORETTI, Franco. *O burguês. Entre a história e a literatura*. São Paulo: Três Estrelas, 2014.

NOVAIS, Fernando. *Portugal e Brasil na Crise do Antigo Sistema Colonial (1777-1808)*. São Paulo: Editora Hucitec, 1979.

PIKETTY, Thomas. *Capital in the Twenty-First Century*. Cambridge- Massachusetts/London: England, 2014.

RÉMOND, René. "O Retorno do Político": CHAUVEAU, A. e TÉTARD, Ph. (org.), *Questões para a história do presente*. Bauru: EDUSC, 2002.

SAHLINS, Marshall. "The return of the event". ALLETA, Biersack (ed.) *Oceania: Toward a Historical Anthropology*. Washington: Smithsonian Institution Press, 1991.

_____, Marshall. *Cultura e Razão Prática*. Rio de Janeiro: Zahar, 2003.

SEWELL JR, William. *Logics of History. Social Theory and social transformation*. Chicago: The University of Chicago Press, 2005.

TASCHNER, Gisela. *Cultura, consumo e cidadania*. Bauru: EDUSC, 2009.

Retomando a questão do início da historiografia econômica no Brasil[1]

Tamás Szmrecsányi[2]

Por meio desta comunicação, quero inicialmente prestar minhas homenagens a dois eméritos historiadores econômicos de nosso país: Alice Piffer Canabrava (1911-2003), recentemente falecida, e Francisco Iglésias (1923-1999), cujo octogésimo aniversário transcorre atualmente. À primeira fiquei devendo, além de vários outros valiosos ensinamentos, a sugestão do balizamento cronológico do período a ser estudado, que compreende as três décadas entre o final dos anos vinte e o término da década de 1950. Ao segundo estou creditando boa parte das informações constantes do presente trabalho.

---

1   O texto foi originalmente publicado pela revista *Nova Economia*, número 14 (1), em 2004, e contou com a revisão de Pedro Hoeper Dacanal para essa versão.
2   Foi professor do Instituto de Geociências da Unicamp e Presidente da ABPHE entre 1993 e 1995.

No "Roteiro Sucinto do Desenvolvimento da Historiografia Brasileira", apresentado num Encontro Internacional de Estudos Brasileiros,[3] Alice Canabrava fez as seguintes observações:

> No campo da História Econômica, com relação às obras de síntese, o caminho foi marcado vigorosamente por alguns historiadores. Após as primeiras tentativas de Vitor Viana, de Lemos Brito, de Contreras Rodrigues, a obra de João Lúcio de Azevedo, *Épocas de Portugal Econômico* (1928), com base na teoria dos ciclos econômicos, exerceu considerável influência em estudos posteriores. O (seu) esquema refletiu-se em dezenas de autores e inspirou o plano da primeira *História Econômica do Brasil* (1937), que foi escrita por Roberto Simonsen. Já encontramos nesta obra o empenho de firmar critérios de exatidão, com recurso aos elementos quantitativos, quanto aos fenômenos econômicos e monetários. A *Formação do Brasil Contemporâneo: Colônia* (1942), de Caio Prado Jr., significou um marco valioso no sentido de renovar a interpretação do processo histórico de Colônia. Mostrou que, sob as formas variáveis da produção colonial estava subjacente uma estrutura homogênea, única, apesar de algumas variantes que indicam apenas ajustamentos ao tipo de produção. A *Formação Econômica do Brasil*, de Celso Furtado (1959), tem como substrato mais profundo o problema do desenvolvimento econômico. O fulcro dêste está colocado (por ele) na formação e estrutura da distribuição da renda, com base no valor das exportações e no custo dos fatores de produção.

Os quatro trabalhos datados desta longa citação podem efetivamente ser tomados como marcos fundadores de nossa disciplina no Brasil. Embora o primeiro deles não seja de origem brasileira, as vinculações do seu autor com nosso país parecem mais do que evidentes, a começar pela dedicatória dessa obra – oferecida à memória de Manuel de Oliveira Lima e João Capistrano de Abreu, dois insignes historiadores nacionais –, passando pelo seu conteúdo – com seus três últimos capítulos, de um total de dez, quase inteiramente dedicados ao Brasil –[4] e indo até vários outros trabalhos do mesmo autor.[5] Ao mesmo tempo, cumpre salientar que Alice Canabrava,

---

[3] I Seminário de Estudos Brasileiros – Anais, v. II (São Paulo: IEB/USP, 1972), p. 4-9. O parágrafo citado encontra-se na página 8.

[4] Trata-se dos capítulos V. "O Império do Açúcar", VI. "Idade de Ouro e Diamantes" e VII. "No Signo de Methuen", p. 213 a 460 da quarta edição de *Épocas de Portugal Econômico* – Esboços de Historia (Lisboa: Livraria Clássica Editora,1978).

[5] Como bem salienta Eulália Lobo, "João Lúcio de Azevedo (1855-1933) (...) foi um pioneiro do estudo da História Econômica, especializando-se nos séculos XVI, XVII e XVIII (...) Suas principais obras – *Jesuítas no Grão-Pará* (1901), *O Marquês de Pombal e sua Época* (1909) e *História de Antônio*

modestamente, deixou de incluir-se no rol dos pioneiros da disciplina em nosso país, talvez pelo fato de sua tese de doutorado, sobre *O Comércio Português no Rio da Prata (1580-1640)*, defendida em 1942 e publicada dois anos mais tarde,[6] não ter sido um trabalho de síntese, mas uma monografia resultante de amplas e profundas atividades de pesquisa documental e bibliográfica, merecedora de uma elogiosa resenha de Fernand Braudel (BRAUDEL, 1948).

Antes de passar ao exame desses vários trabalhos, e de outros de mesma época, convém acrescentar que Francisco Iglésias sempre teve muito a dizer sobre o assunto em pauta. Por ter sido um estudioso de nossa historiografia (não só econômica, como também geral), suas considerações a respeito foram mais extensas e mais frequentes que as de Alice Canabrava, manifestando-se reiteradamente em vários trabalhos que publicou. As primeiras apareceram já em 1959, no capítulo VI de sua *Introdução à Historiografia Econômica* (IGLÉSIAS, 1959), e as últimas mais de quarenta anos depois, em sua obra póstuma *Historiadores do Brasil: Capítulos de Historiografia Brasileira* (IGLÉSIAS, 2000).

No primeiro destes trabalhos, Iglésias, além de apontar a "novidade" da historiografia econômica entre nós, comentava as obras já citadas de Caio Prado Jr., Celso Furtado, Roberto Simonsen e Alice Canabrava, mencionando entre os precursores das mesmas os estudos de Castro Carreira (1889), Vitor Viana (1922) e Lemos Brito (1923). Seguiu-se a esse trabalho uma comunicação que ele apresentou em 1970, no XXXIX Congresso Internacional de Americanistas, realizado em Lima, Peru.[7] Nesta segunda versão ampliada, Iglésias situava a historiografia brasileira em geral no contexto da modernização social e cultural do País e, na parte especificamente dedicada à historiografia econômica, mencionava mais ou menos os mesmos autores, analisando com maior rigor as obras de Roberto Simonsen e João Lúcio de Azevedo, com o mesmo entusiasmo as de Caio Prado Jr. e Celso Furtado, mas omitindo as de Alice Canabrava, fazendo ao mesmo tempo críticas à chamada história quantitativa.

Alguns anos mais tarde, participando de uma obra coletiva de História das Ciências no Brasil, Francisco Iglésias voltou ao tema através de um capítulo relativo à

Vieira (1918-20) – tratando do Brasil, converteram-se em clássicos de historiografia brasileira". Cf. E.M. Lahmeyer Lobo, *Imigração Portuguesa no Brasil* (São Paulo: Editora Hucitec, 2001), pág. 135.

6 Boletim XXXV de Faculdade de Filosofia, Ciências e Letras da USP.

7 Publicada no mesmo ano em português nos *Anais de História* n. 2 da Faculdade de Filosofia de Assis, e dois anos mais tarde em espanhol, com o título de "Situación de la Historia Econômica en Brasil", em Heraclio Bonilla *et alii*, *La Historia Econômica en América Latina I. Situación y Métodos* (México: SEP/Setentas, 1972), p. 79-127.

historiografia brasileira em geral (IGLÉSIAS, 1979). Capítulo esse que pode ser considerado precursor de seu citado livro póstumo, ao dividir a evolução da historiografia no Brasil em três "momentos": I. de 1500 a 1854, compreendendo as crônicas e os textos históricos do período colonial e do começo do Brasil independente; II. de 1854 a 1931, desde a publicação do primeiro volume da *Historia Geral do Brasil* de F. A. Varnhagen (1816-1878) até a reforma do ensino de Francisco Campos (1891-1968), a qual criou no País as Faculdades de Filosofia, Ciências e Letras; e III, de 1931 a nossos dias, quando foram criadas e tiveram grande impulso as Faculdades de Ciências Econômicas.

A rigor, nosso interesse limita-se a este terceiro "momento", no qual surgiram as obras de Caio Prado Jr., com sua precursora *Evolução Política do Brasil* de 1933, Celso Furtado e outros. Quase no final desse capítulo (IGLÉSIAS, 1979, p. 291), Iglésias reclamava da falta no País de "arquivos econômicos, de entidades públicas ou de empresas, como os há nos Estados Unidos", por ele considerada um fator que muito tem prejudicado o progresso de nossa disciplina no Brasil. E, na página seguinte, ainda insistia no mesmo ponto, assinalando que "não existe História sem documentos, e não há documentos eficazes sem arquivos de boa organização técnica". Mesmo assim, terminou seu depoimento fazendo uma profissão de fé na boa qualidade da historiografia de origem universitária, voltando a lembrar "a produção notável de Alice Canabrava" (IGLÉSIAS, 1979, p. 298).

Quatro anos mais tarde, Francisco Iglésias retomou a mesma temática por meio de um artigo sobre a atualidade (IGLÉSIAS, 1983), em que tratava da contribuição das modernas ciências sociais à historiografia. Voltando a referir-se a Celso Furtado e a Caio Prado Jr. (IGLÉSIAS, 1983, p. 132), dizia do primeiro que "é economista, não fez pesquisa em arquivos, mas soube ler nos livros de História – que parcimoniosamente consultou – o que seus (próprios) autores não souberam ver, por falta de instrumental interpretativo",[8] e do segundo que "embora advogado de formação, é das sensibilidades históricas mais notáveis que o País já teve".

Finalmente, no seu já citado livro póstumo, Iglésias retomou sua periodização anterior, apenas alterando o limite entre o primeiro "momento" e o segundo para 1838, ano da criação do Instituto Histórico e Geográfico Brasileiro. Nosso interesse, no entanto, continua centrado no terceiro "momento", de 1931 aos dias atuais,

---

8   Como se verá mais adiante neste trabalho, discordo dessa visão de Iglesias, decorrente do seu desconhecimento do "elo perdido" da obra de Celso Furtado, representado pela tese que defendeu em 1948 na Universidade de Paris, e que só chegou a ser publicada (no Brasil) em 2001.

embora já no segundo tivessem surgido alguns autores de importância e qualidade, como João Pandiá Calógeras (1870-1934), engenheiro de profissão e político da Primeira República, que publicou vários trabalhos que até hoje continuam sendo de consulta obrigatória, como *As Minas do Brasil e sua Legislação* em três volumes (1904/5), *La Politique Monétaire du Brésil* (1910), e *Formação Histórica do Brasil* (1930), com numerosos capítulos de caráter econômico (IGLÉSIAS, 2000, p. 159-162). E, mais uma vez, o devido realce era dado por Iglésias às obras de Caio Prado Jr., Roberto Simonsen, Celso Furtado e Alice Canabrava.[9]

Uma vez delineado esse panorama geral, podemos passar agora ao exame das contribuições dos quatro pioneiros citados. Nele deixaremos de lado as obras de história econômica do Brasil publicadas nas décadas de 1930 e 1940 por autores estrangeiros. Tais obras, de modo geral, foram pouco expressivas e de baixa qualidade, com a notória exceção do livro norte-americano de Allan K. Manchester, *British Proeminence in Brazil: its rise and decline*, cuja tradução para o português só seria publicada quatro décadas mais tarde.

I

Tal como Calógeras, Roberto Cochrane Simonsen (1889-1948) era engenheiro, formado pela Escola Politécnica de São Paulo. Foi também empresário e político bem-sucedido, fundador em 1928 do Centro das Indústrias de São Paulo, órgão que precedeu e posteriormente integrou a FIESP. Continua sendo lembrado até hoje como industrial nacionalista e progressista, favorável à intervenção do Estado na economia e, ao mesmo tempo, ferrenhamente antissocialista e anticomunista. No âmbito intelectual, fundou em 1933 a Escola Livre de Sociologia e Política de São Paulo, tornando-se o primeiro titular de sua Cadeira de História Econômica do Brasil, então uma disciplina nova no País, em função da qual, junto com uma equipe de auxiliares, elaborou um tratado que, ao ser publicado em 1937, transformou-se no primeiro livro brasileiro mais abrangente sobre essa matéria.

Sua *História Econômica do Brasil (1500/1820)* é na verdade uma obra inacabada:[10] seus quinze capítulos correspondem apenas aos primeiros sete pontos do programa da Cadeira que figura no início do livro, e que tem um total de 25. Essa limitação foi justificada da seguinte forma:

---

9 Tratadas respectivamente às p. 200-6, 211-3, 226/7 e 231/2 do mesmo livro.
10 Valemo-nos aqui da sexta edição (São Paulo: Cia. Editora Nacional, 1969).

> A simples leitura do programa que elaboramos demonstra o maior desenvolvimento que procuramos dar às fases de nossa economia nos últimos cinquenta anos. Constatando, porém, ter sido na era colonial que se formou a trama social asseguradora da estrutura unitária do País, impusemo-nos (como tarefa) a fixação dos fatores econômicos que contribuíram para essa formação (SIMONSEN, 1969, p. 7-8).

Dez desses quinze capítulos corresponderam a aulas ministradas por Simonsen no ano letivo de 1936 – cinco em cada semestre – enquanto que os restantes parecem ter sido redigidos posteriormente. Incluem-se nesta última categoria os capítulos VII sobre a pecuária, e XII a XV, relativos à ocupação da Região Amazônica, ao comércio na era colonial, e às mudanças decorrentes da transferência da Corte portuguesa para o Rio de Janeiro. Um dos capítulos de maior interesse é o quarto, dedicado às políticas coloniais, no qual Roberto Simonsen faz uma crítica às interpretações feudalísticas da instituição das Capitanias Hereditárias, critica essas que seriam mais tarde retomadas e reforçadas por todos os quatro pioneiros de nossa historiografia econômica.

Conforme se indica mais adiante, outros temas previstos no programa da Cadeira acabaram sendo abordados por Simonsen fora do livro em pauta, mas, antes de mencioná-los, cumpre assinalar que o mesmo era essencialmente uma obra de síntese da documentação e da literatura disponíveis, destituído de quaisquer preocupações teóricas ou instrumentais. Textualmente se assinalava nele que:

> (…) não procuramos nos cingir a sistematizações doutrinárias ou a conceitos metodológicas. Procuramos ser objetivistas, realistas, examinando os fatos econômicos tais como se apresentaram na formação do Brasil, comentando-os ou os comparando com os que se processavam concomitantemente em outros povos, esforçando-nos, à luz das realidades econômicas, por saber dos "porquês" dos acontecimentos verificados (SIMONSEN, 1969, p. 20-21).

Além disso, como já foi mencionado, o livro não chegava a ser apenas da autoria individual de Roberto Simonsen. Entre outros, Nelson Werneck Sodré registrou o seu caráter de "trabalho de grupo coordenado pelo Autor, e depois destinado a conferencias semanais" (SODRÉ, 1960, p. 213). Tratava-se na verdade de uma obra coletiva, síntese crítica de trabalhos de terceiros, e não de resultados de pesquisas pessoais do autor. Isto, aliás, não deixou de ser formalmente reconhecido pelo próprio Simonsen, o qual, na sua Introdução de julho de 1937, presta suas homenagens a Calógeras, Capistrano, Oliveira Lima, e João Lúcio de Azevedo (SIMONSEN, 1969, p. 20) e, mais adiante, já no capítulo I, voltaria ao assunto, dizendo que

> No Brasil, para falar só dos mortos, possuímos eruditos estudos feitos por Varnhagen, Capistrano, Vieira Souto, Amaro Cavalcanti, Calógeras e outros. A Calógeras, cuja memória cada vez mais veneramos, e sob cujas inspirações gostaríamos de poder lançar esta Cadeira, devemos entre outras, os notáveis trabalhos sobre política monetária, minas do Brasil, e a política externa do Império (SIMONSEN, 1969, p. 24).

E nesse mesmo capítulo são também arrolados os diversos autores de outros países cujas obras foram igualmente utilizadas.

Mas, não obstante essas limitações, ou talvez até por causa delas, a *História Econômica do Brasil* de Roberto Simonsen teve uma acolhida muito favorável, chegando a fazer grande sucesso. E isto não se deveu apenas ao fato de ter sido a primeira obra do gênero no Brasil, dotada de tamanha envergadura e abrangência, mas também – e talvez principalmente – pelos dados estatísticos que reuniu, através dos quais acabou inspirando outros autores a seguirem seus passos, ou estimulando-os a se contraporem a ela. Esta última atitude parece ter sido adotada por Caio Prado Jr. em sua *Formação do Brasil Contemporâneo – Colônia*, de 1942, que não traz uma referência sequer ao trabalho de Simonsen, embora este tivesse abordado a mesmo período que ele.[11] Em compensação, tanto Alice Canabrava como Celso Furtado nunca deixaram de incluir a obra de Simonsen nas bibliografias de seus trabalhos.

Entre os demais trabalhos de Roberto Simonsen existem alguns ensaios de caráter essencialmente histórico. Esses ensaios foram reunidos em duas coletâneas organizadas pelo próprio autor ou sob a sua supervisão,[12] e, mais tarde, numa seleção feita por Edgard Carone (1923-2003), também recentemente falecido.[13] O primeiro em ordem cronológica, *As Crises no Brasil*, data de 1930, antecedendo a *História Econômica do Brasil (1500/1820)*, e pode ser considerado como tendo

---

11 Foi apenas em sua *História Econômica do Brasil* de 1945 que Caio Prado Jr. chegou a citar o livro homônimo de Simonsen, assinalando na sua bibliografia comentada que se tratava de um "trabalho sobretudo informativo". Uma referência mais elogiosa foi atribuída por ele à *Evolução Industrial do Brasil* (1939) do mesmo autor, classificada como "trabalho muito sumário, mas único no assunto", feito "com a autoridade e experiência de um dos grandes industriais brasileiros".

12 Trata-se de À margem de profissão: discursos, conferências, publicações (São Paulo: Ed. Particular, 1932), e de *Ensaios Sociais, Políticos e Econômicos* (São Paulo: FIESP, 1943).

13 SIMONSEN, R. C. *Evolução industrial do Brasil e outros estudos* (São Paulo: Cia Editora Nacional e Editora da USP, 1973).

sido o trabalho de estreia do autor na disciplina. Tratava-se do terceiro e último capítulo de um relatório por ele apresentado ao CIESP em outubro daquele ano.[14] Mas, todos os demais foram posteriores ao livro, destacando-se entre eles dois de 1938, um de 1939 e outro de 1940.

Os mais conhecidos são o estudo "Aspectos da História Econômica do Café", apresentado como tese ao III Congresso de História Nacional do Instituto Histórico e Geográfico Brasileiro, realizado no Rio de Janeiro em 1938, trabalho publicado como artigo dois anos mais tarde;[15] e o memorando "A Evolução Industrial do Brasil",[16] preparado em 1939 para uma missão universitária norte-americana em visita ao País. Enquanto este último carece de quaisquer referências bibliográficas, aquele não chega a ser propriamente original ante os estudos efetuados na mesma época por autores como Afonso Taunay e Sérgio Milliet. Por causa disso, vale a pena chamar a atenção para os outros dois trabalhos "menores" de Roberto Simonsen; "As Consequências Econômicas da Abolição" (1938) e "Recursos Econômicos e Movimentos das Populações" (1940).

O primeiro foi uma conferência feita a convite do Departamento de Cultura da Prefeitura Municipal de São Paulo por ocasião do cinquentenário da Abolição. Trata-se de um trabalho tecnicamente bem elaborado e bastante revelador do ponto de vista ideológico.[17] Também o segundo se destaca pelo esmero da sua elaboração e pela qualidade do seu contendo,[18] configurando um estudo econômico-demográfico fundamentado em dados históricos, o qual foi apresentado em Washington no Oitavo Congresso Cientifico Americano, a pedido do Conselho Nacional de Estatística.

Depois daquela época, Roberto Simonsen deixou de produzir estudos históricos, passando a dedicar-se cada vez mais aos estudos econômicos propriamente ditos e às análises de política empresarial. É principalmente através desses que ele continua sendo estudado e comentado até hoje.

II

---

14 Reproduzido em À margem de profissão, p. 203-213; e em *Evolução Industrial*, p. 365-375, com o título de "As finanças brasileiras".
15 Na *Revista do Arquivo* n° LXV (São Paulo, 1940); reproduzido em *Evolução Industrial*, p. 163-234.
16 Tradução reproduzida no livro organizado por Edgard Carone às p. 6-52.
17 O texto incluído nos *Ensaios Sociais, Políticos e Econômicos* apresenta uma bibliografia que não consta de sua reprodução em *Evolução Industrial do Brasil e Outros Estudos*, p. 254-269.
18 *Ensaios Sociais*, p. 120-157; *Evolução Industrial*, p. 385-423. Nesta última versão deixou de ser incluído um sumário inicial.

Em compensação, Caio Prado Jr. (1907-1990) mantém-se até hoje como uma referência constante e vigorosa em nossa historiografia econômica. Isto se deve tanto à originalidade e fecundidade de suas proposições, como ao maior rigor teórico e metodológico que soube imprimir a seus trabalhos. Embora tivesse sido basicamente um autodidata, formado que foi em Direito antes da criação da USP, Caio era um historiador de mão cheia, dotado de invejável erudição. Foi uma pena que, devido a suas atividades políticas e empresariais, ele não tivesse podido dedicar-se de forma mais contínua e aprofundada aos estudos históricos (SZMRECSÁNYI, 1999a).

Sua estreia nesse campo deu-se por meio do ensaio *Evolução Política do Brasil*, um trabalho de síntese publicado pela primeira vez em 1933, e que até hoje se lê com proveito e prazer. Francisco Iglésias, na apresentação de uma coletânea de textos de Caio Prado Jr., faz a seguinte apreciação a respeito dele:

> Na primeira e segunda edições aparecia com o subtítulo de *Ensaio de Interpretação Materialista da História Brasileira*, para indicar a originalidade de seu pensamento. Pela primeira, vez o marxismo era inteligentemente aplicado na historiografia brasileira (...) O Autor depois abandonou o adendo (...) e (a partir de) 1946 publicou o ensaio junto com outros, menores, mas igualmente sérios, como *Evolução Política do Brasil e Outros Estudos* (IGLÉSIAS, 1982, p. 7).

Embora essa obra fosse mais de História Social e Política, ela já prenunciava, na forma e no conteúdo os dois principais trabalhos de Caio Prado Jr. no campo da História Econômica. Nela o autor procurou ir além do nível dos acontecimentos históricos, para chegar não apenas aos processos constituídos pelo encadeamento dos mesmos, mas principalmente às raízes materiais (ou seja, econômicas) da sua ocorrência.[19] Em termos cronológicos, dividia-se em quatro partes: duas relativas ao período colonial, uma ao processo da Independência e ao Primeiro Reinado, e outra ao Segundo e ao final do Império – num total de quinze breves capítulos.

Entre estes, os mais interessantes do ponto de vista de historiografia econômica são os seis primeiros, relativos ao "Caráter Geral de Colonização Brasileira", à economia e sociedade coloniais, ao estatuto político de Colônia, e às novas condições econômicas, sociais e políticas que passaram a vigorar no Brasil na segunda metade do século XVII, após o término das guerras holandesas. Chamando a atenção para

---

19 As observações feitas a seguir baseiam-se na 4ª edição de *Evolução política do brasil e outros Estudos* (São Paulo: Editora Brasiliense, 1963).

o caráter essencialmente mercantil dos descobrimentos marítimos e da colonização subsequente, também Caio Prado Jr. adota como um de seus pontos de partida o livro de João Lúcio de Azevedo, Épocas de Portugal Econômico, e da mesma forma que Roberto Simonsen, mas vários anos antes deste, rejeita liminarmente as interpretações feudalísticas da economia e da sociedade coloniais no Brasil. É interessante, registrar a esse respeito que não há qualquer menção às ideias de Caio Prado Jr. quer na *História Econômica do Brasil* de Simonsen quer em outras obras históricas posteriores do mesmo autor.

Além disso, já na sua *Evolução Política do Brasil*, Caio Prado Jr. destacava a preponderância da grande propriedade fundiária e do trabalho escravo (indígena e africano) nas relações de produção vigentes na economia brasileira praticamente até o final do século XIX, mostrando que, a independência política do País não teve qualquer contrapartida no domínio socioeconômico, vindo a beneficiar apenas uma reduzida elite em detrimento de todos os demais segmentos da sociedade. As primeiras mudanças nesta situação só começariam a se fazer sentir a partir de 1850, com a proibição do tráfico de africanos para o Brasil. Uma proibição que de imediato só provocaria a liberação dos capitais envolvidos nesse comércio, levando, entre outras consequências, à fundação em 1853 do terceiro Banco do Brasil (PRADO JÚNIOR, 1963, p. 86).

Nem todos os *Outros Estudos* do livro em apreço, classificados como "geográficos", "históricos" e "demográficos" trazem as datas em que foram apresentados ou publicados pela primeira vez. É o que ocorre, por exemplo, com o interessantíssimo "Roteiro para a Historiografia do Segundo Reinado (1840-1889)" (PRADO JÚNIOR, 1963, p. 199-208), que bem pode ter servido como esquema para o próprio Autor, na elaboração de sua *História Econômica do Brasil* de 1945, e que só chegou a ser definitivamente suplantado pela publicação, bastante posterior, dos volumes 5 a 7 da *História Geral da Civilização Brasileira*, coordenados e/ou escritos por Sérgio Buarque de Holanda.

Mas, antes de examinar essa *História Econômica* de Caio Prado Jr., devemos voltar nossa atenção para seu trabalho mais importante, que foi o livro *Formação de Brasil Contemporâneo - Colônia*, publicado pela primeira vez em 1942, e que continua sendo reeditado até hoje como obra clássica e insuperada de nossa historiografia econômica.[20] Nela adotou, como ponto de partida da sua análise, a situação vigente

---

20 As considerações que seguem baseiam-se na sétima edição desta obra (São Paulo: Editora Brasi-

no Brasil no início de século XIX, época em que a sistema colonial já havia alcançado seu apogeu, e quando estava começando a tomar corpo o processo que iria conduzi-lo para sua transformação na economia e sociedade de um país politicamente autônomo. Tratava-se de uma fase de transição que correspondia simultaneamente a uma síntese de sua evolução anterior e ao começo do fim do regime colonial.

Durante os séculos que antecederam aquela época, houve de um lado o povoamento de uma parte do atual território brasileiro, e do outro a implantação de uma nova ordem econômica e social, ao mesmo tempo diversa de anterior – isto é, da organização socioeconômica das tribos indígenas – e também daquelas que existiam na mesma época quer na própria Metrópole, quer nas feitorias portuguesas da África e da Ásia. É dessa economia e sociedade específicas que iria surgir mais tarde o novo país independente. As diferenças em questão e suas consequências são apresentadas e discutidas por Caio Prado Jr. num ensaio introdutório intitulado "O Sentido da Colonização", no qual retoma considerações já feitas em sua obra anterior, e que precede as três partes substantivas do livro novo, relativos aos temas do "Povoamento", da "Vida Material" e da "Vida Social". É também nesse ensaio que ele faz a sua conhecida diferenciação entre as colônias de povoamento das regiões temperadas da América do Norte, e as das regiões tropicais e subtropicais das Américas Central e do Sul.

A parte inicial do livro compreende quatro capítulos, nos quais discute primeiro as alterações do tamanho e os principais movimentos da população da Colônia nos três séculos que precederam sua autonomia política. Ao final do século XVIII, tratava-se ainda de uma população extremamente rarefeita e desigualmente distribuída no território, com as maiores concentrações demográficas ocorrendo ao longo do litoral e nas áreas de mineração do interior. Em seguida, analisa os fatores responsáveis pelo povoamento do interior, basicamente em virtude da criação de gado e das minas de ouro.

Enquanto a descoberta dessas provocou movimentos migratórios muito intensos, porém descontínuos, do litoral para o interior, a expansão da pecuária deu-se por uma penetração lenta, mas contínua, do território continental como um todo. Mas o mais importante foi que, a partir de certo momento, as migrações induzidas pelas descobertas de ouro e aquelas causadas pela difusão da pecuária passaram a se dar de forma simultânea e conjugada, com as fazendas de gado

---

liense, 1963).

dedicando-se a fornecer animais de tração e bois para abate aos centros mineradores e às cidades em crescimento. Foi a expansão e multiplicação destes núcleos que acabou dando origem ao surgimento e à consolidação de novas áreas criatórias tanto no Sul como no Centro-Oeste.

No terceiro capítulo dessa primeira parte, Caio Prado Jr. examina mais de perto os movimentos migratórios que se foram sucedendo ao longo dos três séculos de colonização. O último destes movimentos ocorreu exatamente no final do século XVIII e iria ser muito importante a médio e longo prazos. Tratava-se de um refluxo do povoamento do interior para a litoral, da mineração para a agropecuária, refluxo esse que era devido à decadência das atividades mineradoras a partir da segunda metade daquele século. Na verdade, o chamado "ciclo da mineração" teve uma duração efêmera, não passando de um breve interlúdio de algumas décadas num processo de desenvolvimento que sempre foi fundamentalmente agroexportador. No início do século XIX, a agricultura – ou, mais especificamente, a grande lavoura escravista e exportadora – havia voltado a ocupar a posição dominante que mantivera durante os dois primeiros séculos da colonização.

Finalmente, o quarto capítulo trata da composição étnica da população da Colônia. Na época estudada por Caio Prado Jr., os brancos estavam em minoria e eram de origem predominantemente lusitana, devido ao crescente controle de entrada de europeus em terras brasileiras por parte da Coroa portuguesa desde o início do surto minerador em fins do século XVIII. Essa população branca estava concentrada nas cidades, onde monopolizava o comércio de mercadorias e os cargos da administração pública colonial. No interior, com exceção do extremo sul (onde houvera, por motivos de defesa do território, uma considerável imigração de agricultores açorianos), predominavam as populações de cor, as quais tendiam a ser extremamente heterogêneas quanto às suas origens geográficas, seus usos e costumes, e no seu relacionamento com a minoria branca.

A segunda parte desse clássico livro de Caio Prado Jr. refere-se à economia da Colônia, sendo, apesar de bastante conhecida, a que nos interessa mais de perto. Por meio dela pode-se constatar que, embora seja uma obra de síntese, esse trabalho fundamentou-se na pesquisa de fontes primárias, arroladas pelo autor na "Bibliografia e Referências" de suas últimas páginas (PRADO JÚNIOR, 1963, p. 381-390). E também que várias de suas proposições iriam ser retomadas por ele mais tarde nos capítulos 10 a 12 de sua *História Econômica do Brasil* de 1945.

Deixando de lado a terceira parte, dedicada à "Vida Social" e constante de três capítulos, vemos que, na segunda, nada menos que cinco dos nove capítulos referem-se às atividades primárias. Para Caio Prado Jr., a grande propriedade rural, as monoculturas de exportação e o regime de trabalho escravo constituíam os três elementos fundamentais da organização econômica do Brasil Colônia. Tanto isso era verdade que a própria mineração de ouro, estabelecida e desenvolvida a partir do final do século XVII, acabou se pautando exatamente pelos mesmos critérios, passando a funcionar, pelo menos no início, em moldes muito semelhantes aos das grandes lavouras de exportação – ou seja, em larga escala e com base no trabalho escravo. Somente as atividades extrativistas da Amazônia iriam ser organizadas de forma algo diferente, por não se basearem na propriedade fundiária das florestas que exploravam (as quais não tinham donos) e por constituírem atividades eventuais ou intermitentes, e não permanentes. Contudo, mesmo nelas, a produção era baseada no trabalho forçado, não de africanos, mas de indígenas.

Padrões de relacionamento fundamentalmente diversos apenas poderiam ser encontrados em atividades subsidiárias e acessórias às grandes lavouras escravistas de exportação – nos casos da pecuária bovina de um lado, e da pequena agricultura de subsistência do outro. Tais exceções, entretanto não chegavam a afetar as já mencionadas características dominantes da economia colonial: a grande produção monocultura e escravista, e a sua orientação para o comércio exterior. Essa economia se manteve inalterada nos três séculos do regime colonial, e mesmo depois. Mas isso não impediu que, com a passar do tempo e com a sua expansão, fossem lentamente começando a surgir alguns fatores que acabariam levando a uma lenta e progressiva mudança do sistema, oriunda do seu próprio processo de crescimento.

Um desses fatores, talvez o mais importante, seria o lento aparecimento de um setor de mercado interno, paralelo e complementar ao setor de exportação da economia colonial, setor esse que poderia vir a autonomizar-se algum dia, e constituir-se numa alternativa para as atividades agroexportadoras. Mas, enquanto a grande lavoura monocultora e escravista se mantivesse dominante junto com a economia agroexportadora, as dimensões do referido setor de mercado interno permaneceriam limitadas e instáveis, com a sua dinâmica continuando a ser subordinada aos vagares e às variações da exportação de produtos primários.

Após essa brevíssima e esquemática apresentação da principal obra histórica de Caio Prado Jr., podemos agora passar a um rápido exame de sua *História Econômica do Brasil*, que continua sendo seu trabalho mais conhecido e mais vendido, e do qual já foram feitas dezenas de reedições.[21] Trata-se de um livro escrito em linguagem acessível, de amplo uso didático, inclusive no ensino de nível médio. Ao mesmo tempo, e contrariamente aos dois outros livros de história do autor, o trabalho como um todo está longe de ser original, constituindo basicamente uma obra de síntese, quer dos seus próprios escritos anteriores, quer de estudos elaborados por terceiros. Tem um total de 27 capítulos agrupados em oito partes, completadas por três anexos e uma bibliografia comentada. As duas melhores, a sexta e a sétima, eram novas em relação aos livros anteriores e incluem ao todo dez capítulos (16 a 25).

Os dois primeiros da parte VI, intitulada "O Império Escravocrata e a Aurora Burguesa (1850-1889)" (PRADO JÚNIOR, 1986, p. 155-204), referem-se à expansão cafeeira da segunda metade do século XIX e a seus efeitos no desenvolvimento da economia brasileira. Desenvolvimento esse que também se deveu em boa medida à normalização das relações do País com a Grã-Bretanha, depois e em função da definitiva proibição do ingresso de escravos africanos. E os dois capítulos seguintes dizem respeito aos processos correlatos da abolição gradativa do escravismo entre 1850 e 1888, e da crescente imigração de trabalhadores livres de origem europeia. Completando essa parte, temos uma "Síntese da Evolução Econômica de Império".

A parte VII, igualmente com cinco capítulos, é a maior de todas e tem por tema "A República Burguesa (1889-1930)" (PRADO JÚNIOR, 1986, p. 205-283). Esse período, como se sabe, correspondeu sucessivamente ao apogeu da economia primário-exportadora e à sua derrocada irreversível, processos esses que são bem analisados por Caio Prado Jr., exceto no que se refere à industrialização, examinada no capítulo 24, processo cuja natureza e dimensões ele não conseguiu captar e interpretar devidamente. Em compensação, o capítulo anterior, intitulado "Expansão e Crise da Produção Agrária", além de ser o maior de todos, é de muito boa qualidade, mantendo-se atual até os dias de hoje. Já o mesmo não pode ser dito dos três últimos capítulos do livro,[22] os quais têm um caráter um tanto panfletário, por estarem muito vinculados à conjuntura política da época em que foram escritos, além de carecerem do necessário embasamento documental e estatístico.

III

---

21 As considerações apresentadas à seguir baseiam-se na 34ª edição deste livro, com um *postcriptum* de 1976, (São Paulo: Editora Brasiliense, 1986), e cujos últimos capítulos, anexos e bibliografia foram atualizados pelo Autor em 1970. Ele se diferencia dos outros dois que têm, sido sucessivamente reeditados sem quaisquer modificações.

22 Intitulados "O Imperialismo", "A Crise de um Sistema" e "A Crise em Marcha", *Op. cit.*., p. 270-342.

A contribuição de Alice Canabrava à gênese de nossa historiografia econômica distingue-se das demais até aqui analisadas pelo seu caráter estritamente acadêmico e profissional. Formada na primeira turma de História e Geografia da então recém-criada Faculdade de Filosofia, Ciências e Letras da USP, ela sempre foi "apenas" e acima de tudo uma docente e pesquisadora de disciplina, primeiro na escola em que se formou e, mais tarde, na Faculdade de Ciências Econômicas e Administrativas da mesma Universidade.[23] Ainda como aluna, teve contato com alguns professores franceses que mais tarde se tornariam famosos, como Fernand Braudel, Lucien Febvre e Pierre Monbeig.

Seu primeiro trabalho individual de maior profundidade foi a tese de doutorado que defendeu em 1942 junto à Cadeira de História da Civilização Americana, sobre *O Comércio Português no Rio da Prata (1580-1640)*, e na qual teve como orientador formal a professor francês Jean Gagé.[24] Quatro anos mais tarde, apresentou outra tese, para concorrer à mesma cátedra de História da América, sobre *A Indústria do Açúcar nas Ilhas Inglesas e Francesas do Mar das Antilhas (1697-1755)*, com a qual obteve o título de livre-docente.[25] Não tendo conseguido obter a cátedra almejada, transferiu-se para o Instituto de Administração de USP, criado em 1946, e, pouco depois, para a Faculdade de Ciências Econômicas, onde passou a reger a cátedra de História Econômica Geral e Formação Econômica do Brasil. Cadeira esta que finalmente acabou conquistando de forma definitiva, mediante um concurso realizado em 1951, no qual apresentou e defendeu sua terceira tese, sobre *O Desenvolvimento da Cultura de Algodão na Província de São Paulo (1861-1875)*.[26] Por meio deste concurso, tornou-se uma das primeiras mulheres (se não a primeira) a assumir uma cátedra na Universidade de São Paulo.

---

23 A maior parte das informações apresentadas a seguir sobre a carreira de Autora foram extraídas do artigo de Flávio A. M. de Saes, "A obra de Alice Canabrava na Historiografia Brasileira", *História Econômica & História de Empresas*, II. 2 (1999), p. 41-61.

24 Conforme se assinalou há pouco na rota (4), essa tese foi publicada em 1944 como boletim da Cadeira de História Americana da Faculdade de Filosofia da USP. Quarenta anos mais tarde foi reeditada como livro pela Editora Itatiaia em colaboração com a EDUSP.

25 Tendo sido divulgada em edição particular no ano do concurso, essa tese foi publicada como volume 15 da série Estudos Econômicos do IPE/USP (São Paulo, 1981). Também ela mereceu, pouco depois de sua defesa, uma resenha elogiosa nos *Annales* franceses, v. 4 (1949) p. 149-53, da autoria do historiador português Vitorino Magalhães Godinho.

26 Publicada em edição particular no ano do concurso e posteriormente reeditada como livro por T.A. Queiroz Editor (São Paulo, 1984), com o título de *O algodão em São Paulo, 1861-1875*.

Embora já tivesse publicado outros trabalhos de valor entre 1946 e 1951, limitar-nos-emos a examinar aqui estas três teses universitárias de Alice Canabrava,[27] que devem ser incluídas no rol das obras fundadoras da moderna historiografia econômica do Brasil.

Defendida em 1942, ano da publicação do principal trabalho historiográfico de Caio Prado Jr., a tese de doutorado da Autora, sobre *O Comércio Português no Rio da Prata (1580-1640)*, é uma monografia original e pioneira que trata de um tema relevante de grande interesse. Tomando as histórias do Brasil e de Portugal como pano de fundo, Alice Canabrava fez para a sua elaboração uma ampla pesquisa documental e bibliográfica, baseada em fontes primárias impressas de origem espanhola e argentina. Através dela chegou a resultados comparáveis aos de historiadores latino-americanistas de nossos dias como a argentino Carlos Sempat Assadourian, atualmente radicado no México (e que, provavelmente por desconhecimento, não cita as obras de Alice Canabrava), e o brasileiro Ciro Flamarion Cardoso (que, obviamente, faz uso delas).

Sua contribuição específica diz respeito à expansão comercial luso-brasileira nos territórios coloniais espanhóis do Vice-Reino do Peru, na época da união das coroas de Espanha e Portugal. Tratou-se de uma penetração econômica intensa e ampla, efetuada através dos rios e de caminhos terrestres da Bacia do Prata, a qual, conforme mostrou a autora, iria ter profundos e duradouros efeitos na evolução histórica dos países da região, particularmente (mas não apenas) no que se refere à vocação portuária e comercial da cidade de Buenos Aires, cuja segunda fundação também ocorreu no ano inicial do período estudado por Alice Canabrava.

A primeira das três partes do seu estudo refere se às "Condições de Vida nas Províncias do Rio da Prata e de Tucumán" e apresenta igualmente um ilustrativo capítulo sobre "A rota oficial do comércio no Vice-Reino do Peru" através do istmo do Panamá (CANABRAVA, 1944, p. 1-38). A segunda parte, sobre "O Comércio Luso-Brasileiro Lícito e de Contrabando no Vice-Reino do Peru (1602-1623)", é a maior de todas e contém oito dos catorze capítulos da obra (CANABRAVA, 1944, p. 39-140). Partindo da vida econômica de Buenos Aires no final do século XVI, e da política comercial espanhola no início do seguinte, a autora descreve e analisa os

---

27 O mesmo tipo de análise já foi feito anteriormente, talvez de forma mais exaustiva, na resenha coletiva de MELLO, Z. M. Cardoso de; NOZOE, N. H.; SAES, F. A. M. de. "Três pesquisas pioneiras em História Econômica (as teses universitárias de Alice Canabrava)", *Estudos Econômicos*, 15, n. esp. (1965), p. 169-179.

mecanismos e efeitos da passagem do comércio legal ao de contrabando na região. Passagem essa que se deu no contexto de uma situação de permanente conflito entre os comerciantes do porto de Buenos Aires e a burguesia de Lima, apoiada pelo comércio de Cádiz. Tal conflito envolvia a disputa entre as rotas do Pacífico e do Atlântico para o abastecimento das minas de prata de Potosí, onde se localizava a maior cidade da América do Sul em meados do século XVI.

Um dos capítulos mais interessantes é o IX, sobre "As Vias e a Área do Contrabando", no qual Alice Canabrava descreve com detalhes as duas rotas comerciais que partiam de Buenos Aires no período colonial; o caminho do Chile e o caminho do Perú, caminhos cuja bifurcação se dava após os primeiros 500 quilômetros (CANABRAVA, 1944, p. 108-116). Enquanto aquele atingia Santiago a sudoeste, e segundo não se limitava a ir até Potosí, mas continuava até Lima a noroeste. Ao lado destes dois caminhos dominados pela Espanha, havia ainda a via terrestre do Guairá, que unia a colônia portuguesa de São Vicente aos núcleos jesuíticos do Paraguai, e que seria também prolongada até Potosí, resultando na fundação da atual cidade boliviana de Santa Cruz de la Sierra.

A principal mercadoria que seguia por todos esses caminhos, particularmente pelos dois primeiros, eram os escravos, cada vez mais de origem africana, importados diretamente ou por intermédio do Brasil. E, na volta, vinha em troca o metal precioso, cujas moedas tinham ampla circulação nas cidades de Salvador (na Bahia), Rio de Janeiro e Lisboa. Outros produtos comerciados neste circuito incluíam gêneros alimentícios, couros, tecidos e ferragens. Com o passar do tempo, os comerciantes de origem portuguesa e brasileira, incluindo cristãos-novos que fugiam da Inquisição, acabaram radicando-se na região, não só em Buenos Aires e Tucumán, mas também em Lima.

O segundo trabalho de pesquisa de Alice Canabrava resultou na tese de concurso através da qual obteve o título de livre-docente, e que versava sobre o açúcar nas Antilhas (1697-1755). Tese na qual a economia colonial brasileira aparecia não mais como simples pano de fundo, mas basicamente como termo de comparação. Os dois principais documentos da época em que ela se baseou foram as obras do missionário dominicano francês Jean Baptiste Labat, *Nouveau Voyage aux Isles de l'Amérique*, publicada em 1724, e do jesuíta português João Antônio Andreoni (André João Antonil),[28] *Cultura e Opulência do Brasil por suas Drogas e Minas*, elaborada

---

28 Sobre este autor, Alice Canabrava publicou mais tarde um valioso estudo bio-bibliográfico, acom-

por volta de 1710. Além disso, suas referências a trabalhos brasileiros – notadamente os de Roberto Simonsen e Caio Prado Jr. – apareciam aqui com maior frequência do que na tese anterior. E os trabalhos de João Lúcio de Azevedo – não apenas suas Épocas, mas também sua *História dos Cristãos Novos Portugueses (1922)* – também fazem parte de suas fontes bibliográficas.

Os marcos cronológicos do período por ela estudado correspondem à data do Tratado de Ryswick, pelo qual se garantiu à França a posse da parte ocidental da ilha de São Domingos (atual Haiti) – que constituía na época a área canavieira mais importante das Antilhas –, e ao começo da Guerra de Sete Anos – a qual, já bem antes da Revolução Francesa de 1789, paralisou completamente as atividades produtivas e comerciais dessa parte das Antilhas Francesas. No início daquele período, a Inglaterra e Portugal ainda eram os principais distribuidores de açúcar nos mercados europeus, mas, já no seu término, essa posição de liderança havia passado para a França. Enquanto isso no Brasil, o final do século XVII marcou o início do chamado "ciclo do ouro", de curta duração, como já foi indicado, mas de profundas repercussões em toda a economia colonial; por sua vez, no fim do período estudado por Alice Canabrava, já se manifestava em terras brasileiras uma crescente reação contra a decadência das grandes lavouras escravistas de exportação.

A tese da autora está dividida em três partes. A primeira, com apenas um capítulo, apresenta os antecedentes históricos do período, mostrando as origens ibéricas da lavoura canavieira e da manufatura açucareira nas Antilhas. Tratou-se de um processo que começou nas Ilhas Canárias no início do século XVI, e que contou com alguma participação portuguesa – certamente em Cuba, entre 1580 e 1640, e talvez já antes nas ilhas de São Domingos e Porto Rico. Na segunda metade do século XVII fizeram-se igualmente presentes as contribuições de holandeses e de judeus portugueses procedentes de Pernambuco – primeiro em Barbados, e depois na Martinica, em Guadalupe, e no Suriname. Na segunda parte, bem mais ampla, contendo sete dos dez capítulos da tese, Alice Canabrava analisa de forma erudita e precisa tanto as técnicas como as relações da produção de açúcar nas Antilhas, abrangendo inclusive os seus sistemas de transporte e de financiamento. Finalmente na terceira, relativa aos mercados, ela estuda a evolução dos preços do

---

panhado de um glossário dos termos técnicos por ele utilizados: "João António Andreoni e sua obra" e "Vocábulos e expressões usados em *Cultura e Opulência do Brasil*", na reedição do texto publicado em 1711 (São Paulo: Cia. Editora Nacional, 1967), p. 9-112 e 113-123.

açúcar nos mercados europeus e a concorrência que se estabeleceu na sua comercialização entre as diversas potências metropolitanas.

As conclusões gerais a que chegou foram de duas ordens. Na primeira, já esperável, Alice Canabrava apontou para a uniformidade do sistema colonial praticado pelas metrópoles exportadoras de açúcar, a qual se manifestava pela exploração do trabalho escravo na geração de um produto tropical de alto valor comercial. Mas, na segunda, destacou algumas importantes diferenças entre a situação vigente à época no Brasil e a que predominava na maior parte das Antilhas britânicas e francesas. Nestas prevaleceu em geral o absenteísmo dos proprietários, transformando os engenhos em meros instrumentos de exploração comercial e de especulação financeira. Já no Brasil, formara-se desde o início uma classe local de senhores rurais ligados à posse das terras e à propriedade dos escravos, e que foi se aristocratizando por meio de ambas. Tais diferenças iriam ter efeitos importantes na evolução política das duas regiões, com a ocorrência relativamente precoce de movimentos nativistas no Brasil e o apego ao colonialismo nas Antilhas, cuja única exceção sob este aspecto foi São Domingos, onde havia senhores-de-engenho de origem francesa, e onde a emancipação colonial iria ter um caráter revolucionário, com o extermínio e a expulsão desses na época da Revolução Francesa, dando origem ao Haiti de nossos dias.

Por meio de sua terceira tese, defendida em 1951, Alice Canabrava tornou-se finalmente professora catedrática de História Econômica na atual Faculdade de Economia e Administração da USP. Esse trabalho, ainda mais que os dois anteriores, resultou de intensa pesquisa documental, através da qual a autora pôde, pela primeira vez, ter acesso direto a fontes primárias manuscritas e impressas existentes em diversos arquivos públicos do Brasil. Esse trabalho versou sobre o desenvolvimento da cultura algodoeira que ocorreu na Província de São Paulo no período de 1861 a 1875, um surto baseado no algodão herbáceo (e não mais no algodão arbóreo explorado no resto do País) e que foi decorrente da Guerra Civil dos EUA e da elevação dos preços da fibra nos mercados europeus. Este surto teve por motores os estímulos recebidos tanto dos fabricantes de tecidos britânicos como da parte dos governos imperial e provincial. Embora tivesse sido temporário e insuficiente para garantir a inserção de São Paulo entre os grandes exportadores de algodão do mundo, ele acabou sendo suficiente para dar origem não apenas a uma produção agrícola complementar e alternativa às lavouras de café e de cana, mas também – e talvez principalmente – a uma indústria têxtil local, que, mais tarde, iria exercer um importante papel na industrialização paulista e brasileira.

O trabalho se divide em quatro partes: uma primeira com dois capítulos relativos aos fatores externos e internos que levaram ao referido desenvolvimento; a segunda, com outros dois, tratando da expansão de lavoura algodoeira em São Paulo, bem como de seus obstáculos e limites; uma terceira, com três capítulos relativos às condições econômicas e tecnológicas desse desenvolvimento; e a quarta, referente à decadência da produção algodoeira e ao surgimento das primeiras fábricas de tecidos na Província. Além das razões externas para essa decadência, vinculadas à cessação das hostilidades nos Estados Unidos e à consequente normalização dos mercados internacionais do algodão, houve dois fatores internos devidamente destacados pela autora. Um foi o desconhecimento que havia na época tanto em São Paulo como no resto do Brasil quanto à cultura do algodão herbáceo, enquanto o outro se vinculava à falta de interesse da maioria dos grandes fazendeiros paulistas, que viram nessa produção uma simples "lavoura de pobre", e não um complemento ou uma alternativa quer à cafeicultura, então em plena expansão na Província, quer ao cultivo da cana-de-açúcar, que continuava dominando algumas de suas regiões.

IV

O quarto e último pioneiro de nossa historiografia econômica foi o economista e historiador Celso Monteiro Furtado (nascido em 1920 e ainda vivo e ativo).[29] Embora tenha sido universalmente reconhecido como tal, em razão da alta qualidade de sua obra principal, a famosa *Formação Econômica do Brasil*, publicada pela primeira vez em 1959, muitos especialistas – inclusive alguns estudiosos de seus trabalhos, como Francisco Iglésias – insistiam em vê-lo basicamente apenas como economista, e não como historiador (IGLÉSIAS, 1971, p. 159-234). Isto se deveu em boa parte ao desconhecimento do conteúdo de sua tese de doutorado, defendida em 1948 na Universidade de Paris, e que permanecera inédita até muito recentemente,[30] bem como de outros trabalhos históricos menores, publicados por Celso Furtado no intervalo de onze anos entre essa tese e a sua obra-prima.

Antes de voltar a tratar dessa tese e dos referidos trabalhos complementares,[31] desejo registrar que houve pelo menos mais duas teses de História Econômica de-

---

29 O texto apresentado no Congresso Nacional de História Econômica, em Caxambu, em 2003, um ano antes do falecimento de Celso Furtado (N.E.).

30 FURTADO, Celso. *Economia Colonial no Brasil nos Séculos XVI e XVII: elementos de História Econômica aplicados à análise de problemas econômicos e sociais*. São Paulo: Editora Hucitec/ABPHE, 2001.

31 Trata-se de algo que já fiz em dois artigos recentes; "Sobre a formação da *Formação Econômica do Brasil* de C. Furtado", *Estudos Avançados*, 13(37), set/dez 1999b, p. 207-214; e "Celso Furtado e

fendidas em São Paulo na época em que, primeiro Alice Canabrava, e depois Celso Furtado defenderam as suas.[32] Tratou-se dos trabalhos de Olga Pantaleão, sobre *A Penetração Comercial da Inglaterra na América Espanhola, de 1713 a 1873*, defendida na Faculdade de Filosofia de USP em 1944 e publicada por ela dois anos mais tarde, e o de Mafalda Zemella, sobre *O Abastecimento da Capitania das Minas Gerais no Século XVIII*, tese defendida na mesma Faculdade em 1951, e muito mais tarde publicada como livro. Cumpre ainda lembrar outras duas, também defendidas naquela Faculdade antes da publicação, em 1959, da *Formação Econômica do Brasil* de Celso Furtado: uma de 1955, de Myriam Ellis, sobre *O Monopólio do Sal no Estado do Brasil: Contribuição ao Estudo do Monopólio Comercial Português no Brasil durante e período colonial*; e outra de 1957, da autoria de Nícia Vilela Luz, sobre *A Luta pela Industrialização do Brasil, de 1808 a 1930*, publicada como livro em 1961.

Por outro lado, não se pode deixar de mencionar o estudo sobre a *Evolução do Sistema Monetário Brasileiro*, elaborado entre 1940 e 1945 e publicado pela primeira vez em 1947, pelo Professor Dorival Teixeira Vieira, da Faculdade de Economia e Administração da USP.[33] E, nessa mesma Faculdade, houve ainda em 1958 a defesa da tese de cátedra do professor (e futuro ministro) António Delfim Netto, sobre *O Problema do Café no Brasil*, que trazia um histórico das exportações de café e das políticas cafeeiras entre 1857 e 1957.

Mas nenhum desses autores teve a importância de Celso Furtado na historiografia econômica brasileira, e nem os seus trabalhos chegaram a exercer a mesma influência catalisadora da *Formação Econômica do Brasil*. Essa observação, aliás, também se aplica à maioria das obras de História Econômica do Brasil publicadas naquela época por autores estrangeiros no exterior, com as possíveis exceções de Charles Boxer, Frédéric Mauro e Stanley Stein. O primeiro destes publicou em 1957 o seu influente trabalho *The Dutch in Brazil, 1624-1654*, traduzido para o português em 1961. O segundo defendeu, também em 1957, duas teses importantes: *Le Portugal et l'Atlantique au XVIIe Siècle*, publicada na França três anos mais tarde, e *Le Brésil au XVIIe Siècle*,

---

o início, da industrialização no Brasil", *Rev. de Economia Política*, 22(2), abr/jun. 2002, p. 3-14.

32 As informações contidas neste parágrafo foram extraídas do artigo de Maria Alice Rosa Ribeiro, "As primeiras pesquisadoras brasileiras em História Econômica e a construção da disciplina no Brasil", *História Econômica & História de Empresas*, II. 2 (1999), particularmente das p. 16-19, 18-21 e 23/24.

33 Trabalho publicado pela primeira vez em número especial (ano I, n. 2) da *Revista de Administração da USP* e reeditado sob a forma de livro pela Faculdade de Ciências Econômicas da mesma universidade em 1962 e 1981.

editada em Coimbra em 1963. E ao terceiro devemos dois livros notáveis, ambos igualmente publicados nos EUA em 1957 e já traduzidos para o português; *The Brazilian Cotton Manufacture: Textile Enterprise in an Underdeveloped Area, 1850-1950* (que faz amplas e elogiosas referências aos trabalhos de Alice Canabrava sobre a cotonicultura paulista), e *Vassouras, a Brazilian Coffee County, 1850-1900* (estudo clássico sobre a cafeicultura na Província, depois Estado, do Rio de Janeiro).

Feitos esses registros e voltando às obras de Celso Furtado, vamos concentrar nossa análise no confronto e na comparação de sua tese de doutorado de 1948 e da *Formação Econômica do Brasil* de 1959.[34] E nisto não podemos deixar de levar em conta que a segunda obra já é sobejamente conhecida por todos os estudiosos de história econômica do Brasil, embora nem sempre nos pareça ter sido devidamente compreendida e interpretada. De qualquer maneira, cabe frisar desde já que nem ela e tampouco a tese de 1948 constituem a rigor trabalhos historiográficos de síntese, sendo ambas na verdade obras originais, e nisto se distinguindo das "histórias econômicas do Brasil" de Roberto Simonsen e de Caio Prado Jr.

A tese de doutorado de Celso Furtado é uma monografia acadêmica baseada em pesquisas diretas não apenas de caráter bibliográfico, mas também voltadas para documentos originais. Suas fontes primárias acham-se arroladas tanto no início do trabalho como no seu final (FURTADO, 2001, p. 15-19; 185-187). Trata-se, além disto, de um estudo orientado pelos pressupostos teóricos de renomados historiadores, como Henri Pirenne (1862-1935), Alfons Dopsch (1868-1953), António Sérgio (1883-1969) e Jaime Cortesão (1884-1960). Da sua bibliografia de apoio, constam os trabalhos de João Lúcio de Azevedo, Caio Prado Jr. e Roberto Simonsen, mas ainda não os coetâneos de Alice Canabrava, aos quais essa tese pode ser comparada. É curioso notar neste particular o uso documental que ambos fizeram das obras setecentistas de Antonil e de Jean Baptiste Labat.

A parte substantiva de trabalho divide-se tem três partes, a saber: (1) "Antecedentes Portugueses da Colonização do Brasil", (2) "A Formação da Colônia", e (3) "Atavismos Coloniais do Brasil Atual". Na sua edição de 2001, figuram ainda em anexo as traduções para o português de todas as citações feitas em outras línguas (FURTADO, 2001, p. 171-184).

A primeira parte (FURTADO, 2001, p. 11-58) consta de dois capítulos, um sobre "Os fundamentos sociais da expansão lusitana" e outro sobre "A expansão

---

34 Valemo-nos aqui da sua 14ª edição (São Paulo: Cia. Editora Nacional, 1976).

comercial" (de Portugal); o primeiro foi acrescido de um apêndice no qual Celso Furtado discute as ideias (um tanto equivocadas) de um livro da época, publicado pelo famoso historiador econômico francês René Gonnard (1874-1966), com o título de *La Conquête Portugaise, découvreurs et économistes* (Paris, 1947). A segunda parte (FURTADO, 2001, p. 59-138) é a mais longa e inclui quatro capítulos: I. "A Economia do Pau-Brasil", II. "O Sentido da Colonização", III. "A Economia da Cana-de-Açúcar", e IV. "Formação de Sociedade Colonial". Por sua vez, a terceira parte (FURTADO, 2001, p. 139-169) contém outros quatro capítulos, a saber: I. "Sentido Geral da Economia da Colônia", II. "Persistência da Monocultura", III. "O Atraso Técnico" e IV. "O Domínio Patriarcal e o Município Brasileiro".

Uma questão que se coloca é a de saber até que ponto, e em que medida, essa tese, mantida inédita durante décadas, serviu de base à elaboração do famoso livro de 1959. Em termos de conteúdo, isso parece ter ocorrido apenas parcialmente nas duas primeiras partes da *Formação Econômica do Brasil*, compreendendo seus primeiros doze capítulos (FURTADO, 1976, p. 3-69). Mas, com relação à bibliografia referida, nem isso aconteceu, uma vez que, na obra de 1959, deixaram de ser citados os trabalhos de Pirenne, Dopsch, Cortesão, Caio Prado Jr, e René Gonnard, apenas continuando tenuemente presentes as referências aos de João Lúcio de Azevedo e de Antônio Sérgio, com uma participação algo mais intensa da de Roberto Simonsen, e a inclusão tópica de referências aos trabalhos de Alice Canabrava, Allan Manchester e Charles Boxer.

Da sua terceira parte em diante, tratava-se de fato de uma obra inteiramente nova, dedicada a temas antes inexplorados por Furtado como os da "Economia Escravista Mineira (século XVIII)" (FURTADO, 1976, p. 71-86), da "Economia de Transição para o Trabalho Assalariado (século XIX)" (FURTADO, 1976, p. 87-173), e da "Economia de Transição para um Sistema Industrial (século XX)" (FURTADO, 1976, p. 175-242). E, como vai dito na "Introdução",[63] a maioria dos capítulos dessa última parte "seguiu de perto o texto de análise apresentado em trabalho anterior (*A Economia Brasileira*, 1954)" (FURTADO, 1976, p. 2).

O mais importante, porém, residiu na mudança operada pelo autor no seu marco teórico, que, no final dos anos cinquenta já não era o mesmo de meados de década anterior, quando se achava trabalhando na sua tese. Seus pressupostos na *Formação Econômica do Brasil* são os da teoria keynesiana, e estão vinculados ao ideário da CEPAL, cujos quadros Celso Furtado passou a integrar desde 1949 (SZMRECSÁNYI, 2001).

Sob este ponto de vista, o livro de 1959, conforme foi assinalado há pouco, não pode ser considerado apenas uma obra de síntese, nos mesmos moldes das "histórias econômicas do Brasil" de Roberto Simonsen e de Caio Prado Jr. O trabalho deste último que mais se aproxima da *Formação Econômica do Brasil* é a sua *Formação do Brasil Contemporâneo-Colônia* de 1942. Tanto uma como a outra constituem clássicos ensaios interpretativos de nossa história econômica, e ambas estão diretamente fundamentadas nas evidências empíricas (documentais e estatísticas) disponíveis. Elas apenas diferem entre si no que tange a seus respectivos pressupostos teóricos e quanto aos períodos que abordam. As fontes utilizadas são frequentemente as mesmas, apenas sendo menos claras e aparentes no trabalho publicado por Furtado em 1959.

Por este motivo, embora seja somente parcial a superposição existente entre o referido trabalho e a tese de 1948, esta tem o dom de torná-lo mais inteligível. É inegável que a obra *Formação Econômica do Brasil* constitui um trabalho mais abrangente e de maior maturidade intelectual do que *Economia Colonial no Brasil nos Séculos XVI e XVII*. Mas a sua interpretação isolada não é das mais fáceis, e tem dado origem a diversos equívocos – por exemplo, quanto às ideias de Furtado sobre o início da industrialização brasileira. Com a publicação de sua tese de doutorado, passamos a dispor de mais um elemento, não apenas para melhor entender seus pontos de vista, como também para ter uma noção mais completa e precisa, e talvez até definitiva, das origens e do desenvolvimento inicial de nossa historiografia econômica.

O presente exame sucinto do pensamento de seus quatro pioneiros permitiu observar que sua gênese não foi rápida nem fácil, tendo resultado da somatória de esforços esparsos e descontínuos. Em compensação, sua evolução subsequente parece ter sido rápida e intensa. Desde as últimas décadas do século XX, dispomos no Brasil de uma historiografia econômica bem estruturada, perfeitamente capaz de produzir novos conhecimentos a respeito de uma realidade multiforme e complexa, ainda insuficientemente compreendida em muitos de seus aspectos. Para isto já existem os recursos humanos necessários, e até diversos projetos concretos perfeitamente exequíveis. Apenas parece estar faltando no momento um maior apoio material por parte das entidades de fomento à pesquisa e/ou dos detentores de dados e informações. Trata-se de uma situação de bloqueio que vem dificultando o progresso da disciplina no País.

Referências bibliográficas

ANDREONI, João Antonio. (André João Antonil). *Cultura e opulência do Brasil por suas drogas e minas*. São Paulo: Companhia Editora Nacional, 1967. (Introdução e Vocabulário por Alice P. Canabrava).

AZEVEDO, João Lúcio de. *Épocas de Portugal econômico: esboços de história*. 4. ed. Lisboa: Livraria Clássica Editora, 1978.

BRAUDEL, Fernand. Du Potosí à Buenos Aires: une route clandestíne de l'argent, fin du XVIe, début du XVIIe siècle. In: *Annales* 3 (1948), p. 546-550.

CANABRAVA, Alice P. O comércio português no Rio da Prata (1580-1640). *Boletim XXXV da Faculdade de Filosofia, Ciências e Letras da USP*, 1944.

_____, Alice P. Roteiro sucinto do desenvolvimento da historiografia brasileira. In: SEMINÁRIO DE ESTUDOS BRASILEIROS, 1. São Paulo, 1972. *Anais...* v. 2, São Paulo: IEB/USP, 1972. p. 4-9.

_____, Alice P. *A indústria do açúcar nas Ilhas Inglesas e Francesas do Mar das Antilhas*, 1697-1755. 2. ed. São Paulo, IPE/FIPE, 1981. (Ensaios Econômicos, n. 15).

_____, Alice P. *Algodão em São Paulo, 1861-1875*. 2. ed. São Paulo: T. A. Queiroz, 1984.

FURTADO, Celso. *Formação Econômica do Brasil*. 14. ed. São Paulo: Editora Nacional, 1976.

_____, Celso. *Economia colonial no Brasil nos séculos XVI e XVII: elementos de história econômica aplicados à análise de problemas econômicos e sociais*. São Paulo: Editora Hucitec/ABPHE, 2001.

IGLÉSIAS, Francisco. *Historiografia econômica brasileira. Introdução à historiografia econômica*. Belo Horizonte: FCE-UMG, 1959. [Historiografia Econômica Brasileira", no Fascículo 11 dos *Estudos Econômicos, Políticos e Sociais da Faculdade de Ciências Econômicas da Universidade de Minas Gerais* (Belo Horizonte, 1959), p. 74-89.

_____, Francisco. Celso Furtado: pensamento e ação. *História e Ideologia*. São Paulo: Editora Perspectiva, 1971, p. 159-234.

_____, Francisco. Situación de la Historia Econômica en Brasil. In: BONILLA, et al. *La Historia Econômica en América Latina I. Situación y Métodos*. México: SEP/Setentas, 1972, p. 79-127.

_____, Francisco. A História no Brasil. In: FERRI, M. G.; MOTOYAMA, S. (Coord.) *História das ciências no Brasil*, v. 1, São Paulo: EPU/Editora da USP, 1979. p. 265-301.

_____, Francisco. Um historiador revolucionário. Em *Caio Prado Júnior*. São Paulo: Ática, 1982. (Coleção Grandes Cientistas Sociais, 26).

_____, Francisco. A historiografia brasileira atual é a interdisciplinaridade, v. 3, n. 5, mar. 1983, p. 129-141.

_____, Francisco. *Os historiadores do Brasil: capítulos de historiografia brasileira*. Rio de Janeiro: Nova Fronteira; Belo Horizonte: UFMG-IPEA, 2000. (Organizada por João Antônio de Paula).

LAHMEYER LOBO, E. M. *Imigração portuguesa no Brasil*. São Paulo: Editora Hucitec, 2001.

MELLO, Z. M. Cardoso de; NOZOE, N. H.; SAES, F. A. M. de. Três pesquisas pioneiras em História Econômica (as teses universitárias de Alice Canabrava). *Estudos Econômicos*, v. 15 (n. esp.), 1965, p. 169-179

PRADO JÚNIOR, Caio. *A formação do Brasil contemporâneo: colônia*. 4. ed. São Paulo: Brasiliense, 1963.

_____, Caio. *Evolução política do Brasil e outros estudos*. São Paulo: Ed. Brasiliense, 1963.

_____, Caio. *História Econômica do Brasil*. 34. ed. São Paulo: Brasiliense, 1986.

RIBEIRO, Maria Alice Rosa. As primeiras pesquisadoras brasileiras em história econômica e a construção da disciplina no Brasil. *História Econômica & História de Empresas*, v. 2, n. 1, 1999.

SAES, Flávio A. M. de. A obra de Alice Canabrava na Historiografia Brasileira. *História Econômica & História de Empresas*, v. 2, n. 2, p. 41-61, 1999.

SIMONSEN, Roberto Cochrane. *À margem de profissão: discursos, conferências, publicações*. São Paulo: Ed. Particular, 1932.

_____, Roberto Cochrane. *Ensaios sociais, políticos e econômicos*. São Paulo: FIESP, 1943.

_____, Roberto Cochrane. *História Econômica do Brasil (1500-1820)*. 6. ed. São Paulo: Cia. Editora Nacional, 1969.

_____, Roberto Cochrane. *Evolução industrial do Brasil e outros estudos*. São Paulo: Cia Editora Nacional e Editora da USP, 1973. (Organizado por Edgard Carone).

SODRÉ, Nélson Werneck. *O que se deve ler para conhecer o Brasil*. Rio de Janeiro: Cbpe/Inep, 1960.

SZMRECSÁNYI, Tamás. "Prado Júnior, Caio 1907-1990, Brazilian historian and publisher". *Encyclopedia of Historians and Historical Writing*. Chicago: Fitzroy Dearborn Publishers, 1999a, p. 955-957.

_____, Tamás. Sobre a formação da "Formação Econômica do Brasil" de C. Furtado. *Estudos Avançados*, v. 13, n. 37, set./dez. 1999b, p. 207-214.

_____, Tamás. Celso Furtado. *Estudos Avançados*, v. 15, n. 43, 2001, p. 347-362.

_____, Tamás. Celso Furtado e o início, da industrialização no Brasil. *Rev. de Economia Política*, v. 22, n. 2, abr./jun. 2002, p. 3-14.

Lutas e conquistas das primeiras historiadoras em História Econômica 1934-1972[1]

Maria Alice Rosa Ribeiro[2]

Introdução

Retornamos, neste capítulo, a um tema que nos é caro – a presença feminina na historiografia de História Econômica. O tema nos foi proposto pela primeira vez pelo professor e amigo Tamás Szmrecsányi [1936-2009], em 1998, para o simpósio "A participação feminina na construção de novas disciplinas: o caso da Historiografia Econômica no Brasil", no Congresso Latino-Americano de História da Ciência e da Tecnologia, realizado em julho daquele ano no Rio de Janeiro. No congresso e no artigo que se seguiu, abordamos de forma ampla a presença feminina nos estudos de temas de História Econômica, tomando como foco as historiadoras que atuaram em diversas instituições Universidade de São Paulo (USP),

---

1 Dedicamos a Suely Robles Reis de Queiroz e a Maria Thereza Schorer Petrone.
2 Professora FCL/UNESP-Araraquara; Pesquisadora Colaboradora do Centro de Memória UNICAMP, CMU. Primeira Secretária da ABPHE (2001-2003); Conselho Editorial da HE&HE (2000-2003 e 2004-2006) e Primeira Tesoureira da ABPHE (2007-2009). Agradecemos aos primeiros leitores e revisores pelas sugestões e críticas Mauricio Coutinho, Flávio Saes, Alexandre Saes e Leda Farah. As faltas remanescentes são de minha responsabilidade.

Universidade Federal do Paraná (UFPR), Universidade Federal do Rio de Janeiro (UFRJ) e Universidade Federal Fluminense (UFF) localizadas em São Paulo, no Rio de Janeiro e no Paraná (RIBEIRO, 1999).

Diferentemente daquele artigo, este capítulo tem por propósito focar uma única instituição, a Faculdade de Filosofia, Ciências e Letras da Universidade de São Paulo (FFCL/USP). Além disso, queremos dar um enfoque que transborde a apreciação da obra no âmbito da historiografia brasileira. Interessam-nos as trajetórias percorridas pelas historiadoras: família, formação educacional e carreira acadêmica. Assim, procuramos recuperar um pouco da história de vida dessas mulheres, marcando a origem familiar, as influências familiares, educacionais, acadêmicas e o ambiente institucional, no qual atuaram como profissionais pesquisadoras e docentes. A narrativa demandou uma pesquisa nos arquivos administrativos da Faculdade de Filosofia, Letras e Ciências Humanas da Universidade de São Paulo (FFLCH – USP);[3] nos acervos do Instituto de Estudos Brasileiros, IEB/USP; nos conjuntos documentais do Centro de Apoio à Pesquisa Histórica "Sérgio Buarque de Holanda", CAPH/USP; na Coleção Sérgio Buarque de Holanda, do Sistema de Arquivos da UNICAMP, SIARQ/UNICAMP e no acervo do Prof. José Roberto do Amaral Lapa, do Centro de Memória UNICAMP, CMU. Nessas instituições, buscamos os processos administrativos e acadêmicos, os memoriais de concurso, os *Curriculum Vitae*, as entrevistas publicadas etc. A análise da contribuição à História Econômica baseou-se fundamentalmente nas teses acadêmicas apresentadas para a obtenção de títulos ou para concursos.

Além desta introdução, o capítulo está dividido em três partes e as considerações finais. A primeira parte, *Os primeiros trabalhos em História Econômica: História Colonial da América Latina e Caribe*, corresponde ao início do curso de Geografia e História da Faculdade de Filosofia, Ciências e Letras – FFCL (hoje Faculdade de Filosofia, Letras e Ciências Humanas – FFLCH/USP) da Universidade de São Paulo. Na fase de implantação do curso, a orientação e o conteúdo ministrado nas cadeiras eram de responsabilidade dos professores franceses, entre eles Fernand Braudel, Jean Gagé e Pierre Monbeig, os mais destacados. Conviveram nesse ambiente ins-

---

3 Agradecemos à direção e aos funcionários da administração acadêmica da FFLCH/USP, do IEB/USP, do CAPH/USP pela atenção dada à localização de documentos. Em Campinas, agradecemos aos funcionários do CMU pela ajuda prestada junto ao acervo do Prof. José Roberto do Amaral Lapa e a Telma Murari, pela ajuda prestada no arquivo do Prof. Sérgio Buarque de Holanda no Sistema de Arquivos da UNICAMP, SIARQ/UNICAMP.

titucional duas historiadoras, Olga Pantaleão e Alice Piffer Canabrava, sobre cujas trajetórias nos debruçamos e cujos trabalhos de tese de doutoramento (1944,1942), orientados por Jean Gagé, versaram sobre o período colonial na América Latina e no Caribe. A segunda parte, *Os primeiros trabalhos em História Econômica do Brasil: Brasil Colônia*, corresponde ao momento de transição dos professores franceses para brasileiros nas cadeiras básicas do curso de História: História da Civilização Antiga e Medieval (HCAM), História da Civilização Moderna e Contemporânea (HCMC) e História de Civilização Americana (HCA).[4] Ao contrário, a cadeira de História da Civilização Brasileira (HCB) sempre teve como catedráticos brasileiros, Afonso D'Escragnolle Taunay e Alfredo Ellis Jr.[5] Uma mudança distinta processou-se na cadeira HCB – a passagem da cátedra de Alfredo Ellis Jr. para Sérgio Buarque de Holanda –, que trouxe novas perspectivas para o desenvolvimento da pesquisa em História e em História Econômica, evidenciando a influência das obras de Caio Prado Jr., Celso Furtado, etc. Duas historiadoras, Mafalda Zemella e Myriam Ellis, vivenciaram essa passagem e foram as primeiras a desenvolver seus trabalhos sobre temas da História Econômica do Brasil (1951, 1955, respectivamente). A terceira parte, *Consolidação dos estudos de História Econômica Brasil: Colônia, Império e República*, discorre sobre o momento de afirmação da cadeira HCB, sob a orientação de Sérgio Buarque de Holanda. Essa parte está subdividida em dois itens: no primeiro, encontram-se as historiadoras Nícia Villela Luz e Emília Viotti da Costa, que defenderam suas teses no âmbito do concurso de livre-docência (1964). Ambas eram acadêmicas maduras, com sólida formação, e em suas teses analisaram questões fundamentais: a transição do trabalho escravo para o trabalho livre e a industrialização.[6] No segundo item estão as últimas orientandas de Sérgio Buarque de Holanda, Maria Thereza Schorer Petrone (1966) e Suely Robles Reis de Queiroz (1968), que se dedicaram a um tema comum – a economia açucareira paulista do início da colonização até meados do século XIX, quando o café assumiu a posição de

---

4 A cadeira História da Civilização Americana (HCA) era de responsabilidade do prof. Paul Vanorden Shaw, da Universidade de Columbia, New York. Shaw permaneceu na FFCL de 1936 a 1941.

5 A cadeira História da Civilização Brasileira (HCB) foi criada em 1934, mas as aulas foram ministradas somente a partir de 1936. O Prof. Afonso D'Escragnolle Taunay foi seu primeiro ocupante e lecionou até 1938, quando pediu demissão para continuar como Diretor do Museu Paulista. Alfredo Ellis Jr. substituiu Taunay. Ver *Anuário* da Faculdade de Filosofia, Ciências e Letras da Universidade de São Paulo, 1939-1949, p. 454.

6 Optamos por analisar não a tese para o concurso de livre-docência de 1964, mas a obra *A luta pela industrialização*, publicada em 1957 e em livro em 1961, por ser, ao nosso juízo, mais significativa para a historiografia econômica.

principal produto de exportação de São Paulo e do Brasil. Entendemos por consolidação o momento em que as perspectivas para os estudos de História Econômica se mostravam menos embaçadas; reconheciam-se as falhas e as necessidades de novos estudos e de investigações em arquivos, na busca de novas fontes documentais para se escrever ou reescrever a História Econômica, preenchendo as lacunas da produção historiográfica econômica do Brasil.

Consideramos que os estudos dessas oito historiadoras representam importantes contribuições à História Econômica e, por elas terem sido as primeiras a realizar estudos na área com rigor metodológico do oficio de historiador, podem ser chamadas "as Pioneiras".

Parte 1. Os primeiros trabalhos em História Econômica: História Colonial da América Latina e Caribe: Olga e Alice

Olga Pantaleão (1917-2001)

Olga Pantaleão nasceu em Ariranha (SP) em 1917. Filha de Bento Pantaleão e Rita Salvador Pantaleão. Formou-se na Escola Normal Padre Anchieta em São Paulo em 1934. Ingressou na Faculdade de Filosofia, Ciências e Letras, FFCL, da recém-fundada Universidade de São Paulo, em 1936, para cursar Geografia e História, licenciando-se em 1938. No mesmo ano, concluiu o curso de Didática.

Em 1939, Olga foi convidada pelo professor Jean Gagé[7] para ser professora assistente adjunta de primeira categoria da cadeira de História da Civilização Moderna e Contemporânea, HCMC, por ele regida.[8] Em setembro de 1939, começou a ministrar aulas para os alunos do 2º ano do curso de Geografia e História e a dirigir os trabalhos discentes.

Em 1942 tornou-se a primeira assistente em tempo parcial remunerada e solicitou inscrição para fazer o curso de doutoramento na referida cadeira. Em respos-

---

7 Prof. Jean Gagé (1902-1986), Licenciado em Letras, *Agregé de L'Université*, contratado para a cadeira de História da Civilização da Subseção de Geografia e História, sucedeu a Fernand Paul Braudel em 1938 até 31/12/1940. Foi também contratado para a cadeira de História da Civilização Moderna e Contemporânea, de 01/01/1941 a 31/05/1946 (ANUÁRIO... 1939-1949, p. 37).

8 A cadeira de História da Civilização Moderna e Contemporânea (HCMC) foi criada pelo Decreto-Lei federal n. 1190, de 4 de abril de 1939, como desdobramento da Cátedra de História da Civilização, que foi dividida em: História da Civilização Antiga e Medieval (HCAM) e História da Civilização Moderna e Contemporânea (HCMC). A cadeira HCMC foi oficialmente implantada na FFCL- USP pelo Decreto-Lei estadual n. 12511, de 21 de janeiro de 1942 (ANUÁRIO... 1939-1949, p. 45, p. 461).

ta a sua solicitação, o professor Jean Gagé enviou ao diretor da faculdade carta de aceitação da incumbência de dirigir a tese de doutorado da sua assistente, em que informava o tema do estudo a ser desenvolvido: a penetração comercial e a influência política da Inglaterra nas colônias espanholas da América do início do século XVIII ao começo do século XIX. E esclarecia que Olga havia ministrado, sob sua orientação, "eficiente e conscienciosamente" os cursos: *A evolução interna da Inglaterra no século XIX* (1939); *A Inglaterra no século XVIII, evolução interna*, (1940); *Napoleão I* (1941); e, no ano de 1942, havia sido responsável por ministrar o curso *A Revolução Francesa e o Império Napoleônico*. Gagé conclui sua carta, emitindo seu parecer: "Tendo essa experiência da pesquisa e do ensino da História Moderna, sou de parecer que a candidata poderá fazer um bom trabalho de tese sobre o assunto por ela escolhido depois de madura reflexão, de acordo comigo e sob minha direção" (Proc. 46. 1. 186.8-0, FFLCH).

Além da tese que deveria ser concluída no prazo de dois anos, a candidata ao doutoramento deveria, segundo o regulamento da universidade, fazer provas em duas das matérias subsidiárias propostas por seu diretor de tese. Gagé escolheu as cadeiras: História da Civilização Brasileira (HCB), História da Civilização Americana (HCA), Geografia Humana, História da Civilização Contemporânea e História das Doutrinas Econômicas. Olga optou por História da Civilização Brasileira e História da Civilização Contemporânea e foi aprovada nos exames.

Em 11 de novembro de 1944, a tese *A penetração comercial da Inglaterra na América Espanhola de 1713 a 1783* foi defendida diante da comissão examinadora composta pelos professores: Jean Gagé, Alfredo Ellis Júnior, Astrogildo Rodrigues de Mello, Pierre Monbeig e Kenneth J. Swann.[9]

Conforme cartas enviadas por Alice Canabrava e João Cruz Costa a Eurípedes Simões de Paula, que se encontrava na Itália como oficial da Força Expedicionária Brasileira, a defesa foi embaraçosa, principalmente pelas arguições dos professores Alfredo Ellis Jr. e Astrogildo Rodrigues de Mello.[10]

---

9 Prof. Alfredo Ellis Jr. [1896-1974], catedrático da cadeira História da Civilização Brasileira (12/04/1939- 1957); Prof. Astrogildo Rodrigues de Mello, comissionado para reger a cadeira História da Civilização Americana (01/01/1942-28/08/1946); Prof. Kenneth John Swann, *Bachelor of Arts Cambridge*, contratado da cadeira de Língua Inglesa e Literatura Inglesa e Anglo-Americana (1/1/1942 a 31/12/1947); Prof. Pierre Monbeig [1908-1987], licenciado em Geografia e História: *Agregé* de Geografia e História, contratado para a cadeira de Geografia Física e Humana, de 1935 até 31/12/1943; contratado para a cadeira de Geografia Humana, de 1/1/1944 a 1/3/1947. Ver *Anuário* da FFCL, 1937-1938, 1938, p. 63-64 e *Anuário* da FFCL de 1939-1949, 1952, p. 33, 34, 37, 38, 41.
10 Eurípedes Simões de Paula foi para Itália em 1943 e retornou em 1945. Na época, ele era o res-

A carta de Alice a Simões, como era chamado, data de 2 de janeiro de 1945, e o tom amistoso mostrava a camaradagem existente entre eles. Alice responde ter ficado "sensibilizada com a cartinha enviada aí da Itália, da frente de batalha" e afirma que sua presença era sempre lembrada na "sala de História".

> [...] procuramos 'adivinhar' sua fotografia entre as que vêm continuamente reproduzidas nos jornais, mas qual... Mas de vez em quando um vem dizendo 'Cá está Simões. Mas não é parecido mesmo?' [...] Em tudo isso, Simões, um mesmo pensamento une a todos nós da Seção: que você triunfe de todos os perigos e retorne um dia para o seu lugar salvo e feliz. (Carta de Alice Canabrava a Eurípedes Simões de Paula, São Paulo, 2 de janeiro de 1945, CAPH-FFLCH/USP)

Como Eurípedes reclamava de que Astrogildo não lhe escrevia, pediu a Alice notícias da Faculdade. Assim, a missivista diz que vai tentar colocá-lo a par dos acontecimentos – a grande novidade é a última tese de doutoramento defendida há menos de dois meses por Olga Pantaleão. Diz Alice:

> O último doutoramento da Seção foi o de Olga Pantaleão, com uma tese muito boa sobre a penetração comercial inglesa na América. O Ellis judiou da pobrezinha que só vendo; adquiriu tal fama que ninguém mais o quer na banca... Calcule por aí o que foi. (Carta de Alice Canabrava a Eurípedes Simões de Paula, São Paulo, 2 de janeiro de 1945, CAPH-FFLCH/USP)

Alice encerrou seu relato com a notícia dos próximos doutoramentos, o de Pedro Moacyr Campos, que, de fato, ocorreu em setembro, e o de Eduardo D'O. França, em novembro de 1945. Comentou, por fim, a abertura de concursos para catedráticos em diversas cadeiras também no ano de 1945. Alice iria participar de um dos concursos para a cadeira HCA o qual teria lugar em 1946. Na carta ela não mencionou sua intenção de concorrer.

> Teremos assunto para muita conversa com a abertura dos concursos para várias cadeiras. O de Geografia do Brasil já está aberto, devendo

---

ponsável pela cadeira História da Civilização Antiga e Medieval. Durante sua estadia na frente de batalha, o licenciado em História, Eduardo d´Oliveira França ocupou seu lugar, tendo sido nomeado primeiro assistente o licenciado Pedro Moacyr Campos. No seu retorno, Simões voltou a ocupar a posição de professor responsável; Eduardo d'Oliveira França, a de assistente; e Pedro Moacyr, a de auxiliar técnico (ANUÁRIO..., 1939-1949, p. 452).

sair em breve editais das cadeiras de Filosofia e de História da América. (Carta de Alice Canabrava a Eurípedes Simões de Paula, São Paulo, 2 de janeiro de 1945, CAPH-FFLCH/USP)

Já a carta de Cruz Costa (CC), datada de final de janeiro de 1945, começa com o agradecimento pela carta recebida no Natal e renova votos de que o ano seja, de fato, "o ano da vitória" e "Que ela venha para Vs retornarem à nossa terra" (Carta de João Cruz Costa a Eurípedes Simões de Paula. São Paulo, 28 de janeiro de 1945. CAPH-FFLCH/USP). Em seguida, afirma que o "caro Simões" não havia compreendido a história... não tinha sido o Gagé que saiu... e relata o que verdadeiramente ocorrera:

> O que houve foi uma história no doutoramento da Olga. Ellis e Astrogildo 'encrencaram' com ela. Só soube disso. Naturalmente, nós todos preferimos que a futura vaga de Gagé seja preenchida pelo França. É homem; é amigo. Isso de faculdade com catedráticos femininos não me parece coisa séria. Salvo para exceções e, – aqui entre nós – a Olga nada tem de excepcional. Foi isso que eu quis contar a V. (Carta de João Cruz Costa a Eurípedes Simões de Paula. São Paulo, 28 de janeiro de 1945. CAPH-FFLCH/USP, grifos nossos)

No decorrer de 1944, com a perspectiva do doutoramento de Olga, surgiam os primeiros sinais de uma atitude antifeminista como a estampada na carta de Cruz Costa. Esse sentimento contrário à presença feminina dirigia-se à pretensão da mulher de ascender a determinados espaços privilegiados e monopolizados por homens, como a cátedra. Destinada a homens e a amigos, a cátedra era coisa séria demais para mulheres. O preconceito alastrou-se por ocasião do processo de substituição dos professores franceses por professores brasileiros como os responsáveis pelas cadeiras. Como informava Alice a Simões, os primeiros concursos para cátedras estavam sendo abertos.

A carta de Cruz Costa a Simões dá margem a pensar que a 'encrenca' estava longe de ter sido provocada por motivos acadêmicos ligados ao conteúdo da tese de doutoramento. O que de fato veio à tona e imperou foi o desejo de eliminar uma concorrente à cátedra de História da Civilização Moderna e Contemporânea, garantindo o posto a França, que na época não possuía título de doutor, obtido somente um ano depois.[11]

---

11 A tese do doutoramento de Eduardo d'O. França, intitulada *"O poder real em Portugal e as origens do absolutismo"*, foi defendida em novembro de 1945. Ver Anuário da Faculdade de Filosofia,

Olga fora a primeira assistente de Gagé e, ao defender o doutoramento, colocava-se como uma forte candidata a ocupar a cátedra. Na época, Alice não percebeu a disputa, nem a estratégia de ocupação dos espaços de direção acadêmica – pelo menos, não manifestou esse entendimento. Não compreendeu porque era amiga, porque se sentia como pertencente ao grupo de professores e sentia-se segura de sua posição. Um ano depois, Alice iria sentir de forma amarga a dura realidade. Compreenderia, finalmente, a acirrada disputa dentro do ambiente acadêmico, quando se candidatou ao concurso para a cátedra de História da América ou História da Civilização Americana. Apesar de ter obtido a maior média nas provas, o candidato com média inferior seria alçado à cátedra. Por coincidência, o concorrente era o mesmo Astrogildo Rodrigues de Mello, o professor que havia 'encrencado' na defesa da tese de Olga. Afinal, diriam todos, "É homem, é amigo!"; afinal, cátedra é coisa séria para ser ocupada por mulheres!

Sobre a tese de Olga, a opinião de Alice era de que era "muito boa". Na banca, os que 'encrencaram' foram os brasileiros que estavam empenhados em traçar a estratégia de ocupação do poder universitário e acadêmico; os demais eram estrangeiros de passagem por tempo determinado na FFCL, Gagé, Monbeig e Swann, e infelizmente, não temos a avaliação deles. Entretanto, eles não 'encrencaram' ou pelo menos não foram citados como críticos à tese. Gagé, o diretor da tese, avaliou favoravelmente, no relatório prévio, a candidatura de Olga Pantaleão:

> Como professor da cadeira e diretor da tese, tive amplas oportunidades de presenciar o trabalho de d. Olga Pantaleão, enquanto o estava preparando: pesquisas bibliográficas – que se tornaram mais difíceis em virtude da guerra – reunião dos dados materiais, consultas às fontes da época, elaboração cuidadosa de um plano, etc. Já tive a impressão de que o método era muito são, e que o resultado seria proveitoso. Agora que o trabalho definitivo – 314 páginas datilografadas – foi entregue aos membros da banca, não hesito em afirmar que, a meu ver, a tese apresentada por d. Olga Pantaleão, fruto de paciente e minucioso inquérito histórico, é muito digna de ser examinada e discutida na próxima sessão pública de exame, fixada para 11 do corrente, de acordo como o regulamento. São Paulo, 7 de novembro de 1944. (Proc. 46.1.186.8-0, FFLCH, p. 06)

Ciências e Letras, 1939-1949, São Paulo FFCL, p. 451-453.

Sobre a candidata, no mesmo relatório prévio, Gagé relata que conheceu d. Olga Pantaleão como aluna, quando começou a lecionar na FFCL em 1938. Fora aluna do professor Braudel entre 1936 e 1937. Gagé não poupou elogios à candidata, realçando suas qualidades.

> Destacava-se pelas suas qualidades intelectuais, e principalmente por um método rigoroso e sóbrio, que a tornava muito própria às pesquisas históricas. Por essa razão, escolhi-a em setembro de 1939, para assistente da cadeira. D. Olga Pantaleão ficou no cargo, como 1ª assistente, até hoje, prestando-me valiosos serviços no ensino e no trabalho geral da cadeira. Cedo revelou especial curiosidade de um lado pelos problemas da história inglesa (conhece inglês), de outro lado pelos problemas da história da colonização, aos quais costumo dedicar todos os anos pelo menos um curso. Assim foi que se orientou para o assunto que, com inteira aprovação de minha parte, escolheu para sua tese de doutoramento: A penetração comercial da Inglaterra na América espanhola de 1713 a 1783. (Proc. 46.1.186.8-0, FFLCH, p. 06)

A tese foi publicada no Boletim da FFCL, dedicado à cadeira HCMC, em 1946. Na época, Olga era a professora responsável pela cadeira, pois Gagé retornara à França em 1945. A tese é composta por três partes: *Organização dos Meios de Comércio* (três capítulos); *Formas e meios de penetração econômica* (seis capítulos) e a *Reação espanhola e conflitos anglo-espanhóis* (dois capítulos) e conclusão. Na introdução, a Autora explicita seu objeto de estudo: a história econômica e a história colonial hispano-americana. A data escolhida para iniciar o estudo, 1713, marca o começo do domínio inglês no comércio com as colônias espanholas, quando o cobiçado comércio *asiento de negros* foi ganho pelos comerciantes ingleses em uma disputa acirrada com os portugueses e os franceses, finalmente alijados pela Cia do Mar do Sul. A conquista do *asiento* representou mais do que a obtenção do consentimento de realizar o tráfico lícito de escravos africanos: significou a oportunidade para o contrabando, para a realização do comércio ilícito não só pela Cia do Mar do Sul, mas pelos comerciantes ingleses estabelecidos em Cadiz, fortes opositores à Cia do Mar do Sul; e pelos "entrelopos", comerciantes independentes vindos da Inglaterra ou das colônias inglesas para negociar diretamente com os colonos da América espanhola, sem intermediação de Sevilha ou Cadiz, principais portos de comércio com as colônias da América espanhola. Uma das estratégias adotadas pelos comerciantes e pelas companhias britânicas foi a ocupação dos territórios dispersos do Caribe não colonizados pela Espanha, dada sua incapacidade em assumir as dispendiosas tarefas exigidas pela colonização.

Logo, as ilhas ao longo do mar do Caribe tornaram-se interpostos do comércio inglês ilícito. Jamaica serve de exemplo. A partir do contrato de *asiento de negros*, em vigor por um período de 30 anos, os comerciantes ingleses inundaram as colônias espanholas americanas com mercadorias trazidas de suas próprias colônias e da Inglaterra das manufaturas inglesas. O contrato era extremamente favorável ao capital comercial e manufatureiro britânicos, pois incluía, além do *"asiento* de negros", o "navio de *permiso;"*[12] em consequência, os comerciantes, as atividades artesanais e a incipiente manufatura espanhola foram prejudicados e relegados ao atraso histórico. Para o encerramento do estudo, a data escolhida foi 1783. Segundo a Autora, a data está relacionada ao fim da guerra de independência norte-americana, quando os comerciantes ingleses passaram a enfrentar um novo e forte concorrente – os norte-americanos – no vasto e periclitante mundo colonial espanhol.

Quanto às fontes primárias utilizadas na tese, sabemos, pelo relato do próprio Gagé, das dificuldades enfrentadas pela professora em função da Segunda Guerra Mundial (1939-1945) e de suas consequências para as instituições acadêmicas europeias, obrigadas a fechar ou a suspender suas atividades regulares. Cabe, entretanto, anotar que as fontes utilizadas mostram a intensa pesquisa realizada em obras gerais, enciclopédias, dicionários e legislações; em tratados de comércio, ações de piratarias, agressões de ingleses nos mercados caribenhos; em obras de teorias e práticas de comércio do século XVIII; e em obras sobre a *"guerra do asiento"* travada entre Inglaterra e Espanha entre 1739 e1748. Com referência à historiografia, os principais historiadores que abordaram o tema foram citados: Charles Chapman, William Cunningham, Ephraim Lipson, Rafael Altamira Y Crevea, Antonio Ballestero y Beretta, Vera Lee Brown entre outros.

Defendida a tese, Olga permaneceu como assistente de Jean Gagé por mais um ano. Com o retorno do professor à França em 1945, Olga tornou-se a responsável interinamente pela cadeira, aguardando a abertura do concurso para cátedra e nesta condição permaneceu até 1947, quando uma mudança alterou seu *status* na cadeira de HCMC.[13] Não foi o concurso, como era de se esperar, mas uma "manobra de

---

[12] Os comerciantes ingleses poderiam enviar anualmente às feiras americanas um navio de 500 toneladas, o chamado "navio de permissão", com as mais variadas mercadorias.
[13] Ver a entrevista de Olga Pantaleão no livro de Blay e Lang (2004, p. 107-115) e o artigo Blay e Lang (1984, p. 2135-2143).

mestres" que levou ao alijamento de Olga do seu cargo. Primeiramente, a "manobra" implicou o convite a Braudel para reger a cadeira interinamente. Na época, Braudel assumira o cargo de professor da Escola de Altos Estudos da Sorbonne e, portanto, dificilmente iria se transferir para São Paulo para reger a cadeira; uma vez nomeado, Braudel convidou Eduardo d´Oliveira França[14] para ser seu assistente, desalojando Olga. Assim, o candidato natural para o próximo concurso de cátedra passou a ser o "professor assistente gerado pela manobra". Como era de se esperar, Braudel permaneceu menos de seis meses, sendo substituído em 1948 e 1949 por outro professor da missão francesa, Émile-Guillaume Léonard, da Universidade de Aix-Marseilles, que manteve Eduardo d'O. França como assistente (ANUÁRIO, 1939-1949, p. 459). Em resumo, a "manobra" consistiu em diversos lances: "troca de cadeiras" – França estava lotado junto à cadeira de HCAM, como assistente de Eurípedes –; envolvimento de Braudel para reger "ficticiamente" a cadeira e escolher outro assistente; sucessão de Braudel por outro professor francês de confiança, para manter França como assistente. O jogo de xadrez montado com seus diversos lances consolidou a posição de Eduardo d'Oliveira França como assistente e postergou o prazo para a realização do concurso para cátedra, até o candidato único, França, ter elaborado sua tese para concorrer. Isso somente iria ocorrer seis anos depois, em 1951.[15] Finalmente, o desejo acalentado por "todos" e explicitado sem meias palavras na carta de Cruz Costa a Simões se concretizou, como dizia CC: "Naturalmente, nós todos preferimos que a futura vaga de Gagé seja preenchida pelo França". Era tão natural que França fosse o preferido, pois: "é homem; é amigo; é digno de ocupar a cátedra".

Fechava-se o círculo. Todas as cátedras passaram a ser ocupadas por homens, sendo alijadas as mulheres, cujos méritos eram mais do que suficientes para ambicionarem a responsabilidade da cátedra.

Quando estávamos preparando este capítulo, lemos a entrevista de Maria Yedda Linhares a Marieta de Moraes Ferreira, publicada na revista *Estudos Históricos*, Rio de Janeiro, em 1992 (LINHARES, 1992). Há ali uma afirmação sobre Braudel

---

14 Eduardo d'Oliveira França era assistente de Eurípedes Simões de Paula na cadeira de História da Civilização Antiga e Medieval (HCAM); com sua passagem para assistente da cadeira de História da Civilização Moderna e Contemporânea (HCMC), o auxiliar-técnico Pedro Moacyr Campos passou a ocupar seu posto de assistente da cadeira de HCAM.

15 O concurso para cátedra de História da Civilização Moderna e Contemporânea (HCMC) ocorreu entre 19 e 22 de novembro de 1951. A tese defendida por Eduardo d'Oliveira França intitulava-se *Portugal na época da Restauração*. A banca examinadora foi constituída pelos seguintes professores: Eurípedes Simões de Paula, Astrogildo Rodrigues de Mello, Sérgio Buarque de Holanda, Jaime Coelho e Eremildo Luís Viana. Ver *Anuário* da FFCL de 1951, p. 86-90.

que achamos muito estranha. Na época não compreendemos, mesmo porque a entrevistada não esclarece. Maria Yedda não fornece provas ou exemplos para sustentar ou dar razão à assertiva que surge no meio de um parágrafo, na qual ela compara FFCL/USP e FNFi/UB. Nas palavras de Maria Yedda:

> Já a USP foi gerada num momento de protesto de São Paulo, que fora derrotado na revolução. Começou a funcionar já com a possibilidade de tempo integral, melhores salários para os professores. Eles receberam professores estrangeiros importantes, como Fernand Braudel e muitos outros. Aliás, Braudel foi muito responsável por imprimir um cunho antifeminista à USP. Mas o fato é que desde cedo se formaram grupos de pesquisa. E nunca foi proibido a professores de história moderna e contemporânea trabalhar com história do Brasil! (LINHARES, 1992, p. 228, grifos nossos)

Olga seguiu sua carreira fora da FFCL/USP. Em 1949 prestou concurso para professora de História Geral e do Brasil no ensino estadual secundário. Entre 1950 e 1951 cursou a pós-graduação no *Institute of Historical Research da University College* da Universidade de Londres, com bolsa de estudos concedida pelo Conselho Britânico. Finalmente, em 1959, ingressou como professora titular de História Moderna e Contemporânea na Faculdade de Filosofia, Ciências e Letras de Marília (hoje, UNESP), onde exerceu por duas vezes o cargo de direção: vice-diretora, entre 1963 e 1965, e diretora, entre 1971 e 1975. Além da docência, continuou sua pesquisa sobre a influência inglesa e francesa na América do Sul.[16] Aposentou-se na FFCL/UNESP, *Campus* de Marília.

Alice Piffer Canabrava (1911-2003)

Alice nasceu em Araras em 22 de outubro de 1911. O sobrenome Piffer era da sua mãe, nascida na Áustria, "[...] de invulgar iniciativa, tinha sempre uma palavra de exaltação ao valor do trabalho"; seu pai era um "homem culto" (CANABRAVA, 2003,

---

16 Entre suas obras consta sua colaboração na coleção organizada por Sérgio Buarque de Holanda, "História Geral da Civilização Brasileira": no tomo I (1960) – *A época colonial* – participou do volume I, *Do descobrimento à expansão colonial*, no qual escreveu, em coautoria com SBH, o capítulo "Franceses, ingleses e holandeses no Brasil quinhentista"; no tomo II (1962) – *O Brasil monárquico* – escreveu, no Livro Primeiro do volume 1, *O processo de emancipação*, o capítulo III: "A presença inglesa" e o subcapítulo "Mediação inglesa", integrado no capítulo I, "O reconhecimento do Império", do Livro Quarto.

p. 20-21).[17] Alice cursou o primário em Araras; o ginásio no Colégio Stanfford,[18] em regime de internato, em São Paulo. Ao término do ginásio, ingressou na Escola Caetano de Campos. Formou-se professora do ensino primário e ingressou no magistério estadual. Foi lecionar na escola de ensino primário em Manduri, distrito de Piraju, na Alta Sorocabana, em 1931. Transferida para Araras, lecionou no único Grupo Escolar da cidade, dedicando-se às primeiras classes, à alfabetização. Em 1935, graças à política educacional implementada com a reforma de Fernando Azevedo em 1933, obteve o "comissionamento" para, uma vez aprovada no exame de admissão, realizar algum curso na recém-criada FFCL/USP, mantendo o emprego e a remuneração. Ingressou no curso de Geografia e História e licenciou-se em 1937.

Cronologicamente o mais correto seria iniciar o capítulo das pioneiras em História Econômica por Alice Piffer Canabrava, que ingressou no curso de Geografia e História em 1935, um ano antes de Olga Pantaleão.[19] Ao término de sua licenciatura, Alice foi convidada pelo professor responsável pela cadeira HCA, Paul Vanorden Shaw,[20] para ser sua assistente, enquanto Olga ainda cursava a licenciatura. Além dessas duas antecedências, Alice também defendeu sua tese de doutoramento dois anos antes da de Olga. Entretanto, optamos por começar por Olga, porque ela sofreu antes de Alice as hostilidades masculinas do ambiente institucional à ascensão na carreira universitária.

Em 1942, Alice defendeu seu doutoramento, com a monografia intitulada *O comércio português no Rio da Prata (1580-1640)*,[21] diante da banca composta pelo diretor da tese, prof. Jean Gagé, responsável pela cadeira HCMC; Dr. Alfredo Ellis

---

17 Ver, no presente livro, o capítulo escrito por Flávio Azevedo Marques de Saes sobre Alice. Nas *Pioneiras da Ciência do Brasil*, Melo e Rodrigues contam que a mãe de Alice, Otília Piffer "era professora de piano e teve uma união livre com o fazendeiro Clementino, proprietário da fazenda Belmonte; desse amor nasceram Alice e Tina. Embora já viúvo quando as meninas nasceram, Clementino as reconheceu, mas nunca casou com Otília" (MELO; RODRIGUES, 2016, p. 7).

18 O Colégio Stanfford não existe mais (CANABRAVA, 2003, p. 21). Alice passou três anos no colégio.

19 Sobre Alice Piffer Canabrava há uma bibliografia bastante extensa. Para uma análise mais detalhada sobre sua carreira universitária, além do capítulo de Flávio A. M. Saes, referido na nota 17, consulte: Cardoso de Mello, Saes e Nozoe (1985); entrevista de Alice concedida a Eva Blay e Alice Beatriz da S. G. Lang (BLAY; LANG, 1994, 2004); Canabrava (1997); Saes (1999, 2005); Canabrava (2003); Canabrava (2005); Melo, Rodrigues (2016); Lopes (2015); Erbereli (2016).

20 Paul Vanorden Shaw era especialista em História da América Latina. Permaneceu como responsável pela cadeira HCA de 1936 a 1941, sendo substituído interinamente por Astrogildo Rodrigues de Melo.

21 A tese foi publicada no *Boletim de História da Civilização América*, n. 2, em 1944.

Júnior, catedrático de HCB; Dr. Eurípedes Simões de Paula, de HCAM;[22] Dr. Plínio Ayrosa, de Etnografia Brasileira e Língua Tupi–Guarani; e pelo Dr. Pierre Monbeig, de Geografia Humana e Econômica. No Prefácio à edição de 1944, Affonso D'Escragnolle Taunay, então Diretor do Museu Paulista, enfatiza a pesquisa realizada na Biblioteca do Museu Paulista e na biblioteca do Instituto Histórico de São Paulo. Mas, não sendo suficiente esse material, Alice teve de recorrer aos acervos do Arquivo e da Biblioteca Nacional do Rio de Janeiro. O resultado ressalta o prefaciador: "...tão 'árduo quanto probo trabalho'" é "uma bela monografia, que ventila assunto absolutamente inédito em nossas letras históricas" (TAUNAY, 1944, p. IX).

Com base nas fontes documentais disponíveis e na bibliografia argentina, espanhola, portuguesa e norte-americana, a Autora constrói as condições sociais e econômicas da região, até então com escassa população. O Prof. Taunay chama a atenção para o contrabando de escravos africanos para a região do Rio da Prata, o qual apresenta dados mais volumosos do que se supunha. Alice escolheu o período que corresponde ao momento em que os portugueses e os espanhóis da América se tornaram súditos do mesmo soberano, permitindo a expansão de comerciantes luso-brasileiros pelos territórios do Vice-Reino do Peru. Quando veio a Restauração Portuguesa, em 1640, principiou o descenso do comércio de portugueses e brasileiros na região. Ao encerrar o prefácio, Taunay conclui: "A monografia de D. Alice P. Canabrava é digna de real apreço e lugar de destaque que lhe fica assinalado nas resenhas bibliográficas sul-americana, portuguesas e espanholas" (TAUNAY, 1944, p. XI).

O objeto da tese é a "expansão comercial luso brasileira nos territórios espanhóis do Vice Reino do Peru", no período de união das coroas de Castela e Portugal. Até então, como afirma a Autora, os estudos da união ibérica concentraram-se nas campanhas militares e não nos aspectos econômicos engendrados pelo acontecimento. Essa união das coroas favoreceu a expansão econômica dos portugueses nas colônias espanholas, as quais se tornaram um mercado dominado por inúmeros comerciantes portugueses, de origem judaica, e de brasileiros. O declínio político de Portugal, resultante da união ibérica, correspondeu à ascensão econômica da burguesia portuguesa (CANABRAVA, 1944, p. XIII-XIV).

Quanto às fontes, a Autora lastima que, em decorrência das "condições europeias atuais", a guerra, tenha sido privada de copiar os documentos em Sevilha,

---

22 O Prof. Eurípedes, após a participação na banca, foi para Itália com a Força Expedicionária Brasileira.

tendo acesso apenas à documentação citada na obra de Pastells, *Historia de la Campañia de Jesus en la Provincia de Paraguay* (CANABRAVA, 1944, p. XIV).

A tese de doutoramento de Alice teve repercussão positiva na FFCL e fora da USP, sendo reconhecida pelos professores como um trabalho sério e original, ao tratar de um tema ainda não explorado: aspectos econômicos e sociais da colonização espanhola na região platina. Revelou o fluxo clandestino da prata, de Potosi para o Brasil. De acordo com Alice, a tese "mereceu elogios da crítica nacional e estrangeira publicados em revistas internacionais" (CANABRAVA, 2005, p. 30).[23]

Assim, o sucesso da tese tornou Alice uma forte concorrente no concurso para a cátedra de HCA. Desde a saída de Paul Vanorden Shaw, a cadeira estava sob a regência interina de Astrogildo Rodrigues de Mello, de antemão o candidato natural.

Nesse ponto, as histórias de Olga e Alice se cruzam. Olga sentiu a pressão para desalojá-la um pouco antes. Alice a perceberia quando da abertura do concurso para cátedra. Em suas memórias, ela nos narra:

> Deste modo, involuntariamente, emergi, aos olhos dos meus colegas masculinos, como possível candidata ao provimento efetivo da cadeira de História da América, a ser posta em concurso. Até então, o relacionamento com esses colegas havia sido muito afável, direi até, não isento de estima pessoal. A partir de então, o círculo de hostilidade subterrânea começou a se desenhar para mim com evidências, a se apresentar anonimamente em uma ou outra ocorrência da atividade universitária, sem alterar a aparência da superficial cordialidade. (CANABRAVA, 2005, p. 30)

Em 1944 foi aberto o concurso para a cátedra de História da Civilização Americana, para o qual se tinha como certa a inscrição de um único candidato, o regente contratado. Alice relata em suas memórias, *O caminho percorrido*, que em um encontro casual com o diretor da FFCL, prof. André Dreyfus, este a animou a se inscrever, pois não gostaria de abrir o concurso para um candidato único. Dois anos foi o prazo estipulado para a apresentação da tese de livre-docência exigida para a inscrição.

As armadilhas preparadas pelos colegas da FFCL para truncar a pesquisa e impedir a elaboração da tese em tempo hábil se mostraram inimagináveis, como nos conta Alice:

---

23 Veja a resenha feita por Braudel no *Annales* no capítulo sobre Alice escrito por de Flávio A. M. Saes neste livro.

> Passei, então, a solicitar documentação da biblioteca do Congresso, referente às Antilhas, e logo percebi que esta correspondência, cartas e caixas com rolos de microfilmes, chegava violada. O mesmo acontecia com as cartas trocadas com a Fundação Rockefeller, com a qual estava tentando obter uma bolsa de estudos de alguns meses, para consultar os arquivos de algumas ilhas daquela área. Na biblioteca da Faculdade, qualquer obra que requisitasse, ou estaria fora do lugar ou, após a primeira consulta, não seria mais encontrada para o prosseguimento. (CANABRAVA, 2005, p. 30)

Como ela própria avalia no texto *O caminho percorrido*, datilografado por ela e dado a Flávio Saes, com a seguinte nota manuscrita:

> Caro Flávio,
>
> Não sei se a leitura é amena, mas foi uma experiência vivida com sofrimento e exaltação, angústia e libertação interior. Será parte de um livro de várias autoras – as "pioneiras" da USP.
> Da velha professora, Alice. (CANABRAVA, 2003, p. 2)

À ameaça de que, diante da hostilidade já formada, ela seria fatalmente reprovada, respondia: "eu faço o concurso, caberá a banca me reprovar" (CANABRAVA, 2003, p. 19).

No último dia da inscrição, novas armadilhas foram plantadas: o elevador parou misteriosamente de funcionar. Vencendo cada um dos obstáculos, como levar a pé os 100 exemplares exigidos para fazer a inscrição, tendo de subir os lances de escadas para o segundo andar do edifício da Escola Caetano de Campos, finalmente conseguiu se inscrever.

E a reprovação anunciada como ameaça se concretizou. Apesar de ter obtido o maior conceito, a maior média nas provas, foi preterida em favor do segundo lugar, o professor contratado, que se tornou o catedrático de História da Civilização Americana (HCA).

Até hoje, a tese de livre-docência defendida por Alice no concurso de cátedra, em 1946, *A indústria do açúcar nas Antilhas Inglesas e Francesas do Mar das Antilhas, 1697-1755*, é uma referência obrigatória para os estudos sobre a economia açucareira no Brasil e no Caribe dos fins do século XVII a meados do século XVIII. Para a reconstituição do desenvolvimento da produção açucareira nas Antilhas, a Autora reuniu uma documentação manuscrita inédita, obtida, em especial, na Biblioteca do Congresso dos Estados Unidos. Além disso, a historiadora mostrou conhecer seu ofício: descreveu e analisou diversos aspectos: a base geográfica, as técnicas, os meios de financiamento e o mercado mundial.

Após o concurso, Alice solicitou demissão. Não havia condições de convívio, nem mesmo aquele pautado pela "superficial cordialidade". Naquele ano, a Faculdade de Ciências Econômicas e Administrativas da USP estava sendo organizada, e Alice ingressou no Instituto de Administração como pesquisadora, para realizar estudos sobre a Administração Municipal de São Paulo. Pouco tempo depois passou a reger a cadeira de História Econômica Geral e do Brasil no curso de Ciências Econômicas. Em 1951, a Faculdade de Ciências Econômicas e Administrativas abriu concurso para cátedra, e Alice concorreu com a tese o *Desenvolvimento da cultura do algodão na Província de São Paulo, 1861-1875*. Finalmente, obteve o título de catedrática (SAES, 1999, p. 47).

As três teses de Alice são referências nos estudos de História Econômica e marcam o seu legado. Seus estudos continuaram na FEA-USP, onde desenvolveu uma consistente trajetória de pesquisa e de levantamento de questões da formação econômica do Brasil, e formou um grupo de jovens estudantes que construíram uma linha de investigação e de estudos de História Econômica com base na leitura, na sistematização e na crítica dos documentos manuscritos e impressos, sem perder a revisão da historiografia e a dimensão interpretativa. Alice foi a primeira mulher presidente da Associação Nacional dos Professores Universitários de História – ANPUH – gestão 1979-1981. No triênio seguinte, 1981-1983, foi editora da revista da entidade, *Revista Brasileira de História*.

Parte 2. Primeiros trabalhos em História Econômica do Brasil: Brasil Colônia – Mafalda e Myriam

Mafalda Zemella (1920-1991)

Mafalda nasceu no subdistrito da Lapa, na Capital, em 22 de junho de 1920. Seu pai, Carlos Zemella, era italiano, e sua mãe, Lúcia Zemella, brasileira – assim constava da certidão de nascimento (Processo FFLCH, n. 47-1-14169-1-9, p. 5).

Mafalda ingressou no curso de Geografia e História em 1939, bacharelou-se em 1942 e licenciou-se em 1943 (ANUÁRIO..., 1939-1949, p. 173-174).

Em março de 1946, Alfredo Ellis Júnior, catedrático de História da Civilização Brasileira, convidou-a para prestar serviços técnicos junto à cadeira por um prazo de dois anos, nos quais ela desenvolveria sua tese de doutoramento. Em dezembro de 1947, Ellis solicitou ao diretor da FFCL a promoção de Mafalda a primeira assistente da cadeira, no lugar de Odilon Nogueira de Matos, que fora contratado como secretário da FFCL. Assim, antes mesmo de completar dois anos, Mafalda demitiu-se da função de prestadora de serviços técnicos para ocupar o cargo de maior responsabilidade.[24]

De 5 de dezembro de 1947 a 18 de março de 1952, Mafalda permaneceu como a primeira assistente da cadeira HCB. Ministrou cursos sobre os temas: Bandeirismo (1947); A corte no Brasil (1947, 1948 e 1949); A escravidão no Brasil (1948 e 1949) e A Mineração (1948) (ANUÁRIO..., 1939-1949, p. 456).

De acordo com o regulamento da FFCL, os professores assistentes teriam o prazo máximo de três anos, a contar da data da nomeação, para apresentar suas teses de doutoramento. Ao cabo do prazo, Mafalda cumpriu o compromisso e entregou a tese *O abastecimento da Capitania das Minas Gerais, no século XVIII*[25] ao seu diretor de tese, Alfredo Ellis Júnior. Em 12 de março de 1951, diante da banca composta por Eurípedes Simões de Paula, Inácio Benevides de Resende, Thomas Oscar Marcondes de Sousa, José Pedro Leite Cordeiro e de seu diretor de tese ou "patrono da tese", Mafalda defendeu seu trabalho (ANUÁRIO..., 1952, p. 125-127; ZEMELLA, 1951).[26]

Destacamos o caráter inédito da tese dessa historiadora. Mafalda debruçou-se sobre seu assunto, sem poder contar com o apoio de uma sólida bibliografia. Decorre daí o pioneirismo: tema pouco estudado e resgate de documentação manuscrita e impressa inédita. Segundo Mafalda, o prof. Ellis foi o primeiro historiador a "equacionar o problema do abastecimento das Gerais" no livro *O ouro e a paulistânia*; entretanto, a Autora considera que seu trabalho não perde a "originalidade", pois o

---

24 No processo administrativo de Mafalda Zemella, n. 47-1-14169-1-9 da FFLCH, a partir de setembro de 1951, após a defesa da tese de doutoramento, há inúmeros ofícios dirigidos ao diretor de Geografia e História, à direção da FFCL, ao reitor da USP e ao Secretário de Estado da Administração do governo de Estado de São Paulo, no sentido de alterar o contrato de Mafalda exercido entre 1946 e 1947. Mafalda alegava que nesse período exerceu funções didáticas, e não somente de prestadora de serviços técnicos à cadeira de História da Civilização Brasileira. Assim, a alteração contratual para Auxiliar de Ensino era solicitada por Mafalda, para não prejudicar sua carreira acadêmica. A solicitação foi negada pelo governo do Estado, sob a alegação de que o contrato já havia sido extinto, quando Mafalda solicitou a rescisão para se tornar primeira assistente, sendo impossível alterá-lo.

25 Publicada no *Boletim* n. 118, Faculdade de Filosofia, Ciências e Letras, Universidade de São Paulo, da Cadeira História da Civilização Brasileira n. 12, São Paulo, 1951.

26 Inácio Benevides de Resende era professor de Sociologia da Faculdade de Ciências Econômicas e Administrativas; e Thomas Oscar Marcondes de Sousa e José Pedro Leite Cordeiro pertenciam aos quadros do Instituto Histórico e Geográfico de São Paulo.

diretor da sua tese não fez pesquisa sobre o assunto, nem o aprofundou: "ele lançou apenas a hipótese que nós transformamos em tese" (ZEMELLA, 1990, p. 30).

O estudo divide-se em oito capítulos, sem contar a introdução e as conclusões. O primeiro começa com a descoberta do ouro e de diamantes na Capitania das Minas Gerais; no segundo, a Autora aborda o povoamento das Gerais, para em seguida tratar, no terceiro capítulo, dos mercados abastecedores das Gerais. No quarto capítulo analisa os meios de transporte de gêneros, de utensílios e de escravos. No quinto, trata do comércio das minas: trocas, mascates, feiras e comerciantes, formas de pagamento, moeda, ouro em pó e crédito. No sexto capítulo a análise recai sobre o consumo das populações das Gerais, para em seguida apontar a insuficiência do abastecimento. Por fim, o último capítulo analisa as tentativas de criação de um núcleo de produção de alimentos na própria região das minas (ZEMELLA, 1990).

Na tese, o problema do abastecimento das Minas Gerais tem como ponto de partida a descoberta do ouro nos fins do século XVII, quando teve início o fluxo constante da população para as minas e o surgimento dos arraiais, das vilas e cidades. Mafalda inicia seu estudo justamente nesse ponto. Preocupada apenas com a busca do metal precioso, a população das Minas Gerais descuidou-se do fornecimento de alimentos e de diferentes bens de consumo, o que resultou em sucessivas e agudas crises de fome e de encarecimento dos gêneros de primeira necessidade. Assim, as crises de abastecimento marcaram os primeiros anos da exploração aurífera, até a montagem de uma rede de fornecedores espalhados pelas mais diversas capitanias e inclusive internamente à região mineira. Essa rede envolveu a construção de vias de comunicação, caminhos de terras, que ligassem o mercado das minas aos fornecedores de gêneros, de escravos, de ferramentas; e a criação de um novo meio de transporte, baseado no muar e no tropeiro. Uma rede de fornecedores foi integrada, incluindo a longínqua capitania do Rio Grande do Sul, de onde chegavam os muares; os currais do sertão baiano forneciam o gado; os portos de Salvador e do Rio de Janeiro abasteciam com escravos vindos da África; o porto do Rio de Janeiro fornecia as mercadorias de luxo para atender a demanda das pessoas de "alto poder aquisitivo".

De forma dinâmica, as regiões fornecedoras de carne, ferro, escravos, cachaça e tabaco absorveram o impulso do crescimento e seus negócios prosperaram. Em consequência, diversificaram-se as formas de pagamento das transações, e o sistema de crédito foi incrementado para azeitar a circulação de mercadorias. Uma camada da população enriquecida demandava mercadorias de luxo: obras de arte, artigos de consumo de luxo etc. Segundo a Autora, a dinâmica do mercado interno era instável, pois dependia de alguns fatores: número de consumidores; consolidação de correntes de abastecimento; produtividade das minas; e instalação de núcleos de produção de alimentos na própria região. A partir de 1766, quando teve início o processo de decadência das minas, a população passou a se transferir para outras atividades: agricultura, pecuária, manufaturas, mineração etc., permitindo que a capitania de Minas Gerais, de importadora de gêneros, passasse a exportadora de alimentos e bens de consumo para a Corte.

Ao tomar o abastecimento das minas como objeto central, a tese clareou uma questão que se escondia por detrás da economia agroexportadora colonial ou do comércio externo – a dinâmica e o movimento da economia para o mercado interno. O "comércio interno" surge na tese de Mafalda "interligando as mais remotas regiões ao centro" impulsionado pela mineração (ZEMELLA, 1990, p, 29-31; ..., 1952, p. 127). Cresceram também as importações de escravos e as trocas com a África. Para viabilizar o tráfico de escravos foi necessário aumentar a produção interna de aguardente e tabaco, mercadorias usadas no escambo. Em 1763, a cidade do Rio de Janeiro, com os ganhos de prosperidade, tornou-se a capital da colônia portuguesa da América, ocupando o lugar que fora até então de Salvador, Bahia.

Um exemplo da transformação em curso na colônia portuguesa da América é revelado na tese: o afloramento do comércio interno revolucionou a estrutura social e econômica colonial.

A tese de doutoramento de Mafalda foi a primeira realizada na cadeira de História da Civilização Brasileira (HCB); Alice defendeu suas teses na cadeira de História da Civilização Americana (1942,1946); e Olga Pantaleão, na cadeira de História da Civilização Moderna e Contemporânea (1944).

O estranho e inexplicável é que em 13 de março de 1952, exatamente um ano depois da defesa, Mafalda solicitou exoneração do cargo de primeira assistente em caráter irrevogável. No ofício encaminhado ao diretor da FFCL, Eurípedes Simões de Paula, Mafalda alegava a necessidade de dispor de mais tempo para concluir seu curso de Direito; entretanto, em quatro meses, em 2 de julho de 1952, ela recebia o diploma de bacharel na Faculdade Direito do Largo São Francisco da USP. Não parece que o motivo alegado fosse a razão real da exoneração.[27] Alguns acontecimentos

---

27 É estranho que o ofício de encaminhamento do pedido de exoneração ao reitor, assinado pelo Diretor da FFCL, prof. Eurípedes Simões de Paula, diga textualmente: "São Paulo, 13 de março de 1952. /Magnífico Reitor, / Tenho o prazer de encaminhar a Vossa Magnificência incluso requerimento em que D. Mafalda Zemella, Assistente da cadeira História da Civilização Brasileira, requer exoneração do seu cargo. / Reitero a Vossa Magnificência meus protestos de alta estima e consideração./Ass.

ocorridos entre 1951 e 1952, após a defesa, nos levam a concluir que o catedrático e "padrinho" da tese preteriu a assistente, em favor de outro professor, Astrogildo Rodrigues de Melo, inclusive catedrático de outra cadeira História da Civilização Americana (HCA), para reger a cadeira durante uma licença para tratamento médico (ANUÁRIO..., 1952, p. 237-239).

A princípio não haveria motivo para desprezar a primeira assistente como substituta no período de licença médica, sendo Mafalda portadora do título de doutora. De qualquer modo, o anuário de 1952 registra na cadeira HCB o prof. Alfredo Ellis Jr., catedrático, em licença; o prof. Astrogildo Rodrigues de Mello, professor substituto; Myriam Ellis, assistente; e auxiliares de ensino, Mafalda Zemella e Helena Mendes de Castro. É estranho que Mafalda tenha solicitado exoneração do cargo de assistente para ocupar outro, inferior na hierarquia universitária (ANUÁRIO..., 1952, p. 237-239).

Na segunda edição da tese *O abastecimento da Capitania das Minas Gerais no século XVIII*, publicada em 1990, há referência à carreira profissional de Mafalda, que "notabilizou-se" como Procuradora do Estado de São Paulo[28]. O prefaciador da obra afirma:

> É notável como o olhar acurado da historiadora Mafalda Zemella que, infelizmente, deixou a carreira acadêmica para, com muito brilho, seguir a trilha da jurisprudência, pôde cantar, nas pegadas de Monções de Sérgio Buarque de Holanda, a temática da produção e do consumo internos, do abastecimento do grande núcleo populacional das Gerais no século XVIII. (ARRUDA, 1990, p. 13)

Assim como Olga e Alice, Mafalda foi defenestrada da carreira acadêmica da FFCL/USP.[29] As três historiadoras, de forma pioneira, abordaram temas inéditos de História Econômica; conviveram, nos momentos iniciais da formação do curso de História, com forte influência dos mestres e professores da missão francesa. Um toque das concepções dos *Annales* está presente em seus trabalhos. Mesmo na tese

---

Eurípedes Simões de Paula" (Processo FFCLH n. 52-1-3914-5, p. 2, grifos nossos).
28 A orelha da segunda edição (1990).
29 Mafalda, na segunda edição do livro *O Abastecimento...*, dedica a seus filhos e faz uma menção a seus mestres dentre eles: Jean Gagé, Émile Guillaume Léonard, Paul Vanorden Shaw, Roger Bastide, Paul Arbousse Bastide, em último lugar na lista feita pela autora, o "Prof. Deputado Alfredo Ellis Jr". Parece que Mafalda exerceu o magistério, pois ela faz uma menção especial aos seus alunos (ZEMELLA, 1990, p. 11).

O abastecimento da Capitania das Minas Gerais no século XVIII, está visível que a estrutura e o desenvolvimento da narrativa a aproximam mais da escola de Braudel e Monbeig do que do orientador, embora Ellis Jr. diga o contrário no prefácio, dando a impressão de que Mafalda apenas provou "cientificamente" o que ele postulava. A jovem Autora era incapaz de raciocínios próprios...

> É que não sou o autor da tese que foi magnificamente defendida por D. Mafalda Zemella, fui entretanto o seu orientador. A jovem Autora [...] adotou princípios meus, concepções minhas, etc. É que a jovem Autora [...] se deixou saturar de tal forma pelas minhas restaurações, raciocínios e hipóteses que se incumbiu de as transformar em verdades científicas dando a elas os alicerces de indiscutíveis provas, concretizadas em documentos que as pesquisas, realizadas proficuamente pela Autora, tiraram da poeira dos arquivos paulistas, cariocas e mineiros. (ELLIS Jr., 1990, p. 17)

Myriam Ellis (1922)

Myriam Ellis nasceu na cidade do Rio de Janeiro em 18 de outubro de 1922,[30] filha de Alfredo Ellis Júnior [São Carlos, 1896 - São Paulo, 1974] e Hilda Backheuser Ellis. Pelo lado paterno, Myriam era bisneta do Cel. Francisco da Cunha Bueno, Visconde de Cunha Bueno, grande proprietário de terras e de escravos em São Carlos do Pinhal. Alfredo Ellis,[31] seu avô, descendia de "antiga estirpe britânica", formou-se em medicina na Universidade da Pensilvânia e casou-se com a prima Sebastiana Eudóxia da Cunha Bueno.

Das pioneiras, Myriam é a única que apresenta ligação familiar com "os primeiros troncos paulistas iniciados com a colonização de Martim Afonso" e com os "bandeirantes do café".[32]

Myriam cursou o Liceu Nacional Rio Branco,[33] em São Paulo, entre 1935 e 1939. Prosseguiu seus estudos no Colégio Universitário da Universidade de São

---

30 Por ocasião do nascimento de Myriam, seu avô, Alfredo Ellis, era senador por São Paulo e estabeleceu sua residência na capital federal em 1919 (AUSTREGÉSILO, 1950, p. 293).

31 Alfredo Ellis (1850-1925) era filho de William Ellis, médico inglês que veio para São Paulo em 1832, e de Maria do Carmo da Cunha Bueno. Alfredo Ellis casou-se em 1874 com a prima, filha de seu tio, Francisco da Cunha Bueno, irmão mais moço de sua mãe (AUSTREGÉSILO, 1950, p. 275-276).

32 Myriam denomina os primeiros cafeicultores que desbravaram o oeste paulista de Rio Claro a São Carlos do Pinhal como "bandeirantes do café". Seu bisavô, Cel. Francisco Cunha Bueno, fazia parte desse grupo (AUSTREGÉSILO, 1950).

33 Escola fundada, por volta de 1926, por Savério Cristofaro, Antonio Sampaio Dória, Lourenço

Paulo, anexo à FFCL/USP, entre 1940 e 1941. Ingressou em 1942 no curso de Letras Neolatinas da FFCL, bacharelando-se em 1944. Quatro anos depois ingressou no curso de Geografia e História, onde se licenciou em 1951. Após a licenciatura aperfeiçoou seus conhecimentos em História no curso de Especialização oferecido pela FFCL – História da Civilização Brasileira; História da Civilização Americana e História Contemporânea. Em 1953 fez um curso livre de paleografia, ministrado pelo Departamento do Arquivo do Estado de São Paulo (ELLIS, 1972, p. 1).

Em agosto de 1947, ainda como estudante de Geografia e História, Myriam foi admitida na cadeira HCB como assistente extranumerária. Permaneceu no cargo por um ano, ao final do qual foi promovida a auxiliar de ensino em junho de 1948, em que permaneceu até 1951. Após se licenciar em Geografia e História, em 1951, Myriam passou a professora assistente da cadeira, ocupando o lugar de Mafalda Zemella, que havia pedido exoneração.

Em 1955 Myriam defendeu a tese de doutoramento *O Monopólio do sal no Estado do Brasil (1631-1801)* (Contribuição ao estudo do monopólio comercial português no Brasil, durante o período colonial),[34] tendo como diretor da tese o prof. Astrogildo Rodrigues de Mello, catedrático de HCA e professor regente em exercício na cadeira de HCB, em decorrência do afastamento do professor Alfredo Ellis Júnior para tratamento de saúde.[35] Os demais membros da banca foram Eurípedes Simões de Paula, Dr. João Fernando de Almeida Prado e Dr. Aureliano Leite, ambos do Instituto Histórico e Geográfico de São Paulo; Dr. José Pedro Leite Cordeiro, catedrático de Filosofia e Metodologia da História da Faculdade de Filosofia, Ciências e Letras de São Bento, Universidade Católica de São Bento e do Instituto Histórico e Geográfico Brasileiro e do de São Paulo (NOTICIÁRIO, 1956, p. 279).

A tese trata do regime de comércio do sal, que, ao longo de 170 anos, de 1631 a 1801, passou a ser regular e exercido pelo rei de Portugal como monopólio real. Myriam estudou o monopólio do sal como um dos elementos que marcam a época mercantilista, o desenvolvimento do capitalismo comercial, a ascensão do Estado Absolutista monárquico e o domínio das colônias. Através do regime de comércio, a Autora mostra a relação metrópole-colônia: o estanque do sal, exercido pelo rei,

---

Filho e Almeida Júnior, com o objetivo de modernizar o ensino. (MEDEIROS, 2016).

34 A tese de doutoramento de Myriam Ellis foi publicada no *Boletim* da FFCL / USP n. 197 da cadeira de História da Civilização Brasileira, n. 14. São Paulo, 1955.

35 O Professor Alfredo Ellis Jr. teve uma moléstia prolongada e ficou em licença médica para tratamento da saúde de 1951-2 a 1957, quando se aposentou.

proibiu que o "rico sal marinho do litoral do Brasil" pudesse ser extraído e que a indústria se desenvolvesse para abastecer o mercado doméstico, o que gerou a "fome de sal" (ELLIS, 1955, p. 27). Embora a colônia tivesse meios próprios para se abastecer, o monopólio do sal tornava a população colonial dependente da produção e do abastecimento do sal português. O rei de Portugal cumpria o papel de "primeiro comerciante do Reino", quer no abastecimento da colônia, quer na extração dos produtos tropicais para abastecer a Metrópole e o comércio europeu.

Não só o sal foi objeto do monopólio da Coroa – outros produtos foram incluídos no mesmo regime de comércio: a pesca da baleia, tabaco, diamantes, cortiça, couro, açúcar, pimenta. O rei associava-se a particulares ou arrendava a eles o privilégio de comerciar aqueles produtos. Durante o período investigado por Myriam, a coroa portuguesa não cedeu o arrendamento do contrato do sal às companhias de comércio do Estado do Brasil,[36] mantendo-o nas mãos do rei, que o arrendava a particulares ou a grupos de pessoas normalmente "apaniguados" (ELLIS, 1955, p. 200).

O estudo de Myriam é inédito quanto à temática abordada e quanto às fontes documentais reunidas para a análise. É um tema de grande relevância, por expor as dimensões da exploração colonial; as ideias mercantilistas em voga; o papel da colônia na relação com a metrópole. Além da originalidade temática, Myriam cercou-se de uma valiosa documentação, nunca antes explorada e, mesmo, ausente de estudos sobre o Brasil colônia. Pesquisou a documentação nos principais arquivos existentes no Brasil e, principalmente, em Portugal.[37]

Arguida na banca por se posicionar radicalmente contrária ao monopólio,[38] Myriam ponderou que se defrontara, ao longo da pesquisa, com documentação que revelava:

> [...] o grande problema que tanto afligira as populações coloniais do Brasil, decorrente da falta de sal em consequência do estabelecimento do monopólio régio. O monopólio provocou no Brasil colonial uma

---

36 Estado do Brasil era a designação da divisão administrativa da Colônia: Estado do Brasil e Estado do Maranhão.

37 Em Portugal foi levantada a documentação nos seguintes arquivos: Arquivo da Casa da Moeda de Lisboa; Torre do Tombo, Arquivo Histórico do Ministério de Finanças de Lisboa; Arquivo Histórico Ultramarino de Lisboa; Arquivo do Tribunal de Contas de Lisboa; Biblioteca D' Ajuda; Biblioteca Nacional de Lisboa. No Brasil: Arquivo Histórico do Estado do Rio Grande do Sul; Arquivo Nacional do Rio de Janeiro; Arquivo Público do Estado de São Paulo; Biblioteca da FFCL Manuscritos da Coleção Lamego; Instituto Histórico e Geográfico Brasileiro etc.

38 Dr. Aureliano Leite, em sua arguição, diz que como um "puro cientista", a historiadora não poderia demonstrar, como o fez em suas conclusões, um "certo amargor no tocante ao monopólio do sal em relação ao Brasil" (NOTICIÁRIO, 1956, p. 282).

verdadeira 'fome' de sal que durou 170 anos. [...] O sal era a base da conservação dos alimentos indispensáveis como a carne; do preparo e tratamento dos couros. (NOTICIÁRIO, 1956, p. 283)

Na resposta dada por Myriam, - há o reconhecimento de que a subjetividade do historiador está presente na produção do conhecimento. Em sua opinião:

> [...] o estudioso da História não pode se limitar a descrever fria e indiferentemente os fatos históricos. Ele deve não só analisá-los e compreendê-los, como senti-los, porque a História não se resume no passado estático e insensível para nós, a História é vida e o historiador deve senti-la, senão vivê-la juntamente com o homem da época estudada. (NOTICIÁRIO, 1956, p. 283)

Quando a tese foi publicada, uma resenha bibliográfica divulgada na *Revista de História* saudava a nova geração de historiadoras da FFCL/USP.

> A Faculdade de Filosofia, Ciências e Letras da Universidade de São Paulo está entregando ao Brasil uma geração magnífica de historiadoras. Sim, historiadoras, mulheres paulistas que cursaram aquele centro de estudos e pesquisas e ao invés de se restringirem ao magistério, nos cursos secundários no Estado, lançaram-se ao trabalho intelectual ativo, investigando pesquisando, reunindo material inédito, referente à história nacional ou sul-americana, para interpretações e coordenação verdadeiramente de espantar. É que não estávamos habituados a esse gênero de atividades nos nossos meios femininos. Temos mulheres poetisas, romancistas, educadoras, com boa bagagem literária. Faltava-nos a mulher historiadora, a historiadora que não se restringisse à mera divulgação ou a compreensão nova de fatos já conhecidos e esmiuçados por outros. Porque o que essa geração feminina de São Paulo está realizando nesse particular e exige o reconhecimento de quantos atuam no campo da historiografia brasileira é justamente trabalho de investigação e de renovação. Essa geração está integrada pelas senhorinhas: Alice Piffer Canabrava, Olga Pantaleão, Mafalda Zemella e agora Myriam Ellis. (REIS, 1957, p. 277)

Myriam prosseguiu sua carreira como professora assistente da cadeira de HCB. Em 1966, inscreveu-se no concurso para livre-docência, no qual defendeu a tese *As feitorias baleeiras meridionais do Brasil Colonial* (ELLIS, 1972). Também este seu estudo se enquadra entre os trabalhos pioneiros de História Econômica do Brasil Colônia. Aborda uma atividade econômica até então esquecida – a pesca das baleias e a manufatura do óleo empregado para a iluminação de ruas, casas, engenhos e de edifícios públicos. Como no caso do sal, a caça e a produção de óleo de baleia eram monopólios reais.

Os dois trabalhos acadêmicos elaborados por Myriam não abordam temas ligados às principais atividades desenvolvidas na colônia: a lavoura de cana, o engenho de açúcar, a exploração das minas de ouro de diamantes, as fazendas de criar etc. Os estudos distinguem-se pela escolha de temas referentes àquelas atividades econômicas e produtivas por onde poucos historiadores se aventuraram, que, segundo a Autora, "[...] poderia denominar de secundárias, não desprovidas de importância, todavia, ocupou-se, ainda, o homem no Brasil Colonial [...]" (ELLIS, 1966, p. I, grifo do texto). Entre as atividades econômicas ditas secundárias pela Autora encontravam-se a cultura e a manipulação do tabaco, também monopólio régio; a extração e o comércio de couros, de onde a Coroa extraía os quintos; a construção naval; a exploração do salitre; o tráfico negreiro terrestre interno; o comércio de mulas; a abertura de caminhos; a cobrança de tributos nos Registros e nas Passagens; os Correios etc.

Uma dessas atividades secundárias – as antigas feitorias baleeiras meridionais do Brasil Colonial – foi o objeto de estudo da tese de livre-docência, dividida em cinco capítulos que tomam como objeto central e destrincham os núcleos de pesca e de extração de óleo da baleia das áreas meridionais menores, constituídas por armações ou feitorias de pesca e de beneficiamento desse óleo no período do estanco de 1614 a 1801. Essas feitorias, localizadas no litoral fluminense, paulista e catarinense, formaram aglomerados urbanos marítimos.

No primeiro capítulo, a Autora aborda o nascimento da atividade no Brasil, quando, sob o domínio espanhol, Filipe III, da Espanha, concedeu o privilégio exclusivo da pesca das baleias nos mares do Brasil aos seus súditos pescadores de Biscaia, que foram também encarregados de ensinar a arte da pesca do cetáceo no recôncavo baiano. Da Bahia de Todos os Santos a pesca da baleia espalhou-se pelo litoral sul da Colônia, de Cabo Frio a Laguna, também sob o controle dos pescadores biscainhos até 1612, quando a concessão expirou, tendo sido, então, a atividade reorganizada como monopólio régio português – "peixe real", o cetáceo, era de propriedade da Coroa – e assim permaneceu até 1801. No segundo capítulo, a Autora aborda a criação e a expansão das três áreas de pesca do Sul: a fluminense, a paulista e a catarinense; remonta ao funcionamento do núcleo ou "armação" baleeiro, descrevendo: o engenho, as oficinas, as moradias, a capela e etc. No capítulo seguinte, dedica-se à questão do trabalho e das técnicas tanto na pesca como na extração do óleo; à divisão técnica do trabalho entre escravos e livres; e, por fim, aos problemas de distribuição, comercialização e exportação do óleo de baleia que era consumido no mercado interno e exportado para Portugal. O quarto capítulo analisa os tipos de contratos em vigor nas feitorias meridionais fluminenses, paulistas e catarinenses, até a extinção do monopólio em 1801. O último capítulo trata do encerramento da atividade; da decadência da pesca da baleia provocada, em grande parte, pela concorrência dos baleeiros *yankees* e ingleses, que desviavam as baleias das costas brasileiras nos meses de junho a setembro;[39] das tentativas de ressurgimento da atividade com a criação da Sociedade da Real Pescaria das Baleias; e do seu fracasso (ELLIS, 1966).

Como na tese de doutoramento, a de livre-docência foi apoiada na análise de documentação inédita oriunda dos arquivos portugueses. Uma parte da documentação do Arquivo Histórico e Ultramarino de Lisboa foi cedida a Myriam por Frédéric Mauro, da Faculdade de Letras de Toulouse (ELLIS, 1966, p. 29).[40] Além de documentos, a Autora utilizou memórias, relatos de viajantes, de cronistas dos séculos XVII e XVIII.[41]

A defesa da tese foi marcada pela composição da banca examinadora, formada por professores de reconhecido saber em História Econômica:[42] Alice Piffer Canabrava, catedrática de História Econômica Geral e do Brasil da Faculdade de Ciências Econômicas e Administrativas da Universidade de São Paulo; Francisco Iglésias, livre-docente da Cadeira de História Econômica da Faculdade de Ciências Econômicas da Universidade de Minas Gerais; Sérgio Buarque de Holanda, catedrático de HCB, FFCL/USP; Nícia Vilela Luz, livre-docente da cadeira HCB, da FFCL/USP; e Astrogildo Rodrigues de Mello, catedrático HCA, da FFCL/USP.

Ao longo dos 11 anos que medeiam o doutoramento e a livre-docência houve avanço nos estudos em História Econômica, e a presença desses professores na banca examinadora é uma prova disso.

---

39 Segundo a Autora, a pesca efetuada pelos norte-americanos nas Falklands e na Patagônia teria interceptado o afluxo das baleias ao litoral brasileiro e provocado o desvio desses animais dessa área rumo às costas africanas (MESGRAVIS, 1966, p. 582).

40 Frédéric Mauro pesquisou nos arquivos portugueses para elaborar seu livro *Le Portugal et L' Atlantique 1570-1670* e *Le Portugal et L' Atlantique au XVIIIe. Siècle*. Em 1966, o prof. Mauro ministrou o curso *A expansão francesa na América (1500-1800)* junto à cadeira de História da Civilização Americana no Departamento de História (Relatório do Departamento de História de 1966, 1967, p. 314).

41 Myriam chegou a participar de uma pescaria de baleia, segundo comenta Francisco Iglésias no concurso (MESGRAVIS, 1966, p. 581).

42 A banca examinadora do doutoramento, em 1955, era dominada por historiadores ligados ao Instituto Histórico e Geográfico de São Paulo e do Brasil.

Myriam tornou-se professora titular de História do Brasil junto ao Departamento de História da Faculdade de Filosofia, Letras e Ciências Humanas em 1973 e chefe de Departamento de História entre 1978 e 1981 (ELLIS, 1984, p. 1- 8). Aposentou-se em 1992. Desde 23 de abril de 1992, Myriam Ellis pertence à Academia Paulista de Letras, ocupa a cadeira 13, cujo patrono é Alexandre de Gusmão [1695-1753], responsável pela fixação das fronteiras no Tratado de Madri (1750),[43] e o fundador é Erasmo Braga.[44]

Consolidação dos estudos de História Econômica Brasil: Colônia, Império e República – Nícia e Emília e Maria Thereza e Suely

Transição do trabalho escravo para o trabalho livre e Industrialização antes de 1930 - Nícia e Emília

Nícia Villela Luz (1914 - 2006)

Nícia nasceu em Franca, Estado de São Paulo, em 11 de julho de 1914, filha de Joaquim Olik Luz e Marieta Villela Luz. Cursou o secundário no Colégio *Sacré Coeur* no Rio de Janeiro (FFLCH, Processo n. 64.1.1106.8.8).

Ingressou no curso de Geografia e História da FFCL/USP e concluiu o bacharelado em 1942. Um ano depois, licenciou-se no curso de Formação Pedagógica para Professores Secundários da FFCL/USP. Entre 1940 e 1946 foi Inspetora Federal de Ensino Secundário do Estado de São Paulo.

Em 1943, Nícia requereu a inscrição no doutoramento em História junto à cadeira de História da Civilização Moderna e Contemporânea (HCMC) da FFCL/USP, cujo professor responsável era Jean Gagé. Em resposta, Gagé concordou em ser seu diretor de tese e solicitou à candidata a indicação de duas disciplinas para realizar seus exames. Nícia optou por História da América e História Moderna. Nada mais consta no processo sobre o andamento do doutoramento. Dez anos depois, Nícia

---

43 Veja, neste livro, o capítulo escrito por João Antonio de Paula no qual avalia que Alexandre de Gusmão, nascido em Santos, é considerado um dos primeiros economistas brasileiros a defender ideias mercantilistas.

44 Veja o site da Academia Paulista de Letras. Disponível em http://www.academiapaulistadeletras. org.br/academicos.asp?materia=40. Acessado em 03 jan. 2017

solicitou novamente a inscrição no doutoramento com o prof. Eduardo d'Oliveira França, então catedrático de HCMC. Repete-se a situação anterior: aceitação sem continuidade. Essa é a última correspondência referente à inscrição no doutoramento (FFLCH Processo n. 46.1.31.8.6). No *Curriculum Vitae* apresentado em 1964, por ocasião do concurso para livre-docência junto à cadeira de HCB, Nícia não portava o título de doutor, e sim o de *Master of Arts* em História obtido na Universidade de Virgínia, Estados Unidos, em 1946.

Entre 1945 e 1946, Nícia frequentou o curso de História nos Estados Unidos. Ao regressar, em 1947, foi contratada para o cargo de Técnico de Administração no setor de História do Instituto de Administração da Faculdade de Ciências Econômicas e Administrativas da USP.[45] Em seguida, de acordo com seu *Curriculum Vitae*, passou a ser lotada como Técnica de Administração na FFCL, mas não há referência à data e à seção.

No *Currículum Vitae* datado de 1964, Nícia informa que de 1959 a 1963 exerceu a função de assistente extranumerária junto à cadeira de História da Civilização Americana (HCA) da FFCL, cujo professor catedrático era Astrogildo Rodrigues de Mello. Ao deixar a função em 1963, passou a ser instrutora de ensino da cadeira de História da Civilização Brasileira (HCB), na qual o catedrático era Sérgio Buarque de Holanda. Como instrutora de ensino passou ao regime de dedicação integral à docência e à pesquisa.

Enquanto no exercício da função de instrutora de ensino em HCB, Nícia inscreveu-se para o concurso de livre-docência em 1964. Embora não possuísse o título de doutor, a banca examinadora, formada por Sérgio Buarque de Holanda; Eurípedes Simões de Paula; Brasil Pinheiro Machado;[46] Francisco Iglésias;[47] e José Wanderley de Araújo Pinho,[48] considerou a candidata habilitada ao concurso de livre-docência,

---

45 É provável que tenha sido colega de Alice Canabrava, que estava na mesma instituição àquela época
46 Brasil Pinheiro Machado (1907-1997) era professor de História do Brasil da Faculdade de Filosofia, Ciências e Letras da Universidade do Paraná (Marchette, 2013).
47 Francisco Iglésias (1923-1999) era professor de História Econômica, Política e Social da Faculdade de Ciências Econômicas da Universidade Federal de Minas Gerais, UFMG. Iglésias substituiu Alice P. Canabrava, que não pôde compor a banca por estar no Chile (FFLCH, Processo 64.1.1106.8.8).
48 José Wanderley de Araújo Pinho (1890-1967) foi professor catedrático de História do Brasil na Faculdade de Filosofia da Universidade Federal da Bahia, Membro do Arquivo Histórico de Salvador, terceiro-vice-presidente do Instituto Histórico e Geográfico Brasileiro (IHGB). Disponível em: http://cpdoc.fgv.br/sites/default/files/verbetes/primeira-republica/PINHO,%20 Wanderley.pdf. Acesso em: 06 jan. 2017.

por dispor de sólida formação e dedicação ao magistério. O parecer de Sérgio Buarque de Holanda sintetiza o pensamento dominante entre os componentes da banca examinadora para credenciar a candidata:

> Julgo que os títulos apresentados pela candidata a habilitam à livre-docência pelos motivos seguintes: 1. Possui diplomas no Brasil e no estrangeiro que autorizam plenamente aquela habilitação, inclusive, o de *Master of Arts* na Universidade de Virgínia, EUA; 2. Ocupa cargo de alta responsabilidade no ensino superior; 3. Tem trabalhos de valor reconhecidos no campo de sua especialidade; 4. Participou de trabalhos de pesquisas no Brasil e no estrangeiro patrocinados, estes, pelas Universidades de Harvard e Vanderbilt, além de realizar está junto ao *Research Center Entrepreneurial History* da Universidade de Harvard. (FFLCH, Processo 64.1.1106.8.8, 1964)

Eurípedes Simões de Paula foi o único membro da banca examinadora a levantar a questão referente à ausência do título de doutor. Em suas palavras: "É pena que não tenha ainda, seu grau de doutor, mas o título de 'mestre' obtido em tão conceituada universidade quase é equivalente" (FFLCH, Processo 64.1.1106.8.8, 1964).

Em seu parecer, Iglésias ressaltou os trabalhos publicados, nos quais a candidata "afirma sua capacidade de pesquisa e o poder de interpretação". O destaque foi dado ao livro *A luta pela industrialização do Brasil*, segundo Iglésias um dos "livros importantes da bibliografia da História Econômica do Brasil" (FFLCH, Processo 64.1.1106.8.8, 1964).

Não foi a tese de livre-docência, *A política brasileira e as pretensões dos Estados Unidos na Amazônia 1850-1855*, que notabilizou Nícia, mas o trabalho apontado por Iglésias, escrito no âmbito do debate dos fins dos anos de 1950 sobre o nacionalismo econômico, a relação entre países primário-exportadores e industriais, o problema do desenvolvimento econômico e a conquista da industrialização. É essa contribuição de Nícia à historiografia de História Econômica que vamos comentar.

Em dezembro de 1960, no prefácio do livro *A luta pela industrialização do Brasil*, o prof. João Cruz Costa[49] caracteriza o ambiente daqueles anos como justificativa para a publicação:

---

49 João Cruz Costa sugeriu a Nícia publicar os artigos da *Revista de História* em um livro, pois "seria um grande prejuízo para a compreensão de nossa história econômica" não publicar o conjunto de artigos em livro para torná-lo mais acessível a um público maior (COSTA, 1975, p. 11-13).

> No momento em que o nacionalismo econômico é, sem dúvida, o mais importante problema de nossa vida política e do qual está a depender o nosso destino, seria lamentável desconhecer quais foram, no devir da nossa história, a partir dos tempos coloniais, os nossos esforços em favor da industrialização, tema que D. Nícia Vilela Luz tão cuidadosamente estudou.
>
> [...] a Autora nos mostra diferentes etapas dessa marcha de emancipação econômica que, nos últimos cinco anos, assumiu, no governo Juscelino Kubitschek, um surto verdadeiramente extraordinário e que, por certo e apesar dos temores dos cautos e dos 'virtuosos', há de fazer de nossa terra uma grande potência. (COSTA, 1975, p. 11-12)

No prefácio da Autora, ela nos conta que o trabalho fazia parte de uma pesquisa sobre os aspectos da economia brasileira, realizada sob a orientação do *Center in Entrepreneurial History da Universidade de Harvard*, com a participação de estudiosos brasileiros e americanos.[50] Dentro da temática do projeto – Nacionalismo Econômico –, Nícia escolheu estudar um aspecto do nacionalismo econômico ligado às "reivindicações nacionalistas em prol da industrialização do país" (LUZ, 1975, p. 15). Como o projeto não se concluiu, a partir de 1957 Nícia publicou os resultados de suas investigações na *Revista de História*, a convite de Eurípedes Simões de Paula. Em 1961, os artigos publicados na revista foram reunidos no livro *A luta pela industrialização do Brasil, 1808 a 1930*.

O livro divide-se em cinco capítulos que marcam os momentos, as ideias, os personagens atuantes na defesa da industrialização e o confronto entre apoiadores e opositores da indústria. No primeiro capítulo, "O mercantilismo colonial e sua superação (1808-1880)", Nícia identifica umas das primeiras tentativas para promover a industrialização, na promulgação do alvará de 1º de abril de 1808, que concedia liberdade de indústria e revogava os entraves ao estabelecimento de fábricas que promovessem a riqueza nacional e gerassem emprego para a população que "não se acomodava à estrutura sócio-econômica vigente, estrutura que se definia, essencialmente, pelo regime escravocrata" (LUZ, 1975, p. 20). Em seguida foi editado o alvará de 28 de abril de 1809, que fornecia maior apoio às iniciativas industrializantes: isenção de direitos aduaneiros às matérias-primas, isenção de impostos de exportação para manufaturas nacionais e utilização de artigos nacionais no fardamento

---

50 Nícia foi convidada pelo prof. Stanley Stein, da Universidade de Princeton, para participar do projeto.

das tropas reais. Essas medidas tiveram vida curta, pois foram banidas de uma só penada pelo tratado de 19 de fevereiro de 1810, que conferia direitos alfandegários privilegiados às manufaturas inglesas. Por mais de 30 anos vigorou uma legislação favorável às manufaturas inglesas, frustrando as iniciativas de industrialização. Sobreviveram apenas as pequenas unidades de artesanato grosseiro, especialmente no interior do País – Bahia e Minas Gerais –, que produziam tecidos e outras mercadorias para suprir as necessidades locais, protegidas da concorrência das importações pelas dificuldades de importar e pelo isolamento imposto pela ausência de um sistema de transportes. Somente em 1844, com a tarifa Alves Branco, que elevou os direitos alfandegários, houve um alento às fábricas nacionais; entretanto, as condições econômicas já não eram as mesmas que vigoravam quando da chegada da família real. O País perdera um tempo precioso. Ampliara-se a defasagem em relação aos países industrializados, e a instabilidade das medidas protecionistas comprometeu a continuidade de um processo de desenvolvimento industrial até 1880. No segundo capítulo, Nícia situa o que denominou de o "despertar da indústria nacional" entre 1870 e 1890, quando surgiu um "movimento coletivo" até então inexistente, entre os próprios produtores de manufaturas, a favor da industrialização, contrapondo-se às elites liberais que defendiam o livre comércio. No terceiro capítulo os aspectos do pensamento nacionalista brasileiro são discutidos com base na atuação de alguns dirigentes industriais e de políticos, como Antonio Felício dos Santos, Amaro Cavalcanti, Serzedelo Correa, Aristides de Queiroz e outros. Em paralelo, Nícia estuda a reação liberal e o ruralismo presentes no pensamento e na ação de Joaquim Murtinho, Américo Werneck etc. Enfatiza a reação contrária à presença do capital estrangeiro na exploração das riquezas do subsolo, exemplificando com o caso mais famoso: o de Percival Farquhar e a empresa *Itabira Iron*. No quarto capítulo, o mais extenso e significativo, as reivindicações dos industrialistas durante a Primeira República são analisadas de acordo com fases do movimento industrialista: primeira década republicana, com o Encilhamento como um momento favorável à indústria; ofensiva protecionista do início do século XX e seu abandono, em 1907; por fim, a fase de consolidação da indústria favorecida pelas condições excepcionais surgidas pela interrupção das importações durante Grande Guerra Mundial de 1914-1918. No quinto e último capítulo, Nícia concentra-se em sistematizar a política industrial com respeito às tarifas alfandegárias, aos subsídios, ao crédito público e às oscilações cambiais para o período de 1880 a 1930. Conclui que não há uma política verdadeiramente orientada para a indústria, mas uma política tarifária errática, mais preocupada com as razões fiscais, por ser a renda alfandegária a principal renda do governo, e uma política cambial interessada em atender os interesses dos cafeicultores.

O estudo de Nícia baseou-se em uma rigorosa e volumosa pesquisa das fontes documentais: Anais da Câmara; relatórios ministeriais – Fazenda e Agricultura –, legislação, imprensa, relatórios da Associação Industrial, estatísticas etc. Além da originalidade do tema, a abordagem – sustentada nos debates da Câmara, no confronto de ideias e de dados estatísticos e na presença de políticos, industriais, capitalistas, cafeicultores que disputavam, em defesa de seus interesses – conferiu à narrativa da História Econômica vivacidade e movimento, normalmente ausentes na incipiente historiografia econômica da época.

Com respeito à historiografia econômica, a Autora cita na bibliografia o recém--lançado *Formação econômica do Brasil* (1959), de Celso Furtado; entretanto, ao longo de seu estudo, não há uma única referência à obra, sequer em nota de rodapé. Indica na bibliografia outras obras, como: *História econômica do Brasil* (1967) [primeira edição, 1945], de Caio Prado Jr., e *A evolução industrial do Brasil* (1973) [primeira edição, 1939], de Roberto Simonsen, também sem qualquer comentário. Roberto Simonsen está presente no estudo como protagonista, um novo líder do pensamento industrial brasileiro e liderança ativa no Centro das Indústrias de São Paulo, criado em 1928, e não como um estudioso da nossa História Econômica. A intenção da Autora não era fazer uma revisão da historiografia,[51] mas trazer uma contribuição à História Econômica, por meio de uma imersão nas fontes documentais de um tema candente nos anos de 1950 e 1960.

Há inúmeras contribuições de Nícia à História Econômica,[52] mas neste capítulo procuramos nos ater ao tema da industrialização.[53] Aprovada no concurso de livre-docência, Nícia tornou-se professora da cadeira HCB da FFCL/USP. Aposentou-se em 1984.

---

51 Nas notas de rodapé há referências e comentários às obras de João Frederico Normando, *Evolução econômica do Brasil* (1939), e de Stanley J. Stein, *The Brazilian cotton manufacture. Textile enterprise in an Underground area, 1850-1950* (1957).

52 Outras contribuições da Autora: a organização da coletânea de textos de Joaquim Murtinho: *Ideias econômicas de Joaquim Murtinho* (1980) e do guia da História Econômica do Brasil – Brasil – Part Four no *Latin America. A guide to Economic History 1830-1930* (1977)

53 É difícil avaliar a repercussão do estudo de Nícia, mas ele com certeza influenciou trabalhos sobre a industrialização antes de 1930. Cito o clássico estudo de Flávio Rabelo Versiani e Maria Teresa R. O. Versiani: "A industrialização brasileira antes de 1930: uma contribuição", capítulo de *Formação econômica do Brasil. A experiência da industrialização* (VERSIANI; MENDONÇA DE BARROS, 1977).

Nesse mesmo concurso, com Nícia Villela Luz foi também aprovada Emília Viotti da Costa, sobre quem trataremos a seguir.

Emília Viotti da Costa (1928)

Emília nasceu na cidade de São Paulo em 10 de fevereiro de 1928, filha de Albano da Costa e Zilda Viotti da Costa.[54] Fez curso primário na Escola Estadual Caetano de Campos. Entre 1940 e 1945, cursou o secundário no Colégio Mackenzie e no último ano transferiu-se para o Colégio Visconde de Porto Seguro.

Em 1946, encerrado o curso secundário, com apenas 18 anos, casou-se com Décio de Mattos Nogueira, natural de Campinas. Na ocasião do casamento, do registro civil constava que Emília exercia "prendas domésticas", passando a assinar Emília da Costa Nogueira. Dez anos depois foi realizado o desquite amigável do casal e Emília voltou a assinar o nome de solteira. Assim registravam os documentos apresentados para inscrição no concurso para livre-docência para a cadeira de HCB em 1964 (FFLCH, Processo n. 64.1.1106.8.8, 1964, p. 2- 3).

Em 1948, Emília ingressou no curso de Geografia e História da FFCL, licenciando-se em 1951. Nessa época o curso já não contava com os professores franceses responsáveis pelas cadeiras, como havia sido no início. Agora quase todas as cadeiras eram ocupadas por seus discípulos.[55] Enquanto cursava licenciatura, Emília foi contratada como professora de História Geral do curso secundário no Instituto Mackenzie. Entre os anos de 1951 e 1953 fez o Curso de Especialização em História Medieval, Moderna e Contemporânea oferecido pela FFCL. Ao término do curso de especialização, em 1953, prestou concurso para o magistério secundário e normal para as cadeiras de História Geral e do Brasil e de Geografia Geral e do Brasil, sendo aprovada em primeiro e em terceiro lugar, respectivamente (FFLCH, Processo n. 64.1.1106.8.8, 1964, p. 10-11).

Em 1953, Emília obteve do governo francês uma bolsa de estudos de um ano (1953-1954). Assim, sua formação acadêmica prosseguiu em Paris, onde fez três

---

54 O pai de Emília era português e veio para o Brasil com a idade de 6 anos. Quando adulto, optou pela cidadania brasileira. Era representante comercial de firmas do Norte e Nordeste em São Paulo. A mãe era de família da elite econômica e política, que perdera patrimônio, descendentes do Conselheiro Brotero. Segundo Emília, a família de sua mãe vivia das glórias do passado; como resquícios da riqueza passada, sua mãe conhecia literatura, teatro e música; era uma leitora voraz, segundo Emília (BASSETTO, 1999, p. 15).

55 Segundo Emília, à exceção de uns poucos, os discípulos "não faziam jus aos nomes ilustres que os haviam precedido" (BASSETTO, 1999, p. 16).

cursos na École Pratique des Hautes Études, VIème Section Sorbonne: Les rapports entre la Sociologie et L' Histoire, ministrado por George Gurvitch; Histoire Economique et Sociale de la France (1790-1850), ministrado por Paul Leuilliot; Histoire Economique et Sociale de la Revolution, ministrado por Ernest Labrousse. Para concluir a passagem por Paris, realizou um curso de história da pintura francesa na École du Louvre.

Na volta ao Brasil, assumiu encargos de docência em três cursos em diferentes localidades:[56] em Jundiaí, professora catedrática de História Geral e do Brasil no Instituto de Educação de Jundiaí; em Sorocaba, professora responsável pela cadeira de História da Civilização Moderna e Contemporânea da FFCL de Sorocaba; em São Paulo, professora auxiliar, sem remuneração, na cadeira de História da Civilização Moderna e Contemporânea (HCMC) na FFCL/USP, cujo catedrático era Eduardo d'Oliveira França. Somente em 1956 tornou-se professora assistente contratada da respectiva cadeira, e então começou a escrever sua tese de doutoramento. Assim permaneceu por um ano e meio, quando pediu demissão. Na entrevista concedida a Sylvia Bassetto, Emília explica o motivo de ter tomado uma decisão tão corajosa de enfrentar o catedrático e colocar em risco sua permanência na FFCL.

> O incidente que levou a essa decisão teve a ver com o nascimento de uma segunda filha. Quando anunciei que precisaria um ajustamento do horário para amamentar, o professor Oliveira França me fez um discurso dizendo que se eu pretendia ter filhos nunca seria uma intelectual. Furiosa, disse a ele que, se pretendia cercear minha vida pessoal, eu preferia me demitir. Foi o que fiz. No dia seguinte apresentei a demissão do cargo que tanto almejara. Comecei então a dar aulas num curso de Introdução aos Estudos Históricos recém-criado no Departamento e recebi, depois de algum tempo, minha indicação para a nova posição. Encerrara um capítulo importante de minha vida para começar um novo. (BASSETO, 1999, p. 21)

Emília perdeu o vínculo com a cadeira de HCMC e com qualquer outra cadeira do Departamento de História, mas continuou a ministrar aulas no Curso de Introdução aos Estudos Históricos da FFCL, independente das cadeiras. De maio de 1958 até setembro de 1960, ministrou aulas sem remuneração, pois fora contratada como

---

56 Em entrevista a Sylvia Bassetto, Emília conta que de Paris foi para Sertãozinho, a 400 km de São Paulo, para ensinar na escola estadual, mas no Memorial apresentado para inscrição no concurso de livre-docência em 1964 não há o registro (BASSETTO, 1999, p. 20; FFLCH, Processo n. 64.1.1106.8.8, p. 8-15).

professora assistente extranumerária. Sua renda vinha do emprego como professora de História Geral e do Brasil no Colégio de Aplicação da FFCL, para o qual havia prestado concurso em 1957, sendo aprovada em primeiro lugar.[57] Em outubro de 1960, finalmente, foi contratada como professora assistente do Curso de Introdução aos Estudos Históricos e dois anos depois passou a Instrutora do Curso de Metodologia Histórica, com remuneração regular. Só então parou de ministrar aulas no Colégio de Aplicação e passou a se dedicar com exclusividade à FFCL.

O próximo passo na carreira foi o concurso para livre-docência da cadeira História da Civilização Brasileira (HCB). Contratado em 1958, Sérgio Buarque de Holanda, com seu vasto conhecimento de História do Brasil e sua experiência no Museu Paulista, trouxera novas ideias, novos temas de estudos para a cadeira. Segundo Emília, quando ainda era aluna, o "setor mais fraco" da FFCL era justamente a cadeira de HCB, cujo regente, o professor Alfredo Ellis Jr., estava "bastante alquebrado" e "limitava a dar seus cursos baseados nos seus livros, que na maioria versavam sobre São Paulo" (BASSETTO, 1999, p. 17). Assim, a chegada do Dr. Sérgio e a abertura de concurso para livre-docência consolidaram e renovaram a área de estudos História do Brasil. Nícia já era docente da cadeira HCB, mas era professora em caráter precário; Emília ministrava aulas fora, no Curso de Introdução aos Estudos Históricos; a aprovação de ambas reforçou a qualidade e a diversidade do quadro de docente, consolidando a área.

Como Nícia, Emília também não possuía o título de doutor, porém a banca examinadora a qualificou para o concurso com base em sua formação profissional, em sua atuação no ensino de História nos cursos secundário e superior e em suas publicações em revistas especializadas, que atestavam a sua capacidade de pesquisa. O parecer de Sérgio Buarque de Holanda resume a posição dos membros da banca examinadora:

> Julgo que os títulos apresentados pela candidata Sra. Emília Viotti da Costa a habilitam para a livre-docência pelos motivos que passo a expor: 1. Tem formação científica no país e no estrangeiro que autorizam sua habilitação; 2. Suas atividades didáticas no ensino secundário e superior correspondem a sua formação científica; 3. Têm trabalhos

---

57 Segundo Emília, o Colégio de Aplicação da FFCL foi organizado de acordo com as orientações do filósofo norte-americano, John Dewey. Considerado "colégio-modelo", tinha por objetivo "treinar professores para desenvolver a observação e o espírito crítico dos jovens, qualidades consideradas essenciais para a democracia num mundo em mudança" (BASSETTO, 1999, p. 22).

publicados de bom nível em periódicos especializados ou não acerca de problemas de historiografia e de História; 4. Foi estagiária nos Arquivos Nacionais da França e frequentou cursos com bolsa de estudos na École Pratique des Hautes Études e na *École du Louvre*. (FFLCH, Processo n. 64.1.1106.8.8, p. 40)

Provavelmente, Emília foi a primeira orientanda de doutoramento de Sérgio Buarque de Holanda após este assumir a cátedra de HCB da FFCL. Ao iniciar sua arguição, Sérgio Buarque de Holanda (SBH) referiu-se às "características especiais" de que se revestia a sua participação na banca examinadora: na primeira fase da elaboração da tese, ela se destinava ao doutoramento, e ele havia assumido o encargo de orientador, porém, no meio do caminho, houve mudanças de rumos e a tese passou a ser destinada ao concurso de livre-docência (ANDRADA E SILVA; CASTRO, 1966, p. 275). Assim, na qualidade de orientador, SBH teve oportunidade de ler o trabalho e fazer críticas que foram prontamente incorporadas. Avaliava que o "simples fato de ter aceito a orientação do trabalho, já revela o seu reconhecimento do valor do mesmo". A crítica que SBH e outros examinadores fizeram à tese é, ao mesmo tempo, uma das suas qualidades – o "excesso de pesquisa", pois Emília deu a conhecer aos leitores, alunos, professores e pesquisadores, uma imensa massa de documentos de natureza diversa. Entretanto, o que SBH e os demais apontaram é que o excesso ou a "utilização de um processo acumulativo" acabou por obscurecer o "esqueleto, a urdidura, o entrosamento, a articulação dos diferentes aspectos" (ANDRADA E SILVA; CASTRO, 1966, p. 268, 274, 275).

De fato, a tese apresentada por Emília com o título: *Escravidão nas áreas cafeeiras: aspectos econômicos, sociais e ideológicos da desagregação do sistema de escravista* era imensa, composta por três volumes que totalizaram 1001 páginas.[58] O objetivo central do estudo é processo de desagregação do sistema escravista, mas a Autora imprime uma abordagem distinta da adotada até então pelos historiadores, que consideravam a abolição como "produto exclusivo da agitação abolicionista dentro e fora do parlamento" (COSTA, 2010, p. 26). Emília estuda os aspectos econômicos, sociais e ideológicos para explicar a abolição do trabalho escravo no Brasil, depois de uma existência de mais de três séculos. Para a análise, ela privilegia as áreas cafeeiras fluminenses, paulistas e mineiras, onde se concentrava o maior contingente de

---

58 Quando saiu a primeira edição, em 1966, com o título *Da senzala à colônia*, pela Difel, foi reduzida à metade, 499 páginas, mas comparando a mimeografada (1964) e a impressa (1966) parece que não houve grande alteração no conteúdo. Talvez, a redução tenha sido resultado da editoração.

escravos e onde se assentava a base da economia exportadora e, consequentemente, o palco das mais profundas transformações. Emília faz uma narrativa-explicativa de um processo histórico construído ao longo de quase 70 anos por elementos estruturais e conjunturais econômicos, sociais e ideológicos, que se distribuem nas três partes em que se divide a tese. Da Independência à Lei Áurea, a Autora mostra como evoluiu a economia cafeeira, a sociedade e as ideias políticas, de forma a preparar o terreno para o desenlace do sistema escravista. Ela conclui que a abolição realizada no plano político-parlamentar pelas "categorias dominantes" não se interessou em

> resolver o problema do negro, a Abolição significou apenas uma etapa jurídica na emancipação do escravo que a partir de então foi abandonado à sua própria sorte e se viu obrigado a conquistar por si sua emancipação real. [...] O negro marcado pela herança da escravidão, não estando preparado para concorrer no mercado de trabalho e tendo que enfrentar toda sorte de preconceitos, permaneceu marginalizado. (COSTA, 1966, p. 466)

A escravidão e o seu término constituíam um problema da História da sociedade brasileira, e disso decorre sua importância. O encaminhamento final dado à abolição trouxe enormes consequências para a sociedade brasileira, em termos de desigualdades sociais. Nos anos 1960, várias contribuições sobre o tema surgiram entre pesquisadores e professores da Sociologia da FFCL, liderados por Florestan Fernandes e Roger Bastide[59] que, ao estudarem a situação do negro da sociedade brasileira, propuseram estudos sobre a escravidão africana. Esses trabalhos exerceram influência no de Emília, que foi a única a estudar escravidão nas áreas da cafeicultura. Entre os trabalhos dos sociólogos estão os de Fernando Henrique Cardoso, o de Paula Beiguelman e o de Otávio Ianni.[60] Além da influência dos estudos de sociologia, a tese, no que diz respeito à abordagem das estruturas e das transformações econômicas, foi inspirada em Caio Prado Jr. (1945) e em Celso Furtado (1959).

---

59 Bastide e Fernandes realizaram, em 1955, o estudo *Relações sociais entre negros e brancos em São Paulo*. Florestan Fernandes defendeu em 1964 sua tese de cátedra da Sociologia da FFCL, intitulada *A integração do negro à sociedade de classes*. Florestan foi pioneiro na crítica ao mito da democracia racial no Brasil (COSTA, 2015, p. 196).

60 Paula Beiguelman defendeu a tese *Teoria e ação no pensamento abolicionista* em 1961; Otávio Ianni defendeu no ano seguinte a tese intitulada *As metamorfoses do escravo* e, no mesmo ano, Fernando Henrique Cardoso defendeu a tese *Capitalismo e escravidão. O negro na sociedade do Rio Grande do Sul*.

Emília tornou-se professora contratada na cadeira de HCB em 1964. Permaneceu por parcos cinco anos: em 1969 foi expulsa ou aposentada compulsoriamente da Universidade de São Paulo pela ditadura militar por meio do AI- 5, o mesmo ato institucional que expulsou Eulália Lobo, Maria Yedda Linhares, Evaristo de Morais Filho, Manoel Maurício, Darcy Ribeiro, Hugo Weiss, Guy José P. Holanda e outros da FNFi da Universidade Nacional do Brasil. No grupo de professores da FFCL/USP atingidos pela AI-5 estavam Florestan Fernandes, Paula Beiguelman, Fernando Henrique Cardoso, João Cruz Costa e Caio Prado Jr. que, mesmo não sendo professor da universidade, foi aposentado compulsoriamente.

Emília, em entrevista por ocasião da entrega do título de Professora Emérita da Universidade de São Paulo, diz considerar que "o período que se iniciou quando consegui abandonar o ensino secundário para me dedicar exclusivamente à Universidade até a minha aposentadoria em 1969 foi provavelmente o mais fecundo de toda a minha vida" (BASSETTO, 1999, p. 23).

O AI-5 levou Emília a trabalhar nas universidades norte-americanas. Foi professora na Universidade de Tulane (1970-1971); na Universidade de Illinois (1972); e na Universidade de Yale iniciou, em 1973, como professora de História da América e se aposentou em 2002. Recebeu o título de Professora Emérita também desta universidade.

Emília continuou seus estudos sobre escravidão, reafirmando a análise estrutural econômica, social e política desenvolvida na sua tese *Escravidão nas áreas cafeeiras: aspectos econômicos, sociais e ideológicos da desagregação do sistema de escravista* de 1964, e inovando para tratar da rebelião escrava em *Coroas de glória, lágrimas de sangue. A rebelião dos escravos de Demerara em 1823*, de 1998, cuja abordagem combina, segundo Marquese e Salles (2016, p. 126), - "a análise estrutural e processual com as ações dos agentes históricos", escravos, senhores e missionários.

Economia Açucareira Paulista – Maria Thereza e Suely

Maria Thereza Schorer Petrone (1929)

Nascida em São Paulo em 26 de dezembro de 1929, quase três meses depois do *crack* da Bolsa de Nova York, Maria Thereza era filha de Franz e Maria Theresia Schorer. Ambos de origem alemã, Franz migrou para o Brasil em 1921 e Theresia em 1923, depois de casados. Francisco (Frank adotou o nome brasileiro) dedicou sua vida ao ensino na Escola Alemã de Vila Mariana,[61] onde se aposentou depois de 44 anos de trabalho como professor e diretor. Maria Thereza foi a primeira filha e teve o alemão como primeira língua (PETRONE, 2014).

Maria Thereza fez o primário na escola onde o pai lecionava. O ginásio e o colegial no Colégio Bandeirantes. Ingressou no curso de Geografia e História, na Faculdade de Filosofia, Ciências e Letras da USP, e concluiu a licenciatura em 1953. No ano seguinte, concluiu o Curso de Especialização em História, ministrado na FFCL/USP. No mesmo ano foi aprovada no concurso de ingresso ao magistério secundário e normal oficial do Estado de São Paulo. Porém uma bolsa de estudos, concedida pelo Serviço Alemão de Intercâmbio Acadêmico (D.A.A.D.) para o período de novembro de 1954 a outubro de 1955, adiou seu ingresso na rede pública estadual. Na Universidade de Munique, Maria Thereza realizou estudos de História da Arte, História Antiga e Medieval, História Moderna e de Arqueologia e Paleografia. Na volta assumiu a cátedra de História no Ginásio Estadual de Tambaú.[62]

O ano de 1957 foi de mudança na vida de Maria Thereza. Casou-se com Pasquale Petrone, professor do curso de Geografia (PETRONE, 1994) e ingressou como auxiliar de ensino na cadeira de História da Civilização Brasileira (HCB) do curso de História da FFCL/USP. Seu ingresso na docência foi marcado pela publicação do artigo: "Notas para o estudo das relações dos banqueiros alemães com o empreendimento colonial dos países ibéricos na América no século XVI" na *Revista de História*[63] (SCHORER, 1957). No artigo, Maria Thereza aborda um tema pouco explorado pelos historiadores e muito importante para a compreensão do processo de colonização da América Latina e do capitalismo comercial-financeiro dos séculos XV e XVI, a participação dos banqueiros do sul da Alemanha, em especial das famílias Fugger e Welser, nos empreendimentos coloniais portugueses e espanhóis. A Autora analisa a trajetória dos negócios dessas famílias, de forma a mostrar a diversificação dos interesses e a imbricação do comércio com os negócios financeiros. Compunham os negócios econômicos dos Fugger e Welser: o financiamento dos reis, representantes de impérios coloniais; a operação de monopólios e de privilégios

---

61 Por causa da entrada do Brasil na guerra em 1942, a escola passou a se chamar Ginásio Benjamin Constant (PETRONE, 2014, p. 112).

62 O município de Tambaú foi desmembrado de Casa Branca em 1898. Distante 260 km da capital, faz parte da região de Ribeirão Preto. Ver Curriculum Vitae de Maria Thereza Schorer Petrone (1972).

63 No artigo há uma extensa bibliografia, em alemão, de História Econômica referente à economia colonial dos séculos XV e XVI. Maria Thereza ainda não era casada e utilizava o sobrenome de solteira.

comerciais; o tráfico de escravos; o estabelecimento de inúmeras feitorias no Mundo Novo; o financiamento da produção e a comercialização do açúcar; o monopólio da exploração das minas de mercúrio etc. Fugger e Welser e outros banqueiros do sul da Alemanha contribuíram para implantar e fortalecer um vasto sistema de crédito por toda a Europa e pelo mundo colonial (SCHORER, 1957, p. 276-277). O tema do artigo evidencia a escolha feita pela jovem professora pela área de pesquisa em História Econômica.

Seu ingresso na FFCL coincidiu com a mudança na cátedra de História da Civilização Brasileira (HCB). Em 1958, em decorrência da aposentadoria do professor Alfredo Ellis Jr., Sérgio Buarque de Holanda (SBH) assumiu a cátedra, por meio do concurso no qual defendeu a tese *Visão do Paraíso. Os motivos edênicos no descobrimento e colonização do Brasil*.[64] Como catedrático, SBH pôde reorganizar o conteúdo programático e a bibliografia disponível da cadeira.[65] Assim, Myriam Ellis tornou-se professora assistente e Maria Thereza Petrone, professora auxiliar de ensino do novo catedrático, segundo o *Anuário* de 1959 (SANCHES, 2011, p. 245).

Uma importante mudança implementada por SBH na cadeira de HCB foi o incentivo à formação de pesquisadores. De certo modo, SBH pôs em prática a experiência de pesquisa documental em arquivos entre os estudantes de História e também entre seus assistentes e auxiliares. Assim, o curso oferecia nova perspectiva: preparava os alunos não somente para o exercício do magistério, mas também para serem pesquisadores, criando alternativas no campo de atuação dos jovens egressos. Além disso, SBH abriu espaço para a participação feminina. Provavelmente HCB era

---

[64] Sérgio Buarque de Holanda era bacharel em Ciências Jurídicas e Sociais pela Faculdade Nacional de Direito da Universidade do Brasil (1925). Foi professor adjunto de História Moderna e Econômica e da Civilização Luso-Brasileira da Faculdade de Filosofia e Letras da Universidade do Distrito Federal até a extinção dessa em 1939. Professor de História Econômica do Brasil da Escola de Sociologia e Política, de 1956 a1958. Professor de História do Brasil da Faculdade de Filosofia, Ciências e Letras da Universidade de Sorocaba. Docente de Estudos Brasileiros da *Universitá degli Studi*, de Roma. Diretor do Museu Paulista (1946-1958). Mestre em Ciências Sociais pela Escola de Sociologia e Política de São Paulo. Regente interino da Cadeira de História da Civilização Brasileira da Faculdade de Filosofia, Ciências e Letras da Universidade de São Paulo (de outubro de 1956 a dezembro de 1958). Professor Catedrático da Cadeira de História da Civilização Brasileira da Faculdade de Filosofia, Ciências e Letras da Universidade de São Paulo (1958-1969). Aposentou-se em 1969, em protesto contra a aposentadoria compulsória de colegas pelo AI - 5 (ELLIS, 1959, p. 493-495).

[65] O programa foi estabelecido por ano do curso de graduação: História da Civilização Brasileira só começava no segundo ano do curso: 2.º ano - "A mineração no Brasil Colonial"; 3.º ano - "Da conciliação à Guerra do Paraguai"; 4.º ano - "Monções". O curso de História do Brasil para o curso de Geografia ficou a cargo do Licenciado Odilon Nogueira de Mattos. Essa composição temática dos cursos da cadeira de História da Civilização Brasileira durou até 1961 (SANCHES, 2011, p. 245).

a cadeira que reunia o maior número de professoras: Myriam, Maria Thereza, Nícia, Emília e, mais tarde, Suely e Maria Odila.

Afora a responsabilidade de preparar e ministrar aulas, Maria Thereza iniciou sua tese de doutoramento. Entre 1962 e 1963 recebeu uma das primeiras bolsas de pesquisa da Fundação de Amparo à Pesquisa do Estado de São Paulo, FAPESP, para desenvolver a pesquisa do doutorado sob a orientação de SBH. O tema, a lavoura canavieira em São Paulo, foi sugerido pelo orientador.

Dois episódios marcaram a escolha do tema da tese de doutoramento. Um primeiro tema sugerido por SBH foi o estudo dos negócios de Antonio da Silva Prado, comerciante de gado e grande capitalista atuante nas sociedades paulista e do sul do País. A sugestão do tema apoiava-se na existência de uma impressionante coleção de documentos inéditos de que SBH havia tomado conhecimento por volta de 1952 ou 1953. Como diretor do Museu Paulista, SBH teve contato direto com o acervo composto por correspondência comercial, diários, contas-correntes, escrituração contábil, copiador de cartas expedidas, borradores etc. Logo iniciou conversações com Jorge Pacheco Chaves, descendente de Antonio da Silva Prado, proprietário da coleção. A ideia era, segundo SBH, "facilitar-se de algum modo o acesso dos nossos estudiosos de história econômica a um documentário talvez único no Brasil como o são os papéis do barão de Iguape" (HOLANDA, 1976, p. XII). Para concretizar o propósito, foi pensada a publicação do conjunto documental pelo Museu Paulista. Logo a ideia foi abandonada, por ser completamente inviável, dadas as dimensões do acervo: 30 grandes volumes guardavam os registros das atividades do grande capitalista durante o período de 1810 a 1875.[66]

Anos mais tarde, em 1961, o interesse de Maria Thereza pelos estudos de história empresarial, inspirados no grupo de pesquisadores do *Research Center in Entrepreneurial History*,[67] de Harvard, avivou aquela documentação na lembrança de SBH. Como ele conta:

---

[66] SBH comenta que a frustrante repercussão da publicação, pelo Ministério da Fazenda, da correspondência comercial de um comerciante português do século XVIII, organizada por Luís Lisanti e intitulada *Negócios Coloniais*, levou o Museu Paulista a desistir da empreitada (HOLANDA, 1976, p. XII).

[67] O grupo foi financiado pela Fundação Rockefeller e inaugurado por Joseph Schumpeter e Arthur Cole em 1948. A eles se juntaram outros historiadores econômicos, como Alfred D. Chandler Jr., David Landes, Douglass North, entre outros (McGRAW, 1998, p. 13-15). Nícia Villela Luz participou do grupo como nós já comentamos.

> A curiosidade e a capacidade reveladas por minha auxiliar para os estudos de história econômica que iniciou em São Paulo e desenvolveu em Munique, pareciam proporcionar bom meio de utilização dos papéis do barão na sua tese de doutoramento que devia preparar. Tanto mais quanto me cabia, por dever de ofício, orientá-la nessa etapa de sua carreira universitária. (HOLANDA, 1976, p. XIII)

Maria Thereza aceitou o desafio de enfrentar as 30 caixas de grandes dimensões! Entretanto, um novo obstáculo surgiu de forma imponderável, e o projeto teve de ser abandonado, pelo menos temporariamente.[68] O dono do acervo documental do Barão de Iguape legara-o em testamento ao Instituto Histórico e Geográfico de S. Paulo, e as formalidades do processo de inventário, ainda em curso, impediam a consulta ao material. Assim, outro tema teve de ser buscado.

Um segundo problema surgiu na definição do tema *A lavoura canavieira de São Paulo (1765-1851)*. SBH havia sugerido a sua orientanda de pesquisa, Suely Robles Reis de Queiroz, recém-licenciada em História, a elaboração de uma monografia sobre o açúcar em São Paulo, pois o assunto era muito pouco investigado pelos historiadores, ofuscado pela grandiosidade do café. Quando as orientandas e o orientador se deram conta, estavam com projetos de pesquisas sobre o mesmo tema. A solução encontrada por SBH foi separar a temática no tempo, propondo periodizações distintas para as orientandas: Suely abordaria o período vicentino até a grande lavoura açucareira instalada no famoso "quadrilátero do açúcar", por volta dos fins do século XVIII e início do XIX; Maria Thereza abordaria desde os primeiros estímulos à produção açucareira, vindos com a chegada do Morgado de Mateus (1765), a consolidação da grande lavoura açucareira em Itu, Campinas, Porto Feliz, Piracicaba e outras localidades, até os anos de transição para a economia cafeeira (1851).[69] Essa solução levou à formação de um grande "projeto açucareiro" para São Paulo; uniram-se esforços das duas orientandas e do orientador para conhecer a cultura canavieira e os engenhos de São Paulo desde a primeira aparição por volta de 1531-1532; o abandono em torno de 1590; o ressurgimento, como produto de exportação para Portugal, após dois séculos; a ascensão nos anos de 1815 e 1820; e, por fim, novamente o declínio na década de 1850, sendo substituído pelo café.

---

68 Em 1968, Maria Thereza retomou o tema, para desenvolver sua tese de livre-docência. O trabalho foi publicado em 1976, com o nome *O Barão de Iguape* (PETRONE, 1968, 1969).
69 Agradeço imensamente a Suely Robles Reis de Queiroz por sua generosidade em compartilhar a história da definição de temas de pesquisa das alunas do Dr. Sérgio.

Em 18 de agosto de 1964 a tese *A lavoura canavieira em São Paulo* foi apresentada à banca examinadora, composta pelos professores Wanderley Pinho, Alice Canabrava, Eduardo d'Oliveira França, Eurípedes Simões de Paula e Sérgio Buarque de Holanda. Na versão apresentada em 1964 havia um apêndice, baseado em documentos particulares do Barão de Iguape, que permitem conhecer aspectos da vida de um comerciante de açúcar. Duas pinturas de engenhos, *Engenho d'Água em Vila Bela* e *Engenho São Matias*, ilustravam a tese, além de numerosas tabelas cuidadosamente construídas com base nas diversas fontes consultadas, contendo número de engenhos, produção de açúcar e aguardente nas várias regiões produtoras, número de propriedades em relação às áreas, mercados consumidores de açúcar e café e procedência do açúcar exportado via Santos. Enfim, Maria Thereza reuniu em seu trabalho de doutoramento informações que estavam dispersas por várias fontes e nunca antes haviam sido estudadas e sistematizadas.

Na *Revista de História* do primeiro trimestre de 1965, subsequente à defesa da tese, Emília Viotti da Costa transcreveu as arguições da banca e as respostas da candidata. Ao final, concluiu: "A riqueza da documentação e o bom aproveitamento do material conferem inegável valor científico ao trabalho que representa uma valiosa contribuição para a história econômica e social do Brasil" (COSTA, 1965, p. 242).

Em 1968, quando da publicação da tese de doutoramento de Maria Thereza, SBH ressaltava que o estudo cumpria a importante tarefa de chamar a atenção dos historiadores para a existência de uma lacuna imensa na história econômica e social de São Paulo – a ausência de estudos sobre o desenvolvimento da lavoura canavieira dos fins do século XVIII a meados do século XIX. Confirmava o orientador o ineditismo do estudo:

> [...] poucos sabem que a indústria açucareira representou, no período citado, um dos poderosos esteios econômicos da capitania, depois província, só rivalizando talvez com a atividade das tropas e tropeiros que abasteciam muares e bovinos, trazidos do sul e negociados nas feiras anuais de Sorocaba. (HOLANDA, 1968)

A economia açucareira desenvolvida nas terras paulistas nunca atingiu as dimensões da nordestina ou, mesmo, da do Rio de Janeiro, mas exerceu um papel fundamental, pois foi a primeira cultura comercial estabelecida em grande escala e com base no trabalho escravo em São Paulo. Além disso, e não menos importante, criou uma estrutura agrária e mobilizou capitais que sustentaram outras fontes de riqueza e a transição para a economia cafeeira.

A obra de Maria Thereza foi pioneira e implicou a realização de uma pesquisa inédita e profunda, pois a pesquisadora se viu privada do apoio de estudos prévios que abreviassem seu esforço de buscar fontes documentais sobre o açúcar no período examinado. O ano inicial de 1765 antecede em quase 30 anos o começo da cultura canavieira em grande escala. Não é, portanto, um marco econômico da cultura comercial exportadora açucareira, mas um ponto de partida político, como enfatiza SBH: marca a chegada de Morgado Mateus para governar a recém-restaurada Capitania de São Paulo. Quanto ao término do período estudado, o ano de 1851 marca o declínio da economia açucareira e a ascensão do café, cujas exportações excederam as do açúcar a partir dos anos de 1850.

Em 1968, o orientador, Dr. Sérgio, como suas orientandas o chamavam, considerou o trabalho pioneiro. Ainda hoje podemos dizer, sem exagero, que o estudo de Maria Thereza não foi superado. Ele se tornou uma referência obrigatória para todos os estudiosos da história da economia açucareira paulista e não apenas para os que se dedicam especificamente ao estudo do açúcar, mas para todos que estudam as economias e as sociedades paulista e brasileira do século XIX.

A obra *A lavoura canavieira em São Paulo: expansão e declínio (1765-1851)* está dividida em 8 capítulos, além da apresentação e da conclusão; neles a Autora percorre o tema das origens da cultura da cana-de-açúcar, em seu segundo surgimento, a partir dos fins do século XVIII até seu declínio, 60 anos depois. O capítulo I caracteriza a capitania no tempo da cana-de-açúcar e das engenhocas, que produziam mais aguardente do que açúcar para consumo interno, mostrando que a lavoura de cana não havia desaparecido completamente, embora tivesse sofrido uma redução expressiva. O capítulo II mostra a inserção do açúcar no mercado mundial, recorrendo ao aumento das lavouras e das fábricas de açúcar nas áreas do litoral e da "Serra Acima", sendo essa última dividida entre as regiões situadas no caminho para o Rio de Janeiro (Vale do Paraíba) e no "quadrilátero do açúcar", cujas pontas são Sorocaba, Piracicaba, Mogi Guaçu e Jundiaí. No capítulo III, Maria Thereza desce do plano macroeconômico para o microeconômico e faz uma pormenorizada descrição da origem e da organização da fazenda de cana-de-açúcar, ressaltando as formas de aquisição das terras (sesmarias, herança, posse, compra), o tamanho da propriedade, o ciclo agrícola da cana, a necessidade de matas, pastos e águas. No capítulo IV, a análise volta-se para o trabalho na lavoura, as técnicas empregadas no cultivo, os instrumentos agrícolas (arado, machado, foice, enxada), as queimadas, os tipos de cana (crioula, caiena), o solo etc. O capítulo V analisa a fábrica do açúcar, o engenho, descrevendo os processos de fabricação do açúcar e da aguardente e o rendimento médio de um engenho paulista. Após a caracterização geral da lavoura e do engenho, o capítulo VI estuda a mão de obra escrava e seu desempenho produtivo e a relação de tensão constante entre os senhores e seus escravos: as insurreições escravas. O capítulo VII aborda a presença de gente livre na fazenda de cana, a atuação do senhor de engenho e os privilégios econômicos alcançados. Por fim, o último capítulo explica o processo de comercialização, o mercado, o transporte, as estradas, as tropas e os ranchos e a política de exportação.

A bibliografia sobre o tema, como o orientador e a orientanda enfatizaram, era praticamente ausente. Não existiam obras historiográficas sobre o açúcar como havia sobre as bandeiras e o café.[70] Assim, a Autora teve que recorrer às fontes documentais primárias, manuscritas e impressas, para poder mostrar como a lavoura de cana contribuiu para o desenvolvimento econômico de São Paulo; "como a cultura da cana é responsável pela transformação da agricultura que deixa de ser predominantemente de subsistência para adquirir características comerciais" (PETRONE, 1968, p. 7); como engendrou o sistema de transporte, ligando o interior, a área produtora, ao porto de Santos; como integrou São Paulo ao mercado mundial, passando a ser participante do comércio com a Europa. Em 1751 afirmava-se que a "Capitania de São Paulo"... "não dava para o comercio da Europa huma só arroba de assucar, nem outro algum effeito" (PETRONE, 1968a, p. 9). De fato, São Paulo manteve-se alheio ao movimento exportador, com poucas e esparsas vendas para o mercado externo, as quais aconteceram somente após a chegada do Morgado de Mateus em 1765. Por fim, a Autora mostra que a economia açucareira "preparou a infraestrutura econômica que facilitou a rápida propagação dos cafezais no planalto" (PETRONE, 1968a, p. 7-8.) paulista, corroborando as afirmações dos historiadores, Alfredo Ellis Júnior e Afonso d' Escragnolle Taunay, que reconheciam o vínculo entre açúcar e café, mas não o estudaram em profundidade.

---

[70] A bibliografia era mais abundante sobre o açúcar para outras regiões, como Rio de Janeiro e Nordeste do Brasil. Um dos poucos trabalhos sobre São Paulo era o de Alfredo Ellis Júnior, que criou, em sua obra *A economia Paulista no século XVIII*, o Ciclo do Açúcar, situado temporalmente entre o fim da Mineração e o início do Ciclo do Café. Do mesmo modo, Afonso D' E. Taunay, em sua obra *História do café*, já havia constatado a importância da cultura da cana-de-açúcar para o desenvolvimento da economia cafeeira paulista, sem, no entanto, promover seu estudo.

Entre as fontes consultadas por Maria Thereza, ressaltamos a correspondência de Morgado de Mateus, em especial com o Marques de Lavradio; a *Memória econômica e política da Capitania de São Paulo*, escrita pelo capitão general e governador, Antonio Manoel de Melo Castro e Mendonça (1797 a 1802); os maços de população, registro da população existente na capitania, iniciativa do Morgado de Mateus para efeitos mais de realizar o recrutamento para as guerras contra os espanhóis; os bandos e as correspondências dos governadores Bernardo José Lorena e Antonio José de França e Horta; e as memórias, os relatos e as descrições de viajantes, cronistas etc.

Essas fontes foram exaustivamente utilizadas e sistematizadas para retratar a transição da economia paulista para uma economia comercial voltada para atender à crescente demanda por açúcar pelo mercado europeu, após a eliminação de São Domingos do mercado. Cada governador estabelecia determinações de acordo com as conjunturas, mas visando ao constante ingresso da produção – principalmente o açúcar – no mercado exportador. Para isso, a queixa de França e Horta (1802-1811), referente à comercialização de escravos, era tão importante. O governador reivindicava permissão para importar diretamente escravos da África, a fim de que a capitania tomasse a si o abastecimento do mercado, sem os intermediários dos portos do Rio de Janeiro e da Bahia, e, em seguida, solicitasse a isenção de direitos para a importação de escravos adquiridos pelos paulistas para os trabalhos na lavoura canavieira e na produção de açúcar.

No acompanhamento das fontes documentais, Maria Thereza percebe que elas vão paulatinamente abandonando a narrativa pessimista – pobreza, atraso e preguiça da população da capitania –, para ganhar a perspectiva otimista: fecundidade do solo, variedade e riqueza das produções, principalmente a partir segunda década do século XIX. Diz a Autora: "As palavras decadência e preguiça, tão comuns até o fim do século XVIII, vão desaparecendo, pois as condições econômicas se modificaram" (PETRONE, 1968 a, p. 21).

A segunda década do século XIX marca a entrada de São Paulo definitivamente no modo de vida baseado na produção agrícola exportadora: primeiro, a lavoura de cana-de-açúcar e os engenhos e, depois de 1850, as grandes fazendas de café. Ambos, açúcar e café, a seu tempo e a seu modo, trouxeram o aumento da população, o crescimento da população escrava, o acúmulo da riqueza e do capital, a melhoria das estradas e do porto de Santos e a diversificação das atividades comerciais e financeiras.

O orientador, ao final da defesa da tese, afirma que o trabalho tem cunho monográfico e seguiu os moldes dos americanos: "lembrando até certo ponto o que fez Stanley Stein para Vassouras" (COSTA, 1965, p. 249). Encerra, salientando "[...] o caráter pioneiro do trabalho, o que permite desculpar as insuficiências e admirar o que existe de positivo nele. Termina frisando a importância das pesquisas de História local fundamentadas em fontes primárias".

Com o título de doutora em História, Maria Thereza passou a ocupar o cargo de professora assistente doutor na FFCL. Em 1971 prestou concurso para obtenção do título de livre-docente, na Faculdade de Filosofia Letras e Ciências Humanas (FFLCH), com a tese *O comércio e tributação de gado na Província de São Paulo segundo documentação particular de Antonio da Silva Prado (1818-1830)*.

A tese de livre-docência significou a retomada do antigo projeto de pesquisa para o doutorado, anteriormente impedido de ser levado a cabo. Finalmente, o acesso aos papéis do Barão de Iguape (27 volumes de documentação manuscrita, de aproximadamente 300 a 400 páginas cada um) foi liberado. E pôde ser definido o objeto de investigação – estudar a atuação de Antonio da Silva Prado no comércio e na arrecadação de tributos sobre o gado que passava pela feira de Sorocaba, vindo do sul do País.[71] O volume e a diversificação dos negócios do comerciante Antonio da Silva Prado (ASP) (1788-1875) o tornaram um dos principais capitalistas da capitania e, depois, da província de São Paulo, entre 1818 e 1875. Segundo a Autora, o estudo explora:

> [...] as iniciativas de um indivíduo, no caso, Antonio da Silva Prado, frente a uma conjuntura favorável às atividades que escolheu - o comércio de muares e bovinos e a arrecadação de impostos sobre gado -, conjuntura essa determinada por um mercado consumidor de animais de corte e de carga em franca expansão. (PETRONE, 1976, p. 2)

Para Maria Thereza, sua pesquisa encontra-se no campo da História Econômica; portanto, tem de levar em conta a influência, sobre o sucesso ou não do indivíduo, de diversas forças, como: "fatores geográficos, técnicas, condições demográficas, leis econômicas, desenvolvimento e formação de preços, enfim, as estruturas e a conjuntura" (PETRONE, 1976, p. 2). Ao longo dos sete capítulos (excluídas a

---

[71] Maria Thereza já havia escrito sobre as regiões brasileiras voltadas para a criação de gado no período colonial: o sertão nordestino e as campanhas do Sul, utilizando parte da documentação do Barão de Iguape (PETRONE, 1960).

introdução – primeiro capítulo – e as conclusões, nono capítulo), interpenetram-se o "geral" e o "particular". As características dos negócios de ASP, extraídas dos registros de diversos tipos de documentos (correspondências, contas-correntes e livros diários), emprestam concretude ao movimento geral do mercado.

Com a abertura do caminho terrestre para o sul do País, nos anos de 1730, as ligações comerciais entre o Sul e o resto do Brasil tornaram-se mais intensas. Entretanto, a historiografia deu pouca importância para esse fato, e poucos estudos aprofundaram o movimento de integração comercial entre as regiões. Novamente, o trabalho de Maria Thereza encaixa-se na categoria dos pioneiros, pois inexistiam estudos sobre pecuária, criação de muares, comércio de gado e tributação do gado, nas feiras e no registro de Sorocaba, e seu papel na vida econômica brasileira do século XIX. Os registros particulares de ASP ajudaram a desvendar a história social e econômica de São Paulo, como também a do centro-sul do País, o que dificilmente poderia ser feito de outro modo, devido à ausência de registros oficiais. O capítulo II trata do início das atividades econômicas de ASP. Ainda no século XVIII teve início sua carreira comercial em Mato Grosso, Goiás e, em especial, no sertão baiano, em Caitité. Foi ali que amealhou capitais com o comércio de algodão, adquirido no sertão e vendido em Salvador, e com um armazém de secos e molhados, o qual fornecia armarinhos, tabaco, açúcar, vinhos, pregos etc. Quando retornou a sua terra natal, São Paulo, com a expansão da economia açucareira (1818), empregou o capital acumulado em novos negócios, que o tornaram um dos homens mais ricos da província. O capítulo III aborda a criação de gado no Sul, o seu deslocamento para São Paulo e sua distribuição entre as atividades econômicas do centro do País. O capítulo seguinte trata da comercialização, propriamente dita, nas feiras anuais de Sorocaba, e da arrematação dos impostos sobre o gado. O capítulo V analisa a redistribuição de bovinos e muares para o mercado consumidor: as estradas, a marcha, as invernadas, as tropas, os tropeiros. No capítulo VI, a análise volta-se para o mercado consumidor urbano do Rio de Janeiro – mercado de carne verde; em seguida, trata do mercado de bestas e do transporte de cargas e, em especial, do transporte de produtos agrícolas de exportação. Os últimos capítulos, VII e VIII, concentram-se no estudo da atividade de ASP como coletor de impostos sobre gado; descrevem o sistema de arrecadação de impostos, o problema do meio circulante, a precariedade do sistema monetário desde a criação do Banco do Brasil, em 1808, as emissões descontroladas para cobrir as necessidades do governo de D. João VI e de D. Pedro I, até a dissolução do primeiro Banco do Brasil em 1829.

Comenta Américo Jacobina Lacombe no livro *O Barão de Iguape* (1976, orelha), que o estudo não é uma "biografia do patriarca dos Prado", mas "um estudo monográfico de história econômica, da formação de um dos grandes patrimônios do país".[72] Para construir a narrativa, Maria Thereza percorreu a história do abastecimento rural e urbano, da política tributária, da arrematação privada dos serviços de cobrança de impostos para o erário público, da circulação e comercialização de mercadorias e da integração comercial da região sul com o centro do País por meio de tropas e tropeiros.

Outras contribuições à história econômica do Brasil foram escritas por Maria Thereza. Citamos o livro *Imigrante e a pequena propriedade* (1982) (SZMRECSÁNYI, 1998), que reuniu alguns resultados de dois outros capítulos publicados na coleção *História Geral da Civilização Brasileira* (1967 e 1977).[73] Mais dois artigos integram seus escritos na área de História Econômica: "Considerações sobre a tributação do açúcar e da aguardente paulistas (1765-1851)" de (1968b) e "Um comentário sobre um documento sobre ranchos nas estradas paulistas nos fins do século XVII" (1969b). Ambos foram publicados, respectivamente, nos números 5 e 6, de 1968 e 1969, da *Revista do Instituto de Estudos Brasileiros*.

Suely Robles Reis de Queiroz (1931)

Suely nasceu em Nova Iguaçu, estado do Rio de Janeiro, em 5 de agosto de 1931, filha de Edilberto Ferreira dos Santos Reis e Dolores Robles Reis. Aos 4 anos veio para São Paulo, pois seu pai, funcionário da Estrada de Ferro Central do Brasil, foi transferido para o escritório da capital paulista.[74]

Suely cursou o primário e o secundário no Instituto de Educação "Padre Anchieta",[75] no Brás, antiga Escola Feminina do Brás, onde se formou normalista em 1949/1950. No ano seguinte, ingressou no curso de Aperfeiçoamento de Professores

---

72 O processo de acumulação de capital por ASP foi complementado pela sua atuação no comércio de açúcar, já mencionado, que foi estudado por Maria Thereza Schorer Petrone nos artigos publicados na *Revista de História*, n. 73, 1968; n. 76, 1968; e n. 79, 1969a, com o título: "Um comerciante do ciclo do açúcar paulista: Antonio da Silva Prado, 1817-1829".

73 Neste balanço sobre a contribuição da historiadora à História Econômica, vamo-nos ater aos comentários sobre os trabalhos de dissertações e teses defendidos para a obtenção de títulos acadêmicos.

74 Agradecemos à Prof.ª Suely Robles Reis de Queiroz pela entrevista-conversa concedida em São Paulo em 20 de junho de 2016. A narrativa aqui apresentada baseia-se naquela entrevista.

75 O Instituto de Educação Padre Anchieta era considerado uma das melhores escolas da capital, com o Instituto de Educação "Caetano de Campos".

Normalistas, com duração de um ano, no Instituto de Educação "Caetano de Campos". Prosseguiu seus estudos no "Caetano de Campos", onde frequentou, por dois anos, o curso de Administradores Escolares entre 1952 e 1953. Aprovada no concurso para ingresso no magistério de 1º grau, em 1952, tornou-se professora primária efetiva, trabalhando na alfabetização de crianças e de adultos em escolas estaduais da capital. Assim, a carreira de Suely encaminhava-se para atuar no ensino de 1º grau, quando mudou de rumo: sua irmã, que se preparava para fazer o vestibular, convenceu-a a também prestar o concurso, assim, ambas estudariam juntas; e Suely realizaria o desejo de continuar os estudos. Inscreveu-se no vestibular do curso de História da FFCL da USP.

Vencido o vestibular e obtida a licença da escola onde lecionava, por meio do comissionamento, Suely pôde cursar a graduação de História, com garantia da manutenção do emprego e da remuneração. Era o ano de 1958. Sua entrada no curso de História coincidiu com o ingresso, também, do professor Sérgio Buarque de Holanda, como catedrático da cadeira HCB. Essa coincidência tem razão de ser mencionada, pois, mais tarde, o Dr. Sérgio exerceria grande influência na carreira da ex-aluna. Terminado o curso de licenciatura em História, Suely retornou à escola de 1º grau e à alfabetização de crianças. Em 1961, inscreveu-se no concurso para ingresso no magistério estadual de 2º grau. Aprovada, enquanto esperava ser chamada, continuava como professora primária.[76]

Nessa época, Suely, que se casara com João Pires de Queiroz, em 1953, já tinha três filhos, e a vida seguia a rotina comum das famílias de classe média paulistana: cuidados dos filhos em idade escolar, da casa e das atividades profissionais.

Uma nova mudança alterou sua trajetória profissional. Suely recebeu o convite do seu antigo professor, Dr. Sérgio, para desenvolver um projeto com bolsa de pesquisa da Fundação de Amparo à Pesquisa do Estado de São Paulo, FAPESP, a primeira bolsa de pesquisa para alunos licenciados em História. Corria o ano de 1962. Alguns dias foram necessários para a ex-aluna tomar a decisão. Não foi fácil, pois pesava a responsabilidade e uma boa dose de insegurança em frustrar a expectativa do mestre, que admirava e respeitava. Finalmente, Suely aceitou a bolsa de pesquisa para desenvolver seu projeto de mestrado sob a orientação do Dr. Sérgio.

---

76 Somente em 1964 foi chamada para lecionar como professora de História Geral e do Brasil no Ginásio Estadual de Piracaia (1964) e no Colégio Estadual Stefan Zweig (1965-1968).

Quando Suely iniciou seu projeto de pesquisa, não havia regulamentação da pós-graduação;[77] entretanto, ela cumpriu rigorosamente o programa estabelecido pelo orientador. José Sebastião Witter, em suas lembranças dos tempos do Dr. Sérgio na FFCL, afirma que o professor foi o único no Departamento de História da FFCL a exigir trabalho de mestrado para realizar o doutorado antes da regulamentação da pós-graduação.

> Sérgio Buarque de Holanda foi o único que, antes das regulamentações oficiais exigirem, somente assinava esse diploma depois de os estudantes escreverem uma monografia de Mestrado. O Mestrado e o Doutorado somente seriam regulamentados muito depois e burocratizados a partir de 1972. Outro pormenor de que muito poucos deverão se lembrar, mas seus assistentes jamais esquecerão, é que ele exigia que todos fizessem a monografia de mestrado antes de se candidatarem ao doutoramento. Mais de uma vez ouvi o Dr. Sérgio dizer que o mestrado era uma etapa importante da formação acadêmica de cada um dos que pretendiam fazer carreira na USP. Sérgio via nele a iniciação na difícil tarefa de escrever. (WITTER, 1998, p. 23)

O programa de estudo e de pesquisa elaborado pelo orientador, em comum acordo com a orientanda, correspondia à realização de uma monografia em nível de mestrado. No programa constavam leitura da bibliografia secundária e pesquisa junto às fontes documentais selecionadas em função do tema escolhido. A orientanda seguia o acompanhamento do orientador, com a cobrança das leituras e com discussões das fontes documentais. A sugestão do Dr. Sérgio foi aquela já comentada: o estudo da sociedade paulista colonial nos tempos do açúcar. Em 1966, a monografia ou memória foi concluída, defendida na cadeira de HCB.[78]

No ano seguinte, foi publicada na separata do tomo 21 dos *Anais do Museu Paulista*, com o título *Algumas notas sobre a lavoura do açúcar em São Paulo no período colonial*. Como o título indica, trata-se de um trabalho de menor envergadura

---

77 As primeiras normas da pós-graduação foram aprovadas e publicadas no ano de 1965, por meio da Portaria GR. n. 189. de 14 de outubro de 1965, a qual tratava do Regulamento dos Cursos de Pós-Graduação da Faculdade de Filosofia, Ciências e Letras, e pela Portaria n. 1, de 11 de fevereiro de 1966, que dispunha sobre os regimes especiais dos Cursos de Pós-Graduação na Faculdade de Filosofia, Ciências e Letras da Universidade de São Paulo.

78 Relatório sucinto das atividades do Departamento de História da Faculdade de Filosofia, Ciências e Letras da Universidade de São Paulo. *Revista de História*, São Paulo 1º Trimestre de 1967, n. 69, p. 315.

e mais condizente com o propósito almejado – o título de mestre – de uma aluna recém-licenciada em História.

Na introdução, Suely expõe o objetivo do estudo:

> Procuramos verificar neste trabalho o que representou a lavoura açucareira para São Paulo desde os primórdios da colonização, a começar dos engenhos de São Vicente com uma produção relativamente próspera que decai no final do século XVI e continua decaindo no século XVII e meados do século XVIII, quando então se alevanta novamente tendo já como esteio o planalto interior, até o término do período colonial, em que os centros açucareiros como Itu, Campinas, Porto Feliz delineavam-se nitidamente com farta produção, seguidos por outros de menor expressão. (QUEIROZ, 1967, p. 109)

Suely analisa as origens da cultura canavieira em São Paulo nos primeiros anos da colonização no século XVI; a decadência dos engenhos vicentinos e a concorrência com os engenhos no nordeste brasileiro; o abandono da agricultura e a "caça ao índio"; os anos de declínio da mineração e a extinção da capitania de São Paulo; a restauração da capitania e os incentivos para recuperar a sua economia; e o renascimento da economia açucareira nos fins do século XVIII até o ano de 1822.[79] Em termos da produção açucareira, esse ano de término da monografia não significa o declínio; pelo contrário, a expansão da economia açucareira se prolongou até as décadas de 1840 e 1850, quando o café, enfim, superou a exportação de açúcar.[80]

Os comentários feitos à obra *A lavoura canavieira em São Paulo*, doutoramento de Maria Thereza Schorer Petrone, valem para esta dissertação de Queiroz. As Autoras estavam diante de uma bibliografia inexistente e de dados quantitativos dispersos por diversos documentos. Como já comentara o Dr. Sérgio, um tema pouquíssimo analisado pela historiografia.

Tratava-se de construir o objeto para poder conhecê-lo, sem contar com o auxílio da produção historiográfica, e Suely e Maria Thereza foram as pioneiras. Suely recorreu às fontes manuscritas dos recenseamentos da população[81] das localidades in-

---

[79] Suely chama a nossa atenção para o fato de que, nos fins da segunda década do século XIX, em 1818, somente o Vale do Paraíba, zona açucareira de pouca expressão, começou a abrigar as primeiras propriedades cafeeiras produtoras para o mercado externo (QUEIROZ, 1967, p. 110).

[80] Maria Thereza Schorer Petrone mostrou o processo de expansão da economia açucareira paulista dos fins do século XVIII até 1851, quando os engenhos do planalto cederam lugar às fazendas de café.

[81] O recenseamento da população instituído por Morgado de Mateus em 1765 também é conhecido por Maços de População ou Lista Nominativas da População. Provavelmente, Maria Thereza e

vestigadas (Itu, Porto Feliz e Campinas) para os anos de 1798, 1805, 1815, 1822. Por meio dos recenseamentos populacionais, construiu "uma linha evolutiva da produção açucareira e sua correlação com o aumento da escravatura" (QUEIROZ, 1967, p. 110).

A monografia está dividida por títulos ou temas e subtítulos,[82] além da introdução e da conclusão. No primeiro item, "Cultivo da cana como base econômica do início da colonização", a Autora trata dos primeiros engenhos coloniais existentes em São Vicente, onde o governador Martim Afonso de Souza construiu um dos maiores engenhos, Engenho do Governador, mais tarde, em 1540, vendido ao rico comerciante da Antuérpia, Erasmo Schetz, passando a se chamar São Jorge dos Erasmos. Os Schetz permaneceram proprietários até o ano de 1603.[83] No século XVI, grandes engenhos floresceram no litoral de Santos e São Vicente, e o capital para a montagem das empresas teve origem no grande comércio dos Países Baixos e nos senhores de engenho na ilha da Madeira. Os Adornos do Engenho São João foram importantes fornecedores de açúcar para Portugal e de cana doce, vinda da Ilha da Madeira, para o nordeste brasileiro. No século seguinte, os engenhos vicentinos começaram a declinar, em função da concorrência dos engenhos açucareiros baianos e pernambucanos. No litoral paulista surgiram as engenhocas para produção da aguardente. A Autora recorre às descrições do patrimônio das famílias de São Vicente e Santos dos inventários *post mortem* e dos testamentos, entre 1580 e 1671,[84] para mostrar o empobrecimento das vilas do litoral. A pequena base econômica da capitania e a decadência da mineração levaram à extinção da capitania e sua incorporação à capitania do Rio de Janeiro em 1748.

No quadro da política pombalina iniciou-se a restauração da capitania e a recuperação de sua base econômica, sob a administração de D. Luiz Antonio de Sousa

---

Suely foram as primeiras historiadoras econômicas a utilizar essa rica fonte documental.

82 Na dissertação não há o emprego dos termos "capítulos", "partes", "seções", "itens", nem o uso de numeração. Suely adota uma separação baseada em títulos (temas abordados) e subtítulos. O que, de certo modo, denota a natureza menos formal do trabalho.

83 Sérgio Buarque de Holanda tomou conhecimento, através de Otto Maria Carpeaux, da existência de documentação referente ao Brasil no século XVI na biblioteca do Duque d' Ursel, descendente direto dos Schetz, no castelo da família na Antuérpia. Por ocasião da organização do IV Centenário da Cidade de São Paulo, Sérgio propôs à comissão do evento a busca dessa documentação. Infelizmente as ações não trouxeram resultados imediatos. Passados mais de dez anos, o professor da Faculdade de Ciências e Letras de Marília, Padre Carl Laga, fez o primeiro levantamento da documentação e publicou na revista *Estudos Históricos* n. 1, da Faculdade de Filosofia, Ciências e Letras de Marília, em 1963 (RODRIGUES, 1967).

84 Suely examinou 349 inventários e testamentos e, destes, 59 faziam referência à cana; poucos produziam açúcar, apenas rapadura e aguardente para consumo interno.

Botelho e Mourão, Morgado de Mateus. Ao tempo do governo do Morgado de Mateus (1765-1775), a base para a recuperação econômica era a agricultura de produtos para a exportação e o comércio; entretanto, poucos resultados foram colhidos naqueles anos. As principais causas das dificuldades para reerguer a nova capitania de São Paulo foram analisadas: a configuração geográfica; o imenso obstáculo entre o planalto e o litoral, a Serra do Mar; os elevados custos de transporte; a deterioração do açúcar e de outros bens no escoamento do planalto para o litoral; a reduzida população; o peso do fisco português sobre produtores; a proibição do emprego de índios como escravos a partir de 1758; o elevado preço do escravo africano; o atraso nas técnicas de cultivo; o monopólio das frotas etc.

No item intitulado "A situação da agricultura nos últimos decênios do século XVIII e o incipiente surto açucareiro", a Autora aborda o soerguimento da capitania de São Paulo com a administração de sucessivos governadores desde Morgado de Mateus (1765-1775), com destaque aos três administradores coloniais, cujas políticas surtiram efeitos sobre a situação econômica: Bernardo José Maria Lorena e Silveira (1788-1797); Antonio Manoel de Mello Castro e Mendonça (1797-1802) e Antonio José da Franca e Horta (1802-1808). Em síntese, as medidas implementadas por esses governadores visaram incrementar a riqueza: estímulo à produção de algodão e ao estabelecimento de tecelões na vila de Santos; estímulo à produção de cana e à fabricação de açúcar e aguardente; abolição do monopólio das frotas, que obrigavam os paulistas a comercializarem somente nos portos de Rio de Janeiro, Pernambuco e Bahia; abertura e melhoria de estradas; fundação da casa da moeda em São Paulo etc. Entretanto, somente no final do século XVIII, ou seja, mais de 30 anos após o início da restauração da capitania, as condições econômicas começaram a dar sinais de crescimento, principalmente a produção de açúcar para o mercado externo.[85]

No subitem "As zonas produtoras de açúcar", a Autora explora as novas zonas produtoras e escolhe três localidades – Itu, Porto Feliz e Campinas – para fazer uma análise mais aprofundada, com base nos recenseamentos populacionais e nos testemunhos de cronistas e viajantes. Na sistematização da fonte serial – recenseamento da população para os anos de 1798, 1805, 1815 e 1822 –, a Autora encontrou um persistente crescimento da população escrava, o que era "o índice seguro do crescente

---

85 Com base na correspondência entre os governadores e a administração colonial em Lisboa, Suely confirma o "progresso vagaroso e modesto, mas ainda assim, positivo". Segundo o capitão-general governador Mello Castro e Mendonça, a produção da capitania completou a carga de 12 navios (QUEIROZ, 1967, p. 134-135).

progresso da lavoura açucareira, uma vez que eram os agricultores de canas aqueles que possuíam maior número de escravos" (QUEIROZ, 1967, p. 144). Disso conclui que o açúcar trouxe o escravo africano para a região do planalto ou da "serra acima".

Nos próximos quatro itens, a Autora aborda os métodos do plantio e da colheita e a introdução de novas técnicas; a fabricação do açúcar; o preparo, a qualidade e o acondicionamento; o transporte, os caminhos e as estradas do planalto ao porto. Ao encerrar a análise, mostra que as técnicas eram as mesmas usadas na empresa açucareira nordestina do início do século XVIII. Pouca coisa foi alterada, à exceção da moenda horizontal com cilindro de ferro no preparo do açúcar. Por fim, a Autora conclui que a produção açucareira paulista se desenvolveu na grande propriedade com a abundância de terras virgens. Essa combinação – açúcar e grande propriedade – tornou possível a existência de uma lavoura predatória e rotineira, que extraía sua produtividade da fertilidade do solo das novas terras por onde penetrava (QUEIROZ, 1967, p. 165).

Ao centrar a análise nas políticas internas postas em prática pelos administradores coloniais da capitania, sem dúvida, aspectos importantes e fundamentais, tanto Maria Thereza quanto Suely deixaram de lado uma parte também importante da conjuntura internacional – a situação do mercado mundial do açúcar nos fins do século XVIII. A revolta escrava em São Domingos e as guerras napoleônicas (1790-1816) deram início à elevação do preço do açúcar no mercado mundial, tornando esse produto bastante lucrativo e o esteio para o ressurgimento da capitania. A nova situação internacional explica o porquê de a produção açucareira paulista ingressar tão rápido no mercado açucareiro mundial.[86]

No item "O escravo negro na fazenda de cana paulista", a Autora mostra, com base nos inventários e testamentos e nos censos, que o açúcar foi o responsável por introduzir grandes contingentes de escravos em São Paulo. Em meados do século XVIII praticamente não havia escravos africanos em Itu, Campinas e Porto Feliz, região produtora de alimentos para o abastecimento do mercado interno. À medida que a cana e o engenho avançavam, a quantidade de escravos negros africanos crescia. Em 1822, Campinas era o principal centro açucareiro de São Paulo. Segundo a Autora, "pode-

---

[86] Pesquisas posteriores mostraram o importante papel da conjuntura internacional para o ressurgimento do açúcar em São Paulo. O mercado do açúcar foi abalado pela revolta escrava em São Domingos e pelas guerras napoleônicas, quando a produção do principal fornecedor do produto no mercado mundial foi desorganizada, elevando o preço da mercadoria no mercado mundial (EISENBERG, 1989).

-se afirmar, todavia, que algumas propriedades campineiras não estavam longe das de Pernambuco, Bahia, em escravatura, pois como foi visto acima, havia vários engenhos que possuíam 80 escravos e um até 163 escravos" (QUEIROZ, 1967, p. 214).

É nesse item que a autora explora o *modus vivendi* do escravo na economia açucareira, abordando diversos aspectos do mundo do escravo: o fazer incessante das tarefas; o esgotamento físico e os acidentes; a alimentação; o vestuário; a relação entre os escravos e os senhores; as "dissidências", a repressão, a vigilância, o temor da revolta sentido pelos senhores de engenho. À medida que se expandia a lavoura de cana, aumentava a população escrava e a preocupação com uma possível revolta daquela população de "exasperados por uma vida de trabalhos estafantes, penúria alimentar e maus tratos" (QUEIROZ, 1967, p. 219).

Sem dúvida, a incursão de Suely pela economia do açúcar e pelo mundo do escravo a levou a escolher temas ligados à escravidão em São Paulo nos próximos estudos. Em 1969 foi convidada pelo Dr. Sérgio para integrar quadros da Universidade de São Paulo como professora instrutora da cadeira HCB. Sua tese de doutoramento, *Escravidão Negra em São Paulo - um estudo das tensões provocadas pelo escravismo no século XIX*, recebeu a orientação do professor Sérgio Buarque de Holanda[87] e foi defendida em 1972. Suely seguiu a carreira acadêmica na USP, onde se aposentou em 2001. Continua vinculada ao Programa de Pós-Graduação da Universidade de São Paulo, oferecendo disciplinas, orientando mestrados e doutorados.

Breves considerações

Acompanhamos oito historiadoras, cujos trabalhos pioneiros integram a História da Historiografia Econômica do Brasil e da América Latina e Caribe. Em comum, guardam a origem familiar: provinham de famílias das camadas médias urbanas, que projetavam a ascensão social das filhas como professoras da rede pública de ensino fundamental, que nos anos de 1930 passava por renovação na capital paulista. Quatro das historiadoras têm pais imigrantes: austríacos, italianos, portugueses, alemães, o que reforça a preocupação com a educação como um dos únicos meios

---

[87] SBH se aposentou, em solidariedade aos colegas expulsos da universidade pelo AI-5, mas acompanhou o trabalho de sua orientanda, pelas responsabilidades de catedrático e pelo dever de ajudar na busca de matéria adequada para o desenvolvimento da tese de doutoramento de Suely. Ver Prefácio de Sérgio Buarque de Holanda em Queiroz (1977, p. viii-xviii). A tese foi publicada pela livraria José Olympio Editora, em convênio com o Instituto Nacional do Livro, do Ministério da Educação e Cultura em 1977.

de acesso às carreiras públicas. O comissionamento, medida destinada à qualificação de professores das escolas públicas do Estado de São Paulo, beneficiou muitas delas, que puderam cursar a universidade, indo além das aspirações que se encerravam com a obtenção do diploma de normalista.

Três conviveram com o início da Faculdade de Filosofia, Ciências e Letras e com os professores franceses responsáveis pela organização acadêmica do curso de Geografia e História e por eles foram diretamente influenciadas; outras conviveram com a passagem dos mestres franceses para os brasileiros e sofreram discriminação, preconceito e foram vítimas do antifeminismo, que se manifestou nos momentos em que a presença feminina ameaçava a disputa pelo cargo acadêmico máximo da hierarquia universitária. Apesar de competentes e sérias, lhes foi vedado almejar a cátedra. As três preteridas na ascensão acadêmica construíram caminhos fora da FFCL/USP. Outras puderam usufruir de momentos mais tênues de convivência, porque já não havia cátedras em disputa, como também, porque, no caso da cadeira História da Civilização Brasileira, o Prof. Sérgio Buarque de Holanda criou um espaço de abertura à presença feminina e de renovação na pesquisa em História Econômica. Os anos de governos ditatoriais romperam com as garantias e os direitos à liberdade de expressão. Duramente atingida, a universidade se viu privada do livre debate de ideias. Uma das historiadoras sofreu a dor do exílio, Emília Viotti da Costa, imposta pela ditadura militar, e a área de História Econômica se viu alijada de importantes estudiosos como Eulália Lobo, Sérgio Buarque de Holanda, Caio Prado Jr. e Celso Furtado.

Em síntese, dos 12 trabalhos em História Econômica da produção acadêmica das pioneiras selecionados, fica a lição da originalidade do tema e da rigorosa pesquisa junto às fontes documentais inéditas que sustentaram as interpretações.

Fontes e referências bibliográficas

Fontes

ANDRADA E SILVA, Raul; CASTRO, Luís Antonio de Moura. Livre-docência na cadeira de História da Civilização Brasileira da Faculdade de Filosofia, Ciências e Letras da Universidade de São Paulo. *Revista de História*, São Paulo, n. 67, p. 263-284, 1966.

ANUÁRIO DA FACULDADE DE FILOSOFIA, CIÊNCIAS E LETRAS DA UNIVERSIDADE DE SÃO PAULO, FFCL/USP, São Paulo, 1936, 1937-1938, 1939-1949, 1950, 1951, 1952.

AUSTREGÉSILO, Myriam Ellis. O senador Alfredo Ellis. *Revista de História*, São Paulo, n. 3, p. 275-295, 1950.

CANABRAVA, Alice. *Carta a Eurípedes Simões de Paula*, São Paulo, 2 de janeiro de 1945, CAPH-FFLCH/USP.

COSTA, Emília Viotti da. Defesa de tese de doutoramento da licenciada Maria Tereza Schorer Petrone. *Revista de História* – FFCL/USP, São Paulo, v. 30, n. 61, p. 240-250, 1965.

COSTA, João Cruz. *Carta a Eurípedes Simões de Paula*. São Paulo, 28 de janeiro de 1945. CAPH-FFLCH/USP.

ELLIS, Myriam. Concurso para provimento da cadeira de História da Civilização Brasileira da Faculdade de Filosofia, Ciências e Letras da Universidade de São Paulo. Revista de História *Revista de História* – FFCL/USP, São Paulo, n. 38, p. 493-508, 1959.

_____, Myriam. *Curriculum Vitae* (Súmula), 1984.

_____, Myriam. *Memorial relativo à formação intelectual e às atividades profissionais da Professora Dra. Myriam Ellis*. Com o qual se inscreveu no Concurso de Professora Titular – Disciplina de História da Civilização Brasileira, junto ao Departamento de História da Faculdade de Filosofia, Letras e Ciências Humanas da Universidade de São Paulo, 1972.

FACULDADE DE FILOSOFIA LETRAS E CIÊNCIAS HUMANAS – FFLCH/USP. Processo n. 46. 1.186.8-0; Processo n. 46.1.31.8.6; Processo n. 47-1-14169-1-9; Processo n. 52-1-3914-5; Processo n. 64.1.1106.8.8.

FACULDADE DE FILOSOFIA, LETRAS E CIÊNCIAS HUMANAS. *Relatório do Departamento de História de 1966*. São Paulo, 1967.

MESGRAVIS, Laima. Noticiário. Concurso de livre-docência na cadeira de História da Civilização Brasileira da Faculdade de Filosofia, Ciências e Letras da Universidade de São Paulo. *Revista de História*, São Paulo, n. 68, p. 579-589, 4. trimestre 1966.

NOTICIÁRIO. *Revista de História*, São Paulo, v. 13, n. 27, p. 279-288, 1956.

PETRONE, Maria Thereza Schorer. *Curriculum Vitae de Maria Thereza Schorer Petrone*. São Paulo, 2 de maio de 1972. São Paulo, CAPH / FFLCH – USP, 2016. (Mimeografado).

REIS, Arthur Cezar Ferreira. Ellis, Myriam - O monopólio do sal no Estado do Brasil – *Revista de História*, São Paulo, v. 14, n. 29, p. 277- 279, 1957.

RELATÓRIO SUCINTO das atividades do Departamento de História da Faculdade de Filosofia, Ciências e Letras da Universidade de São Paulo. *Revista de História*, São Paulo, n. 69, 1. trimestre 1967.

RELATÓRIO SUCINTO das atividades do Departamento de História da Faculdade de Filosofia, Ciências e Letras da Universidade de São Paulo em 1966. *Revista da História*, São Paulo, n. 69, p. 314-316, 1. trimestre 1967

RODRIGUES, Maria Regina da Cunha. O engenho São Jorge dos Erasmos. Estado atual do problema da preservação das ruínas e considerações sôbre a documentação dos arquivos belgas. *Revista de História* – FFCL, São Paulo n. 71, p. 229-297, 1967.

Referências bibliográficas

ARRUDA, José Jobson de Andrade. Prefácio da segunda edição. In: ZEMELLA, Mafalda. *O abastecimento da Capitania das Minas Gerais no século XVIII*. 2. ed., São Paulo: HUCITEC; Editora da Universidade de São Paulo, p. 13-14, 1990.

BASSETTO, Sylvia. Entrevista com Emília Viotti da Costa. *Revista Adusp*, São Paulo, p. 16-29, jun. 1999.

BLAY, Eva Alterman; Lang, Alice Beatriz Silva Gordo. A mulher nos primeiros tempos da Universidade de São Paulo. *Ciência e Cultura/SBPC*, São Paulo, v. 36, n. 12, p. 2135-43, 1984.

_____, Eva Alterman; Lang, Alice Beatriz Silva Gordo. *Mulheres na USP. Horizontes que se abrem*. São Paulo: USP; Humanitas, 2004.

CANABRAVA, Alice Piffer. O comércio português no Rio da Prata (1580-1640). *Boletim de História da Civilização América*, São Paulo, n. 2, 1944.

_____, Alice Piffer. *A indústria do açúcar nas ilhas inglesas e francesas do Mar das Antilhas, 1697-1755*. Tese (Livre-Docência) – Universidade de São Paulo, Faculdade de Filosofia, Ciências e Letras, São Paulo, 1946.

_____, Alice Piffer. *Desenvolvimento da cultura do algodão na Província de São Paulo, 1861-1875*. São Paulo, SP: Grafica Siqueira, 1951.

_____, Alice Piffer. *O caminho percorrido*. Araraquara: FCL/UNESP; ABPHE, 2003.

_____, Alice Piffer. *História econômica: estudos e pesquisas*. São Paulo: HUCITEC; Editora UNESP; ABPHE, 2005.

CARDOSO DE MELLO, Zélia. M.; SAES, Flávio A. M.; NOZOE, Nelson. Três pesquisas pioneiras em história econômica – as teses universitárias de Alice Piffer Canabrava. *Estudos Econômicos*, São Paulo, v. 15, número especial, p. 109-117, 1985.

COSTA, Emília Viotti da. *Escravidão nas áreas cafeeiras*: aspectos econômicos, sociais e ideológicos da desagregação do sistema de escravista. Tese (Livre-

-Docência) – Faculdade de Filosofia, Ciências e Letras, Universidade de São Paulo, São Paulo, 1964.

_____, Emília Viotti da. *Da senzala à colônia*. São Paulo: Difel, 1966.

_____, Emília Viotti da. *Da senzala à colônia*. 5. ed. São Paulo: Editora UNESP, 2010.

_____, Emília Viotti da. *Brasil. História, textos e contextos*. São Paulo: Editora UNESP, 2015.

_____, Emília Viotti da. *Coroas de glória, lágrimas de sangue. A rebelião dos escravos de Demerara em 1823*. Trad. Anna Olga de Barros Barreto. São Paulo: Companhia das Letras, 1998.

COSTA, João Cruz. Prefácio. In: LUZ, Nícia Villela. *A luta pela industrialização do Brasil: 1808-1930*. Prefácio de João Cruz Costa. 2. ed. São Paulo: Alfa-Omega, p. 11-13,1975.

EISENBERG, Peter L. *Homens esquecidos*. Campinas: Editora UNICAMP,1989.

ELLIS JR., Alfredo. Prefácio. In: ZEMELLA, Mafalda. *O abastecimento da Capitania das Minas Gerais no século XVIII*. 2. ed. São Paulo: HUCITEC; Editora da Universidade de São Paulo, 1990.

ELLIS, Myriam. O monopólio do sal no Estado do Brasil (1631-1801). (Contribuição ao estudo do monopólio comercial português no Brasil durante o período colonial). *Boletim* n. 197, *História da Civilização Brasileira*, n. 14. São Paulo, Faculdade de Filosofia, Ciências e Letras, Universidade de São Paulo, 1955.

_____, Myriam. *As feitorias baleeiras meridionais do Brasil Colonial*. Tese (Livre-Docência) – Cadeira de História da Civilização Brasileira, Faculdade de Filosofia, Ciências e Letras da Universidade de São Paulo, São Paulo, 1966.

ERBERELI JR., Otávio. A Faculdade de Ciências Econômicas e Administrativas da Universidade de São Paulo e a escrita da história econômica de Alice Piffer Canabrava. *História Econômica & História de Empresas*, São Paulo, v. 19, n. 1, p. 9-40, 2016.

FURTADO, Celso. *Formação econômica do Brasil*. 12. ed. São Paulo: Nacional, 1974. Primeira edição: 1959.

HOLANDA, Sérgio Buarque de. Apresentação. In: PETRONE, Maria Thereza Schorer. *A lavoura canavieira em São Paulo. Expansão e declínio (1765-1851)*. p. 7-8 e orelha, São Paulo: Difusão Europeia do Livro, 1968.

_____, Sérgio Buarque de. Prefácio. In: PETRONE, Maria Thereza Schorer. *O Barão de Iguape*. São Paulo: Nacional; Brasília, INL, 1976. p. XI-XX. (Coleção Brasiliana, v. 361).

LINHARES, Maria Yedda. Entrevista. *Estudos históricos*, Rio de Janeiro, v. 5, n. 10, p. 216-236, 1992.

LOPES, Luciana Suarez. As cartas e fotos de Alice. *Informações FIPE* – USP, São Paulo, n. 416, maio 2015.

LUZ, Nícia Villela. *A luta pela industrialização do Brasil: 1808-1930*. Prefácio de João Cruz Costa. 2. ed. São Paulo: Alfa-Omega, 1975.

_____, Nícia Villela. Brasil. In: CORTÉS CONDE, Roberto; STEIN, Stanley (Eds.). *Latin America A guide to Economic History 1830-1930*. Part Four, p. 163-272. Los Angeles: University of California Press, 1977.

_____, Nícia Villela. *Joaquim Murtinho: ideias econômicas de Joaquim Murtinho*. Brasília; Rio de Janeiro: Senado Federal; Fundação Casa Rui Barbosa; MEC, 1980.

MARCHETTE, Tatiana Dantas. *A trajetória de Brasil Pinheiro Machado e a construção da historiografia do Paraná no território acadêmico, 1928-1953*: do poema ao modelo historiográfico. Curitiba, 2013. Disponível em: www.humanas.ufpr.br/portal/historiapos/files/2013/05/TATIANA1.pdf Acesso em: 06 jan. 2017.

MARQUESE, Rafael; SALLES, Ricardo. A escravidão no Brasil oitocentista: história e historiografia. In: MARQUESE, Rafael: SALLES, Ricardo (orgs.). *Escravidão e capitalismo histórico no século XIX. Cuba, Brasil, Estados Unidos*. Rio de Janeiro: Civilização Brasileira, 2016.

McGRAW, Thomas (Org.). *Alfred Chandler. Ensaios para uma teoria histórica da grande empresa*. Rio de Janeiro: Editora Fundação Getúlio Vargas, 1998.

MEDEIROS, Valéria Antonia. *O Lyceu Nacional Rio Branco*: uma obra de cultura e patriotismo. Disponível em http://www.sbhe.org.br/novo/congressos/cbhe3/ Acesso em: 30 dez. 2016.

MELO, Hildete Pereira; RODRIGUES, Lígia M. C. S. *Pioneiras da Ciência do Brasil*. Disponível em http://cnpq.br/pioneiras-da-ciencia-do-brasil. Acesso em: 19 ago. 2016.

PANTALEÃO, Olga. A penetração comercial da Inglaterra na América Espanhola de 1713 a 1783. *Boletim LXII História da Civilização Moderna e Contemporânea* – Faculdade de Filosofia, Ciências e Letras da Universidade de São Paulo, São Paulo, n. 1, 1946.

_____, Olga; HOLANDA, Sérgio Buarque de. Franceses, ingleses e holandeses no Brasil quinhentista. In: HOLANDA, Sérgio Buarque. (Dir.). *História Geral da Civilização Brasileira*. São Paulo: Difusão Europeia do Livro, 1960. Tomo I, v. 1, p. 147-176.

_____, Olga; HOLANDA, Sérgio Buarque de. A presença inglesa (1962, p. 64-100); Mediação inglesa, integrado no capítulo O Reconhecimento do Império (1962, p. 331-365). O Brasil Monárquico. O processo de emancipação. In: HOLANDA, Sérgio Buarque (Dir.) *História geral da civilização brasileira*. São Paulo: Difusão Europeia do Livro, 1962. Tomo II, v. 1.

PETRONE, Maria Thereza Schorer. As áreas de criação de gado. In: HOLANDA, Sérgio Buarque de (Dir.). *História geral da civilização brasileira. A época colonial:* Administração, economia, sociedade. São Paulo: Difusão Europeia do Livro, 1960. Tomo I, v. II, p. 218-227.

_____, Maria Thereza Schorer. Imigração assalariada. In: HOLANDA, Sérgio Buarque de (Org.). *História geral da civilização brasileira. Brasil monárquico:* reações e transações. São Paulo: Difusão Europeia do Livro, 1967. Tomo II, v. III, p. 274-296.

_____, Maria Thereza Schorer. *A lavoura canavieira em São Paulo. Expansão e declínio (1765-1851).* São Paulo: Difusão Europeia do Livro, 1968a.

_____, Maria Thereza Schorer. Considerações sobre a tributação do açúcar e da aguardente paulistas 1765-1851. *Revista do Instituto de Estudos Brasileiros*, São Paulo, n. 5, p. 23-30, 1968b.

_____, Maria Thereza Schorer. Um comerciante do ciclo do açúcar paulista. Antonio da Silva Prado (1817-1829). *Revista de História* – FFCL, USP, São Paulo, n. 73, 1968; n. 76, 1968; n. 79, 1969a.

_____, Maria Thereza Schorer. Um documento sobre os ranchos das estradas paulistas nos fins do século XVIII. *Revista do Instituto de Estudos Brasileiros*, São Paulo, n. 6, p. 177-180, 1969b.

_____, Maria Thereza Schorer. *O Barão de Iguape*. São Paulo: Nacional; Brasília: INL, 1976. p. XI-XX, (Coleção Brasiliana, v. 361).

_____, Maria Thereza Schorer. Imigração. In: FAUSTO, Boris (Org.). *História geral da civilização brasileira. O Brasil republicano: sociedade e instituições (1889-1930).* Rio de Janeiro: DIFEL, 1977. v. 9, p. 93-113.

_____, Maria Thereza Schorer. *O imigrante e a pequena propriedade*. São Paulo: Brasiliense, 1982.

_____, Maria Thereza Schorer. *Os quatro irmãos Schorer no Brasil. A experiência dos imigrantes na floresta em Santa Catarina e na cidade de São Paulo.* Reimpressão revisada. São Paulo, [s.n.], novembro de 2014.

_____, Pasquale. Pasquale Petrone e a Geografia na USP. *Estudos Avançados*. São Paulo. v. 8, n. 22, p-139-150, 1994.

PRADO JR., Caio. *História econômica do Brasil*. São Paulo: Brasiliense, 1967. Primeira edição em 1945.

QUEIROZ, Suely Robles Reis de. Algumas notas sobre a lavoura do açúcar em São Paulo no período colonial. *Anais do Museu Paulista*, São Paulo, 1967. v. XXI.

_____, Suely Robles Reis de. *Escravidão negra em São Paulo. Um estudo das tensões provocadas pelo escravismo no século XIX*. Rio de Janeiro: MEC/José Olympio, 1977.

RIBEIRO, Maria Alice Rosa. As primeiras pesquisadoras brasileiras em história econômica e a construção da disciplina no Brasil. *História Econômica & História de Empresas* – ABPHE, São Paulo, v. 2, n. 2, p. 7-40, 1999.

SAES, Flávio Azevedo Marques de. A obra de Alice Canabrava na historiografia brasileira. *História Econômica & História de Empresas*, São Paulo, v. 2, n. 2, p. 41-61, 1999.

_____, Flávio Azevedo Marques de. Introdução In: CANABRAVA, Alice Piffer. *História Econômica:* estudos e pesquisas. São Paulo: HUCITEC; Editora UNESP; ABPHE, 2005.

SANCHES, Rodrigo Ruiz. Sérgio Buarque de Holanda na USP. *Revista Sociedade e Estado*, São Paulo, v. 26, n. 1, p. 241-259, jan./abr. 2011.

SCHORER, Maria Thereza. Notas para o estudo das relações dos banqueiros alemães com o empreendimento colonial dos países ibéricos na América no século XVI. *Revista de História*, São Paulo, n. 32, p. 275- 355, 1957.

SIMONSEN, Roberto C. *A evolução industrial do Brasil e outros estudos*. São Paulo: Nacional, 1973 [1939].

SZMRECSÁNYI, Tamás. *Maria Thereza Schörer Petrone e o resgate das raízes do desenvolvimento econômico de São Paulo*. Comunicação apresentada no Simpósio sobre "A participação feminina na construção de novas disciplinas científicas: o caso da Historiografia Econômica no Brasil". V Congresso Latino-Americano de História da Ciência e da Tecnologia. Rio de Janeiro, 29 de julho de 1998.

TAUNAY, Afonso D'E. Prefácio. In: CANABRAVA, Alice Piffer. O comércio português no Rio da Prata (1580-1640). *Boletim de História da Civilização América*, São Paulo, n. 2, 1944.

VERSIANI, Flávio Rabelo; MENDONÇA DE BARROS, José Roberto. *Formação econômica do Brasil. A experiência da industrialização*. São Paulo: Saraiva, 1977.

WITTER, José Sebastião. Sérgio Buarque de Holanda - algumas lembranças. *Revista USP*, São Paulo, v. 38, p. 20-27, jun./ago. 1998.

ZEMELLA, Mafalda. O abastecimento da Capitania das Minas Gerais no século XVIII. São Paulo. *Boletim* n. 118, Faculdade de Filosofia, Ciências e Letras, Universidade de São Paulo, da Cadeira História da Civilização Brasileira n. 12, São Paulo, 1951.

_____, Mafalda. *O abastecimento da Capitania das Minas Gerais no século XVIII.* 2. ed. São Paulo: HUCITEC; Editora da Universidade de São Paulo, 1990.

A revista *História Econômica & História de Empresas*: balanço e perspectivas

Cláudia Alessandra Tessari[1]

A revista História Econômica & História de Empresas (HE&HE)[2] publicação semestral da ABPHE, foi criada no segundo semestre de 1998 por Tamás Szmrecsányi, primeiro presidente da Associação e que foi, também, o seu primeiro editor. Desde então, ela vem sendo publicada periodicamente e ininterruptamente, tendo já sido lançados 37 números.[3] Seguramente, trata-se da principal revista brasileira dedicada à História Econômica e História de Empresas. Atualmente é, também, um importante veículo para a divulgação dos resultados de pesquisa em História do Pensamento Econômico no Brasil.

Com os dois eventos científicos realizados pela Associação – *Congresso Brasileiro de História Econômica & Conferência Internacional de História de Empresas* e

---

1 Professora da Unifesp-Osasco e 1ª Tesoureira da ABPHE entre 2015 e 2017.
2 ISSN da versão impressa: 1519- 3314. ISSN da versão eletrônica: 2525-8184.
3 Quando este texto foi escrito, em fevereiro de 2017, haviam sido publicados 37 números da revista, no entanto, toda a análise aqui traçada baseou-se em 36 números (desde o volume 1, n. 1, jul-dez 1998 até o volume 19, n. 1, jan-jun 2016).

Encontro de Pós-Graduação em História Econômica -, a revista constitui-se num dos três principais pilares de atuação da ABPHE na divulgação, na disseminação e na promoção do avanço das pesquisas nas áreas de História Econômica e História de Empresas no Brasil.

Desde sua criação até o ano de 2012, a revista foi enviada para todos os sócios adimplentes da Associação. Em 2012, quando passou a disponibilizar todo o seu conteúdo (inclusive dos números anteriores) na internet, a HE&HE cessou o envio de exemplares para associados, oferecendo a possibilidade da versão impressa por encomenda.

Já no Editorial de seu primeiro número, os editores, Tamás Szmrecsányi, Eulália Lobo e Flávio Saes, saudavam a criação do veículo afirmando ser ele símbolo do amadurecimento científico e institucional da ABPHE e assinalando que a iniciativa vinha "preencher uma lacuna em nosso meio acadêmico e profissional. Isto porque se trata atualmente da única revista em língua portuguesa especificamente dedicada à História Econômica e à História de Empresas" (HE&HE, v. 1, n. 1, jul-dez 1998, p. 1).

Os textos que figuraram neste primeiro número foram selecionados entre 20 artigos oriundos da primeira chamada de textos que havia sido feita um ano antes. Segundo os próprios editores, os artigos presentes naquela edição apresentavam alguns traços comuns: i) todos tratavam de problemas estruturais da economia brasileira, referidos aos mercados de trabalho, de terras e de capitais; ii) em termos cronológicos, com exceção do último, abrangiam desde o Império até a atualidade. Quanto aos autores, pertenciam a instituições de ensino e pesquisa de diversas regiões do país (HE&HE, v. 1, n. 1, jul-dez 1998, p. 1). Pode-se dizer que estes traços comuns inauguraram tendências editoriais que marcariam praticamente todas as edições da HE&HE, mas que são, também, tendências próprias ao nosso campo de estudo, como veremos mais à frente neste texto.

Este número inaugural contava com textos de: Ligia Osorio Silva, "Tavares Bastos e a questão agrária no Império"; Sérgio de Oliveira Birchal, "O mercado de trabalho mineiro no século XIX"; Maria Teresa Ribeiro de Oliveira, "Encilhamento: controvérsias e efeitos na indústria têxtil mineira"; Maria Izilda Santos de Matos, "Entre a lavoura e a indústria: tensões e polêmica em torno da indústria de sacaria para o café; Armando Dalla Costa, "A Sadia e o pioneirismo industrial na agroindústria brasileira"; e, Renato Leite Marcondes, "Uma resenha da riqueza paulista por meio dos inventários". (HE&HE, v. 1, n. 1, jul-dez 1998)

A HE&HE deve muito ao seu criador e principal editor, Tamás Szmrecsányi. Flávio Saes e Maria Alice Ribeiro, editores do periódico em diferentes momentos, no número da revista dedicado a homenagear Tamás Szmrecsányi quando de sua morte, afirmaram que "não há nenhum exagero em afirmar que a existência da ABPHE e da revista se devem não só à iniciativa (de Tamás Szmrecsányi), mas principalmente ao seu empenho e à sua persistência". (HE&HE, v. 11, n. 2, jul-dez 2008, p. 5)

Além da fundamental atuação de Tamás Szmrecsányi e dos primeiros editores da revista, passaram pelo seu Conselho Editorial (às vezes também chamado de Comissão Executiva) outros importantes pesquisadores da área de História Econômica no Brasil associados à ABPHE (Quadro 1). O Conselho é renovado a cada 2 anos, indicado pelo Conselho de Representantes da Associação. Desde 2008, compuseram também o Conselho Editorial pesquisadores da área de História do Pensamento Econômico.

A análise dos 36 números da revista e de seus editoriais nestes 18 anos de existência nos permite observar duas fases da HE&HE: a primeira, marcada pela sua criação e consolidação como importante veículo da área de História Econômica e de História de Empresas no Brasil e na América Latina e, a segunda, marcada pelas tentativas de aprimoramento da gestão editorial em um ambiente nacional e, especialmente, internacional, marcado pelas mudanças tecnológicas e mercadológicas que atingiram o segmento de revistas científicas.

Em ambas as fases uma preocupação se mostrou constante: a internacionalização do periódico. Em seu segundo ano de existência a revista chamava a atenção para o fato de o seu volume 3, número 1 se "tratar praticamente de uma edição bilíngue, com artigos em português e em espanhol, bem dentro das atuais tendências de integração econômica, cultural, política e social do continente sul-americano" (HE&HE, v. 3, n. 1, jan-jul 2000, p. 5). Metade daquele número era composta de artigos de autoria de pesquisadores vinculados a instituições no exterior (Bélgica, França e México). Desde então, a revista passou a aceitar a submissão de artigos escritos em espanhol e inglês, além do português.

Dois anos depois, o editorial novamente apontava a dimensão internacional da revista: "Por sua vez, os dois artigos restantes inserem-se na tradição já firmada de valorização de nossa perspectiva internacional, inclusive prestigiando a colaboração de autores de outros países. Um deles, a atuação da empresa de aviação espanhola Ibéria no transporte intercontinental de passageiros da América Latina durante as décadas de 1960 e 1970. Enquanto que o outro se volta para a mais remota Antiguidade, analisando as concepções econômicas vigentes no Egito dos faraós, e comprovando que a historiografia econômica é aplicável à trajetória de todas as civilizações em qualquer latitude" (HE&HE, v. 6, n. 1, 2003, p. 5).

Quadro 1 – HE&HE: Conselho Editorial (1998 a 2017)

1998-2000	Tamás Szmrecsányi (Universidade Estadual de Campinas)
	Eulália Maria Lahmeyer Lobo (Universidade Federal Fluminense e Universidade Federal do Rio de Janeiro)
	Flávio Saes (Universidade de São Paulo)
2000-2003	Tamás Szmrecsányi (Universidade Estadual de Campinas)
	Luiz Carlos Soares (Universidade Federal Fluminense)
	Maria Teresa Ribeiro de Oliveira (Universidade de Brasília)
2004-2006	Luiz Carlos Soares (Universidade Federal Fluminense)
	Maria Alice Ribeiro (Universidade Estadual Paulista Julio de Mesquita Filho)
	Maria Teresa Ribeiro de Oliveira (Universidade de Brasília)
2006-2007	Maria Alice Ribeiro (Universidade Estadual Paulista Julio de Mesquita Filho)
	Clélio Campolina Diniz (Universidade Federal de Minas Gerais)
	Sonia Regina de Mendonça (Universidade Federal Fluminense)
2008-2009	Renato Leite Marcondes (Universidade de São Paulo)
	Sonia Regina de Mendonça (Universidade Federal Fluminense)
	Alexandre Mendes Cunha (Universidade Federal de Minas Gerais)
2009-2011	Renato Leite Marcondes (Universidade de São Paulo)
	Teresa Cristina de Novaes Marques (Universidade de Brasília)
	Rita de Cássia da Silva Almico (Universidade Federal Fluminense)
2011-2012	Teresa Cristina de Novaes Marques (Universidade de Brasília)
	Rita de Cássia da Silva Almico (Universidade Federal Fluminense)
	Luiz Fernando Saraiva (Universidade Federal Fluminense)
2012-2013	Luiz Fernando Saraiva (Universidade Federal Fluminense)
	Cláudia Heller (Universidade Estadual Paulista Julio de Mesquita Filho)
	Cláudia Alessandra Tessari (Universidade Federal de São Paulo)
2013-2015	Luiz Fernando Saraiva (Universidade Federal Fluminense)
	Cláudia Alessandra Tessari (Universidade Federal de São Paulo)
	Teresa Cristina de Novaes Marques (Universidade de Brasília)
	Carlos Eduardo Suprinyak (Universidade Federal de Minas Gerais)
	Marco Antonio Ribas Cavalieri (Universidade Federal do Paraná)
2015-2017	Bruno Aidar Costa (Universidade Federal de Alfenas)
	Alcides Goularti Filho (Universidade do Extremo Sul Catarinense)
	Ivanil Nunes (Universidade Federal de São Paulo)
	Carlos Valencia Villa (Universidade Federal Fluminense)

Fonte: HE&HE, 1998-2016

No que tange ao papel da HE&HE como promotora e divulgadora da pesquisa em história econômica na América Latina, a revista foi signatária da *Declaración de Montevideo* conjuntamente com as Associações Mexicana de História Econômica (AMHE), Associação Argentina de História Econômica (AAHE) e Associação Uruguaia de História Econômica (AUDHE) para coordenar o esforço de discussão e criação de uma rede eletrônica de Revistas Científicas visando a divulgação e a maior interlocução entre os pesquisadores da área. Esta iniciativa, no entanto, se demonstra a disposição da revista para trabalhar pelo aumento da visibilidade da produção científica latino-americana em História Econômica, demonstra também o tanto que ainda é necessário realizar pela área. A *Declaración de Montevideo* foi assinada em 2007, mas até 2016 não havia rendido os frutos esperados.

Na primeira fase da revista (1998-2010), na tentativa de tornar a HE&HE conhecida e reconhecida, foram recorrentes as diversas modificações para a melhoria da qualidade editorial (normalização, apresentação e internacionalização) e para o aumento na captação de artigos de excelência. Nos números desta fase foram comuns as menções à necessidade de se aumentar o fluxo de recebimentos de artigos. Em 2002, por exemplo, os editores apontavam para o problema da falta de artigos de qualidade, o que impactava no atraso da publicação (HE&HE, v. 5, n. 2, 2002, p. 6). Os diversos melhoramentos editoriais introduzidos pela revista nesta primeira fase, de sua consolidação, visavam, sobretudo qualificar a revista para a indexação em bases e repositórios nacionais e internacionais e para a obtenção de apoio financeiro de órgãos de fomento. Estas preocupações foram explicitadas pelos editores no v. V, n. 1 do ano de 2002. A primeira iniciativa de indexação bem sucedida viria em 2003 (HE&HE, v. VI, n. 2, 2003, p. 5).

A expansão da internet e a aceleração das inovações na área de ferramentas de comunicação digital na primeira década do século XX impactaram em mudanças profundas na forma de difusão da literatura científica e no segmento de revistas acadêmicas.

Há alguns anos, passaram a atuar no segmento mundial de periódicos científicos grandes grupos editoriais comerciais. Atualmente, em nível internacional o mercado de revistas científicas é dominado pelas editoras comerciais, como a Elsevier e a Springer, cuja margem de lucro com a área chega a 45%. Algumas destas, são as criadoras dos principais índices bibliográficos multidisciplinares, como o WoS, produzido pela empresa Thomson Reuters, e o Scopus, produzido pela Elsevier. Ambos são destinados a calcular e operar medidas bibliométricas e rankings sobre o desempenho dos periódicos, dos autores, das instituições e dos países (PACKER, 2011, p. 31)

Há extensa controvérsia sobre a atuação destas grandes companhias no segmento de periódicos científicos. Estas controvérsias podem ser resumidas pelo movimento que ficou conhecido como "Primavera Acadêmica" e que se refere aos movimentos entre acadêmicos e cientistas contra as políticas das editorias comerciais e a favor do acesso livre ao conteúdo publicado nos periódicos acadêmicos (BARROS, 2012).

O acesso aberto ao conhecimento científico, por meio da publicação dos resultados da pesquisa científica na internet, sem barreiras de acesso, fundamenta-se na concepção do conhecimento científico como bem público. Também tem como objetivo aumentar a visibilidade e acessibilidade da produção científica (PACKER, 2012, p. 36).

Apesar do movimento, o que parece prevalecer atualmente é o domínio no segmento de publicações acadêmicas pelos indicadores bibliométricos e, estes, univocamente vinculados aos grandes indexadores internacionais, entre eles, aqueles operados pelas empresas comerciais. À medida que estes oligopólios – com poderes para definir critérios de qualidade dos periódicos - se impõem ao campo científico mundial, vai se tornando incontornável não aderir aos grandes indexadores.

Assim, tivemos ao longo dos últimos anos o rápido avanço das tecnologias de comunicação, permitindo agilidade no processo editorial e na publicação dos resultados de pesquisa, acoplados a uma série de inovações que permitem a interconectividade entre bases de dados e periódicos em diferentes plataformas, a utilização de software para citações e recuperação rápida de informações, entre outras.

Tivemos também a entrada destes grandes grupos comerciais apropriando-se do trabalho produzido por pesquisadores financiados em sua maior parte por fundos públicos. Apropriando-se, além do mais, do trabalho dos editores, desempenhado (na maior parte das vezes gratuitamente) por professores e pesquisadores.

Foi assim que a HE&HE adentrou em uma nova fase (2010 até os dias atuais) caracterizada pela implementação de uma série de melhorias tendo em vista adequar-se aos novos padrões mundiais de gerenciamento e editoração de periódicos acadêmicos, marcado pelo acirramento da concorrência entre as revistas científicas em busca de textos de alta qualidade e de alto impacto.

Um passo fundamental para se adequar a esta nova realidade e promover o acesso aberto a todo o acervo da revista, foi o processo de digitalização de toda sua coleção. Os arquivos digitais dos 16 primeiros números da revista (de 1998 a 2006) haviam se perdido. Assim, Luiz Fernando Saraiva, então representante da região Nordeste no Conselho de Representantes da ABPHE e que viria a ser futuro editor da HE&HE, coordenou um intenso trabalho contando com bolsistas da Universidade Federal do Recôncavo da Bahia e da Universidade Federal Fluminense para a conversão de todos os números para imagens digitais e transformação das imagens em textos reconhecíveis pelos programas de edição de texto. Após estes procedimentos, os textos foram novamente diagramados e convertidos para o formato PDF e disponibilizados no site da revista, garantindo o acesso total ao conteúdo e a possibilidade de busca nos conteúdos publicados.

Além disto, a revista recebeu cerca de R$ 7.000,00 em recursos do Edital MCTI/CNPq/MEC/CAPES n. 15/2011 de apoio a periódicos destinados à parte de editoração eletrônica e adoção no site do sistema Open Journal Sistem (OJS) de administração de revistas Científicas.

Todo este trabalho, finalizado em 2012, foi fundamental para que a HE&HE pudesse estar disponível em acesso aberto na internet seguindo as recomendações de melhores práticas no segmento de revistas científicas. A implementação do sistema OJS permitiu, por sua vez, disponibilizar todo o sistema de gerenciamento editorial via sistema aberto, desde a submissão dos originais pelos autores, passando por todo o fluxo entre pareceristas *ad hoc*, editor e autor, até, finalmente, disponibilizar o conteúdo revisado e diagramado on line, conferindo assim, não somente agilidade para o acesso à produção científica, mas também que todo seu conteúdo possa ser acessado gratuitamente na internet.

Além do mais, a utilização destes softwares de gestão online e a disponibilização do conteúdo em acesso aberto é uma primeira condição para que o periódico possa estar indexado no Scielo, o principal índice bibliográfico multidisciplinar e de publicação online dos periódicos de qualidade do Brasil. (PACKER, 2011, p. 32)

Esta fase também foi marcada por estratégias que melhoraram seus indicadores de sustentabilidade (regularidade, pontualidade, número de artigos publicados, fluxo e estoque de artigos) e pela melhoria da qualidade editorial (normalização, captação de artigos de excelência, apresentação) visando aumentar sua qualificação (medida especialmente pelo Qualis-Periódicos) e indexar a revista em bases de dados e repositórios nacionais e internacionais de difusão da literatura científica (SARAIVA; HELLER; TESSARI; 2015).

Entre outras, essas medidas incluíram: diversificação regional e institucional dos pareceristas *ad hoc*; aumento da Comissão editorial de 3 para 5 membros; alojamento do site da revista em um servidor de internet privado, permitindo maior estabilidade do sistema OJS; e, atribuição de número de ISSN para a versão eletrônica da revista.

Como resultado, a HE&HE recuperou sua pontualidade, aumentou seu fluxo e seu estoque de artigos, passando a publicar desde 2013 dezesseis artigos por ano (em média 8 por número), conseguiu a indexação no Portal de Periódicos da Capes e no Latindex. Neste último, é importante lembrar que a revista, quando da indexação, atendeu a todos os 13 parâmetros avaliados por aquela base de dados.

Apesar das melhorias, sua qualificação no Programa Qualis-Periódicos da Comissão de Aperfeiçoamento de Pessoal de Ensino Superior (Qualis-Periódicos Capes) não foi alterada para um melhor índice. Em 2015, a revista era qualificada como B2 na área de Economia e B3 na área de História, como pode ser observado no Quadro 2 abaixo.

Quadro 2 – HE&HE: Qualificação segundo Qualis-Periódicos (2010-2015)

Áreas	Qualis 2010	Qualis 2011	Qualis 2012	Qualis 2013	Qualis 2014	Qualis 2015
Economia	B4	B4	B3	B3	B3	B2
História	B2	B2	B2	B2	B2	B3
Interdisciplinar	B2	B2	B2			
Sociologia	B2	B2	B2			B3
Planejamento Urbano e Regional / Demografia	B5					
Ciência Política e Relações Internacionais						B4
Engenharias III			B4			
Administração Pública e de Empresas, Ciências Contábeis e Turismo						B4

Fonte: Qualis-Periódicos, Comissão de Aperfeiçoamento de Pessoal de Ensino Superior (Qualis-Periódicos Capes)

A história da HE&HE resultou em que desde sua criação, em 1998, até os dias atuais, ela venha mantendo sua posição como um dos únicos veículos acadêmicos a publicar, sistematicamente, trabalhos de História Econômico-Social, uma vez que as principais revistas sobre economia apenas eventualmente publicam trabalhos com este perfil, sendo por isso o principal periódico e importante instrumento promotor da área, comprometido com o desenvolvimento de sua qualidade. No Quadro 3 e no Gráfico 1 comparamos a evolução do número de artigos de história econômica em revistas selecionadas da área de Economia no Brasil e atestamos a muito maior quantidade de artigos publicados pela HE&HE chegando a representar 188,6% mais que a quantidade de artigos da segunda maior revista da amostra a publicar textos de história econômica.

Tabela 1 - Número de artigos* com temas de história econômica publicados em revistas brasileiras selecionadas (1998-2016)

Periódico	1998	1999	2000	2001	2002	2003	2004	2005	2006	2007	2008	2009	2010	2011	2012	2013	2014	2015	2016	Σ
História Econômica e Economia Regional Aplicada (IE/UFJF)	-	-	-	-	-	-	-	-	5	11	11	11	10	14	14	14	7	x	x	97
História Econômica & História de Empresas (ABPHE)	4	14	12	10	13	12	11	12	13	13	16	11	12	10	13	19	21	16	16	228
Estudos Econômicos (USP)	3	1	3	2	2	2	3	1	1	0	0	0	1	1	13	7	9	6	6	61
Revista de Economia Contemporânea (IE/UFRJ)	1	1	2	1	2	1	0	1	0	0	0	1	0	0	3	2	3	1	1	20
Revista Brasileira de Economia (FGV)	0	2	2	0	2	2	0	0	1	0	0	0	0	0	0	1	1	1	0	12
Novos Estudos (Cebrap)	-	-	-	-	-	-	0	0	1	0	1	0	0	0	1	1	0	2	1	7
Nova Economia (UFMG)	1	0	1	0	0	0	0													

Extraído de: Projeto enviado pela HE&HE para concorrer ao edital FAPERJ N° 07/2012. Os dados foram atualizados e cedidos por Luiz Fernando Saraiva.

Símbolos: *: artigos e resenhas: a revista não existia nestes anos; x: não publicou números nestes anos.

Gráfico 1 - Número de artigos de história econômica em revistas de Economia (1998-2016)

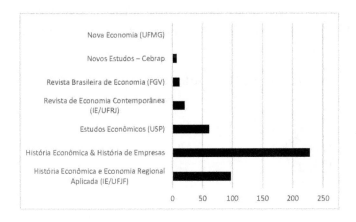

HE&HE: uma análise quantitativa de seu conteúdo

A revista História Econômica & História de Empresas, nestes 18 anos de existência, publicou ao todo 36 números, totalizando 204 artigos, 24 resenhas e 16 textos de homenagens, tendo publicado contribuições de 229 diferentes autores ao todo (Quadro 3).

Quadro 3 – HE&HE: Total de textos e de autores (1998-2016)

Volumes	18
Números	36
Artigos	204
Resenhas	24
Homenagens	16
Total textos	244
Total de autores	229

Fonte: HE&HE, 1998-2016.

A seguir apresentaremos análise do conteúdo divulgado pela HE&HE. Para maior coerência da análise, ela foi realizada apenas sobre os 204 artigos, excluindo-se as resenhas e as homenagens. Ao todo, nos 204 artigos, houve a ocorrência de 253 autorias as quais, excluindo-se as repetições, nos permite chegar a um número total de 209 autores individuais, apresentando um índice de 1,02 autores por artigo (209 autores para em 204 textos). Podemos afirmar que nestes 18 anos, a repetição de autores que publicaram seus resultados de pesquisa na HE&HE é bastante baixa.

Do total de 209 autores, número reduzido refere-se a autores do gênero feminino (61 ou 29,2%), cabendo aos autores do gênero masculino a maior parte das publicações da revista. (148 ou 70,8%). Interessante observar que a participação feminina no periódico (em torno de 1/3) assemelha-se à participação feminina entre os associados da ABPHE (também em torno de 1/3, no caso, de 28%), reproduzindo a estrutura desigual da área de História Econômica (Gráfico 2).

Gráfico 2 - HE&HE: autoria por gênero (1998-2016)

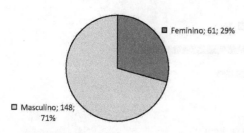

Fonte: HE&HE, 1998-2016.

Desde seus primeiros números a revista permite a submissão de artigos nos idiomas espanhol e inglês, além do português, estratégia para se aproximar de pesquisadores de outros países. A estratégia parece que vem sendo bem sucedida. Do total de 209 autores, 46 são estrangeiros (22%), número razoável quando comparamos com muitas outras revistas acadêmicas brasileiras sejam da área História sejam da área de Economia (Tabela 2). Os principais países estrangeiros representados entre os autores da HE&HE são: Argentina (com 14 autores vinculados a instituições daquele país), Portugal (6), Espanha (5), Estados Unidos (5) e México (4).

Tabela 2 – HE&HE: nacionalidade das autorias (1998-2016)

País	Frequência	Porcentagem
Alemanha	1	0,5
Argentina	14	6,7
Bélgica	1	0,5
Brasil	163	78,0
Colômbia	2	1,0
Dinamarca	1	0,5
Espanha	5	2,4
EUA	5	2,4
França	3	1,4
Inglaterra	1	0,5
México	4	1,9
Peru	1	0,5
Portugal	6	2,9
Uruguai	2	1,0
Total	209	100,0

Fonte: HE&HE, 1998-2016

Quadro 4 – HE&HE: Instituições dos autores de origem estrangeira (1998-2016)

Instiuições	Países
Georg-August Universität Göttingen	Alemanha
Conicet - Universidad Nacional de Tucumán	Argentina
Universidad Nacional de Tres de Febrero e Universidad Nacional de La Plata	Argentina
Universidad de Buenos Aires	Argentina
Universidad Nacional de Córdoba	Argentina
Instituto de Desarrollo Económico y Social	Argentina
Centro de Estudios Económicos de la Empresa y el Desarrollo, Universidad de Buenos Aires	Argentina
Universidad de Buenos Aires/Universidad Nacional de General Sarmiento	Argentina
Universidad de Luján	Argentina
Universidad de Buenos Aires	Argentina

Universidad Nacional de Rosario e Facultad de Ciencias Económicas y Estadística	Argentina
Universidad Nacional de Cuyo	Argentina
Instituto de Ciencias Humanas, Sociales y Ambientales e Instituto de Geografía,Universidad Nacional de Cuyo-Argentina	Argentina
Universidad Nacional de Quilmes - CONICET	Argentina
Facultad de Ciencias Económicas, Universidad de Buenos Aires	Argentina
Katholieke Universiteit Leuven	Bélgica
Facultad de Ciencias Económicas Universidad Nacional de Colombia	Colômbia
Universidad Nacional de Colombia	Colômbia
Copenhagen Business School	Dinamarca
Universitat Oberta de Catalunya	Espanha
Instituto Superior de Estudios Sociales	Espanha
Universidad de Alicante	Espanha
Universidade Pompeu Fabra	Espanha
Universitat de Barcelona	Espanha
Florida International University	EUA
Universidade de Rochester	EUA
Umversity of Califórnia	EUA
Stanford University	EUA
Northern Illinois University	EUA
Université de Paris XII	França
Université de Montpellier I	França
Universidade de Paris X – Nanterre	França
University of East Anglia	Inglaterra
El Colegio de México	México
Universidad Autónoma de Nuevo León	México
Universidad Autónoma de Nuevo León	México
Universidad Autónoma de Nuevo León	México
Pontifícia Universidad Católica del Perú Urbanización	Peru
Universidade de Lisboa	Portugal
Instituto de Investigação Científica Tropical - Centro de Estudos de Produção e Tecnologia Agrícolas (CEPTA)	Portugal
Instituto Superior de Economia e Gestão e Universidade Técnica de Lisboa	Portugal
Instituto Superior de Economia e Gestão e Universidade Técnica de Lisboa	Portugal
Escola de Economia e Gestão da Universidade do Minho	Portugal
Faculdade de Letras, Universidade do Porto	Portugal
Universidad de la República	Uruguai
Universidad de la República	Uruguai

Fonte: HE&HE, 1998-2016.

Se notamos grande diversidade de autores (209 diferentes pessoas em 204 artigos) e mesmo importante número de autores estrangeiros, o mesmo não podemos dizer da diversidade regional das autorias brasileiras, fator resultado direto da concentração da pesquisa científica e dos Programas de Pós-Graduação em História Econômica no eixo sul-sudeste do país. A região Sudeste concentrou, sozinha, 71,78% dos autores que publicaram na HE&HE, agregando os 3 estados que, de longe, mais publicaram na revista: São Paulo, com 35,6% dos autores; Rio de Janeiro, com 17,2%; e Minas Gerais, com 16%. A região Sul, a segunda a concentrar o maior número de autores, foi a origem de 16% deles. Isoladamente, o Distrito Federal representa importante local de origem das pesquisas em História Econômica, sendo a quinta principal unidade da federação brasileira em número de autores, conforme mostra a Tabela 3 a seguir.

Tabela 3 – HE&HE: autorias por região e por Estados – Brasil (1998-2016)

Região	Frequência	Porcentagem	
Sul	26	15,95	
Sudeste	117	71,78	
Norte	2	1,23	
Nordeste	7	4,29	
Centro-Oeste	11	6,75	
Total Brasil	163	100	
Estado	Frequência	Porcentagem	Porcentagem acumulada
SP	58	35,6	35,6
RJ	28	17,2	52,8
MG	26	16	68,8
RS	11	6,7	75,5
DF	9	5,5	81
PR	8	4,9	85,9
SC	7	4,3	90,2
ES	5	3,1	93,3
BA	3	1,8	95,1
PE	2	1,2	96,3
RN	2	1,2	97,5
PA	2	1,2	98,7
GO	1	0,6	99,3
MS	1	0,6	100

Fonte: HE&HE, 1998-2016.

Já quanto à análise do conteúdo, ela nos permitiu verificar a diversidade de temas que compuseram, até o momento, a produção veiculada na HE&HE. Uma primeira abordagem que fizemos foi por meio das áreas temáticas nas quais tradicionalmente costumam ser organizadas as apresentações de trabalhos nos eventos científicos da ABPHE: Brasil Colônia; Brasil Império; Brasil República; História Econômica Geral; História de Empresas; e, História do Pensamento Econômico. Para fins da análise aqui desenvolvida, acrescentamos a estas áreas, as de: História Econômica da América Latina; Historiografia Econômica; e, Ensino de História Econômica.

As áreas temáticas de Brasil República e Brasil Império concentraram, juntas, quase metade dos artigos publicados (47%), mostrando que as pesquisas em

História econômica no Brasil dedicam-se, em sua maior parte, a temas referentes aos séculos XIX a XXI. Não deixa de ser importante notar que em um país que tem boa parte de sua história econômica vivida como Colônia, entre os artigos publicados na revista que tem recorte definido, menos de 10% (13 ou 6,4%) tem este período como recorte temporal. Depois destas duas áreas temáticas, a área de História de Empresas foi a que teve maior número de artigos publicados, agregando 10,8% do total de artigos da revista; seguida de História Econômica Geral, com 9,8% e de História Econômica da América Latina e História do Pensamento Econômico, ambas com 9,3% (Tabela 4).

Tabela 4 – HE&HE: artigos por áreas temáticas (1998-2016)

	Frequência	Porcentagem
Brasil Colônia	13	6,4
Brasil Império	46	22,5
Brasil República	50	24,5
História de Empresas	22	10,8
História Econômica Geral	20	9,8
História do Pensamento Econômico	19	9,3
História Econômica América Latina	19	9,3
Historiografia econômica	14	6,9
Ensino História Econômica	1	0,5
Total	204	100

Fonte: HE&HE, 1998-2016.

Outra análise possível se dá sobre o recorte geográfico dos temas das pesquisas publicadas nos artigos. Assim, as regiões abrangidas pelos textos publicados na HE&HE, para os fins desta análise, foram agrupadas nos seguintes recortes geográficos: Mundo; América Latina; Brasil (Geral); (Centro-oeste); Brasil (Nordeste); Brasil (Norte); Brasil (Sudeste); e, Brasil (Sul). Na região América Latina foram abrangidos conteúdos que tratam da região como um todo ou que lançam mão de história comparada entre dois ou mais países da região ou ainda que tratam de países específicos da região, com exceção do Brasil.

Quando analisamos o conteúdo dos 204 textos por meio do recorte geográfico, 141 deles (69,12%) tratam de questões de História Econômica, História de Empresas, História do Pensamento Econômico ou Historiografia econômica que tem o Brasil como recorte. Os restantes 30,9% tratam de temas que têm o mundo (16,18%) ou América Latina (14,71%) como área geográfica.

Tabela 5 – HE&HE: artigos por recorte geográfico (1998-2016)

	Frequência	Porcentagem
Brasil	141	69,12
Mundo	33	16,18
América Latina*	30	14,71
Total	204	100
	Frequência	**Porcentagem**
Brasil Geral	67	47,52
Sudeste	46	32,62
Sul	13	9,22
Nordeste	9	6,38
Centro oeste	4	2,84
Norte	2	1,42
Total Brasil	141	100

Fonte: HE&HE, 1998-2016.
*América Latina em geral ou países específicos, com exceção do Brasil

Se observarmos os recortes regionais feitos sobre o território brasileiro, a maior parte (67 ou 47,52%) trata de temas que têm o Brasil em geral, sem discriminar uma região específica. Salta-nos aos olhos a grande quantidade de artigos que têm o Sudeste (ou estados e municípios localizados no Sudeste brasileiro) como recorte: 46 artigos (22,5% do total). As regiões Norte e Nordeste, áreas ocupadas desde a Colônia, têm, respectivamente, apenas 6,38% (ou 9 textos) e 1,42% (ou textos). Esta discrepância deve ser analisada levando-se em conta dois outros dados já apontados: a alta incidência de autores vinculados a instituições de pesquisa localizadas no Sudeste entre aqueles que publicaram textos na revista e a alta incidência de textos nas áreas temáticas Brasil Império e Brasil República. Esses dados (a alta concentração de textos de autoria de pesquisadores vinculados a instituições do Sudeste e a alta concentração de pesquisas que tem a região como recorte geográfico) são importantes por indicar a necessidade de políticas que fomentem a dispersão geográfica da pesquisa científica em História Econômica e História de Empresas no Brasil.

É de se notar a importância da HE&HE para a divulgação da produção em História Econômica realizada especialmente na América Latina. Ao todo, foram 30 textos (ou 14,71% do total) que tiveram como foco de análise a América Latina em geral ou países específicos do subcontinente (excetuando-se o Brasil). Destes, a Argentina tem destaque, com 12 textos versando sobre aspectos da história econômica deste país, dado que pode ser explicado pelo fato da Argentina constituir um dos países da região, depois do México e do Brasil, onde o campo da História Econômica é mais desenvolvido.

Tabela 6 – HE&HE: artigos sobre América Latina (1998-2016)

América Latina (Geral)	10
Argentina	12
Colômbia	4
México	2
Peru	1
Uruguai	1
Total	30

Fonte: HE&HE, 1998-2016.

O cruzamento das informações sobre as áreas temáticas e com as informações sobre os recortes regionais dos artigos da HE&HE, nos permite maior detalhamento do conteúdo publicado na revista. Se observarmos a área temática Historiografia econômica, temos que 6 artigos tiveram como tema a Historiografia econômica do Brasil, 6 versaram sobre a historiografia econômica mundial, 1 do Peru e 1 do Uruguai.

No que diz respeito à área temática de História do Pensamento Econômico, a qual vem ganhando espaço na revista, temos que 11 dos artigos que tratam da história do pensamento econômico no Brasil, 4 da história do pensamento latino-americano (com exceção do brasileiro) e 4 que tratam do tema no mundo. Já quanto à área de História de Empresas, temos: 8 tratam de empresas sediadas na região Sudeste do Brasil, 5 de empresas da região Sul, 5 mundiais, 1 mexicana e 1 argentina. O mesmo exercício de análise foi feito para todas as áreas temáticas. Seus resultados podem ser visualizados na Tabela 7.

Tabela 7 – HE&HE: artigos por áreas temáticas x recortes geográficos (1998-2016)

Áreas temáticas	América Latina	Argentina	Brasil (Centro oeste)	Brasil (Geral)	Brasil (nordeste)	Brasil (Nordeste)	Brasil (Norte)	Brasil (Sudeste)	Brasil (Sul)	Colômbia	México	Mundo	Peru	Uruguai	Total
Brasil Colônia	0	0	0	4	0	4	0	4	1	0	0	0	0	0	13
Brasil Império	0	0	3	14	0	2	2	21	4	0	0	0	0	0	46
Brasil República	0	0	1	30	1	2	0	13	3	0	0	0	0	0	50
Ensino História Econômica	0	0	0	1	0	0	0	0	0	0	0	0	0	0	1
História de Empresas	0	1	0	2	0	0	0	8	5	0	1	5	0	0	22
História do Pensamento Econômico	4	0	0	11	0	0	0	0	0	0	0	4	0	0	19
História Econômica América Latina	5	11	0	0	0	0	0	0	0	4	1	0	0	0	21
História Econômica Geral	0	0	0	0	0	0	0	0	0	0	0	15	0	0	15
Historiografia econômica	0	0	0	6	0	0	0	0	0	0	0	6	1	1	14
Total	9	12	4	67	1	8	2	46	13	4	2	32	1	1	204

Fonte: HE&HE, 1998-2016.

A fim de aprofundar ainda mais a análise do conteúdo da revista, procedemos a observação das palavras-chave indicadas pelos autores em seus artigos. Foram analisadas as cinco palavras-chave indicadas para cada um dos textos. Os primeiros textos publicados pela HE&HE não traziam as palavras-chave. Nestes casos, foram atribuídas até cinco palavras para cada um deles de acordo com o teor dos títulos e resumos dos textos.

Ao todo, para 204 artigos (excluindo-se as resenhas e as homenagens), foram indicadas 779 palavras-chave. Para a análise aqui proposta, dada a grande variedade de palavras indicadas nos textos, agrupamos estas palavras por proximidade semântica e de conteúdo. Após verificação e análise, conseguimos agrupar 372 das palavras mais citadas em torno de 40 campos mais comuns na revista, conforme mostra a Tabela 8.

O campo mais citado foi "indústria/industrialização", com 37 ocorrências, abrangendo desde temáticas mais gerais, como "industrialização" (12 ocorrências), "indústria" (4), "política industrial" (2) até temas mais delimitados, como referências a segmentos industriais específicos.

Como principal revista também na área de História de Empresas, este campo "Empresa/empresários" foi o segundo mais indicado pelos autores (28 correspondências), abarcando palavras-chave como: "História de empresas" (10 ocorrências), "empresa" (4), "empresários" (2), "internacionalização de empresas" (1), entre outros. Importante observar que neste campo não foram incluídas palavras-chave que se referiam a nomes próprios das empresas, tais como Grupo Gerdau, Wal-Mart ou Petrobrás, por exemplo. Importante observar também que quando nos referimos a este campo, a maior parte das palavras-chave nele incluídas referem-se a empresas atuantes no processo de industrialização da região.

O processo histórico de desenvolvimento, seja brasileiro, seja latino-americano ou mundial tem sido também outro tema bastante recorrente na HE&HE. O campo "desenvolvimento" foi o terceiro a receber maiores indicações de palavras-chaves (26 ao todo), correspondendo a termos como: desenvolvimento (5), desenvolvimento econômico (5), desenvolvimentismo (4) e subdesenvolvimento (3).

Tabela 8 – HE&HE: campos com maior número de indicações de palavras-chave (1998-2016)

Campo	Quantidade total de palavras-chave indicadas
Indústria/industrialização	38
Empresas/empresários	28
Desenvolvimento	26
Escravo/escravidão	25
Trabalho/sistemas de trabalho	19
Transporte/Ferrovias	16
Terra	14
História econômica	13
Açúcar/Álcool	11
Historiografia	11
Comércio	10
Café	9
Colônias/colonização	9
Investimento	9
Mercado interno	8
Política econômica	8
Pensamento econômico	7
Finanças/financeirização	7
Fiscalidade	7
Crédito	6
Agricultura	6
Imigração/migração	6
Urbano/urbanização	6
Instituições	6
Estado	6
Capital	5
Elites/burguesia	5
Crises	5
Crescimento econômico	5
Getúlio Vargas	5
Desigualdade/Distribuição	5
Capitalismo	4
Salário/custo de vida	4
Família	4
Riqueza	4
Dívida	4
Câmbio	3
Celso Furtado	3
Classes	3
Bancos	2

Fonte: HE&HE, 1998-2016.

Sendo a escravidão um fator determinante para a história econômica brasileira, o campo não poderia deixar de estar entre aqueles mais citados. Assim, o campo "escravo/escravidão" foi o quarto a receber maior número de indicações (25 no total), abarcando palavras-chave como: escravidão, transição da e escravidão, tráfico de escravos, escravos de ganho, etc.

Seguida da escravidão, o campo "trabalho/sistemas de trabalho" também recebeu muitas indicações, abarcando palavras-chave como: trabalho, trabalhador, trabalhador brasileiro. Agrupamos também neste campo os sistemas de trabalho, tendo sido, por isso, nele incluídos as palavras-chave como colonato e sistema de parceria.

O tema "transporte/ferrovias" foi outro dos temas mais recorrentes nos artigos da HE&HE. Este campo recebeu 16 indicações de palavras-chave, correspondendo a termos como: ferrovias (5), estradas de ferro, expansão ferroviária, navegação, navegação fluvial, etc.

Tema clássico da história econômica, o campo "terra" também está entre aqueles que abarcam grande número de indicações entre as palavras-chaves dos textos publicados na revista. Ao todo, o campo recebeu 14 indicações de termos, entre os quais, podemos destacar: terra (3), estrutura fundiária (2) e Lei de terras (2).

Receberam também significativa quantidade de ocorrências os campos "história econômica", "açúcar/álcool", "historiografia", "comércio", "café", "Colônias/colonização", "investimento", "mercado interno", "política econômica", "Pensamento econômico", "finanças/financeirização" e fiscalidade.

Podemos dizer, portanto, que o conteúdo da revista gira em torno de temas hegemônicos que tratam do desenvolvimento capitalista, passando pelo desenvolvimento do capitalismo industrial, das formas de propriedade (empresa, terra, trabalho escravo/livre) e dos meios de produção, em especial, a ferrovia. Assim, podemos afirmar que a área tem uma grande dominância: o arco que vai da transição do modelo agro-exportador-escravista para o industrial, tendo a questão do desenvolvimento como eixo estruturante. Chama-nos a atenção a quase ausência de indicações de palavras-chave para campos como: moeda (esta tem apenas duas indicações com os termos "circulação monetária" e "ciência e moeda"); bancos (com apenas 2 indicações); câmbio (com apenas 3 indicações) e sistemas de comunicação (com nenhuma indicação), indicando áreas de pesquisa da história econômica que devem ser incentivadas no Brasil.

A Tabela 9 (Anexo I) traz os 25 campos (agrupamentos de palavras-chave por proximidade semântica e de conteúdo) com maior número de indicações de palavras na revista desde seu primeiro número.

Perspectivas

A HE&HE, um dos pilares de atuação da ABPHE é, sem sombra de dúvida, um dos mais importantes elementos sistematizadores, divulgadores e estimuladores da pesquisa em História Econômica, História de Empresas e História do Pensamento Econômico no Brasil e na América Latina.

Desde seus fundadores até os mais recentes esforços das novas gerações, e seus modernizadores, a revista tem mantido regularidade, pontualidade e qualidade ininterruptas em 18 anos. Apesar disso, em um ambiente de rápida mudança, como o que o segmento de periódicos científicos vem vivendo nos últimos anos, a revista terá que encarar alguns desafios no curto e médio prazos.

É conhecida hoje a dificuldade que muitas revistas acadêmicas enfrentam em um setor que adquiriu características de um verdadeiro mercado marcado por grandes transformações técnicas e editoriais ocorridas nos últimos anos. Uma peculiaridade deste segmento no Brasil é o fato de que os periódicos científicos são geridos por professores e pesquisadores que, na maior parte das vezes, assumem esta tarefa concomitantemente às suas funções nas instituições de ensino e pesquisa a que são vinculados, sem remuneração específica para esta função e, muitas vezes, sem experiência profissional como editor. Assim, como na maior parte das revistas científicas brasileiras, esta também tem sido sempre a realidade da revista *História Econômica & História de Empresas*.

Por mais bem preparados e intencionados que sejam os editores das revistas científicas brasileiras (e, neste âmbito, também da HE&HE) estes geralmente não dispõem de recursos para lidar com as novas exigências de uma atividade em constante processo de atualização e avaliação. Atualmente, saberes específicos são necessários, como o uso de programas de edição de texto, de editoração eletrônica de web design. Além do trabalho com todos os aspectos formais e de conteúdo do editor, são exigidos conhecimentos de planejamento, administração e, ainda, de distribuição e marketing. Todos estes saberes e habilidades ultrapassam aqueles necessários para as conhecidas etapas de avaliação e publicação de artigos científicos. (GOMES, 2010, p. 157)

Por ter de coordenar praticamente todas as etapas do gerenciamento editorial, desde a atração de textos de qualidade até a etapa final de publicação do artigo revisto e diagramado, a escassez de recursos e a sobrecarga de responsabilidades podem comprometer o processo de trabalho e o seu resultado final. Assim, serão cada vez mais necessários recursos financeiros e qualificação profissional dos que hoje atuam como editores científicos.[4]

---

4 Pode-se mesmo afirmar que são praticamente inexistentes as oportunidades e espaços de formação de editores, tanto no âmbito de graduação como de pós-graduação. Mesmo os cursos universitários de Editoração na área de Comunicação Social, que oferecem um leque de conhecimentos básicos para o exercício profissional no mercado editorial, estão mais voltados às atividades de

O problema do financiamento da revista, portanto, já apontado pelos editores no início dos anos 2000, continua a ser um ponto importante a ser resolvido na HE&HE, apesar do advento dos softwares de gerenciamento eletrônico e do acesso aberto, como é o caso do Open Journal System (OJS), que praticamente eliminou a versão impressa de muitas revistas, barateando os custos.

No Brasil, existem fontes de recursos para as pesquisas acadêmicas, no entanto, quando se trata da divulgação dos resultados das pesquisas em revistas, as verbas são mínimas, quando não inexistentes, diferentemente do que ocorre hoje em países emergentes, como é o caso da China, onde o crescimento das publicações é muito grande e onde é mantida uma política focada no financiamento da disseminação do conhecimento, com vistas à internacionalização. Quando se refere ao financiamento direto aos periódicos, os recursos das fontes oficiais de fomento à pesquisa científica costumam ser escassos e, quando existem, geralmente são limitados às revistas com alto fator de impacto e indexadas internacionalmente.

A qualidade de um periódico se define, principalmente, pelo cumprimento de um conjunto de parâmetros editoriais que vão desde a qualidade da gestão do processo editorial (periodicidade, regularidade, tempo médio entre a submissão, aceitação e publicação, arbitragem), passando pela qualidade editorial (revisão, instruções claras e detalhadas aos autores e pareceristas, correção de provas, gestão eletrônica integral dos manuscritos) até a capacidade de atração e qualidade científica (proporção de artigos originais e inéditos, grau de endogenia, variedade regional e internacional, número de trabalhos recebidos, taxa de aceitação).

Além destes parâmetros, um de fundamental importância hoje é a visibilidade (medida quantitativamente pelo fator de impacto do periódico). Para a visibilidade, é fundamental a indexação. Estar indexada nas principais bases de dados e repositórios de divulgação da literatura científica é, por exemplo, um dos critérios analisados pelas agências de fomento quando da concessão de recursos a periódicos.

Uma melhor avaliação (no Qualis-Periódicos da Capes) e a indexação (especialmente na SciELO) devem ser, portanto, dois objetivos a serem seguidos pela HE&HE no curto prazo. Muitos autores, hoje, tendem a dar preferência a periódicos melhor qualificados. Sem bons artigos com quantidade adequada, entramos num ciclo vicioso difícil de romper: dificuldade de indexação nas mais importantes bases

---

editoras comerciais. Não há uma formação específica profissional para o editor de revistas científicas, função normalmente ocupada por pesquisadores da área sem a necessária formação técnica para promover ou coordenar processos editoriais como um todo. (GOMES, 2010, p. 157)

de dados, que leva à baixa pontuação no Qualis-Periódicos da Capes, o que leva a revista a receber menos artigos de qualidade. É, portanto, necessário romper este ciclo.

No curto e médio prazos, é necessário colocar em discussão um Qualis-Periódicos da área de Economia menos limitante, permitindo o crescimento da área e, dentro dela, da subárea que representamos: a História Econômica. Nossa área, se por um lado enfrenta um fator limitante que advém do próprio fato de a área de Economia ser a mais restritiva entre as 48 áreas avaliadas pela Capes, enfrenta também outra limitação que se refere à pequena representatividade de revistas dedicadas à História Econômica no Qualis de Economia.

Outro limitante, este de cunho mais geral, é aquele que advém de característica da grande área de Ciências Humanas de ter alta frequência de estudos dedicados a realidades e fenômenos locais o que dificulta sua internacionalização pela via da publicação das pesquisas em periódicos internacionais. Assim, ainda no curto prazo, é preciso aumentar o percentual de pesquisadores estrangeiros envolvidos nos comitês editoriais, no processo de revisão por pares e, principalmente, como autores dos artigos publicados adequando-se ao que é recomendado atualmente como melhores práticas no segmento de revistas científicas

Além de tudo, e sobretudo, em termos de conteúdo editorial, será necessário que a HE&HE, dê ênfase ao seu papel de agente indutor do desenvolvimento da área de História Econômica e de História de Empresas no Brasil, buscando incentivar a diversificação de temáticas e recortes geográficos no Brasil e também na América Latina, lançando dossiês temáticos ou números especiais dedicados a estes fins.

A primeira fase de internacionalização da revista, aquela de seus fundadores, significava acima de tudo, trazer para o Brasil pesquisas produzidas no exterior, pressupondo principalmente o leitor nacional. Esse segundo ciclo de internacionalização, com o qual os modernizadores da HE&HE convivem, é diferente, inclui a circulação da revista no mundo, o que é potencializado pelos indexadores, pressupondo, portanto, também o leitor internacional. Sendo assim, no curto e médio prazos haverá necessidade de empreender esforço também de aproximação do campo brasileiro das temáticas e abordagens dos debates existentes em outros centros de pesquisa.

São estes os desafios... e eles não são pequenos...

Referências bibliográficas

BARROS, Moreno Albuquerque de. A primavera acadêmica e o custo do conhecimento. *Liinc em Revista*, Rio de Janeiro, v. 8, n. 2, setembro, 2012, p. 365-377.

Classificação da produção intelectual Qualis-Periódicos, Comissão de Aperfeiçoamento de Pessoal do Ensino Superior (Capes). Disponível em http://www.capes.gov.br/avaliacao/instrumentos-de-apoio/classificacao-da-producao-intelectual. Acessado em 21 de fevereiro de 2017, às 20h30.

DECLARACIÓN de Montevideo. Disponível em http://www.economia.unam.mx/cladhe/declaracion_montevideo.php. Acessado em: 22 de fevereiro de 2017, às 16h32.

GOMES, Valdir Pereira. O editor de revista científica: desafios da prática e da formação. *Informação & Informação*, Londrina, v. 15, n. 1, p. 147- 172, jul./jun. 2010.

HISTÓRIA ECONÔMICA & HISTÓRIA DE EMPRESAS. São Paulo, 1998-2016.

PACKER, Abel L. Os periódicos brasileiros e a comunicação da pesquisa nacional. *Revista USP*, São Paulo, n. 89, p. 26-61, março/maio 2011.

SARAIVA, Luiz Fernando; HELLER, Claudia; TESSARI, Cláudia Alessandra. *Trabalhos realizados pela Comissão Executiva da Revista História Econômica & História de Empresas (HE&HE ISSN 1519- 3314)*. Outubro de 2012 a Agosto de 2014. Niterói (RJ): setembro de 2014.

Site da *Revista História Econômica & História de Empresas*: http://www.abphe.org.br/revista/index.php?journal=rabphe&page=index

ANEXO 1

Tabela 9 - HE&HE: 25 principais campos citados e suas palavras-chave (1998-2016)

Campo	Quantidade total de palavras-chave no campo	Palavras-chave	Quantidade de indicações
Indústria/industrialização	38	industrialização	12
		indústria	4
		economia industrial	2
		política industrial	2
		indústrias culturais	2
		proto-industrialização	1
		Industrialização brasileira	1
		indústria argentina	1
		indústria automobilística	1
		Indústria brasileira do petróleo e gás	1
		indústria carbonífera	1
		indústria de bens de consumo	1
		indústria madeireira	1
		Indústria Metalúrgica	1
		Indústria moveleira	1
		Indústria Siderúrgica	1
		indústria têxtil	1
		Indústria vinícola brasileira	1
		Substituição de importações	1
		interesse industrial	1
		Pré-indústria	1
Empresas/empresários	28	aglomerações de empresas	1
		Empresa	4
		empresa multinacional	2
		empresariado imobiliário	1
		Empresariado industrial	1
		Empresários	2
		empresários Argentina	1
		Empresas transnacionais	1
		estratégias empresariais	1
		grupos empresariais	1
		História de Empresa	10
		História de empresa agrícola	1
		internacionalização de empresas	1
		Microempresas	1

Desenvolvimento	26	desenvolvimentismo	4
		Desenvolvimento	5
		desenvolvimento do mercado mundial capitalista	1
		desenvolvimento econômico	5
		desenvolvimento interior	1
		desenvolvimento local/regional	2
		Desenvolvimento nacional	1
		Desenvolvimento Territorial	1
		subdesenvolvimento	3
		plano de desenvolvimento econômico	1
		projetos de desenvolvimento	1
		Atraso Econômico	1
Escravo/escravidão	25	Aluguel de escravos	1
		Antiescravismo	1
		Contrabando de escravos	1
		Crianças escravas	1
		escravidão	12
		Escravo	1
		Escravos ao ganho	1
		Famílias escravas	1
		posse de escravos	1
		Tráfico	1
		tráfico de escravos	1
		Tráfico interno de escravos	1
		Ingênuos	1
		Transição escravidão	1
Trabalho/sistemas de trabalho	19	mercado de trabalho	2
		mobilidade internacional do trabalho	1
		Organização Internacional do Trabalho	1
		trabalhador nacional	1
		trabalhadores urbanos	1
		Trabalho	4
		Trabalho infantil	1
		trabalho livre	1
		Trabalho temporário	1
		Mão de obra	2
		Mão de obra livre imigrante	1
		Colonato	1
		Sistema de Parceria e Contratos	1
		emprego	1

Transporte/Ferrovias	16	Companhia Estrada de Ferro Rio Claro	1
		Companhia Paulista de Estradas de Ferro	1
		Estradas de ferro	1
		expansão ferroviária	1
		ferrovias	5
		Ferrovias da Colômbia	1
		transporte	1
		Navegação	2
		navegação a vapor	1
		linhas transatlânticas de paquetes a vapor	1
		navegação fluvial	2
Terra	14	legislação fundiária	1
		Lei de Terras	2
		propriedade da terra	1
		questão agrária	1
		Registros Paroquiais de Terras	1
		terra	3
		estrutura fundiária	2
		política fundiária	1
		Estrutura agrária	1
		História Agrária	1
História econômica	13	história econômica	8
		história econômica argentina	1
		história econômica comparada	1
		história econômica do ambiente	1
		História Econômica dos Esportes	1
		história econômica dos EUA	1
Açúcar/Álcool	11	cana-de-açúcar	1
		Instituto do Açúcar e do Álcool	1
		Açúcar	3
		Açúcar	3
		Atividades agroaçucareiras	1
		Indústria Álcool-Motora	1
		beterraba açucareira	1
Historiografia	11	historiografia	6
		Historiografia brasileira	1
		Historiografia econômica Brasil	3
		Historiografia econômica Uruguai	1

Comércio	10	Comércio	3
		Comércio atlântico	1
		comércio internacional	1
		Comércio interprovincial	1
		Vias de comércio	1
		política comercial	2
Café	9	café	5
		Cafeicultura	4
Colônias/colonização	9	Colônia	1
		Colônias	1
		colonização industrial	1
		Colonização oficial	1
		Colonização privada	1
		Economia Colonial	1
		Política colonizadora	1
		sociedade Colonial	1
		território Colonial	1
Investimento	9	Investimento direto estrangeiro	4
		investimento estrangeiro América do Sul	1
		investimento japonês	1
		investimentos internacionais	2
		padrões de investimento	1
mercado interno	8	mercado interno	5
		Economia de abastecimento interno	2
		comércio interno	1
Política econômica	8	política econômica	8
Pensamento econômico	7	História do Pensamento Econômico	2
		pensamento econômico	2
		Pensamento econômico brasileiro	1
		Ideias econômicas	1
		Pensamento econômico pré-clássico	1
Finanças/financeirização	7	Finanças medievais	1
		Finanças mundiais	1
		finanças públicas	1
		financeirização	1
		diplomacia financeira	1
		globalização financeira	1
		História financeira do início da Europa moderna	1

Fiscalidade	7	Estado fiscal-militar	1
		federalismo fiscal	1
		Fiscalidade	2
		Fiscalidade medieval	1
		Fiscalidade portuguesa	1
		História fiscal	1
Crédito	6	Mercados de crédito	1
		Crédito	2
		Crédito Agrícola	1
		Carta de quitação	1
		Crédito local	1
Agricultura	6	Ministério da Agricultura	1
		agricultura	2
		Agroexportação	1
		Entidades Patronais Agroindustriais	1
		Políticas Agrícolas	1
Imigração/migração	6	Imigração	2
		Imigração Alemã	1
		imigrantes	2
		Migração	1
Urbano/urbanização	6	mercado imobiliário urbano	1
		reforma urbana	1
		centros urbanos	1
		urbanização	3
Instituições	6	evolução institucional	1
		instituições	1
		instituições econômicas	1
		Mudança Institucional	1
		redes e instituições	1
		Nova Economia Institucional	1
Estado	6	Estado	3
		Estado e Economia	1
		intervenção estatal	2

Fonte: HE&HE, 1998-2016.

II

Homenagem aos mestres

Alice Piffer Canabrava (1911-2003)[1]

Flávio Azevedo Marques de Saes[2]

Seria difícil prever que uma mulher nascida em 1911 numa cidade do interior do Estado de São Paulo pudesse se tornar, aos 40 anos, catedrática da Universidade de São Paulo. E catedrática numa área relativamente nova – a História Econômica – em que se tornou uma referência nacional e com reconhecimento internacional. Isso torna o percurso profissional e intelectual de Alice Piffer Canabrava peculiar e merecedor de um olhar especial. Certamente, as características pessoais de Alice Canabrava respondem, em grande parte, pelo relato desse percurso. No entanto, é de interesse situar mudanças que se processavam na sociedade paulista quando Alice era jovem e que, se por um lado lhe abriram portas, por outro indicavam que o caminho à frente era bastante estreito.

---

1 Este texto reproduz, com algumas modificações, o artigo publicado na revista *História Econômica & História de Empresas* (v. 2, n. 2, 1999, p. 41-61). Esta versão beneficiou-se da excelente pesquisa de Otavio Erbereli Júnior que resultou em sua dissertação de mestrado: *A Escrita da História entre dois mundos: uma análise da produção de Alice Piffer Canabrava -1935-1961*. (ERBERELI Jr., 2014)
2 Professor da FEA/USP e Vice-presidente da ABPHE entre 2007 e 2009.

Industrialização e urbanização marcam a sociedade paulista da Primeira República, ao diversificar e ampliar a presença de novos estratos sociais. A herança do escravismo, ainda visível, era ofuscada pela intensa imigração, pela presença de diferentes tipos de trabalhadores (colonos, operários, empregados em serviços) e por uma nascente classe média urbana, grupos esses que exerciam pressão difusa sobre o poder público na busca de melhores condições de vida. A Revolução de 30, ao destruir o sistema político oligárquico da Primeira República, enfraquecera grupos tradicionais da elite paulista e facilitava alguma forma de "modernização" da sociedade. Esta breve e imprecisa súmula de algumas transformações da sociedade ao longo da Primeira República serve de preâmbulo para o que nos interessa mais de perto – a reforma do sistema educacional brasileiro no período.

A Primeira República herdou, do Império, a estrutura básica do sistema educacional, de natureza dual. De um lado, uma "educação popular" com o curso primário, de duração variável, mas em geral de 4 anos. Uma parte, relativamente pequena, dos que concluíam o primário podia continuar os estudos no curso normal (destinado à formação de professores para o primário) ou nos cursos vocacionais (a exemplo das escolas de comércio) que forneciam alguma habilitação para o trabalho. No entanto, estes cursos não permitiam concorrer ao acesso aos cursos superiores. Por exemplo, um guarda livros (título que corresponderia hoje ao de contador), formado em escola de comércio, que desejasse ingressar no curso de Direito, teria de recomeçar seu percurso educacional a partir do fim do curso primário. Isto porque o curso secundário (o ginásio, como era conhecido), de caráter geral, não profissionalizante, era condição para o ingresso nos cursos superiores que, assim, se tornavam acessíveis apenas às camadas privilegiadas da população. Por exemplo, em São Paulo, até 1930, havia apenas três Ginásios do Estado (na capital, em Campinas e em Ribeirão Preto) que ministravam o curso secundário e permitiam o ingresso nos cursos superiores. Além desses três, havia algumas escolas particulares autorizadas a oferecer o curso secundário, mas frequentadas por pequena parcela da população dado seu custo elevado. A própria Alice Canabrava define essa dicotomia do sistema educacional brasileiro (e também do paulista) de modo claro:

> A dualidade do sistema educacional refletia, em seu conteúdo e espírito, a dicotomia da sociedade à qual devia servir: as escolas primárias e as vocacionais que proporcionavam o ensino prático e utilitário, a chamada "educação popular", destinada ao povo, aos segmentos menos favorecidos do corpo social, nos quais incluíam-se as

camadas médias urbanas que apenas despontavam; o ensino secundário ou propedêutico e o superior para as elites, consagradas aos altos postos do poder legislativo e judiciário e da administração em geral (CANABRAVA, 1984, p. 18).

Uma primeira mudança, pontual, se deu em 1912 com a equiparação do curso normal ao curso secundário (por meio da realização de exames das matérias não constantes dos currículos). Mas apenas depois de 1930 o dualismo do sistema educacional foi progressivamente abolido: fixou-se o objetivo de universalização do ensino primário e secundário e os cursos vocacionais tornaram-se equivalentes ao secundário de modo a permitir a seus alunos o ingresso no curso superior. O final dos anos 20 e o começo dos 30 registram várias reformas educacionais no sentido da universalização do ensino público e do fim da dualidade referida; em particular, vale mencionar a participação de Fernando de Azevedo na reforma da educação no Distrito Federal, em 1928, e na de São Paulo, em 1933.

Igualmente importante foi a fundação, em 1934, da Universidade de São Paulo que agregou várias faculdades antes existentes e criou a Faculdade de Filosofia, Ciências e Letras. Embora resulte da confluência de diferentes condições políticas, econômicas e sociais, a criação da USP também se insere nesse ambiente de renovação da educação em São Paulo. Aliás, Fernando de Azevedo participou do grupo fundador da USP.

Urbanização, industrialização, novas classes sociais, Revolução de 30, reformas educacionais, fundação da USP: o final da Primeira República e os anos 30 concentram mudanças que abriam oportunidades até então restritas à elite social e econômica. É dentro desse movimento de transformação da sociedade brasileira e paulista que se inicia o percurso profissional de Alice Canabrava, uma "professorinha" do interior que se tornará catedrática da Universidade de São Paulo.

Breve nota biográfica: da Escola Normal à Cátedra de História Econômica[3]

Alice Canabrava nasceu em Araras, Estado de São Paulo, em 1911. Araras se situa próximo de Campinas, numa região, à época, tipicamente cafeeira. Aliás, sua família tinha uma propriedade de médio porte que fora doada pelo Visconde de Nova Granada ao avô de Alice Canabrava: este era médico naquela cidade e, tendo tratado do Visconde, recebeu 100 alqueires como agradecimento (CANABRAVA, 1997, p. 162). O sobrenome Piffer vem de sua mãe, nascida na Áustria e que, segundo a própria Alice Canabrava, estava habituada ao trabalho árduo e não via razões para a mulher se abster do estudo e do trabalho. Seu pai, com raízes brasileiras, era homem culto, afeito à leitura, e também não admitia a inferioridade feminina em relação às tarefas intelectuais. Definiram-se, assim, duas influências desde a infância de Alice Canabrava que, embora distintas, convergiam ao afirmar o valor do estudo e do trabalho para a mulher. Esse ambiente familiar certamente contribuiu para que a formação escolar de Alice – seu curso secundário – se desse em condições distintas do padrão então vigente numa cidade do interior.

Após concluir o curso primário, Alice Canabrava fez o ginásio, como interna, no Colégio Stafford, em São Paulo.[4] Posteriormente, ingressou na Escola Normal da Praça da República (depois Caetano de Campos), também na cidade de São Paulo. Evidentemente, nos anos vinte a formação educacional de uma menina tinha como alvo a conclusão do curso normal com o eventual ingresso no magistério primário. Em São Paulo, a Escola Normal da Praça definia o padrão de qualidade desse nível de ensino. É claro, no entanto, que para uma menina do interior, o deslocar-se para cursar em São Paulo primeiro o ginásio e depois a escola normal envolvia uma decisão familiar forte e a superação de uma série de obstáculos materiais.

---

3 A maior parte destas notas biográficas reproduz informações colhidas em conversas informais com a Professora Alice Canabrava e também em dois depoimentos por ela feitos: para a revista *Economia Aplicada* [(CANABRAVA (1997)] e para uma série sobre as mulheres na Universidade de São Paulo, organizada pela Profa. Eva Blay [CANABRAVA (s/d)]. Esta série foi objeto de um artigo em que trechos dos depoimentos são reproduzidos [BLAY E LANG (1984)]. Na medida do possível, estas informações relativamente subjetivas foram confrontadas com fontes documentais. É claro que permanece a possibilidade de um duplo viés: o da própria Professora Alice Canabrava e o do autor do artigo ao "interpretar" as informações por ela fornecidas.

4 Alice Canabrava nos lembra que ela e sua irmã foram as duas únicas meninas de Araras, à época, que prosseguiram os estudos além do primário e num ginásio da capital (CANABRAVA,s/d).

Concluído o curso normal, no final dos anos vinte, a perspectiva que se apresentava a Alice Canabrava era o ingresso no magistério oficial. Efetivamente foi isso que ela fez, indo lecionar em Manduri, um pequeno distrito do interior, próximo a Piraju (na região da Sorocabana). Algum tempo depois conseguiu transferência para Araras, continuando ali a dedicar-se ao magistério primário. Embora se referisse a essa experiência com grande satisfação - especialmente na tarefa de alfabetização de crianças - sentia também a limitação de horizontes que a atividade impunha. Mesmo em Araras, procurava, pela encomenda de livros na capital e pelas aulas de francês que recebia de um suíço morador na cidade, superar as limitações culturais inerentes ao ambiente local. No entanto, a Alice Canabrava, como a tantas outras professoras primárias do interior, manter-se nessa atividade deveria parecer o caminho natural de suas vidas.

Mesmo assim, em busca de alternativas, Alice consultava o Diário Oficial na esperança de que surgisse alguma oportunidade que lhe indicasse novos rumos. Essa oportunidade apareceu em 1934.

Como já referido, nesse ano foi fundada a Universidade de São Paulo: ela agregava algumas faculdades já existentes - medicina, direito, engenharia, agronomia e ainda o instituto de educação e alguns elementos da escola de veterinária e da de farmácia e odontologia – e criava uma nova Faculdade – a de Filosofia, Ciências e Letras (CAMPOS, 2004, p. 101-103). Com o objetivo de consolidar a Faculdade de Filosofia, ao garantir o preenchimento das vagas, o governo do estado de São Paulo abriu a possibilidade de que professores do magistério primário oficial ingressassem nos cursos da faculdade, numa espécie de "comissionamento": eles manteriam seu emprego e receberiam seus vencimentos enquanto cursavam a faculdade. Como indicamos anteriormente, em 1912 foi admitida a equivalência do curso normal ao ginásio, viabilizando o acesso dos "normalistas" à universidade. Alice Canabrava, vendo aí a possibilidade de atender às suas expectativas de novos conhecimentos e novas atividades, prestou o exame para ingresso na faculdade. Aprovada, iniciou em 1935 o curso de História e Geografia (à época, um único curso). E o "comissionamento" garantia a Alice as condições materiais para se manter em São Paulo durante a realização do curso.

Desse modo, podemos observar como Alice se beneficiou das mudanças que se processavam à época em que concluía o curso normal, em particular as reformas educacionais e a criação da USP. É certo que sua formação escolar – ginásio Stafford e Escola Normal da Praça – deve ter sido fundamental para lhe garantir o sucesso no exame de ingresso no curso de Geografia e História. Mas também é inegável que Alice não se acomodou em sua condição de professora primária e saiu em busca de novas possibilidades. No entanto, se tivesse nascido dez anos antes talvez não encontrasse as oportunidades que lhe permitiram dar outro rumo à sua vida.

Evidentemente, a USP representou um novo patamar na formação intelectual de Alice Canabrava. Um pequeno grupo de professores acompanhou os alunos ingressantes em 1935 nos três anos de curso: Afonso de E.Taunay, em História do Brasil, Plínio Ayrosa em Etnografia e Língua Tupi-Guarani, Paul Vanorden Shaw em História da América, Fernand Braudel em História Geral e Pierre Monbeig no curso de Geografia. A lembrança dos professores brasileiros não lhe trazia muito entusiasmo: embora competentes em suas áreas, eram extremamente formais, distantes dos alunos, limitavam-se a exposições típicas do "velho" ensino. Vanorden Shaw, professor americano, também jornalista, mesclava as aulas de História da América com relatos pertinentes de suas experiências jornalísticas, dando grande vivacidade às exposições. Mas é, sem dúvida, aos dois mestres franceses que se reservavam as menções mais elogiosas. Monbeig apresentava uma "nova" geografia em contraposição à interminável lista de topônimos que era usual na geografia da escola normal: tratava-se da explicação - e não da mera relação - de fenômenos geográficos. Associava às suas qualidades de geógrafo e de professor, uma exigência enorme de trabalhos, exercícios, relatórios, excursões que, embora extenuantes, resultavam em denso aprendizado. Braudel é lembrado pelo brilho de suas exposições, as quais superavam amplamente o rol de datas, nomes e batalhas que caracterizava o ensino de história até então. Tratava-se agora de situar fatos e personagens dentro de seu meio e de sua época, abrindo uma nova perspectiva para o estudo da história. Além disso, a própria figura de Braudel impressionava por sua elegância e refinamento: por isso era designado como "le prince charmant", sem que essa designação indicasse qualquer distanciamento entre mestre e alunos. Pelo contrário, os contatos próximos eram frequentes, em visitas que os alunos faziam a Braudel em sua casa ou em chás a ele oferecidos nas confeitarias do centro da cidade. Além disso, a vinda dos mestres franceses coincidiu com uma enorme renovação na pesquisa histórica e geográfica: se esta mudança era relativamente nova na Europa, para o estudante brasileiro afigurava-se como uma verdadeira revolução. Grandes geógrafos como De Martonne e Vidal de la Blache tornaram-se leituras usuais no curso de Monbeig, assim como a revista *Annales* e as obras da coleção *Clio* tinham presença regular na bibliografia dos cursos de Braudel. Ou seja, Braudel e Monbeig foram os portadores das tendências mais recentes da História e da Geografia na Europa (ou mais especificamente, na França), em claro contraste com o estilo de ensino e de pesquisa que aqui predominava.[5]

Este breve relato pretende indicar o impacto intelectual que o curso de História e Geografia produziu sobre Alice Canabrava, uma jovem professora do interior que, embora já tivesse estudado em ginásio e na escola normal da capital, encontrou um novo "mundo" cultural dentro da USP.

Concluída a licenciatura, em 1937, Alice Canabrava foi convidada para trabalhar como assistente da cadeira de História da América, com o Prof. Paul Vanorden Shaw. Foi esse vínculo que a levou ao tema de sua tese de doutoramento, defendida em 1942: "O comércio português no Rio da Prata, 1580-1640". A originalidade da pesquisa e a relevância dos resultados obtidos deram a Alice Canabrava uma posição de destaque entre os jovens historiadores brasileiros à época.

Aberto o concurso para a cátedra de História da América, Alice Canabrava dedicou-se à elaboração da tese com a qual iria concorrer: "A indústria do açúcar nas ilhas inglesas e francesas do mar das Antilhas, 1697-1755". Nesse concurso inscreveu-se outro candidato – Astrogildo Rodrigues de Mello – professor então contratado para reger a cátedra.[6] Alice Canabrava nos relata que passou a sentir enorme resistência entre seus colegas a partir do momento em que, pela repercussão de sua tese de doutoramento, aparecia como candidata potencial à cátedra:

> Deste modo, involuntariamente, emergi, aos olhos de meus colegas masculinos, como possível candidata ao provimento efetivo da cadeira de História da América, a ser posta em concurso. Até então, o relacionamento com esses colegas havia sido muito afável, direi até, não isento de estima pessoal. A partir de então, o círculo de hostilidade subterrânea começou a se desenhar para mim com evidências, a se apertar anonimamente em uma ou outra ocorrência da atividade universitária,

---

5   As referências de Braudel à sua estada no Brasil confirmam o clima amistoso e extremamente profícuo que se estabeleceu entre o mestre e seus alunos. Ao retornar ao Brasil em 1948, Braudel foi procurado por seus ex-alunos, muitos residentes em outras cidades e tendo de viajar longas horas para vê-lo. Seus laços de amizade em São Paulo extravasaram o ambiente universitário, integrando-se às atividades da sociedade paulistana (como em festas para as quais era frequentemente convidado). Mais importante, no entanto, é o impacto intelectual de sua estada no Brasil. Braudel teria afirmado: "Foi no Brasil que me tornei inteligente". Num país novo, onde tudo estava por compreender, Braudel teria sido capaz de se libertar dos velhos paradigmas e iniciar a construção de seu próprio pensamento histórico. Cf. DAIX (1999, Capítulo IV).

6   Um terceiro candidato – Odilon Araujo Grellet – era formado em Ciências Jurídicas e professor no ginásio Franklin Roosevelt.

sem alterar a aparência de superficial cordialidade. (…) A pesquisa histórica, desde minha licenciatura, absorvia cotidianamente muitas das minhas horas; reservava as férias para o trabalho na Biblioteca Nacional e no Arquivo Nacional, no Rio de Janeiro. Passei então a solicitar documentação da Biblioteca do Congresso dos Estados Unidos referente às Antilhas e logo percebi que esta correspondência, cartas e caixas com rolos de microfilmes, chegava violada. O mesmo acontecia com as cartas trocadas com a Fundação Rockfeller, com a qual estava tentando obter uma bolsa de estudo, de alguns meses, para consultar os arquivos de algumas ilhas daquela área. Na biblioteca da Faculdade, qualquer obra que requisitasse, ou estaria fora do lugar ou, após a primeira consulta, não seria mais encontrada para prosseguimento.

Outras armadilhas não lograram êxito, e delas tive conhecimento após vários anos passados. A livraria onde comprava a maior parte dos livros para pagá-los mensalmente, ao todo ou em parte, foi avisada do risco que incorria, mas não considerou a advertência com base nas relações de muitos anos. Um funcionário da Faculdade, como o mesmo me contou em anos recentes, foi incumbido de me seguir diariamente e dar conta dos lugares que frequentava. Ouvi conselhos e insinuações de que não devia desafiar a hostilidade já constituída: iria ser fatalmente reprovada. A minha resposta foi invariavelmente a mesma, sem qualquer argumento: "Eu faço o concurso, caberá à banca me reprovar". Ao encerramento do prazo para a inscrição no concurso, o elevador parou de funcionar no momento em que me apresentei. Fomos obrigados a galgar a pé os lances de escada que levavam ao segundo andar do edifício da Praça da República, a Escola Normal Caetano de Campos, carregando nos braços, em algumas viagens, os cem exemplares da tese exigidos pelo edital. Na secretaria aguardavam o encerramento alguns de meus contrários, mas com todas as dificuldades, eu lograra me manter dentro do prazo para a inscrição. A tese havia sido impressa em minha casa, em mimeógrafo usado, adquirido para a ocasião, receosa de que vistoriassem as principais firmas do gênero, o que de fato aconteceu, para tentar bloquear meu trabalho na fase final (CANABRAVA, 2005, p. 30/31).

O resultado do concurso, em que Astrogildo Rodrigues de Mello foi vencedor, comporta alguma dúvida. José Jobson de Andrade Arruda e Otavio Erbereli Júnior analisaram as atas do concurso e concluíram, embora com critérios diferentes, que a média de Alice havia sido superior à de Rodrigues de Mello. O concurso era constituído por quatro provas: Títulos, Prova Escrita, Defesa de Tese e Prova Didática. Erbereli indica a média das notas dessas provas por examinador e conclui que a média de Alice era superior à de Rodrigues de Mello (ERBERELI, 2014, p. 78/79):

	A.R. de Mello	A.P. Canabrava	O.A. Grellet
Jorge Americano	9,25	9,25	7
Zeferino Vaz	9,00	9,75	7
Jayme Coelho	9,75	9,00	7
Eremildo Viana	9,75	9,00	7
Sérgio B. de Holanda	8,5	9,75	7

Se o critério para aprovação fosse a maior média, é evidente que a de Alice (9,35) superava a de Rodrigues de Mello (9,25). Mas José Jobson Arruda mostra que na tabela que definiu a indicação de Rodrigues de Mello houve um cálculo diferente, pois se considerou a média das notas atribuídas pelos examinadores para cada prova, como vemos abaixo (ARRUDA, 2011, p26):

	A.R. de Mello	A.P. Canabrava
Títulos	10	9
Prova escrita	9	9
Defesa de Tese	9	10
Prova didática	9	9
Média	9,25	9,25

Diante desse resultado, o presidente da banca, Jorge Americano, desempatou em favor de Astrogildo Rodrigues de Mello por achar-se esse na regência da cátedra de História da Civilização Americana. Na verdade, José Jobson Arruda mostra que, para chegar a esse empate nas notas, a média de cada prova sofreu arredondamento, com critérios diferentes para cada candidato: para Mello o arredondamento era para cima e para Alice para baixo (exceto na prova da Defesa de Tese). Refazendo os cálculos com iguais critérios, Arruda conclui que a média de Alice seria 9,3 e a de Mello 9,15. Vencida na disputa pela cátedra, Alice obteve o título de livre docente, mas tinha bons motivos para se sentir prejudicada pela decisão final que coube ao então diretor da Faculdade, Jorge Americano.

Independente das notas, das médias e do título de livre docente, Alice Canabrava entendia haver uma restrição absoluta a que uma mulher conquistasse a cátedra na Faculdade de Filosofia, Ciências e Letras, herança de uma sociedade em que os postos de direção só poderiam ser assumidos pelo elemento masculino. Esse entendimento é exposto também por Olga Pantaleão, contemporânea de Alice Canabrava na FFCL:

> Finalmente a Cátedra, ponto final na carreira universitária na época, estava bem fora do alcance das mulheres: erguia-se uma muralha masculina contra simples possibilidade. Nos anos 40, a única mulher catedrática na Congregação da Faculdade de Filosofia foi Noemy Silveira Rudolfer, que viera transferida do Instituto de Educação quando este foi extinto e, portanto, não tivera de pleitear a Cátedra. Durante quase um ano, de julho de 1946 a junho de 1947, mais uma mulher, eu mesma, pôde aparecer nesse quadro, regendo interinamente a cadeira de História da Civilização Moderna e Contemporânea. Durou pouco tempo: por pressão e ação do grupo masculino dominante no curso de Geografia e História tive de deixar a Faculdade, tendo feito o restante de minha carreira fora da USP. E finalmente, uma mulher fez o concurso para a Cátedra de História da Civilização Americana: Alice Piffer Canabrava. Foi um acontecimento! Mas apesar de ter obtido as melhores notas, não ganhou o concurso... (PANTALEÃO *apud* ERBERELI, 2014, p. 84).

Essa restrição – de mulheres ascenderem à cátedra na FFCL – atingia um número relativamente grande de mulheres que assumiam a condição de assistentes. Olga Pantaleão nos permite entender a razão dessa presença feminina:

> Ao lado da formação de novos especialistas para servir a um mercado em expansão, urgia formar elementos para o próprio corpo docente da Faculdade: o primeiro passo foi a criação de funções de assistentes, depois 1º e 2º assistentes junto às diversas cadeiras. Foi então que se abriram novas oportunidades para as mulheres. Penso que a existência de um elemento feminino abundante no corpo discente da escola, e por que não dizer, disposto a aceitar o desafio, permitiu a indicação de várias mulheres para assistentes; também a falta de tradição de um domínio masculino, a necessidade de utilizar mulheres por não haver homens disponíveis e a competência do elemento feminino foram responsáveis pelo aparecimento, em número razoável, de mulheres no corpo docente, situação jamais sonhada pelas velhas escolas de ensino superior (PANTALEÃO *apud* ERBERELI, 2014, p. 75).

Em suma, às mulheres era permitido cursar a FFCL, ser assistentes, realizar o doutoramento; "tudo menos a Cátedra", conclui Olga Pantaleão.

Ao não aceitar o resultado de seu concurso, Alice Canabrava pediu exoneração da FFLC e dirigiu-se ao reitor da USP: por se considerar injustiçada, entendia que o reitor deveria lhe destinar uma nova posição dentro da Universidade. E, mais uma vez, a história foi favorável a Alice. Se a criação da FFCL lhe abrira um novo campo, ao avançar, o caminho se mostrou estreito demais para seu objetivo de alcançar a cátedra. Mas, nesse ano de 1946 em que deixou a FFCL, foi fundada uma nova Faculdade na USP: a de Ciências Econômicas e Administrativas. Ao mesmo tempo foi criado o Instituto de Administração, anexo à Cadeira de Ciência da Administração da Faculdade, que absorveu recursos humanos e materiais (inclusive a biblioteca) do Departamento do Serviço Público (a reprodução do DASP no âmbito estadual). Para o Instituto de Administração foi criada a função de técnico. Não desejando ser assistente de alguma cadeira, Alice aceitou ingressar como técnica do Instituto de Administração. Sua passagem pelo IA foi marcada pela publicação de vários artigos na *Revista de Administração*, relacionados principalmente a aspectos da história da administração municipal. Mas, já em 1947, com a introdução da disciplina História Econômica no currículo do curso de Ciências Econômicas, assumiu a regência da Cadeira X (História Econômica Geral e Formação Econômica do Brasil).

Em 1951, com a tese "O Desenvolvimento da Cultura do Algodão na Província de São Paulo, 1861-1875", conquistou, por concurso, a cátedra. Tornou-se, assim, uma das primeiras mulheres (senão a primeira) a assumir uma cátedra na Universidade de São Paulo.[7]

Na Faculdade de Economia da USP encontrou ambiente mais acolhedor:

> Sou muito grata à Faculdade de Economia e Administração (a nova designação com a reforma de 1970), na qual jamais encontrei a menor restrição, tanto eu como outras colegas, seja em trabalhos de docência como de pesquisa, e em funções administrativas (CANABRAVA, 2005, p. 33).

---

[7] Como indicamos acima, Noemy Rudolfer foi catedrática da USP antes de Alice por conta da integração do Instituto de Educação à Universidade. Alice Canabrava teria sido, portanto, a primeira mulher a assumir a cátedra na USP por meio de concurso. No *Guia da USP* de 1952 há o registro, além de Alice Canabrava, catedrática de História Econômica da Faculdade de Ciências Econômicas e Administrativas, das seguintes professoras como regentes da cátedra (embora não haja informação de serem ou não concursadas): Vera Helena Amaral (Desenho Artístico, Faculdade de Arquitetura e Urbanismo); Anita Marcondes Cabral (Psicologia) e também de Noemy Silveira Rudolfer (Psicologia Educacional) na Faculdade de Filosofia, Ciências e Letras (*Guia da Universidade de São Paulo,1951-52*, São Paulo, Reitoria da USP, 1952).

Em carta endereçada ao historiador Francisco Iglésias, Alice comenta:

> E posso repetir sua afirmação, também foi o único bilhete de loteria que me foi dado ganhar em toda a minha vida, ir para a Faculdade de Economia (Carta de Alice Canabrava para Francisco Iglésias citada por ERBERELI, 2014, p. 85).

Nesse novo ambiente, desenvolveu longo trabalho didático e de pesquisa, criando uma imagem que, por seu rigor e seriedade, era conhecida até mesmo pelos candidatos ao vestibular. Como catedrática da Cadeira X (História Econômica Geral e Formação Econômica do Brasil) e depois titular do Departamento de Economia, agregou ao seu redor um grupo de assistentes que, em especial nos anos setenta e oitenta, desenvolveu pesquisas sob sua orientação.[8] Entre 1954 e 1957, assumiu a diretoria da FCEA. Em 1981 aposentou-se compulsoriamente, depois de mais de 50 anos de dedicação ao magistério, mas manteve ainda sua atividade de pesquisa. Convém lembrar também sua atuação na ANPUH -Associação Nacional dos Professores Universitários de História: fundadora da entidade em 1961 - ainda como APUH - foi durante longo tempo sua Secretária-Geral, dividindo com o Prof. Eurípedes Simões de Paula, seu presidente, a tarefa de manter em atividade a associação, apesar das dificuldades materiais inerentes a esse tipo de entidade. Por meio de seus simpósios nacionais e regionais, a ANPUH foi importante vetor para a difusão da pesquisa histórica no Brasil, principalmente numa época em que os cursos de pós-graduação ainda não existiam ou se concentravam em poucos centros universitários. Também nessa perspectiva e já sob a presidência de Alice Canabrava, foi criada, em 1981, a *Revista Brasileira de História*, publicação que, de certo modo, veio preencher a lacuna deixada pela interrupção temporária da periodicidade da *Revista de História* (de Departamento de História da USP), após a morte do Professor Simões de Paula.

Esta breve nota biográfica nos sugere alguns comentários sobre o percurso de Alice Canabrava que a distinguem da média do elemento feminino de sua geração.

---

8 Suas primeiras assistentes, ainda nos anos quarenta, foram Maria Celestina Teixeira Mendes e Miriam Lifchitz, ambas formadas pela Faculdade de Filosofia, Ciências e Letras da USP. Nos anos cinquenta outros historiadores e cientistas sociais formados pela USP passaram pela Cadeira X, como Fernando Henrique Cardoso, Fernando Novais e José Albertino Rodrigues. A partir dos anos sessenta, seus assistentes foram, em geral, ex-alunos da Faculdade de Ciências Econômicas e Administrativas da USP, muitos dos quais também tiveram sua orientação em dissertações de mestrado e teses de doutorado como Antonio Emílio Muniz Barreto, Ronaldo Marcos dos Santos, Iraci del Nero da Costa, Francisco Vidal Luna, Nelson H. Nozoe, Zélia M.Cardoso de Mello e o autor deste artigo.

Antes de mais nada, o simples fato de prosseguir os estudos na capital, além do primário, já demonstra um horizonte mais amplo do que o prevalecente para as mulheres à época. Certamente, o ambiente familiar propício responde por essa possibilidade que não era comum. Não se deve, porém, deixar de reconhecer sua determinação quando, concluído o curso normal, não se contentou com essa situação. É certo que pode se beneficiar de mudanças que se processavam no sistema educacional, abrindo aos normalistas o acesso à Universidade. É certo também que entre os alunos da faculdade de filosofia havia várias mulheres. Ainda assim, seu percurso denota uma profunda determinação em busca de objetivos que, se não podiam ser claramente definidos de início (pelas próprias limitações legais impostas), foram sendo construídos com persistência e obstinação. Mais expressivo, no entanto, é seu percurso após a conclusão do curso de História e Geografia. O ingresso na carreira docente também não era exclusivo dos homens, porém tudo indica que a ascensão a postos mais elevados era vista como uma ameaça ao domínio masculino. Ainda hoje, cinquenta anos após a ocorrência desses fatos, não é difícil imaginar as restrições que se impunham à mulher naquela época. Por mais que o relato de Alice Canabrava contenha alta dose de subjetividade, entendo que ele expressa uma real situação da mulher em qualquer ambiente de trabalho nos anos quarenta. Nesse sentido, seu percurso tem caráter pioneiro ao conseguir superar os obstáculos que a ela se opuseram.

No entanto, seu sucesso não pode ser explicado apenas em termos da tenacidade em enfrentar os obstáculos. Ele é fruto também de um dado objetivo, qual seja, a qualidade de seu trabalho de pesquisa que acabou por se impor diante da resistência oposta pelo elemento masculino. A esse aspecto do percurso de Alice Canabrava nos voltamos a seguir.

A obra de Alice Canabrava na historiografia econômica do Brasil

Qualquer menção a Alice Canabrava imediatamente a associa à disciplina de História Econômica. Suas pesquisas têm, como núcleo, temas de História Econômica, embora também se encontrem contribuições importantes para outras áreas (em especial, estudos historiográficos). Confrontadas com pesquisas contemporâneas, as de Alice Canabrava trazem novos elementos que indicam seu pioneirismo na exploração de temas de História Econômica.

A História Econômica não era uma disciplina bem definida no Brasil dos anos quarenta. Ainda assim, as duas teses que Alice Canabrava apresentou à cadeira de

História da América da Faculdade de Filosofia, Ciências e Letras da USP (e que lhe deram os títulos de Doutor e de Livre-Docente) podem ser classificadas inequivocamente como pesquisas de História Econômica: *O Comércio Português no Rio da Prata, 1580-1640* (defendida em 1942) e *A Indústria do Açúcar nas Ilhas Inglesas e Francesas do Mar das Antilhas, 1697-1755* (de 1946). O mesmo se pode dizer de *O Desenvolvimento da Cultura do Algodão na Província de São Paulo, 1861-1875* (de 1951), tese com que conquistou a cátedra de História Econômica da Faculdade de Ciências Econômicas e Administrativas da USP. Essas três obras constituem o núcleo de uma primeira fase da pesquisa histórica de Alice Canabrava e a associaram claramente à história econômica. Como situá-las diante do que se produzia em termos de história econômica no Brasil à época?

A produção historiográfica no Brasil antes de 1930 é dominada pelo padrão do Instituto Histórico e Geográfico Brasileiro, fundado em 1838, padrão esse disseminado pelos institutos provinciais. Mota (1978: 28) a caracteriza como " a historiografia da elite oligárquica, empenhada na valorização dos feitos dos heróis da raça branca". Embora predominasse, no âmbito acadêmico, uma história "acontecimental" (*événementielle*), que privilegia os aspectos políticos, podemos encontrar alguns historiadores voltados a temas econômicos (e sociais). O próprio Taunay, com suas obras sobre café e bandeiras é um deles. Sobre sua pesquisa, Alice Canabrava comentava:

> O meu gosto pela pesquisa não vem de Taunay. Ele não era um grande professor. O seu grande mérito foi ter sido um compilador incansável. Ele mandou vir a cópia dos arquivos espanhóis. Foi um pioneiro. Mas não possuía a versatilidade de um Capistrano de Abreu, muito mais profundo do que Taunay nas implicações sociais. (CANABRAVA, 1997, p. 158).

O sucessor de Taunay na cadeira de História do Brasil da Faculdade de Filosofia, Ciências e Letras da USP – Alfredo Ellis Jr. – teria sido um continuador de sua obra. Entretanto, Capelato, Glezer e Ferlini (1995:19) entendem que Ellis sofreu também a influência de Capistrano de Abreu, historiador que teria aberto novos rumos à pesquisa histórica brasileira, seja pelos temas que aborda (econômicos e sociais), seja por seu padrão de análise, claramente distinto do predominante até então. Nos anos vinte encontramos ainda alguns esboços de história econômica nos trabalhos de Vitor Viana, de 1922 e de Lemos Brito, de 1923, que refletem, para Iglésias (1959), o crescente interesse pelo tema, embora ainda não representem uma ruptura radical com a velha historiografia brasileira.

Sem dúvida, é nos anos trinta que ocorreu sensível renovação do pensamento social brasileiro. Novos autores foram revelados por meio de obras que propõem "novas interpretações" da história e da sociedade brasileira. Oliveira Viana, Gilberto Freire, Sérgio Buarque de Holanda e Caio Prado Jr. produziram estudos que se tornaram clássicos na definição de outros caminhos para a compreensão da sociedade brasileira. Mas também a história econômica do Brasil encontrou novas e substanciais contribuições: Roberto Simonsen, J.F.Normano e, já nos anos quarenta, Caio Prado Júnior publicaram obras notáveis sobre a história econômica do Brasil, propondo efetivamente interpretações sobre o seu processo de desenvolvimento. Apesar das profundas diferenças entre esses autores, há em comum a preocupação "interpretativa" que, em geral, se projeta em propostas "políticas".

Já a obra de Alice Canabrava se distingue dos estudos desses autores em diversos sentidos: objeto, método de pesquisa e fontes utilizadas refletem em grande medida a formação que tivera no curso de História e Geografia. Trata-se, antes de mais nada, de estudos monográficos que se contrapõem claramente à tendência de se produzir grandes interpretações. A esse respeito, vale reproduzir o comentário de Sérgio Buarque de Holanda em artigo em que se referia às três teses de Alice Canabrava:

> Se os modernos estudos de história econômica, tais como, entre nós, vem praticando especialmente Alice P. Canabrava, podem ser responsabilizados até certo ponto pela renúncia às vastas sínteses em proveito de trabalhos monográficos, ninguém negará que tendem a oferecer, por outro lado, algumas vantagens claras. Entre elas a de contribuírem para desfazer as ilusões raciais, políticas ou nacionais que por tanto tempo vem perseguindo certos espíritos. (HOLANDA, 2011, p. 231)

Quanto ao método de pesquisa e à preferência pelas fontes primárias pode-se sugerir a influência do padrão de investigação típico da escola dos *Annales*. Em resenhas sobre as duas primeiras teses de Alice Canabrava, Fernand Braudel e Vitorino Magalhães Godinho insistiam nessa identidade. Sobre *O Comércio Português no Rio da Prata* dizia Braudel:

> No tocante a estas regiões deserdadas, no começo de sua rude vida colonial, uma jovem historiadora brasileira, Alice Piffer Canabrava, formada e orientada, posso assegurar, pela leitura e conhecimento de nossos *Annales*, acaba de escrever um livro, seu primeiro livro. Com satisfação, posso dizer que se trata de um livro de grande importância. (BRAUDEL, 1948, p. 547)

Não era muito diferente a apreciação geral de Godinho a respeito da pesquisa sobre o açúcar nas Antilhas:

> Objeto de larga envergadura, ao qual Alice Piffer Canabrava consagrou o estudo talvez o mais notável da jovem literatura histórica brasileira de hoje. (...) É verdadeiramente história no sentido que a entendemos nos *Annales*: total, humana (GODINHO, 1948, p. 541/544).[9]

A insistência de Braudel e Godinho em ver a história dos *Annales* nas teses de Alice Canabrava é compreensível: tratava-se de afirmar a presença de uma "nova história", superando os velhos padrões dominantes. Mais importante, para nós, é confrontar as teses de Alice Canabrava com o que se produzia em história econômica à época no Brasil.[10] Tomemos, por exemplo, Roberto Simonsen e Caio Prado Júnior. Certamente, o leitor dessas obras percebe, de imediato, as diferenças em relação às pesquisas de Alice Canabrava: objeto, fontes, método de investigação e de exposição distintos refletem as concepções de história esposadas pelos autores. Trata-se de grandes interpretações fundadas principalmente em fontes secundárias. Parece-me, no entanto, que há entre obras tão diferentes uma preocupação comum, talvez inerente ao Brasil dos anos trinta e quarenta. É evidente nas obras de Simonsen e de Prado Júnior o esforço em caracterizar as estruturas e o padrão de desenvolvimento da sociedade colonial a fim de projetar as condições para a sua superação. Simonsen vê na industrialização o caminho do desenvolvimento (eliminando o caráter cíclico da economia colonial); Prado Júnior insiste na necessidade de voltar a economia às necessidades da própria população brasileira (em vez de produzir para o exterior).

---

9   Em depoimento recente, Alice Canabrava informa que o curso de História ministrado por Braudel não era voltado à pesquisa, de modo que o trabalho com fontes documentais foi aprendido no contato com o material dos arquivos. Ao mesmo tempo, lembra que Braudel sempre repetia que o historiador devia "pénir dans les archives". Assim, mesmo sem um aprendizado formal de pesquisa histórica, é plausível admitir a influência da escola dos *Annales*, por meio de Braudel, a partir do "espírito" da pesquisa histórica incutido nos três anos de curso (CANABRAVA, 1997, p. 157-160).

10 Na Faculdade de Filosofia, Ciências e Letras da USP, outras teses identificadas como de história econômica foram elaboradas nos anos quarenta: E.Simões de Paula, *O Comércio Varegue e o Grão-Principado de Kiev* (1942); Astrogildo Rodrigues de Mello, *A política colonial de Espanha através das encomiendas* (1942); Olga Pantaleão, *A penetração comercial da Inglaterra na América Espanhola, 1713-1783* (1944). Capelato, Glezer e Ferlini vem nestas teses e na de Alice Canabrava a influência da escola francesa de História Econômica, fruto dos anos de ensino de Braudel e também de Jean Gagé que havia orientado esses doutoramentos. O depoimento de Alice Canabrava diverge dessa visão ao afirmar que o próprio Gagé, na sessão de defesa de tese, admitiu não ter tido participação na direção da pesquisa.

De que modo, os temas tratados por Alice Canabrava podem aproximá-la das preocupações de Simonsen e de Prado Júnior?

Ao propor o estudo do comércio português no Rio da Prata, Alice Canabrava definiu como marco inicial o ano de 1580, ano que tem duplo significado: é o ano da unificação de Espanha e Portugal decorrente dos problemas sucessórios da dinastia de Avis, mas é também o ano da fundação de Buenos Aires, correspondendo ao início do crescimento da região platina que, até então, fora dotada de uma vida econômica bastante precária. Buenos Aires, que vai se tornar, dada sua condição portuária, uma cidade essencialmente mercantil, é passagem obrigatória da rota de comércio que, pelo Atlântico, leva mercadorias até as regiões de extração da prata na América do Sul. Esta rota, no entanto, não contava com o beneplácito das autoridades espanholas que, sob pressão dos interesses da burguesia de Lima (ligada ao comércio via Antilhas e Pacífico), restringiam o comércio legal por Buenos Aires. Às poucas permissões para comércio legal foi se avolumando o comércio de contrabando que incluía, além de mercadorias para o abastecimento das populações platinas e da zona de mineração, número substancial de escravos para o trabalho mineiro no Peru. Nessas brechas cresceu o comércio português, afirmando sua importância como elemento de articulação da vida econômica na região do Prata. Já o ano de 1640 marca a decadência do comércio português no Prata, acentuada pela instalação de uma alfândega em Córdoba e pela crescente rivalidade luso-espanhola após a restauração portuguesa naquele ano. A pesquisa de Alice Canabrava - fundada principalmente na consulta de volumosa documentação espanhola impressa - a levou à seguinte conclusão:

"A penetração comercial portuguesa no Rio da Prata foi o ponto de partida de uma transformação social e econômica que se processou durante toda a época colonial e que marcou a sociedade platina de caracteres inconfundíveis", os principais dos quais a natureza comercial de Buenos Aires e o advento precoce de uma burguesia dotada de uma fortuna móvel, em oposição ao latifúndio que dominava a vida econômica da América espanhola. Mais do que isso:

> Podemos, portanto, dizer que, na base da evolução complexa que provocou no século XVII o comércio de contrabando, evolução que se processou no terreno social, econômico e político, estavam em germe os aspectos fundamentais que caracterizaram a Argentina na época da independência (CANABRAVA, 1984b, p. 189-191).

Percebe-se, portanto, que o estudo de Alice Canabrava sobre o comércio português na região do Prata permitiu-lhe não só compreender como se processou a formação econômica, social e política dessa região, mas também entender de que modo esses elementos acabam por se contrapor à condição colonial imposta pela Coroa espanhola.

O Açúcar nas Antilhas (1697-1755) trata de outra situação colonial americana: a das ilhas inglesas e francesas do mar das Antilhas. Como se sabe, no século XVII, ao serem expulsos de Pernambuco, os holandeses procuraram implantar nas Antilhas a produção açucareira, não em seus próprios domínios e sim como intermediários para os colonos ingleses e franceses. Com base em ampla documentação manuscrita, oriunda de arquivos nacionais e estrangeiros (em especial da Biblioteca do Congresso dos Estados Unidos), em fontes primárias impressas e ainda em fontes secundárias, Alice Canabrava reconstituiu o desenvolvimento da produção açucareira nas Antilhas, levando em conta a base geográfica, os aspectos técnicos, os meios de financiamento e a questão do mercado. Mereceu especial atenção a minuciosa descrição dos aspectos técnicos da produção antilhana que, em conexão com seus elementos sociais, demonstram "a unidade do sistema colonial praticado pelas metrópoles produtoras de açúcar". Ou seja, há enorme semelhança entre a produção açucareira no Brasil e nas Antilhas, não só no plano técnico, mas na característica das sociedades que daí emergem. Há, no entanto, uma diferença fundamental que, mais uma vez, aponta na direção da superação da condição colonial das diferentes áreas da América:

> Daí pode-se perceber consequências profundas no desenvolvimento político. No Brasil, onde desde o século XVII se formara uma classe de senhores rurais ligados à terra e enobrecidos por ela, madrugaram os movimentos nacionalistas. As possessões antilhanas francesas e inglesas permaneceram, em sua quase totalidade, votadas à condição de colônias europeias. A exceção quanto a Santo Domingo é particularmente ilustrativa: aí vamos encontrar, mais do que em qualquer outra parte, no século XVIII, o senhor de engenho das colônias francesas. Lembremos, todavia, que o grupo responsável pela revolução de independência e que se apossou do poder, constituiu-se principalmente de homens de cor, ou seja, de mestiços descendentes de escravos (CANABRAVA, 1981, p. 246).

Mais uma vez, portanto, a conclusão da obra aponta na direção do rompimento (ou não rompimento) do vínculo colonial a partir das condições econômicas, sociais e políticas da colonização.

Em sua tese de cátedra – sobre o algodão em São Paulo – parece-nos estar presente a mesma preocupação, embora o objeto de estudo não mais se situe na época propriamente colonial. Tendo por base extensa documentação primária - como a correspondência dos Conselhos Municipais com o Presidente da Província e as notícias publicadas nos jornais - Alice Canabrava revela o processo de desenvolvimento da cultura do algodão em São Paulo, entre 1861 e 1875, como reflexo dos problemas de mercado gerados pela Guerra Civil norte-americana. Foi possível, assim, reconstituir os aspectos mais gerais da expansão e da decadência do algodão em São Paulo, assim como reviver aspectos expressivos da vida e da luta quotidiana dos produtores diante dos desafios representados pela nova produção. É inegável que a cultura do algodão respondia às características da economia brasileira como definidas desde o início da colonização:

> Sendo orientada a economia brasileira, desde os primórdios da história colonial, exclusivamente para as necessidades dos mercados do exterior, a produção algodoeira paulista havia seguido as vicissitudes daqueles mercados, conforme a tradição já estabelecida pelos outros produtos nacionais. Dessa maneira, havia crescido e declinado rapidamente, condicionada, de modo estrito pelas necessidades das indústrias têxteis europeias, principalmente as da Inglaterra (CANABRAVA, 1984a, p. 291-292).

Cumpre notar, no entanto, que a explicação do declínio do algodão não se limita ao mero reflexo do que ocorre no exterior. Relatam-se os notáveis esforços no sentido de evitar esse declínio. A construção da Estrada de Ferro Sorocabana por iniciativa de um comerciante de algodão - Luiz Matheus Mailasky - tinha o objetivo de reduzir os custos de transporte e facilitar a exportação do produto. Igualmente importante foi o estabelecimento, até 1875, de seis fábricas de tecidos, próximas aos centros produtores do algodão, indicando certa vitalidade da economia paulista à época e um engajamento na defesa da produção algodoeira. Estas iniciativas mostraram-se insuficientes para impedir o declínio da produção algodoeira em São Paulo, diante do elevado custo de produção e de problemas que a qualidade do produto apresentava para o comprador europeu (relativas tanto ao tipo da fibra quanto à forma de beneficiamento). Entende Alice Canabrava que a estrutura social da produção algodoeira, em grande parte fundada na pequena propriedade, desprovida de recursos financeiros, dificultou a solução desses problemas:

> Na essência, portanto, das questões técnicas, que explicam, em grande parte, a perda dos mercados europeus importadores do algodão paulista, predominam os problemas financeiros que dificultaram a solução rápida daquelas questões, como exigiam as novas condições do mercado europeu após o término da guerra civil americana (CANABRAVA, 1984a, p. 293).

Evidencia-se, desse modo, que a explicação do declínio da produção exportadora não aparece, em Alice Canabrava, como simples fruto do fim de um ciclo e reflexo das condições do mercado externo, e sim como resultado de uma complexa interação entre "fatores" externos e internos, num processo que aponta no sentido de superar a condição colonial (por exemplo, pelo estabelecimento de indústrias de tecidos de algodão).[11]

Não é necessário lembrar que essa preocupação imanente à obra de Alice Canabrava nos anos quarenta reflete o próprio momento histórico que vive o País desde 1930, quando a crise do setor exportador colocava em questão o caráter colonial da economia brasileira, suas implicações sociais e políticas e, afinal, o problema da superação da herança colonial. Nesse sentido, parece-nos que a pesquisa histórica de Alice Canabrava responde, à sua maneira, às inquietações da época, do mesmo modo que outros autores citados (em particular, Roberto Simonsen e Caio Prado Júnior). É certo que o faz de forma peculiar, sem propor generalizações amplas, pois, nas suas próprias palavras, "Só me sinto segura quando apoiada em documentos. Não sou pessoa de realizar grandes voos fora do material. Creio que é um problema de temperamento" (CANABRAVA, 1997, p. 160).

Entretanto, é inegável que o vasto conhecimento histórico acumulado nos anos trinta e quarenta levou à elaboração, nos anos cinquenta e sessenta, de alguns trabalhos de síntese em que, ao lado de documentação sólida e muitas vezes original, alguns "grandes voos" eram permitidos. Podemos lembrar três deles: a Introdução ao livro de Antonil, *Cultura e Opulência do Brasil*, original de 1711. Nesta Introdução, o leitor pode se situar no meio econômico e social em que Antonil escreveu seu texto e, assim, compreendê-lo melhor; mas tem, em especial, uma explicação

---

11 Uma avaliação mais minuciosa das três teses de Alice Canabrava pode ser encontrada em MELLO, NOZOE e SAES (1985).

minuciosa das técnicas referidas por Antonil, o que dá à Introdução o caráter de um texto efetivamente original. Dois artigos de síntese bastante conhecidos são aqueles publicados na coleção *História Geral da Civilização Brasileira*, organizada por Sérgio Buarque de Holanda: "A Grande Propriedade Rural", no tomo referente à época colonial e "A Grande Lavoura", no volume que se ocupa da economia do período imperial, associam à visão mais geral da atividade agrícola no Brasil o cuidadoso estudo das técnicas utilizadas nas principais produções, uma contribuição de inegável valor para o conhecimento de nossa história econômica.

Também nesses anos, Alice Canabrava dedicou-se a outros trabalhos típicos do ofício de historiador: estudos bibliográficos (colaboração no *Manual Bibliográfico de Estudos Brasileiros*, dirigido por Rubens Borba de Moraes; *Roteiro Bibliográfico da História do Brasil*); análises da historiografia (em especial as obras de Varnhagen, Martius e Capistrano de Abreu), questões metodológicas ("História e Economia") foram objeto da pesquisa e da reflexão da historiadora.

Nos anos setenta, um novo núcleo de pesquisa, em certa medida também pioneiro, se revela pelas publicações de Alice Canabrava: trata-se de estudos quantitativos sobre a distribuição da riqueza em São Paulo (capitania e província) de meados do século XVIII às primeiras décadas do século XIX. Com base em documentação manuscrita, pertencente principalmente ao acervo do Departamento de Arquivo do Estado de São Paulo (Inventário de Bens Rústicos e Maços de População), a historiadora pode traçar quadros nítidos sobre a distribuição da terra, da riqueza e dos escravos. Alguns resultados marcantes merecem registro: o predomínio da riqueza mercantil (homens de negócio e mercadores), mesmo num momento de decadência (1865/67), a indicar o peso da atividade comercial em São Paulo (CANABRAVA, 1972a); a extrema concentração da propriedade fundiária em 1818, assim como a de escravos, apesar da existência de um grande número de pequenos proprietários na sociedade paulista (CANABRAVA, 1972b e 1976). Estas breves conclusões ofuscam o brilho da reconstrução da sociedade paulista que é feita em conexão com os dados quantitativos e que se contrapõem a algumas interpretações tradicionais sobre São Paulo (como a da "democracia" paulista originária). Embora essa documentação já tivesse sido explorada (mais com vistas a análises qualitativas) e os estudos quantitativos em história já estivessem sendo iniciados à época (como no caso da demografia e dos índices de preços), parece-me que aqui também Alice Canabrava se insere numa vertente pioneira pela forma que utiliza a informação quantitativa com vistas ao problema da distribuição da riqueza. Extensas pesquisas adicionais sobre os temas acima (em especial sobre a posse de escravos) foram realizadas em fontes diversas (inclusive em cartórios), mas infelizmente não se consubstanciaram em novos textos e nem em um livro que consolidaria os resultados de vários anos de pesquisa.

Entendo que esta breve revisão de algumas das obras de Alice Canabrava fornece ao leitor o quadro em que se desenvolveu a sua pesquisa em história econômica. Além das contribuições específicas aos temas que estudou, seus trabalhos sugerem modelos de abordagem para a disciplina, associando a erudição histórica, a revelação de fontes primárias muitas vezes inéditas e um tratamento analítico rigoroso. O vasto crescimento da pesquisa em história econômica nas últimas décadas não foi capaz de tornar obsoletas as obras de Alice Canabrava. Os jovens pesquisadores de nossa história econômica podem encontrar, em suas obras, verdadeiros modelos de exploração de fontes primárias articulados à explicação de processos históricos específicos. Igualmente exemplares são suas análises quantitativas que, ao tratar de forma adequada os dados disponíveis e sem se pautar por rígidos padrões formulados sem contato com a realidade histórica particular, inauguraram uma importante vertente de estudos sobre a distribuição da riqueza no Brasil do século XVIII e do XIX. Nesse sentido, as obras de Alice Canabrava conservam-se atuais pelas explicações históricas que propuseram e também como referência metodológica para novas pesquisas sobre a história econômica do Brasil.

Um breve comentário final

Parece justo afirmar, ao fim deste texto, que Alice Canabrava foi, em alguma medida, pioneira em seu percurso pessoal e profissional. É certo que pode se beneficiar de importantes mudanças na sociedade brasileira desde o final da Primeira República. No entanto, como menina do interior, ela poderia acomodar-se e permanecer à parte das transformações sociais e culturais que se processavam nos centros urbanos maiores. Sua determinação levou-a a buscar novos caminhos e a ter um papel em significativos momentos da transformação social e de sua profissão.

Seu ingresso na Universidade de São Paulo, na primeira geração de alunos da Faculdade de Filosofia é expressiva: ela deslocou-se de sua cidade e integrou-se a um dos mais importantes movimentos culturais do País naquele período. Pode-se dizer mesmo que, como professora, participou da construção da Universidade, inclusive na fase de formação da Faculdade de Ciências Econômicas e Administrativas e, como diretora, em sua consolidação. Procuramos mostrar também seu pioneirismo enquanto mulher que galgou os degraus da carreira universitária numa época em que a presença da mulher no mercado de trabalho em geral, e em postos elevados na hierarquia, era rara e até certo ponto hostilizada.

Também como historiadora procurou trazer novos elementos à pesquisa. Sem dúvida, ela teve a rara oportunidade de contar com mestres - em especial Braudel e Monbeig - que a colocaram em contato com o que havia de mais avançado na pesquisa em suas disciplinas. Talvez mais do que outros de sua geração, ela soube vencer o desafio de incorporar esses ensinamentos e de atualizar-se constantemente em relação ao que havia de novo e sólido na área de história econômica. Da influência dos *Annales* aos estudos de história quantitativa de São Paulo há sempre a busca de novos problemas e novas abordagens.

Há, portanto, felizes coincidências: a criação da USP com um momento em que Alice Canabrava tinha disponibilidade e disposição para nela ingressar; o contato com a escola dos *Annales* no momento em que iria iniciar sua carreira acadêmica; a possibilidade de ascensão na carreira pela expansão da universidade, apesar da resistência masculina; o ingresso numa Faculdade de Economia que lhe pode dar apoio e estímulo na elaboração de uma história quantitativa. É claro, no entanto, que essas felizes coincidências não teriam resultado em nada se não houvesse, da parte de Alice Canabrava, a capacidade e a determinação para enfrentar enormes desafios pessoais e intelectuais. Aí se situa precisamente seu pioneirismo: trata-se de percorrer caminhos inéditos (para uma historiadora e para uma mulher), ainda que possíveis nas situações históricas específicas. E foi esse pioneirismo que a levou à sua carreira como professora e a produzir uma obra em história econômica que a coloca como uma referência obrigatória na historiografia brasileira.

Bibliografia

ARRUDA, José Jobson Andrade. "Alice Canabrava: História e Mito" in CANABRAVA, A.P. (2011). *O Desenvolvimento da Cultura do Algodão na Província de São Paulo (1861-1875)*. 2ª ed, São Paulo: Edusp/ Anpuh, 2011.

BLAY, E.A. e LANG, A.B.S.G. A mulher nos primeiros tempos da Universidade de São Paulo. *Ciência e Cultura*. v. 36, n. 12, 1984.

BRAUDEL, P. Fernand. Du Potosi a Buenos Aires: une route clandestine de l'argent (Fin du XVIe siècle, début du XVIIe siècle). *Annales*. v. III, n. 4, 1948.

CAMPOS, Ernesta Souza. *História da Universidade de São Paulo*. 2ª ed., São Paulo: Editora da Universidade de São Paulo, 2004.

CANABRAVA, Alice Piffer. *O Comércio Português no Rio da Prata, 1580-1640*. São Paulo: Faculdade de Filosofia, Ciências e Letras da Universidade de São Paulo, 1944.

_____, Alice Piffer. *A Indústria do Açúcar nas Ilhas Inglesas e Francesas do Mar das Antilhas, 1697-1755*. São Paulo: s.c.p., 1946.

_____, Alice Piffer. *O Desenvolvimento da Cultura do Algodão na Província de São Paulo, 1861-1875*. São Paulo: Martins, 1951.

_____, Alice Piffer. A Grande Propriedade Rural. Sérgio Buarque de Holanda (dir.). *História Geral da Civilização Brasileira. Tomo I. Volume 2. A Época Colonial: Administração, Economia, Sociedade*. São Paulo: Difusão Européia do Livro, 1960.

_____, Alice Piffer. Introdução e Vocabulário. Antonil, André João (João Antonio Andreoni). *Cultura e Opulência do Brasil por suas drogas e minas*. São Paulo: Companhia Editora Nacional, 1967.

_____, Alice Piffer. A Grande Lavoura. Sérgio Buarque de Holanda (dir.). *História Geral da Civilização Brasileira. Tomo II. Volume 4. O Brasil Monárquico: Declínio e Queda do Império*. São Paulo: Difusão Européia do Livro, 1971

_____, Alice Piffer. Roteiro Bibliográfico da História do Brasil. Instituto de Estudos Brasileiros/USP. *Encontro Internacional de Estudos Brasileiros*. São Paulo: IEB/USP, 1971.

_____, Alice Piffer. Uma economia de decadência: os níveis de riqueza na capitania de São Paulo, 1765/67. *Revista Brasileira de Economia*. v. 26, n. 3, 1972a.

_____, Alice Piffer. A repartição da terra na capitania de São Paulo, 1818. *Estudos Econômicos*. v. 2, n. 6, 1972b.

_____, Alice Piffer. Terras e Escravos. Peláez, C.M. e Buescu, M.(coord.). *A Moderna História Econômica*. Rio de Janeiro: APEC, 1976.

_____, Alice Piffer. Varnhagen, Martius e Capistrano. *Anais do III Congresso de Estudos Teuto-Brasileiros*. Porto Alegre: Universidade Federal do Rio Grande do Sul, 1980.

_____, Alice Piffer. *O Açúcar nas Antilhas, 1697-1755*. 2ª ed., São Paulo: IPE-USP, 1981.

_____, Alice Piffer. *O Algodão em São Paulo, 1861-1875*. 2ª ed., São Paulo: T.A.Queiroz, 1984a.

_____, Alice Piffer. *O Comércio Português no Rio da Prata, 1580-1640*. Belo Horizonte: Itatiaia; São Paulo: Edusp, 1984b.

_____, Alice Piffer (coord.). *História da Faculdade de Economia e Administração da Universidade de São Paulo, 1946-1981, Volume Dois, Personália*. São Paulo: Faculdade de Economia e Administração da USP, 1984.

_____, Alice Piffer. História e Economia. *Literatura Econômica*. v. 7, n. 1, 1985.

_____, Alice Piffer. Minhas reminiscências. *Economia Aplicada*. v. 1, n. 1, 1997.

_____, Alice Piffer. *O Caminho Percorrido*. Depoimento apresentado em Simpósio sobre as mulheres nos primeiros tempos da Universidade de São Paulo. Texto datilografado (s/d).

_____, Alice Piffer. "O caminho percorrido". In: CANABRAVA, A.P. *História Econômica: estudos e pesquisas*. São Paulo: Hucitec/Unesp/Abphe.

CAPELATO, M.H.,GLEZER,R.,FERLINI,V.L.A. *A Escola Uspiana de História*. Capelato, M.H.R.(coord.). *Produção Histórica no Brasil*. v. 1. São Paulo: Xamã,1995.

DAIX, Pierre. *Fernand Braudel: uma biografia*. Rio de Janeiro: Record, 1999.

ERBERELI JR., O. (2014). *A Escrita da História entre dois mundos: uma análise da produção de Alice Piffer Canabrava (1935-1961)*. Dissertação de Mestrado. Assis, FCL/Unesp.

GODINHO, Vitorino Magalhães. Industrie et commerce antillais: sur le sucre des Antilles. *Annales*, v. III, n. 4, 1948.

HOLANDA, Sergio Buarque de. "História Econômica". In: Escritos Coligidos. Livro II. 1950-1979. (organizados por Marcos Costa). S. Paulo: Editora Unesp: Fundação Perseu Abramo, 2011, p. 226-232. (artigo publicado originalmente no Diário Carioca em 24/8/1052).

IGLÉSIAS, F. *Introdução à Historiografia Econômica*. Belo Horizonte: Faculdade de Ciências Econômicas/Universidade de Minas Gerais, 1959.

MELLO, Z.M.C., NOZOE, N.H. E SAES, F.A.M. de. Três pesquisas pioneiras em História Econômica (as teses universitárias de Alice Piffer Canabrava). *Estudos Econômicos*. v. 15, Número Especial, 1985

MORAES, R. B. e BERRIEN, W. *Manual Bibliográfico de Estudos Brasileiros*. Rio de Janeiro: Gráfica e Editora Souza, 1949.

MOTA, C. G. *Ideologia da Cultura Brasileira, 1937-1974*. 4ª ed, São Paulo: Ática, 1978.

Francisco Iglésias, um historiador para o nosso tempo

João Antonio de Paula[1]

Falar de Francisco Iglésias permite apresentar às novas gerações a obra e a prática de um historiador, por muitos títulos exemplar, que falecido em 1999, corre o risco de cair no esquecimento quando tanto continua a nos ensinar, seja pela generosa lucidez de suas escolhas intelectuais, seja pela intransigente defesa de valores éticos, democráticos e solidários. Historiador de ofício, bacharel em geografia e história, pela UFMG, em 1944, Francisco Iglésias dedicou-se a vários ramos do fazer historiográfico: história econômica, história política, história das ideias, historiografia. Se Minas Gerais, em particular, e o Brasil foram recorrentes em sua atividade como professor e pesquisador, seus interesses foram perfeitamente universais. Há, é certo, uma ênfase na história contemporânea, mas não lhe foram estranhos realidades e processos de longa duração. Historiador senhor das artes da pesquisa em arquivos, em fontes primárias, como é o caso de sua tese de livre docência, publicada como livro, em 1958, *Política Econômica do Governo Provincial Mineiro (1835-1889)*

---

[1] Professor do CEDEPLAR/FACE/UFMG e Presidente da ABPHE entre 2003 e 2005.

(IGLÉSIAS, 1958), é autor de inúmeros trabalhos a partir de fontes secundárias, e mesmo de obras com propósitos didáticos como *História para o vestibular*, de 1973 (IGLÉSIAS, 1973).

Desde jovem interessado nas coisas da cultura, manifestou sempre grande interesse pela literatura, pertencendo a uma geração que deu nomes importantes à vida cultural brasileira. Como muitos outros intelectuais de sua geração, manteve permanente colaboração em jornais e revistas, publicando resenhas, comentários, artigos críticos sobre variados temas e autores. Paulo da Terra Caldeira publicou, em 1969, listagem exaustiva do publicado por Francisco Iglésias, entre 1943 e 1969, que contempla quase setecentos itens. Quando de seu falecimento, em 1999, estimou-se em cerca de 1700 as publicações de Francisco Iglésias. Chama a atenção, nesse caso, não só a quantidade do publicado, quanto a variedade dos temas, dos formatos e dos veículos. Homem erudito, e rigorosamente interessado em todas as questões do nosso tempo, escreveu sobre temas históricos, sobre temas literários, sobre questões políticas, econômicas e sociais, nada lhe foi estranho no mundo da cultura: cinema, teatro, música, artes plásticas.

A sua figura, sua fisionomia humana e intelectual foi fixada, em variados textos, por seus amigos, colegas de geração, ex-alunos, companheiros como Affonso Ávila, Maria Yedda Linhares, Caio Boschi, Fernando Novais, José Murilo de Carvalho, Maria Efigênia Lage de Resende, Fábio Wanderley Reis, Silviano Santiago, Roberto Martins, Antonio Candido, Wilson Figueiredo. Sua correspondência, fluvial, à moda de um de seus grandes mestres, Mário de Andrade, é um ainda não explorado riquíssimo manancial sobre a vida política e cultural brasileira dos anos 1940 a 1999. Seus correspondentes mais assíduos, Otto Lara Resende, Alice Canabrava, José Israel Vargas, entre tantos outros, tiveram nele, sempre, um interlocutor perfeitamente atento, crítico e lúcido sobre a vida nacional em suas variadas escalas, não prescindindo da malícia e do pitoresco, que são o tempero indispensável da conversa entre amigos.

Elementos de biografia e de bibliografia

Francisco Iglésias nasceu em 23 de abril de 1923, em Pirapora, Minas Gerais, e faleceu em Belo Horizonte, Minas Gerais, em 21 de fevereiro de 1999.

Filho de Pirapora, cidade às margens do mais perfeitamente brasileiro dos grandes rios da terra, Iglésias veio com sua família para Belo Horizonte em 1925, indo morar no bairro do Horto, perto das oficinas da Central do Brasil, onde seu pai trabalhava. Francisco Iglésias teve dois irmãos, Hélio e Hugo, e três irmãs, Maria, Teresa e Marlene, vários sobrinhos e sobrinhas, completamente amado e querido por todos.

Filho de José Iglésias, espanhol da Galícia, e de Josefa Fernandez Iglésias, originária da Andaluzia. Esse fato, ser filho de espanhóis, não teve pequeno peso na formação de Francisco Iglésias. Seu pai, mecânico ferroviário, de profissão, aproximou-o, desde sempre, das realidades do mundo do trabalho, da cultura operária, que foi temperada por consistente perspectiva de esquerda. Se como muitos de sua geração aderiu ao Partido Comunista pela necessidade de combate inegociável contra o nazi-fascismo, muito antes das revelações sobre a tragédia stalinista já havia abandonado o Partido, sem que isso tenha significado declinar do permanente apoio às perspectivas socialistas e democráticas.

Cursou o Grupo Escolar Sandoval de Azevedo, onde realizou o curso primário. O curso secundário foi realizado no Ginásio Mineiro, atual Colégio Estadual. Em 1941 foi aprovado em vestibular para cursar geografia e história, na Faculdade de Filosofia da UFMG, fundada em 1939. Adolescente trabalhou nos escritórios da Estrada de Ferro Central do Brasil. Foi também funcionário do Departamento de Administração Geral e no Departamento Geográfico do Estado de Minas Gerias.

Lecionou nos colégios Marconi e Anchieta. Entre 1946 e 1947 aceitou convite para gerenciar a prestigiosa Livraria Jaraguá, de São Paulo. Em 1949, foi convidado a participar de uma importante iniciativa, pioneira, que foi a criação, na Faculdade de Ciências Econômicas da UFMG, do quadro de Assistentes de Ensino, que reuniu jovens e promissores professores, de algumas áreas das ciências sociais aplicadas, para exercerem, em tempo integral, atividades de ensino e pesquisa. Admitido como Assistente de Ensino, em 1949, pela FACE/UFMG, Francisco Iglésias foi aprovado em concurso para livre-docência, em 1955, atuando como professor da Faculdade de Ciências Econômicas, até 1982, quando aposentou-se, recebendo, em 1984, o título de Professor Emérito em reconhecimento ao muito que deu à Faculdade, à Universidade, à vida cultural de Minas Gerais e do Brasil. Em 1963, atuou como professor visitante na Universidade de Monterrey, no México. Foi membro da Comissão Internacional para uma História Científico-Cultural da Humanidade, da UNESCO; participou de diversos órgãos e instituições educacionais, científicas e culturais no Brasil e no exterior.

Mesmo antes de concluir sua graduação, Francisco Iglésias já se iniciara na vida intelectual, com a publicação, a partir de 1943, de artigos em jornais de Belo Horizonte, São Paulo e Rio de Janeiro. Em 1945, foi editorialista de jornal clandestino do PCB, *O Libertador*. Em 1944, participou da fundação de uma revista literária, *Edifício*, que buscou ser uma retomada e atualização do programa da geração modernista mineira, que, em 1925, havia lançado *A Revista*, e que era composta por Carlos Drummond de Andrade, Emílio Moura, Pedro Nava, entre outros nomes. *Edifício*, reivindicou-se explicitamente da ousadia modernista, a começar pelo nome da publicação que evoca poema de Drummond, cujos versos finais, dizem: "Que século, meu Deus!, diziam os ratos. E começaram a roer o edifício."

Além de Francisco Iglésias, a geração da revista *Edifício*, contou ainda, entre outros, com os nomes de Autran Dourado, Fernando Sabino, Jacques do Prado Brandão, Wilson Figueiredo, Otto Lara Resende, Paulo Mendes Campos, Hélio Pelegrino, Sábato Magaldi.

É também da primeira metade da década de 1940, um acontecimento decisivo na vida de Francisco Iglésias e de toda a sua geração. A visita de Mário de Andrade a Belo Horizonte, em 1944, tal como em visitas anteriores, em 1919 e 1924, Mário de Andrade, vindo a Minas, ensinou-nos, aos mineiros, e a todos os brasileiros, que a renovação, que a revolução cultural que o modernismo buscou mobilizar tinha que partir do mais fundo da nossa cultura, do mais fundo de nossas raízes nacionais e populares, em registro homólogo ao de Antônio Gramsci, o que no nosso caso significou valorizar o expressivo movimento de ressignificação simbólica e material empreendido por artistas e escritores coloniais de valores e símbolos europeus, que na colônia foram deslocados de seus propósitos e motivações inerentes, para atenderem a disposições em muito discrepantes dos interesses metropolitanos. Foi isso que Lourival Gomes Machado surpreendeu ao dizer: "Se o barroco europeu foi a expressão do despotismo dominador, o barroco brasileiro o foi da liberdade criadora." (MACHADO, 1973, p. 150).

Mário de Andrade como fizera em 1924, com a geração de Carlos Drummond de Andrade, em 1944, maravilhou e conquistou a geração dos novos modernistas, dos "novíssimos" como disse deles Alceu Amoroso Lima, em *Voz de Minas* (LIMA, 1945).

Sobre a geração de Francisco Iglésias, que reivindicou Mário de Andrade, que tomou também para si a sua lição, que fez da poesia de Drummond programa, sobre essa geração há depoimento superlativamente elogioso de Otto Maria Carpeaux, que em 1947, esteve em Belo Horizonte para o II Congresso Brasileiro de Escritores, e disse:

Os mineiros novos, o grupo de jovens em torno da revista *Edifício*. É preciso, não é favor e sim obrigação apresentá-los; chamar a atenção do país inteiro e particularmente do Rio para esses rapazes admiráveis que andam de noite pelos cafés de Belo Horizonte, discutindo Gide e Sartre, Kafka e Drummond, muito Drummond, lendo Marx, tomando chopes, muitos chopes. É preciso ouvir, desde já, a mocidade de Minas Gerais. (CARPEAUX, 2005, p. 224-225).

A geração de Francisco Iglésias foi retratada em romance de Autran Dourado, *O Artista Aprendiz*, de 1989. Neste livro, como antes em *O Clube dos Grafômanos*, de 1927, de Eduardo Frieiro; em *O Amanuense Belmiro*, de Cyro dos Anjos, de 1937, e em *O Encontro Marcado*, de Fernando Sabino, de 1956, jovens escritores mineiros das décadas de 20, 30 e 40 são os personagens de *"romances de geração"*, que fixaram as circunstâncias, os contextos, as contingências histórico-materiais, que condicionaram comportamentos, que informaram ações, que limitaram práticas. O artifício da modificação dos nomes, certas licenças poéticas e estratégias narrativas, não são capazes de impedir que se reconheça Francisco Iglésias na pele do personagem Francisco Hernandez, de *O Artista Aprendiz*, de Autran Dourado (DOURADO, 1989), reconhecido pelos colegas por seu saber, por sua seriedade, pelo comportamento ético irretocável. Um balanço dessas gerações de escritores mineiros, dos anos 1940 aos 1980, está em *O Desatino da Rapaziada*, de Humberto Werneck (WERNECK, 1992). Autran Dourado nos deu um retrato vivíssimo de Iglésias sob a pele de Francisco Hernández – "filho de imigrantes espanhóis, apaixonado nas suas opiniões, enxuto de carnes, comprido como o protótipo de sua raça, Dom Quixote, escrevia longos e profundos ensaios sobre problemas culturais e escritores de sua admiração, como André Malraux e Herman Hesse, delirava com o *Lobo da estepe* de Hesse." (DOURADO, 1989, p 104).

Francisco Iglésias disse uma vez: "Mais de trinta anos militei no ensino. Nunca pretendi outra coisa. Não quis ser banqueiro, deputado ou corretor de seguro, dedicando-me apenas à Escola." Só foi professor, mas sê-lo, plena e avisadamente, é ser muito mais coisas, é ser publicista, o intelectual público, que ele foi; é não se omitir do debate público, é fazer da cátedra a trincheira forte da crítica; é formar, é construir instituições, é fazer da inteligência instrumento da plena emancipação humana. Tudo isso fez Francisco Iglésias, e ainda deixou obra ponderável pela extensão, solidez e diversidade.

Não existe, tanto quanto sei, levantamento exaustivo de tudo quanto Francisco Iglésias publicou. Este trabalho, quando for feito, valorizará, ainda mais, a já acreditada obra de Francisco Iglésias. Sua obra, além das centenas de artigos, relatórios, resenhas, projetos, prefácios, apresentações, comentários, críticas, pode ser dividida em cinco grandes blocos, a saber: I) *História Econômica* – a que se dedicou com intensidade nos primeiros anos de sua carreira como professor e pesquisador, em que se destacam os seguintes artigos e livros: de 1952, "Elementos para uma História Econômica da Capitania de Minas Gerais"; de 1954, "Aspectos do desenvolvimento da história econômica"; de 1955, a tese de livre-docência publicada como livro em 1958, *Política Econômica do Governo Provincial Mineiro (1835-1889)*, de 1963; *Periodização do Processo Industrial no Brasil*; de 1967, a separata do III Simpósio dos Professores Universitários da História, São Paulo – "Artesanato, Manufatura e Indústria (Nova conceitual e tentativa de aplicação no Brasil)"; de 1981, *A Revolução Industrial*; de 1982, "Política Econômica do Estado de Minas Gerais (1890-1930)"; de 1985, A *Industrialização Brasileira*. II) *História Política*, tão cedo quanto dedicou-se à história econômica, cuidou Iglésias, também, de história política, como se vê no artigo publicado em 1955, "Política Unitária do Segundo Reinado". A temática desse artigo foi significativamente ampliada no texto com que Iglésias contribuiu para a *História Geral da Civilização Brasileira*, Tomo III, 3º volume, dirigida por Sérgio Buarque de Holanda, que se chamou "Vida Política" (1848-1868). Outros textos de história política de Francisco Iglésias": de 1974, o artigo "Minas e a Imposição do Estado no Brasil"; de 1985, *Constituinte e Constituições Brasileiras*; de 1993, *Trajetória Política do Brasil (1500-1964)*; de 1994, *Brasil, História Contemporánea del Brasil*. III) *Historiografia*, com destaque para os livros, de 1959, *Introdução à Historiografia Econômica*; de 1979, *A História no Brasil*; de 2000, *Historiadores do Brasil*, capítulos de *Historiografia Brasileira*. IV) *História das Idéias*. Destacando-se: *História e Ideologia*, 1971; *Idéias Políticas de Pandiá Calógeras*, de 1987; "Selección, prólogo, notas, cronologia y bibliografia de NABUCO, Joaquim". Un Estadista del Império y outros textos, 1991; *História e Literatura. Ensaios para uma história das Ideias no Brasil*, 2010. V) *História de Minas Gerais*. A Minas Gerais Francisco Iglésias dedicou grande parte de seu trabalho como pesquisador, escritor, conferencista, publicista. Não se omitiu nunca de intervenção no debate público e construiu uma das mais amplas e sólidas narrativas sobre Minas Gerais. São centenas de artigos, resenhas, prefácios, apresentações, livros em que a temática mineira é protagonista. Citem-se uns poucos exemplos: a plaquete *Três Séculos de Minas*, publicado pela Biblioteca Pública Estadual Luís de Lessa, em 1985, o artigo "Cônego Marinho e 1842", que abre o livro *História do*

Movimento Político de 1842, do cônego José Antonio Marinho, de 1977; a introdução de Francisco Iglésias à *Instrução para o governo da Capitania de Minas Gerais*, de José João Teixeira Coelho, publicado pela *Fundação João Pinheiro*, em 1994.

Quando de sua morte seus muitos amigos, sua significativa e longa presença na vida intelectual brasileira, como membro de bancas, como conferencista, como debatedor, como articulista, como prefaciador e resenhista, fizeram com que todos os principais veículos de imprensa e as principais revistas acadêmicas em Ciências Sociais no Brasil dessem destaque à sua obra e seu papel na vida cultural brasileira. Em 2001, quem assina este texto organizou um livro, *Presença de Francisco Iglésias* (PAULA, 2001), que buscou, ainda que sob forma de esboço, apresentar uma visão de conjunto de sua vida e obra. Em 2013, Alessandra Soares Santos, defendeu na Faculdade de Filosofia e Ciências Humanas, da UFMG, Programa de Pós-Graduação em História, Tese de Doutoramento, cujo título é – *A Universidade, A História e o Historiador. O Itinerário Intelectual de Francisco Iglésias* (SANTOS, 2013), orientada pelos professores José Carlos Reis e João Antonio de Paula, que é, tanto quanto sei, o trabalho de maior fôlego sobre a obra de Francisco Iglésias.

Influências e Referências

Consta ser um provérbio árabe, o dito de que nós nos parecemos mais com a nossa época do que com nossos pais. É bem apanhada a frase, muitas vezes precisa, sobretudo quando se trata de considerar nossas relações com a vida pública, com o mundo das ideias. É isso que autoriza que se fale em "gerações", que em diversos lugares e épocas, sintetizam aspirações coletivas sob a forma de programas, de um incoercível desejo de ação, de afirmação, de superação. Gregório Marañon foi feliz ao estabelecer o seu conceito de "geração". Diz ele – "A de 98 foi uma geração verdadeira, porque nela se uniu ao fato cronológico indubitável (ainda que seus limites possam dilatarem-se ou estreitarem-se caprichosamente), uma reação política, em seu sentido nobre e geral; em seu sentido, não de querer derrubar, de atuar, substituir e mandar senão que só criticar dura e livremente – sem liberdade não são possíveis gerações eficazes – não a um governo, senão a um modo de vida nacional, cujas raízes se dissecaram valorosamente, sem melindres tradicionalistas, até o mais profundo de nossa História." (MARAÑON, 1951, p. XI-XII).

Nesse sentido, não será demasia falar que Francisco Iglésias fez parte de uma geração, que se caracterizou tanto pelo que pensou e atuou sobre a realidade brasileira, quanto pelas referências e influências que evocou, pelas afinidades eletivas que inventou. Geração marcada pelo modernismo brasileiro, pelas vanguardas. Se a presença da cultura francesa é hegemônica, não estiveram ausentes os grandes nomes da literatura russa, alemã, anglo-saxônica, e um especialíssimo cuidado com a literatura ibérica. Com efeito, foram lidos pela geração de Francisco Iglésias os grandes nomes da "geração de 1870", de Portugal – Eça de Queiroz, Antero de Quental, Ramalho Ortigão, Oliveira Martins, Teófilo Braga (TORRES, 1967). Também tiveram grande audiência naqueles tempos os autores espanhóis da "generación de 98" – Azorin, Miguel de Unamuno, Ramiro de Maeztu, Gregório Marañon, Ramón de Valle-Inclán, Pio Baroja, Antonio Machado (LAÍN ENTRALGO, 1957).

Tanto a geração de 1870, de Portugal, quanto a geração de 98, da Espanha, reagiram ao quadro geral de crise e decadência que se estabeleceu na península depois de dois séculos de fastígio, o XV e o XVI, "séculos de ouro", a que seguiram todos os outros de inerme prostração, de melancólico afundamento na mediocridade. Antero de Quental, o grande nome daquela geração de inconformados intelectuais portugueses, tanto diagnosticou os males da civilização portuguesa – a Contrarreforma, o Absolutismo e o mercantilismo metalista – quanto apontou maneiras de superá-los: a liberdade de pensamento, a República e o socialismo (QUENTAL, 1987).

A geração de 98 da Espanha ganhou este nome tamanho o trauma provocado pela derrota espanhola na guerra com os Estados Unidos, em 1898, evento culminante de um longo processo de frustrações, de ridículos, de humilhações, que tanto vexavam um povo, que sempre se quis campeão da honra. Miguel de Unamuno, que é considerado o nome emblemático dessa geração de 98, deu resposta ao problema espanhol que tem a marca do paradoxo. Disse ele que a regeneração espanhola ocorreria no dia em que a Espanha se europeizasse e a Europa se espanholizasse. Fórmula bela e trágica, que mereceria de outro grande nome da cultura espanhola, José Ortega e Y Gasset, crítica incisiva. (ORTEGA Y GASSET, 1981).

Lembrar Francisco Iglésias, lembrar os autores que ele leu e admirou, é redescobrir um mundo de encantamento soterrado hoje pelo esquecimento. Lembrar Francisco Iglésias é fazer, de novo, viver a prosa inexcedível de Azorin, de Miguel de Unamuno, de José Ortega y Gasset, é maravilhar-se com os versos, que cintilam, de Antonio Machado, de Juan Ramón Jimenez, de Federico Garcia Lorca.

Historiador de ofício, Francisco Iglésias foi grande leitor de poesia e de ficção. Foi dos primeiros, no Brasil, a escrever sobre André Malraux. Leitor constante e apaixonado de Proust, perfez todo o caminho da grande literatura ocidental, da antiguidade clássica às vanguardas. Seu entusiasmo por Tolstói era superlativo, mas não significou descurar Kafka, Gide, Thomas Mann, Guimarães Rosa, Carlos Drummond de Andrade.

Grande leitor de literatura, não foi pequeno seu apego às Ciências Sociais, que leu sistematicamente, professor que foi de cursos de sociologia e política, economia, administração pública, administração de empresas, ciências contábeis, ciências atuariais. Nesse ambiente, familiarizou-se com grandes nomes das ciências Sociais – Durkheim, Weber, Parsons, Wright Mills, Mannheim, Gurvitch; da economia política e do marxismo.

Seu conhecimento da literatura historiográfica foi enciclopédico. Leu os clássicos da antiguidade – Heródoto, Tucídides, Xenofonte, Políbio, Tácito, Tito Lívio, Marcelino Amiano. Tomou conhecimento dos cronistas medievais, da historiografia medieval dos séculos XIII e XIV, da historiografia humanista italiana do século XV, dos historiadores dos séculos XVI e XVII. Leu, com cuidado, Voltaire, Montesquieu, Condorcet, Gibbon, autores do século XVIII. Mergulhou fundo nas grandes correntes da historiografia do século XIX: Michelet, Ranke, Coulanges, Burkhardt, Alexandre Herculano, Marcelino Menendez y Pelaio, Francesco De Sanctis, Macaulay, Trevelyan. Foi entusiasta de primeira hora da École des Annales. Mais de uma vez disse que Marc Bloch e seu "Metier d'historien", marcaram-lhe a vida profissional, deram--lhe os instrumentos, indicaram-lhe caminhos, inspiraram projetos, forjaram-lhe a disposição para fazer do ofício do historiador um permanente exercício crítico e emancipatório.

Iglésias foi permanente leitor dos *Annales*, em todas suas fases, como se comprova com o exame de parte de sua biblioteca, que está incorporada à Biblioteca da FACE/UFMG, e que reúne vários números da revista e de seus principais autores. Leitor dos *Annales*, Iglésias foi tocado pela magnífica nobreza ética e intelectual de Marc Bloch, em resenha que dedicou à *Apologie pour l'Histoire ou Metier d'Historien*, de 1954, disse Iglésias – "Como se lê na dedicatória que escreveu para Lucien Febvre, a obra era "um simples antídoto ao qual, entre as piores dores e as piores ansiedades, pessoais e coletivas, peço hoje um pouco de equilíbrio de alma". Foi com emoção que lemos essa dedicatória, reveladora de uma sensibilidade muito fina. Foi com emoção que lemos todo o livro, escrito por alguém que sabia o que é a História" (IGLÉSIAS, 1954, p. 260-261).

Com efeito, se Marc Bloch é o nome maior de sua admiração, sua prática tendeu a aproximar-se mais da de Lucien Febvre e seus "combates pela história". Uma historiografia militante na denúncia de oportunismos e mitos convenientes, a busca permanente do ponto de vista crítico, de perspectiva firmemente contrastante com os interesses dos poderosos e seus ideólogos.

Não há propósito, aqui, em inventariar tudo quanto terá influenciado o modo como Francisco Iglésias se fez historiador. De todo modo, será omissão grave não destacar o quanto foi marcado pelos grandes nomes da historiografia portuguesa e brasileira, das primeiras crônicas, à consolidação do gênero, "como narração de acontecimentos com nexo lógico e temporal", como é o caso de "Crônica Geral de Espanha", de 1344, cuja autoria foi atribuída a D. Pedro, Conde de Barcelos e filho do rei D. Dinis (SERRÃO, 1972, p. 31). Seguiram-se as crônicas de Fernão Lopes, de Gomes Eanes de Zurara e uma profusão de cronistas até a efetiva emergência da historiografia propriamente dita. Não será ocioso lembrar que entre os séculos XVI e XIX, a historiografia portuguesa incluiu a historiografia de sua possessão americana, como parte de um conjunto maior que Joel Veríssimo Serrão chamou de Historiografia Ultramarina dos séculos XVII e XVIII.

Tanto os grandes cronistas, quanto os grandes nomes da literatura portuguesa do final da Idade Média e dos séculos XVI, XVII e XVIII tiveram um grande divulgador no Brasil, que foi o professor Rodrigues Lapa, também ele obrigado a deixar Portugal no período salazarista, que morou em Belo Horizonte e tornou-se grande amigo de Francisco Iglésias. Lapa foi grande incentivador da coleção lançada pela Editora Itatiaia, em 1960, e que publicou textos de Fernão Lopes, Gomes Eanes de Zurara, João de Barros, Fernão Lopes de Castanheda, Gaspar Correia, Diogo do Couto, Damião de Góis, Sá de Miranda (LAPA, 1960).

Francisco Iglésias leu e assimilou os grandes historiadores portugueses do século XIX. De Alexandre Herculano apreciava sua mais que escrupulosa e incansável busca de rigor e exatidão, de Oliveira Martins a amplidão da visada e a urgência militante de sua obra. Foi leitor atento e admirador dos historiadores que poderíamos chamar luso-brasileiros – João Lúcio de Azevedo e Jaime Cortesão. Não foi menor seu reconhecimento pelas obras de historiadores seus contemporâneos como Vitorino de Magalhães Godinho, Joel Veríssimo Serrão, Joaquim Barradas de Carvalho, Jorge Borges de Macedo, para ficar com alguns poucos nomes. Muito importante em sua formação como historiador foi a literatura portuguesa, da qual foi leitor permanente e apaixonado de Camões, de Gil Vicente, do Padre Vieira, de Bocage, de Camilo Castelo Branco, de Eça de Queiroz, de Fernando Pessoa. Parte importante de seu interesse e de sua dedicação mais que lateral a estes autores, deve-se ao quanto aprendeu com o ensaísta e humanista, António Sérgio, que, certamente, foi seu grande mestre sobre as coisas portuguesas.

É possível dizer que o ensaísmo praticado por António Sérgio foi uma das referências fundamentais para a constituição de seu modo de apreender a realidade, a partir do ensaio que é "procura de caminhos, não só sentenças ou fórmulas tidas como eternas." (...) "Admite a hipótese, aceita a crítica, pode desenvolver ou corrigir e até invalidar depois o que apresenta." (...) "Busca de uma verdade, ele é por excelência anti-dogmático..." (IGLÉSIAS, 1971, p. 12).

Com António Sérgio, Iglésias também foi exposto a um método, que é uma das marcas da École des Annales – a história problema, como se vê nos temas caros à obra de António Sérgio: as determinações da revolução burguesa do Porto de 1383-85; a importância da tomada de Ceuta para a expansão marítima portuguesa; as razões da decadência portuguesa depois do espantoso sucesso do século XV; o significado da imposição da "política de transportes", em detrimento da "política de fixação", no destino histórico de Portugal (SÉRGIO, 1920, 1972).

No caso de Sérgio, vale, e muito, a tese de que mais importante que uma boa resposta, é aquela pergunta que fulgura como um raio, que, insuspeitada, se apresenta e obriga a revisões, a redefinições, a abandonos, a resgates.

Iglésias aprendeu com António Sérgio as artes do ensaio, praticado superiormente por outros grandes nomes da cultura ocidental, desde seu inexcedível criador, Montaigne.

Em livro póstumo, organizado pelo autor dessas linhas, Francisco Iglésias reportou o itinerário da historiografia brasileira, desde 1800, trabalho que ficou incompleto pela ausência de tratamento da historiografia das últimas décadas. Escrito em meados dos anos 1980, *Historiadores do Brasil* (IGLÉSIAS, 2000), deixa claras as simpatias, admirações e idiossincrasias de Iglésias com relação à historiografia brasileira. Quase sempre justo e equilibrado em seus juízos, não omite suas ojerizas e entusiasmos. Mesmo quando reconhecendo o valor de certas obras e autores, Varnhagen, por exemplo, não lhe perdoa o aulicismo, a narrativa acrítica e o preconceito. Do mesmo modo, não hesita em homenagear as perspectivas críticas, as visões que valorizaram o processo histórico do ponto de vista democrático e popular, como são os casos de João Francisco Lisboa, João Ribeiro e Sérgio Buarque de Holanda.

A lacuna apontada no referente ao livro *Historiadores do Brasil*, isto é, a ausência de tratamento mais detido sobre a historiografia brasileira pós-1930, é parcialmente preenchida com o livro de 1959, *Introdução à Historiografia Econômica*

(IGLÉSIAS, 1959); com o artigo – "A propósito da historiografia brasileira" – de 1975 (IGLÉSIAS, 1975); com o capítulo "A História no Brasil", que está no livro *História das Ciências no Brasil*, organizado por Mário Guimarães Ferri e Shozo Motoyama (IGLÉSIAS, 1979); e com os estudos sobre Joaquim Nabuco, Oliveira Vianna, Caio Prado Júnior, Sérgio Buarque de Holanda, José Honório Rodrigues e Raymundo Faoro, que estão no livro organizado pelo autor deste texto, publicado em 2010, *História e Literatura* (IGLÉSIAS, 2010).

A História como Problema

Historiador, Iglésias o foi à moda de Marc Bloch, ou à moda de Marx, no sentido de que nada do que é humano lhe foi indiferente. "A história é o estudo dos homens no tempo", disse Marc Bloch. Uma curiosidade vigilante, uma disponibilidade para o novo, uma ecumênica capacidade de transitar do erudito ao popular, da alta cultura à cultura da massa, dos ambientes convencionais e burgueses para o mais pedestre e plebeu, eis Francisco Iglésias para quem o conheceu, mestre da conversação, do humor, da ironia, da crítica inegociável: de certo governador de Minas Geais disse que era vazio como um pneumático. Usava com frequência, com certa malícia, uma palavra que sabia não ser de uso corrente. A palavra é desfrutável. E ele dizia, tal coisa é desfrutável, tal livro era desfrutável, tal pessoa era desfrutável. Várias vezes eu o vi usar essa palavra, nesses sentidos, e eu tenho certeza que muitos poucos de seus ouvintes entendiam que a palavra desfrutável está longe de ser um elogio. Acho que ele se divertia com isso, ao seu modo discreto e malicioso.

O bom gosto das escolhas literárias fazia par, em Iglésias, com a pertinência e consistência de suas escolhas políticas, teóricas e filosóficas. Entre essas escolhas destaque-se a mobilização que fez de Spinoza, de sua Ética, em que "o filósofo mostra que, pela inteligência do real, o homem pode conquistar a liberdade. Percebendo os limites é que ele sabe o que é e se afirma." "Tudo que é elo é tão difícil como raro." – concluiu. (IGLÉSIAS, 1971, p. 15). Com efeito, Iglésias fez desta última fase uma sorte de programa: buscou sempre entender a realidade como conjunto de complexidades, deu o melhor de sua atenção a personagens e situações em tudo distantes da mediania. Entendia que o típico não é, necessariamente, o indivíduo médio, ou modal, que o típico, o que efetivamente revela o essencial de uma época, de um processo, de uma sociedade, de uma vida pode ser o tensionado por dramáticas contradições, paradoxos, ambiguidades. No caso de Iglésias essa disposição para interpelar o complexo, significou, algumas vezes, dedicar-se a personagens perfeitamente excepcionais como são os casos do Conde de Mirabeau, de André Malraux, de Fernando Pessoa e de Jackson de Figueiredo.

Em 1949, Iglésias publicou um artigo sobre Mirabeau, que começa assim: "A comemoração de um centenário só tem sentido quando a figura festejada permanece viva, capaz de dizer algo de atual." (IGLÉSIAS, 1949, p. 240). E foi como personagem atual, que Iglésias viu, Gabriel-Vitor Riquetti, Conde de Mirabeau, filho infeliz do outro Mirabeau, economista famoso, e que mandou encarcerar o próprio filho. Mirabeau é personagem extraordinário de uma época extraordinária. Entre os grandes nomes da Revolução Francesa foi, talvez, seu maior orador, gigante da arte retórica e da formulação política. Teria salvado a monarquia, dizem, se tivesse vivido mais e se a rainha lhe tivesse sido mais simpática. Homem turbulento e libertino:

> Dividido entre a libertinagem e a política, realizou um destino de lances fabulosos que lhe garante a popularidade entusiasmada de quantos o conhecem. Não é preciso inventar nada para fazer biografia de Mirabeau com passagens dignas de folhetim (IGLÉSIAS, 1949, p. 141).

Hoje já não há quem se horrorize quando se diz que a Revolução Francesa deve tanto aos libertinos, quanto aos libertários, como tem apontado Robert Darnton. Iglésias, em 1949, já abordava esse tema e dava-lhe tratamento erudito e percuciente, quando aproximou, por exemplo, Mirabeau de Sade. Diz ele – "Ao mesmo tempo que Mirabeau produzia essa sub-literatura, um vizinho seu de cárcere entregava-se a trabalho semelhante, com mais ardor ainda. É que em Vincennes estava preso também o Marquês de Sade, que haveria de celebrar-se exatamente por esse motivo. Há vários pontos de contato entre o erotómano famoso e Mirabeau, como se poderia mostrar um paralelo que supomos estar ainda por ser feito." (IGLÉSIAS, 1949, p. 254-255).

Quase setenta anos depois, a análise de Iglésias ainda encanta pelo brilho das ideias, pela elegância da forma e amplo conhecimento da matéria, texto de um jovem de 26 anos que olha para o mundo das ideias com a segurança de um mestre, que antecipa tendências e dá mostras de inteligência, que se recusou a aceitar a condição provinciana e periférica como condenação.

Iglésias, como intelectual, não buscou a facilidade, o confortável dos lugares comuns, o consabido e consagrado. Foi, nesse sentido, um autor a contrapelo, que se mostrou à vontade ao lidar com autores controvertidos, polêmicos, que ele buscou compreender, sem traí-los, mesmo quando colocados em lado oposto ao seu do ponto de vista político e ideológico. Disse ele, sobre suas escolhas:

> Não se veja, no caso dos autores, busca de identificação pessoal: com dois deles, por exemplo, temos mais distância que proximidade dele – como se dá com Fernando Pessoa, ou, sobretudo, com Jackson de Figueiredo, com os quais, ideologicamente, nada temos a ver. (IGLÉSIAS, 1971, p. 11).

Um desses autores desconcertantes a quem Iglésias deu atenção permanente foi André Malraux, homem turbilhão, dotado de tanta força criativa, quanto de exacerbado individualismo, que mais de uma vez, levou-o à má-fé. Ele teria dito, de si mesmo, como lembrou o cineasta Louis Malle, que um "homem de ação e pessimista só não se torna fascista se for fiel a uma ideia, a uma crença". No caso de Malraux, essa crença, a força que o impediu de mergulho trágico na valorização da ação gratuita, não foi, exatamente, a ideia da revolução, mas sua contraparte agônica, a rebelião, a ação exemplar, a coragem, o desafio, que estão na base de suas motivações, de sua participação na Revolução Chinesa de 1927, na Guerra Civil Espanhola, na Resistência contra ocupação nazista da França.

Em 1948, Iglésias publicou um artigo no jornal *O Estado de São Paulo*, "O místico da ação", sobre Malraux, em que analisando os personagens típicos de seus romances, em particular de sua obra prima, *A Condição Humana*, Iglésias descreve-os como:

> seres excepcionais. Há em todos eles nota de anormalidade, germe de alucinação. São seres marginais tragados pelo redemoinho social e cuja simples existência é atestado gritante do erro da organização da sociedade em que vivem. Seres assim podem servir à causa revolucionária, mas não se pode confiar neles." (...) "Ser vem à revolução apenas para se agitar, agir, sem nenhuma convicção de natureza mais geral." (...) "Ser vem à revolução na verdade, e, na medida em que servem à causa, são revolucionários. Preferíamos, contudo, reservar-lhes o nome de revoltados (IGLÉSIAS, 2001, p. 10-11).

Um revoltado típico para Iglésias seria Malraux:

> a revolução para ele não é uma coisa em si, com realidade independente de uma ou outra pessoa. Nele, a revolução é fim em si na vida de cada pessoa, sentido para a existência, forma de se afirmar o indivíduo. É o apocalipse da ação resultante da própria natureza do homem, da condição humana – para falar com suas expressões queridas (IGLÉSIAS, 2001, p. 12).

Malraux ligou-se, durante certo tempo a Trotsky, defendeu-o nos tempos difíceis em que era atacado tanto pelos stalinistas, quanto pela direita. O desdobramento da relação entre Malraux e o trotsquismo, talvez, seja a expressão mais acabada das trágicas consequências do "misticismo da ação" que Iglésias viu em Malraux. Convencido de que o trotsquismo não teria chance de vencer na França, Malraux, não teve dúvidas, e como se fosse a coisa mais natural do mundo, aderiu ao gaullismo, foi ministro da cultura de uma república em crise às vésperas do Maio Vermelho de 1968.

Só aparentemente o estudo sobre Jackson de Figueiredo, autor que faleceu em 1928, parece deslocado, inatual. De fato, publicado em 1962, no momento em que o Brasil vivia real, ainda que fragilmente, o clima das reformas das estruturas, em que havia correntes que falavam em revolução social, lembrar um autor explicitamente e militantemente reacionário, contrarrevolucionário, significava investigar as raízes ideológicas de processo, que já estava em curso, com a criação do IPES e do IBAD, e da ampla conspiração de civis e militares, e que levou ao golpe de 1964. Diz Iglésias – "o estudo da obra de Jackson de Figueiredo, procurando situar principalmente a sua repercussão, é tema que pode oferecer perspectiva para o entendimento do Brasil de hoje." (IGLÉSIAS, 1971, p. 100). Não se implica daí que os golpistas de 1964 tenham feito de Jackson Figueiredo referência para seu programa.

Testemunho daqueles tempos turbulentos e esperançosos no Brasil, Iglésias é pioneiro, tanto quanto sei, em detectar, em meio à euforia do movimento pelas reformas, a sombra, que foi se avolumando a custa de propaganda, de articulações golpistas, em que não foi pequena a participação de interesses estrangeiros. Iglésias não escreveu seu ensaio sobre Jackson de Figueiredo para denunciar as tramas de um golpe em marcha. O que de fato ele fez, foi, para frasear Ingmar Bergman, revelar o "ovo da serpente", as raízes, no Brasil, do pensamento contrarrevolucionário, inspirado em Burke, em Joseph de Maistre, em De Bonald, em Donoso Cortes, em Charles Maurras. E Iglésias fez isso a partir de um autor, que, para além de seus propósitos ideológicos, está longe de ser irrelevante. De fato, repudiando sua ideologia e sua política, Iglésias descobriu em Jackson de Figueiredo qualidades intelectuais ponderáveis, quando, por exemplo, foi capaz de valorizar a obra de um até hoje desconhecido poeta baiano, Pedro Kilkerry, que no início do século, produziu uma obra pequena, mas sintonizada às grandes conquistas de vanguarda poética de então. Disse Augusto de Campos:

> Kilkerry traz para o simbolismo brasileiro um sentido de pesquisa, que lhe era, até então, estranho, e uma concepção nova, moderníssima, da poesia como síntese, como condensação; poesia sem redundância, de audaciosas crispações metafóricas e, ao mesmo tempo, de uma extraordinária funcionalidade verbal (CAMPOS, s.d., p. 11).

Iglésias viu em Jackson de Figueiredo não só o reacionário, mas o intelectual que:

> Admirava os autores menores, que estudou por peculiaridades de suas vidas, pela modéstia ou obscuridade, pela inteligência ou afeto, pela extravagância de líricos e boêmios, pois sabia ser ele mesmo um boêmio, desordenado, que preferia as noites e as madrugadas, as conversas infindas, ao dia e ao trabalho de rotina (IGLÉSIAS, 1971, p. 141).

Se Iglésias viu em Jackson Figueiredo, mais que o homem político, o ideólogo da reação, sua leitura de Fernando Pessoa, do seu pensamento político, de novo é um extraordinário exercício de finura crítica, de equilíbrio e agudeza analíticas. Acontece, que o grande poeta, um dos maiores do século XX, não só foi um pensador reacionário, quanto um adepto de misticismos, messianismos e esoterismos. Sebastianista e astrólogo, combinou tudo isso com intransigente liberalismo econômico, ao mesmo tempo que foi inimigo do liberalismo político. Talvez seja empobrecedor falar-se aqui em "luxo de contradições" que Fernando Pessoa foi apoteótico nesse particular. Iglésias, mesmo admirando e encantado com o poeta de gênio, que é Fernando Pessoa, não deixou que isso esmaecesse seu ânimo crítico. Disse ele:

> É claro que enriqueceu o patrimônio literário de sua nação com a maior obra do século até hoje e uma das mais grandiosas de toda a sua literatura; artisticamente foi autor avançado. No plano social e político, porém, antes contribuiu para embaralhar ou mesmo regredir a vida nacional. O julgamento pode ser severo, mas não fugimos a ele (IGLÉSIAS, 1971, p. 293).

O estudo sobre Fernando Pessoa é um dos pontos altos da ensaística de Francisco Iglésias, em que ele demonstra o quanto soube manejar a arma elegante e iluminadora do ensaio. Fernando Pessoa, poderia ser dito, em sentido exato, que foi, de fato, trezentos, foi trezentos e cinquenta, talvez mais que os heterônimos são legião. Ao fim e ao cabo, diz Iglésias – "Fernando Pessoa foi poeta e por sua obra deve ser julgado. Tudo o mais é acidental e de importância secundária comparado à poesia que deixou." (IGLÉSIAS, 1971, p. 298).

A Interpretação do Brasil

A sociedade brasileira, desde a segunda metade do século XIX, tem experimentado mudanças significativas que alteraram, de fato, estruturas, instituições, modos de vida. Se isso é verdade, também é verdade que esses processos transformadores acabaram por não se realizar inteiramente, ficando sempre aquém de suas possibilidades, e do que efetivamente é necessário, para a construção de uma sociedade em que as maiorias sejam protagonistas e destinatárias do desenvolvimento econômico, político, cultural e tecnológico.

Em três momentos-chave a sociedade brasileira produziu situações-processos com efetivo potencial transformador e sistêmico. A primeira vez com a Abolição da escravidão, que Jacob Gorender viu como a nossa única revolução social. De fato, o potencial transformador que a Abolição ensejava acabou se apequenando pela interdição do que teria sido seu mais decisivo complemento: a Reforma Agrária. A interdição da Reforma Agrária significou negar direitos fundamentais para os ex-escravos e para as populações pobres do país, o direito à vida digna, que se não era uma reparação justa pelos séculos de violência a escravização, ao menos garantiria cidadania plena a um expressivo contingente da população, que na ausência de Reforma Agrária foi condenada a uma cidadania danificada.

O segundo momento-chave da formação nacional foi o Modernismo. Nos anos 1920, o Brasil assistiu a uma decisiva experiência estético-cultural cuja síntese talvez seja a articulação de referências fundamentais de nosso passado cultural com a revolução formal e conteudística trazida pelo modernismo, pela vanguarda. Nesse processo, valorizou-se, na verdade reapropriou-se, do exemplo extraordinário de certas realizações culturais, como a do Aleijadinho, que a partir de repertório simbólico europeu, o barroco contrarreformista, ressiginificou-o, fazendo-o expressão de uma criatividade, de uma inventividade, que afirmaram o local em sua capacidade de transcender o modelo europeu, enriquecendo-o pela liberdade do hibridismo, da liberdade que convida a superar barreiras, a imaginar outros mundos possíveis.

No modernismo brasileiro, se Mário de Andrade foi a busca do reatamento entre cultura popular e a cultura erudita, entre o nacional e o adventício, entre a tradição e a vanguarda, Oswald de Andrade trouxe um elemento igualmente decisivo, a antropofagia, o programa-projeto baseado na deglutição, no devoramento, na apropriação de elementos culturais de todas as partes mediante processo de assimilação-transformação, recepção que atualiza, sintoniza a cultura brasileira ao melhor da cultura internacional sem subalternidade ou puro mimetismo. É o que se vê, por exemplo, com a arquitetura modernista do Brasil, com a música de Villa Lobos e Tom Jobim; com a poesia de Drummond e João Cabral, com as obras de Volpi, Iberê Camargo, Ligya Clark; com a literatura de Guimarães Rosa.

O que se coloca nesse caso é reconhecer que o programa-projeto modernista, decisivo para a afirmação de uma postura altiva, ativa e eficaz diante do fenômeno da cultura, da ciência, da tecnologia acabou confinado a uns poucos exemplos e, sobretudo, limitado ao fenômeno estético. Certamente, o modernismo tem positiva incidência sobre a capacidade brasileira de produzir ciência e tecnologia, de constituir um Sistema Nacional de Inovação efetivo entre nós, o modernismo como experiência decisiva de "catch-up" cultural, como plataforma de apropriação-ressignificação-invenção de bens simbólicos.

Francisco Iglésias em pelo menos duas oportunidades buscou visão de conjunto da formação social brasileira, nos dois casos a partir do viés da vida política: em livro de 1993, *Trajetória Política do Brasil (1500-1969)* (IGLÉSIAS, 1993), e em livro de 1994, publicado em espanhol pelo Fondo de Cultura Económica, do México – *Breve História Contemporánea del Brasil* (IGLÉSIAS, 1994). Contudo, sua contribuição mais percuciente para a interpretação do Brasil deu-se, na verdade, a partir de seus "capítulos da história das ideias no Brasil", entre os quais se destacam três, particularmente relevantes para a apreensão daqueles três momentos-chaves da formação social brasileira: a Abolição, o Modernismo e o Desenvolvimento. Sobre esses três termos decisivos Iglésias tem contribuição significativa. No caso da Abolição, Iglésias estudou-a a partir de pelo menos três estudos dedicados a Joaquim Nabuco, que foi um dos grandes nomes do movimento abolicionista. Hoje está perfeitamente assentado que o abolicionismo foi movimento político-social, que envolveu efetiva mobilização de escravos e ativistas políticos, que foi capítulo exemplar da luta social no Brasil. Reconhecer a existência de correntes revolucionárias no âmbito da luta abolicionista não pode significar minimizar o papel importante de certos membros das elites do Império, Joaquim Nabuco e André Rebouças, por exemplo, para a realização da Abolição. Trata-se aqui, de reconhecer o caráter liberal-modernizante destas elites, que não só defenderam a Abolição, quanto buscaram mostrar a necessidade de complementar o processo por intermédio de efetiva política de terras, que ampliasse o acesso à terra aos ex-escravos, como aconteceu nos Estados Unidos, com a Lei de Terras, de 1862. Iglésias dedicou a Joaquim Nabuco um longo estudo para a Biblioteca Ayacucho, da Venezuela, publicado em 1991 (IGLÉSIAS, 1991).

Iglésias publicou ainda sobre Nabuco dois pequenos estudos, um sobre o livro de memórias de Nabuco, *Minha Formação*, e um outro sobre o seu clássico livro, *Um Estadista do Império*, que enfeixa uma notável tessitura narrativa, realizando tanto a biografia de Nabuco de Araújo, grande nome da política do Império, e pai de Nabuco, quanto apresentando panorama acurado do segundo reinado (IGLÉSIAS, 2010).

De novo, Iglésias escolheu um desses personagens complexos que tanto o fascinavam: Nabuco, Quincas o belo, como era chamado, homem cultivado e cosmopolita, diplomata e filho dileto da elite, e que também foi um campeão da luta abolicionista.

Outro tema de eleição de Iglésias foi o modernismo. A ele dedicou dezenas de estudos sobre seus poetas e escritores, sobre seus significados culturais. Conheceu e trocou correspondência com Mário de Andrade, fato que tinha como um de seus poucos orgulhos. Do muito que Iglésias escreveu sobre o modernismo brasileiro vejam-se os estudos: "Modernismo: uma verificação da Inteligência Nacional", e "História, Política e Mineiridade em Drummond", que estão no volume *História e Literatura* (IGLÉSIAS, 2010).

Finalmente, o tema do desenvolvimento apareceu, também, fortemente na obra de Iglésias e de forma destacada em seus estudos sobre a vida e a obra de Celso Furtado (IGLÉSIAS, 1971). Se ao estudar Jackson de Figueiredo e Fernando Pessoa, Iglésias não deixou que sua perfeita discordância política e ideológica turvassem seu juízo sobre o ponderável da obra desses autores, no caso de Celso Furtado o perigo enfrentado foi inverso, que Iglésias não só valorizou o grande intelectual e pensador, que Furtado é, quanto destacou sua força como homem de ação, como construtor de instituições, como homem público. Disse Iglésias – Celso Furtado, "exprime a melhor orientação metodológica, encarna as mais corretas posições, ao mesmo tempo que desenvolveu intensa e fecunda atividade nos serviços públicos do país." (IGLÉSIAS, 1971, p. 14).

De tal modo, que há na obra de Francisco Iglésias uma informada, lúcida e original interpretação do Brasil, interpretação que não fere menos o objeto, que não é menos relevante porque centrada nos momentos-chaves de nossa formação social e de seus personagens-intérpretes emblemáticos.

Em 2003, publiquei um artigo que sintetizava minha visão sobre Iglésias. Disse então que a obra de Francisco Iglésias era um ponto de encontro entre os intelectuais e o povo (PAULA, 2003). Reitero o dito então, e lembro, para finalizar, com um autor, também admirado por Iglésias, também complexo, Ortega y Gasset, que disse algo sobre a Espanha, que Iglésias, certamente, pensava valer para o Brasil – "tudo o que a Espanha fez de verdadeiramente grande foi feito pelo povo."

Bibliografia

CAMPOS, Augusto de. *Re-visão de Kilkerry*. São Paulo: Fundo Estadual de Cultura. s.d.

CARPEAUX, Otto Maria. *Ensaios Reunidos* (1946-1971), v. II, Rio de Janeiro: Univer-Cidade/Toopbooks, 2005.

DOURADO, Autran. *O Artista Aprendiz*. Rio de Janeiro: Livraria José Olympio Editora, 1989.

IGLÉSIAS, Francisco. "Mirabeau". *Kriterion*, Revista da Faculdade de Filosofia da Universidade de Minas Gerais. Belo Horizonte, Janeiro-Junho, 1949, n. 37-8.

_____, Francisco. "Elementos para uma História Econômica da Capitania de Minas Gerais." *Revista da Faculdade de Ciências Econômicas*, da Universidade de Minas Gerais, Ano I, n. 1, janeiro-junho, 1952.

_____, Francisco. "Aspectos do desenvolvimento da história econômica". *Revista da Faculdade de Ciências Econômicas*, da Universidade de Minas Gerais, Ano III, n. 6, julho-dezembro, 1954.

_____, Francisco. Resenha de *Apologie pour l'Histoire ou Metier d'Historien*. *Revista da Faculdade de Ciências Econômicas*, Ano III, n. 5, janeiro-julho, 1955.

_____, Francisco. "Política Unitária do Segundo Reinado". *Revista da Faculdade de Ciências Econômicas*, da Universidade de Minas Gerais, Ano IV, n. 8, julho-dezembro, 1955.

_____, Francisco. *Política Econômica do Governo Provincial Mineiro (1835-1889)*. Rio de Janeiro: INL, 1958.

_____, Francisco. *Introdução à Historiografia Econômica. Estudos Econômicos, Políticos e Sociais*. Faculdade de Ciências Econômicas da Universidade de Minas Gerais, Belo Horizonte, 1959.

_____, Francisco. *História e Ideologia*. São Paulo: Editora Perspectiva, 1971.

_____, Francisco. *História para o Vestibular*. Belo Horizonte: Editora Júpiter, 1973.

_____, Francisco. "A propósito da historiografia brasileira". *Debate & Crítica*, n. 5, São Paulo, Março de 1975.

_____, Francisco. "A História no Brasil". *História das Ciências no Brasil*. FERRI, Mário Guimarães e MOTOYAMA, Shozo (Orgs.). São Paulo: EDUSP/EPU, 1979.

_____, Francisco. *A Revolução Industrial*. São Paulo: Editora Brasiliense, 1981.

_____, Francisco. "Política econômica do governo do Estado de Minas Gerais" in *V Seminário de Estudos Mineiros*. Belo Horizonte: UFMG, 1982.

_____, Francisco. *Constituintes e Constituições Brasileiras*. 3ª edição. São Paulo: Editora Brasiliense, 1986.

_____, Francisco. *Ideias Políticas de Pandiá Calógeras*. Brasileira/Rio de Janeiro: Senado Federal/Fundação Casa de Rui Barbosa, 1987.

_____, Francisco. *A Industrialização Brasileira*, 4ª edição. São Paulo: Editora Brasiliense, 1988.

_____, Francisco. "Selección, prólogo, notas, cronologia y bibliografia" a NABUCO, Joaquim. *Un Estadista del Imperio y otros textos*. Trad. esp., Caracas/Venezuela: Biblioteca Ayacucho, 1991.

_____, Francisco. *Trajetória Política do Brasil. (1500-1964)*. São Paulo: Companhia das Letras, 1993.

_____, Francisco. *Breve História Contemporánea del Brasil*. México: Fondo de Cultura Económica, 1994.

_____, Francisco. *Historiadores do Brasil. Capítulos de historiografia brasileira*. Rio de Janeiro/Belo Horizonte: Nova Fronteira/EUFMG, 2000.

_____, Francisco. "O Místico da Ação", publicado originalmente no jornal, O Estado de São Paulo, do dia 6 de janeiro de 1948, e republicado no *Suplemento Literário de Minas Gerais*, n. 77, Novembro de 2001.

_____, Francisco. *História & Literatura. Ensaios para uma História das Idéias no Brasil*. São Paulo: Editora Perspectiva, 2010.

LAIN ENTRALGO, Pedro. *España como Problema*. Madrid: Aguilar, 1957.

LAPA, Rodrigues. Seleção, prefácio e notas a LOPES, Fernão, *Quadros da Crônica de D. João I*, Belo Horizonte, Editora Itatiaia, 1960.

_____, Rodrigues. Seleção, prefácio e notas a ZURARA, Gomes Eanes de. *Prosas Históricas*. Belo Horizonte: Editora Itatiaia, 1960.

_____, Rodrigues. Seleção, prefácio e notas a *Historiadores Quinhentistas*. Belo Horizonte: Editora Itatiaia, 1960.

LIMA, Alceu Amoroso. *Voz de Minas*, Rio de Janeiro: Agir, 1945.

MACHADO, Lourival Gomes. *Barroco Mineiro*. 2ª edição. São Paulo: Editora Perspectiva, 1973.

MARAÑON, Gregorio. Prólogo a DÍAZ-PLAJA, Guillermo. *Modernismo Frente a Noventa y ocho*. Madrid: ESPASA-CALPE, 1951.

ORTEGA Y GASSET, José. *Ensayos sobre la generación del 98*. Madrid: Alanza Editorial/Revista de Occidente, 1981.

PAULA, João Antonio de (Org.). *Presença de Francisco Iglésias*. Belo Horizonte: Autêntica Editora, 2001.

_____, João Antonio de. "A obra de Francisco Iglésias: ponto de encontro entre os intelectuais e o povo." LOPES, Marcos Antônio (org.). *Grandes Nomes da História Intelectual*. São Paulo: Editora Contexto, 2003.

QUENTAL, Antero. *Causas da decadência dos povos peninsulares*. 5ª edição. Lisboa: Vimeiro, 1987.

SANTOS, Alessandra Soares. *A Universidade, a História e o Historiador. O Itinerário Intelectual de Francisco Iglésias*. Tese de Doutoramento, Programa de Pós-Graduação em História, FAFICH/UFMG, 2013.

SÉRGIO, António. *Ensaios*. Tomo I. Rio de Janeiro/Porto: Anuário do Brasil/Renascença Portuguesa, 1920.

_____, António. *Ensaios*. Tomo II. *Obras Completas*. Lisboa: Livraria Sá da Costa, 1972.

SERRÃO, Joaquim Veríssimo. *A Historiografia Portuguesa*. v. I, Lisboa: Editorial Verbo, 1972.

TORRES, Flausino. *Notas acerca da geração de 70*. Lisboa: Portugalia Editora, 1967.

WERNECK, Humberto. *O Desatino da Rapaziada*. São Paulo: Companhia das Letras, 1992.

A presença de Eulália[1]

Maria Alice Rosa Ribeiro[2]

É preciso que o mau passado não seja esquecido, para que não se jogue pela janela a experiência duramente adquirida pela porta (Evaristo de Moraes Filho, 1983).

Este texto é uma homenagem muito especial a Eulália Maria Lahmeyer Lobo [1924-2011]. De início foi pensado como um pequeno texto introdutório à exposição sobre as primeiras historiadoras econômicas, pois, além de estar entre as pioneiras na historiografia econômica, Eulália teve uma participação atuante e militante na construção da Associação Brasileira de Pesquisadores em História Econômica

---

1 Dedicamos a Luiza Lobo e Ismênia Lima Martins que contribuíram para a elaboração do capítulo, contando um pouco da história da mãe e da amiga e colega. Agradecemos os comentários, as sugestões, as indicações de livros, as conversas por telefone e por e-mails.
2 Professora FCL/ UNESP-Araraquara; Pesquisadora Colaboradora do Centro de Memória UNICAMP, CMU. Primeira Secretária da ABPHE (2001-2003); Conselho Editorial da HE&HE (2000-2003 e 2004-2006) e Primeira Tesoureira da ABPHE (2007-2009). Agradecemos aos primeiros leitores e revisores pelas sugestões e críticas Mauricio Coutinho, Flávio Saes, Alexandre Saes e Leda Farah. As faltas remanescentes são de minha responsabilidade.

– ABPHE. Mas o material documental a que tivemos acesso por meio de sua filha, Luiza Lobo, e de sua grande amiga, Ismênia de Lima Martins, nos fez rever a ideia inicial e escrever um texto mais completo.

Eulália esteve presente na ABPHE desde os primeiros encontros informais que visavam à organização de uma entidade no campo do conhecimento específico da História: História Econômica. Eram os anos 90, e os estudos de História Econômica passavam por um momento difícil de descenso e desprestígio diante de outras áreas da História. Em 1992, em entrevista concedida a Ronaldo Vainfas e Angela de Castro Gomes para a revista *Estudos Históricos* (LOBO, 1992a, p. 84), Eulália constatava que os estudos históricos, nos anos de 1980 e no início dos anos de 1990, passavam por uma fase de predomínio de temas vinculados à história das ideias, à história do cotidiano ... e concluía: "Acho válido entrar pelo campo do cotidiano, das ideias, mas também penso que corremos o risco, devido ao exagero inicial de ficar com poucas pessoas dedicadas à História Econômica" (LOBO, 1992a, p. 94).

E prossegue, temerosa com a situação da História Econômica: "Não podemos correr o risco de daqui a pouco não termos quem ensine a história da industrialização..." (LOBO, 1992a, p. 95).

Preocupada com o declínio dos estudos na área, Eulália participou ativamente e sediou, inúmeras vezes, em sua residência no Rio de Janeiro, as primeiras reuniões de preparação, de seleção de temáticas, de distribuição de tarefas e divulgação do primeiro congresso daquela entidade, que ainda não passava de uma ideia rabiscada em blocos de anotações. Depois de alternados encontros entre Rio de Janeiro e São Paulo, foi realizado o I Congresso Brasileiro de História Econômica, na Faculdade de Economia e Administração da Universidade de São Paulo – USP –, em setembro de 1993, e foi, finalmente, fundada a acalentada entidade: a Associação Brasileira de Pesquisadores em História Econômica – ABPHE. O congresso foi um sucesso, muitos pesquisadores atenderam ao chamado para apresentar seus estudos e pesquisas. Abria-se um novo espaço de discussão de temas da historiografia econômica e de aglutinação de pesquisadores dispersos por diferentes universidades do País. Hoje, a ABPHE completa 25 anos, e já se pode dizer que a entidade se concretizou e se tornou reconhecida pela comunidade de historiadores, economistas e cientistas sociais.

Voltando ao primeiro congresso, em 1993, lá estava Eulália, com seu entusiasmo e com sua alegria contagiante, incentivando estudantes da pós-graduação e jovens colegas professores a buscarem novos temas ou mesmo velhos e surrados temas de história econômica para servirem de objeto a novos questionamentos feitos à luz do saber historiográfico de que se dispunha até então, mas, sobretudo, para serem respondidos com base na pesquisa em documentos originais pouco explorados ou desconhecidos, guardados em arquivos e em centros de memória. Sim, porque Eulália se preocupava em descobrir e em vasculhar arquivos, em busca de documentos que trouxessem novas perspectivas aos objetos estudados.[3]

Naquele congresso, Eulália apresentou a pesquisa que vinha desenvolvendo sobre o tema da industrialização e mercado de trabalho na cidade do Rio de Janeiro, mais tarde publicada em livro: *Rio de Janeiro operário* (LOBO, 1992b). Com base em dados estatísticos sobre imigração de portugueses, Eulália questionava a tese, corrente na historiografia sobre industrialização brasileira, da perda de hegemonia da indústria carioca sobre a paulista, provocada pela escassez de mão de obra e, consequentemente, pela elevação dos salários e dos custos de produção. Seu estudo demonstrou que uma grande imigração de portugueses entre 1890-1907 e um maior fluxo de ex-escravos da zona rural para a cidade do Rio de Janeiro estimularam o crescimento da população, que quase dobrou. Logo, a propalada situação desfavorável do mercado de trabalho não poderia ser aceita, pois a oferta de trabalhadores era abundante. Concluiu que a superioridade industrial paulista só se instalou, de fato, em 1938, e não na década de 1920, como afirma a historiografia (LOBO, 1996, p. 287-88). Nessa linha de pesquisa, Eulália prosseguiu ampliando o olhar sobre a imigração portuguesa nos fins do século XIX e no início do XX, o que culminou, em 2001, no lançamento do livro *Imigração portuguesa no Brasil* (LOBO, 2001) Para encerrar a história da imigração portuguesa para o Rio de Janeiro, Eulália contou, no seu último livro, *Cartas de Antonio Dias Leite (1870-1952)* (LOBO; MAIA, 2005), a saga de seu próprio pai. Por meio da correspondência de seu pai com sua mãe, com seus irmãos, parentes e amigos, Eulália e sua sobrinha contam a história desse imigrante português de Lordello do Ouro que aqui chegou no início do século XX e se fez grande comerciante atacadista de tecidos e modas, tornando-se liderança da colônia portuguesa do Rio de Janeiro e do Brasil, atuando na Câmara Portuguesa do

---

3 Uma pequena amostra dessa preocupação em buscar documentos originais foi o meu primeiro encontro com Eulália em janeiro de 1982. Em plenas férias escolares de verão, ela e Ismênia de Lima Martins, acompanhadas por um grupo de estudantes da Universidade Federal Fluminense e da Universidade Federal do Rio de Janeiro, vieram a Campinas para conhecer o Arquivo Edgard Leuenroth (AEL) no Instituto de Filosofia e Ciências Humanas da UNICAMP, cujo acervo estava em processo de organização. O AEL abria um novo espaço de preservação da memória do movimento operário e da industrialização brasileira. Sobre a dedicação de Eulália à pesquisa consultar a conferência-homenagem a Eulália realizada por Ismênia de Lima Martins (2013).

Comércio e Indústria do Rio de Janeiro e sendo eleito vice-presidente da Federação das Associações Portuguesas do Brasil em 1931.

Durante o congresso de 1993 foi eleita a diretoria provisória da ABPHE, e Eulália ocupou secretaria executiva. Em 1995 foi eleita a Diretoria efetiva, e Eulália passou a ocupar a vice-presidência, ao lado de Tamás Szmrecsányi (Presidente), Flávio Saes e César Honorato (Secretários) e Wilson Suzigan e Sonia Regina de Mendonça (Tesoureiros).

No III Congresso da ABPHE, em Curitiba, em 1999, Eulália proferiu a Conferência Inaugural. Ao invés de um estudo historiográfico ou de uma investigação histórica em curso, Eulália preferiu escolher um tema atual, na época, para abordar – o avanço do capitalismo financeiro mundial, a chamada Globalização, e a questão social no Brasil, as novas relações sociais e os novos contratos de trabalho, que tornavam cada vez mais precárias as condições do trabalhador.

Para além da sua presença na ABPHE, um elemento a mais para lembrar Eulália é seu papel como uma das primeiras historiadoras econômicas do Brasil. Ela nos conta um pouco de sua trajetória – origem familiar, formação educacional e profissional – na entrevista de 1992, já citada. A família de sua mãe era de Vassouras, imigrantes de origem francesa e alemã, Furquim e Lahmeyer, que estabeleceram comércio naquela localidade do Vale do Paraíba. Por casamento, uniram-se a uma das famílias mais poderosas de Vassouras, os Teixeira Leite, e tornaram-se fazendeiros de café. A mãe de Eulália, Georgeta Furquim Lahmeyer, descendente do Barão de Vassouras, nasceu em uma propriedade cafeeira, Fazenda das Palmas, em Sacra Família do Tinguá, município de Vassouras, estado do Rio de Janeiro. Em 1887, a morte do pai de Georgeta, Heinrich Gaspar Lahmeyer, e as dificuldades em manter a propriedade levaram a família para a cidade do Rio de Janeiro (LOBO; MAIA, 2005, p. 58-60). O pai de Eulália, Antônio Dias Leite, imigrante português que veio para o Rio de Janeiro para trabalhar no comércio, em pouco tempo ascendeu e amealhou fortuna no comércio, a princípio varejista e, em seguida, atacadista de tecidos e de moda. Assim, Eulália desfrutou de uma vida abastada, nasceu e morou na casa construída por seu pai à rua Visconde de Ouro Preto, número 36, no Botafogo.[4] As primeiras letras foram cursadas junto a um pequeno grupo familiar, que incluía seus primos, em aulas ministradas por uma professora particular, Dona Nadir Lopes, na casa dos pais de Eulália. Somente no ginásio ingressou no Colégio Jacobina, um dos

---

4 Segundo Luiza Lobo, hoje lá funciona o Instituto Brasil- Estados Unidos – IBEU.

mais conceituados do Rio de Janeiro. No colégio aperfeiçoou o francês. A diretora Laura Jacobina considerava da maior importância o conhecimento da cultura francesa pelos jovens, o que na época fazia parte do pensamento da elite brasileira. Mas Eulália também adquiriu o gosto pela História, como ela mesma lembra: "Outra pessoa que me influenciou muito foi Américo Jacobina Lacombe, excelente professor. Dava aulas de História e, além de ser um erudito, tinha um português muito bonito, falava muito bem" (LOBO, 1992a, p. 85).

Ao término do Ginásio ingressou imediatamente no curso de História e Geografia da Faculdade de Nacional de Filosofia (FNFi) da Universidade do Brasil (UB), em 1941. Naquela época, os candidatos ao curso superior foram liberados de cursar dois anos de preparatório para ingressar na Universidade do Brasil, e assim Eulália pôde prestar o exame de vestibular e ingressar diretamente no curso de História com a idade de 17 para 18 anos. No Rio de Janeiro, o ensino universitário de História começou na Universidade do Distrito Federal em 1935, idealizada por Anísio Teixeira e outros, extinta pelo governo Vargas em 1938. A extinção deu lugar ao projeto de Gustavo Capanema, Ministro da Educação, de formação da Universidade do Brasil. Todos os cursos da UDF foram incorporados à nova instituição. Em 4 de abril de 1939 foi criada a Faculdade Nacional de Filosofia (FNFi). Para a organização do curso foram convidados professores franceses,[5] à semelhança do que ocorrera três anos antes em São Paulo,[6] Entretanto, havia uma forte influência da Igreja católica na orientação da FNFi, capitaneada por Alceu de Amoroso Lima, o que não se verificou em São Paulo (SCHWARTZMANN, 2016). O objetivo primordial dos cursos da FNFi era a formação de professores para o ensino médio. Não havia preocupação com a formação de pesquisadores em História do Brasil ou em qualquer área da História, tampouco havia estímulo à pesquisa histórica. Eram poucos os professores que tinham preocupação com fontes primárias, com a busca de documentos originais,

---

5   Na entrevista Eulália cita, como professores do curso de História e Geografia, os professores franceses: Antoine Bon (História); Francis Ruellan (Geografia), Victor Tapié (História Moderna). Os brasileiros citados foram: Victor Farias Leuzinger (Geografia), Josué de Castro (Geografia Humana), Helio Viana (História do Brasil), Delgado de Carvalho (História Moderna e Contemporânea), Othon Leonardos (Geologia), Arthur Ramos (Antropologia), Eremildo Luiz Viana (História da Idade Média), Sílvio Júlio de Albuquerque Lima (História da América) e Marina São Paulo Vasconcelos (assistente da cátedra de Antropologia do professor Arthur Ramos).

6   No livro *Tempos de Capanema*, Schwartzmann e outros fazem uma comparação entre a organização da Faculdade Ciências e Letras da Universidade do Estado de São Paulo e a sua congênere FNFi do Rio de Janeiro. (Disponível em http://www.schwartzman.org.br/simon/capanema/capit7.htm. Acesso em: 31 ago. 2016).

manuscritos, para repensar a História. Isso ia na contramão do que Eulália sonhava ou aspirava, ao escolher o curso de História – descobrir o Brasil e a formação da América Latina, por meio da investigação. Mais do que ser professora, ela desejava ser pesquisadora. Assim ela expressava seu sonho, na entrevista de 1992:

> Acho que escolhi estudar História, afinal, para poder entender a evolução do Brasil, compreender a formação da cultura brasileira e da América Latina em geral. Entrei para a faculdade com a ideia de que queria fazer pesquisa. Nunca pensei em ser professora, nas acabei sendo. (LOBO, 1992a, p. 85)

Quando os professores estrangeiros deixaram o curso, os substitutos eram professores brasileiros, normalmente bacharéis em Direito, sem formação apropriada. Segundo Eulália, a qualidade do curso caiu, pois não havia o cuidado com a metodologia da História. Entre os estrangeiros, Eulália destaca Antoine Bon, em História, "... que nos deu maravilhosamente Grécia. Ele tinha uma capacidade grande de dar uma visão de conjunto, conjugando a arte, a cultura, com o econômico" (LOBO, 1992a, p. 86).

Quanto às leituras de História do Brasil durante o curso, cujo catedrático era Helio Viana, Eulália diz que o autor de quem recebeu maior influência foi Caio Prado Jr., *Formação do Brasil contemporâneo* (1942). "Eu lia muito: Capistrano, Varnhagen ... Li muito cedo o Caio Prado, que trouxe uma ruptura com essa visão de história narrativa, empírica, e uma abertura para a história econômica, seguindo outra perspectiva metodológica" (LOBO, 1992a, p. 86).

O maior problema apontado no curso de História era a falta de preparação da maioria dos professores. As aulas eram interessantes, repletas de narrativas de acontecimentos, mas sem metodologia. "E este era o grande problema do curso de História: havia uma atitude antimetodologia. Quem protestava, fazia campanha em prol da metodologia, era José Honório Rodrigues, mas de fora da universidade" (LOBO, 1992a, p. 87).

No início de sua graduação, em 1941, Eulália havia casado com Bruno Alípio Lobo [1913-1995], professor livre-docente de Histologia e Embriologia da Faculdade Nacional de Medicina.[7] Em 1944, Eulália e Bruno tiveram seu primeiro filho, André

---

7 Para maiores informações sobre a carreira acadêmica de Bruno Alípio Lobo ver o livro de sua autoria *A Faculdade dos meus dias* (1994). Ao se aposentar recebeu o título de Professor Emérito da Universidade Federal do Rio de Janeiro e da Universidade Federal Rural do Rio de Janeiro e

Bruno Lahmeyer Lobo (Luiza Lobo, informação pessoal via *e-mail*, 2016). Em setembro de 1945, até 1946, Eulália acompanhou Bruno, que obteve uma bolsa de estudos do fundo da *Commonwealth* nos Estados Unidos, por um ano, na Universidade de Columbia, em New York, sendo previstas, além da participação em trabalhos de pesquisa, a aprendizagem dos métodos de ensino em Histologia e Embriologia e visitas a diversos centros médicos de pesquisa nos Estados Unidos e na Europa.[8] Aproveitando a estada nos Estados Unidos, Eulália tomou contato com a pesquisa e a metodologia em História, por meio da realização de dois cursos: um curso de verão intitulado The American Colonies – 1689-1775, na University of North Carolina; outro, de inverno (os seminários começaram em setembro de 1945 e terminaram em fevereiro de 1946) na Columbia University, New York City, intitulado "Problems of the Western Hemisphere". Para ambos os cursos elaborou trabalhos de conclusão, respectivamente *Comparative Study of the Indian Colonial Polices of the Anglo-Saxon and Spanish Governments in the New World* e *The Cabildo of Buenos Aires*.[9]

De volta ao Brasil, Eulália começou o doutorado sob a orientação de Sílvio Júlio de Albuquerque Lima, catedrático de cadeira de História da América. Até 1970 não havia curso formal de Pós-Graduação em História, com um programa específico de cadeiras aprovadas, como a Reforma Universitária iria estabelecer. Por sua própria iniciativa escolheu e organizou suas leituras e a sistematização de documentos originais. Aprendera muito sobre metodologia e pesquisa nos Estados Unidos, na Universidade da Carolina do Norte e na Universidade de Columbia. A escolha do tema de sua tese de doutorado foi concebida, provavelmente, quando da elaboração dos seus trabalhos de conclusão dos cursos realizados nas universidades norte-americanas. Eulália enfatizou que não fez sua tese de doutorado nos padrões da época, baseados na compilação de livros sobre determinado assunto. Naquele tempo, ignoravam-se as fontes documentais primárias, sua leitura, sistematização e interpretação.

Na entrevista de 1992, Eulália criticou os estudos de História das décadas de 1940 e 1950, que não avançavam além do que já havia sido dito, ou melhor, compilavam o já dito. No máximo, era feita uma revisão da historiografia do tema. É assim que Eulália se refere ao trabalho de alguns dos seus professores, em especial,

---

Professor Honoris *Causa* da Universidade Federal do Pará.
8 Ver *Curriculum Vitae* de Bruno Alípio Lobo. [s.d.] Datilografado. Cedido por Luiza Lobo e Lucia Lobo.
9 Ver *Curriculum Vitae* de Eulália Maria Lahmeyer Lobo. [s. d.] Datilografado. Cedido por Luiza Lobo e Lucia Lobo.

de Eremildo Luiz Vianna. "Ele dava Idade Média. Ele tinha escrito uma tese sobre a origem das cidades medievais, um trabalho de muita compilação, não era uma pesquisa original" (LOBO, 1992a, p. 86).

Ir às fontes primárias, aos documentos originais e analisá-los criticamente e interpretar os acontecimentos à luz do registro feito por diferentes instituições e indivíduos, que viveram os acontecimentos, direta ou indiretamente, foi a orientação que Eulália adotou. Abandonou o que ela mesma chamava de "... aquela história de heróis, de paradigmas, história exemplar" (LOBO, 1992a, p. 88).

Em entrevista a Marieta de Moraes Ferreira para a revista *Estudos Históricos*, Maria Yedda Linhares faz um comentário contundente sobre o desenvolvimento da pesquisa na Faculdade Nacional de Filosofia e, ao mesmo tempo, sobre o reconhecimento do papel de Eulália como pioneira na investigação em fontes documentais:

> Quero deixar registrado aqui que a Eulália Lobo foi uma brava lutadora para desenvolver a pesquisa histórica na Faculdade de Filosofia. Ela tinha possibilidade de viajar para o exterior, de modo que pesquisou lá fora, trouxe documentação, foi indiscutivelmente uma pessoa muito importante na fixação da ideia de pesquisa histórica aqui no Rio. (LINHARES, 1992, p. 228-229)

Defendida em 1952,[10] a tese de doutorado de Eulália, intitulada *Administração colonial luso-espanhola nas Américas*, foi publicada pela editora Companhia Brasileira de Artes Gráficas do Rio de Janeiro no mesmo ano, tendo sido financiada pela própria autora, o que naqueles tempos era uma prática bastante frequente.[11] Eulália dedicou o livro a sua tia, Lucia Furquim Lahmeyer, "uma vida dedicada ao estudo da História" (LOBO, 1952, p. 5). No ambiente familiar, a tia, irmã de sua mãe, provavelmente exerceu forte influência sobre a sobrinha, na escolha dos estudos universitários em História. Não era por menos: Lucia [1864-1954] foi secretária e bibliotecária do Instituto Histórico e Geográfico Brasileiro e tradutora do alemão para o português do livro dos naturalistas J. B. Von Spix e C. F. P. Von

---

10 No *Curriculum Vitae* está que o título Doutor em História da América, pela Faculdade Nacional de Filosofia da Universidade do Brasil foi obtido em 1953. O livro da referida tese foi publicado em 1952. Agradeço a Luiza Lobo, filha de Eulália, por ter tornado possível o acesso a inúmeras fontes documentais (CV, fotos etc.) por ela organizadas, ao longo dos cinco anos após o falecimento de Eulália. A documentação foi depositada no Arquivo Nacional do Rio de Janeiro. Devo a Luiza Lobo diversos esclarecimentos sobre a trajetória de Eulália transmitidos por *e-mail*.

11 Celso Furtado financiou a publicação do seu primeiro livro, *A economia brasileira*, pela editora A Noite, do Rio de Janeiro, em 1954 (COUTINHO, 2016).

Martius, *Viagem pelo Brasil*, entre outros trabalhos em prol da difusão do conhecimento histórico (LOBO; MAIA, 2005, p. 61).

Na introdução do livro *Administração colonial luso-espanhola nas Américas*, Eulália indica o motivo da escolha do tema História colonial do Brasil e dos países hispano-americanos: "... despertou-nos o interesse ao observarmos a profunda influência das metrópoles que se revela, até o momento presente, em muitas das manifestações da vida nacional" (LOBO, 1952, p. 7).

Em contraste, nas ex-colônias inglesas, holandesas e francesas, diz a autora, o passado não deixou marcas sobre o momento presente. O pretérito foi inteiramente apagado, pois não havia nessas potências coloniais "o espírito colonizador dos portugueses e espanhóis" (LOBO, 1952, p. 7), o qual se expressava na difusão da cultura pela criação de estabelecimentos de ensino, pelo fomento da catequese etc. As colônias luso-espanholas da América foram prósperas até o século XVIII. A partir de então, entraram em crise, ao passo que as anglo-saxônicas começaram a progredir, sob o impacto da Revolução Industrial, e lutaram por sua independência, apagando as marcas do passado colonial deixadas na economia e na sociedade. Para estudar a importância do período colonial luso-espanhol na América, Eulália optou por analisar, segundo seu depoimento:

> ...as formas de governo e de administração pública que regulavam a evolução econômica, a organização social, a formação moral das colônias foram, a nosso ver, as que deixaram vestígios mais profundos e duradouros. (LOBO, 1952, p. 7).

A tese inovou, na escolha do método comparativo entre a administração lusa e a espanhola, para melhor esclarecer as características históricas de cada uma, e não para apontar a superioridade de um "povo" sobre o outro. A pesquisa foi realizada nas Bibliotecas da Marinha e do Conselho de Segurança Nacional, com anotações e sistematizações de manuscritos; nas bibliotecas da Universidade da Carolina do Norte e da Universidade de Columbia; na biblioteca do Instituto Histórico e Geográfico Brasileiro; e na mapoteca do Itamarati. De acordo com Eulália, havia muita documentação impressa no Rio de Janeiro que ela pôde usar. Complementou a documentação com sua ida a Sevilha e a Madri, para a qual contou com uma pequena ajuda do Itamarati e do Instituto de Cultura Hispânica. Pesquisou no Archivo General das Índias e no Archivo General de Madrid (LOBO, 1992a, p. 88).

Eulália recorreu a uma extensa bibliografia na qual não faltaram:[12] Capistrano de Abreu (*Capítulos da história colonial*, 1934); João Lúcio de Azevedo (*História de Portugal*, 1931; *Épocas de Portugal econômico*, 1947; *Política de Pombal em relação ao Brasil*, 1927); Jaime Cortesão (*História de Portugal*, 1933); Victor Leal Nunes (*O município e o regime representativo do Brasil*, 1948); Oliveira Lima (*História da colonização portuguesa do Brasil*, 1924): Basílio de Magalhães (*História administrativa e econômica do Brasil*, 1951); Caio Prado Jr. (*Formação do Brasil contemporâneo, colônia*, 1942); Roberto Simonsen (*História econômica do Brasil, 1500-1820*, 1937); Francisco Adolfo Varnhagem *(História geral do Brasil*, 1948); Hélio Viana (*História administrativa e econômica do Brasil*, 1951), entre outros.

É importante assinalar que, no campo da História Econômica, serviram de referência historiográfica à tese três obras de síntese que, segundo Alice Canabrava [1911-2003], exerceram grande influência nos estudos de História Econômica da geração dos anos de 1940, 1950 e seguintes, e algumas permanecem como referência até os dias de hoje (SAES; MANZATTO; SOUSA, 2015, p. 229-263): *Épocas de Portugal econômico* (1928), do historiador português, João Lúcio de Azevedo [1855-1933]; *História econômica do Brasil* (1937), de Roberto C. Simonsen [1889-1948]; e *Formação do Brasil contemporâneo* (1942), de Caio Prado Jr. [1907-1990].

Essas três obras e o livro *Formação econômica do Brasil* (1959), de Celso Furtado [1920- 2004], de acordo com Alice Canabrava, foram os "marcos fundadores da nossa disciplina [História Econômica] no Brasil" (SZMRECSÁNYI, 2004, p. 2).[13] A presença delas na tese de Eulália confirma as observações da historiadora econômica paulista.

---

12 Estranhamos que Eulália não tenha citado a obra *Raízes do Brasil*, publicada em 1936 por Sérgio Buarque de Holanda (SBH), que tangencia a mesma temática por ela tratada, ou seja, o caráter da colonização portuguesa e espanhola da América e as diferenças resultantes de cada um dos casos. Em 1936, SBH ingressou na Universidade do Distrito Federal, UDF, idealizada por Anísio Teixeira e Pedro Ernesto. Foi contratado como professor-assistente da cadeira de História Moderna e Contemporânea, cujo professor titular era Henry Hauser, e da cadeira de Literatura Comparada, cujo titular era o professor Trouchon. Em 1938, após o retorno dos professores para a Europa, SBH foi nomeado professor- adjunto por mais um ano, pois em 1939 a UDF foi extinta. (SCHWARTZMAN, 2016). Após a extinção da UDF, SBH foi convidado por Augusto Meyer para ocupar a direção da seção de publicações do Instituto Nacional do Livro. De 1943 a 1946 foi Diretor da Divisão de Consulta da Biblioteca Nacional do Rio de Janeiro (BNRJ). Nesse período, Eulália fazia sua pesquisa para a tese de doutorado e frequentava a BNRJ. Sobre a trajetória profissional de SBH, ver Arlinda Rocha Nogueira (1988, p. 17-26).

13 Szmrecsányi extraiu a citação do I Seminário de Estudos Brasileiros - Anais, v. II (São Paulo: IEB/USP, 1972), p. 4-9.

Alguns dos mais importantes cronistas do Brasil Colonial também constavam do acervo das referências documentais de Eulália, entre eles Gândavo (Pero de Magalhães), *História da Província de Santa Cruz a que vulgarmente chamamos de Brasil* (1576); Brandonio (Ambrósio Fernandes Brandão), *Diálogos das grandezas do Brasil* (1618); Cardim (Fernão), *Do princípio de origem dos índios do Brasil* (1623); Frei Vicente Salvador, *História do Brasil* (1627); Antonil (André João), *Cultura e opulência do Brasil por suas drogas e minas* (1711). Ao lado dos cronistas, havia uma vasta lista de documentos originais e de copiladores, com destaque para as coleções cronológicas da legislação portuguesa e espanhola, atas da Câmara, coleção de documentos inéditos dos Descobrimentos, das Conquistas e da Colonização, coleção de viagens e descobrimentos espanhóis desde o século XV. Sobre a colonização portuguesa, Eulália pesquisou os documentos históricos publicados pela Biblioteca Nacional, documentos do Arquivo da Casa dos Contos. Enfim, as referências a documentos produzidos pela própria administração colonial são extensas e mostram o compromisso de Eulália com a pesquisa em fontes primárias para repensar a História Colonial. Dessa forma, distanciou-se da mera compilação de obras bibliográficas, como frequentemente ocorria nos estudos de historiadores da época.

No livro (LOBO, 1952), o conteúdo da tese foi distribuído em cinco capítulos, os quais abordam aspectos econômicos, administrativos e sociais das metrópoles coloniais Portugal e Castela, e suas inter-relações com as colônias do Novo Mundo, ao longo dos séculos XV ao XVIII. No primeiro capítulo, a autora analisa a formação das nacionalidades e a evolução histórica de Portugal e Castela, que influenciaram no "ímpeto expansionista" e na conquista da América. No segundo capítulo, volta-se para a situação econômica e administrativa das duas metrópoles, quando se lançam na conquista e na colonização. No terceiro, a análise concentra-se nas formas de governo adotadas no Novo Mundo, como um possível reflexo das situações econômicas e administrativas vigentes nas metrópoles. Para realizar a análise detalhada da colonização hispano-americana e portuguesa, o capítulo é dividido em dois períodos: 1492-1499 e 1500-1530, sendo a chave, no caso espanhol, as capitulações e, no português, as capitanias donatárias, que conformaram uma administração de "caráter feudal". Eulália define o significado de "feudal", com caráter restrito – concessões feitas aos nobres pelo poder real –, e não um sistema de caráter completo e complexo do tipo francês. As capitulações e as capitanias donatárias (hereditárias) foram concebidas como instrumentos de poder pelo qual o soberano recompensava os nobres de "segunda classe" ou aos cavalheiros que lutaram no Oriente, mas foram doadas, antes de tudo, porque o rei não dispunha de capitais para colonizar e explorar as extensas regiões americanas descobertas (LOBO, 1952, p. 125-126). No quarto capítulo, a análise da colônia hispano-americana e portuguesa é feita à luz de quatro subtemas: Administração, Fazenda, Trabalho e Justiça, de acordo com três períodos: 1549-1580; 1580-1640; e 1640-1713. O último capítulo é dedicado ao estudo da evolução político-administrativa, econômica e social da América luso-espanhola no decorrer do século XVIII. Nesse último século de colonização, a Espanha, empobrecida sob o domínio dos Habsburgo, das guerras de sucessão dos Bourbon e diante da impossibilidade de manter o exclusivo metropolitano, realizou reformas econômicas de cunho comercial-liberal que permitiram o comércio intercolonial, extinguiram o monopólio de Sevilha na península e nos portos da América espanhola, liberaram o intercâmbio comercial direto entre as colônias e as nações neutras, aliadas ou possessões e, por fim, eliminaram as frotas. As reformas administrativas promoveram a criação de organismos centrais da Fazenda e da Contabilidade em cada vice-reino, sob o comando de um superintendente; a redivisão dos vice-reinos; a secularização das rendas eclesiásticas; e a extinção de contratos de cobrança de rendas régias com particulares. Na dimensão social, as reformas nas colônias espanholas trouxeram: a abolição das "*encomiendas*"; a expulsão dos jesuítas e a secularização das missões; as leis de melhoria das condições de vida dos escravos negros; a redução da "*mita*" e "*cuatequil*". Como consequências, ao longo do século XVIII, as colônias espanholas tornaram-se mais dependentes economicamente da Inglaterra; as desuniões entre as possessões hispano-americanas intensificaram-se, os ressentimentos da população colonial reacenderam-se. Frente a uma metrópole fraca, as colônias fragmentaram-se para formar nações independentes no século XIX (LOBO, 1952, p. 423-426).

Distintamente, a colônia luso-americana manteve a unidade territorial e política, pois diverso foi o caminho percorrido. Nos fins do século XVII e em princípios do século XVIII a descoberta tardia de metais e pedras preciosas, ouro e diamantes, aumentou a riqueza extraída pela metrópole, reforçou o controle metropolitano, estimulou a imigração de reinóis, aumentou a demanda por escravos e intensificou o tráfico africano. As reformas pombalinas (1750-1777) restringiram privilégios de nobres, clérigos e burgueses; criaram maior proteção ao comércio praticado sob o princípio do exclusivo metropolitano; fundaram companhias de comércio; extinguiram sistema de frotas; reforçaram a produção agrícola; etc.

As colônias luso-espanholas na América, portanto, tiveram resultados divergentes – uma resultou na fragmentação do território e no nascimento de nações independentes, outra manteve o território, expandido por conquistas para além da linha de Tordesilhas, e a unidade política sob o domínio do soberano português. Até mesmo a Independência do Brasil, ao invés de ser um processo de construção da autonomia, foi conduzida pelas mãos do príncipe regente português, alçado a Imperador do Brasil.

Por mais de uma vez, durante a entrevista de 1992, Eulália enfatiza a necessidade de fazer História com base em documentos originais produzidos nos períodos mais remotos.

> Hoje em dia, quase todos os especialistas em história antiga, medieval etc. têm a possibilidade de ir à Europa pesquisar. Mas naquela época era mais difícil viajar, não havia bolsas. E um dos elementos importantes para quem queria fazer uma pesquisa original era o acesso aos documentos. *Eu não queria fazer compilação de autores nem discussão historiográfica*. Acho interessante, válido, mas não queria (LOBO, 1992a, p. 87, grifos nossos).

Além da pesquisa original, feita com base em documentos, Eulália escolheu um tema que lhe dava grande satisfação. Ela assim se refere à escolha do tema:

> Desejava trabalhar com fontes, tratando-as segundo um método. Por outro lado, eu achava que a América Latina tinha uma história nova, diferente, original. O tempo era diferente do tempo europeu, o ritmo da evolução e as alternativas eram outras. Eu também julgava que a América Latina era uma região rica de possibilidades de transformar o mundo, que ela teria um papel na formação de um mundo diferente (LOBO, 1992a, p. 88).

Em 1954, em correspondência com Caio Prado Jr., Eulália agradece ao escritor e diz ter ficado muito feliz pelos "elogios feitos a [sua] tese porque partem não só de um grande historiador, como também de um dos únicos a usar método científico para fazer história e fugir da tradicional enunciação cronológica dos fatos". Ao encerrar a carta, vem à tona a sua "velha" preocupação com a metodologia em História, e ela aproveita a correspondência para solicitar a Caio Prado Jr. uma indicação de bibliografia sobre "Filosofia da História e Metodologia" (IEB. Acervo Caio Prado Júnior).

Durante a elaboração da tese, Eulália e Bruno tiveram duas filhas, Luiza [1948] e Lucia [1952]. A família cresceu, eram agora três filhos pequenos, exigindo cuidados e maior atenção dos pais e, também, maiores despesas.[14] Até então, Eulália não havia ocupado uma atividade profissional remunerada de forma sistemática. A tese de doutorado a credenciou para ocupar o cargo de professora auxiliar de ensino na cadeira História da América da FNFi da Universidade do Brasil, em que permaneceu de 1952 até 1959, quando se credenciou para ocupar a cátedra de História da América. Ser professora, embora não fosse a primeira opção de Eulália, mostrou-se como o caminho para continuar a realizar pesquisa histórica.

Oito anos mais tarde, Eulália concorreu à livre-docência na cadeira de História da América da Faculdade Nacional de Filosofia, com a tese *Caminho de Chiquitos às missões Guaranis de 1690 a 1718* (LOBO, 1960). Eulália retomou o estudo sobre a América colonial luso-espanhola nos séculos XV e XVI, focando um episódio aparentemente simples, mas que gerou consequências importantes para a Bolívia, para o Paraguai e para o Brasil: a proibição pelo rei espanhol do uso do caminho fluvial de Chiquitos às missões Guaranis pelos jesuítas. Como previa o superior da ordem de Santo Inácio de Loyola, em sua súplica ao rei espanhol, em 1718, a interdição permitiu que os portugueses se apropriassem de uma parte expressiva do território de domínio espanhol (LOBO, 1960, p. 59).

Novamente, as fontes primárias ocuparam o lugar central, agora na análise da interrupção do uso do caminho entre as missões jesuítas e das suas consequências políticas e econômicas para a região (LOBO, 1960, p. 71-75). A autora afirma que a existência de "... vasto repositório de documentos, muitos inéditos na coleção De Angelis..." foi uma das razões para a escolha do tema, ao lado da importância para a História do Brasil.[15] A História narrada com base no estudo da documentação levou a autora a concluir que as fracassadas tentativas dos jesuítas para manter uma via fluvial de comunicação permanente entre as missões situadas ao longo do rio Paraguai, Chiquitos, na parte oriental boliviana ou Chaco, e Guaranis, em trechos das bacias dos rios Uruguai, Paraná e Paraguai, repercutiam, ainda em 1960, nas relações entre Brasil e Bolívia, pois esta perdeu sua ligação com o Atlântico em razão das invasões

---

14 Segundo Luiza, sua avó, Georgeta, e Zulmira, sua babá, uma verdadeira "mãe preta", ajudavam a cuidar das crianças. A família sempre deu apoio irrestrito à Eulália para que ela pudesse desenvolver suas atividades intelectuais e profissionais (Luiza Lobo, informação pessoal via *e-mail*).

15 Eulália esclarece que *"depois da Guerra do Paraguai o Brasil ficou com uma boa parte dos arquivos paraguaios"*. Assim sendo, ela usou basicamente a Coleção De Angelis, que estava parte na Biblioteca Nacional e parte no Itamarati (LOBO, 1992, p. 88-90). Nos anos de 1940 e 1950, os arquivos em Cuiabá, Vila Bela e Santa Cruz de la Sierra não estavam abertos à pesquisa por falta de catalogação e preservação. (LOBO, 1960 p. 5-6).

dos portugueses, que se apossaram do território boliviano que fazia ligação com o rio Paraguai. Segundo a autora, o fechamento do caminho natural pelo rei espanhol, com o intento de reduzir a influência e o poder dos inacianos na região, representou a eliminação de barreiras de proteção à expansão portuguesa. No processo de deslocamento das fronteiras pelos "mamelucos" e "bandeirantes", o território da Bolívia ficou sem o acesso ao rio Paraguai, que foi incorporado à Capitania do Mato Grosso. Consequentemente, a Bolívia perdeu o acesso ao rio Paraná, à bacia do rio da Plata e, por fim, ao oceano Atlântico.

Na bibliografia secundária destacam-se as obras de Alfredo Ellis Júnior, *Bandeirismo paulista e o recuo do mediano* (1933); Alice Piffer Canabrava, *O comércio português no Rio da Plata* (1942); Sérgio Buarque de Holanda, *Expansão paulista em fins do século XVI e início do século XVII* (1948); Afonso D' E. Taunay, *História das bandeiras paulistas...* (1951),[16] entre outras (LOBO, 1960, p. 75-77).

Poucos historiadores pesquisavam ou trabalhavam com temas ligados à América Latina nos anos em que Eulália fez suas teses de doutorado (1952), de livre--docência (1958) e para o concurso para a cátedra (1967).[17] Além do orientador, Sílvio Júlio Albuquerque Lima, os outros poucos estudiosos eram Alice Canabrava, da USP, e Jayme Coelho, da UERJ.[18] Na entrevista de 1992, Eulália apontou para a importância dos estudos de Alice Piffer Canabrava sobre a América Latina.

> Em São Paulo tinha a Alice Canabrava, que era a grande figura da História da América Latina naquela época. Nós nos encontrávamos de vez em quando naqueles Colóquios luso- brasileiros e conversávamos muito sobre América Latina, embora esse não fosse um tema de interesse geral. O trabalho dela era formidável. (LOBO, 1992a, p. 89)

Os anos de 1960 trouxeram profundas mudanças na vida acadêmica de Eulália. O Golpe Militar de 1964 impôs um clima de "caça às bruxas" na universidade, que seguiu ao longo do período ditatorial, a ponto de comprometer a qualidade da

---

16 Nas fontes secundárias consta equivocadamente Alfredo D´Escragnole Taunay como autor da obra.
17 A tese de cátedra foi sobre o surgimento de comerciantes locais na América espanhola (Lima e México), sua evolução econômica e seu poder político no processo de Independência. Foi intitulada *Aspectos da atuação dos consulados de Sevilha, Cádiz e da América Hispânica na evolução econômica do século XVIII*.
18 Os estudos sobre América Latina conferiram a Eulália um conhecimento especial sobre a história da região, sendo convidada para atuar como Conselheira da América Latina em relação à questão da Ilha de Bornéu na Embaixada da Indonésia entre 1955 e 1956. Na entrevista a Honorato, Eulália expressa uma opinião extremamente positiva em relação à política de Sukarno, presidente da Indonésia no período. (HONORATO, 2003, p. 244). Ver: Curriculum Vitae de Eulália.

formação da Universidade Federal do Rio de Janeiro – que sucedeu à Universidade do Brasil – com a reforma universitária de 1965.

Depois de ter cumprido todos os passos da carreira universitária, conquistando os títulos necessários para transpor a passagem de professora auxiliar a regente, a catedrática (1967-1969), Eulália foi atingida por um duro golpe, em 1969: sua aposentadoria compulsória, imposta no Governo Militar pelo então Presidente da República, Marechal Costa e Silva, que aplicou o Ato Institucional n. 5, de 13 de dezembro de 1968, e o dispositivo artigo 19, item II do Ato Complementar n. 39, de 20 de dezembro de 1968. O emaranhado de legislação de arbítrio não se esgotava nesses atos, como relembra Evaristo de Moraes Filho, professor do Instituto de Filosofia e Ciências Sociais – IFCS[19] – e da Faculdade Nacional de Direito, ambas da Universidade do Brasil, compulsoriamente aposentado com proventos proporcionais ao tempo de serviço, sem qualquer acusação formal nem direito de defesa.

> É bom que se recorde — e nem todos dele tomaram conhecimento — a existência do perverso Ato Complementar n. 75, de 21 de outubro de 1969, que, num violento atentado contra a liberdade do trabalho e o direito ao trabalho, fazia com que a punição do regime acompanhasse o professor, grudada à sua pele como lepra, impedindo-o praticamente de exercer a profissão. Por suas minúcias proibitivas, por seu casuísmo punitivo, de péssima técnica legislativa, na ânsia de tudo prender nas suas malhas estreitas, vale a transcrição do seu artigo 1º e único, que dispensa maiores anotações ou comentários: "Todos aqueles que, como professor, funcionário, ou empregado de estabelecimentos de ensino público, incorrerem ou venham a incorrer em faltas que resultaram ou venham a resultar em sanções com fundamento em Atos Institucionais, ficam proibidos de exercer, a qualquer título, cargo, função, emprego ou atividade em estabelecimentos de ensino e em fundações criadas ou subvencionadas pelos poderes públicos, tanto da União como dos Estados, Distrito Federal, Territórios e Municípios, bem como em instituições de ensino ou pesquisa e organizações de interesse da segurança nacional". (MORAES FILHO, 1983, [s.p.])

Eulália foi aposentada compulsoriamente, sem qualquer notificação nem direito de defesa, e impedida de exercer qualquer atividade própria de sua condição de

---

19 A partir da reforma universitária, a antiga FNFi foi dividida em institutos e escolas e passou a ser denominada Instituto de Filosofia e Ciências Sociais, IFCS, que foi incorporado ao Instituto de Ciências Sociais, ICS, cujo diretor era Evaristo de Moraes Filho. O curso de História, incorporado ao Departamento de História, subordinado ao IFCS, passou a ser ministrado no antigo casarão localizado à Rua Marquês de Olinda, no Botafogo.

professora universitária e profissional intelectual acadêmica, como ministrar aulas e seminários, proferir palestras e conferências, participar de bancas de defesa de teses e dissertações, participar de congressos e colóquios etc. Enfim, a professora estava proibida de todas e quaisquer atividades que tivessem lugar

> ...em estabelecimentos de ensino e em fundações criadas ou subvencionadas pelos poderes públicos, tanto da União como dos Estados, Distrito Federal, Territórios e Municípios, bem como em instituições de ensino ou pesquisa e organizações de interesse da segurança nacional. (Ato Complementar n. 75, de 21 de outubro de 1969, artigo 1º e único, citado por MORAEIS FILHO, 1983).

Imediatamente, Eulália perdeu seu cargo de professora catedrática da cadeira de História da América do Instituto de Filosofia e Ciências Sociais da Universidade do Brasil e seu cargo de professora de História do Colégio D. Pedro II, o qual exercia desde 1957. Não se ouviu nenhuma voz de protesto contra a arbitrariedade. Segundo Eulália, um único protesto se ouviu foi do professor Lauro Solero, de Farmacologia da Faculdade de Medicina. "Era o ostracismo total. Quando saí da universidade..." (LOBO, 1992a, p. 93).

Os efeitos da aplicação do AI-5 sobre os professores da IFCS foram o desfecho de um desdobrar de acontecimentos que teve início logo após da vitória do golpe militar de primeiro de abril de 1964. Tais episódios começaram com as denúncias feitas pelo diretor da antiga FNFi, Eremildo Luiz Vianna, ainda em maio de 1964. Eremildo era o mesmo professor de História Antiga e Medieval da FNFi, o mesmo professor que participou da banca de defesa de tese de doutorado de Eulália e que recebeu dela uma nota de agradecimento na Introdução do livro da tese publicada (LOBO, 1952). Eremildo era o mesmo professor que a convidou para ser sua auxiliar de ensino na cadeira de História Antiga e Medieval e que recebeu dela a recusa.

Não se sabem as razões que o levaram a fazer as denúncias, se por posição político-ideológica, fervoroso defensor da ditadura militar e adversário de qualquer outra ideia política que não fosse a sua própria; ou se por ciúmes, inveja, preconceito. As denúncias estavam impregnadas de sentimentos vis. Eulália se recorda da denúncia e do denunciante:

> Ele [Eremildo Luiz Vianna] denunciou a existência de células comunistas, haveria – imaginem que coisa ridícula! – uma Célula Anchieta na FNFi. Eremildo denunciou como conspiradores comunistas Ma-

nuel Maurício de Albuquerque, José Américo Pessanha, Maria Yedda Linhares, Evaristo de Morais Filho, Marina São Paulo Vasconcelos e a mim, entre outros. (LOBO, 1992a, p. 91)

O relatório com as denúncias contra os professores foi assim intitulado por Eremildo: *Professores comunistas da Faculdade Nacional de Filosofia*. Além dos seis professores mencionados, mais 38 docentes da Universidade do Brasil eram acusados de subversão. O mencionado relatório-denúncia foi enviado ao general Arcy da Rocha Nóbrega, que presidia a Comissão de Investigação da Universidade do Brasil (CIUB) (PEREIRA, 2008, p. 5). Segundo Eulália, o general encarregado da comissão de investigação considerou as denúncias levianas, sem base de sustentação "e acabou ficando contra o Eremildo, achando que ele era um intrigante, uma pessoa de caráter no mínimo leviano" (LOBO, 1992a, p. 91).

Em depoimento a Marieta de Moraes Ferreira, Maria Yedda Linhares reforça a interpretação de que Eremildo era uma pessoa ambiciosa e invejosa, que fez de tudo para destituí-la da Rádio do Ministério da Educação e Cultura, MEC, em 1964, para ocupar seu lugar. Entretanto, a perseguição a Maria Yedda, conforme seu relato, já vinha desde o momento em que ela se tornou catedrática da cadeira de História: Moderna e Contemporânea, em 1958, em substituição ao professor Delgado de Carvalho. Maria Yedda, na entrevista, conta

> ... Mas na medida em que eu trouxe sangue novo quando assumi a cátedra, em 1958, e comecei a mobilizar as pessoas, ele foi sendo corroído pela inveja, pelos ciúmes, pois deixou de ser a grande personalidade. Passei então a ser alvo de um ataque feroz por parte dele. Aqueles anos foram muito criativos para mim, mas foram também os mais dolorosos da minha vida. (LINHARES, 1992, p. 227).[20]

Após ser demitida da Rádio do MEC, Maria Yedda começou a batalha para desmascarar Eremildo junto à opinião pública, com ajuda de Stanislaw Ponte-Preta, Elio Gaspari e do *Jornal do Brasil*. Assim, ela relata:

> Eu então montei um quartel-general para alertar a opinião pública sobre quem era Eremildo Vianna. Ele virou até personagem do Jorge Amado, o professor dedo-duro. Stanislaw Ponte Preta, Elio Gaspari, todos falavam mal dele. Eu queria destruir o Eremildo. Não era uma

---

20 Ver também Ferreira (2014, p. 31-37).

> coisa muito construtiva, mas me deu prazer. O dr. Nascimento Brito, do Jornal do Brasil, me deu muito apoio. (LINHARES, 1992, p. 233)

Em setembro de 1969, o AI-5 atingia os professores de História e de outros departamentos do IFCS, denunciados há cinco anos por Eremildo, na famosa "lista do Eremildo", da qual constavam todos os seus desafetos, entre eles Eulália, Maria Yedda, Manuel Mauricio, Hugo Weiss, Guy José P. Holanda. Depois de ser compulsoriamente aposentada, Eulália seria presa sem nenhuma acusação. De acordo com seu relato, sua prisão era para intimidar e retirar de circulação pessoas que poderiam denunciar as arbitrariedades do governo militar.

> ... Era uma insegurança total. Eu perguntava todo dia qual era a acusação contra mim. Isso constrangia o comandante enormemente. Até o último dia não apareceu a acusação!

> Fui presa por ocasião da visita do Rockefeller ao Brasil em 69. Foi uma "operação gaiola", como eles chamaram. Prenderam todo mundo que não queriam que falasse com o Rockefeller. E contrataram pessoas para fazer manifestação a favor, mediante pagamento. Entre os que reivindicaram minha soltura estavam justamente os adidos cultural e militar dos Estados Unidos, porque eles tinham convidado várias pessoas para ir conversar com o Rockefeller, e eu estava entre os convidados. Fiquei presa uma semana. (LOBO, 1992a, p. 92)

Após o expurgo da universidade, Eulália recebeu o convite para lecionar História da América Latina e História do Brasil, como professora visitante, na *University of South Carolina*, nos Estados Unidos. Durante nove anos, nos outonos norte-americanos, Eulália deslocava-se para Columbia, capital do estado da Carolina do Sul, para ministrar seus cursos e ali permanecia por seis meses. No Brasil, as possibilidades de trabalho regular eram restritas, pois somente instituições privadas que não recebessem subsídios públicos poderiam lhe conceder contrato de trabalho. Obteve contrato, como professora de História do Brasil, no Centro Unificado Profissional, no Rio de Janeiro, de 1975 a 1978. Segundo Luiza Lobo, Eulália trabalhou em tradução simultânea de conferências e palestras.

> ...tornou-se tradutora simultânea do inglês e do francês (por vezes do inglês direto ao francês, e vice-versa!) sem receber o texto impresso da conferência... assim, de improviso... até que eu a aconselhei a deixar essa atividade, por ser excessivamente estressante - principalmente

> nos termos em que a vinha desenvolvendo. (Luiza Lobo, informação pessoal via e-mail, 2016)

Embora fosse difícil uma inserção formal regular de trabalho, Eulália nunca deixou de pesquisar e escrever textos para apresentar em congressos e em seminários internacionais. Segundo seu *Curriculum Vitae*, de 1969 a 1979, participou de 27 congressos. Publicou 2 livros[21] e 9 artigos em periódicos. Não se retirou do debate e da discussão da História da América Latina e do Brasil (Melo; Rodrigues,2006).

Uma bolsa concedida pela Fundação Ford, de 1970 a 1973, foi fundamental para o desenvolvimento de um novo projeto, no qual Eulália se propunha a traçar a evolução dos preços dos gêneros alimentícios no Rio de Janeiro desde a chegada da Família Real ao Brasil, em 1808, até 1930. Encerrado o período dessa bolsa, surgiu o convite feito por Maria Bárbara Levy, sua amiga e ex-aluna, para desenvolver um estudo sobre a História do Rio de Janeiro de 1780-1945, no Instituto Brasileiro de Mercado de Capitais – IBMEC –, com financiamento, de 1974 a 1975. Eulália, na entrevista, transmite seu contentamento em poder realizar a pesquisa e reconhece o apoio de Bárbara e do IBMEC:

> Aliás, a Ford abriu uma exceção para mim. Pela primeira vez eles deram verba a uma pessoa não filiada a uma instituição. Quando acabaram esses auxílios, continuei trabalhando graças à Bárbara Levy, que tinha criado um centro de pesquisa no IBMEC e me levou para lá. Bárbara é uma pessoa maravilhosa. Mas eu gosto muito de mencionar o João Régis dos Santos, que também é fora do comum. Ele não tinha nenhuma ligação com História, não tinha uma amizade prévia comigo, e apenas por uma questão de princípio assumiu a responsabilidade de me contratar. (LOBO, 1992a, p. 93)

Em maio de 1975, Eulália participou pela primeira vez de um evento realizado em uma universidade pública brasileira: *Conferência sobre Historia e Ciências Sociais*, organizada pelo Departamento de Ciências Sociais, no Instituto de Filosofia e Ciências Humanas, na Universidade Estadual de Campinas. Começava um processo de distensão tortuoso, pois em outubro era assassinado no DOI-CODI o jornalista Vladimir Herzog. Para a conferência, que contou com a proteção do reitor da Uni-

---

21 Eulália publicou: *América Latina contemporânea, modernização – desenvolvimento – independência*. Rio de Janeiro: Zahar, 1970 e *História do Rio de Janeiro: do capital comercial ao capital financeiro e industrial*. Rio de Janeiro, IBMEC, 1978.

camp, Zeferino Vaz, e com o financiamento da Fundação de Amparo à Pesquisa do Estado de São Paulo (FAPESP) e da Fundação Ford, foram convidados historiadores marxistas, Eric Hobsbawm e Arno Mayer.

Em 1979 veio a anistia. Eulália foi reincorporada ao corpo docente do Departamento de História do IFCS, que se encontrava completamente enfraquecido, mutilado pela administração de Eremildo Vianna ao longo dos anos de 1970. Houve declínio da qualidade do curso de História, quando comparado com o da Universidade Federal Fluminense (UFF) e com o da Universidade de São Paulo (USP). O curso de graduação retrocedeu, e a pós-graduação, que começara no início dos anos 1970, não deslanchou.[22]

Um regresso triste, sem euforia, pois muito tempo se havia passado, e as coisas se deterioraram. Eulália relata sua volta à UFRJ:

> Foi constrangedora, aflitiva. Não houve uma satisfação, uma euforia. Entramos lá, eu, Darcy Ribeiro, mais um grupo, e aquilo era tão triste, cadeiras quebradas, tudo sujo. Aquele prédio do Largo de São Francisco é bonito, mas estava sinistro, sujo de pombo, maltratado, esfacelado. Foi muito triste. (LOBO, 1992a, p. 94)

Mas o que mais exprime o tempo de trevas que se abateu sobre o IFCS foi que o professor de História Antiga e Medieval, responsável pelas delações de professores, mandou fechar a biblioteca.

> O obscurantismo foi tal que a biblioteca foi fechada! Quando voltei para o IFCS, com a anistia, a primeira coisa que fiz foi lutar pela biblioteca. Abrimos uma câmara escura no quarto andar, onde estavam os livros empacotados, e trouxemos tudo para fora em carrinhos de mão emprestados da seção de obras do prédio. Hoje a biblioteca está de bom nível. (LOBO, 1992a, p. 93)

Eulália voltou a dar aulas na pós-graduação da UFF e da UFRJ, não mais na área de História da América: abriu seu espectro de interesse na pesquisa sobre temas como operariado, imigração, comerciantes portugueses, indústria, cidade do Rio de Janeiro etc.

---

22 Tanto o Departamento de História da UFF como o da USP conseguiram sobreviver aos anos da ditadura militar com mais dignidade e produzir pesquisa e trabalhos acadêmicos. Durante os anos de 1970, apenas três pesquisas "mínimas monográficas" foram realizadas na História da UFRJ. (LOBO, 1992a, p. 93).

Em 1985, recebeu da UFRJ o título de Professora Emérita, a maior das láureas acadêmicas, como se por esse gesto fosse possível reparar o mal maior de que fora vítima. Em 1998, a UFF lhe concederia o título de Professora Emérita, em reconhecimento à imensa contribuição que trouxera à pesquisa histórica e à formação de gerações de historiadores.

Em 1993, a presença de Eulália, com seu sorriso contagiante, com seu entusiasmo e com sua empolgação pela pesquisa, encantava a todos nós no congresso de fundação da primeira associação brasileira de História Econômica!

Referências bibliográficas e fontes

COUTINHO, Maurício C. A economia brasileira de Celso Furtado. In: *Congresso Latino-Americano De História Econômica*, 5., 2016, São Paulo, FEA/USP.

FERREIRA, Marieta de Moraes. Ditadura militar, universidade e ensino de história: da Universidade do Brasil à UFRJ Universidades na Ditadura. *Ciência e Cultura*, São Paulo, v. 66, n. 4, p. 32-37, out./dez. 2014. Disponível em: http://cienciacultura.bvs.br/scielo.php?pid=S0009-67252014000400012&script=sci_arttext. Acesso em: 26 ago. 2016.

HONORATO, Cezar. Entrevista com Eulália Lahmeyer Lobo. *Revista Rio de Janeiro*, Rio de Janeiro, n. 10, maio-ago. 2003.

IEB. Acervo Caio Prado Júnior. *Carta de Eulália Maria Lahmeyer Lobo a Caio da Silva Prado Júnior*. Rio de Janeiro, 29 maio1954. São Paulo: Instituto de Estudos Brasileiros da Universidade de São Paulo – IEB/USP. Referência: CPJ-CP--LOBO001.

IGLÉSIAS, Francisco. José Honório Rodrigues e a historiografia brasileira. *Estudos Históricos*, Rio de Janeiro, v. 1, n. 1, p. 55-78, 1988.

LINHARES, Maria Yedda. Entrevista a Marieta de Moraes Ferreira. *Estudos Históricos*, Rio de Janeiro, v. 5, n. 10, p. 216-236, 1992.

LOBO, Bruno Alípio. *Curriculum Vitae*. [s.d.] Datilografado. Cedido por Luiza Lobo e Lucia Lobo

LOBO, Bruno Alípio. *A Faculdade dos meus dias*. Rio de Janeiro: Access, 1994.

LOBO, Eulália Maria Lahmeyer. *Curriculum Vitae*. [s.d.] Datilografado. Cedido por Luiza Lobo e Lucia Lobo.

_____, Eulália Maria Lahmeyer. *Administração colonial luso-espanhola nas Américas*. Rio de Janeiro: Companhia Brasileira de Artes Gráficas, 1952.

_____, Eulália Maria Lahmeyer. *Caminho de Chiquitos às Missões Guaranis*. 2. ed. Coleção Revista de História de São Paulo, Faculdade de Filosofia, Ciências e Letras da Universidade de São Paulo, São Paulo, 1960.

_____, Eulália Maria Lahmeyer. Entrevista. *Estudos Históricos*, Rio de Janeiro, v. 5, n. 9, p. 84-96, 1992a.

_____, Eulália Maria Lahmeyer (Coord.) *Rio de Janeiro Operário: natureza do Estado, conjuntura econômica, condições de vida e consciência de classe*. Rio de Janeiro: Access, 1992b.

_____, Eulália Maria Lahmeyer. A imigração portuguesa e a mão de obra do Rio de Janeiro na Primeira República. In: SILVA, Sérgio S.; SZMRECSÁNYI, Tamás (Org.). *História econômica da Primeira República. Coletânea de textos apresentados no I Congresso Brasileiro de História Econômica*. São Paulo: Hucitec: ABPHE; FAPESP, p. 287-295, 1996.

_____, Eulália Maria Lahmeyer. *Imigração portuguesa no Brasil*. São Paulo: Hucitec, 2001.

_____, Eulália Maria Lahmeyer; MAIA, Laura Lahmeyer Leite. *Cartas de Antônio Dias Leite (1870-1952): um olhar sobre uma época de transformação*. Rio de Janeiro: Lidador, 2005.

MARTINS, Ismênia de Lima. *História e vida. Homenagem a Eulália Maria Lahmeyer Lobo*. Conferência por ocasião do X Congresso Brasileiro de História Econômica e XI Conferência Internacional de História de Empresas. Juiz de Fora, Universidade Federal de Juiz de Fora, UFJF, 2013.

MELO, Hildete Pereira; RODRIGUES, Lígia M.C.S *Pioneiras da Ciência no Brasil*. Disponível em http://cnpq.br/pioneiras-da-ciencia-do-brasil. Acesso em: 19 ago. 2016.

MORAES FILHO, Evaristo de. *Discurso de recebimento do título de professor emérito da UFRJ*. Rio de Janeiro, 16 ago. 1983. Disponível em: http://www.academia.org.br/academicos/evaristo-de-moraes-filho/biografia. Acesso em: 08 set. 2016.

NOGUEIRA, Arlinda Rocha. Sérgio Buarque de Holanda, o homem. In: *Sérgio Buarque de Holanda: vida e obra*. São Paulo: Secretaria de Estado da Cultura: arquivo do Estado, Universidade de São Paulo: Instituto de Estudos Brasileiros, 1988.

PEREIRA, Ludmila Gama. A construção do saber histórico e projeto social: os historiadores da UFRJ na época da Ditadura Militar no Brasil (1964-1985). In: ENCONTRO DE HISTÓRIA, 13. – ANPUH – Rio, Rio de Janeiro,

2008. Disponível em: http://encontro2008.rj.anpuh.org/resources/content/anais/1212962424_ARQUIVO_ludmila_Gama_Pereira-_anpuh_rio.pdf. Acesso em: 11 ago. 2016.

SAES, Alexandre Macchione; MANZATTO, Rômulo Felipe; SOUSA, Euler Santos de. Ensino e pesquisa em história econômica: perfil docente e das disciplinas de história econômica nos cursos de graduação de economia no Brasil. *História econômica & História de empresas*, São Paulo, v. 18, n. 2, p. 229-263, 2015.

SANTOS, João Regis Ricardo dos. *Entrevista*. 1992. Disponível em: http://www.fgv.br/cpdoc/acervo/historia-oral/entrevista-tematica/joao-regis-ricardo-dos-santos. Acesso em: 11 ago. 2016.

SCHWARTZMAN, Simon; BOMENY, Helena Maria Bousquet; COSTA, Vanda Maria Ribeiro. *Tempos de Capanema*. Cap. 7. O grande projeto universitário. Disponível em: http://www.schwartzman.org.br/simon/capanema/capit7.htm. Acesso em: 31 ago. 2016.

SZMRECSÁNYI, Tamás. Retomando a questão do início da historiografia econômica no Brasil. *Nova Economia* – Universidade Federal de Minas Gerais, Belo Horizonte, v. 14, 2004.

Tamás József Károly Szmrecsányi (1936-2009)[1]

Victor Pelaez[2]

A trajetória acadêmica de Tamás Szmrecsányi esteve voltada principalmente à história econômica – área de conhecimento da qual foi certamente um dos maiores expoentes em nível nacional e com grande projeção em nível internacional, tanto por seus trabalhos publicados quanto por sua participação na criação e fortalecimento de instituições voltadas à difusão da história econômica. Graduado em Filosofia pela Universidade de São Paulo, em 1961, com mestrado em Economia pela New School for Social Research, em 1969, doutorado em Economia pela Universidade Estadual de Campinas (Unicamp), em 1976, livre-docência pela Unicamp, em 1985, e pós-doutorado pela University of Oxford, em 1990. O Prof. Tamás lecionou na Universidade de São Paulo (Escola Superior de Agricultura Luiz de Queiroz e Faculdade de Economia e Administração) e na Unicamp (Instituto de Economia e

---

[1] O artigo foi originalmente publicado em *Revista de Economia Política*, v. 29 (3), São Paulo, 2009.
[2] Professor Adjunto do Departamento de Economia da Universidade Federal do Paraná. Agradeço a Wilson Suzigan, Luiz Carlos Soares, Luiz Carlos Bresser-Pereira e Flávio George Aderaldo pela colaboração no resgate da trajetória profissional do Prof. Tamás Szmrecsányi.

Instituto de Geociências). Foi também Professor Visitante da Université de Toulouse I (França) e da Facultad Latinoamericana de Ciencias Sociales (Equador).

O Prof. Tamás foi fundador da Associação Brasileira de Pesquisadores em História Econômica (ABPHE) devido, em grande parte, ao seu empenho pessoal e à sua capacidade de aglutinação de importantes representantes da Economia e da História como Wilson Suzigan, Flávio Saes, Fernando Novaes, Eulália Lobo e Luiz Carlos Soares. A Associação começou a ser concebida em 1991, quando da organização da I Conferência Internacional de História de Empresas, em Niterói. E a sua criação ocorreu em 1993, durante o I Congresso Nacional de História Econômica, juntamente com a II Conferência Internacional de História de Empresas, em São Paulo. Além da promoção de encontros científicos, a ABPHE promove a edição de trabalhos especializados na área de História Econômica, tendo como veículo principal a *Revista História Econômica & História de Empresas*, lançada em 1998, da qual o Prof. Tamás foi o primeiro editor. Além disso, publicou mais seis coletâneas de artigos selecionados dos Congressos da ABPHE, sendo quatro de História Econômica e dois de História de Empresas, quase todos em parceria com colegas da Associação.[3] Foi membro do Conselho da Associação Internacional de História Econômica, representando a ABPHE como instituição filiada, de onde incentivou uma participação maior de pesquisadores latino-americanos nos congressos internacionais de História Econômica. Atuou também como um importante articulador acadêmico entre as instituições de ensino e pesquisa dos países da América Latina, colaborando assiduamente na revista mexicana *América Latina en la Historia Económica* (AMHE, 2009). Mesmo depois de deixar o cargo de Presidente da ABPHE, manteve uma participação atuante na Associação, sempre servindo como conselheiro nas decisões das diferentes Diretorias. E, em 2008, assumiu o cargo de Vice-Presidente da Associação Brasileira de História da Ciência.

Teve uma grande experiência editorial como Diretor de Edições da Editora Hucitec, desde 1974, sendo responsável pela Revista *Debate e Crítica*, publicada pela Hucitec, de 1973 a 1976, ano em que foi impedida de circular pela Censura Federal. Exerceu igual função na revista *Contexto*, da mesma editora, além de dirigir as coleções: Economia & Planejamento Econômico; Ciências Sociais; Estudos Brasileiros; Problemas Contemporâneos; Lógica e Filosofia da Ciência; e Nossa América.

---

3 As de História Econômica são Szmrecsányi e Suzigan (1997); Silva e Szmrecsányi (1996); Szmrecsányi e Lapa (1996); Szmrecsányi (1996). E de História de Empresas Szmrecsányi e Maranhão (1996); Dalla Costa, Fernandes e Szmrecsányi (2008).

No plano de suas contribuições intelectuais em história econômica, podemos identificar em sua obra três áreas disciplinares principais: economia agrária; história do pensamento econômico; e história da ciência e tecnologia. Cabe ressaltar que não é objeto deste texto fazer uma revisão extensa da obra do Prof. Tamás. Isso demandaria um trabalho muito além das pretensões de um artigo que visa apenas render homenagem à sua memória, como pesquisador e formador de várias gerações de economistas. Um estudo aprofundado sobre a história de seu pensamento deverá certamente ser objeto de trabalhos acadêmicos futuros. Assim sendo, apresentarei brevemente as suas principais contribuições nas duas primeiras áreas, estendendo-me um pouco mais sobre a última, que se tornou o foco de suas atividades acadêmicas nos últimos anos.

Em seus trabalhos sobre economia agrária destacam-se as contribuições ao entendimento da formação histórica da Indústria Canavieira no Brasil e seus desdobramentos socioeconômicos e ambientais a partir do Proálcool, fruto de sua tese de doutorado intitulada "Contribuição à Análise do Planejamento da Agroindústria Canavieira do Brasil" (SZMRECSÁNYI, 1979). Desde então, ele nunca deixou de acompanhar a evolução dessa atividade no Brasil, publicando cerca de nove artigos em periódicos nacionais e internacionais,[4] nove capítulos de livros,[5] e colaborando ainda na organização de dois livros sobre o tema.[6]

Em história do pensamento econômico, a sua atenção voltou-se em especial para quatro autores: Celso Furtado; Joseph Schumpeter; Caio Prado Jr. e Edith Penrose. Sobre o pensamento de Celso Furtado publicou quatro artigos,[7] sendo um deles na *Revista de Economia Política* em 2002, e mais um capítulo de livro.[8] Como Diretor Editorial da Hucitec, foi responsável pela publicação em português da tese de doutorado de Celso Furtado,[9] livro precursor de uma de suas obras mais impor-

---

[4] Os artigos em periódico são Szmrecsányi e Ramos (2006); Szmrecsányi (2002a); Szmrecsányi e Veiga Filho (1999); Szmrecsányi (1992a); Szmrecsányi (1992b); Szmrecsányi (1991); Szmrecsányi (1989); Szmrecsányi (1998a); Szmrecsányi (1998b).

[5] Os capítulos de livro são Gonçalves, Ferraz e Szmrecsányi (2008); Alves e Szmrecsányi (2008); Szmrecsányi (2006a); Szmrecsányi (2006b); Ramos e Szmrecsányi (2006); Szmrecsányi (2002b); Szmrecsányi (2000); Szmrecsányi e Pelaez (2000); Szmrecsányi (1988).

[6] Szmrecsányi, Ramos, Ramos Filho e Veiga Filho (2008); Alves, Ferraz, Pinto e Szmrecsányi (2008).

[7] Szmrecsányi (2005); Szmrecsányi (2002c); Szmrecsányi (2001a); Szmrecsányi (1999a).

[8] Szmrecsányi (2007a)

[9] Furtado (2001). O Prof. Tamás havia iniciado a tradução desta tese, mas o próprio Celso Furtado encontrou os manuscritos originais em português, os quais foram então editados na sua versão original.

tantes, *Formação Econômica do Brasil* (FURTADO, 2000). Sobre Joseph Schumpeter publicou um artigo em periódico,[10] um capítulo de livro,[11] além de uma excelente e provocativa introdução ao artigo "Economic theory and entrepreneurial history", reeditado pela *Revista Brasileira de Inovação* (SZMRECSÁNYI, 2002d). A respeito de Caio Prado Jr., colaborou com a divulgação de sua obra na *Encyclopedia of Historians and Historical Writing*.[12] E sobre Edith Penrose, escreveu a respeito de suas contribuições à historiografia das empresas transnacionais,[13] além de traduzir para o português a obra mais importante dessa economista, *A Teoria do Crescimento da Firma* (SZMRECSÁNYI, 2006d). Resta destacar a grande contribuição que ele deixou para a historiografia do pensamento econômico brasileiro, com a organização do livro Ensaios de História do Pensamento Econômico no Brasil Contemporâneo, juntamente com Francisco da Silva Coelho (SZMRECSÁNYI e COELHO, 2007).

Outra atividade digna de nota foi seu trabalho como Coordenador do Conselho Consultivo da Editora da Unicamp, no qual organizou a tradução e a publicação da Coleção Clássicos da Inovação, com dez das mais importantes obras na área de economia da tecnologia.[14] Esta foi sem dúvida uma grande contribuição ao ensino e difusão do que vem a ser uma área de estudos ainda recente no Brasil, particularmente nos cursos de graduação em Ciências Econômicas. Neste tema, teve um papel fundamental na organização do livro *Economia da Inovação Tecnológica*, voltado também à difusão dessa área de conhecimento nos cursos de graduação (PELAEZ e SZMRECASÁNYI, 2006).

Como historiador econômico de destaque não se pode deixar de mencionar a sua contribuição provocadora sobre as "fronteiras" existentes entre histórica econômica, teoria econômica e economia aplicada, publicada na *Revista de Economia Política* em 1992. Ao descrever de forma clara, sucinta e precisa – o que singulariza seu estilo – os fundamentos da ciência econômica, ele chama a atenção para a deficiência metodológica daqueles que consideram a história econômica como um "simples estudo do passado (...) como algo meramente acessório, irrelevante, ou até supérfluo em comparação com a teoria econômica e/ou os vários campos da economia

---

10 Szmrecsányi (2001b).
11 Szmrecsányi (2006c).
12 Szmrecsányi (1999b).
13 Szmrecsányi (2008a).
14 As obras são Nelson e Winter (2005); Kim (2005); Kim e Nelson (2005); Sotkes (2005); Movery e Rosenberg (2005); Dosi (2006); Rosemberg (2006); Nelson (2006); Penrose (2006); Freeman e Soete (2008).

aplicada" (SZMRECSÁNYI, 1992c, p. 130). Outrossim, ele explica como a teoria, a história econômica e a economia aplicada constituem o tripé da ciência econômica. Na medida em que essa ciência é definida como o estudo das relações (sociais) de produção e distribuição de riqueza através do tempo, ele atribui à história econômica o papel de identificar e caracterizar as causas, as consequências e os mecanismos de mudança socioeconômica. Para tanto, é imprescindível que a história econômica possa contar com um arcabouço teórico capaz de identificar os fatos e os fenômenos a serem investigados. "Os fatos e os fenômenos apenas se tornam científicos quando e na medida em que são expressamente vinculados a determinadas teorias; sem essa conexão formal, não passam de simples matéria-prima para a construção de teorias" (SZMRECSÁNYI, 1992c, p. 134). E as proposições advindas das teorias

> passam a orientar os procedimentos do pesquisador, tornando-se responsáveis não apenas pelo tipo de dados a coletar, mas também pelos modos de sistematizá-los e interpretá-los. (...) E esse conhecimento, por sua vez, tem tudo a ver com os aspectos práticos, ou aplicados, de seu objeto de estudo (SZMRECSÁNYI, 1992c, p. 135).

Desta forma, o objeto de estudo da ciência econômica não é "aquele representado pelo passado ou pelo presente (...) mas pelos mecanismos de mudança que levam de um a outro e de ambos para o futuro" (SZMRECSÁNYI, 1992c, p. 133). O processo histórico é assim considerado como muito mais complexo do que qualquer teoria econômica, cuja análise deve ser capaz de incorporar variáveis não econômicas, ou seja, o reconhecimento da interdependência entre economia e as demais áreas das ciências sociais (SZMRECSÁNYI, 1992c, p. 136).

No que concerne à história da ciência e tecnologia (C&T), a sua preocupação voltou-se ao entendimento das relações da C&T em seu contexto social e econômico. Esta preocupação consolidou-se sobretudo ao longo de seu curso (História Social da C&T), ministrado no Programa de Mestrado e Doutorado em Política Científica e Tecnológica do Instituto de Geociências da Unicamp. O programa do curso baseava-se no período que compreende a Primeira e a Segunda Revolução Industrial, no qual ele justificava essa delimitação pelo fato de que as transformações ocorridas nesse período tiveram efeitos propagadores marcantes, os quais estruturaram as instituições e as organizações geradoras de conhecimento e de riqueza nas economias contemporâneas.

No artigo publicado na *Revista de Economia Aplicada* ("Por uma história econômica da ciência e da tecnologia"), ele apresentou a proposta de uma agenda de pesquisa voltada ao estudo histórico do desenvolvimento da C&T a partir de seu contexto social e econômico (SZMRECSÁNYI, 2000). Ele parte de uma abordagem dita "externalista" para compreender os fatores socioeconômicos que influenciaram o desenvolvimento científico e tecnológico, a partir da Primeira Revolução Industrial, em contraposição a uma perspectiva "internalista" tradicional, a qual encara os referidos conhecimentos como "atividades intelectuais autônomas e autocontidas". Ele justifica esta opção ao afirmar:

> Por trás desta tentativa encontra-se a crença de que a ciência e a tecnologia de qualquer época e lugar constituem mais do que manifestações específicas e isoladas das realizações de determinadas pessoas ou grupos, correspondendo antes a uma determinada divisão social do trabalho, e sendo, por isso mesmo, resultantes da formação e evolução, através do tempo, de certas estruturas econômicas e sociais (SZMRECSÁNYI, 2000, p. 401).

Ele reforça essa ideia ao dizer que a C&T constitui um conjunto de conhecimentos e práticas coletivas, cuja difusão se processa em um meio que não é apenas cognitivo mas também valorativo e normativo, o que remete à sua dimensão institucional. Dentro dessa perspectiva, a história econômica da C&T torna-se um instrumento de grande valor heurístico ao basear-se em pressupostos teóricos que podem ser empiricamente testados a partir da coleta e tratamento dos fatos históricos. Como ele afirma apropriadamente,

> a teoria não é um fim em si mesmo, mas basicamente um instrumento de apropriação e de decodificação da realidade para fins de conhecimento. O conhecimento que aqui almejamos é o de evolução através do tempo (e do espaço) das relações entre a ciência e a tecnologia, de um lado, e entre estas e a vida econômica e social, do outro (SZMRECSÁNYI, 2000, p. 402).

Ele dá então destaque ao surgimento da era da *Big Science*, após a Segunda Guerra Mundial, cujos investimentos maciços em C&T tornaram-se um padrão de desenvolvimento dos países centrais, fazendo com que os países periféricos, com sua escassez de recursos, apresentem uma defasagem socioeconômica cada vez maior em relação aos primeiros. Ele observa que essa defasagem não ocorre apenas pelo aumento dos recursos financeiros necessários, mas também pelo desinteresse das elites econômicas, políticas, científicas e tecnológicas, naquilo que ele chamou de "subequipamento intelectual" dos países periféricos. Isto reflete obviamente na incapacidade dos países de formar pessoal qualificado tanto para gerar quanto para adquirir conhecimento. Tal capacitação demanda tempo para efetivar-se, "pressupondo a existência não só de uma base econômica compatível, mas também de uma vontade política para tanto" (SZMRECSÁNYI, 2000, p. 406).

Já em um capítulo de livro, publicado em 2001, ele sistematizou os aspectos empíricos de sua proposta de pesquisa.[31] Apesar de não ser um trabalho original, como ele próprio reconheceu, a sua contribuição reside na construção de um texto-síntese que conseguiu resgatar e articular, de forma clara e consistente, as questões fundamentais abordadas pelos principais historiadores no que tange às causas e consequências sociais e econômicas da Primeira e da Segunda Revolução Industrial, bem como da caracterização dos respectivos processos de geração, difusão e apropriação do conhecimento científico e tecnológico. Para tanto, ele estruturou o texto em três partes: "Origens e consequências da Primeira Revolução Industrial"; "A profissionalização da pesquisa no século XIX"; e "Natureza e desenvolvimento da Segunda Revolução Industrial" (SZMRECSÁNYI, 2001c).

A importância das políticas públicas necessárias à inserção do conhecimento científico e tecnológico no tecido socioeconômico dos países foi mais aprofundada em seu artigo mais recente "On the historicity of the Second Industrial Revolution and the applicability of its concept to the Russian economy before 1917" (SZMRECSÁNYI, 2008b). Ao recuperar elementos históricos que caracterizam o processo de inserção da Rússia na Segunda Revolução Industrial, ele buscou inicialmente estabelecer uma conceituação mais rigorosa sobre essa Revolução, tendo como foco

> the mutual influences and relationships between scientific and technical progress on one hand, and economic development of advanced industrial societies on the other, always taking into ac-count the mediation of the policies specifically designed and implemented for their respective promotion" (SZMRECSÁNYI, 2008b, p. 620).

Independentemente das especificidades dessa Revolução, o que mais importa é a sua preocupação mais geral em defini-la antes de tudo como um processo e não como um simples evento. Nas suas palavras, "industrial revolutions, like all revolutions, are historical processes (and not events or phenomena) characterized by their amplitude, pervasiveness and irreversibility" (SZMRECSÁNYI, 2008b, p. 623). E é na amplitude da propagação desse processo ao longo do tempo e do espaço que se estabeleceram mudanças estruturais profundas nas instituições e organizações ao nível do Estado, da indústria e das empresas, da grande maioria dos países industrializados.

Sua proposta de criação dessa nova agenda de pesquisa não se limitou, porém, à publicação de artigos científicos. Como era de seu caráter, ele buscava estimular a participação de seus pares por meio de um trabalho constante de ampliação dos espaços de interlocução acadêmica. Foi assim que ele organizou, juntamente com os Profs. Luiz Carlos Soares e Albert Broder, uma sessão de comunicação sobre a história econômica da C&T, no XVth World Economic History Congress, em agosto de 2009. Esta iniciativa já havia sido precedida por outra sessão, sobre o mesmo tema, organizada também em parceria com o Prof. Soares, no I Congresso Latino-Americano de História Econômica, em dezembro de 2007.

Na sua última participação em um evento científico, em outubro de 2008, o Prof. Tamás compôs a Mesa-Redonda "Balanço e Perspectivas das Ciências no Início do Século XXI", no 11º Seminário Nacional de História da Ciência e da Tecnologia, realizado em Niterói. Ele manifestou nesse debate as suas preocupações com os rumos do desenvolvimento científico e tecnológico, resgatando as suas observações sobre o aumento da desigualdade entre os países centrais e periféricos que começaram a evidenciar-se a partir do final do século XIX, com a Segunda Revolução Industrial. Desigualdade essa que se acentua pela concentração do conhecimento nas grandes empresas. Tal concentração ocorre, não apenas pela proporção majoritária dos investimentos privados em C&T em relação aos investimentos públicos, mas também pela apropriação privada do conhecimento público realizado pelas Universidades e Institutos de Pesquisa. Essa captura das instituições públicas de ensino e pesquisa por empresas privadas tem como referência a lei federal aprovada no Congresso dos EUA em 1980 (Bayh-Dole Act), voltada a estimular a criação de pequenas empresas a partir de pesquisas financiadas com recursos públicos. Esses benefícios acabaram, no entanto, sendo apropriados por grandes empresas. Estas começaram a adquirir as pequenas que haviam sido criadas dentro de uma perspectiva de estímulo à maior integração universidade-empresa. Ele também chamou a atenção para o caráter antidemocrático da concentração do conhecimento que ora se processa, em nível nacional e internacional, na medida em que as sociedades contemporâneas – "inclusive e talvez principalmente a nossa" – não estão preparadas para questionar o que seria uma crescente estreiteza de perspectivas, tanto em termos de produção e consumo quanto de "uma progressiva perda de foco e de consistência cultural e política" (SZMRECSÁNYI, 2008c, p. 7). Isto revela um processo de exclusão do público leigo que é desqualificado por não conhecer aquilo que lhe é sistematicamente negado: o acesso ao conhecimento e, portanto, à possibilidade de participar das decisões tomadas em todas as esferas da sociedade. Para o Prof. Tamás uma possível saída estaria no resgate do papel social do cientista, responsável pela difusão do conhecimento na sociedade, como também do seu papel político de "manter aberta, e se possível expandir, uma agenda pública de pesquisas científicas e tecnológicas voltada para o atendimento das necessidades de toda a população e não apenas de suas camadas mais privilegiadas" (SZMRECSÁNYI, 2008c, p. 7).

Ao percorrer a trajetória profissional do Prof. Tamás, identifica-se sobretudo a erudição e o cuidado metódico de um historiador arguto e de um cientista cuja discrição contrastava-se com sua grande capacidade de mobilização acadêmica. Seu espírito empreendedor revela-se naquilo que Schumpeter considerava como um ato excepcional de vontade e de liderança. Mas não menos importante era seu humor irônico e preciso, o qual pode ser ilustrado em uma passagem que ele contava, e da qual alguns de seus ex-alunos e amigos devem se lembrar. Afirmava que o patrono do Brasil deveria ser Napoleão Bonaparte, pois, graças à sua invasão de Portugal, a Família Real refugiou-se no Brasil, transformando a Colônia em Metrópole. Esse evento, inusitado da história da colonização, trouxe ao Brasil os benefícios jamais permitidos a uma colônia, ao criar-se uma infraestrutura básica para a constituição de uma economia moderna, contemplando instituições financeiras, de ensino superior e de pesquisa. Resta imaginar qual seria o destino do Brasil nas circunstâncias que marcaram a evolução da grande maioria das colônias privadas dessa experiência.

Essa pequena heresia nacionalista revela o perfil de um intelectual cujo espírito crítico e provocador dava-lhe o empenho necessário para posicionar-se como representante de uma área de conhecimento minoritária da ciência econômica. Uma coragem de poucos que se expressa no próprio significado da palavra "heresia": escolha.

Referências bibliográficas

ALVES, Francisco J.C.; SZMRECSÁNYI, Tamás J. M. K. "Produção e suas alternativas". ALVES, Francisco J.C.; FERRAZ, José Maria G.; PINTO, Luis Fernando G.; SZMRECSÁNYI, Tamás, J. M. K. (Orgs.). *Certificação Sócio-Ambiental para Agricultura – Desafios para o Setor Sucroalcooleiro*. São Carlos: Editora da UFSCar, 2008, p. 90-121.

ALVES, Francisco; FERRAZ, José Maria G.; PINTO, Luis Fernando G.; SZMRECSÁNYI, Tamás J. M. K. (Orgs.) *Certificação Socioambiental para a Agricultura: Desafios para o Setor Sucroalcooleitor*. São Carlos: Editora da USFCar/ Imaflora, 2008.

AMHE. Associación Mexicana de História Econômica. *Fallecimiento de Tamás Szmrecsányi*. Mexico, 18 fevereiro, 2009.

DALLA COSTA, Armando; FERNANDES, Adriana S.; SZMRECSÁNYI, Tamás J. M. K. (Orgs.). *Empresas, Empresários e Desenvolvimento Econômico no Brasil*. São Paulo: Hucitec, 2008.

DOSI, G. *Mudança Técnica e Transformação Industrial* [1984]. Campinas: Editora da Unicamp, 2006.

FREEMAN, Christopher; SOETE, Luc. *A Economia da Inovação Industrial*. [1997]. Campinas: Editora da Unicamp, 2008.

FURTADO, Celso [1948]. *Economia Colonial no Brasil nos Séculos XVI e XVII: Elementos de História Econômica aplicados à Análise de Problemas Econômicos e Sociais*, São Paulo: Editora Hucitec/ Associação Brasileira de Pesquisadores em Histórica Econômica. Tese de doutorado defendida na Faculdade de Direito e Ciências Econômicas da Universidade de Paris, 1/7/1948, 2001.

_____, Celso [1959]. *Formação Econômica do Brasil*. São Paulo: PubliFolha, 2000.

GONÇALVES, Daniel B.; FERRAZ, José Maria G.; SZMRECSÁNYI, Tamás J. M. K. "Agroindústria e Meio Ambiente". ALVES, Francisco; FERRAZ, José Maria G.; PINTO, Luís Fernando G.; SZMRECSÁNYI, Tamás J. M. K. (Orgs.) *Certificação Socioambiental para a Agricultura: Desafios para o Setor Sucroalcooleiro*. São Carlos: Editora da UFSCAR/Imaflora, 2008, p. 230-292.

KIM, Linsu ([1997] 2005) *Da Imitação à Inovação*. Campinas: Editora da Unicamp. KIM, Linsu; NELSON, Richard R. [2000] *Tecnologia, Aprendizado e Inovação*. Campinas: Editora da Unicamp, 2005.

MOVERY, David C.; ROSENBERG, Nathan. [1998]. *Trajetórias da Inovação*. Campinas: Editora da Unicamp, 2005.

NELSON, Richard R. [1996]. *As Fontes do Crescimento Econômico*. Campinas: Editora da Unicamp, 2006.

_____, Richard R.; Winter Sidney G. [1982]. *Uma Teoria Evolucionária da Mudança Econômica*. Campinas: Editora da Unicamp, 2005.

PELAEZ, Victor; SZMRECSÁNYI, Tamás J. M. K. (Orgs.) *Economia da Inovação Tecnológica*. São Paulo: Hucitec e Ordem dos Economistas do Brasil, 2006.

PENROSE, Edith, E. T. [1959]. *A Teoria do Crescimento da Firma*. Campinas: Editora da Unicamp, 2006.

RAMOS, Pedro; SZMRECSÁNYI, Tamás J. M. K. "Los grupos empresariales en la agroindústria cañera de São Paulo. Evolución Histórica". CERUTTI, Mario (Org.) *Empresas y Grupos Empresariales en América Latina: España y Portugal*. Monterrey: Universidad Autónoma de Nuevo León, 2006, p. 41-73.

ROSENBERG, Nathan. [1982] *Por Dentro da Caixa-Preta*. Campinas: Editora da Unicamp, 2006

SILVA, Sérgio S. e SZMRECSÁNYI, Tamás J. M. K. (Orgs.) *História Econômica da Primeira República*. São Paulo: Hucitec/Fapesp/ABPHE, 1996.

STOKES, Donald E. [1997]. *O Quadrante de Pasteur*. Campinas: Editora da Unicamp, 2005

SZMRECSÁNYI, Tamás J. M. K. "Contribuições de Edith Penrose (1914-1996) à Historiografia das Empresas Multinacionais", *História Econômia & História de Empresas*, 11 (1), 2008a, p. 5-27.

_____, Tamás J. M. K. "On the Historicity of the Second Industrial Revolution and the Applicability of its Concept to the Russian Economy Before 1917", *Economies et Sociétés*, 62, 2008b, p. 619-646.

_____, Tamás J. M. K. "Balanço e Perspectivas das Ciências no Início do Século XXI". *11º. Seminário Nacional de História da Ciência e da Tecnologia*, Niterói, 26 a 29 de outubro, *datilografado*, 2008c.

_____, Tamás J. M. K.; Ramos, Pedro; Ramos Filho, Luiz O.; Veiga Filho, Alceu A. "Dimensões, riscos e desafios da atual expansão canavieira". Brasília: Embrapa. *Informação Tecnológica*, v. 32, 2008.

_____, Tamás J. M. K. "Celso Furtado (1920-2004) e a Economia do Desenvolvimento". SZMRECSÁNYI, Tamás J. M. K.; Coelho F. Silva da. (Orgs.) *Ensaios de História do Pensamento Econômico no Brasil Contemporâneo*. São Paulo: Atlas, 2007a, p. 387-401.

_____, Tamás J. M. K.; Coelho, Francisco S. *Ensaios de História do Pensamento Econômico no Brasil Contemmporâneo*. São Paulo: Atlas, 2007.

_____, T. J. M. K. "Les débuts de l'industrialisation et de la concentration du secteur industriel au Brésil". BOURILLON, Florence e outros. (Orgs.) *Dés Economies et des Hommes: mélanges offerts à Albert Broder*. Paris: Editions Biere, 2006ª, p. 413-428.

_____, T. J. M. K.) "The impact of sugar cane expansion on five continents". MERCADAL, Carlos (Org.) *Islas e Imperios*. Barcelona: Universitat Pompeu Fibra, 2006b, p. 5-16.

_____, Tamás J. M. K. "A Herança Schumpeteriana". PELAEZ, Victor; SZMRECSÁNYI, Tamás J. M. K. (Orgs.) *Economia da Inovação Tecnológica*. São Paulo: Hucitec e Ordem dos Economistas do Brasil, 2006c, p. 112-134.

_____, Tamás J. M. K. [1959] Tradução do livro: *The of the Growth of the Firm - Teoria do Crescimento da Firma*. Campinas: Editora Unicamp, 2006d.

_____, Tamás J. M. K.; RAMOS, Pedro.) "La Sucrerie de Canne dans la Politique Économique du Brésil au XXéme Siècle", *Economies et Sociétés*, 34, 2006, p. 279-321.

_____, Tamás J. M. K. "The contributions of Celso Furtado to development economics", *European Journal of the History of Economic Thought*, 12, 2005, p. 689-700.

_____, Tamás J. M. K. "Evolução histórica dos grupos empresariais da agroindústria canavieira paulista", *História Econômica & História de Empresas*, 5(1), 2002ª, p. 85-115.

_____, Tamás J. M. K. "Efeitos e desafios das novas tecnologias na agroindústria canavieira". MORAES, Marcia A. F. D. de; SHIKIDA, Pery F. A. (Orgs.). *Agroindústria Canavieira no Brasil: Evolução, Desenvolvimento e Desafios*. São Paulo: Atlas, 2002b.

_____, Tamás J. M. K. "Celso Furtado e o Início da Industrialização no Brasil". *Revista de Economia Politica*, 22, 2002c, p. 3-14.

_____, Tamás J. M. K. "Apresentação". Ideias Fundadoras. Schumpeter, J.A. Economic Theory and Entrepreneurial History. *Revista Brasileira de Inovação*, 1 (2), 2002d, p. 201-202.

_____, Tamás J. M. K. "Celso Furtado", *Estudos Avançados*, 15 (43), 2001a, p. 347-362.

_____, Tamás J. M. K. "J. A. Schumpeter, Werner Stark and the Historiography of Economic Thought", *Journal of The History of Economic Thought*, 23 (4), 2001b, p. 491-511.

_____, Tamás J. M. K. "Esboços de História Econômica da Ciência e da Tecnologia". SOARES, Luiz Carlos (Org.). *Da Revolução Científica à Big (Bussiness) Science*. São Paulo: Hucitec, 2001c, p. 155-200.

_____, Tamás J. M. K. "Apresentação". FERRAZ, José Maria G. (Org.) *Certificado Socioambiental do Setor Sucroalcooleiro*. São Paulo: Embrapa, 2000, p. 7-13.

_____, Tamás J. M. K.; PELAEZ, Victor. "The Search for a Perfect Substitute: Technological and Economic Trajectories of Synthetic Sweeteners from Saccharin to

Aspartame (c. 1880- 1980)". MUNTING, Roger (Org.). *Competing for the Sugar Bowl.* Scripta Mercaturae: Scripta Mercaturae Verlag, 2000, p. 172-193.

_____, Tamás J. M. K. "Sobre a formação da Formação Econômica do Brasil de C. Furtado", *Estudos Avançados,* 13 (37), 1999a, p. 207-214.

_____, Tamás J. M. K. "Caio Prado Júnior 1907-1990. Brazilian Historian and Publisher". BOYD, Kelly (Org.) *Encyclopedia of Historians and Historical Writing.* Chicago: Fitzroy Dearborn Publishers, 1999b, p. 955-957.

_____, Tamás J. M. K.; Veiga Filho, Alceu A. "O Ressurgimento da Lavoura Canavieira em São Paulo na Primeira-República, 1890-1930", *Revista de Historia Económica y Social,* 2, 1999, p. 67-82.

_____, Tamás J. M. K.; SUZIGAN, Wilson (Orgs.). *História Econômica do Brasil Contemporâneo.* São Paulo: Hucitec, 1997.

_____, Tamás J. M. K. (Org.). *História Econômica do Período Colonial.* São Paulo: Hucitec/Fapesp/ABPHE, 1996.

_____, Tamás J. M. K.; MARANHÃO, Ricardo F. A. (Orgs.). *História de Empresas e Desenvolvimento Econômico.* São Paulo: Hucitec/Fapesp/ABPHE, 1996.

_____, Tamás J. M. K.; LAPA, José R. A. (Orgs.). *História Econômica da Independência e do Império.* São Paulo: Hucitec/Fapesp/ABPHE, 1996.

_____, Tamás J. M. K. "Agrarian Bourgeoisie, Regional Government and the Origins of São Paulo's Modern Sugar Industry, 1870-1930", *Cadernos do IG,* Unicamp, 2 (1), 1992a, p. 125- 135.

_____, Tamás J. M. K.; MOREIRA, E. P. "Brazilian Sugar and Ethanol: Fifty Years of Growth, Crisis and Modernization (1939-1989)", *Rivista Di Storia Economica,* 9 (1), 1992b, p. 95- 111.

_____, Tamás J. M. K. "História Econômica, Teoria Econômica e Economia Aplicada". *Revista De Economia Política,* 12 (3), 1992c, 130-136.

_____, Tamás J. M. K. "Concorrência e Complementaridade No Setor Açucareiro". *Cadernos de Difusao de Tecnologia,* 2 (2/3): 1989, p. 165-182.

_____, Tamás J. M. K. "The Growth and Crisis of the Brazilian Sugar Industry, 1914-1939". ALBERT, Bill; GRAVES, Adrian (Orgs.) *The World Sugar Industry in War and Depression, 1914-40.* London: Routledge, 1988a, p. 59-70.

_____, Tamás J. M. K. "Growth and Crisis of the Brazilian Sugar Industry, 1914-1939", *Rivista di Storia Economica,* 5 (2), 1988b, p. 193-219.

_____, Tamás J. M. K. *O Planejamento na Agroindústria Canavieira no Brasil.* São Paulo: Hucitec, 1979.

Carlos Roberto Antunes dos Santos (1945-2013): uma vida dedicada à Educação e à universidade

Armando Dalla Costa[1]

No dia 10 de julho de 2013 o Prof. Dr. Carlos Roberto Antunes dos Santos faleceu, em Curitiba, aos 68 anos de idade, por complicações cirúrgicas.

Gostaria de dividir esta homenagem a nosso ex-presidente da ABPHE (1999-2001) em três partes. Na primeira, falar de sua vida pessoal, na segunda de sua contribuição acadêmica e, na terceira, de sua contribuição enquanto dirigente institucional.

Na vida pessoal, foi casado com Roseli Rocha dos Santos, com quem teve três filhos e três netos. Na homenagem feita pelos filhos na missa de sétimo dia de seu falecimento, o grande destaque foi para o relacionamento dele com a família. Este aspecto foi lembrado mencionando almoços e jantares em família. Ele não era apenas um estudioso da história da alimentação, mas também um bom cozinheiro, assim como um bom gourmant. Conhecia e gostava de bons vinhos, tanto estu-

---

1   Professor no Departamento de Economia da Universidade Federal do Paraná e Presidente ABPHE entre 2011 e 2013.

dando sua origem e desenvolvimento como experimentando e degustando com amigos e familiares.

Outro aspecto destacado pelos filhos foi em relação às viagens. Tanto no Brasil como no exterior proporcionou à família muitas viagens e descobertas de coisas simples, como uma flor à beira da estrada, o conhecimento dos grandes museus internacionais, o paladar das comidas e o gosto pelas descobertas de novidades históricas, culturais, de mentalidades...

Divertir-se com a família no dia-a-dia era outra atividade em destaque, sobretudo na praia onde convivia com os filhos, genros e netos. Ele e esposa construíram uma casa à beira da praia, em Piçarras, Santa Catarina para onde viajavam sempre que tinham alguma folga na agenda.

Além disso, a convivência com os amigos foi destacada por todos. Vários depoimentos, tanto durante o velório como na missa de sétimo dia e em conversas posteriores deram conta disso. Amigos destacaram sua participação na vida social, com ênfase para seu jogo preferido que era o futebol. Sempre jogou bola com os amigos, uma de suas distrações prediletas, assim como foi um fiel torcedor. No velório, em evidência a bandeira do Atlético Paranaense, junto com a bandeira da Academia Paranaense de Letras.

Também gostava de reunir os amigos em sua casa e participar de sua vida. Como boa parte deles era da universidade, a conversa girava em torno das atividades profissionais, mas o destaque era para a degustação de bons e novos pratos e para a degustação de bons e diferentes vinhos, boas e diferentes cervejas, boas e novas sobremesas...

De minha parte, conheci melhor o Carlos Antunes durante o curso de Mestrado em História Econômica na Universidade Federal do Paraná (1991-1993). Ele foi um dos melhores professores do curso e, além disso, um ótimo conselheiro na discussão, elaboração e defesa da dissertação. Não foi meu orientador oficial, mas o que mais contribuiu com meu trabalho.

Em seguida, visitou-me em Paris, durante o doutorado, incentivando-me a defender logo a tese, assim como à minha mulher para depois darmos nossa contribuição na Universidade Federal do Paraná. Na volta continuou incentivando nossa atuação na universidade, insistindo para que fizéssemos concurso. Por nossa própria vontade e incentivados por ele, fizemos concurso e estamos trabalhando na Universidade Federal do Paraná. Minha mulher no Departamento de Comunicação, nos programas de pós-graduação em Comunicação e em Educação. Eu no Departamento de Economia e nos programas de pós-graduação em Desenvolvimento Econômico (mestrado e doutorado acadêmico e mestrado profissional).

Esta sua preocupação com os amigos e a universidade permeou toda sua trajetória. Um mês antes do falecimento, para mostrar que ambas as atividades eram permanentes em sua vida, visitou uma das filhas que mora em Paris e, na ocasião também esteve na casa de meu compadre, também professor da Universidade Federal do Paraná, que fazia seu pós-doutorado. Na visita, combinou com a mulher dele que a ajudaria a fazer mestrado na área da história da alimentação, uma vez que ela leciona este tema em faculdades e cursos de escolas particulares.

Por fim, a última vez que ele e a esposa estiveram em minha casa foi durante a celebração de minhas bodas de prata, em 2012. Na ocasião, homenageamos três pessoas que foram fundamentais nestes 25 anos de casados. Um dos homenageados foi o casal Carlos Antunes e Roseli dos Santos, por diversos motivos, sendo o principal, a contribuição que deram para possibilitar nossos doutorados na Sorbonne, assim como o incentivo para entrarmos como professores na Universidade Federal do Paraná.

Para resumir, teve uma vida pessoal destacada com a família, com os amigos, com a universidade. Nas três situações, é lembrado por todos, com muita saudade e carinho.

Sua *contribuição acadêmica* é o segundo destaque desta homenagem. O professor Carlos Antunes estudou, no ensino médio, no Colégio Estadual do Paraná. "Ele contava que seus pais queriam um curso mais prestigiado, mas ele queria estudar História e assim foi".[2] Fez seu curso de graduação em História pela Universidade Federal do Paraná de 1966 a 1968 e logo em seguida prestou concurso para professor estadual de ensino médio. Em 1970 fez o concurso para auxiliar de ensino na UFPR e a partir daí passou a cultivar suas grandes paixões: o estudo da História e a convivência na Universidade.

A pesquisa das fontes primárias nos arquivos notariais do Paraná foi seu primeiro empreendimento como pesquisador. Um dos resultados dessa pesquisa foi a constatação de que a escravidão negra tinha existido e foi fundamental para a economia regional. Este material baseado em fontes primárias deu origem a seu mestrado, também na UFPR, tendo a professora Cecília Maria Westphalen (uma das pioneiras

---

2   Depoimento de Roseli Rocha dos Santos, sua esposa, em 5 de maio de 2016, dia em que Carlos Antunes recebeu o título de *Professor Emérito da Universidade Federal do Paraná*.

do Brasil em História Demográfica, apesar de ter dedicado a maior parte de seu tempo à História Econômica) como orientadora. Sua dissertação intitula-se: *Preço de escravos na Província do Paraná* e o título de mestre foi obtido em 1974.

No mesmo ano de 1974, Carlos obteve uma bolsa de estudos do CNPq e iniciou seus estudos de doutorado na Universidade de Paris X, sob a orientação do Prof. Frédéric Mauro (que também foi presidente do meu juri de tese, em 1997). O título de doutor foi obtido em 1976 e em sua tese, intitulada *Economie e Sociedade Escravista no Paraná (1853-1888)*, Carlos estudou o comércio de escravos na economia paranaense. Com base em suas pesquisas de fontes primárias e a utilização dos recursos da semiologia gráfica, desenvolveu o tratamento gráfico dos dados de forma inédita nos estudos de História. Tanto sua dissertação como a tese tornaram-se trabalhos de referência para quem busca entender a contribuição da mão-de-obra escrava para a economia paranaense.

A convivência em Paris com professores e colegas formados por Marc Bloch, Lucien Febvre e Fernand Braudel e a vivência dos ecos da chamada revolução de Maio de 1968 foram fundamentais para a abordagem metodológica que orientou os trabalhos de Carlos Antunes por toda a vida e, em especial, os estudos de História da Alimentação.

Em 1986, concluiu seu estágio de Pós-Doutorado na Université Sorbonne Nouvelle Paris III, também em História, nas dependências do Institut des Hautes Études de l'Amérique Latine.

Na sua carreira acadêmica, atuou no ensino médio, no ensino de graduação, no ensino de pós-graduação, assim como na produção científica.

Deu uma grande contribuição na formação de novos pesquisadores-professores, orientando 32 dissertações de mestrado e 14 teses de doutorado (quando faleceu tinha dois orientandos de mestrado e dois de doutorado). Apesar de ser historiador econômico, seu interesse nos últimos anos esteve voltado para a história da alimentação. Analisando os assuntos tratados nas dissertações e teses, este é o tema predominante, sobretudo nos últimos trabalhos orientados.

Aliás, uma das contribuições do professor Carlos foi criar e liderar o Grupo de Estudos e Pesquisas em História e Cultura da Alimentação, registrado no CNPq, divulgado através do site www.historiadaalimentacao.ufpr.br

Seu trabalho acadêmico também foi destaque na produção de artigos científicos. Publicou em revistas nacionais e internacionais 22 artigos. Novamente, os primeiros refletem sua temática de pesquisa relacionada com a escravidão e, depois, aos poucos, vão migrando para a questão da alimentação. Merecem destaque alguns destes trabalhos como: *Alimentação e seu lugar na história: Os tempos da memória gustativa*. História. Questões e Debates, v. 1, p. 11-31, 2005 e *Por uma história da alimentação*. História. Questões e Debates, v. 14, p. 154-171, 1997. Neles, Carlos traça todo um programa para o desenvolvimento de pesquisas na história da alimentação, do gosto, dos hábitos alimentares, dos pratos preferidos em cada cozinha nacional, assim como das instituições e/ou empresas que atuam na área alimentar.

Entre os textos publicados em revistas internacionais, merecem destaque: *Mélanges offerts à Frédéric Mauro*. Lisboa-Paris: Arquivos do Centro Cultural Calouste Gulbenkian, v. XXXIV. Revista da SBPH, v. 1, p. 103-104, 1997; *La politique économique et sociale de l'empire brésilien à l'égard des provinces: Le cas du Paraná*. Documents de Recherche du Credal, v. 1, p. 59-83, 1983. Com estes textos ele homenageia seu orientador de doutorado e colega, porque por várias vezes o professor Frédéric Mauro lecionou minicursos no programa de pós-graduação em história da Universidade Federal do Paraná e, ao mesmo tempo, fala da política econômica de seu estado, o Paraná.

No texto *L'économie et la société esclavagiste au Paraná (Brésil) 1854 a 1887*. Revista Caravelle, 1980, também publicado na revista Cahiers des Amériques Latines, v. 1, p. 101-111, 1979, ele presta conta, resume e divulga no exterior suas pesquisas relacionadas ao tema da escravidão.

Como todos sabemos, além de artigos, os historiadores gostam de publicar livros. O Carlos não foi diferente. Publicou 3 livros e 6 capítulos de livros. Os livros são: I) *História da Alimentação no Paraná*. 2.ed. Curitiba: Juruá, 2007, 183 p.; II) *Vida Material e Econômica*. Curitiba: SEED, 2001, 96 p.; III) *História da Alimentação no Paraná*. Curitiba: Fundação Cultural de Curitiba, 1995, 190 p.; na "História da Alimentação no Paraná" ele resgata o modo de produção e a forma de comercialização dos primeiros imigrantes estrangeiros que se estabeleceram a partir dos arredores de Curitiba e contribuíram para alimentar a população paranaense. O livro dedicado à "Vida Material e Econômica" faz parte de uma coletânea da Secretaria da Educação do Paraná, que foi distribuída a todos os professores das escolas públicas para que eles mesmos e os alunos pudessem compreender melhor o estado. Por fim, em "História da Alimentação do Paraná", ele reflete e divulga os primeiros resultados da sua nova área de atuação que era a história da alimentação.

Publicou, ainda, 23 textos em revistas e jornais de grande circulação, sempre buscando prestar contas das pesquisas desenvolvidas na universidade pública e respondendo às curiosidades dos leitores em temas relacionados com a alimentação, seus gostos, suas histórias, seus detalhes.

Em sua vida enquanto *dirigente institucional*, o professor Carlos Antunes também fez diversas contribuições.

Carlos teve também vários papéis administrativos na educação superior. Foi chefe de departamento, coordenador do curso de história, coordenador da pós-graduação, representante do Setor de Humanas no Conselho Universitário, Presidente da APUFPR, diretor do Setor de Humanas, reitor da UFPR de 1998 a 2002. Merecem destaque nesta sua atuação a introdução das atividades de Educação a Distância da UFPR, assim como o incentivo permanente à criação de novos programas de pós-graduação e de outros centros e núcleos de pesquisa.

Ainda dentro de suas atividades na universidade, foi Membro da Comisão de Implantação da Universidade Federal de Integração Latino Americana – UNILA – Portaria n. 43, publicada no DOU de 18 de janeiro de 2008.

No âmbito das representações nacionais, foi presidente da ANDIFES entre 2001 e 2002, Secretário de Educação Superior do MEC-SESU entre 2003 e 2004 e membro do Conselho Nacional de Educação (2003-2004) e do Conselho Superior da CAPES (2003-2004).

Foi fundador e líder do Grupo de Estudos e Pesquisas em História e Cultura Alimentar, registrado no CNPq e do respectivo site: www.historiadaalimentacao.ufpr.br

Era membro da Academia Paranaense de Letras (ocupando a cadeira n. 38), da qual foi eleito Vice-Presidente para a gestão 2013-2014.

Foi representante da Universidade Federal do Paraná junto à Chaire Internacional da UNESCO "Salvaguarda e Valorização dos Patrimônios Culturais Alimentares". Esta Chaire foi concedida à Universidade Federal do Paraná e às Universidades de Tours (França), Beirut (Líbano), Kénitra (Marrocos), Niamey (Nigéria), Hong Kong (China) e Pondichéry (Índia).

Por fim, gostaria de destacar que entre 2000 e 2008 o professor Carlos Antunes recebeu 17 títulos e homenagens, com destaque para o 16º Prêmio Paranaense de Ciência e Tecnologia – 2001 – área de Ciências Humanas, oferecido pela Secretaria de Estado da Ciência, Tecnologia e Ensino Superior do Paraná.

Também recebeu homenagens póstumas. Em 07 de novembro de 2013, o Departamento de História e o Programa de Pós-Graduação em História da Universidade Federal do Paraná fizeram uma homenagem ao professor Carlos Antunes dando o seu nome à sala de Eventos do Programa da Pós-Graduação em História da UFPR.

Nessa ocasião a Profa. Dra. Leila Mezan Algranti, da UNICAMP, fez uma palestra intitulada *Alimentacão, Cultura e Sociedade na América Portuguesa*, onde destacou a importância do pioneirismo e dos artigos escritos pelo professor Carlos Antunes sobre a História da Alimentação.

Em 19 de dezembro de 2013, o Conselho Universitário da Universidade Federal do Paraná, em sessão pública e solene, fez a entrega da Comenda Victor Ferreira do Amaral[3] ao professor Carlos Antunes, em homenagem ao seu envolvimento e dedicação em prol do desenvolvimento da Universidade.

Em 04 de março de 2016, foi inaugurado um Centro Municipal de Educação Infantil - CMEI pelo prefeito Gustavo Fruet, com o nome *CMEI Carlos Roberto Antunes dos Santos*, no bairro Umbará, na Rua Coronel Guilherme Theodoro Buest, 610.

Em 05 de maio de 2016, o Conselho Universitário da Universidade Federal do Paraná, em sessão pública e solene, convocada especialmente, fez a outorga do *Título de Professor Emérito* ao Carlos Antunes.

É a este homem sensível com a sua família e amigos; professor exigente, formador de novos pesquisadores, criador e divulgador de conhecimento via artigos, livros, capítulos de livros e site; engajado no avanço institucional, exercendo diferentes cargos públicos; ex-presidente da Associação Brasileira de Pesquisadores em História Econômica, na gestão 1999 a 2001 que peço a todos para contribuírem no sentido de manter viva sua lembrança e contribuição para a educação do país.

---

3   Victor Ferreira do Amaral foi o primeiro reitor da Universidade Federal do Paraná. A Comenda Victor Ferreira do Amaral, é o maior prêmio criado na UFPR e tem como objetivo homenagear àqueles que contribuíram de forma relevante para o ensino superior e para o desenvolvimento da UFPR.

Notas sobre os sócios-honorários da Associação Brasileira de Pesquisadores em História Econômica – ABPHE

Maria Alice Rosa Ribeiro[1]

Alice Piffer Canabrava (Araras-SP, 1911- São Paulo, 2003).

Licenciada em Geografia e História na Faculdade de Filosofia, Ciências e Letras da Universidade de São Paulo – FFCL-USP (1937). Doutora em Ciências (História) pela FFCL-USP (1942). Livre-docente pela FFCL-USP (1946). Professora Catedrática da Faculdade de Economia e Administração da Universidade de São Paulo – FEA-USP (1951). Fundadora da Associação dos Professores de História do Ensino Superior (APUH), atual Associação Nacional de História (ANPUH) (1961). Sócia efetiva do Instituto Histórico e Geográfico de São Paulo (IHGSP). Sócia correspondente do Instituto Histórico e Geográfico Brasileiro (IHGB) (1975). Sócia efetiva da Academia Paulista de História, ocupou a cadeira André João Antonil. Fundadora da *Revista Brasileira de História* (1981). Professora Emérita da FEA-USP (1987). Principais obras: *O comércio português no Rio da Prata, 1580-1640* (1942); *A indústria*

---

[1] Professora FCL/ UNESP-Araraquara; Pesquisadora Colaboradora do Centro de Memória UNICAMP, CMU. Primeira Secretária da ABPHE (2001-2003); Conselho Editorial da HE&HE (2000-2003 e 2004-2006) e Primeira Tesoureira da ABPHE (2007-2009).

do açúcar nas ilhas inglesas e francesas do Mar das Antilhas, 1697-1755 (1946); *O desenvolvimento da cultura do algodão na Província de São Paulo, 1861-1876* (1951).

Annibal Villanova Villela (Rio de Janeiro, 1926 - Rio de Janeiro, 2000).

Bacharel em Ciências Econômicas pela Faculdade de Ciências Econômicas da Universidade do Brasil (atual Universidade Federal do Rio de Janeiro) (1949). Pós-Graduado na Universidade de Estocolmo (1951-1952). Pós-Graduado na *London School of Economics and Political Science* (1952-1953). Economista-chefe do Banco Nacional de Desenvolvimento Econômico (BNDE) (1953-1954). Assessor da Comissão Instituto Brasileiro de Economia da Fundação Getúlio Vargas (1961). Professor do Curso de Engenharia Econômica da Escola Nacional de Engenharia (1961-1965). Assessor do Banco Mundial (1966-1969). Coordenador de Pesquisa na Fundação Getúlio Vargas (1969-1970). Superintendente do Instituto de Pesquisas Aplicadas – IPEA do Ministério do Planejamento (1970-1974). Secretário Executivo da Organização dos Estados Americanos – OEA (1975-1978). Consultor Independente. Principais obras: *Política do governo e crescimento da economia brasileira* 1889-1945 (Coautoria Wilson Suzigan) (1973); *Industrial growth and industrialization: Revisions stages of Brazil's economic development* (Coautoria Werner Baer) (1973).

Charles Ralph Boxer (*Sandown*, Ilha *Wight*, Reino Unido, 1904 - *St Albans*, Reino Unido, 2000).

Militar formado pela *Royal Military College* em *Sandhurst* (1922-1923). Carreira militar (1923-1946). Professor na cátedra Camões no *King's College* da Universidade de Londres (1947-1951). Professor de História do Oriente na Escola de Estudos Orientais e Africanos da Universidade de Londres. Professor Emérito da Universidade de *Yale* e de Londres. Historiador das relações comerciais e da colonização portuguesa na América, na África e na Ásia e de suas articulações com holandeses e ingleses nos séculos XVII e XVIII. Principais obras: *Salvador de Sá and the struggle for Brazil and Angola, 1602-1686* (1952); *The Dutch in Brazil 1624-1654* (1957); *Fort Jesus and the Portuguese in Mombasa 1593-1729* (1960); *Race relations in the Portuguese colonial empire, 1415-1825* (1963).

Frédéric Mauro (*Valenciennes*, 1921- Paris, 2001).

Licenciado em História, professor de liceu na cidade de Le Mans (1944). Catedrático em História Moderna da Faculdade de Letras e Ciências Humanas de Toulouse (Toulouse le Mirail) (1957). Catedrático de História Econômica Moderna e Contemporâneas em Toulouse (1962). Professor estrangeiro convidado da Segunda

Fase de professores estrangeiros na USP, seção de História (1938-1950). Organizou a primeira cátedra de História da América Latina na França, na Faculdade de Letras e Ciências Humanas de Paris (Nanterre, hoje, Paris X) (1974). Professor do Instituto de Altos Estudos da América Latina – IHEAL (1969). Diretor Científico do Grupo de Investigação Histórica do CNRS, Centro de Investigação e Documentação sobre América Latina (CRESAL-IHEAL). Principais obras: *Portugal e o Atlântico no século XVII (1957)*; *Brasil no século XVII (1989)*; *A expansão europeia, 1600-1870*; *História econômica do mundo 1870-1950*; e *Histoire* économique *du monde: L'Ére dês ruptures, 1950*-1996 (Coautoria Albert Broder) (1997).

Nelson Werneck Sodré (Rio de Janeiro, 1911 - Itu, SP, 1999).

Militar formado pela Escola Militar do Realengo (1930). Serviu no Regimento Deodoro – Regimento de Artilharia de Itu (1934). Professor de História Militar na Escola de Comando e Estado-Maior do Exército (1950-1951). Desligado da Escola de Comando e do Estado-Maior, por razões políticas (1951). Professor do curso Formação Histórica do Brasil, em nível de Pós-Graduação, no Instituto Brasileiro de Economia, Sociologia e Política – IBESP –, antecessor do Instituto Superior de Estudos Brasileiros – ISEB – (1955- 1964). Marxista, filiado ao Partido Comunista Brasileiro (PCB). Reformado do Exército (1961). Principais obras: *Oeste (Ensaio sobre a grande propriedade pastoril)* (1941); *O que se deve ler para se conhecer o Brasil* (1943); *Formação da sociedade brasileira* (1944); *Introdução à revolução brasileira* (1958); *Formação histórica do Brasil* (1962); *História da burguesia brasileira* (1964); *Capitalismo e a revolução burguesa no Brasil* (1990).

Celso Monteiro Furtado (Pombal, PB, 1920 – Rio de Janeiro, 2004).

Bacharel em Direito pela Faculdade Nacional de Direito (1944) da Universidade do Brasil (hoje, Universidade Federal do Rio de Janeiro). Técnico em Administração concursado do Departamento Administrativo do Serviço Público - DASP- (1943). Convocado pela Força Expedicionária Brasileira - FEB - (1944). Doutor em Economia pela Universidade de Paris (1948). Economista da Comissão Econômica para América Latina – CEPAL - Nações Unidas (1949-1958). Presidente do Grupo Misto CEPAL-BNDE (1953). Diretor do Banco Nacional de Desenvolvimento Econômico – BNDE – (1958). Superintendente da Superintendência de Desenvolvimento do Nordeste – SUDENE – (1959-1962). Primeiro titular do Ministério do Planejamento (1962-1963). Direitos políticos cassados por dez anos pelo Ato Institucional n. 1 (1964-1974). Professor Catedrático de Desenvolvimento Econômico na

Faculdade de Direito e Ciências Econômicas da Universidade de Paris (1965-1985). Ministro da Cultura (1986-1989). Principais obras: *L'économie coloniale brésilienne* (1948); *A economia brasileira* (1954); *Perspectivas da economia brasileira* (1958); *Formação econômica do Brasil* (1959); *Desenvolvimento e subdesenvolvimento* (1961); *Subdesenvolvimento e estagnação na América Latina* (1966); *Formação econômica da América Latina* (1969); *Economia colonial no Brasil nos séculos XVI e XVII* (2003).

Eulália Maria Lahmeyer Lobo (Rio de Janeiro, 1924 – Rio de Janeiro, 2011).

Bacharel em Geografia e História pela Faculdade Nacional de Filosofia da Universidade do Brasil - FNFi-UB (1944). Licenciada em Geografia e História pela FNFi-UB (1953). Doutor em História da América pela FNFi-UB (1953). Professor Livre-docente de História da América pela FNFi-UB (1958). Professor catedrático em História da América - FNFi-UB (1967). Direitos políticos cassados por dez anos pelo Ato Institucional n. 5 (1969-1979). Professor titular do Departamento de História do Instituto de Filosofia e Ciências Sociais da Universidade Federal do Rio de Janeiro – IFCS-UFRJ (1980 a 1984). Professora Emérita, título concedido pela Universidade Federal do Rio de Janeiro - UFRJ - (1985). Professora Emérita, título concedido pela Universidade Federal Fluminense – UFF - (1998). Principais obras: *Administração colonial luso-espanhola nas Américas* (1952); *Caminho de Chiquitos às Missões Guaranis, 1690 a 1718* (1959); *Rio de Janeiro operário* (1992). *Imigração portuguesa no Brasil* (2001); *Cartas de Antônio Dias Leite (1870-1952): um olhar sobre uma época de transformação* (Coautoria com Laura Lahmeyer Leite Maia) (2005).

Jacob Gorender (Salvador, 1923 – São Paulo, 2013).

Cursou a Faculdade de Direito de Salvador (1941-1943). Abandonou o curso de Direito para integrar voluntariamente a Força Expedicionária Brasileira – FEB – (1944). Militante do Partido Comunista Brasileiro (PCB) (1942-1967). Membro do Comitê Central do PCB (1960). Expulso do PCB (1967). Fundou o Partido Comunista Brasileiro Revolucionário – PCBR (1968). Preso e torturado (1970). Autodidata de temas de História Econômica e Social do Brasil – Escravismo Colonial. Participou ativamente do debate sobre escravismo e transição para o capitalismo no Brasil (1976-2013). Principais obras: *O escravismo colonial* (1978); *A escravidão reabilitada* (1991).

Manuel Correia de Andrade (Vicência, PE, 1922 – Recife, 2007).

Bacharel em Direito pela Universidade Federal de Pernambuco – UFPE – (1945). Licenciado em Geografia e História pela Universidade Católica de Pernambuco (1947). Professor do ensino médio (1952). Assessor do governo de Miguel Arraes (1963). Professor da Pós-Graduação em Economia e em Geografia da UFPE (1963-1983). Diretor do Centro de Estudos de História Brasileira (CEHIBRA) da Fundação Joaquim Nabuco (1983-2003). *Doutor Honoris Causa* Universidade Federal do Rio Grande do Norte – UFRN –, da Universidade Federal do Alagoas – UFAL –, da Universidade Federal do Espírito Santo – UFES – e da Universidade Católica de Pernambuco. Principais obras: *Geografia do Brasil* (1952); *A terra e o homem do Nordeste* (1963); *Movimentos nativistas em Pernambuco* (1971).

Roberto Cortes Conde (Buenos Aires, 1932). Bacharel em Direito e Ciências Sociais pela Universidade de Buenos Aires (1956).

Doutor em Sociologia pela Faculdade de Filosofia e Letras da Universidade de Buenos Aires (1960-1962). Diretor de investigação do Centro de Investigações Econômicas do Instituto Torcuato Di Tella, Buenos Aires (1975-1991). Professor Titular da Faculdade de Ciências Sociais e Econômicas da Universidade Católica Argentina (1981-1990). Professor Titular de Economia Política da Faculdade de Direito e Ciências Sociais da Universidade de Buenos Aires (1984-1990). Professor Emérito, Departamento de Economia da Universidade de San Andrés. (1991 -). Diretor do Departamento de Economia da Universidade de San Andrés (1993-1995). Presidente da Associação Argentina de História Econômica, Buenos Aires (1982-1984). Presidente da Associação Internacional de História Econômica –AIHE- (1998-2002). Principais obras: *Cambridge economic history of Latin America (Coautoria* Victor Bulmer-Thomas e John H. Coatsworth) *(2006); La economía política de la Argentina en el siglo XX* (2007); *Historia económica mundial: Desde el Medioevo hasta los tiempos contemporáneos* (2003); *Auge y decadencia de la Argentina en el siglo XX* (1998); *La economía argentina en el largo plazo (siglos XIX y XX)* (1997); *Dinero, deuda y crisis. Evolución fiscal y financiera de la Argentina, 1862-1890* (1989); *El progreso argentino, 1880-1914* (1979).

Tamás József Márton Károly Szmrecsányi (Budapeste, Hungria, 1936 - São Paulo, 2009).

Graduado em Filosofia pela Faculdade de Filosofia, Letras e Ciências Humanas – FFLCH – da Universidade de São Paulo (1961). Mestre em Economia pela *New School for Social Research, New York* (1969). Doutor em Economia pelo Departamento de Economia e Planejamento Econômico do Instituto de Filosofia e Ciências Humanas (DEPE-IFCH) da Universidade Estadual de Campinas – UNICAMP

(1976). Professor de Filosofia no Curso de Pedagogia da Faculdade de Filosofia, Ciências e Letras de Rio Claro (1962-1963). Professor do Departamento de Economia e Planejamento Econômico do Instituto de Filosofia e Ciências Humanas – DEPE –IFCH da UNICAMP (1976-1984). Professor de História Econômica Geral e do Brasil no Departamento de Economia da Faculdade de Economia, Administração e Contabilidade da Universidade de São Paulo – FEA-USP (1983-1987). Professor do Instituto de Economia (IE) da UNICAMP (1984-1986). Professor do Instituto de Geociências (IG) da UNICAMP (1986-2006). Professor Titular do Departamento de Política Científica e Tecnológica do IG-UNICAMP (1994-2006). Representante da Associação Internacional de História Econômica -AIHE- (1990-2000). Fundador e Primeiro Presidente da Associação Brasileira de Pesquisadores em História Econômica - ABPHE - (1993-1996). Criador da revista da ABPHE - *História Econômica & História de Empresas* (1998-). Principais obras: *O planejamento da agroindústria canavieira do Brasil (1930-1975)* (1979); *John Maynard Keynes: economia* (Org.), Coleção Grandes Cientistas Sociais) (1978); *Thomas Robert Malthus: economia* (Org.), Coleção Grandes Cientistas Sociais) (1982); *Pequena história da agricultura no Brasil* (1990); *História econômica do Período Colonial* (Org.) (1996); *História econômica da Primeira República* (Org./coautoria Sergio S. Silva) (1996); *História econômica da Independência e do Império* (Org./coautoria José Roberto do Amaral Lapa) (1996); *História econômica do Brasil Contemporâneo* (Org./coautoria Wilson Suzigan) (1997); *História econômica da Cidade de São Paulo* (Org.) (2004); *Getulio Vargas e a economia contemporânea* (Coautoria Rui G. Granziera) (2005).

Wilson Suzigan (Americana-SP, 1942).

Graduado em Economia pela Pontifícia Universidade Católica de Campinas – PUCC (1965). Mestre em Economia pela Escola de Pós-Graduação em Economia da Fundação Getúlio Vargas - FGV/Rio de Janeiro (1968). Economista do Instituto Brasileiro de Economia/FGV-Rio (1967-1971). Técnico em Planejamento e Pesquisa no Instituto de Pesquisa Econômica Aplicada – IPEA (1971-1984). Doutor em Economia pela Universidade de Londres (1984). Professor do Departamento de Economia da Pontifícia Universidade Católica do Rio de Janeiro – PUC-Rio (1967-1980). Professor do Instituto de Economia da Unicamp (1985-2004). Professor do Departamento de Política Científica e Tecnológica, do Instituto de Geociências da Universidade Estadual de Campinas, DPCT-IG-UNICAMP (2004-2012). Vice-Presidente da ABPHE (1999-2001). Presidente da ABPHE (2001-2003). Atualmente Professor colaborador do DPCT-IG- UNICAMP. Editor da *Revista Brasileira de Inovação*. Editor associado da *Revista de Economia Política*. Principais obras: *Indústria brasileira: origem e desenvolvimento* (1986); *Política do governo e crescimento da economia brasileira 1889-1945* (Coautoria Annibal Villela) (1973); *História econômica do Brasil contemporâneo* (Org./coautoria Tamás Szmrecsányi) (1997); *Estatísticas históricas do Brasil* (Coautoria Ronaldo Motta e Flávio Versiani) (1987). *História monetária do Brasil: análise da política, comportamento e instituições monetárias* (Coautoria Carlos Manoel Peláez) (1976).

Álbum de retratos e imagens

Caio Prado Júnior, 1926.

Celso Furado, 1979.

Sérgio Buarque de Holanda, anos 1940

Roberto Simonsen, década de 1940

Alice Piffer Canabrava, anos 1920

Francisco Iglésias, anos 1950

Nícia Vilela Luz, 1961

Olga Pantaleão, excursão de Geografia, organizada por Pierre Monbeig, 1937.

Mafalda Zemella, 1942

Myriam Ellis, 1992

Emília Viotti da Costa, anos 1990

Maria Thereza Schorer Petrone, 1961

Rumos da História Econômica no Brasil 343

Suely Robles Reis de Queiroz,
1972-1977

Eulália Maria Lahmeyer Lobo, 1952

Tamás Szmrecsányi, anos 1970

Carlos Roberto Antunes dos Santos,
1998-2002

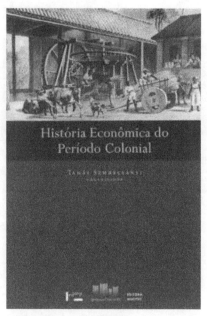 

Publicações da ABPHE

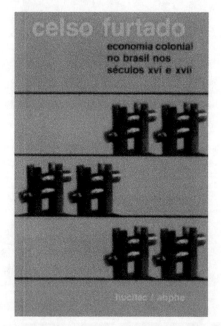 

Doutorado de Celso Furtado e reunião de textos de Alice Canabrava, obras publicadas pela ABPHE

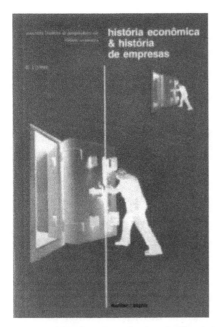 

Revista História Econômica & História de Empresas

Revista História Econômica & História de Empresas

Encontro de Pós-Graduação em História Econômica

XI Congresso Brasileiro de História Econômica

Caderno de Resumos do I Congresso Brasileiro de História Econômica (São Paulo, 1993)

Caderno de Resumos do V Congresso Brasileiro de História Econômica (Caxambu, 2003)

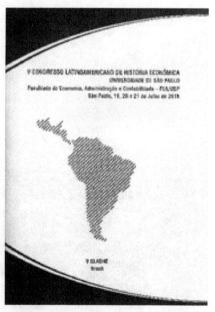
Caderno de Resumos do CLADHE (São Paulo, 2016)

III

Temas e problemas de História Econômica nas áreas temáticas da ABPHE

A História Econômica colonial e a ABPHE

Bruno Aidar[1]
Tiago Gil[2]
Fábio Pesavento[3]

Entre os diversos campos em disputa no debate historiográfico, os estudiosos dedicados à investigação da vida material no período colonial brasileiro certamente estão entre aqueles que sofreram o maior número de reviravoltas em poucas décadas. Desde os anos 1950, podem ser observados uma boa quantidade de trabalhos sobre a economia de abastecimento e o mercado interno colonial, inclusive a partir de observações realizadas por autores clássicos como Caio Prado Jr. e Celso Furtado. Por sua vez, aprofundando essa perspectiva, boa parte da historiografia recente, no esteio principalmente das contribuições de João Fragoso, passou a enfatizar a completa autonomia do mercado interno e do processo endógeno de acumulação de poder econômico e político pelas elites coloniais.

---

1 Professor adjunto do Instituto de Ciências Sociais Aplicadas da Universidade Federal de Alfenas e editor da revista *História Econômica & História de Empresas*.
2 Professor adjunto do Departamento de História da Universidade de Brasília.
3 Professor coordenador do Núcleo de Economia Empresarial da Escola Superior de Propaganda e Marketing (ESPM Sul).

Não menos importante, uma segunda transformação paralela, fruto do próprio desenvolvimento na história social, política e cultural sobre a época colonial, tendeu por um lado a contestar as abordagens oriundas da história econômica, sobretudo aquelas mais centradas em aspectos quantitativos, em nome de aproximações afinadas com o universo mental da época, especialmente suas concepções de poder, onde se destaca sobremodo a contribuição de António Manuel Hespanha. Outra consequência e caminho possível foi o fortalecimento de uma abordagem antropológica da história econômica, inspirada, por exemplo, no ensaio seminal de Marcel Mauss sobre a dádiva, na qual a alteridade das economias do Antigo Regime seria levada à saturação, ressaltando-se a construção social e cultural dos vínculos econômicos.

Entre algumas contendas, além da ênfase nos vínculos internos estabelecidos entre os colonos, a multiplicidade de objetos e de métodos trouxe inegável riqueza e complexidade ao campo da história econômica colonial. Por outro lado, a pecha da visão unilateral sobre a tríade latifúndio-monocultura-escravidão obliterou a visão sobre os diversos matizes contidos na historiografia "clássica" formulada entre os anos 40 e 70, amiúde empobrecendo e reduzindo os argumentos em jogo. As avaliações recentes sobre os impactos dessas transformações na historiografia ainda são rarefeitas, considerando-se a variedade dos espaços do saber e do poder acadêmicos.[4]

Um estudo mais detalhado das transformações operadas nos congressos e publicações acadêmicas da área de história econômica pode ser um observatório das mudanças ocorridas na historiografia colonial. Ainda que fugazes, os artigos publicados e *papers* apresentados podem ser considerados instantâneos de determinadas épocas da vida acadêmica, indicando relações entre os autores, as fontes e os temas de pesquisa. Nesse sentido, pretende-se analisar de forma geral os vínculos entre a Associação Brasileira de Pesquisadores em História Econômica (ABPHE) e as tendências gerais no cambiante campo da historiografia econômica do período colonial, tomando-se como referência três eixos principais relacionados à associação: a revista *História Econômica & História de Empresas*, os congressos realizados pela ABPHE e a atuação acadêmica dos sócios fundadores da associação.

---

4 Para exemplos de avaliações ver os artigos de Schwartz (1999, 2009) e Gil e Pesavento (2005). Para uma análise da historiografia sobre Minas Gerais colonial ver Furtado (2009).

O período colonial nas páginas da
História Econômica & *História de Empresas*

Contendo elementos quantitativos e qualitativos, o objetivo da presente seção é apresentar uma abordagem exploratória dos artigos publicados na revista *História Econômica & História de Empresas* relacionados à escrita da história econômica sobre o Brasil colonial em um período recente, totalizando um pequeno conjunto de 15 textos publicados entre 2000 e 2014. Embora a revista tenha publicado alguns artigos bastante interessantes sobre a história econômica da América espanhola (BONILLA, 2002; CORREA, 2010; JUMAR, 2014), optou-se por privilegiar o debate (luso-)brasileiro sobre a dinâmica da economia colonial da América portuguesa. Após uma breve análise da origem dos textos e dos autores, são realizadas observações sobre as fontes primárias empregadas e considerações sobre os temas de pesquisa desenvolvidos nos artigos selecionados.

A escolha da revista deve-se à sua representatividade singular no campo da história econômica no Brasil e na América Latina. Somente entre 2004 e 2014, a revista foi responsável por 43% do total de 320 artigos (138 artigos em números absolutos) publicados no Brasil relacionados à história econômica em um conjunto de periódicos selecionados da área de economia.[5]

Na América Latina, a revista perde em importância apenas para a *América Latina en la Historia Económica*, editada no México pelo Instituto Mora, tendo sido responsável por 170 artigos da área no mesmo período de 2004 a 2014. Ainda assim, o volume de publicação da revista brasileira é expressivo, pois não conta nem com a enorme produção acadêmica dos países hispanófonos, nem com a relevância de uma historiografia econômica bastante desenvolvida como a mexicana. Mesmo entre as associações latino-americanas dedicadas à história econômica, apenas a associação uruguaia conta atualmente com uma publicação própria voltada para essa área de estudos, a *Revista Uruguaya de Historia Económica*, criada em 2011.

---

5 Para o mesmo período, foram avaliados os artigos das seguintes publicações: *História Econômica e Economia Regional Aplicada* (25% do total), *Economia e Sociedade* (9%), *Revista Economia da ANPEC* (6%), *Estudos Econômicos* (6%), *Revista de Economia Política* (6%), *Nova Economia* (3%), *Revista Brasileira de Economia* (1%) e *Revista de Economia Contemporânea* (1%).

Origem e percursos dos autores

Os artigos publicados na revista entre 2000 e 2014 voltados à temática da economia colonial e realizados por autores brasileiros são em sua maior parte resultados de pesquisas de doutorado (9 artigos) e mestrado (2 artigos). Muitos deles foram apresentados anteriormente em congressos nacionais, inclusive os da própria ABPHE, e internacionais.

A partir dos dados dos autores na plataforma Lattes foi possível obter informações sobre a trajetória acadêmica dos pesquisadores. Pode-se dizer que a interdisciplinaridade entre economia e história ainda é moderada. Dos 14 autores estudados, 5 apresentaram formação unicamente em história e 3 exclusivamente em economia, ou seja, sem considerar história econômica.[6] Outros 5 autores apresentaram formação combinada em cursos de economia ou história com pós-graduação em história econômica. Por fim, um dos autores teve formação conjunta em história e geografia.

A tabela 1 apresenta os dados gerais sobre a formação dos autores, sem indicar as trajetórias individuais e suas combinações. Nota-se que o bacharelado em economia permite a formação de um bom número de futuros historiadores, aspecto ainda mais surpreendente quando se considera as dificuldades de adaptação de economistas em uma área de predomínio dos historiadores, sobretudo nos estudos sobre o período colonial.

---

6 Entretanto, cabe observar que um dos atenuantes para essa formação exclusiva em economia reside no fato que dois desses autores realizaram a pós-graduação em desenvolvimento econômico com ênfase na área de história econômica na Universidade Estadual de Campinas.

Tabela 1. Distribuição dos autores brasileiros

	Graduação	Mestrado	Doutorado	Trabalho
Minas Gerais	5	1	0	5
São Paulo	5	5	6	4
Rio de Janeiro	3	5	6	1
Outros	1	1	1	4
Exterior	0	1	1	0

	Graduação	Mestrado*	Doutorado	Trabalho
História	8	9	7	4
Economia	6	4	3	8
Outros	1	0	1	2
História econômica	0	3	0	

* Observação: há um doutorado direto, reduzindo o número de mestrados.
Fonte: elaboração própria com base na plataforma Lattes CNPq.

Outro traço interessante reside na capacidade de absorção dos pesquisadores da história econômica colonial nos departamentos de economia do país, aspecto decorrente de uma grade curricular que ainda considera relevante o conhecimento histórico na formação discente na contramão dos próprios desenvolvimentos gerais de pesquisa em economia no país.[7] A área de história, por sua vez, embora forme pesquisadores em história econômica é muitas vezes incapaz de mantê-los, seja pela própria escassez generalizada de vagas para docência na área, seja pelas reorientações do campo historiográfico, que passou a valorizar, de forma geral, formações distantes da economia na composição do quadro docente.

Os deslocamentos entre as localidades de realização da graduação, mestrado e doutorado mostram um processo de concentração em torno do eixo Rio-São Paulo. Assim, embora Minas Gerais caracterize-se pela formação de um bom número de pesquisadores durante a graduação, a trajetória dos autores revela um processo de dispersão em direção aos estados vizinhos da região Sudeste ou mesmo para o exterior. São Paulo mantém-se relativamente constante enquanto que o Rio de Janeiro apresenta-se como um grande polo de atração dos pesquisadores de história colo-

---

[7] Para uma análise recente do ensino de história econômica nos cursos de graduação em economia no país ver o artigo de Saes, Manzatto e Sousa (2015).

nial, seja pela existência de arquivos valiosos (aspecto confirmado mais adiante), seja pela excelência dos programas de pós-graduação em suas universidades federais.

A colocação profissional dos autores nacionais no momento da publicação do artigo na *História Econômica e História de Empresas* revela uma concentração em universidades públicas (11 autores) com uma pequena presença em universidades particulares (3 autores). Desses últimos, no momento atual, todos se encontram alocados em universidades públicas, indicando o enquadramento institucional necessário para o tipo de pesquisa realizada em história econômica.

Curiosamente, embora muitas vezes trate-se de autores distintos, o processo de concentração regional produzido pelo sistema educacional de pós-graduação acaba sendo compensado pelo movimento centrífugo de alocação de novos professores em universidades de regiões com um maior número de vagas e/ou menor disputa no processo seletivo para a ocupação de cargos acadêmicos. Dessa maneira, Minas Gerais, por exemplo, apresenta-se como um campo aberto para novos docentes em nítido contraste com o observado para o caso do Rio de Janeiro.

O emprego das fontes primárias

A maioria dos artigos utiliza conjuntamente fontes manuscritas e impressas, variando o maior ou menor uso de cada uma delas. Entre as fontes impressas, predomina o emprego da legislação portuguesa do período (16% do total). Em seguida, com a mesma participação (10% do total, cada uma das fontes), há o uso das publicações da Biblioteca Nacional do Rio de Janeiro (*Anais da Biblioteca Nacional* e *Documentos Históricos*), da literatura memorialista e das obras dos viajantes estrangeiros. A outra metade das fontes impressas é composta por documentos transcritos e impressos pelos arquivos estaduais e municipais (8%), dicionários da língua portuguesa (5%), jornais da época (3%) e documentos impressos com outras origens (38% do total).

Nota-se que a maioria das fontes impressas é bastante tradicional, tendo sido amplamente utilizadas pela historiografia geral e econômica do século XX sobre o período colonial brasileiro. Nesse sentido, ainda somos parcialmente tributários do grande esforço institucional realizado desde o império, tanto no plano nacional quanto em sua dimensão regional, para a transcrição, publicação e divulgação de fontes arquivísticas, bem como da existência de traduções dos viajantes estrangeiros. Esse aspecto, tão valorizado pela historiografia metódica e científica do início do século XX, tendeu a enfraquecer crescentemente a partir dos anos 60.

Para lembrar apenas duas publicações importantes citadas frequentemente pelos historiadores, a coleção *Documentos Históricos*, editada pela Biblioteca Nacional, foi publicada entre 1928 e 1955 e os *Documentos Interessantes para a História e Costumes de São Paulo*, sob responsabilidade do Arquivo Público do Estado de São Paulo, foram editados entre 1894 e 1990. Quanto à última publicação, nota-se a menor quantidade de novos números na segunda metade do século XX e um grande hiato na publicação dos últimos números (MENDES, 2010, p. 20). Nos tempos atuais, apesar da necessidade de novas coleções de documentos transcritos, o processo de digitalização de fontes manuscritas tende a transferir para o plano individual o trabalho da transcrição.

Com relação à utilização das fontes manuscritas nos artigos da *História Econômica e História de Empresas*, as referências aos arquivos brasileiros são ligeiramente superiores aos arquivos portugueses. Destacam-se três grandes instituições, a saber o Arquivo Histórico Ultramarino (21%), o Arquivo Nacional (15%) e a Biblioteca Nacional do Rio de Janeiro (12%). O predomínio dos arquivos federais, localizados no Rio de Janeiro, aponta também a concentração sobre os arquivos estaduais e municipais brasileiros.

Com relação ao Arquivo Histórico Ultramarino, sua ampla participação deve-se ao Projeto Resgate de Documentação Histórica Barão de Rio Branco. Originado dos acordos diplomáticos realizados pelo governo brasileiro com Portugal, por intermédio da UNESCO, o projeto tomou forma em 1995, passando a partir de 2003 a disponibilizar CD-Roms da documentação microfilmada e digitalizada do Arquivo Histórico Ultramarino. Com o projeto, os pesquisadores puderam ter acesso digital a cerca de 195 mil documentos disponibilizados em 297 CDs (Universidade de Brasília. Centro de Memória Digital, s.d.; Dias e Freire, 2011). Antes do projeto, podia-se ter acesso parcial à documentação do arquivo por meio de cópias manuscritas realizadas pelo Instituto Histórico e Geográfico Brasileiro, bem como as consultas do Conselho Ultramarino transcritas e publicadas nos *Documentos Históricos*, publicação editada pela Biblioteca Nacional.

Ainda que discretas, as referências a outros dois arquivos portugueses (Arquivo Nacional da Torre do Tombo e Arquivo Histórico do Tribunal de Contas) em artigos bastante recentes são indícios de um progressivo processo de internacionalização das pesquisas atuais.

O emprego de métodos quantitativos em história econômica foi observado em um número restrito de artigos (CARRARA, 2000; COSTA, 2004; DIAS, 2009). Os dados coletados por Angelo Carrara (2000) são provenientes das ricas fontes fiscais sobre a capitania de Minas Gerais existentes na coleção gigantesca da Casa dos Contos, sem similares para outras regiões da América portuguesa. O autor utiliza-se especialmente dos registros dos dízimos coletados em diferentes localidades mineiras para analisar a evolução da produção agrária face ao declínio secular da extração aurífera, observado a partir da segunda metade do século XVIII. Em outro exemplo, o artigo de Marcelo Dias (2009) detém-se, entre outros aspectos, na análise das procurações encontradas na capitania de Ilhéus no século XVIII para constatar os vínculos entre a região do litoral meridional da capitania e Salvador, mas também capitanias adjacentes.

No artigo de Dora Costa (2004), a autora vale-se de uma amostra documental composta por inventários *post-mortem* da vila e posteriormente cidade de Campinas para estudar as estratégias de transmissão de heranças em duas gerações de famílias (1795-1820 e 1825-1850). Nota-se a importância da história quantitativa também para responder a dimensões qualitativas da história econômica. Entre as conclusões do seu estudo, Costa observou o uso mais arraigado de sucessões diferenciadas entre as duas gerações de famílias campineiras, contrariado as prescrições de divisão igualitária do patrimônio, presentes nas Ordenações Filipinas (COSTA, 2004, p. 25).

Em um polo distinto, privilegiando a dimensão qualitativa da documentação, o artigo de Teresa Cristina de Novaes Marques (2014) explora o contexto do universo jurídico da época para analisar a questão da ausência da alienação da propriedade dos senhores de engenhos aos seus credores. Atenta ao pecado febvriano do anacronismo, a autora parte da descontinuidade entre a noção de propriedade indicada pelos escritos do desembargador João Rodrigues de Brito ao início do século XIX, mais próxima às noções modernas da nascente economia política, e aquelas aventadas sobre a capitania baiana nos extremos dos Setecentos pelo padre André João Antonil (1711) e pelo letrado e comerciante Luiz Antônio de Oliveira Mendes (1790). Dotada das ferramentas proporcionadas pela viragem da história do direito, especialmente entre autores latinos e germânicos, a autora destaca a urgência de um estudo pormenorizado do contexto jurídico envolvido nas discussões econômicas, tomando o exemplo do crédito concedido aos senhores de engenho.

Temas e diálogos

O recorte espacial dos artigos selecionados sobre a história econômica colonial brasileira encontra-se dividido entre abordagens gerais da América portuguesa (7 artigos) e abordagens específicas, centradas principalmente na região Sudeste (5 artigos). A despeito da riqueza da história econômica colonial do Nordeste, há poucos artigos produzidos sobre a região (3 artigos). Quanto ao aspecto temporal, os artigos dividem-se igualmente entre abordagens mais amplas, abarcando todo o período colonial (6 artigos), e abordagens mais circunscritas, destacando-se os artigos que analisam conjuntamente os séculos XVIII e XIX (5 artigos).

Quanto ao Brasil, os temas de pesquisa podem ser agrupados em três grandes grupos. O primeiro refere-se às interpretações coetâneas (José Joaquim da Cunha Azeredo Coutinho, José da Silva Lisboa e Auguste de Saint-Hilaire) e historiográficas sobre a economia colonial. O segundo grupo procura apontar as dinâmicas econômicas regionais (Minas Gerais, Rio de Janeiro, sul da Bahia e litoral do Rio Grande do Norte), destacando algum setor específico (farinha de mandioca, cana-de-açúcar, economia madeireira e portos). Por fim, o terceiro grupo volta-se ao estudo da dinâmica institucional da regulação econômica no período colonial, relacionadas principalmente às formas de transmissão de propriedade e às formas de extração e administração fiscal.

Também podem ser notados alguns aspectos referentes à utilização da bibliografia. Entre os autores mais citados nos artigos, com 2 ou mais referências, predominam as obras nacionais, compondo três quartos do total de referências. Tais autores correspondem a cerca de um quinto do total de todas as referências de fontes secundárias utilizadas nos artigos analisados.

Além disso, um conjunto de 31 obras mais referenciadas, com 2 ou mais utilizações, foram indicadas 78 vezes nos artigos. Dessas 31 obras, apenas 8 delas foram escritas por autores estrangeiros, indicando uma forte presença nacional na amostra selecionada. Quase metade dessas obras foram escritas entre as décadas de 1980 e 2000, apesar da grande utilização das obras clássicas da historiografia brasileira, produzidas até o final dos anos 70 por Gilberto Freyre, Roberto Simonsen, Caio Prado Jr., Celso Furtado, Fernando Novais, José Jobson de Andrade Arruda e Jacob Gorender. Com as mais diferentes orientações, as obras clássicas de Karl Polanyi, Fernand Braudel, Robert Fogel e Stanley Engerman são também utilizadas.

A utilização do termo "clássico" refere-se tanto aos grandes intérpretes do Brasil (Gilberto Freyre, Sérgio Buarque de Holanda e Caio Prado Jr.) quanto à dimensão mais específica da historiografia econômica (Roberto Simonsen, Caio Prado Jr. e Celso Furtado) (cf. VERSIANI, 2000, p. 7; CHAVES, 2003, p. 75-76). Com exceção do artigo de Vieira (2008), ocorre amiúde uma apresentação monolítica dessas grandes interpretações nas quais as diferenças entre elas são postas de lado.

As referências aos autores clássicos podem ser compreendidas em um nível bastante básico, mais descritivo e informativo (cf. CABRAL, 2007, p. 15, nota 10; CANTARINO, 2012, p. 186, nota 31; MONTEIRO, 2012, p. 72). A neutralidade da "tradição" também pode ser percebida na utilização de observações gerais, referendadas pela bibliografia posterior ou pelas fontes utilizadas (cf. CABRAL, 2007, p. 24; VERSIANI, 2000, p. 31, nota 19). Nessas duas formas de utilização não há deslocamento da legitimidade dos autores considerados clássicos.

Por outro lado, as discordâncias a respeito das interpretações dos clássicos também são curiosamente calcadas no mesmo procedimento. Parte-se de uma bibliografia com interpretação diversa, como na questão da decadência econômica da capitania de São Paulo no terceiro quartel do século XVIII, defendida por Basílio de Magalhães, Roberto Simonsen e Caio Prado Jr. (COSTA, 2004, p. 13). No artigo de Versiani, por sua vez, as observações do viajante francês Auguste Saint-Hilaire são utilizadas para matizar a interpretação generalista de Gilberto Freyre, afastando-se da sociedade patriarcal do açúcar e do sistema de *plantation* (VERSIANI, 2000, p. 27).

Topografias do espaço econômico colonial

Sob a lupa das referências bibliográficas talvez seja difícil perceber os diálogos estabelecidos pelo conjunto de artigos. Contudo, uma visão comparada dos autores aponta relações nem sempre explícitas estabelecidas entre os textos, os objetos de estudo e a historiografia "clássica" sobre a economia colonial. Com diferentes escalas, todos procuram realizar o que pode ser chamado de uma topografia do *espaço econômico* colonial, objeto de busca constante nos trabalhos apresentados. Para Carrara, por exemplo, ele é "definido pelo âmbito da circulação de bens e pelo consequente conjunto de articulações intra- e inter-regionais" (CARRARA, 2000, p. 49). Com um referencial calcado na ampla discussão marxista sobre os modos de produção, o autor toma por referência a definição apresentada por Carlos Sempat Assadourian e outros historiadores da América espanhola. Para o autor, a existência de duas lógicas econômicas, diferenciadas pelo emprego ou ausência de escravos, produziria ocupações distintas do território mineiro (CARRARA, 2000, p. 61). No artigo de Diogo Cabral (2007), sobre a produção madeireira no Rio de Janeiro colonial, o autor, partindo de uma história econômica do ambiente, procura abordar os fundamentos do "sistema de produção-circulação madeireiro" e cunha o termo "economia política da floresta" para designar uma das seções.

O espaço econômico enquanto *objeto de estudo histórico* também pode ser construído a partir de oposições. Talvez inspirado pelas abordagens de Fernand Braudel (1995, v. 1) e Sérgio Buarque de Holanda (2008, p. 181-189), que chega a se referir a uma "civilização do milho" em São Paulo colonial, Marcelo Magalhães Godoy (2007) emprega o termo "civilização" para designar de forma precisa o conjunto complexo de organização, produção, uso do trabalho escravo/livre e articulação com mercados interno/externo de um setor primordial da economia colonial, no caso a cultura açucareira. É interessante observar como o autor utiliza a história comparativa, subsidiada pelo auxílio de fontes primárias, para construir uma tipologia de modelos agroaçucareiros, que dialoga com trabalhos clássicos sobre a economia colonial, como os de Caio Prado Jr. e Celso Furtado, e sobre os engenhos, como os de Stuart Schwartz e Vera Ferlini. Além disso, o autor recupera e amplia a contribuição de Miguel Costa Filho, dedicada ao estudo da cultura canavieira em Minas Gerais, para matizar e diferenciar uma visão usualmente calcada na experiência histórica da região Nordeste.

Outro conceito presente amiúde nos artigos consultados, refere-se à questão da extensão e amplitude dos mercados, intercambiando-se os termos "regional" e "interno" para designar o espaço econômico. Marcelo Dias aponta a consolidação de um mercado regional a partir dos fluxos estabelecidos entre Salvador e as câmaras do sul da Bahia, responsáveis pelo abastecimento da capital, no chamado "conchavo das farinhas", estabelecido ainda no século XVII. O autor analisa os circuitos da farinha, sobretudo os fluviais e costeiros, e os agentes mercantis envolvidos no transporte. O espaço desse mercado regional era por vezes ultrapassado quando havia o envio de farinha para as tropas militares em outras capitanias. O setor de abastecimento, longe de ter uma importância subsidiária na economia colonial, articulava-se a mercados consumidores de curta e longa distância (DIAS, 2009, p. 65, 76, 78).

Utilizando-se de outra perspectiva, Denise Monteiro (2012) utiliza-se da questão da formação do porto do Açu e o porto de Oficinas, no Rio Grande do Norte, para compreender seus vínculos com a construção de um mercado interno, em uma análise que ultrapassa temporalmente o período colonial. Para a autora, a criação dos "portos do sertão" alteraria o espaço da produção e do comércio pecuário e salino, anteriormente nucleado em Recife, com reflexos posteriores sobre a própria organização da capital política e seu distanciamento das áreas economicamente mais dinâmicas da província (MONTEIRO, 2012, p. 78, 86). Embora trabalhando com um recorte bastante local, a autora coloca em questão as periodizações correntes que apartam especialistas do Brasil-Colônia dos historiadores do período imperial. Assim, seria necessário compreender de forma conjunta a natureza mercado interno no período colonial e seus desdobramentos no Brasil independente.

Se o artigo de Denise Monteiro problematiza a dimensão diacrônica, o estudo de Angelo Carrara traz à tona os liames sincrônicos que separam a produção articulada aos mercados. O excedente agrícola é destinado a mercados na produção escravista, mas também na produção agrícola camponesa, que não se furta a angariar seus ganhos nas trocas miúdas (CARRARA, 2000, p. 53). Assim, a produção de subsistência não significa uma agricultura de autossubsistência, encerrada em si própria. Onde acaba esse vínculo inicia-se o limite inferior do mercado e do não-mercado, tema caro à perspectiva braudeliana (Braudel, 1995, v. 2).

Outra dimensão, a produzir cisões e fraturas no espaço econômico, existente no mercado regional ou interno colonial refere-se aos circuitos oficiais e ilícitos da utilização dos recursos. No artigo de Diogo Cabral, os conflitos em torno da dualidade da economia madeireira são muito bem explorados pelo autor ao indicar a extração promovida pela Coroa nas feitorias ou cortes reais, ensejando uma esfera de circulação "estatal", e a retirada de madeira efetuadas por particulares, constituindo uma esfera privada (CABRAL, 2007, p. 8, 31 e 41). Também Marcelo Dias (2009) irá trabalhar a questão da comercialização ilegal que vicejava ao lado do trato oficializado do "conchavo das farinhas" e que atingiria o ápice da regulação com a criação do celeiro público.

Por fim, o espaço econômico do mercado colonial pode ser tomado como *objeto de estudo historiográfico*, como realiza o artigo de Cláudia Chaves (2003). A autora perpassa as contribuições clássicas de Roberto Simonsen, Caio Prado Jr., Celso Furtado e José Jobson de Andrade Arruda cotejando-as com os aportes realizados a partir dos anos 90 por Ilana Blaj, John Monteiro, João Fragoso, Antônio Carlos Jucá de Sampaio e Luiz Felipe de Alencastro. Em parte, pode-se dizer que essa divisão espelha um pouco o viés da crítica das interpretações endógenas às chamadas interpretações clássicas, mas oblitera uma ampla corrente paralela, desenvolvida no mesmo período, dedicada aos estudos do mercado colonial, com as obras de Alice Canabrava sobre o contrabando no Rio da Prata, Mafalda Zemella sobre a articulação mercantil criada pela mineração, Maria Thereza Schörer Petrone sobre o comércio de abastecimento da Corte, depois aprofundada por Alcir Lenharo, e principalmente de diversas contribuições de José Roberto do Amaral Lapa ao longo de sua prolífica carreira.

Dessa forma, a distinção entre a historiografia clássica e aquela desenvolvida a partir dos anos 80 não reside na constatação da existência de um mercado interno colonial, senão no argumento da capacidade parcial ou completa de autonomia dos setores vinculados ao abastecimento com relação ao mercado externo e suas flutuações. No primeiro caso, o setor de subsistência mantém seu caráter subsidiário e ancilar, tributária dos setores vinculados aos fluxos de açúcar ou ouro para acumulação exógena. No segundo caso, adquire vida própria a partir do acesso a terras, escravos, alimentos e crédito, constituindo-se como uma economia autônoma, capaz de prover um processo de acumulação completamente endógeno, segundo a interpretação de João Fragoso.

O período colonial nos Congressos de História Econômica da ABPHE

É notório o crescimento da História Econômica como um todo no Brasil desde a fundação da ABPHE e, paralelamente, o interesse pelo período colonial brasileiro tem sentido expressivos avanços quantitativos e qualitativos. Isso pode ser observado considerando os trabalhos apresentados nos Congressos Brasileiros de História Econômica, que em certo sentido formam a alma da Associação. Para este levantamento foram utilizados dados de nove edições do "Congresso Brasileiro de História Econômica", entre 1993 e 2013. A primeira edição do Congresso ocorreu na USP, em 1993, tendo sido publicada em obra organizada pelo professor Tamás Szmrecsányi (SZMRECSÁNYI, 2002). As edições seguintes ocorreram, respectivamente, na UFF, Niterói, 1996; UFPR, Curitiba, 1999; FEA-USP, São Paulo, 2001; UFMG, Caxambu, 2003; UFF, Conservatória, 2005; UFS, Aracaju, 2007; Unicamp, Campinas, 2009; UFPR, Curitiba, 2011; UFJF, Juiz de Fora, 2013.[8] Se ao final da década de 1990 e início dos anos 2000 o número de comunicações nunca ultrapassava uma dezena (com exceção de 1993, na primeira edição do evento), o cenário dos anos seguintes é de um crescimento irregular mas constante e não apenas em números absolutos (que poderia indicar maior disposição dos organizadores em aceitar trabalhos) mas também em números percentuais.

---

8 Os dados do congresso realizado em 1996 e parcialmente publicado em 1997 não foram utilizados pela dificuldade de acesso ao material. A edição de 2015 tampouco foi incluída.

Figura 1 - Número de comunicações sobre Brasil colonial apresentadas no Congresso da ABPHE entre 1993 e 2013 (com linha de tendência) em números absolutos

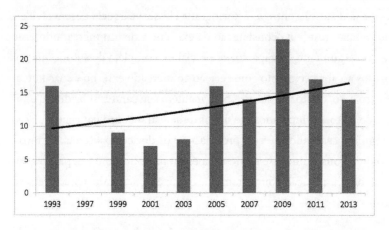

Figura 2 - Representatividade de comunicações sobre Brasil Colonial apresentadas no Congresso da ABPHE entre 1993 e 2013, em números percentuais do total de apresentações

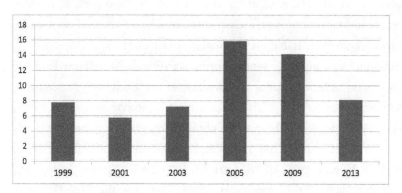

Na virada do século os trabalhos sobre Brasil colonial no Congresso da ABPHE andavam entre 6% e 8%, passando para a faixa dos 15% desde 2005, praticamente dobrando sua representatividade. Ainda que possa ser fruto de uma busca pelo equilíbrio no interior do Congresso, uma vez que "Brasil Colonial" é apenas um dos seis módulos disponíveis no evento (ou seja, aproximadamente 15% seria uma representatividade ideal), revela o amadurecimento do campo, capaz de fornecer trabalhos de qualidade de forma elástica. Em 2013, contudo, o percentual voltou ao antigo patamar, curiosamente, em Minas Gerais, onde a produção sobre Brasil Colonial sempre foi muito grande.

Os autores

Identificamos 93 autores de *papers* que foram responsáveis por 126 trabalhos ao longo de nove edições do Congresso, entre 1993 e 2013. Desse total, 73 participaram de uma única edição do evento, o que representam 78%, mostrando uma alta rotatividade das contribuições. O restante, 22%, é constituido de marinheiros experientes no evento, com pelo menos duas presenças. São esses personagens que almagamam o encontro e garantem a manutenção de certas temáticas de modo constante ao longo dos anos. Se um grupo de 20 pessoas constitui essa amostra, um número ainda menor, composto por 9 pesquisadores, é responsável por 31 trabalhos, ou seja, 10% dos pesquisadores eram autores de 25% dos trabalhos dentro da nossa amostra, os *habitués* principais do Congresso, os nove que participaram de três ou mais edições do encontro. O perfil deste grupo é composto por professores pesquisadores atuantes em instituições de ensino superior. Dos nove, 7 são professores de universidades federais, um de uma universidade estadual e outro de uma instituição privada.

Figura 3 - Quantidade de papers por autor nos Congressos da ABPHE entre 1993 e 2013 (com a lista dos 10% mais frequentes em ordem de relevância)

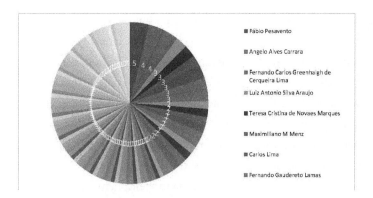

Ainda tomando em conta os 10% mais frequentes, 7 deles participaram de seu primeiro Congresso ainda durante a pós-graduação e apenas 2 após a conclusão do doutorado. Isso indica o impacto do Congresso da ABPHE na formação de recursos humanos e na formação de jovens pesquisadores, ainda que a Associação Brasileira de História Econômica tenha um evento destinado exclusivamente aos investigadores em formação, o Encontro de Pós-graduação em História Econômica.

Em termos geográficos, há forte destaque para o Rio de Janeiro, local de doutoramento de 5 pesquisadores, entre UFF e UFRJ. A USP aparece com dois ex-alunos, a UnB com um, enquanto apenas um fez o doutorado no exterior, na Inglaterra, particularmente. Isso demonstra o amadurecimento dos Programas de Pós-graduação brasileiros que têm forte destaque entre os *habitués* do Congresso da ABPHE, cenário que pode facilmente ser extendido para o restante dos apresentadores. Em termos da geografia do local de trabalho na atualidade, há destaque para Minas Gerais, que concentra 3 dos 9 mais frequentes apresentadores, ainda que nenhum deles tenha feito seu doutorado lá. Esse cenário repete o padrão observado na revista da ABPHE. De resto, há um grande equilíbrio, com um pesquisador para cada um das seguintes unidades federativas do Brasil: Rio Grande do Sul, Rio de Janeiro, Bahia, Distrito Federal e São Paulo.

Há ainda outro elemento aglutinante que garante certa regularidade nos encontros: a atuação de pesquisadores como comentaristas e coordenadores de mesa. Muitos dos pesquisadores que atuaram nesses papéis já haviam apresentado comunicações em edições anteriores. Pedro Puntoni, José Jobson Arruda e Carlos Gabriel Guimarães são exemplos desse cenário.

Os temas

As temáticas presentes nos *papers* apresentados ao longo desse período de 20 anos variaram tanto que optamos por definir uma tipologia de temas que permitisse uma comparação mínima. A definição foi feita partindo da experiência dos trabalhos e não de modo "externo", em categorias pensadas previamente. Nesse sentido, criamos os seguintes tipos: trabalho, produção, demografia, comércio, terra, pensamento, moeda, família, governo, fiscalidade, crédito, contratos e desigualdade. Uma definição *a priori* não poderia colocar em um mesmo patamar "produção" e "contratos", dada a escala de abrangência destes temas. Contudo, a grande quantidade de pesquisas sobre esse último criou condições para sua existência em nossa tipologia. Utilizamos apenas uma classificação para cada *paper*, como temática principal. Isso não impede que textos sobre terra também falem sobre família e crédito, o que, aliás, ocorreu em muitíssimos casos e que deve ser ressaltada. Isso permitiu observar tendências mais gerais que permitiram a comparação. Vejamos:

Figura 4 - Distribuição de temas nas diversas edições do Congresso da ABPHE

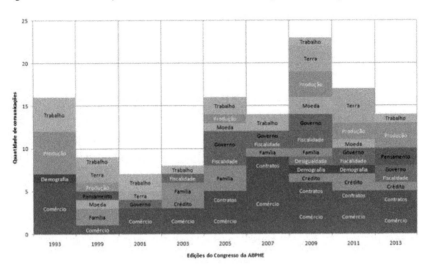

Há notório destaque para "Comércio", com 34 casos, que além de ser um tema regular (aparecendo em todas as edições) está sempre entre os mais comuns, quando não isolado como mais frequente (caso claro da edição de 2007). Nessa categoria entraram subtemas como abastecimento, tráfico de escravos, comércio de cabotagem, mercado interno, comunidades mercantis e estudos específicos sobre certos comerciantes ou navios. O segundo tema com mais ocorrências é "Produção", com 15 casos. Sua aparição é irregular mas costuma se dar nos anos em que há maior número de comunicações, apesar de ser um tema muito tradicional. Aqui estão assuntos como pecuária, agricultura, mineração e pesca, sem que haja destaque para algum em particular. O terceiro colocado, com 14 registros, é "Trabalho", que aparece de modo mais regular e praticamente todas as edições do evento. A prioridade de temas dentro dessas categorias diz respeito ao universo da escravidão, ainda que assuntos como ofícios mecânicos e campesinato também se façam ver.

"Terra" ocupa o quarto lugar com 10 casos, quase todos tratando de sesmarias, compra e venda de terras e outros problemas fundiários. "Família", "Contratos" e "Governo" aparecem em quinto lugar, empatados com 9 registros cada um. Nenhum dos três seria equiparável a grandes questões como "Produção" e "Comércio", como já foi dito, por uma questão de escala temática. Contudo, aqui reside o interesse nestes campos. Há uma tendência dos trabalhos mais recentes em enfatizar aspectos ditos "não-econômicos" na História Econômica, muito em função da influência de obras como Marcel Mauss, Karl Polanyi e António Manuel Hespanha, como também foi observado com os artigos da revista *História Econômica & História de Empresas*.

"Fiscalidade" aparece em sexto lugar, com presença constante e regular desde 2003. Logo atrás, aparecem "Moeda" e "Crédito", com cinco aparições. "Moeda" é mais regular e conta com apenas dois autores, um dos quais com quatro participações. Ambos os autores, Fernando Carlos Cerqueira Lima e Angelo Carrara (este último também responsável parcial pelo sucesso de "Fiscalidade") que fazem parte dos 10% mais assíduos ao evento. "Crédito", por sua vez, vem crescendo desde 2009 com pesquisas feitas por diversos pesquisadores, inclusive por autores do presente texto. "Pensamento" e "Demografia" aparecem com destaque em três textos cada um. Apenas um texto foi classificado como "Desigualdade" por total falta de motivos para agrupá-lo em umas das demais categorias já vistas. De qualquer maneira, o tema da desigualdade aparece coadjuvante em diversos trabalhos, desde o início dos anos 2000.

Os períodos

Os recortes cronológicos também foram objeto de análise. Para dar conta da complexidade das características dos *papers*, adotamos, além dos séculos XVI, XVII, XVIII e XIX, os interstícios entre duas centúrias, já que diversos trabalhos começavam em um e acabavam em outro. 11% dos trabalhos faziam abordagens "macro" ou de síntese de tal forma que consideravam a totalidade do período colonial. O restante dos trabalhos mirava em um recorte temporal bastante bem definido. Isso mostra o crescimento de duas tendências. A primeira diz respeito ao método do historiador, com o interesse crescente, dentro do período estudado, por escala "micro" nas quais o recorte era fechado em função do objeto, ao contrário da história "macro" com a observação de tendências de longo prazo, até mesmo seculares. A outra tendência diz respeito à gradativa segmentação da história do Brasil colonial, antes mais frequentemente entendida como um plano temporal contínuo, sem rupturas, muito em função da influência de Caio Prado Júnior. Muitos trabalhos agora enfatizam as mudanças ocorridas ao longo dos trezentos e tantos anos de história colonial e isso tem aparecido nos eventos da Associação.

De resto, há um notório predomínio do século XVIII, com 56% dos trabalhos. O segundo lugar reforça esse cenário, com o período que marca a virada do XVIII para o XIX, que conta 12% dos *papers*. Em terceiro lugar, o já referido "Todo" aparece com 11%, seguido do XIX, com 7% das comunicações.

Rumos da História Econômica no Brasil 367

Figura 5 - Representatividade dos recortes cronológicos utilizados nas comunicações dos Congressos Brasileiros de História Econômica entre 1993 e 2013

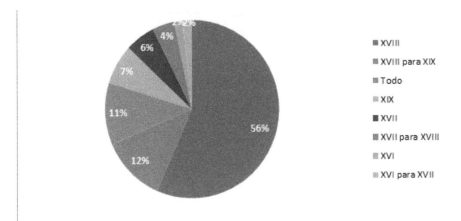

O destaque do século XVIII, contudo, não foi regular. Esse recorte vem ganhando força desde 2005. Até então, havia grande equilíbrio entre os recortes utilizados, com ligeira vantagem para o XVIII, mas longe do que podemos ver com o passar do tempo. A virada do XVIII para o XIX também cresce nesse período, ainda que tenha diminuído sua força mais recentemente. Vejamos:

Figura 6 - Distribuição de recortes cronológicos ao longo das edições do Congresso Brasileiro de História Econômica (entre 1993 e 2013)

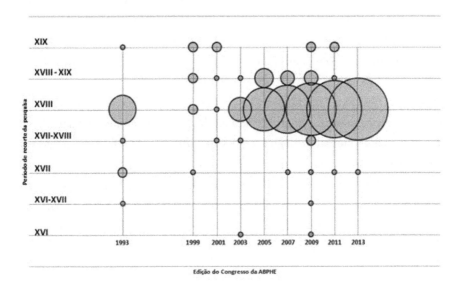

Não encontramos regularidade entre recortes temáticos e cronológicos, como se algum tema fosse mais próprio para certo período. O século XVIII lidera em todas as temáticas e uma única observação pode ser feita para a força do tema "Trabalho" na virada do XVIII para o XIX.

Figura 7 - Relação entre temas e recortes cronológicos nas comunicações apresentadas ao longo das edições do Congresso Brasileiro de História Econômica (entre 1993 e 2013)

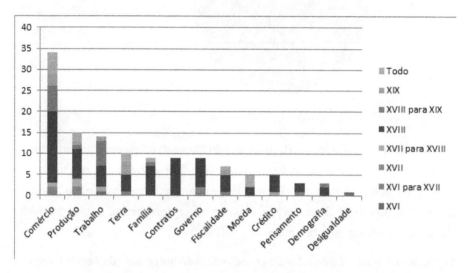

O cenário apresentado com uma leitura "vista de longe" das comunicações apresentadas ao longo dos Congressos Brasileiros de História Econômica nos indica algumas questões interessantes. Em primeiro lugar, há forte interesse nas temáticas que dizem respeito ao comércio, tema, aliás, motivo de grande polêmica nas últimas décadas, especialmente se considerarmos as ênfases de sentido, se interno ou externo. Da mesma forma, há um notório crescimento dos estudos regionais focados em cronologias específicas que apontam para a relevância de certa segmentação temporal do passado colonial brasileiro, com a identificação de diferentes economias e fluxos sociais, enfatizando descontinuidades. O século XVIII vem se tornando o palco principal do debate sobre o caráter da economia colonial. E todo esse debate vem sendo feito por pesquisadores de diversas universidades e regiões do país, ainda que uma ligeira vantagem relativa do Rio de Janeiro, pelo menos para o período colonial, deva ser apontada.

Os sócios fundadores da ABPHE
e a pesquisa sobre o Brasil Colonial

Tema recorrente entre os pesquisadores brasileiros durante as décadas de 1960 e 1970, o "Brasil colonial" presencia um arrefecimento no volume de produções acadêmicas sobre o referido período. O interesse dos pesquisadores em "encontrar os atavismos coloniais" e relacionar com nossas atuais mazelas parece ter perdido espaço.[9]

Uma primeira explicação é a ampliação do termo "história econômica", isto é, temas que ficavam restritos à história econômica, hoje foram incorporados por novas perspectivas dentro da economia, ganhando abordagens/interpretações alternativas. No próprio conjunto de estudo do espaço colonial, temos a ampliação da investigação de novas temáticas, regiões, atividades econômicas etc. Isso acabou por representar uma ampliação da fronteira do que tradicionalmente era estudado pelos pesquisadores, criando um campo mais multidisciplinar. Um vetor importante para entender esse processo foi a incorporação de novas fontes primárias e a ampliação do emprego de áreas correlatas a economia (característica marcante do atual momento das pesquisas sobre o período colonial).

Se antes existia uma preocupação em encontrar os grandes movimentos explicativos sobre um tema ou período (portanto, uma abordagem mais macro), hoje observamos o espaço crescente do papel da micro-história nas investigações. Muitas pesquisas, a luz de sólida documentação primária e o uso de recursos estatísticos, revelam tons diferentes tanto daqueles modelos explicativos tradicionais – abrindo espaço para novas interpretações – como para confirmar abordagens consagradas pela nossa historiografia clássica.

Obviamente, que o emprego de documentação primária sempre existiu, contudo o acesso aos arquivos históricos sempre foi um limitador para a realização de pesquisas, em especial sobre o período colonial. Atualmente, mesmo com o emprego da tecnologia, que ampliou o uso de documentos digitalizados e a sua disponibilidade via internet, sabemos das dificuldades para acessar material histórico inédito, uma vez que muitos documentos só podem ser pesquisados no arquivo.

Aqui, outro aspecto que pode auxiliar na explicação do arrefecimento da pesquisa acerca o tema colonial, qual seja, o acesso à documentação primária. Infelizmente, muitos pesquisadores não têm ingresso aos bancos de pesquisa (concentrados no Rio

---

9 Como exemplo dessa vertente de pesquisas ver a tese de doutoramento de Celso Furtado editada pela ABPHE (FURTADO, 2001).

de Janeiro e São Paulo), o que acaba limitando a investigação. Pode ser apenas uma coincidência, mas entre os sócios fundadores da ABPHE que estudavam e/ou que ainda estudam o Brasil colonial não encontramos nenhum das regiões Centro-Oeste e Nordeste (mais distantes dos principais arquivos históricos). Na região Sul, temos apenas Sandra J. Pesavento, que depois migrou para a história cultural e Sezinando Luiz Menezes que trabalha no campo da educação no período colonial.

De todo modo, quando analisamos a produção acadêmica, percebemos aquelas características nas pesquisas sobre o Brasil colonial, em especial a partir da década de 1990. Assim, se de um lado ampliamos o debate sobre teses já consagradas, por outro verificamos o aumento de pesquisas com farta evidência empírica, revelando novas oportunidades para rediscutirmos debates tidos como encerrados.

Outra explicação, analisando a produção acadêmica (via Plataforma Lattes do Conselho Nacional de Desenvolvimento Científico e Tecnológico, CNPq) dos sócios fundadores da ABPHE, é a migração para outros temas dentro da economia/história. Entre os mais concorridos encontramos a economia criativa, regional, história do pensamento econômico e a macroeconomia. Outros optaram por trocar suas investigações de período, isto é, ao invés de continuarem suas pesquisas sobre temas inseridos no período colonial, optaram por migrar para a análise do século XIX (em especial, depois de 1850) e XX.

Portanto, quando observamos a produção acadêmica dos sócios fundadores da ABPHE com a atual pesquisa sobre o referido tema, três vetores se destacam: a queda no número de pesquisadores, a mudança para temas em outro período (com destaque para os séculos XIX e XX) e a alteração do campo de estudo dentro das ciências sociais/sociais aplicadas. Já a pesquisa colonial tem caminhado na ampliação (e não no predomínio) de temas inseridos na micro-história e na ampliação do uso de documentação primária serial (destaque para inventários *post mortem*, escrituras públicas, procurações, etc).

A fim de termos um panorama dos sócios fundadores da ABPHE por região, quando da sua instituição (em 10 de setembro de 1993), a divisão encontrada foi a seguinte:

Rumos da História Econômica no Brasil

Tabela 2 – Número de sócios fundadores e que ainda trabalham com o período colonial por região

Região	Número de sócios fundadores	Trabalham com período colonial
Centro-Oeste	6	0
Nordeste	10	0
Sudeste	33	4
Sul	10	1
São Paulo	67	4

Fonte: elaboração própria com base dos dados da ABPHE e da produção acadêmica disponível na plataforma Lattes CNPq.

Pelas informações reunidas acima, podemos observar que existe um predomínio de pesquisadores na região São Paulo e Sudeste os quais ainda trabalham sobre o tema colonial (tendo como referência a região informada quando da instituição da ABPHE). No quadro abaixo, mostramos um panorama daqueles que ainda trabalham com o referido período. Dos sócios fundadores selecionamos, por região e temas estudados, dentro do período colonial.

Quadro 1 – Sócios fundadores por região e tema atual de pesquisa

Pesquisador	Região	Tema recorrente
Sezinando Luiz Menezes	Sul	Religião/educação
Caio César Boschi	Sudeste	Fontes (acervos)/religião/tributação
Carla M. Carvalho de Almeida	Sudeste	Elite mineira e o Antigo Regime
Fania Fridman	Sudeste	Transformações urbanas
Francisco J. Calazans Falcon	Sudeste	Período pombalino
Fernando A. Novais	São Paulo	Proibição manufaturas no Brasil
Francisco Vidal Luna	São Paulo	Escravidão
José Jobson de Arruda	São Paulo	Brasil e a Revolução Industrial
Pedro Luis Puntoni	São Paulo	Sistema monetário português

Fonte: elaboração própria com base na produção acadêmica disponível na plataforma Lattes CNPq.

No quadro acima, fica nítido que os temas/períodos que os sócios fundadores da ABPHE investigam, os quais ainda trabalham com o Brasil colonial, se enquadram nas grandes linhas de pesquisa sobre o referido período (escravidão, comércio, manufaturas). De outro lado, alguns trabalham com temáticas próprias da interface da economia com outras áreas do conhecimento (urbanismo, elites) revelando novas possibilidades de ampliar a investigação sobre o passado econômico brasileiro. Por fim, temos o período que aqueles se debruçam, o destaque fica para o século XVIII, talvez sob o impacto da corrida aurífera sobre o desempenho econômico da colônia.

Importante destacar que muitos do que nos deixaram, construíram um legado fundamental para o atual estágio das pesquisas. Nesse sentido, o cenário ideal seria uma recuperação da memória e do trabalho dos fundadores que se debruçaram sobre o período colonial.

De todo modo, é importante recuperar alguns nomes que, durante toda a sua trajetória, se debruçaram no referido espaço de tempo. Entre eles(as) temos aqueles(as) que certamente podemos considerar "referências" para entender o Brasil colonial e suas peculiaridades social e econômica. Esses ampliaram a fronteira em diferentes frentes: uso de fontes primárias não usuais, emprego/organização de dados econômicos não empregados até então, a maneira de abordar temas desgastados, contudo com originalidade, construção de um referencial analítico histórico-econômico inédito se tornando referência na história econômica brasileira, entre outros inúmeros adjetivos e qualidades acadêmicas que poderíamos descrever.

Entre os historiadores que apresentavam aquelas características – no conjunto de sua obra, citamos José Roberto Amaral Lapa, Jacob Gorender, Eulália Lobo e Maria Yedda Linhares. Esses historiadores econômicos são referência e dispensam qualquer apresentação diante de sua enorme contribuição para o desenvolvimento da história colonial brasileira. Nesse sentido, a ABPHE teve o privilégio de contar com fundadores que traduzem a qualidade da produção acadêmica colonial desenvolvida pela associação.

Em conjunto, observamos uma continuidade das pesquisas e a ampliação do uso de novas fontes primárias a fim de entendermos não apenas a economia, mas também a sociedade daquele período. Assim, apesar da redução das pesquisas, no campo do conhecimento descrito brevemente aqui, observamos uma continuidade e um aprofundamento de novos temas. Ao mesmo tempo, presenciamos novas interpretações (sobre temas tradicionais) enriquecendo as análises, ampliando o debate. Isso também poderá ocorrer com a ampliação do uso de novas metodologias/teorias, de diferentes campos do saber, característica marcante dos pesquisadores do Brasil colonial.

Considerações finais

O esforço inicial de análise sobre as relações entre a ABPHE e a produção historiográfica sobre o período colonial brasileiro nos últimos 25 anos revela alguns aspectos interessantes. Nota-se em primeiro lugar uma alta concentração de pesquisadores da região Sudeste, com formação e local de trabalho nos estados de São Paulo, Rio de Janeiro e Minas Gerais. Essa concentração pode ser notada já no momento de criação da associação. Ao mesmo tempo, o Sudeste apresenta diversos espaços acadêmicos, com relações de competição que conferem dinamismo ao debate sobre a economia colonial, impulsionando a constituição de novas pesquisas e a exploração de novas fontes.

Com relação ao conteúdo das pesquisas, houve um movimento aparentemente contraditório. Se por um lado, observa-se a concentração dos trabalhos no século XVIII, por outro, houve uma multiplicação de temas abordados, recortes cronológicos e geográficos, fontes e metodologias utilizadas, permitindo trazer uma visão multifacetada às interpretações clássicas e suas críticas recentes sobre o período colonial. Ademais, nota-se a própria transformação do "legado" historiográfico pelo emprego parcimonioso das visões clássicas, como exemplificado pela análise dos artigos publicados na revista.

Se antes existia uma preocupação em encontrar os grandes movimentos explicativos sobre um tema ou período (portanto, uma abordagem mais macro), hoje observamos o espaço crescente do papel da micro-história nas investigações. Muitas pesquisas, a luz de sólida documentação primária e o uso de recursos estatísticos, revelam tons diferentes tanto daqueles modelos explicativos tradicionais – abrindo espaço para novas interpretações – quanto para confirmar abordagens consagradas pela nossa historiografia clássica.

Artigos sobre economia colonial publicados pela HE&HE

AIDAR, Bruno. Governar a Real Fazenda: composição e dinâmica da Junta da Fazenda de São Paulo, 1765-1808. *História Econômica & História de Empresas*, v. 16, n. 2, 2013, p. 163-217.

BONILLA, Heraclio. Minería, mano de obra y circulación monetaria en los Andes colombianos del siglo XVII. *História Econômica & História de Empresas*, v. 5, n. 2, 2002, p. 107-122.

CABRAL, Diogo de Carvalho. A economia madeireira no colonial tardio fluminense: uma primeira aproximação. *História Econômica & História de Empresas*, v. 10, n. 1, 2007, p. 5-48.

CANTARINO, Nelson Mendes. Conjugando tradições: o pensamento econômico do bispo Azeredo Coutinho entre a herança ibérica e as ideias ilustradas setecentistas (1791-1816). *História Econômica & História de Empresas*, v. 15, n. 2, 2012, p. 167-195.

CARDOSO, José Luís. O liberalismo econômico na obra de José da Silva Lisboa. *História Econômica & História de Empresas*, v. 5, n. 1, 2002, p. 147-164.

CARRARA, Angelo Alves. A capitania de Minas Gerais (1674-1835): modelo de interpretação de uma sociedade agrária. *História Econômica & História de Empresas*, v. 3, n. 2, 2000, p. 47-63.

CHAVES, Cláudia Maria das Graças. O mercado colonial: a construção de um espaço interno. *História Econômica & História de Empresas*, v. 6, n. 2, 2003, p. 75-95.

CORREA, Juan-Santiago. Procesos de poblamiento coloniales en la Nueva Granada: el caso de la minería antioqueña (siglo XVII y XVIII). *História Econômica & História de Empresas*, v. 13, n. 2, 2010, p. 79-108.

COSTA, Dora Isabel Paiva da. Formação de famílias proprietárias e redistribuição de riqueza em área de fronteira: Campinas, São Paulo, 1795-1850. *História Econômica & História de Empresas*, v. 7, n. 2, 2004, p. 7-35.

CUNHA, Alexandre Mendes. A Junta da Real Fazenda em Minas Gerais e os projetos de abolição da circulação de ouro em pó (1770-1808): limites às reformas econômicas na colônia dentro da administração fazendária portuguesa. *História Econômica & História de Empresas*, v. 15, n. 2, 2012, p. 9-45.

DIAS, Marcelo Henrique. A "farinha de pau" da capitania de Ilhéus: produção estratégica e circulação vigiada, séculos XVII-XVIII. *História Econômica & História de Empresas*, v. 12, n. 2, 2009, p. 63-92.

JUMAR, Fernando. El espacio colonial peruano en la historiografía sobre circulación mercantil. *História Econômica & História de Empresas*, v. 17, n. 2, 2014, p. 475-534.

LENK, Wolfgang. Fiscalidade e administração fazendária na Bahia durante a guerra holandesa. *História Econômica & História de Empresas*, v. 13, n. 2, 2010, p. 53-78.

MARQUES, Teresa Cristina de Novaes. Eram os senhores de engenho caloteiros? Reflexões sobre o crédito e os direitos de propriedade no mundo luso. *História Econômica & História de Empresas*, v. 17, n. 1, 2014, p. 147-176.

MONTEIRO, Denise Mattos. *Portos do sertão* e mercado interno: nascimento e evolução do porto do Açu-Oficinas (1750-1860). *História Econômica & História de Empresas*, v. 15, n. 1, 2012, p. 71-98.

VERSIANI, Flávio Rabelo. Os escravos que Saint-Hilaire viu. *História Econômica & História de Empresas*, v. 3, n. 1, 2000, p. 17-42.

VIEIRA, Carlos Alberto Cordovano. Interpretações da colônia: leitura das contribuições de Nelson Werneck Sodré e Alberto Passos Guimarães. *História Econômica & História de Empresas*, v. 11, n. 1, 2008, p. 29-61.

Referências bibliográficas

BRAUDEL, Fernand. *Civilização material, economia e capitalismo séculos XV--XVIII*. São Paulo: Martins Fontes, 1995. 3v.

DIAS, Érika; FREIRE, Luiz Gustavo Lima. Projeto Resgate: ampliando os horizontes da história luso-brasileira. *Revista Brasileira de História & Ciências Sociais*, v. 3, n. 5, 2011, p. 56-66.

FURTADO, Celso. *Economia colonial no Brasil nos séculos XVI e XVII*. São Paulo: Hucitec/ABPHE, 2001.

FURTADO, Júnia Ferreira. Novas tendências da historiografia sobre Minas Gerais no período colonial. *História da Historiografia*, n. 2, 2009, p. 116-162.

GIL, Tiago; PESAVENTO, Fábio. Conversa de surdos: subsídio para o debate sobre o mercado interno. Jornada Setecentista, 6., *Anais....*, Curitiba, 2005.

HOLANDA, Sérgio Buarque de. *Caminhos e fronteiras*. 3. ed. São Paulo: Companhia das Letras, 2008.

MENDES, André Oliva Teixeira. *Os Documentos interessantes para a história e costumes de São Paulo: subsídios para a construção de representações*. Dissertação (Mestrado em História Social) – Faculdade de Filosofia, Letras e Ciências Humanas, Universidade de São Paulo, São Paulo, 2010.

SAES, Alexandre Macchione; MANZATTO, Rômulo Felipe; SOUSA, Euler Santos de. Ensino e pesquisa em história econômica nos cursos de graduação de economia no Brasil. *História Econômica & História de Empresas*, v. 18, n. 2, 2015, p. 229-263.

SCHWARTZ, Stuart. A historiografia dos primeiros tempos do Brasil moderno. Tendências e desafios das duas últimas décadas. *História: Questões & Debates*, Curitiba, n. 50, 2009, p. 175-216.

_____, Stuart. Mentalidades e estruturas sociais no Brasil colonial: uma resenha coletiva. *Economia e Sociedade*, Campinas, n. 13, 1999, p. 129-153.

SZMRECSÁNYI, Tamás (Coord.). *História econômica do período colonial*. 2. ed. São Paulo, SP: Hucitec, 2002.

Universidade de Brasília. Centro de Memória Digital. "Histórico do Projeto Resgate". Disponível em: http://www.cmd.unb.br/resgate_index.php. Acesso em: 7 set. 2016.

Os trabalhos e temas de Brasil Império nos congressos da ABPHE: primeiras impressões

Carlos Gabriel Guimarães[1]
Luiz Fernando Saraiva[2]

O presente capítulo tem como objetivo analisar os trabalhos apresentados na Seção Temática de Brasil Império dos Congressos Brasileiros de História Econômica organizados pela Associação Brasileira de Pesquisadores em História Econômica (ABPHE) e, ainda, na *Revista História Econômica & História de Empresas* mantida pela mesma associação.

Nos quase 25 anos da ABPHE, aconteceram onze (11) Congressos Nacionais e doze (12) Conferências Internacionais de História de Empresas. A diferença na periodicidade nos dois eventos, que acontecem simultaneamente, deve-se ao fato de que a I Conferência Internacional de História de Empresas, cuja coordenação coube à Profa. Titular Maria Bárbara Levy, ocorreu em 1991 na cidade de Niterói e o 1º Congresso Brasileiro de História Econômica somente ocorreu a partir de 1993. A partir de 1993, com exceção dos 2º e 3º Congressos, realizados em 1996 e 1999 respectivamente, os demais Congressos e Conferências foram realizados de 2 em 2

---

[1] Professor da UFF e Presidente da ABPHE entre 2005 e 2007.
[2] Professor da UFF e Vice-Presidente da ABPHE entre 2015-2017.

anos. Os trabalhos apresentados na Conferência aqui analisados, se constituem nos trabalhos da sessão História de Empresas do Congresso.

Embora não esteja formalizado em seus estatutos, e mesmo não estando presente em alguns dos eventos nacionais organizados pela ABPHE – como nos Congressos de 1996, 1999 e 2003 – há uma divisão cronológica nos trabalhos que teve inicialmente o Brasil como principal espaço econômico-social, e também político, a saber: Brasil Colônia; Brasil Império e Brasil República. Mais recentemente estas áreas passaram a ser denominadas Brasil e América Latina Coloniais; Brasil e América Latina no Século XIX e Brasil e América Latina Republicanas pela aproximação cada vez maior da ABPHE com as instituições congêneres do continente e a organização dos Congressos Latino Americanos de História Econômica (CLADHE).

Além desta divisão, os trabalhos que não tem o Brasil como tema central, estão divididos em História de Empresas; História do Pensamento Econômico; História Econômica Geral e Economia Internacional.

Os Trabalhos e Temas de Brasil Império nos Congressos da ABPHE

Antes de tratar propriamente dos trabalhos apresentados em História Econômica do Brasil Império é importante destacar que a adoção do recorte cronológico de Brasil Império e, posteriormente, Brasil e América Latina no século XIX, não correspondem meramente a uma escolha temporal. O grau de transformações e aceleração que os processos históricos assumiram em caráter global desde o final do século XVIII até meados do século XX permitem que alguns autores formulem a hipótese de um *Longo Século XIX* que teria o seu início por volta de 1780 e cujas continuidades se estenderiam até pelo menos década de 1920.[3]

A consolidação e expansão do capitalismo em nível mundial, os encadeamentos provocados pela Revolução Industrial Inglesa em outras partes do globo e a formação e expansão das economias nacionais americanas, sendo todos estes processos contraditoriamente ligados à expansão da Escravidão e do trabalho assalariado, mo-

---

[3] A ideia de um "longo século XIX" é difusa na historiografia e originária de vários matizes teóricos, entre eles podemos destacar a trilogia de Eric Hobsbawm ("A era das Revoluções"; a "Era do Capital" e a "Era dos Impérios") onde fala do longo século XIX em oposição ao "Breve século XX", ideia expressa na "Era dos Extremos". De forma similar David Landes trabalha em seu "Prometeu Desacorrentado" com um mesmo período.

dificaram de maneira inexorável as formas de produção, consumo e distribuição em todas as partes do mundo.

Particularmente no Brasil, o período delimita os limites do sistema colonial, a construção do Estado Nação e a expansão de uma economia agroexportadora em um mercado mundial cada vez mais complexo. Essa economia, embora centrada no café da região centro-sul, não deixou de anotar a expansão de demais atividades exportadoras como o algodão, o açúcar, o fumo, a carne, a borracha, além de um vívido mercado interno de abastecimento e transformação que apresentou complexas relações políticas e econômicas. As formas como essas transformações impactaram na "produção, distribuição e consumo" dos bens necessários à vida e, ainda, na forma como homens e mulheres pensaram essa economia adquirem importância destacada que justificam a delimitação temporal esboçada na área de "Brasil Império".

Conforme dito na seção anterior, alguns Congressos Brasileiros de História Econômica organizados pela ABPHE não delimitaram recortes cronológicos o que, no entanto, não nos impede de aglutinarmos os trabalhos com pesquisas centradas no século XIX.[4] Podemos ver que a área de Brasil Império sempre esteve presente nos congressos da Associação com uma média de 16% dos trabalhos apresentados em todos as edições como pode ser percebido na Tabela 1. Tais dados reforçam a importância que as transformações no campo da História Econômica, particularmente no século XIX, tem para os Historiadores e Economistas em geral.

---

4   Por exemplo, no 2º Congresso Brasileiro de História Econômica e III Conferência Internacional de História de Empresas 1996, os trabalhos foram organizados nas seguintes sessões: História Agrária, Urbanização e Industrialização, História de Empresa, História do Pensamento Econômico, Economia Internacional e Políticas Públicas e Finanças. Foi somente a partir de 1999 que os congressos da ABPHE passaram a apresentar uma divisão cronológica e temática dos trabalhos apresentados em 6 grandes áreas: 1) Brasil Colonial (atualmente Brasil e América Latinas Coloniais); 2) Brasil Império (Brasil e América Latina no século XIX); 3) Brasil República (Brasil e América Latina – séculos XX-XXI); 4) História Econômica Geral e Economia Internacional; 5) História do Pensamento Econômico, Historiografia e Metodologia; 6) História de Empresas; História da Tecnologia

Tabela 1: Trabalhos Apresentados nos Congressos Brasileiros de História Econômica e nas Conferências Internacionais de História de Empresas (Brasil Império)

Evento – ano	Total de Trabalhos	Brasil Império (século XIX)	% Brasil Império
1º CBHE-2ª CIHE – 1993	93	13	13,98
2º CBHE-3ª CIHE – 1996	96	15	15,63
3º CBHE-4ª CIHE – 1999	143	22	15,38
4º CBHE-5ª CIHE – 2001	121	14	11,57
5º CBHE-6ª CIHE – 2003	113	22	19,47
6º CBHE-7ª CIHE – 2005	117	24	20,51
7ª CBHE-8ª CIHE – 2007	109	22	20,18
8º CBHE-9ª CIHE – 2009	170	22	12,94
9º CBHE-10ª CIHE – 2011	147	18	12,24
10º CBHE-11ª CIHE – 2013	134	28	20,90
11º CBHE-12ª CIHE – 2015	121	21	17,36
TOTAIS GERAIS	**1.364**	**217**	**16,20**

Mesmo diante da grande diversidade dos temas apresentados nestes 217 trabalhos, e sabendo dos riscos de desagregar os trabalhos por *objetos* que estão muito próximos e se cruzam, dividimos trabalhos de Brasil Império nas temáticas que se apresentam na Tabela a seguir:

Tabela 2: Número de trabalhos por tema (1993-2015)[5]

Tema	Número de trabalhos
Escravidão	59
Nível de vida	2
Trajetória de Elite e Família	6
Comércio, Tropas e Abastecimento	4
Indústria e trabalho	5
Riqueza, crédito e fortuna	11
Ciência e Tecnologia	3
Economia, Mercado e Trabalho	55
Finanças e Moeda	9
Renda e Município	2
Empresa e Comércio de Exportação e Importação	2
Imigração e Trabalho livre	3
Transporte e Mercado	21
Fronteira, Terra e Trabalho	10
Patentes e Bens intangíveis	2
Gênero e Trabalho	1
Estado e Negócios	3
Fiscalidade e Tributos	9
Engenharia, Arquitetura e Espaço	1
Empresas e Legislação	3
Utopias no RJ Imperial	1
Domicílio, famílias e população	1
Províncias e Império	3
Pensamento Político e Império	1
Total	**217**

Fonte: Quadros no Anexo.

---

[5] Importante destacar que a ABPHE tem realizado o Encontro de Pós-graduação em História Econômica (desde 2002) e a Conferência Internacional de História Econômica (desde 2008), em anos intercalados com relação ao Congresso Brasileiro e a Conferência Internacional de História de Empresas. Como muitos destes trabalhos são frutos de pesquisas de mestrado e doutoramento em andamento cujas conclusões provisórias são normalmente re-apresentadas nos Encontros Brasileiros, optamos por não contabilizá-los o que poderia criar redundância e análises distorcidas das áreas de pesquisa e o "estado da arte" em diversos campos da História Econômica do Brasil Império.

Dos temas apresentados em Brasil Império, *Escravidão e Economia, Mercado e Trabalho*, foram os que estiveram presentes no maior número de trabalhos apresentados, com 59 e 54 trabalhos respectivamente, representando 52% do total, como também estiveram presentes em todos os Congressos. O primeiro tema, da Escravidão, necessita de uma observação acerca da mudança de perspectiva sobre a mesma. Se nos primeiros Congressos, principalmente de 1993 e 1996, os trabalhos tiveram como ênfase a estrutura da escravidão, sendo que muitos destes trabalhos eram oriundos de teses e dissertações das décadas de 1970 e 1980, nos Congressos seguintes a ênfase recaiu sobre a demografia, a família escrava, o tráfico externo e interno, as manumissões, gênero e outros. Tal mudança de olhar, ou da lente do microscópio como ressaltou Eric Hobsbawm sobre a escolha do historiador ao analisar o seu objeto de pesquisa, estava relacionada à crítica ao estruturalismo e ao marxismo, o que repercutiu na mudança teórica e metodológica, priorizando mais o micro do que o macro, e à pesquisa empírica, em *fontes eclesiásticas*, como batismo e morte, *cartoriais*, com os inventários, testamentos e livros de escrituras, *listas nominativas*, documentos das próprias fazendas, como as cadernetas, e outras (HOBSBAWM, 1991).

No tocante ao segundo tema mais apresentado nos Congressos, que denominamos de *Economia, Mercado e trabalho*, foram apresentados trabalhos com forte ênfase regional, como a economia regional do litoral norte de São Paulo, a produção em Minas Gerais e a economia do Espírito Santo no final do século XIX. Além disto, destacamos também a presença de historiadores estrangeiros, como o da Profa. Dra. Maria Bárbara Weinstein, na época ligada à Universidade de Maryland, sobre a economia da borracha no Pará e de William Summerhill, da Universidade da Califórnia, que apresentou um trabalho intrigante sobre a eficiência e produtividade da agricultura do Vale do Paraíba.

No lado oposto, ou seja, dos temas com menor participação nos Congressos, tivemos *Estados e Negócios, Pensamento Político e Império, Empresa e Comércio de Exportação e Importação, Gênero e Trabalho, Engenharia, Arquitetura e Espaço, Empresa e Legislação, Patentes e Bens intangíveis, Utopias no Rio de Janeiro Imperial e Domicílio, famílias e população* com somente um, dois ou três trabalhos. Os temas *Empresa e Comércio e Empresa e Legislação*, com um trabalho cada, tem uma explicação possível para esses números, que deve-se ao fato de que outros trabalhos dos ditos temas foram apresentados na *Sessão Temática História de Empresas*. No caso de *Gênero e Trabalho*, tema de relevância internacional e com crescente produção sobre as mulheres empreendedoras,[6] acreditamos que tem a ver com a própria a dificuldade em se trabalhar com a questão de gênero. Outro com somente um trabalho foi *Engenharia, Arquitetura e Espaço*, tema também importante sobre o papel dos engenheiros e arquitetos na conformação do espaço econômico-social e do próprio capitalismo, e que não foi adiante.[7] Finalizando os trabalhos com uma apresentação, o do tema *Pensamento Político e Império*, trataram da análise do pensamento político e filosófico da Economia Política Clássica e sua influência na formação econômica-social do Império Brasileiro. Já o tema *Utopias no Rio de Janeiro Imperial* ressaltou a importância dos imigrantes na cidade do Rio de Janeiro e seus projetos utópicos, uma contribuição para o a compreensão do "mundo do trabalho", e *Domicílio, famílias e população* contribuiu com uma nova metodologia sobre os estudos de demografia e análise sobre o censo de 1872.

Embora com somente dois trabalhos apresentados, sobre os temas *Patentes e bens intangíveis e Nível de Vida*, é importante ressaltar a relevância internacional desses temas. O primeiro está relacionado com o desenvolvimento do capital intangível, mesmo num mercado não capitalista como o do Brasil no Século XIX. Atualmente, utiliza-se a presença deste capital para referendar o desenvolvimento econômico e, também, a presença do capital estrangeiro sob a forma de Patentes e Marcas.[8] No tema *Nível de Vida*, nota-se a presença de pesquisadores estrangeiros. Nos trabalhos *The Anthropometric History of Brazil during the 19th century*, apresentado no Congresso da UNICAMP em 2009, de pesquisadores da Universidade de Munique e da Universidade de Tuebingen, ambas da Alemanha, e *Economic Development and the Biological Standard of Living in Brazil, 1830-1960*, apresentado no Congresso de Juiz de Fora em 2013 e pelo pesquisador/ doutorando da Universidade da Califórnia, UCLA,[9] ressalta-se a utilização da Antropometria para análise e medida das condições de vida da sociedade brasileira no século XIX (KOMLOS, 1992, p. 3-5).

---

6   Um exemplo atual sobre a importância do Gênero na História Econômica está no grupo de pesquisa coordenado pelos Professores Drs. Jan Luiten van Zanden (Utrecht University) e Jan Kok (Virtual Knowledge Studio and Katholieke Universiteit Leuven), *Agency, Gender, and Economic Development in the World Economy 1850-2000*. Site: http://www.cgeh.nl/agency-gender-and-economic-development-world-economy-1850-2000

7   Houve trabalhos em Brasil-República com tema sobre Engenharia e engenheiros.

8   O Projeto da British Academy, *British entrepreneurship and Investment in Brazil, 1860-1914: Impact of multinational business on economic development*, coordenado pela Professor Teresa da Silva Lopes, da Universidade de York (UK), tem enfatizado nesta perspectiva, de analisar a importância do empreendedor estrangeiro a partir das marcas e patentes.

9   Conferir Anexos.

Tal metodologia tem sido utilizada para medir o "padrão de vida" das sociedades ao longo do tempo.[10] No caso brasileiro, essa metodologia tem sido utilizada por pesquisadores como Leonardo Monastério, Cláudio Shikida e Luiz Paulo Nogueról.[11]

Tema relevante, pois, diferentemente de como tem sido tratado no campo da Economia atual, como promotor de "externalidade positiva", através do incentivo na educação e pesquisa, oriundo de uma "falha" ou "ineficiência" do mercado,[12] a presença do Estado apareceu em três trabalhos. Num destes trabalhos, um tema muito importante foi a formação dos Estados Nacionais na América Latina no século XIX. Embora se constitua num dos objetos mais estudados na História Política,[13] resgatando a sociologia política de Charles Tilly, os conceitos de Coerção (Dominação) e Capital (Exploração) são fundamentais para a questão do Estado e da Nação no Ocidente, particularmente na Europa mas com desdobramentos para a América e o capitalismo que, direta ou indiretamente, está relacionado à construção do Estado Nacional (TILLY, 1996).

Um tema que apareceu em quase todos os Congressos foi o do *Transporte e Mercado*. Com 20 trabalhos, centrou-se principalmente na Ferrovia e Escravidão no Centro-Sul do Brasil Imperial. Em menor número tivemos trabalhos sobre as Companhias de Navegação ligadas à cabotagem e nenhum sobre as rodovias.[14] Como são objetos de pesquisa também ligados à História de Empresas, acreditamos que ocorreu uma divisão entre as Sessões Temáticas.

Quatro temas com trabalhos significativos nos Congressos foram *Riqueza, Crédito e Fortuna, Finanças e Moeda, Fiscalidade e Tributos, e Fronteira, Terra e Trabalho*. O primeiro, com 11 trabalhos apresentados, abrangeu temas como a riqueza numa região escravista, seja de uma comarca ou de um município, e o crédito. Este último abrangeu desde o financiamento hipotecário numa cidade até o crédito informal,

---

10 Entre os vários trabalhos podemos citar: David Eltis (1982, p. 453-75); Stanley Engerman (1976, p. 45-50); Robert Fogel (1987, p. 439-527); John Komlos (1995); Stanley Engerman (1997, p. 17-46); Roderick Floud & Bernard Harris (1997, p. 91-126).

11 Leonardo Monastério & Mateus Jorge Silveira Signorini (2008, p. 111–126); Luiz Paulo Nogueról, Claudio Shikida & Leonardo Monastério (2005).

12 Nas áreas da Macroeconomia e Microeconomia, a problemática da externalidade e o papel do Estado constituem-se num dos objetos principais para a compreensão da eficiência ou não dos mercados.

13 Diversos historiadores latino americanos e europeus têm influenciado a nova História Política, como também na História Econômica, envolvendo o tema Estado nacional, com repercussão sobre a historiografia brasileira. Entre estes autores, destacamos: José Carlos Chiaramonte (1997); Antonio Annino & François-Xavier Guerra (2003); Juan Carlos Garavaglia (2007).

14 Conferir Anexos.

tema importante face à institucionalização ou não do crédito.[15] *Finanças e moeda*, com 9 trabalhos, englobou trabalhos relativos às crises financeiras e seus impactos na economia do Império, como as de 1857 e 1864, a utilização da letra de câmbio como meio de pagamento e os bancos como agentes financeiros. O tema *Fiscalidade e tributos*, também com nove trabalhos, destacou a importância da escravidão e das receitas oriundas desta para o Estado, como também, demonstrando a política na relação entre a fiscalidade e a formação do Estado Imperial, envolvendo as relações das províncias com a Corte no Rio de Janeiro. Por fim, *Fronteira, terra e trabalho*, com 10 trabalhos, em que se destacou a questão fundiária e a expansão da fronteira, como também os conflitos sociais (e políticos) envolvendo a questão da terra.

Os Trabalhos e Temas de Brasil Império na Revista História Econômica e História de Empresas (HE&HE)

A revista *História Econômica & História de Empresas*, criada e mantida pela ABPHE desde o segundo semestre de 1998, se tornou, em conjunto com os congressos nacionais de História Econômica e os Seminários Internacionais de História de Empresas, uma das mais importantes ferramentas de divulgação e circulação dos trabalhos da área. Rapidamente a HE&HE se tornou a principal revista científica dos trabalhos de História Econômica - como pode ser percebido no capítulo da professora Cláudia Tessari, além de ser a publicação especializada com maior qualificação na CAPES.

Ao longo de sua trajetória a revista publicou 221 artigos[16] sendo que a presença de trabalhos na área de Brasil Império é extremamente significativa, como podemos perceber no gráfico (2) abaixo. Ao longo dos 18 anos da HE&HE foram publicados cerca de 53 artigos de Brasil Império, ou quase um quarto do total de artigos publicados, o que demonstra que as temáticas ligadas ao século XIX possuem uma grande importância nos temas da História Econômica entre nós.

---

15 Há uma discussão historiográfica sobre acerca do crédito formal e informal. Este último, para uma historiografia de matriz anglo-saxã, constituiu numa "herança colonial" ibérica (portuguesa e espanhola), face a ausência de uma legislação que garantisse ao credor o recebimento do seu crédito frente ao devedor, principalmente se esse fosse o grande proprietário (terras e escravos). Esta leitura, por exemplo, está presente no trabalho de Jacob M. Price (1993, p. 293-339). Trabalhos recentes tem questionado tal posição, como o de Teresa Cristina de Novaes Marques (2012).

16 Para os fins das análises desta seção estamos apenas considerando os artigos publicados, não contabilizamos as resenhas bibliográficas ou textos de homenagens a membros da Revista, cf. www.abphe.org.br/revista

Em relação às temáticas abordadas, algumas especificidades são necessárias de serem assinaladas. Em primeiro lugar, vários destes artigos irão ter uma cronologia mais 'elástica' que as dos congressos da ABPHE, unindo períodos mais extensos, avançando do período colonial até o Império (XVIII e XIX) ou do Império às primeiras décadas republicanas (XIX e XX), o que reforça a importância da ideia de um "longo século XIX" como visto anteriormente.

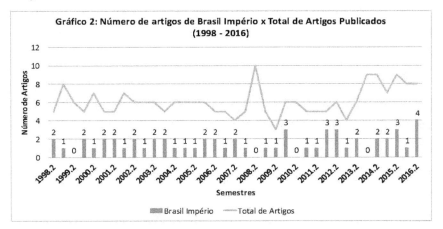

Em segundo lugar teremos estudos comparativos entre países (Brasil e EUA ou Brasil e Portugal por exemplo). Em terceiro lugar, houve um número significativo de trabalhos focados na questão do Pensamento Econômico produzido no país no século XIX que nos congressos da ABPHE acabavam por se filiarem às "mesas" de Pensamento Econômico.

Desta forma, esboçamos o quadro abaixo com algumas temáticas distintas daquelas apresentadas nos Congressos (quadro 3)

Quadro 4: Número de artigos por tema (1998-2016)

Tema	Número de trabalhos
Comércio, Tropas e Abastecimento	2
Empresa e Comércio de Exportação e Importação	2
Escravidão	7
Fronteira, Terra e Trabalho	3
Imigração e Trabalho livre	6
Império e a Economia Mundial	6
Império e as finanças internacionais	2
Indústria e trabalho	3
Pensamento Político e Império	4
Províncias (cidades) e Império	8
Riqueza, crédito e fortuna	1
Trajetória de Elite e Família	2
Transporte e Mercado	7
Total	53

Fonte: Revistas HE&HE, disponível em www.abphe.org.br/revista

Podemos perceber que as temáticas mais abordadas nos artigos foram aquelas ligadas a *Escravidão e Províncias (cidades) e Império* com 7 (sete) e 8 (oito) trabalhos respectivamente. A Escravidão, que já havia se revelado como um dos principais temas dos Congressos da ABPHE, se mantém com um número expressivo de artigos na Revista HE&HE. As temáticas abordadas, bem como as fontes, são bem variadas, mas seguem, em linhas gerais, a renovação vista nos últimos anos no campo da História Econômica. Do tráfico interno de crianças cativas, passando pelas grandes escravarias rurais e urbanas, as pesquisas se apoiam em estudos focados, de escala reduzidas, mas que contribuem para a compreensão mais refinada das estruturas escravas nos país.

Já *Províncias (cidades) e Império*, abordam estudos de forte caráter regional, concentrados em vilas ou regiões de São Paulo, Rio Grande do Sul, Minas Gerais e Pará. Tais estudos variaram entre análises gerais que buscavam abordar aspectos econômicos de uma região ou vila em particular (no caso sobre Ribeirão Preto em 1870), passando por estudos específicos de conjunturas de guerra (Rio Grande do Sul durante a Guerra Farroupilha de 1835 a 1845), estudo de hipotecas (Belém do Pará entre 1870 até 1899), da criação de gado à produção de algodão (em Campina Grande na Paraíba), de análise do comportamento de produtos específicos (a erva mate e a criação de gado em dois artigos distintos sobre a região Sul do país), até dois artigos que analisam os projetos políticos para uma região em particular (o norte de Minas Gerais) e outra inovadora análise da "circulação de informações" e centralidade que as cidades mineiras possuíam no XIX. Outros dois estudos dialogam bastante com estes temas. São dois artigos relacionados à *Trajetória de Elite e Família* que estudam a distribuição de riqueza entre as grandes famílias em Campinas (o primeiro período de 1795 – 1850 e outro de 1870 até 1940) e outro estudo que estuda o perfil dos proprietários da região Centro-sul a partir de inventários post-mortem na década de 1850 e que alocamos na área de *Riqueza, Crédito e Fortuna*.

Império e a Economia Mundial e Transportes e Mercado, com 6 (seis) e 7 (sete) trabalhos cada, se apresentaram como áreas com grande interesse por parte dos pesquisadores. No caso de *Transporte e Mercados* tivemos vários artigos que trataram das ferrovias e de seu papel central no crescimento das atividades agroexportadoras do país, além destas tivemos estudos sobre Cias de Navegação, Marinha Mercante e um artigo de cunho historiográfico discutindo a questão dos transportes no século XIX em geral. A maioria destes artigos teve enfoques regionais, se debruçando sobre fontes cartoriais, relatórios ministeriais e empresariais. Não é de pouco interesse notar que esses trabalhos dão um panorama bastante diversificado sobre os sistemas de transportes no país, abordando desde os processos de modernização até a manutenção de práticas oriundas do período colonial. Essa visão sobre o "estado da arte" dos estudos sobre as várias formas de transportes no século XIX pode ser bastante ampliada se adicionarmos os dois artigos da área *Comércio, Tropas e Abastecimento* que mostram as dinâmicas das formas tradicionais dos transportes de muares, fundamentalmente ligadas ao mercado interno. Outra área que dialoga de perto também com as temáticas de Comércio Internacional e os transportes foi a seção *Empresa e Comércio de Exportação e Importação* que, com dois artigos, abordou a formação das primeiras Companhias de Seguro na economia brasileira (1808 – 1864) e ainda o processo de construção da estrada de Rodagem União & Indústria (entre Petrópolis e Juiz de Fora) em meados do século XIX.

Já a área *Império e Economia Internacional* foi criada por tratar-se de um importante viés apresentado em vários artigos ao longo das publicações da HE&HE. Trata-se de artigos que, em perspectiva comparada, relacionam o estudo do Brasil com outros países ou regiões do globo (como os EUA, Inglaterra, ou Portugal ou ainda a América Latina) a partir de temas como Lei de Terras, Estatísticas e produção de Açúcar, Padrão Monetário, Artigos de Candomblé e ainda o surgimento de Esportes de Massa (como o Futebol), apontando para novos e interessantes rumos da pesquisa em História Econômica. Essa seção também se pode facilmente vincular à área de *Império e Finanças Internacionais* que possui dois trabalhos específicos sobre a "diplomacia financeira" e dívida externa brasileira no século XIX.[17] Vistos em conjunto seriam oito trabalhos que abordam aspectos econômicos do Brasil a partir da sua relação com a "economia-mundo", ou com objetos mais amplos que "Brasil Império" simplesmente.

A área *Imigração e Trabalho livre* apresentou 6 (seis) artigos concentrados principalmente nas experiências de imigrantes nas regiões cafeeiras de São Paulo (3 estudos) que, se não inovaram muito em relação ao tema, trazem abordagens inéditas como a análise dos contratos de parceria a partir de modelos econométricos ou a relação dos imigrantes com as empresas que financiavam a cafeicultura no período. Já em outros dois trabalhos encontramos uma tentativa de análise da relação entre salários e imigração durante um amplo período de nossa história (1880 – 1937) e

---

[17] Ambos artigos foram publicados no volume. 4, n. 1 (2001) e são de autoria Paulo Roberto de Almeida e ainda um texto de Maria Bárbara Levy com Flávio Azevedo Marques de Saes.

ainda da experiência inovadora de um Falanstério na região sul do país na década de 1840 (LINS, 2009). Por fim, temos um artigo teórico que pretende entender a Transição do Trabalho Escravo para o Livre a partir da Nova Economia Institucional.

As áreas *Pensamento Político e Império e Indústria e trabalho* com 4 e 3 trabalhos respectivamente também mostram a grande importância nas pesquisas de História Econômica para os temas do crescimento industrial no século XIX e ainda da construção de um pensamento econômico "nacional" próprio e autônomo em relação aos grandes centros mundiais. Os estudos sobre o pensamento econômico à época do Império analisaram as ideias de Amaro Cavalcanti (2), Tavares Bastos e ainda de José da Silva Lisboa ou o Visconde de Cayru. Sobre as Indústrias tivemos 2 trabalhos concentrados em estudos de caso (a indústria de sacaria para o café e a fábrica de ferro de São João de Ipanema em São Paulo). O último trabalho versa sobre a construção de uma teoria que permita entender com mais profundidade a dinâmica do crescimento industrial brasileiro ao final do século XIX e início do XX. Escrito por Wilson Suzigan, o artigo se apresenta quase como uma continuação dos desdobramentos teóricos do seu importante livro *A indústria brasileira*.[18]

Fronteira, Terra e Trabalho foi outra área que apresentou três artigos com grande diversidade entre eles. Tivemos um trabalho que comparou as leis de terras no Brasil e nos EUA no século XIX, outro que discutiu metodologicamente os registros paroquiais de terras e um sobre a expansão da fronteira agrícola no Nordeste Brasileiro (Rio Grande do Norte).

Conclusão

O trabalho procurou verificar os principais temas abordados na seção de Brasil Império nos onze (11) Congressos Brasileiros de História Econômica e ao longo dos 34 números da HE&HE. Com toda limitação, ficou claro a presença majoritária de trabalhos envolvendo a *Escravidão e a Economia e o mercado*, muito embora temas relevantes e atuais, mesmo em menor número, também estiveram presentes.

Importante ressaltar a mudança de perspectiva acerca dos trabalhos sobre a Escravidão. De uma leitura mais estrutural, face às novas perspectivas teóricas e metodológicas, que envolveu novas fontes de pesquisa, ocorreram mudanças, e temas como família escrava, posses de escravos, comércio de escravos e outros constituíram-se nos principais temas.

---

18 O artigo foi publicado no volume 3, n. 2 (2000), já o livro é Wilson Suzigan (2000a).

Outro ponto a destacar foi a presença de historiadores, cientistas sociais e economistas. Embora com perspectivas diferentes, face aos campos de conhecimento, aproximações aconteceram, o que se constituiu de grande importância para as pesquisas na História Econômica e da própria Associação Brasileira de Pesquisadores em História Econômica.

Referências bibliográficas

ANNINO, Antonio e GUERRA, François-Xavier (coords.). *Inventando la nación: Iberoamérica: siglo XIX*. México: Fondo de Cultura Económica, 2003.

CHIARAMONTE, José Carlos. *Ciudades, províncias, Estados: Orígenes de la nación Argentina (1800-1846)*. Buenos Aires: Ariel, 1997.

ELTIS, David. Nutritional Trends in Africa and the Americas: Heights of Africans, 1819-1839. *Journal of Interdisciplinary History*, n. 12, 1982, p. 453-75.

ENGERMAN, Stanley. The Height of U.S. Slaves. *Local Population Studies*, n. 16, 1976, p. 45-50.

_____, Stanley. The Standard of Living Debate in International Perspective: Measures and Indicators." STECKEL, Richard; FLOUD, Roderick (ed.). *Health and Welfare during Industrialization*. Chicago: University of Chicago Press, 1997, p. 17-46.

FLOUD, Roderick, HARRIS, Bernard. Health, Height, and Welfare: Britain 1700-1980. STECKEL, Richard; FLOUD, Roderick. *Health and Welfare during Industrialization*. Chicago: University of Chicago Press, 1997, p. 91-126.

FOGEL, Robert W. Nutrition and the Decline in Mortality since 1700: Some Preliminary Findings. ENGERMAN, Stanley; GALLMAN, Robert Gallman (ed.) *Long-Term Factors in American Economic Growth*. Chicago: University of Chicago Press, 1987, p. 439-527.

GARAVAGLIA, Juan Carlos. *Construir el estado, inventar la nación. El Rio de la Plata, siglos XVIII-XIX*. Buenos Aires, Prometeo Libros, 2007.

HOBSBAWM, Eric. *A era das revoluções: 1789-1848*. 25ª ed. São Paulo: Paz e Terra, 2010.

_____, Eric. *A Era do Capital – 1848-1875*. 9ª ed. São Paulo: Paz e Terra, 2002.

_____, Eric. *A Era dos Extremos: o Breve Século XX. (1914-1991)*. São Paulo, Companhia das Letras, 2003.

_____, Eric. *A Era dos Impérios 1875-1914*. Rio de Janeiro, Paz e terra, 1988.

_____, Eric. J. O ressurgimento da narrativa. Alguns comentários. *RH: Revista de História*, n 2/3. Campinas: UNICAMP, 1991.

KOMLOS, John. *The Biological Standard of Living in Europe and America 1700-1900: Studies in Anthropometric History*. Aldershot: Variorum Press, 1995.

_____, John. "Anthropometric History: What Is It?". *Magazine of History*, Spring, 1992, p. 3-5.

LANDES, David. *Prometeu Desacorrentado: Transformação tecnológica e desenvolvimento industrial na Europa ocidental, de 1750 até os dias de hoje.* Editora Campus, 2005.

LINS, Hoyêdo Nunes. Colonização *fourierista* no sul do Brasil: o Falanstério do Saí (1841-1844). *Encontro Nacional de Economia*, ANPEC, 2009. Disponível em: http://www.anpec.org.br/encontro2009/inscricao.on/arquivos/000-981bfce-87d2adca89d80feb117ff974c.doc

MARQUES, Teresa C. de Novaes. *O empenho que não se dissolve. Notas de pesquisa sobre o endividamento de senhores de engenho de Pernambuco, século XVIII, início do XIX*. Seminário Hermes e Clio, FEA – USP, 2012. Disponível em: https://www.fea.usp. br/fea/eventos/seminarios-de-historia-economica--hermes-clio

MONASTERIO, Leonardo M.; SIGNORINI, Mateus Jorge Silveira. As Condições de Vida dos Gaúchos entre 1889-1920: Uma Análise Antropométrica. *Revista EconomiA*. Selecta, Brasília (DF), v. 9, n. 4, dezembro 2008, p. 111–126. Disponível em: https://anpec.org.br/revista/vol9/vol9n4p111_126.pdf

NOGUERÓL, Luiz Paulo; SHIKIDA, Claudio D.; MONASTERIO, Leonardo M. Seis centímetros: uma análise antropométrica da POF 2002-2003. *Anais do VIII Encontro de Economia da Região Sul - ANPEC SUL*, 2005.

PRICE, Jacob M. Credit in the slave trade and plantion economies. SOLOW, Barbara L. (ed.). *Slavery and the rise of Atlantic System*. Cambridge: Cambridge Um. Press, 1993.

SUZIGAN, Wilson. *Indústria brasileira: origem e desenvolvimento*. 2. ed. São Paulo/Campinas: HUCITEC/UNICAMP, 2000a.

TILLY, Charles. *Coerção, Capital e Estados europeus*. Tradução de Geraldo Gerson de Souza. São Paulo: EDUSP, 1996.

Anexos

Quadro 1: Temas de Brasil Império no Congresso de 1993

Tema	Número de trabalhos
Estado e negócios	1
Economia, mercado e trabalho	1
Escravidão	3
Transporte e mercado	2
Imigração e trabalho livre	1
Indústria e trabalho	3
Empresa e Comércio de exportação	1
Pensamento político e Economia	1
Total	13

Quadro 2: Temas de Brasil Império no Congresso de 1996

Tema	Número de trabalhos
Fronteira, terra e trabalho	3
Escravidão	3
Economia, mercado e trabalho	5
Transporte e mercado	1
Indústria e trabalho	2
Patentes e bens intangíveis	1
Total	15

Quadro 3: Temas de Brasil Império no Congresso de 1999

Tema	Número de trabalhos
Escravidão	6
Finanças e Moeda	3
Ciência e tecnologia	1
Economia, mercado e trabalho	6
Transporte e mercado	2
Gênero e trabalho	1
Fronteira, Terra e trabalho	2
Riqueza crédito e fortuna	1
Total	22

Quadro 4: Temas de Brasil Império no Congresso de 2001

Tema	Número de trabalhos
Economia, mercado e trabalho	7
Transporte e mercado	1
Engenharia, Arquitetura e espaço	1
Fronteira, terra e trabalho	1
Escravidão	4
Total	14

Quadro 5: Temas de Brasil Império no Congresso de 2003

Tema	Número de trabalhos
Estado e negócios	2
Finanças e moeda	1
Escravidão	9
Economia, mercado e trabalho	4
Transporte e mercado	2
Comércio, tropas e abastecimento	1
Fiscalidade e tributos	2
Fronteira, terra e trabalho	1
Total	22

Quadro 6: Temas de Brasil Império no Congresso de 2005

Tema	Número de Trabalhos
Escravidão	5
Comércio, tropas e abastecimento	1
Economia, mercado e trabalho	5
Abolicionismo	1
Trajetória de Elite e família	4
Transporte e mercado	1
Empresas e legislação	1
Imigração e trabalho livre	1
Fiscalidade e tributos	2
Fronteira, Terra e trabalho	2
Riqueza, Crédito e fortuna	1
Total	24

Quadro 7: Temas de Brasil Império no Congresso de 2007

Tema	Número de Trabalhos
Fiscalidade e tributos	1
Economia, mercado e trabalho	6
Escravidão	8
Riqueza, Crédito e fortuna	1
Trajetória de Elite e família	1
Finanças e Moeda	2
Patentes e bens intangíveis	1
Transporte e mercado	1
Empresa e legislação	1
Total	22

Quadro 8: Temas de Brasil Império no Congresso de 2009

Tema	Número de trabalhos
Nível de vida	1
Renda e município	1
Transporte e mercado	6
Comércio, tropas e abastecimento	2
Economia, mercado e trabalho	3
Trajetória de elite e família	1
Finanças e moeda	1
Fiscalidade e tributos	1
Escravidão	6
Total	22

Quadro 9: Temas de Brasil Império no Congresso de 2011

Tema	Número de trabalhos
Imigração e trabalho livre	1
Escravidão	3
Utopias e projetos	1
Economia, Mercado e Trabalho	2
Riqueza, crédito e fortuna	2
Províncias e Império	3
Transporte e mercado	1
Empresa e Legislação	2
Empresa e Comércio de Exportação e Importação	1
Domicílio, famílias e população	1
Fronteira, Terra e Trabalho	1
Total	18

Quadro 10: Temas de Brasil Império do Congresso de 20013

Tema	Número de trabalhos
Riqueza, Crédito e fortuna	4
Escravidão	6
Transporte e mercado	4
Patentes e bens intangíveis	1
Fiscalismo e tributos	1
Economia, mercado e trabalho	10
Finanças e moeda	1
Nível de vida	1
Total	28

Quadro 11: Temas de Brasil Império do Congresso de 2015

Tema	Número de Trabalhos
Escravidão	7
Riqueza, crédito e fortuna	2
Ciência e tecnologia	2
Economia, mercado e trabalho	4
Fiscalidade e tributos	2
Finanças e Moeda	2
Renda e município	1
Empresa e Comércio de Exportação e importação	1
Total	21

A trajetória da área "Brasil República" na história da ABPHE (1993-2015)

Pedro Paulo Zahluth Bastos[1]
Guilherme Grandi[2]
Alexandre Macchione Saes[3]

Ao longo desses quase vinte e cinco anos de história da Associação Brasileira de Pesquisadores em História Econômica (ABPHE), os estudos de história econômica dedicados ao período "Brasil República" ocuparam um espaço representativo tanto nos eventos organizados pela ABPHE,[4] como nos números de sua revista, a *História Econômica & História de Empresas* (HE&HE). Tradicionalmente é uma das áreas que mais recebe trabalhos para avaliação nos eventos organizados pela ABPHE, tendo como resultado um número expressivo de sessões voltadas aos

---

[1] Professor do Instituto de Economia da Unicamp e Presidente da ABPHE entre 2009 e 2011.
[2] Professor da FEA/USP e 1º Secretário da ABPHE entre 2015 e 2017.
[3] Professor da FEA/USP e Presidente da ABPHE entre 2015 e 2017.
[4] A submissão dos trabalhos nos Congressos da ABPHE é feita entre seis áreas temáticas, consagradas a partir do Congresso de Curitiba em 1999. O primeiro congresso, realizado em São Paulo no ano de 1993, os autores foram convidados para o evento, enquanto em Niterói, em 1996, a divisão temática seguiu outra denominação. No artigo denominamos "Brasil República" a área temática, que trata de todo o período republicano, inclusive de temas contemporâneos (por exemplo, foram divididos na publicação da coletânea de textos do Congresso de São Paulo entre História Econômica da Primeira República e História Econômica do Brasil Contemporâneo).

mais variados temas de "Brasil República" nos Congressos Brasileiros de História Econômica e nos Encontros de Pós-Graduação, assim como em submissões de artigos para a revista da Associação.

A área de Brasil República, todavia, não teve sua trajetória marcada somente pela expressiva quantidade de trabalhos apresentados aos eventos. No que diz respeito aos avanços científicos ocorridos nesses 25 anos de história da ABPHE, é perceptível também o desenvolvimento do conhecimento dos mais variados assuntos voltados à temática. Tal desenvolvimento se deu tanto por meio de novos campos de pesquisa que emergiram nos últimos anos quanto pelas pesquisas que procuraram aprofundar temas clássicos mediante a utilização de novas fontes de pesquisa e perspectivas teóricas.

Ao longo desse um quarto de século de história da ABPHE, notamos que os trabalhos voltados à área de Brasil República versaram sobre diversos temas, tais como: as relações de trabalho, as transformações das atividades no campo, o processo de industrialização, o desenvolvimento ferroviário, bancário e de serviços públicos, as dinâmicas regionais de acumulação – sendo que algumas dessas dinâmicas até então eram pouco conhecidas e estudadas – e, finalmente, o debate acerca dos aspectos da política econômica brasileira e, portanto, dos projetos de desenvolvimento econômico, de industrialização, entre outros.

Conforme a Tabela 1, em média os artigos enquadrados na área de Brasil República representaram aproximadamente um quarto de todos os artigos dos congressos brasileiros da ABPHE. Vale dizer que o enquadramento aqui adotado para os artigos apresentados nos congressos brasileiros de história econômica entre as seis áreas não foi tarefa trivial. Alguns *Anais* dos congressos apresentaram as sessões temáticas já devidamente divididas entre as áreas; nesses casos, nos valemos da distribuição do próprio congresso e de suas comissões científicas. Entretanto, em alguns congressos, os artigos foram divididos por temas, reunindo, por exemplos, trabalhos sobre a questão agrária tanto do período colonial, quanto do imperial e do republicano. Nesses casos, a separação foi realizada levando-se em conta os títulos e os resumos de cada artigo apresentado nos congressos. Convém mencionarmos que há naturalmente uma significativa sobreposição de assuntos para o caso de alguns artigos que poderiam ser considerados como de Brasil República. Para não sobrestimar a área, consideramos artigos que tratam especificamente da trajetória de companhias, como história de empresas; artigos voltados para a análise de intelectuais e/ou de personalidades, como de história do pensamento econômico; e, por fim, artigos que levam em conta também experiências de outros países, como de história econômica geral.

Tabela 1. Trabalhos da área de Brasil República apresentados nos congressos brasileiros de histórica econômica, 1993-2015.

Evento	Total de trabalhos	Área de Brasil República	% de BR/total
I Congresso Brasileiro – São Paulo, 1993	93	37	40*
II Congresso Brasileiro – Niterói, 1996	96	38	40*
III Congresso Brasileiro – Curitiba, 1999	143	49	34
IV Congresso Brasileiro – São Paulo, 2001	121	20	17
V Congresso Brasileiro – Caxambu, 2003	113	20	18
VI Congresso Brasileiro – Conservatória, 2005	117	19	16
VII Congresso Brasileiro – Aracajú, 2007	109	22	20
VIII Congresso Brasileiro – Campinas, 2009	170	36	21
IX Congresso Brasileiro – Curitiba, 2011	147	37	25
X Congresso Brasileiro – Juiz de Fora, 2013	134	38	28
XI Congresso Brasileiro – Vitória, 2015	121	39	32
Totais gerais	**1.364**	**355**	**26**

* Nos eventos de São Paulo (1993) e Niterói (1996) os trabalhos de história econômica geral e de história de empresas estiveram distribuídos como trabalhos de Brasil República, o que explica a elevada percentagem.

Considerando o período que vai da Proclamação da República aos dias atuais, "Brasil República" é, indubitavelmente, uma área que tende a crescer conforme o passar dos anos, incorporando os acontecimentos mais recentes como novas temáticas de estudo. Se ainda eram poucos os trabalhos de historiadores econômicos dedicados a temas do período da ditadura militar (1964-1985) ou dos anos pós-democratização no momento de formação da ABPHE, tais temas, passado o período de uma geração, tornaram-se não somente mais presentes, mas também muito valorizados entre os pesquisadores da área. Isso não significa, contudo, que os eventos promovidos pela Associação não se preocuparam com as grandes questões conjunturais. Pelo contrário. Se entre os artigos apresentados nas sessões temáticas, a preocupação recaiu sobre temas mais "clássicos de estudo", muitos deles como resultados parciais de pesquisas de teses e dissertações, as conferências e mesas-redondas dos Congressos Brasileiros cumpriram, por outro lado, um papel central não somente em estimular o debate do estado da arte sobre pesquisas de temas clássicos, mas também em discutir os problemas do presente.

Sem sermos exaustivos, vale indicarmos apenas alguns exemplos. O tema do processo de globalização, que foi alvo de intenso debate durante os anos noventa, acabou sendo temática explorada entre os congressos na virada do milênio; esteve presente na conferência de abertura do III Congresso Brasileiro de História Econômica, realizado em Curitiba no ano de 1999, proferida por Eulália Lobo com o título "Globalização e a questão social no Brasil", assim como na mesa-redonda "Impacto da Globalização na América Latina" no IV Congresso Brasileiro, realizado em São Paulo em 2001, com a participação de Fernando Pedrão, Ricardo Bielschowsky e Wilson Cano. Temáticas relacionadas às transformações da economia mundial nas décadas finais do século XX e aos impactos da globalização na periferia, também estiveram presentes em Congressos. No ano de 2001, em São Paulo, Carlos Marichal, Marcelo de Paiva Abreu e Maria Teresa Ribeiro de Oliveira deram suas contribuições em torno do tema "Crise da Dívida Externa" no IV Congresso Brasileiro de História Econômica. Anos mais tarde, no VI Congresso, realizado em Conservatória-RJ em 2005, a mesa-redonda "Hegemonia americana no século XXI" contou com as participações de Eder Andrade de Paula, Carlos Pinkusfeld e Aloísio Teixeira.

Já nos últimos eventos da ABPHE, o tema que mais se sobressaiu foi o da análise da crise de 2008. No X Congresso, sediado em Juiz de Fora-MG no ano de 2013, foi realizada a conferência "A Grande Depressão de 1929 e a Crise Financeira Mundial de 2008: uma Comparação" pelo professor Luiz Carlos Delorme Prado (UFRJ). E, em Vitória-ES, no XI Congresso de 2015, a problemática foi recuperada com a apresentação de Paulo Nakatani, na Conferência "A crise econômica atual em perspectiva histórica".

No que diz respeito às sessões ordinárias, certos temas contemporâneos foram também muito debatidos, especialmente em alguns congressos. Durante a realização do III Congresso Brasileiro em Curitiba, no ano de 1999, o Brasil vivia os meses seguintes à nova política cambial implementada por Armínio Fraga, após a reeleição de Fernando Henrique Cardoso. Em novembro de 1998, o governo recorrera ao FMI para obter recursos, em contrapartida do compromisso com metas de superávit fiscal primário pelos três anos seguintes. A despeito disto, a moeda brasileira sofreu grande desvalorização e o câmbio passava a oscilar em janeiro de 1999. Em junho, a instituição do regime de metas de inflação formou o chamado tripé de política macroeconômica em conjunto com o câmbio flutuante e as metas de superávit primário. Tal mudança não passou despercebida pelos participantes do evento que apresentaram contribuições a respeito da mudança do regime cambial e o tripé macroeconômico, assim como do neoliberalismo como fenômeno mais amplo.

Mas vale reforçarmos que, independentemente dos debates acerca de temas contemporâneos, vivenciados e debatidos no calor do momento, ou de temas mais tradicionais, o objeto de pesquisa dos historiadores econômicos não se dissociou das questões e preocupações com a realidade nacional. Nesse sentido, vale transcrevermos um trecho da apresentação feita por Tamás Szmrecsányi e Wilson Suzigan (2002, p. VII-VIII) para a coletânea *História Econômica do Brasil Contemporâneo*:

> [...] todos os diagnósticos e projeções, todas as escolhas e tomadas de decisão devem ter como ponto de partida um retrospecto histórico das questões em pauta, as quais só podem ser corretamente equacionadas na medida em que se tiver clareza sobre os interesses em jogo e sobre as forças e os grupos sociais que estão por de trás deles. Se há um objetivo ao qual essas considerações acima se aplicam em cheio, este certamente é o da economia – em que não há teoria sem história, nem história sem teoria.[5]

A seguir enfatizaremos a análise dos artigos apresentados nos Congressos Brasileiros de História Econômica, tentando indicar o caminho percorrido pelas pesquisas da área de Brasil República nesses últimos 25 anos. Depois de uma breve apresentação da tendência de distribuição desses artigos das sessões ordinárias por temas e subperíodos de análise, aprofundaremos nossa análise entre os dois períodos que concentraram a maior quantidade de trabalhos, daqueles voltados para a análise da Primeira República (1889-1930) e para o Período de 1930 a 1964.

---

5   Um outro tema de pesquisa possível, que não pudemos explorar aqui, é quanto os problemas do presente, como o aguçamento da dependência e vulnerabilidade externa, o ataque aos direitos trabalhistas ou a maior fragmentação do mercado interno trazida pela globalização influenciaram, conscientemente ou não, a própria escolha do objeto das análises históricas. Como se sabe, o tema foi tratado com profundidade por Josep Fontana (1982). A alusão ao tema serve como sugestão a novos pesquisadores que queiram se debruçar sobre a produção acadêmica veiculada na ABPHE.

Brasil República como área de pesquisa[6]

Nossa análise dos artigos apresentados nos Congressos Brasileiros de História Econômica levou em conta a classificação destes entre cinco períodos e entre sete temas de pesquisa, conforme é possível acompanhar abaixo nos gráficos 1 e 2 (o Anexo I apresenta os dados referentes à revista *História Econômica & História de Empresas*).

Dentre todos os eventos nacionais da ABPHE, o I Congresso Brasileiro de História Econômica, organizado na FEA/USP, teve um caráter particular. Foi nesse evento que a associação foi formada e, por isso mesmo, a constituição de suas sessões ordinárias não ocorreu por meio de chamada de trabalhos, como ocorreria a partir do evento de Niterói em 1996. Assim, todas as sessões foram constituídas por meio de convite do comitê organizador, permitindo que o congresso fosse formado já por profissionais e pesquisadores experientes, cujos artigos, em grande parte, representavam sínteses das pesquisas defendidas em Programas de Pós-graduação e em grande parte escritos entre as décadas de 1970 e 1980. Segundo os próprios organizadores do livro que reúne os artigos apresentados no I Congresso Brasileiro:

> A escolha dos temas das sessões foi orientada basicamente pela preocupação de incluir, de modo abrangente e preciso, os vários assuntos ultimamente abordados pela historiografia econômica desse período recente da evolução do país (SILVA & SZMRECSÁNYI, 2002, p. VII).

Nesse sentido, o evento proporcionou a formação de mesas, em alguns casos, com trabalhos já consagrados, como as mesas: "Nacionalismo e política econômica", que contou com as análises de Pedro Cezar Dutra Fonseca, Maria Antonieta Leopoldi e Francisco Corsi;[7] "Industrialização e desenvolvimento", com Célio Campolina

---

[6] A discussão presente nas próximas três partes do capítulo ilustra a trajetória da área de Brasil República por meio tanto de trabalhos apresentados nos Congressos Brasileiros de História Econômica, como artigos publicados na revista *História Econômica & História de Empresas*. Tratando-se de uma das áreas temáticas com maior representatividade na ABPHE, seria impossível arrolar e discutir todos os trabalhos que fizeram parte dos vinte e cinco anos da associação. Assim, mencionamos ao longo do texto apenas alguns casos ilustrativos de trabalhos elaborados por aqueles sócios que têm participado mais assiduamente das atividades da ABPHE. Os artigos publicados na revista *História Econômica & História de Empresas* e discutidos no capítulo foram citados nas referências bibliográficas; os textos dos congressos são indicados nas notas, com as seguintes informações: autor, título, cidade e ano do evento.

[7] Francisco Corsi. *Nacionalismo e política econômica no Estado Novo*; Maria Antonieta Leopoldi. *Industriais, nacionalismo e política econômica no pós-1930*; Pedro Cezar Dutra Fonseca. *Nacionalismo e segundo governo Vargas*.

Diniz, Edgar Carone, Fausto Saretta e Sonia Draibe;[8] "Mundo do Trabalho", com Ana Lucia Lanna, Eulália Lobo, Maria Alice Rosa Ribeiro e Maria Lucia Gitahy;[9] "A questão da Terra", onde participaram Lígia Osório, Manuel Correa de Andrade e Sonia Regina de Mendonça;[10] e, "O processo de industrialização", na qual Flávio Versiani, Wilson Suzigan e Tamás Szmrecsányi, Maria Teresa Ribeiro de Oliveira e Hildete Mello debateram suas pesquisas.[11]

Nos Congressos Brasileiros subsequentes, a estrutura de submissão e constituição das sessões ordinárias seguiu um padrão relativamente semelhante. Com as áreas temáticas consagradas a partir de 1999, os trabalhos passaram a ser avaliados por uma comissão científica específica de Brasil República.[12]

No que diz respeito à divisão cronológica, os artigos foram analisados em cinco grandes períodos, cujos marcos são importantes momentos de ruptura da história econômica e política do Brasil. O primeiro período é aquele dedicado à chamada Primeira República (1889-1930), caracterizada também como República Velha ou Oligárquica, em que o federalismo do período abria espaço considerável para o jogo político regional, a despeito de certa concentração econômica na região sudeste., A centralidade das rendas geradas pela economia agrário-exportadora e, em especial, pela expansão da cafeicultura em São Paulo, acabou por definir a trajetória daquela sociedade de maneira subordinada aos negócios do café, mas permitindo uma importante diversificação dos negócios, como em serviços públicos, estradas de ferro e bancos, além de alguns outros ramos industriais representativos, a exemplo dos

---

[8] Célio Campolina Diniz. *A industrialização mineira no pós-1930*; Edgar Carone. *Indústria e planejamento*; Sonia Draibe. *Estado e industrialização no Brasil, 1930-1956*; Fausto Saretta. *O governo Dutra na transição capitalista do Brasil*.

[9] Ana Lucia Lanna. *Santos: transformações urbanas e mercado de trabalho livre, 1870-1914*; Eulália Lobo. *A imigração portuguesa e a mão de obra do Rio de Janeiro*; Maria Alice Rosa Ribeiro. *O mercado de trabalho na cidade de São Paulo nos anos 1920*. Maria Lucia Gitahy. *Trabalhadores do porto. Movimento operário e cultura urbana em Santos, 1889-1914*.

[10] Lígia Osório. *Características do processo de apropriação territorial na Primeira República*; Manuel Correia de Andrade. *A questão da terra na Primeira República*; Sonia Regina de Mendonça. *Grande Propriedade e grandes proprietários: velhas questões, novas abordagens*.

[11] Flávio Versiani. *A oferta de mão de obra no início da industrialização brasileira*; Wilson Suzigan e Tamás Szmercsányi. *O papel dos investimentos estrangeiros no início da industrialização do Brasil*; Hildete Pereira de Melo. *O café e a economia do Rio de Janeiro*; Maria Teresa Ribeiro de Oliveira. *O surgimento da indústria têxtil mineira no século XIX*.

[12] Uma vez selecionados pela comissão, os trabalhos eram e são alocados em sessões com temas afins. Com a divisão em áreas temáticas, a ideia dos fundadores da ABPHE era estimular que pesquisadores de diferentes instituições interagissem nos congressos sem a necessidade de coordenação prévia, além de facilitar a participação, na associação, de novos pesquisadores que ainda não se integrassem a grupos de pesquisa já constituídos.

têxteis e do setor produtor de alimentos. O ritmo de diversificação econômica foi muito menor nas demais regiões, mas nada desprezível.

O segundo período (1930-1964) caracteriza-se pela ruptura econômica representada pela Grande Depressão, que para a economia brasileira geraria constrangimentos imediatos, tendo como marco final o golpe militar de 1964. Nasce, a partir de então, uma nova fase da economia brasileira, da qual se aproveitariam as potencialidades do seu mercado interno – agora protegido pela conjuntura internacional – e se construiria a trajetória da industrialização pela substituição de importações. Foi a era do "desenvolvimentismo" e das experiências das políticas de industrialização, cujos marcos políticos são os quinze anos de governo de Getúlio Vargas e os dos quase vinte anos seguintes do período democrático, de ascensão do populismo, até a emergência da ditadura militar, instaurada por meio do Golpe de 1964. Ainda que politicamente tenham características bastante distintas, os temas de pesquisa voltados aos dois momentos parecem bastante afinados, com a preocupação comum dos pesquisadores em compreender, fundamentalmente, os projetos de desenvolvimento e a política econômica de cada governo.

O terceiro e o quarto períodos tratados pelos trabalhos da área aqui em foco são aqueles voltados para a análise do governo militar (1964-1985) e aqueles dedicados ao estudo de temas contemporâneos (1985-2015). Nesses dois casos, conforme os dados abaixo deixam entrever, há uma ligeira ampliação desses trabalhos nos últimos anos: no caso do período militar, com a exceção do Congresso de Niterói, de 1996, a concentração desses trabalhos se efetiva a partir dos anos 2009. Os estudos contemporâneos também estão mais concentrados a partir da segunda metade da década de 2000, embora o Congresso de Curitiba, de 1999, seja exceção: na oportunidade dedicou-se espaço significativo para avaliar a então mudança da política cambial brasileira, tendo como tema recorrente o impacto do neoliberalismo na economia brasileira.

Além disso, foi preciso considerarmos uma última categoria, no que diz respeito ao recorte temporal, para aqueles estudos de mais longo prazo que sobrepõem dois ou mais períodos. Para esses casos, demos a classificação de "século XX", isto é, trata-se de artigos que avaliaram, por exemplo, a trajetória da indústria brasileira ao longo da primeira metade do século XX, ou de trabalhos que analisam a política econômica entre o período do desenvolvimentismo e do governo militar, ou ainda aqueles que discorrem sobre a dinâmica de um determinado estado federativo durante o século XX.

Gráfico 1. Períodos de estudo dos artigos de Brasil República

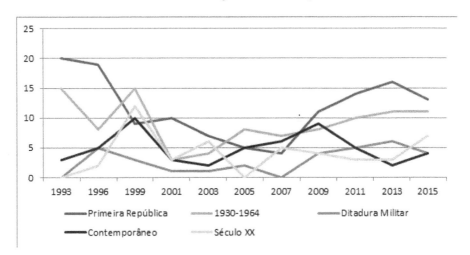

Fonte: Anais dos Congressos Brasileiros de História Econômica (ABPHE, 1993-2015)

Quando avaliamos a distribuição cronológica, o subperíodo da Primeira República foi aquele que mais recebeu contribuições, representando 36% dos artigos apresentados em todos os Congressos Brasileiros realizados entre 1993 e 2015. Esse subperíodo é seguido pelo dedicado aos anos 1930-1964, com 21% dos artigos e pelos subperíodos Contemporâneo e Século XX, com respectivamente 15% e 13% dos artigos.

Os artigos também foram classificados, como indicado anteriormente, considerando-se as temáticas abordadas. Destacamos: aspectos da estrutura produtiva, por meio de artigos que avaliam prioritariamente o papel da agricultura, da indústria ou dos serviços públicos; os estudos caracterizados como "mundo do trabalho" foram aqueles que trataram de diversos aspectos das relações de trabalho, do mercado de trabalho, ou mesmo da imigração; "Estado e política econômica", consideramos os artigos voltados à análise de governos, de políticas governamentais ou, especialmente, das disputas e formulações de políticas econômicas; finalmente, também demos destaque às pesquisas com caráter regional, cuja prioridade seria uma análise mais ampla, levando-se em conta o papel do governo, das atividades produtivas e da política econômica para uma dada região, estado ou município. Novamente, é preciso ressaltar que em alguns casos a sobreposição de temas foi notada, mesmo que tenhamos buscado enquadrar os artigos por meio daqueles aspectos que consideramos preponderantes.

Gráfico 2. Temáticas abordadas nos artigos da área de Brasil República

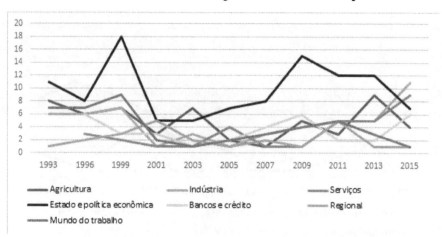

Fonte: Anais dos Congressos Brasileiros de História Econômica (ABPHE, 1993-2015)

A propósito das temáticas abordada: "Estado e política econômica" é aquela mais representativa, abrangendo 30% dos artigos apresentados nos Congressos Brasileiros realizados entre 1993 e 2015. Em segundo lugar, estão os artigos dedicados aos temas "Agricultura" e "Indústria", ambos representando 15% do total, e "Mundo do Trabalho" e "Bancos e Crédito", 12% e 10%, respectivamente.

Vale frisarmos uma característica da distribuição dos artigos quando cruzamos os períodos de análise com as temáticas de pesquisa. Nos estudos voltados ao período de Primeira República, foi comum a presença de artigos que trataram de temas relacionados aos complexos econômicos regionais: constituição de empresas de serviços e de ferrovias e papel da agricultura na constituição das rendas locais. Por outro lado, quando voltamos nossas atenções para o período pós-1930 até o regime militar, as questões relacionadas ao papel do Estado e às formulações de política econômica tornaram-se muito mais presentes.

Como discutiremos mais detalhadamente a seguir, o perfil das pesquisas da área de Brasil República é resultante, em grande medida, da influência de trabalhos que constituem as primeiras tentativas de sínteses interpretativas da história econômica do Brasil e que hoje são considerados estudos clássicos. Nesse sentido, as próximas duas seções se dedicam a apontar algumas das principais tendências de pesquisa observadas pela ABPHE a partir dos esforços de interpretação historiográfica dos pioneiros da área.

Primeira República: diversificação da economia agrário-exportadora

Ao levantarmos os artigos publicados nos *Anais* dos congressos da ABPHE, notamos a presença de temas e problemas, que foram, ao que tudo indica, herdados das reflexões dos historiadores econômicos brasileiros das primeiras gerações. Em grande medida, podemos dizer que o século XX foi palco de ao menos duas gerações de pesquisadores da área. A primeira é aquela constituída por pesquisadores que não se formaram nos programas de pós-graduação brasileiros (criados nos anos 1970), cujas obras eram redigidas ou fora dos bancos universitários ou sob a orientação dos professores catedráticos. Para Tamás Szmrecsányi, a aparição dessa primeira geração de historiadores econômicos está situada entre o final da década de 1920 e o final da década de 1950 (2004, p. 12).[13]

A segunda geração, por outro lado, pode ser considerada aquela formada em grande medida dentro dos Programas de Pós-graduação, com espaço diminuto para contribuições de pesquisadores fora das universidades. Essa segunda geração avançaria em trabalhos mais monográficos, desenvolvidos entre as décadas de 1960 e 1980, que aprofundariam muitos dos temas levantados pelos trabalhos de sínteses das décadas precedentes.[14]

No que diz respeito aos trabalhos "fundadores" da história econômica brasileira, suas pesquisas podem ser inseridas dentro de um ambiente do pensar a for-

---

13 O autor credita as balizas temporais a Alice Canabrava (1972), que sugere como marcos fundadores da disciplina no Brasil as obras de João Lúcio de Azevedo, *Épocas de Portugal econômico* (1928), de Roberto Simonsen, *História econômica do Brasil* (1937), de Caio Prado Jr., *Formação do Brasil Contemporâneo* (1942) e de Celso Furtado, *Formação econômica do Brasil* (1959). A esses trabalhos, Tamás inclui o trabalho da própria Alice Canabrava, *O Comércio Português no Rio da Prata (1580-1640)*, tese defendida em 1942 e publicada dois anos mais tarde, que mesmo não sendo uma obra de síntese como as quatro anteriores foi um modelo de pesquisa ancorado por fontes primárias. Além deles, Nelson Werneck Sodré teve muita influência no período; a propósito, sua obra foi objeto de artigo de Flavio Saes (1999) publicado na revista *História Econômica e História de Empresas*, reconhecendo sua importância.

14 Para Capelato et al. (1994), ao tecer considerações sobre a "escola uspiana de história", demarca a primeira geração de historiadores uspianos como o conjunto de doutorados defendidos entre 1951-1973, isto é, dentro do sistema do antigo regime da pós-graduação. No período da primeira geração foram defendidas 83 teses entre os historiadores, distribuídas desta maneira: História Antiga, 9 teses; História Medieval, 14 teses; História Moderna, 2 teses; História Contemporânea, 1 tese; História da América, 6 teses; História do Brasil Colonial, 24 teses; História do Brasil Império, 19 teses; História do Brasil República, 8 teses. O que fica evidente é que o tema de Brasil República ainda era pouco incentivado, tendo quase que exclusivamente Sérgio Buarque de Holanda como orientador para tal temática.

mação nacional.¹⁵ Para compreender a peculiaridade histórica brasileira e pensar os caminhos de como superar os impasses do movimento de constituição da nação, tais obras buscaram refletir acerca das sobre as origens da formação nacional a partir do estudo sobre a colônia.¹⁶ Nesse sentido, ainda que trabalhos como os de Caio Prado Jr. e Roberto Simonsen, por exemplo, possam projetar suas conclusões para os desafios contemporâneos, suas pesquisas não alcançaram o período republicano. *Formação do Brasil Contemporâneo*, de Caio Prado Jr., dedica-se exclusivamente ao período colonial, ao passo que *História Econômica do Brasil*, de Roberto Simonsen, tem como foco do seu último capítulo, "Autonomia econômica e soberania política", o período da Independência.¹⁷

Mesmo para os trabalhos de história econômica com perfis mais acadêmicos, monográficos e com ampla pesquisa primária, estes realizados especialmente por historiadoras dentro da Universidade de São Paulo, poucos foram aqueles que buscaram temas do período republicano. Alice Canabrava publicou três importantes obras, *O Comércio Português no Rio da Prata (1580-1640)* [1942], *A indústria do açúcar nas Ilhas Inglesas e Francesas do Mar das Antilhas, 1697-1755* [1946] e *O Desenvolvimento da Cultura de Algodão na Província de São Paulo (1861-1875)* [1951]; entre as décadas de 1940 e 1950 outras quatro teses de história econômica seriam defendidas na Faculdade de Filosofia da Universidade de São Paulo: Olga Pantaleão defendeu *A Penetração Comercial da Inglaterra na América Espanhola, de 1713 a*

---

15 Para além da tríade dos intérpretes do Brasil, conforme Antonio Cândido (1995, p. 11), outros livros influentes publicados com o termo "Formação" no título no período, vale destacar: *Formação Política do Brasil*, de Paula Beiguelman, *Formação Econômica do Brasil*, de Celso Furtado, *Formação da Literatura Brasileira*, de Antônio Cândido e, mesmo, *Formação do Patronato Político Brasileiro*, subtítulo de *Os donos do Poder*, de Raymundo Faoro. (ARANTES, 1997, p. 11-12). Além deles, Nelson Werneck Sodré publicou *Formação da Sociedade Brasileira* em 1944 e *Formação Histórica do Brasil* em 1962.

16 Flávio Saes, ao discutir o impacto dessas obras, em especial de Caio Prado Jr. e Celso Furtado, menciona: "foram referência fundamental para as pesquisas realizadas até a década de 1970, pois nelas havia uma preocupação comum: entender as raízes do atraso econômico e social do país – ou seja, do subdesenvolvimento brasileiro. Desse modo, a história era essencial não só para explicar o atraso, mas também para indicar formas de ação para superar o atraso" (SAES, 2013, p. 4).

17 Vale lembrar, entretanto, que o período republicano foi explorado pelos autores em trabalhos posteriores, como em *História Econômica do Brasil* (1945) de Caio Prado Jr. e *Evolução Industrial do Brasil* (1939), de Roberto Simonsen, mas já sem a densidade e o sentido de síntese interpretativa dos trabalhos anteriores. Segundo Tamás, o texto de Simonsen tratava-se de um memorando preparado para uma missão universitária norte-americana em visita ao País, não apresentando nenhuma referência bibliográfica; o livro de Caio Prado Jr., ainda que um sucesso editorial, não teve o caráter original de *Formação do Brasil Contemporâneo*, embora o seu mérito seja o de analisar detidamente o apogeu e a derrotada da economia primária exportadora (SZMRECSÁNYI, 2004, 18 e 24-5).

1873 [1944], enquanto Mafalda Zemella defendeu *O Abastecimento da Capitania das Minas Gerais no Século XVIII* [1951]; Myriam Ellis apresentou *O Monopólio do Sal no Estado do Brasil: contribuição ao Estudo do Monopólio Comercial Português no Brasil durante o período colonial* e, finalmente, Nícia Villela Luz, caso particular na abordagem do tema, que alcançaria toda a Primeira República, defendeu sua livre--docência *A Luta pela Industrialização do Brasil, de 1808 a 1930* [1957] (SZMRECSÁNYI, 2004, p. 31-2; RIBEIRO, 1999, p. 7-40).

Entre os estudos que trataram de temas e questões pertinentes ao período republicano, devemos destacar aqueles que foram produzidos por economistas ou brazilianistas. *O problema do café* [1959], tese de Antonio Delfim Netto defendida na Faculdade de Economia da USP, problematiza em seus primeiros capítulos tanto a dinâmica da cultura do café como os limites da política de valorização do produto, promovendo uma detalhada pesquisa sobre a política econômica do período. E os trabalhos de Stanley Stein, *The Brazilian Cotton Manufacture: Textile Enterprise in an Underdeveloped Area, 1850-1950* e *Vassouras: A Brazilian Coffee County, 1850 – 1900*, ambos publicados em 1957, que sugeriram à época, respectivamente, novas evidências empíricas tanto para a formação da indústria têxtil brasileira, como para o ciclo da agricultura cafeeira no Vale do Paraíba.

Mas certamente foi o trabalho de Celso Furtado, *Formação econômica do Brasil* [1959], que deixou marcas mais profundas nos trabalhos que seriam posteriormente desenvolvidos pelas gerações seguintes. Nas palavras de Szmrecsányi: "... nenhum desses autores teve a importância de Celso Furtado na historiografia econômica brasileira, nem os seus trabalhos chegaram a exercer a mesma influência catalisadora da Formação econômica do Brasil" (2004, p. 32). Para além dos temas sobre as razões do modelo de colonização brasileira, da tese da decadência da economia mineira e da dinâmica da economia escravista, temas clássicos que estiveram presentes nas revisões dos trabalhos publicados entre historiadores e economistas nas décadas de 1970 e 1980, Celso Furtado lançou, no que diz respeito ao período de Primeira República, ao menos duas grandes questões que seriam investigadas pelas gerações seguintes: a primeira seria a "mais importante" mudança ocorrida no último quarto do século XIX, a introdução do trabalho assalariado em substituição ao trabalho escravo; a segunda, por sua vez, seria a noção das disputas de grupos políticos em torno da formulação da política econômica, cuja síntese desse processo foi cunhada pelo autor como a "socialização das perdas".

Para Furtado, o primeiro tema merece o devido destaque no sentido de permitir ao sistema econômico, outrora escravista, alternativas de se criar mecanismos de multiplicação das atividades econômicas de modo mais independente do crescimento das exportações. Aqui Furtado raciocina, de início, mais como um economista do que como um historiador econômico: imagina o tipo-ideal de uma economia escravista "pura" em que a renda monetária tenderia a coincidir com as exportações, que por sua vez financiariam as importações. Neste caso, a canalização da renda monetária para o exterior bloquearia fortemente a diversificação de atividades internas, mas ao mesmo tempo limitaria os desequilíbrios externos em razão da hipótese de inexistência de multiplicador da renda monetária gerada pelas exportações.[18]

Com a introdução da massa de trabalhadores assalariados, contudo, o multiplicador interno da renda monetária gerada pelas exportações não seria mais desprezível, o que determinaria tanto o estímulo a novas atividades no mercado interno quanto a tendência ao desequilíbrio externo, uma vez que parte do aumento da renda interna, e não apenas a renda dos exportadores, seria atendida por importações.

Nesse sentido, a Primeira República seria um momento privilegiado para a formação de novos setores, dentre eles, inclusive, uma emergente indústria de bens de consumo, assim como de novos grupos de pressão que influenciariam a gestão da política econômica. Esse momento de diversificação das estrutura produtivas regionais e de maior integração do mercado interno foi, sem dúvida, um dos temas cujos pesquisadores mais investigariam, estabelecendo um diálogo a partir das proposições presentes em *Formação econômica do Brasil*.

É preciso lembrar que tanto Roberto Simonsen em *Evolução Industrial* como Caio Prado Jr. em *História Econômica do Brasil*, mais de uma década antes da publicação da obra seminal de Furtado, já tinham apontado elementos centrais para o que posteriormente se consagrou como o debate acerca da emergência industrial

---

18 Ao pensar o caso concreto da economia mineira, contudo, Furtado discute a criação de um embrião de mercado interno animado por transações monetárias, afastando-se da economia exportadora escravista "pura" que imagina para pensar as consequências dinâmicas e cambiais da introdução do trabalho assalariado. A diferença, como veremos, é que considera que o fim do impulso externo com a crise da mineração provocou, em uma economia ainda baseada no trabalho escravo, uma regressão das transações mercantis e monetárias, enquanto a crise da economia exportadora baseada no trabalho assalariado levaria à internalização do centro dinâmico e à industrialização. A questão do dinamismo do mercado interno criado a partir de Minas Gerais, como se sabe, foi tema de grandes controvérsias entre os historiadores que abordaram o período anterior ao nosso, sem que, nos parece, se negasse sua diferença estrutural em relação às transformações qualitativas e quantitativas que emergiram da crise na década de 1930.

brasileira. Os autores, nesse sentido, indicavam que as condições para o crescimento da indústria nacional eram mais favoráveis nos momentos de crise da economia de exportação, tendo a Primeira Guerra Mundial como período ilustrativo. Especialmente Roberto Simonsen, por meio dos dados do Censo de 1920, apontava na direção de que a crise internacional proporcionada pela Primeira Grande Guerra teria tido repercussões importantes em termos de avanços na estrutura industrial brasileira. Furtado, por sua vez, enfatizou o impulso à diversificação produtiva gerado pelo crescimento do setor exportador baseado no trabalho assalariado, sem negar que a quebra da capacidade de importar estimulasse, ciclicamente, a substituição de importações por produção interna em ramos já constituídos. Diante de tal problemática, ao longo dos anos de 1960 e 1970, um amplo grupo de estudos buscou compreender quais teriam sido os determinantes que estimularam o processo de industrialização brasileira: teria sido a expansão industrial resultado dos períodos de expansão das exportações de café, ou dos eventos denominados "choques adversos", como a Primeira Guerra Mundial e a Grande Depressão?[19]

No que diz respeito ao segundo tema, o da socialização das perdas, a dimensão da política econômica é enfatizada considerando a inserção de um país periférico na ordem do comércio internacional e do conflito político entre grupos de interesses diversos. Na primeira década republicana, conforme Furtado, a tendência da desvalorização da moeda nacional, intensificou-se por conta da grande expansão da moeda e do crédito propiciada pela reforma monetária de 1888 e do interesse dos grupos exportadores que buscavam se defender das perdas de receita de seus produtos no mercado internacional por meio da desvalorização da moeda nacional. A diversificação de interesses e a reação dos prejudicados com a desvalorização cambial, contudo, impediria que os exportadores reinassem incontestes sobre a política econômica, e cambial em particular, a partir de 1898, com a negociação do *Funding Loan* da dívida pública externa e a austeridade monetária e fiscal interessada na apreciação cambial, com grandes prejuízos aos exportadores.[20]

---

19 Para o debate da emergência da indústria brasileira conferir as sínteses de Suzigan (1986) e Saes (1989).
20 Nas palavras de Furtado (FEB, cap. 29): "A partir de 1898 a política de Murtinho reflete um novo equilíbrio de forças... Os interesses diretamente ligados à depreciação externa da moeda – grupos exportadores – terão a partir desta época enfrentar a resistência organizada de outros grupos. Entre estes se destacam a classe média urbana – empregados do governo, civis e militares, e do comércio -, os assalariados urbanos e rurais, os produtores agrícolas ligados ao mercado interno, as empresas estrangeiras que exploram serviços públicos, das quais nem todas têm garantia de juros. Os nascentes grupos industriais, mais interessados em aumentar a capacidade produtiva (portanto nos preços dos equipamentos importados) que em proteção adicional, também se sentem

Ao considerarmos os artigos publicados na revista *História Econômica & História de Empresas* – principal periódico especializado em história econômica publicado no Brasil – notamos que certas temáticas estão fortemente relacionadas a determinados período e tipos de enfoque. No que concerne ao período da Primeira República, saltam aos olhos os estudos que analisam o crédito e a formação de riqueza de famílias e indivíduos. Tais estudos sobre o crédito apresentam, em sua maioria, enfoques regionais em virtude da escassa nacionalização do mercado financeiro no período, o que se reflete nos tipos de fontes primárias mais comumente utilizados pelos pesquisadores que trabalham com essa temática, tais como inventários, hipotecas e depósitos bancários. Como exemplo, podemos citar os trabalhos a respeito do comércio ambulante praticado por judeus no Rio de Janeiro entre o final do século XIX e a primeira metade do XX, de Fábio Sá Earp e Fania Fridman (2003), e do crédito hipotecário na praça de Belém do Pará em pleno auge da economia da borracha (1870-1899), dos pesquisadores Leonardo de Lima Leandro, Renato Marcondes e Fábio Carlos da Silva (2015). Esses estudos têm permitido compreender mais detalhadamente a estrutura de financiamento das economias, tanto da economia cafeeira paulista, como de outras dinâmicas regionais, em que o crédito se dava muitas vezes fora do circuito bancário tradicional ao se realizar por meio de hipotecas, empréstimos pessoais entre outros mecanismos.[21]

A questão da composição e alocação de riqueza, a partir do exame de inventários *post mortem*, tem sido tratada por outro conjunto de pesquisadores. Recentemente, Luciana Lopes (2016) examinou tal questão no município de Ribeirão Preto, em São Paulo, entre 1889 e 1900, enquanto Fernando Abrahão (2016) se dedicou ao caso de Campinas a partir de uma perspectiva de mais longo prazo, de 1870 a 1940. Em ambos os casos, é possível identificar um padrão comum da forma de distribuição e alocação de riqueza como consequência dos efeitos gerados pelo desenvolvimento da cafeicultura em São Paulo. Outro município paulista que também foi obje-

---

prejudicados com a depreciação cambial". Embora registrasse a pressão das empresas estrangeiras e dos bancos internacionais para a apreciação cambial, Furtado não aprofundou a discussão do tema tanto quanto outros historiadores clássicos mais ligados ao marxismo, como Caio Prado Jr. e Nelson Werneck Sodré. Para uma discussão da questão, ver Flávio Saes (1977), itens 2.4, 3.3 e 4.3, e (1983), cap. 5; Saes & Szmrecsányi (1985); e Bastos (2007 e 2008).

21 Para exemplos de estruturas diversificadas de financiamento, conferir: Renato Marcondes "Quem eram os credores? Hipotecários, depositantes e capitalistas paulistanos" (Vitória, 2015), Rodrigo Fontanari "Um banqueiro do café: a trajetória empresarial do Coronel Christiano Osório de Oliveira" (Vitória, 2015) e Teresa Cristina de Novaes Marques "Títulos ao portador e investimento empresarial nas primeiras republicanas décadas" (Vitória, 2015).

to de investigação é Franca, caso estudado por Lélio Oliveira (2015) através de uma pesquisa que avalia a evolução das transações imobiliárias no setor rural frente ao incremento da cafeicultura de exportação, da pecuária e da produção de alimentos para o mercado interno no município entre 1890 e 1920. Em comum, os estudos baseados em documentação cartorial trazem a lume uma riqueza de detalhes que não estavam presentes nas sínteses dos autores pioneiros. A estrutura fundiária revelada por essa documentação mostra uma produção mais diversificada e complexa do que daquela que transparece nos trabalhos clássicos, denotando certas especificidades próprias de cada localidade que só podem ser apontadas por meio de trabalhos de caráter monográfico.[22]

As abordagens regionais também são frequentes entre os artigos que debatem a problemática da mão de obra no decorrer da Primeira República. Exemplos nesse sentido são os trabalhos assinados por Denise Monteiro e Cláudia Tessari e publicados na revista HE&HE. Contrariando as teses clássicas, Monteiro (2005), em estudo sobre a província do Rio Grande do Norte, observa que no semiárido nordestino havia a preponderância do trabalho de indígenas e homens livres, pobres e mestiços em relação ao trabalho escravo já desde o último quartel do século XVIII. Tessari (2011), por sua vez, amplia a discussão sobre regimes de trabalho na cafeicultura do Oeste paulista entre 1890 e 1915, ao chamar a atenção para a importância do trabalho temporário que, associado ao colonato, consistiu em uma estratégia bem-sucedida adotada pelos cafeicultores para driblarem a escassez de mão de obra durante os períodos de colheita, quando a demanda por trabalhadores aumentava significativamente.

Há também estudos que discutem a temática das políticas agrícolas, embora se tratem de análises voltadas para o Brasil, isto é, de enfoque nacional. É o caso do artigo de Sônia Mendonça (2013) que, a partir de uma perspectiva gramsciana, revela o protagonismo das entidades patronais agroindustriais na definição do que a autora considera ser os "grandes eixos" da política agrícola executada pelo Ministério da Agricultura no decorrer do período de 1909 a 1945.

---

22 Nesse sentido, parece emblemático o título do trabalho de Rosane Carvalho Messias Monteiro: "Diversificação econômica das fazendas mistas no interior do Oeste Paulista: produção voltada para o mercado interno e externo, 1889-1920" (Caxambu, 2003). Trabalhando com a região de Araraquara e São Carlos, cidades tipicamente produtoras de café, a autora demonstra como as fazendas mantinham parte de suas terras para uma produção de abastecimento também.

O enfoque regional também foi adotado pelos artigos publicados na HE&HE que versam sobre a introdução e o desenvolvimento dos setores de serviços públicos, uma vez que não havia uma rede nacional integrada de energia ou transporte no período, ainda quando algumas empresas estivessem presentes em diferentes mercados. Um dos exemplos é o trabalho de Cláudia Hansen e Alexandre Saes (2007) sobre a concessão de serviços públicos no Brasil, em particular as disputas, e os seus desdobramentos políticos nas Câmaras Municipais, entre as empresas Light (de capital canadense) e CBEE (de capital nacional) em torno do direito pelo fornecimento de energia elétrica nos dois principais polos industriais do país no início do século XX (Rio de Janeiro e São Paulo). Outros tipos de serviços também foram analisados segundo perspectivas regionais, como é o caso do artigo de Paulo Cimó Queiroz (2004) que examina a relevância, em termos de articulação com o sistema ferroviário paulista, do comércio realizado por meio da navegação fluvial na porção sul-matogrossense do Alto Paraná.

Levando-se em conta o tema da indústria, ou do próprio fenômeno da industrialização, nos quadros da Primeira República, notamos também a presença tanto de enfoques nacionais, como é o caso do artigo sobre tarifas de importação e grau de proteção ao mercado doméstico do Brasil, de André Villela (2000), quanto regionais, a exemplo do trabalho de Maria Teresa de Oliveira (1998) que aponta, em contraste com as interpretações de parte da historiografia, para uma diminuta vinculação dos efeitos do movimento especulativo dos anos do Encilhamento sobre o aumento do investimento na indústria têxtil de Minas Gerais. Outro aporte regional relacionado ao tema da industrialização encontra-se no trabalho de Milena Oliveira (2014) sobre o consumo na São Paulo da *belle époque*, concebido como um processo de diferenciação, inclusão e exclusão das classes sociais e suas frações.[23]

Os temas da emergência industrial e da implementação dos serviços públicos, conforme apresentados nos eventos da ABPHE, possuem a preocupação comum de analisar as características das dinâmicas econômicas regionais. Se o modelo furtadiano acerca da diversificação da economia na Primeira República pode ser identificado com as transformações da economia cafeeira paulista, tal perspecti-

---

23 As pesquisas voltadas para compreender a origem das primeiras indústrias no país, até mesmo em cidades específicas, também estiveram presente nos encontros da ABPHE. São exemplos de estudos preocupados tanto com especificidades locais como com setores industriais, os trabalhos de: Agnaldo de Sousa Barbosa "Empresário e capital na indústria do calçado de Franca - SP (1920-2000)" (Caxambu, 2003) e Fabio Ricci "Origens e desenvolvimento da indústria têxtil no Vale do Paraíba paulista" (Caxambu, 2003).

va tornou-se ainda mais influente com a publicação dos trabalhos de Sérgio Silva (1979), Liana Aureliano (1981), João Manuel Cardoso de Mello (1982) e Wilson Cano (1983). Especialmente o trabalho de Cano, que propõe um modelo de análise pautado pelos chamados complexos regionais, foi relativamente bem aceito pelos historiadores econômicos em virtude da proposição de uma metodologia capaz de explicar o maior ou menor desenvolvimento do mercado interno de determinadas regiões. A partir da análise da estrutura produtiva agrícola e dos estímulos para a diversificação da economia, seria possível, portanto, compreender a constituição de indústrias e dos serviços públicos urbanos. Se é possível identificar um grupo de trabalhos, alguns deles produzidos sob orientação do próprio Cano, que reproduziram esse modelo para análise de outras regiões,[24] podemos dizer também que nas últimas décadas outro grupo de pesquisadores tem procurado questionar tal modelo de complexo regional, ao identificar outras especificidades do desenvolvimento local.[25]

O aspecto que enlaça grande parte das abordagens presentes nos artigos acima mencionados da HE&HE tem relação direta, como já dissemos, com algumas das principais questões investigativas lançadas, pela primeira vez de maneira mais sistematizada, em *Formação econômica do Brasil*. Furtado, assim como Caio Prado Jr. e Nelson Werneck Sodré, considerava a resistência do modo de produção escravista um dos principais obstáculos ao desenvolvimento da economia brasileira ou, para usar uma expressão do próprio Furtado, à superação do seu caráter subdesenvolvido. Nesse sistema produtivo destinado, fundamentalmente, à exportação de produtos primários, parcela importante do excedente era apropriado por casas comerciais,

---

24 Como exemplo, podemos citar: Lima (1977) e Lanna (1988).
25 Dois casos sobre estudos de complexos regionais, mas que negam a dinâmica proposta por Wilson Cano, são os de: Anderson Pires, "Complexo cafeeiro e estrutura financeira: uma observação sobre a economia da Zona da Mata de Minas Gerais (1889-1930)" (Conservatória, 2005); e Alcides Goularti Filho, "Formação econômica de Santa Catarina" (Caxambu, 2003). Monica Ribeiro de Oliveira, por sua vez, se propôs a comparar três complexos regionais no artigo "Formação de núcleos exportadores cafeeiros: modelos paulista, fluminense e mineiro" (São Paulo, 2001); enquanto Rogério Faleiros & Neide Vargas resgatam o próprio conceito de complexo regional no título do trabalho, "A formação econômica do Espírito Santo: complexo cafeeiro, elites e extraterritorialidade na periferia agroexportadora" (Curitiba, 2011). Para pesquisas sobre o setor de serviços públicos, mas que dialogam com a ideia de complexos regionais, podemos citar: Paulo Roberto Cimó Queiroz, "A Navegação na bacia do Paraná e a integração do antigo Sul de Mato Grosso ao mercado nacional" (Caxambu, 2003); Dilma Andrade de Paula, "Ferrovia e Cidade: os trilhos do progresso em Uberlândia" (Conservatória, 2005); Marcel Pereira da Silva "Para abastecer e exportar: as estradas de ferro no sul de minas gerais (1884-1910)" (HE&HE, v. 16, 1, 2013); e Hamilton Afonso de Oliveira, "A estrada de ferro e sua influência no consumo da região sul de Goiás, 1870-1930" (Curitiba, 2011).

bancos e empresas de serviços públicos que canalizavam parte considerável dos seus ganhos no exterior (na forma de importações e/ou transferências de juros, lucros e dividendos), e por proprietários de terras e escravos, também excessivamente dependentes da importação de bens de consumo e de capital.

Por outro lado, a emergência do trabalho livre e assalariado, em paralelo ao processo de industrialização e de desenvolvimento do mercado interno, seriam os elementos essenciais de um processo que levaria, décadas depois, ao chamado "deslocamento do centro dinâmico da economia brasileira".

Período entre 1930-1964: Estado e política econômica em debate

A década de 1930 inaugurou um período de profundas transformações econômicas e sociais no Brasil. Se a crise econômica internacional criaria instabilidade na estrutura produtiva brasileira, baseada até então na exportação de produtos primários, com destaque para o café, internamente a ascensão de Getúlio Vargas ao poder permitiu a formulação gradual de um novo projeto de país, que acelerou tanto o processo de urbanização como o de industrialização. Os efeitos prolongados da Grande Depressão no comércio e na produção internacional aprofundaram a diversificação da economia brasileira, que por já ter avançado na década de 1920 (como nas pequenas indústrias de cimento e aço), fez com que as atividades voltadas para o mercado interno, especialmente aquelas relacionadas à produção industrial, assumissem novo peso na composição do produto nacional.

A estrutura do Estado, herdada da Primeira República, descentralizada e liberal, mostrou-se incompatível com o projeto que foi desenhado ao longo dos anos 1930. O caminho aberto com a Revolução de 1930 marcou num movimento de crescente centralização, burocratização e racionalização, tanto do Estado como das atividades produtivas. A lista de instituições criadas pelo governo Vargas é longa e muito explica essa dimensão da nova característica do Estado que passava a atuar na coordenação de políticas econômicas. Conforme Octavio Ianni (1971, p. 23), ainda no governo Provisório, pode-se elencar as seguintes instituições ou legislações com tais características: Ministério do Trabalho, Indústria e Comércio (1930); Conselho Nacional do Café, Instituto do Cacau da Bahia (1931); Ministério da Educação e Saúde Pública (1932); Departamento Nacional do Café, Instituto do Açúcar e do Álcool (1933); Conselho Federal do Comércio Exterior, Instituto Nacional de Estatística, Código de Minas, Código de Águas, Plano Geral de Viação Nacional, Instituto de Biologia Animal (1934).

Possivelmente a síntese desse processo de construção do novo perfil do Estado brasileiro possa ser ilustrada pelo DASP, o Departamento Administrativo do Serviço Público, de 1938. Órgão subordinado à Presidência da República, o DASP criou critérios de mérito para o ingresso no serviço público, racionalizando a administração pública, assim como foi responsável por dois planos voltados ao desenvolvimento econômico de grande escopo: o Plano Especial de Obras Públicas e Aparelhamento da Defesa Nacional (1939/43) e o Plano de Obras e Equipamentos (1944/48). Se a ênfase do primeiro plano era a criação de indústrias de base no País, como a Companhia Siderúrgica Nacional e a Fábrica Nacional de Motores, a do segundo plano se concentraria no desenvolvimento da infraestrutura, em especial, o transporte ferroviário.

O processo de centralização, aprofundado com o Estado Novo, acelerou-se com o conflito bélico mundial. Vargas criaria nova instituição, em 1942, por meio do Ministério da Fazenda e de sua Comissão de Pesquisa e Estudos, a Coordenação de Mobilização Econômica. Era o auge do planejamento no período, com a mobilização dos recursos econômicos existentes no País em tempos de guerra, que novamente impunha a redução das exportações de produtos primários, como o café, e ampliava o custo para importação de produtos básicos para a economia como carvão, petróleo, máquinas e equipamentos. Era praticamente um superministério, com funções econômicas, financeiras, tecnológicas e de coordenação de todo o Estado, colocando na ordem do dia o debate sobre economia, sobre os caminhos para o desenvolvimento econômico (IANNI, 1971, p. 50-1; e DRAIBE, 1985).

Em suma, o novo aparato estatal, o desenvolvimento industrial, o crescimento das classes médias urbanas, entre outras transformações sociais, econômicas e políticas ocorridas a partir de 1930 serviram de estímulos para a constituição de novos temas de pesquisa da área de história econômica.

Nesse sentido, quando nos deparamos com os trabalhos apresentados nos Congressos Brasileiros da ABPHE ou publicados na revista *História Econômica & História de Empresas* é notória a mudança temática e de perfil dos estudos voltados para o período entre 1930 e 1964. Temas como o papel do Estado na economia, a condução da política econômica dos governos e sua relação com o processo de industrialização e, ainda, a discussão em torno dos projetos políticos e de desenvolvimento, passam a ser priorizados. Assim, como no caso dos trabalhos que abordam o período da Primeira República, é possível encontrar o germe das controvérsias historiográficas sobre o período pós-1930 entre os estudos dos pioneiros da história econômica, em especial e novamente, na obra de Celso Furtado.

É conhecida a tese de Furtado, em *Formação Econômica do Brasil*, sobre o deslocamento do centro dinâmico a partir da crise internacional de 1929. Segundo o autor, os efeitos imediatos da crise internacional no Brasil foram tanto a redução das exportações de café para seus mercados tradicionais como a crise cambial que encerrava a fase da conversibilidade da moeda brasileira, em decorrência da quebra da Caixa de Estabilização provocada pela fuga de ouro do País. Resultado desse novo contexto, a moeda brasileira, ao romper com a conversibilidade, seguia numa fase de desvalorização que gerava o encarecimento das importações, responsáveis por uma das principais receitas do governo. Associado ao movimento de perda da arrecadação do imposto de importação, a queda das exportações de café também reforçava a tendência de crise fiscal, neste caso indiretamente, por conta do impacto negativo provocado na renda dos setores internos.

Entretanto, apesar dos indicadores negativos, o novo cenário econômico, ao provocar a desvalorização do mil-réis e consequentemente o encarecimento dos produtos importados, gerava um efeito protecionista para os produtores nacionais. Adicionalmente, a política anticíclica do governo Vargas, mediante os esquemas de valorização do café, ao gerar a elevação do gasto público para financiamento da produção e destruição dos estoques, acabou por sustentar o nível de renda da economia brasileira. Esses dois fatores associados promoveram o chamado "deslocamento do centro dinâmico", isto é, deram o estímulo necessário para que os investimentos se voltassem para a demanda do mercado interno, em detrimento da prioridade dada anteriormente ao setor externo (FURTADO, 1976, cap. 30-2).

Semelhantemente ao que ocorre com o "paradigma pradiano",[26] o arcabouço interpretativo de Furtado já deu provas de robustez frente ao crivo negativo de algumas tentativas revisionistas. Pois, como bem observou Luiz Felipe de Alencastro (2009, p. 36, nota 33), alguns dos críticos que apontaram para a fragilidade dos dados e cálculos quantitativos feitos por Furtado são, na maioria das vezes, autores que "não têm a mais pálida ideia de como trabalham os historiadores ou que desconhecem a historiografia brasileira anterior a *Formação econômica*."[27]

---

26 Tal paradigma se refere à ideia do "sentido da colonização" que, grosso modo, trata-se da caracterização feita por Prado Jr. da estrutura, finalidade e funcionamento da economia colonial, baseada no trinômio grande propriedade, monocultura e trabalho escravo. Para um aprofundamento a esse respeito, ver a seguinte coletânea de textos: Pires e Costa (2000).

27 Uma das críticas mais conhecidas é a de Carlos Peláez (1972) à visão de Furtado acerca dos efeitos gerados sobre a demanda interna brasileira como consequência dos programas governamentais de valorização do café em resposta à situação criada pela quebra da bolsa de Nova Iorque, em

Em contrapartida, críticas e revisões acerca do quadro explicativo proposto por Furtado costumam ser aceitas quando pautadas por questões mais pontuais, ao se inserirem entre aqueles trabalhos considerados monográficos. Se, por exemplo, a reorientação do centro dinâmico e a importância da política anticíclica são pouco questionáveis, o argumento de que o impacto anticíclico era desconhecido na época é bem menos pautado em evidências.

De certo modo, o diagnóstico de Furtado era orientado por um projeto de desenvolvimento. Criticar a política econômica como espontânea e relativamente inconsciente era o primeiro passo para propor uma industrialização planejada e plenamente consciente. Nesse sentido, sua interpretação em *Formação Econômica do Brasil* apontava para a construção de outra política de desenvolvimento econômico, que negaria a teoria das vantagens comparativas, aceitando o protecionismo como política econômica e aumentando o grau de racionalidade e planejamento da intervenção estatal (SAES, 2009, p. 184).

Furtado, desta forma, incorporava alguns dos elementos centrais das teses da CEPAL, ainda que seu livro trouxesse argumentos bastante originais para pensar o Brasil, tais como a dinâmica da economia colonial e do papel da mão de obra escrava no século XIX. De toda maneira, o autor trabalhou com o secretário geral da CEPAL, Raúl Prebisch, e participou do movimento que pensou o problema do subdesenvolvimento latino-americano, atribuindo ao processo de industrialização condição decisiva para a superação do atraso regional.[28]

1929, e que foi aprofundada com a Grande Depressão dos anos 1930. De acordo com Flávio Saes (2013, p. 15), Peláez procurou refutar o argumento de Furtado segundo o qual a política de defesa do café tivera como fundamento a expansão do crédito, contrariando o caráter "keynesiano" dessa política do governo. Ademais, Peláez buscou sustentar que a recuperação da economia brasileira durante a década de 1930 se dera fundamentalmente pelo aumento das exportações de outros gêneros agrícolas, principalmente de algodão. Ver também Fonseca (2003) e Bastos (2008) sobre a controvérsia a respeito da recuperação e o papel da política econômica e das reformas institucionais na década de 1930.

28 Como se sabe, Furtado considerava que a superação do subdesenvolvimento não dependia apenas da industrialização em si, mas de um padrão tecnológico definido autonomamente, orientado para o atendimento das necessidades da população historicamente excluída dos frutos do progresso técnico e adaptado à "dotação de fatores" local, ou seja, que não fosse intensivo em capital e sim em trabalho. Se a escolha da tecnologia mimetizasse as técnicas produtivas usadas nos países centrais para produzir bens de consumo duráveis acessíveis apenas a uma minoria nas periferias, a heterogeneidade característica do subdesenvolvimento seria preservada, à medida que uma parcela significativa da população continuaria alheia aos frutos do progresso técnico. Isto acabaria levando à estagnação que marcaria a inviabilidade do desenvolvimento e da própria industrialização, por conta da carência de mercados gerada pelo subconsumo das massas. O esquema analítico de Furtado foi criticado por autores influenciados por Marx, Keynes e Kalecki

Como defende Ricardo Bielschowsky (1988), foi em torno do desenvolvimentismo que se construiu o debate econômico brasileiro entre as décadas de 1930 e 1960. Não por outra razão, esse debate acabou por orientar parte dos temas e problemas que seriam investigados pelos historiadores econômicos nas décadas seguintes. De certo modo, os estudos mostraram que, à época que Furtado publicou *Formação Econômica do Brasil*, a profundidade da intervenção estatal era maior do que ele supunha, embora menor do que ele propunha: FEB também era produto do tempo histórico que queria apreender e direcionar.

Entre aqueles que fizeram parte da primeira geração de historiadores econômicos da Associação Brasileira de Pesquisadores em História Econômica, listados como sócios-fundadores, há os que elaboraram trabalhos que dialogam diretamente com essas questões lançadas a partir de *Formação Econômica do Brasil*. Vale lembrarmos que para muitos desses autores, suas linhas de pesquisas ou obras publicadas, são anteriores à própria fundação da ABPHE, embora os eventos da associação e a publicação semestral de HE&HE tenham se tornado espaços privilegiados para a disseminação de suas teses entre seus pares.

Para o período pós-1930, uma relevante contribuição presente entre as pesquisas dos sócios-fundadores foi aquela dedicada à compreensão do projeto de desenvolvimento existente nos governos pós-1930. Tal perspectiva diferenciou-se do debate sobre a industrialização brasileira, que buscou compreender os condicionantes que estimularam o desenvolvimento industrial, tais como a flutuação cambial, os períodos de auge exportador, as políticas tarifárias, etc. Para os trabalhos que olharam para os projetos de governo, como os do governo de Vargas (mas também de seus sucessores), a questão central era avaliar as tensões entre os grupos sociais e a construção da política econômica do Estado. As teses de Pedro Cezar Dutra Fonseca e de Francisco Corsi, respectivamente, *Vargas: capitalismo em construção* e *Estado Novo: política externa e projeto nacional* são exemplares nesse sentido.[29]
Enquanto Pedro Fonseca reconstrói a trajetória de Vargas, definindo os caminhos

---

que questionaram, primeiro, o uso da função de produção neoclássica para entender a distribuição de renda e a estrutura de emprego e, segundo, a hipótese de inexistência de encadeamentos dinâmicos por causa da concentração da renda e do padrão tecnológico: ver Maria da Conceição Tavares e José Serra (1970), Francisco de Oliveira (1972), Maria da Conceição Tavares (1975 e 1978), João Manuel Cardoso de Mello (1975; 1982) e Maria da Conceição Tavares & Paulo Renato de Souza (1981).

29 Há também o artigo publicado posteriormente por Pedro Fonseca (2003), sobre a intencionalidade da política industrializante de Vargas, em que o autor explora fundamentalmente uma proposição de Furtado para compreender a política econômica adotada entre 1930 e 1945.

tomados pelo personagem no sentido de construir uma política de desenvolvimento nacional, Corsi aprofunda sua análise para o período do Estado Novo, avaliando o teor nacionalista e o caráter contraditório do governo autoritário de Vargas, com seu alinhamento com os Estados Unidos. O estudo do governo Dutra, por sua vez, foi realizado por Fausto Saretta, cuja tese defendida em 1990, teve seus resultados apresentados no I Congresso Brasileiro de História Econômica e publicados como artigo, posteriormente, na coletânea *História Econômica do Brasil Contemporâneo*, editada pela ABPHE em 1997.

Esse tipo de leitura sobre a economia brasileira tornou-se dominante dentro da ABPHE. Ao longo dos congressos brasileiros de história econômica a preocupação com a análise da política econômica de determinados governos, dentro do quadro de apreciação dos projetos nacionais, foi persistente. Em 2003, no V Congresso Brasileiro realizado em Caxambu, Francisco de Oliveira debateu em sua conferência a temática "Qual o projeto nacional?". O tema voltou em 2005, no VI Congresso de Conservatória, com a conferência de Ricardo Bielschowsky sobre desenvolvimentismo e na mesa-redonda "Vargas e a Industrialização", com a participação de Pedro Cezar Dutra Fonseca (UFRGS), Maria Antonieta Leopoldi (UFF) e Marly Motta (FGV-RJ). Em Curitiba, 2011. No IX Congresso, o tema da mesa-redonda foi "Celso Furtado e o Plano Trienal", com a presença de Pedro Paulo Zahluth Bastos (Unicamp), Pedro Cezar Dutra Fonseca (UFRGS) e Rosa Freire d'Aguiar Furtado (Arquivos Celso Furtado). Finalmente, no evento de Vitória, realizado em 2015, a preocupação foi retomada com a mesa-redonda "Dimensões da industrialização brasileira: Política, Setores, Regiões", composta por Fábio Antônio de Campos (IE/Unicamp), Ednilson Silva Felipe (UFES) e, mais uma vez, Pedro Cezar Dutra Fonseca (UFRGS).

Um olhar atento sobre os artigos publicados na revista HE&HE que abordam o período a partir de 1930 nos revela algumas características interessantes. Francisco Corsi (1999; 2013) e Pedro Paulo Bastos (2004; 2015) são os pesquisadores que mais se debruçaram sobre a política econômica e o caráter do projeto de desenvolvimento dos dois governos varguistas (1930-45 e 1951-54) e da gestão de Eurico Gaspar Dutra (1946-51). Para Bastos, por exemplo, a crise cambial, que marcou o início da década de 1950, comprometeu a estrutura de financiamento dos investimentos privados em insumos produtivos e bens de capital, baseada na oferta de crédito público e câmbio barato, ao mesmo tempo em que as tentativas do governo de manter seu projeto desenvolvimentista, por meio da obtenção de empréstimos externos, "esbarrava em contradições incontornáveis entre os objetivos de política externa do Brasil e dos Estados Unidos" (BASTOS, 2015, p. 384).

Nesse sentido, o tema "Estado e política econômica" presente nos artigos sobre o primeiro governo Vargas, assim como sobre os governos democráticos seguintes, é tomado tanto por meio de uma análise mais minuciosa dos instrumentos de política econômica,[30] como também por uma leitura mais geral sobre o sentido do projeto de desenvolvimento conduzido pelos governos.[31] Além de fontes oficiais do governo, as pesquisas para essa temática encontraram nos discursos dos principais personagens, ou nas publicações de grupos classistas, instrumentos valiosos para problematizar a bibliografia sobre o tema. Ainda mais recentemente, fontes diplomáticas, que trazem informações importantes sobre as assimetrias das relações econômicas entre Brasil e as economias centrais, têm auxiliado os pesquisadores no sentido de superar a dicotomia "erros e acertos da política econômica" dentro do espectro das condições ou constrangimentos internacionais.[32]

A propósito, o tema da industrialização recebeu aportes importantes de Wilson Suzigan que publicou, no ano de 2000, o artigo "Industrialização brasileira em perspectiva histórica" e, em 2002, o artigo "Expansão do mercado interno e evolução institucional no processo de industrialização: uma análise comparativa Brasil-Estados Unidos", em coautoria com Newton Bueno. Neste último artigo, os autores sugerem que uma melhoria da distribuição de renda gerada por um setor exportador dinâmico continua sendo, mesmo para o caso de uma economia mais industrializada como a do Brasil do pós-1930, uma condição necessária, mas não suficiente, para se

---

30 Cf.: Fausto Saretta "Uma análise do programa de estabilização monetária de 1958" (Conservatória, 2005) e "A Política Econômica no período 1954/1955: algumas notas" (Caxambu, 2003); Pedro Paulo Zahluth Bastos "O presidente desiludido: pêndulo de política econômica no governo Dutra (1946-1951)" (Caxambu, 2003); e Hildete Pereira de Melo, Carlos Pinkusfeld Bastos e Victor Leonardo de Araújo, "Um governo sitiado: a política econômica do governo Jango" (Conservatória, 2005).

31 André Carraro e Pedro Cezar Dutra Fonseca. "O desenvolvimento econômico no primeiro governo de Vargas (1930-1945)" (Caxambu, 2003); Pedro Paulo Zahluth Bastos "De bom vizinho a aliado fiel: comentários sobre o alinhamento econômico e político do Brasil à política externa estadunidense nos primórdios da Guerra Fria" (Conservatória 2005) e "Desenvolvimentismo, restrição externa e política econômica no segundo governo Vargas (1951-1954)" (Juiz de Fora, 2013).

32 A perspectiva dicotômica é perceptível na introdução de *A ordem do progresso*, em que a análise da trajetória da economia na obra se dá pela "avaliação dos erros e acertos na condução da política econômica" (ABREU, 1989, introdução). Para autores que se valem de fontes internacionais, cf.: Pedro Paulo Z. Bastos, "A diplomacia do dólar: origens bárbaras da boa vizinhança, 1898-1933" (Aracajú, 2007); Felipe Pereira Loureiro, "A última chance: o governo Kennedy e o Plano Trienal" (Curitiba, 2011); e Fábio Antonio de Campos, "Instrução 113 da SUMOC e a Internacionalização do Capitalismo Brasileiro" (Juiz de Fora, 2013).

elevar o nível de desenvolvimento econômico do país (BUENO e SUZIGAN, 2002). Aliás, exercícios comparativos também foram realizados para alguns casos regionais do País, como no artigo de Eliana Terci (2009), intitulado "Industrialização e seus impactos na urbanização do interior paulista: uma análise comparada de Americana, Piracicaba e Santa Bárbara d'Oeste". Nele, a autora conclui que se produziu um cenário comum aos três municípios paulistas de segregação socioespacial, que fora o resultado do vigoroso crescimento econômico do período de 1950-70, durante o qual muitas cidades se modernizaram na esteira dos propósitos presentes no II PND (TERCI, 2009, p. 61-62).

Perspectivas regionais se sobressaem quando o tema é a provisão de serviços públicos no período em tela. Alcides Goularti Filho (2007) se dedicou ao estudo das vicissitudes do percurso histórico do porto de Laguna, em Santa Catarina, dentre elas a sua transformação de porto carvoeiro em porto pesqueiro, ao passo que Fábio dos Santos (2013) examinou as (des)continuidades na captação e no abastecimento de água da cidade de São Paulo, ao revelar a existência de um padrão histórico de execução de grandes obras, que não foram capazes de atacar a contento o real problema da questão hídrica do município, a saber, o de uma gestão combinada das diversas possibilidades de uso da água em conformidade com a urgência do tratamento de resíduos (SANTOS 2013, p. 33). Mais recentemente, no entanto, Guilherme Grandi (2016) propôs uma abordagem de abrangência nacional na qual se discute os efeitos da política pública de transporte, entre 1945 e 1960, sobre o agregado das estradas de ferro brasileiras, numa análise que articula o conceito de desenvolvimento econômico com melhorias no setor de transportes.

O desenvolvimento da agroindústria também foi alvo de instigantes pesquisas, cujos resultados aparecem nos artigos publicados na HE&HE. O setor mais amplamente estudado foi o sucroalcooleiro que, sob o olhar rigoroso de Pedro Ramos e Tamás Szmrecsányi (2002), foi esmiuçado em relação à trajetória histórica percorrida pelos grupos empresariais que atuaram no setor no estado de São Paulo. Carlos Gabriel Guimarães (2012) é outro pesquisador que examinou a questão no decorrer do primeiro governo Vargas, embora com especial atenção para a implantação da indústria do álcool-motor no contexto da criação do Instituto do Açúcar e do Álcool, em 1933, como forma encontrada pelo governo de vencer a resistência dos usineiros à intensificação da intervenção do poder estatal na produção dos derivados da cana-de-açúcar.

O período do primeiro Vargas também foi investigado com respeito à política de colonização. Para Júlio Costa (2014), se, por um lado, a história da colonização do norte do estado do Paraná configura um exemplo de colonização promovida pela iniciativa privada, por outro, as trajetórias colonizadoras do sudoeste paulista, do Vale do Ribeira, bem como os planos de integração de parte dos territórios goiano e mato-grossense, são casos os quais se observa a atuação do Estado por meio da política oficial de colonização.

Outros temas representativos da área de Brasil República e que se situam temporalmente entre os anos de 1940 e 1960 são aqueles relacionadas à questão do trabalho. Heloisa Cardoso (2004), que discutiu política salarial e condições de vida dos trabalhadores em Minas Gerais no correr dos anos 1950, e Felipe Loureiro (2010), que investigou a forma como trabalhadores e empresários reagiram às propostas contidas no Plano Trienal de 1963, são dois exemplos nesse sentido que aparecem publicados na revista da ABPHE. A propósito, Loureiro (2010, p. 139) sugere que o fracasso da implementação do Plano Trienal não deve ser atribuído apenas à imperícia técnica da burocracia estatal ou à paralisia decisória do governo frente ao conflito de classes que se exacerbara naquela conjuntura do primeiro triênio da década de 1960. Mais importante, segundo o pesquisador, foram as sucessivas greves por reajustes salariais encabeçadas pelos sindicatos, aliadas à atitude do empresariado de pressionar o governo por maiores facilidades de crédito; uma situação crítica evidenciada por um agudo conflito distributivo que minou qualquer possibilidade de execução de uma política econômica de estabilização dos preços.

O que difere os artigos discutidos no período entre 1930 e 1964 em comparação ao período da Primeira República é, certamente, a dimensão e o papel que o Estado brasileiro assume a partir de 1930. Para a Primeira República, a discussão sobre a emergência da indústria nacional, da formação dos serviços públicos, etc., está intimamente associada à análise dos complexos regionais e da dinâmica diversificadora da economia, isto é, das condições materiais criadas pelas economias regionais. Após 1930, tanto em função da centralização política como da formação de inúmeras instituições governamentais voltadas ao atendimento dos mais diversos setores econômicos, torna-se difícil discutir alguma temática em particular sem, contudo, se buscar uma forma de equacionar, ao longo da análise ensejada, o papel desempenhado pelo governo sobre a trajetória de cada indústria, cada política, cada serviço público e sobre as diferentes relações entre as classes sociais. O Estado é o mediador da relação capital-trabalho; intervém nos setores por meio de legislações, agências reguladoras ou mesmo assume a provisão de certos serviços; e, ademais, formula a política que pode estimular o desenvolvimento industrial. Por tudo isso, ainda que existam análises regionais para compreender as especificidades da atuação de estados e municípios, os trabalhos que abordam o período pós-1930 estão, diferentemente das análises destinadas ao período da Primeira República, alicerçados por um olhar acerca do novo Estado nacional.

Nesse sentido, o estudo sobre as possibilidades históricas de construção de um projeto de desenvolvimento nacional torna-se não somente verossímil como decisivo para avaliar a condução da política econômica de cada governo. Tendo como pano de fundo o debate econômico em torno do ideal desenvolvimentista e, no campo mais pragmático, o enredo em *loop* da política de substituição de importações, é de suma relevância compreender tanto as disputas entre os grupos políticos nacionais, como também os cenários e as restrições que advêm dos contextos e do jogo diplomático internacional. O que os trabalhos apresentados nos encontros da ABPHE têm demonstrado, portanto, é que seus autores recorrem à história não como objeto de ilustração e de avaliação de acertos e erros da política econômica, mas sim como processos dinâmicos que ao se materializarem revelam os desafios do desenvolvimento nacional de um país periférico como o Brasil.

Considerações finais

Este capítulo procurou identificar algumas das principais tendências presentes entre os trabalhos da área de Brasil República apresentados nos Congresso Brasileiros de História Econômica e os publicados na revista *História Econômica e História de Empresas* ao longo da história da ABPHE. A área é uma das maiores em números de estudos que aparecem nas atividades regulares promovidas pela associação e sua tendência é de contínuo crescimento, conforme os temas contemporâneos são tragados pelas pesquisas de história econômica.

A pesquisa realizada com os artigos dos Congressos e da revista HE&HE mostra uma significativa concentração dos estudos em dois períodos de análise: Primeira República (1889-1930) e o período entre 1930 e 1964. Por outro lado, quando avaliamos do ponto de vista temático, os principais assuntos pesquisados são "Política Econômica e Estado", assim como "Indústria e Agricultura".

Em 2005, Flávio Saes concluiu sua palestra sobre a trajetória das pesquisas de História Econômica no Brasil, no Congresso realizado em Conservatória-RJ, ressaltando os avanços na produção de conhecimento, nos métodos e nas fontes de pesquisa, mas externando uma sensação de que algo importante tinha se perdido nas últimas décadas.[33] Comparando a produção contemporânea com aquela realizada pelos pioneiros em meados do século XX, eram inegáveis os avanços da pesquisa histórica, que, teria conseguido aprofundar determinados temas e problemas revelando cenários possivelmente pouco imaginados outrora. Todavia, o problema da especialização não foi apenas o de perder a síntese, mas o sentido dela, isto é, a relação necessária entre o estudo do passado e a avaliação dos problemas do presente.

Passados mais de dez anos daquela palestra, acreditamos que o cenário não tenha se alterado consideravelmente. Conforme buscamos demonstrar neste capítulo, a ABPHE foi palco da divulgação de resultados relevantes de pesquisa que têm conseguido desvendar as mais variadas tonalidades da história econômica brasileira. A dimensão do trabalho já não vive mais a simples dicotomia entre trabalho livre/imigrante e trabalho escravo; a estrutura de crédito mostrou-se muito mais complexa, permeada pelos mais variados atores; as economias regionais possuem dinâmicas que não necessariamente respondem à lógica café-indústria como observado no caso paulista, etc. O que ainda nos resta como dúvida é saber se efetivamente conseguimos superar os dilemas lançados pelos autores pioneiros; se as respostas do presente foram suficientes para atacarmos a contento os problemas nacionais recorrentes; se os ganhos científicos representam os avanços econômicos e sociais conforme almejado no passado.

Nesse sentido, se há um papel que a ABPHE pode desempenhar para o futuro da história econômica nos próximos anos é, sem dúvida alguma, o de auxiliar no agrupamento desse amplo conhecimento consolidado nos 25 anos de existência da instituição. Os eventos e as publicações da ABPHE devem, nesse sentido, estimular o confronto de novas perspectivas com paradigmas já há tempos estabelecidos, para que o campo da história econômica no Brasil possa enveredar tanto por um caminho renovado como incidindo novas luzes sobre as principais temáticas de interesse dos pesquisadores. As novas evidências empíricas, resultantes de estudos monográficos constituídos por meio de questões de pesquisa profundamente delimitadas, podem se valer desse espaço de difusão do conhecimento promovido pela associação, para construir o caminho de volta para as análises mais gerais, para a compreensão daquilo que é efetivamente regular ou específico nos eventos históricos. Assim, cada estudo particular pode não somente estabelecer um diálogo puramente acadêmico

---

33 Algo aproximado ao que foi apresentado na palestra de Flávio Saes pode ser encontrado em: Saes (2013).

com outros resultados de pesquisas como também, e por que não, pode nos auxiliar a pensar com mais profundidade as grandes questões da sociedade contemporânea. Como a lição que nos foi deixada pelos autores clássicos e por suas sínteses interpretativas sobre a sociedade brasileira, a história econômica ainda pode contribuir para compreendermos melhor a realidade de nossa sociedade e, assim, projetarmos alternativas para o futuro.

Referências bibliográficas

ABRAHÃO, Fernando. A composição da riqueza em Campinas, 1870-1940. *História Econômica & História de Empresas*. v. XIX (2), 2016, p. 295-317.

ABREU, Marcelo de Paiva (Org.). *A ordem do progresso*. Cem anos de política econômica republicana, 1889-1989. Rio de Janeiro: Editora Campus, 1989.

ALENCASTRO, Luiz Felipe. "Introdução", in Furtado, Celso. *Formação econômica do Brasil*. Edição comemorativa dos 50 anos. São Paulo: Companhia das Letras, 2009.

ARANTES, Paulo. Providências de um crítico literário na periferia do capitalismo. ARANTES, Paulo; ARANTES, Otília. *Sentido da formação*. Rio de Janeiro: Paz e Terra. 1997.

AURELIANO, L. No limiar da industrialização. São Paulo: Brasiliense, 1981.

BASTOS, Pedro Paulo Z. O presidente desiludido: a campanha liberal e o pêndulo de política econômica no governo Dutra (1942-1948). *História Econômica & História de Empresas*. v. VII (1), 2004, p. 99-135.

_____, Pedro Paulo Z. Centro e Periferia no Padrão Ouro-Libra: Celso Furtado Subestimou a Dinâmica da Dependência Financeira? *Revista Economia* (Selecta Especial do XXXV Encontro Nacional de Economia - ANPEC), v. 8, n. 4, dezembro de 2007.

_____, Pedro Paulo Z. Ortodoxia e Heterodoxia Antes e Durante a Era Vargas: Contribuições para uma Economia Política da Gestão Macroeconômica nos Anos 1930. *Revista Economia* (Selecta Especial do XXXVI Encontro Nacional de Economia - ANPEC), v. 9, n. 4, dezembro de 2008.

_____, Pedro Paulo Z. Desenvolvimentismo, restrição externa e política econômica no segundo governo Vargas (1951-1954). *História Econômica & História de Empresas*. v. XVIII (2), 2015, p. 355-387.

BIELSCHOWSKY, Ricardo. *Pensamento econômico brasileiro: o ciclo ideológico do desenvolvimentismo*. Rio de Janeiro: Contraponto, 1988.

BUENO, Newton Paulo e SUZIGAN, Wilson. Expansão do mercado interno e evolução institucional no processo de industrialização: uma análise comparativa Brasil-Estados Unidos. *História Econômica & História de Empresas*. v. V (1), 2002, p. 41-58.

CAPELATO, Maria Helena Rolim; GLEZER, Raquel; FERLINI, Vera Lúcia Amaral. Escola uspiana de História. *Estudos avançados*. 1994, v. 8 (22), p. 349-358

CANABRAVA, Alice. Roteiro sucinto do desenvolvimento da historiografia brasileira. *Seminário de Estudos Brasileiros*. São Paulo, 1972. Anais... São Paulo: IEB/USP, 1972. v. 2, p. 4-9.

_____, Alice. *A indústria do açúcar nas Ilhas Inglesas e Francesas do Mar das Antilhas, 1697-1755*. 2. ed. São Paulo, IPE/FIPE, 1981.

_____, Alice. *Algodão em São Paulo, 1861-1875*. 2. ed. São Paulo: T. A. Queiroz, 1984.

CÂNDIDO, Antônio. O significado de Raízes do Brasil. HOLANDA, Sérgio Buarque. *Raízes do Brasil*. 26. ed. São Paulo: Companhia das Letras, 1995.

CANO, Wilson. *Raízes da concentração industrial em São Paulo*. 2. ed. São Paulo: T. A. Queiroz. 1983.

CARDOSO, Heloisa Helena Pacheco. A política salarial e os trabalhadores em Minas Gerais nos anos 50. *História Econômica & História de Empresas*. v. 7 (2), 2004, p. 113-131.

CORSI, Francisco Luiz. O projeto de desenvolvimento de Vargas, a missão Osvaldo Aranha e os rumos da economia brasileira. *História Econômica & História de Empresas*. v. II (1), 1999, p. 35-68.

_____, Francisco Luiz. Inflação e crescimento econômico: uma análise da política de Vargas ao final do Estado Novo. *História Econômica & História de Empresas*. v. XVI (2), 2013, p. 347-381.

COSTA, Júlio Cezar Zorzenon. Colonização privada e oficial no primeiro governo Vargas: integração do mercado e desenvolvimento econômico. *História Econômica & História de Empresas*, v. XVII (1), 2014, p. 115-146.

DRAIBE, S. M. *Rumos e Metamorfoses* - Estado e Industrialização no Brasil, 1930-1960. Rio de Janeiro: Editora Paz e Terra, 1985.

EARP, Fábio e FRIDMAN, Fania. Crédito e cartões. Os ambulantes judeus no Rio de Janeiro. *História Econômica & História de Empresas*. v. VI (2), 2003, p. 57-73.

FONTANA, Josep L. *Historia: Análisis del pasado y proyecto social*. Barcelona: Editorial Crítica, 1982.

FONSECA, Pedro Cezar Dutra. Sobre a Intencionalidade da Política Industrializante do Brasil na Década de 1930. *Revista de Economia Política*, v. 23, n. 1(89), 2003, p. 133-48.

FURTADO, Celso. *Formação Econômica do Brasil*. [1959]. 14. ed. São Paulo: Editora Nacional, 1976.

GOULARTI FILHO, Alcides. A lenta trajetória da construção do porto de Laguna. *História Econômica & História de Empresas*. v. X (1), 2007, p. 83-116.

GRANDI, Guilherme. Transportes e desenvolvimento econômico no Brasil de 1945 a 1960. *História Econômica & História de Empresas*. v. XIX (2), 2016, p. 377-401.

GUIMARÃES, Carlos Gabriel. O Instituto do Açúcar e do Álcool e a indústria do álcool-motor no primeiro governo Vargas (1930-1945). *História Econômica & História de Empresas*. v. XV (1), 2012, p. 135-168.

HANSEN, Cláudia e SAES, Alexandre. Poder municipal e as concessões de serviços públicos no Brasil no início do século XX. *História Econômica & História de Empresas*. v. X (1), 2007, p. 49-81.

IANNI, Octavio. *Estado e planejamento econômico no Brasil, 1930-70*. Rio de Janeiro: Civilização Brasileira, 1971.

LANNA, Ana Lúcia. *A transformação do trabalho: a passagem para o trabalho livre na Zona da Mata Mineira, 1870-1920*. Campinas: Editora da UNICAMP, 1988.

LEANDRO, Leonardo; MARCONDES, Renato; SILVA, Fábio. Crédito hipotecário na expansão e auge da economia da borracha: características da praça de Belém do Pará (1870-1899). *História Econômica & História de Empresas*. v. XVIII (1), 2015, p. 153-189.

LIMA, João Heraldo. *Café e indústria em Minas Gerais (1870-1920)*. Dissertação de Mestrado – Unicamp – Campinas, 1977.

LOPES, Luciana. A economia e a alocação de riqueza bruta em Ribeirão Preto, 1889-1900. *História Econômica & História de Empresas*. v. XIX (1), 2016, p. 59-94.

LOUREIRO, Felipe Pereira. Uma difícil conciliação: empresários e trabalhadores no contexto do plano trienal. *História Econômica & História de Empresas*. v. XIII (2), 2010, p. 109-143.

MELLO, João Manuel C. de. *O Capitalismo tardio*. São Paulo: Brasiliense, 1982.

MENDONÇA, Sônia. Políticas agrícolas e patronato agroindustrial no Brasil (1909-1945). *História Econômica & História de Empresas*. v. XVI (1), 2013, p. 73-100.

MONTEIRO, Denise. Formação do mercado de trabalho no Nordeste: escravos e trabalhadores livres no Rio Grande do Norte. *História Econômica & História de Empresas.* v. VIII (2), 2005, p. 25-59.

OLIVEIRA, Francisco de. (1972). *A economia brasileira: Crítica da razão dualista.* Petrópolis: Vozes, 1984.

OLIVEIRA, Lélio. A cafeicultura, a economia de abastecimento e as transações imobiliárias no setor rural – município de Franca (SP), 1890-1920. *História Econômica & História de Empresas.* v. XVIII (1), 2015, p. 191-213.

OLIVEIRA, Maria Teresa Ribeiro de. Encilhamento: controvérsias e efeitos sobre a indústria têxtil mineira. *História Econômica & História de Empresas.* v. I, 1998, p. 65-87.

OLIVEIRA, Milena. Cultura de consumo e indústria na São Paulo da Belle Époque (1890-1915). *História Econômica & História de Empresas.* v. XVII (1), 2014, p. 177-208.

PIRES, Júlio e COSTA, Iraci (orgs.). *O capital escravista-mercantil e a escravidão nas Américas.* São Paulo: EDUC, 2010.

PRADO JÚNIOR, Caio. *A formação do Brasil contemporâneo: colônia.* [1942]. 4. ed. São Paulo: Brasiliense, 1963.

_____, Caio. *História econômica do Brasil.* [1945]. 12.ed. São Paulo: Brasiliense, 1970.

QUEIROZ, Paulo. A navegação na bacia do Paraná e a integração do antigo sul de Mato Grosso ao mercado nacional. *História Econômica & História de Empresas.* v. VII (1), 2004, p. 165-197.

RAMOS, Pedro e SZMRECSÁNYI, Tamás. Evolução histórica dos grupos empresariais da agroindústria canavieira paulista. *História Econômica & História de Empresas.* v. V (1), 2002, p. 85-115.

RIBEIRO, Maria Alice Rosa. As primeiras pesquisadoras brasileiras em história econômica e a construção da disciplina no Brasil. *História Econômica & História de Empresas,* v. II (2), jul. 1999, p. 7-40.

SAES, Flávio. (1977) *As ferrovias de São Paulo (1870-1940).* São Paulo: Hucitec; [Brasilia]: INL, 1981.

_____, Flávio. (1983) *A grande empresa de serviços públicos na economia cafeeira.* São Paulo: Hucitec, 1986.

_____, Flávio. A controvérsia sobre a industrialização na Primeira República. *Estudos avançados.* São Paulo: v. 3 (7), 1989, p. 20-39.

_____, Flávio. Aspectos da obra de Nelson Werneck Sodré (1911-1999). *História Econômica & História de Empresas* v. 2 (1), 1999, p. 155-63.

_____, Flávio Azevedo Marques de. A historiografia econômica brasileira: dos pioneiros às tendências recentes da pesquisa em história econômica do Brasil. *Revista Territórios e Fronteiras*. v. 2 (1), 2009, p. 182-204.

_____, Flávio. Os rumos das pesquisas sobre história econômica do Brasil. *Leituras de economia política*. Campinas: (21), 2013, p. 3-34.

_____, Flávio & SZMRECSÁNYI, Tamás (1985) "O capital estrangeiro no Brasil: 1880 - 1930". *Estudos Econômicos*, v. 15, n. 2, mar/ag, 1985.

SANTOS, Fábio Alexandre. Captação e abastecimento de água na São Paulo de ontem e de hoje: continuidades e descontinuidades. *História Econômica & História de Empresas*. v. XVI (1), 2013, p. 9-38.

SARETTA, Fausto. O Governo Dutra na Transição Capitalista no Brasil. SZMRECSANYI, Tamás; SUZIGAN, Wilson. (Org.). *História Econômica do Brasil Contemporâneo*. São Paulo: Hucitec/ABPHE, 1997, p. 99-117.

SILVA, Marcel Pereira da. Para abastecer e exportar: as estradas de ferro no sul de Minas Gerais (1884-1910). *História Econômica & História de Empresas*. v. XVI (1), 2013, p. 39-72.

SILVA, Sérgio. *Expansão cafeeira e origens da indústria no Brasil*. São Paulo: Alfa-Omega,1979.

_____, Sérgio & SUZIGAN, Wilson (orgs.). "Apresentação". *História Econômica da Primeira República*. São Paulo: Hucitec/ABPHE/Imprensa Oficial, 2002.

SIMONSEN, Roberto Cochrane. *História Econômica do Brasil (1500-1820)*. [1937]. 6. ed. São Paulo: Cia. Editora Nacional, 1969.

_____, Roberto Cochrane. *Evolução industrial do Brasil e outros estudos*. [1939] São Paulo: Cia Editora Nacional e Editora da USP, 1973. (Organizado por Edgard Carone).

SUZIGAN, Wilson. *Indústria brasileira*. São Paulo: Brasiliense, 1986.

SZMRECSÁNYI, Tamás. Retomando a questão do início da historiografia econômica no Brasil. *Nova Economia*. Belo Horizonte, 14 (1), 2004, p. 11-37.

_____, Tamás & SUZIGAN, Wilson (orgs.). "Apresentação". *História Econômica do Brasil Contemporâneo*. São Paulo: Hucitec/ABPHE/Imprensa Oficial, 2002.

TAVARES, M. C. & SERRA, J. (1970) "Além da estagnação". TAVARES, M.C. (1972). *Da substituição de importações ao capitalismo financeiro*. Rio de Janeiro: Zahar, 1972.

_____, M. C. *Acumulação de Capital e Industrialização no Brasil*. Campinas: Ed. da UNICAMP, 1998.

_____, M.C. *Ciclo e crise:* o movimento recente da industrialização brasileira. Ed. da UNICAMP, 1998.

_____, M. C. & SOUZA, P. R. "Emprego e salários na indústria: o caso brasileiro". In: Revista de Economia Política 1(1), 1981, p. 3-29.

TERCI, Eliana. Industrialização e seus impactos na urbanização do interior paulista: uma análise comparada de Americana, Piracicaba e Santa Bárbara d'Oeste. *História Econômica & História de Empresas.* v. XII (1), 2000, p. 33-69.

TESSARI, Cláudia. Sazonalidade e trabalho temporário na empresa cafeeira (Oeste Paulista, 1890-1915). *História Econômica & História de Empresas.* v. XIV (2), 2011, p. 105-143.

VILLELA, André. Tarifas de importação e câmbio na gênese da indústria brasileira, 1901-1928. *História Econômica & História de Empresas.* v. III (2), 2000, p. 27-46.

ANEXO I. Artigos de Brasil República publicados na revista *História econômica & história de empresas*: 1998-2016.

Ano	Total de artigos	Artigos de Brasil República	Percentagem de Brasil República
1998. 2° Semestre	6	2	33%
1999. 1° Semestre	7	3	42%
2° Semestre	6	2	33%
2000. 1° Semestre	5	1	20%
2° Semestre	7	3	42%
2001. 1° Semestre	5	4	80%
2° Semestre	5	1	20%
2002. 1° Semestre	6	2	33%
2° Semestre	6	2	33%
2003. 1° Semestre	6	4	33%
2° Semestre	6	1	16%
2004. 1° Semestre	6	3	50%
2° Semestre	6	1	16%
2005. 1° Semestre	6	3	50%
2° Semestre	6	2	33%
2006. 1° Semestre	6	2	33%
2° Semestre	6	0	0%
2007. 1° Semestre	5	4	80%
2° Semestre	4	2	50%
2008. 1° Semestre	5	2	40%
2° Semestre	10	0	0%
2009. 1° Semestre	5	3	60%
2° Semestre	3	1	33%
2010. 1° Semestre	6	2	33%
2° Semestre	6	2	33%
2011. 1° Semestre	5	0	0%
2° Semestre	5	3	60%
2012. 1° Semestre	5	2	40%
2° Semestre	6	2	33%
2013. 1° Semestre	4	3	75%
2° Semestre	6	2	33%
2014. 1° Semestre	9	4	44%
2° Semestre	9	4	44%
2015. 1° Semestre	7	2	28%
2° Semestre	9	2	22%
2016. 1° Semestre	8	4	50%
2° Semestre	8	4	50%
Totais gerais	226	84	38%

Períodos	
Primeira República	39
1930-1964	17
Ditadura Militar	3
Contemporâneo	2
Século XX	15
Trajetória de empresas	8

Temas	
Mercado de trabalho	11
Indústria	14
História de Empresas	11
Serviços	14
Política econômica	15
Agroindústria	10
Estado	5
Outros	4

Pensamento econômico e história do pensamento econômico do Brasil

João Antônio de Paula[1]

Para Tamás Szmrecsányi

Neste texto, cuida-se tanto do surgimento e desenvolvimento das ideias econômicas do Brasil, quanto do esforço de sistematização historiográfica dessas ideias ao qual, hoje, se dá o nome de história do pensamento econômico. Argumenta-se, aqui, que, no Brasil, as iniciativas de fixar, intelectualmente, tanto as características, quanto as tendências e os processos econômicos, remontam, ao menos, ao início do século XVII, a 1618, quando foi escrito *Diálogos das Grandezas do Brasil*, lúcido e compreensivo retrato dos primeiros tempos da vida econômica da colônia, em suas capitanias nordestinas. Do mesmo modo, é como obra de economia, de obra significativa, pela excelência do que traz, que se deve ver *Cultura e Opulência do Brasil por suas drogas e minas*, de Antonil, publicada em 1711, entre outros textos relevantes, que foram elaborados, no mundo luso brasileiro, nos séculos XVII e XVIII.

---

1   Professor e pesquisador do CEDEPLAR/FACE/UFMG e Presidente da ABPHE entre 2003 e 2005.

Se é relativamente precoce o surgimento de pensamento econômico entre nós, a história sistemática deste pensamento é fenômeno do século XX. A primeira disciplina acadêmica com o título de *História das Doutrinas Econômicas*, no Brasil, foi criada em 1933, no curso de Sociologia e Política da Escola Livre de Sociologia e Política de São Paulo, criada naquele mesmo ano.

A prática da história do pensamento econômico no Brasil foi intensificada com a implantação da pós-graduação no País, nos anos 1960/70. Várias instituições, revistas, universidades, associações profissionais, pesquisadores, contribuíram para isso. Sem pretender listagem exaustiva lembrem-se algumas iniciativas relevantes como a do IPEA, que em 1982, passou a editar *Literatura Econômica*, sob a coordenação de Anna Luiza Ozório de Almeida, com traduções de textos seminais das modernas microeconomia e macroeconomia, com notas introdutórias elaboradas por economistas brasileiros, que perfazem uma útil e qualificada apresentação dos avanços da teoria econômica no século XX (ALMEIDA, 1992). No mesmo espírito da publicação do IPEA, a UNICAMP, sob a coordenação de Ricardo Carneiro, publicou, em 1997, *Os Clássicos da Economia*, em 2 volumes, que, incorporou, além de economistas do século XIX e XX, grandes nomes da economia política clássica, como Adam Smith e David Ricardo (CARNEIRO, 1997). Em 1989, organizado por Edward Amadeo, apareceu um volume – *Ensaios sobre Economia Política Moderna: teoria e história do pensamento econômico* – que reúne contribuições de economistas de várias universidades brasileiras tendo como objeto o pensamento econômico do século XX (AMADEO, 1989).

Nos anos 1990, a pesquisa em história do pensamento econômico no Brasil avançou para incorporar reflexão crítica sobre o próprio objeto, isto é, a "história do pensamento econômico, como problema": é isso que mobilizou Ricardo Tolipan, em seu – *A Ironia na História do Pensamento Econômico* (TOLIPAN, 1990); Antônio Maria da Silveira em Filosofia e Política Econômica: o Brasil do Autoritarismo (SILVEIRA, 1992); e José Márcio Rego na coletânea por ele organizada – *Retórica na Economia* (REGO, 1996).

Iniciativas no sentido de elaborar "histórias do pensamento econômico" no Brasil, têm sido desenvolvidas, desde os anos 1940, quando foi publicado, em 1942, *História das Doutrinas Econômicas*, pelo professor francês, então lecionando na USP, Paul Hugon (HUGON, 1970). Na década de 1980/90, a Coleção Economia & Planejamento, da Editora HUCITEC, dirigida pelo professor Tamás Szmrecsányi, publicou, de Ana Maria Bianchi, *A Pré-História da Economia. De Maquiavel a Adam*

Smith (BIANCHI, 1980), e de Maurício Chalfin Coutinho, *Lições de Economia Política Clássica* (COUTINHO, 1993).

Entre as instituições que merecem registro, pela relevância do que contribuíram para o desenvolvimento do pensamento econômico do Brasil, lembre-se a Associação Brasileira de Pesquisadores em História Econômica, ABPHE, e seu fundador, Tamás Szmrecsányi. Maria Alice Rosa Ribeiro e Flávio Azevedo Marques Saes, organizaram volume especial da revista da ABPHE, em homenagem a Tamás, que ao buscar reconstituir a sua figura e o seu trabalho, acabam por traçar capítulo importante da história do pensamento econômico do Brasil (RIBEIRO e SAES, 2008).

Neste artigo, as referências já feitas, e que eventualmente serão feitas, à história do pensamento econômico em geral, devem ser consideradas como elementos contextualizadores do efetivo objeto deste texto, que é tanto o pensamento econômico do Brasil, quanto a história deste pensamento.

Os historiadores contemporâneos do pensamento econômico do Brasil têm a companhia de cinco grandes nomes de estudiosos portugueses: Moses Bensabat Amzalak, José Calvet de Magalhães, Armando de Castro, José M. G. de Lima Bezerra Tengarrinha e José Luiz Cardoso.

O cuidado da gente portuguesa com as coisas da economia política sempre foi significativo. Eça de Queiroz, com sua costumeira ironia, nos dá quadro sobre este interesse em passagem do conto:

> Civilização, que foi publicado em 1892, que, expandido, transformou-se no romance *A Cidade e as Serras*, publicado postumamente, em 1901. Ali se diz: "Uma tarde que eu ensejava copiar um ditame de Adam Smith, percorri, buscando este economista ao longo das estantes, oito metros de economia política! Assim se achava formidavelmente abastecido o meu amigo Jacinto de todas as obras essenciais da inteligência – e mesmo da estupidez. (QUEIROZ, 1958, p. 720).

É perfeitamente legítimo acreditar, porque não há contradito do autor, que os "oito metros de economia política" da biblioteca de Jacinto se enquadrem no conjunto das "obras essenciais da inteligência humana".

Introdução

Os cinco livros que compõem *A Riqueza das Nações*, de Adam Smith, 1776, podem ser agrupados em quatro blocos, a saber: a) a exposição da teoria econômica de seu autor; 2) a crítica de teorias econômicas anteriores; 3) as linhas básicas da história econômica mundial; 4) o estado e as finanças públicas (SMITH, 1983). Esta estrutura expositiva marcou, fortemente, a economia política, pelo menos até John Stuart Mill. Com menor nível de detalhamento que no livro de Adam Smith, estão nos *Princípios de Economia Política e de Tributação*, de David Ricardo, sobretudo em sua 3ª edição, em 1821, tanto a exposição de sua teoria, quanto elementos de história econômica, quanto fragmentos de uma história do pensamento econômico com referências explícitas a Adam Smith e Thomas Robert Malthus, quanto uma explícita discussão sobre finanças públicas, em particular sobre tributação (RICARDO, 1978).

Em 1848, John Stuart Mill publicou seus *Princípios de Economia Política*, que, em grande medida, ressoa a estrutura do livro de Adam Smith. Estão lá os mesmos quatro blocos temáticos: a teoria econômica, a história econômica, a história do pensamento econômico e as questões referentes ao Estado e às finanças públicas (MILL, 1943). As diferenças de ênfase, a estruturação formal dos argumentos do livro de John Stuart Mill, traduzem, sobretudo, a forte influência que recebeu da obra de seu pai James Mill e de David Ricardo. De todo modo, há um explícito parentesco intelectual entre as obras de Smith, Ricardo e John Stuart Mill.

Esse parentesco, entre autores de épocas não tão próximas, 1776 – 1821 – 1848, fica mais expressivo e significativo, se se lembrar, que durante este período, em 1820, Thomas Robert Malthus, igualmente leitor de Adam Smith, amigo de David Ricardo e de James Mill, publicou seu *Princípios de Economia Política*, em muito diverso dos livros de Smith, Ricardo e James Mill, pela exclusividade que nesta obra ganham os aspectos analíticos da economia política. "Ciência lúgubre, e perigosa", a economia política com Malthus prenunciou a feição, que terá na contemporaneidade (MALTHUS, 1946).

Já, nesse ponto, é possível avançar uma consideração de ordem geral sobre as especificidades metodológicas da economia política, que é a inaplicabilidade da categoria de *paradigma*, no sentido de Thomas Kuhn, no âmbito do pensamento econômico. Com Malthus, abriu-se uma dissidência na ampla audiência que as obras de Smith e Ricardo tiveram até as primeiras décadas do século XIX, que culminará no efetivo abandono da economia política, de seus conceitos, de sua metodologia, de suas referências, de suas perspectivas histórico-sociais. O próprio nome foi abandonado, economia política substituída por *economics*, mimetização das pretensões positivistas-cientificistas da economia, que se mirava no exemplo da *Physics* e seu poderoso império científico.

Essa metamorfose teórico-metodológica, a transformação da economia política em *economics*, pode ser particularmente apreendida pelo exame do desenvolvimento das relações entre teoria econômica, história econômica e história do pensamento econômico. O que, inicialmente, com Adam Smith era um todo articulado, foi partido, fragmentado e hierarquizado, numa operação, que, em última instância, buscou retirar do discurso da economia política suas fortes e inegáveis implicações e compromissos éticos, políticos, sociais, regionais. Isolando a "teoria", a economia pura, a análise econômica, de suas raízes e determinações históricas concretas, seus interesses de classe, seus comprometimentos ideológicos, a "economics" buscou se impor como a verdadeira ciência, neutra e objetiva, racional e universal, ao mesmo tempo que desqualificava como ideológicas e não científicas todas as outras correntes.

Essa não foi operação simples, direta, imediata ou isenta de ambiguidades ou paradoxos. Um exemplo particularmente expressivo das ambiguidades desse processo é a obra de Alfred Marshall. Publicado em 1890, *Princípios de Economia*, de Marshall, veio substituir *Princípios de Economia Política* de John Stuart Mill, como texto canônico da economia acadêmica. Marshall, via-se como continuador de Ricardo e John Stuart Mill, em seu livro há várias e sinceras homenagens a Ricardo. Seu livro, que é uma das obras basilares do pensamento econômico neoclássico, conservou em sua estrutura muito do programa de Adam Smith. Nele, além da teoria, economia baseada no equilíbrio parcial dos mercados, Marshall tratou de história econômica e história do pensamento econômico, sobretudo em seus substanciosos apêndices (MARSHALL, 1946).

Outro capítulo importante da história do pensamento econômico é o representado pela Escola Histórica Alemã de Economia. Essa Escola, nasceu do mesmo impulso histórico-intelectual, que fez surgir o historicismo alemão, a partir de Leopold Von Ranke (1795-1886), a gramática comparada, com Wilhelm Von Humboldt (1767-1835), a Escola Histórica Jurídica Alemã, com Friedrich Karl Von Savigny (1779-1861), todas elas tendo como inspiração básica a obra de Johann Gottfried Von Herder (1744-1803), que em *Ideias para uma Filosofia de História da Humanidade*, de 1784, vai afirmar a centralidade do povo, do espírito popular, da cultura popular, como fundamento do desenvolvimento humano (HERDER, 1959). Sobre o significado da obra de Herder, disse Carpeaux:

> O novo método histórico de Herder era um instrumento de sensibilidade inédita para compreender e caracterizar as diferenças de espírito e expressão das diferentes épocas históricas. Herder é o criador do historicismo, isto é, do método que dominará o trabalho científico do século XIX; o método utilizado primeiro pela ciência romântica e, depois, pela ciência positivista (CARPEAUX, 1961, v. III, p. 1553).

Herder é um dos veios principais de uma fonte que alimentou a construção da Alemanha Moderna, nascida da afirmação da força da cultura nacional, em variados campos. No caso da economia, como em outros casos, a estratégia alemã foi a reivindicação da especificidade do pensamento econômico alemão, radicalmente distinto da tradição britânica de economia política, e nem por isto inferior à ela. A Escola Histórica Alemã de Economia constituiu-se como perfeito contraponto tanto à economia política clássica, quanto à economia neoclássica. Seu ponto de partida, seu suposto epistemológico básico é que a economia é uma realidade absolutamente infensa a abstrações e generalizações, sendo descabida quaisquer tentativas de se estabelecer "leis gerais", "tendências uniformes", "previsões" ou "teorizações generalizantes" sobre uma realidade que é, sobretudo, singular, irrepetível, feita de oscilações, de situações decorrentes da dinâmica concorrencial, de diferenças regionais, setoriais, temporais. Se é assim, diziam eles, então não há sentido em se fundar a economia política a partir de uma teoria do valor. Lembre-se, sobre isso, que a primeira posição de Marx sobre a teoria do valor trabalho, em seus primeiros estudos sobre a matéria, entre 1843 e 1846, assemelhou-se à da Escola Histórica. Disse Mandel:

> Mas a censura fundamental que Marx faz por respeito á teoria do valor-trabalho é que a Economia Política é obrigada a fazer abstração da concorrência. Ora, a concorrência é a realidade. Para dar maior coesão a suas próprias leis, a Economia Política é pois obrigada a considerar a realidade como acidental e a abstração somente como real (MANDEL, 1968, p. 44).

Para a Escola Histórica Alemã de Economia, a impossibilidade de elaborar "uma teoria econômica", pela inexistência de regularidades, pela impossibilidade de generalizações, significou transformar o discurso sobre o econômico num discurso historiográfico, isto é, na narrativa das diversas manifestações regionais, nacionais, setoriais dos fenômenos econômicos, daí a elaboração de histórias econômicas das regiões, de histórias dos transportes, dos preços, dos salários, do país tal, em tal época, etc... Francisco Iglésias observou bem o fenômeno ao concluir, que, a impossibilidade da Escola Histórica Alemã de Economia de elaborar uma "teoria econômica", levou-a a criar a história econômica moderna (IGLÉSIAS, 1959).

Talcott Parsons, analisando o pensamento econômico alemão apontou dois aspectos importantes, aos quais se pode agregar um outro. Para Parsons, o pensamento econômico de um país é tanto parte de um tecido histórico, de uma cultura, de uma mentalidade, quanto é, sobretudo, uma ideologia e não uma disciplina técnica. Disse ele:

> É sem dúvida significativo que a "economia clássica" não tenha se arraigado, nunca, realmente nas universidades alemãs; posto que não havendo sido nunca uma disciplina técnica, senão uma ideologia, expressava um ideal de independência da "empresa" com respeito ao Estado e outros interesses "sociais", tudo o que não tinha afinidade com a mentalidade alemã (PARSONS, 1967, p. 97).

Parsons, um sociólogo de grande prestígio, insuspeito de esquerdismo, explicita algo que o *mainstream* do pensamento econômico contemporâneo tem se esmerado em negar, que o pensamento econômico é sempre ideológico, e algo mais que também não se reconhece, que a adoção, por um País, da corrente hegemônica de pensamento econômico, não é garantia de êxito, de prosperidade econômica. Países, como Japão e Alemanha, que não primaram pela adesão ao pensamento econômico neoclássico, nem por isso fracassaram na constituição de capitalismos vigorosos, apoiados em forte intervenção estatal. De resto, não é possível estabelecer homologia entre o pensamento econômico dominante num certo país e as políticas econômicas, que ali são praticadas. O liberalismo que é sempre alardeado pelos norte-americanos como seu mais decisivo valor, não impediu que a construção do capitalismo naquele país tenha se dado pela ação decisiva do Estado na consolidação da dívida pública, na constituição do sistema bancário e na efetiva proteção industrial pela ação de Alexander Hamilton (FENELON, 1973).

Com a chamada *Revolução Marginalista* (1871-1874), o programa teórico de Adam Smith foi, formalmente, abandonado. Joseph Schumpeter saudou esse evento como a culminância de uma caminhada que teve seu termo com a obra, de León Walras, a teoria do equilíbrio geral dos mercados, a aplicação dos métodos da mecânica clássica aos problemas econômicos, exposta por Walras em seu livro de 1874. Schumpeter avaliou a teoria econômica anterior a Walras em função do grau de proximidade dessas contribuições com relação ao modelo walrasiano. Nesse sentido, Schumpeter elaborou como que um superanacronismo, em que todo o pensamento econômico, desde os primórdios, é aferido e valorado em função do quanto as ideias econômicas geradas ao longo do tempo aproximaram-se da "análise econômica", isto é, do modo como a "revolução marginalista" passou a considerar as realidades econômicas. É esta, exatamente, a proposta e a fatura do livro de Schumpeter, publicado, postumamente, em 1954, e que se tornou uma das referências para o estudo do pensamento econômico, *História da Análise Econômica* (SCHUMPETER, 1964, 3 v.). Com este livro Schumpeter procurou concretizar o segundo passo do abandono do programa de Adam Smith. O primeiro passo foi dado por Walras, em 1874. A partir da teoria do equilíbrio geral, Schumpeter pode elaborar uma "história da análise econômica, que é um impressionante, pela vastidão e erudição, inventário do pensamento econômico por meio da aferição de seu conteúdo "científico" medido por sua proximidade com o modelo walrasiano.

Apesar do inegável sucesso da recepção da obra de Walras, nem todo o pensamento econômico deixou-se dominar pelo equilíbrio geral, mesmo entre o pensamento econômico burguês. É este o caso, por exemplo, de John Maynard Keynes, que se disse marshalhiano, e em seu livro maior, *Teoria Geral*, de 1936, deu mostras de sua filiação à tradição do pensamento econômico clássico e neoclássico, ao contemplar, explicitamente em seu texto, uma muito particular revisão da economia clássica, e um capítulo, o 23, "Notas sobre o mercantilismo, as leis sobre a usura, o dinheiro carimbado e as teorias do subconsumo", que perfaz, de fato, uma pequena história do pensamento econômico (KEYNES, 1951).

Bom leitor da economia política clássica, Marx, na radicalidade de sua crítica da economia política, houve por bem manter a inseparabilidade entre teoria, história econômica e pensamento econômico. Neste caso, não se tratou apenas, como é da natureza do projeto crítico de Marx, de simples adoção do programa de Adam Smith, mas sua efetiva *superação*, transfiguração, num movimento tríplice. De um lado as categorias e conceitos da economia política clássica são aperfeiçoados pela eliminação de impropriedades e inexatidões, como no caso da teoria clássica do valor trabalho em que a expressão "quantidade de trabalho" é "substituída por "tempo de trabalho", com muito maior ganho heurístico. De outro lado, todas as categorias da economia política clássica são submetidas a um escrutínio decisivo, que é sua historicização, isto é, sua "desnaturalização", tomadas que serão agora como fenômenos histórico-sociais concretos. Finalmente, uma terceira operação realizada por Marx no que diz respeito à economia política clássica foi a introdução, naquele universo analítico-conceitual, de novos problemas e perspectivas, como são, por exemplo, as problemáticas da forma do valor e do fetichismo da mercadoria, além da radical inovação representada pela introdução do capítulo da mercadoria e a dinâmica ontológica que ela traz para a estrutura expositiva de O Capital (RUBIN, 1974; MULLER, 1982; PAULA, 2014).

Para Marx, como para seu mestre Hegel, a história de uma disciplina, de uma ciência, da filosofia, tem que ser posta como um "problema", por esta mesma disciplina, para esta ciência, para a filosofia. Hegel admitiu que se assim não for, a história acaba por ser um amontoado, uma coleção de fatos externos, "de acontecimentos acidentais que formam o seu conteúdo", (...), "a história da filosofia é, também ela, científica, e converte-se, pelo que lhe é essencial, em ciência da filosofia." (HEGEL, 1961, p. 43).

Assim, é o caso de tratar a história do pensamento econômico como um "problema" do pensamento econômico, que pressupõe que a matéria a ser historiada tenha sido submetida ao trabalho do conceito, que terá que ser desenvolvido, isto é, que deverá ter explicitadas, extrinsecadas todas as suas potencialidades. "Todo o conhecimento e cultura, a ciência e a própria ação, não visa a outro escopo senão a *exprimir* de si o que é em si, e deste modo a se converter em objeto para si mesmo." (HEGEL, 1961, p. 62).

Trata-se, desde logo, de avisar que a história do pensamento não pode se dar na primeira visada do objeto, não pode ser idêntica ao inventário de seus fatos. A história do pensamento só é possível depois que o espírito tenha totalizado todas as circunavegações, que permitir-lhe-ão, ao espírito, ao ser, à ideia, desdobrar-se em todas as suas virtualidades, descobrindo, nessa exaustiva ação da negatividade, a sua incoercível demanda de autoemancipação, de autoconhecimento, de autorrealização.

Marx se pôs a construir uma história do pensamento econômico depois de ter aprendido o conceito como totalidade concreta, "como síntese de muitas determinações, como unidade do diverso." (MARX, 1974, p. 122). A frase de Marx ressoa, de muito perto, à frase de Hegel: "Portanto, o concreto é simples e, ao mesmo tempo, diverso. Esta interna contradição, que é precisamente o que provoca o desenvolvimento, leva as diferenças à existência." (HEGEL, 1961, p. 66).

Com a colaboração dos *Grundrisse*, 1857/58, Marx concluiu a parte geral de sua pesquisa visando à crítica da economia política, iniciada em 1843. O termo, ainda provisório, de sua investigação deu-se com a descoberta do conceito de *mais valor*, ou mais valia, para ficar com a tradução mais conhecida no Brasil. De posse deste efetivo conceito-síntese totalizador, Marx deu início a um trabalho que se mostrou igualmente complexo e árduo, e que restou inacabado, de elaborar a "reposição da crítica da economia política" segundo princípios dialéticos. Em 1859, Marx publicou "Para a Crítica da Economia Política", que em seus dois capítulos, sobre a mercadoria e sobre o dinheiro, realizou aquele tríplice objetivo: expôs e aperfeiçoou as teorias sobre mercadoria e dinheiro da economia política, criticou as teorias da mercadoria e do dinheiro da economia política; superou a economia política pela incorporação de novos conceitos, que deslocaram a órbita tradicional na qual girava a economia política. (MARX, 1974).

Por diversas razões, depois de esboçar um terceiro capítulo, o capítulo sobre o capital, que completaria o livro de 1859, Marx ampliou o plano expositivo esboçado em 1857/58 e lançou-se a um novo plano, mais ambicioso e abrangente, que só foi integralmente concluído com a publicação, em 1867, do livro I de *O Capital*, e de sua segunda edição, em 1873 (ROSDOLSKY, 2001).

Fazem parte do novo plano de Marx, de elaboração da crítica da economia política, os *Manuscritos 1861-63*, que, entre outros materiais, contém o texto, que foi publicado por Karl Kautsky, em 1905/10, e que tem sido chamado de *Teorias da Mais Valia* (MARX, 2010; 1987; 1980). Em 1929, foi publicado em russo, a segunda edição revista do livro de Isaac Ilyich Rubin, *Uma História do Pensamento Econômico*, que reunia, em texto, um curso que Rubin ministrou sobre as *Teorias da Mais Valia*, de Marx. Este livro de Rubin, é mais uma prova da extraordinária acuidade de Rubin, de sua inigualável capacidade de não só expor com clareza e lucidez a matéria, quanto fazer isto trazendo para o objeto o brilho criativo da sua imaginação e de sua coragem (RUBIN, 2014).

Com o que se disse sobre a história do pensamento econômico, de Marx a Schumpeter, o que se comprova é o quanto elas são tributárias de um ponto de vista, que, tomado como referência, organiza não só a exposição do tema, mas seus significados. E podem ser trazidos outros exemplos dessa mesma natureza. Citem-se, para escapar aos exemplos costumeiros, duas obras pouco lidas hoje em dia. Othmar Spann, filósofo, economista e sociólogo, publicou em Viena, em 1910, *História das Doutrinas Econômicas*. Neste livro as correntes de pensamento são agrupadas em três blocos: individualistas, universalistas e materialistas. Entre os individualistas estão: os fisiocratas, os clássicos e os marginalistas. Entre os universalistas: os mercantilistas, os românticos e a escola histórica. Os materialistas agrupam as escolas socialistas. As simpatias do autor vão para os universalistas. A conclusão do autor é que a teoria econômica ainda não havia encontrado uma perspectiva unitária, mas que esta seria possível. Para isso seria necessário descartar-se o socialismo. Entre as duas outras correntes, diz Spann:

> A luta entre individualismo e universalismo há de se transferir para o campo puramente científico e analítico, e, segundo todos os resultados críticos anteriormente expostos, não cabe dúvida, para mim, de que a verdade e a vitória estarão com o universalismo (SPANN, 1934, p. 275).

Othmar Spann aparece no livro de Georg Lukács, *O Assalto à Razão*, ali Lukács caracteriza a posição de Spann como típica da direita nacionalista e católica da Áustria, que, em vão, buscou se manter independente da expansão nazista, mediante o governo protofascista de Dollfuss, assassinado em 1934, que abriu caminho para a "Anexação" (*Anchluss*) de 1938 (LUKÁCS, 1959, p. 519-520).

Em 1939, Jenny Kretschmann de Griziotti, professora da Universidade de Pavia, publicou *História das Doutrinas Econômicas*, livro que traça panorama do pensamento econômico, que teria grande proveito se voltasse a ser lido, pela amplitude e sistematicidade da matéria, pelo cuidado em destacar autores, que pouco frequentam a literatura corrente sobre pensamento econômico como Maquiavel e Cantillon, destacando a importância do pensamento econômico italiano, e uma ampla e criteriosa cobertura das principais correntes do pensamento da Europa e dos Estados Unidos (GRIZIOTTI, 1951).

Os livros de Spann e Griziotti, outros muitos poderiam ser lembrados, foram trazidos aqui para mostrar, que todas as "histórias do pensamento" são tributárias de um núcleo inegociável de sentido, que explicitamente ou não, a um tempo, seleciona, organiza, hierarquiza, valora, qualifica, desqualifica, sendo, na verdade, a elaboração de uma história do pensamento econômico, um capítulo de uma disputa ideológica, teórica, política e social e cultural, cuja motivação básica é fazer soar, alta e potentemente, as várias vozes que a homofonia do capital tenta interditar, desqualificar, ignorar.

Essas repetidas tentativas de interdição se põem, às vezes, como "boutades", tomadas como "frases de efeito". Alguém diz: "Só é possível filosofar em alemão!"

Outro alguém, com estudada ironia, diz: "Não. Em grego também." E todos ficam felizes e em paz em seus cosmopolitanismos e em seus medos do provincianismo e do ridículo, que seria pretendermos, nós da periferia, pensamento original e consistente. Esta é a perfeita confirmação da ampla vitória do colonialismo. Nós, tristes habitantes destes trópicos, pensamos, mas, como novos "messieurs Jourdains" não ousamos dizer que pensamos, pela introjeção, estouvada, porque nem mesmo os termos do problema são bem entendidos, da condenação hegeliana: "somos povos sem história". Ora, como assim, quem disse que a história europeia, a história alemã, é única forma de história possível? Por que não acreditar, pelo menos neste caso, em Santo Agostinho, e dizer, com ele, que o Espírito sopra onde quer e quando quer, e que, neste sentido, na sua caminhada na história, a caminhada da periferia e do capitalismo, do Brasil, pode ser outra, é sempre outra, e que nestas outras possibilidades de construção histórica, a emancipação humana poderá ser construída mediante um novo quadro de referências em que a diversidade, a pluralidade, a alteridade, a sustentabilidade sejam o solo nutriente de uma sociabilidade emancipada?

Reivindicar que a história não corre apenas nos regatos frios do norte, significa reconhecer, como sujeitos, legítimos e potentes, uma multidão de grupos, comunidades, instituições, que, expelidas ou refratárias, não disputam lugar no mundo que o capital criou. Uma voz particularmente expressiva na explicitação de uma alteridade radical é Eduardo Viveiros de Castro, quando diz:

> O índio, ao contrário, é uma palavra que acho que só existe no plural. Índio, para mim, é índios. É justamente o contrário de pobre. Eles se definem pelo que têm de diferente, uns dos outros e eles todos de nós, e por alguém cuja razão de ser é continuar sendo o que é. Mesmo que adotando coisas da gente, mesmo que querendo também a sua motocicleta, o seu rádio, o seu Ipad, seja o que for, ele quer isso sem que lhe tirem o que ele já tem e sempre teve. Não é todo mundo que quer ser igual ao branco. O que aconteceu com a história do Brasil é que foi um processo circular de transformação do índio em pobre. Tira a terra, tira a língua, tira a religião. Aí o cara fica com o quê? Com a força do trabalho. Virou pobre (CASTRO, 2014).

Não é possível exagerar as implicações políticas, econômicas, sociais, culturais e epistemológicas da recusa dos índios em se submeterem ao capital. Reconhecer a legitimidade da reivindicação dos índios em se manterem índios, significa uma radical recusa do ditado absoluto da modernidade capitalista, que só entende a história, isto é, o devir, como a replicação das experiências das potências dominantes do capitalismo central.

Admitir a possibilidade e a legitimidade de caminhos alternativos ao capital significa, também, ampliar o leque de referências filosóficas e culturais para além do cânone da modernidade burguesa. Significa, ao fim e ao cabo, reconhecer a legitimidade de variadas vozes, o reconhecimento da existência de alternativas à razão instrumental, sob a forma de racionalidades não-manipulatórias, que reúne nomes como Montaigne, Giordano Bruno, Pascal, Spinoza, Vico, Rousseau, Goethe, entre outros (BORNHEIM, 1993). São essas mesmas racionalidades não-manipulatórias, que autorizam que se reivindique a legitimidade ética e heurística "do perspectivismo ameríndio", a saber:

> todo vivente é um pensante? Se Descartes nos ensinou, a nós modernos, a dizer "eu penso, logo existo" – a dizer, portanto, que a única vida ou existência que consigo pensar como indubitável é a minha própria -, o perspectivismo ameríndio começa pela afirmação duplamente inversa: "o outro existe, logo pensa". E se esse que existe é outro e então seu pensamento é necessariamente outro que o meu. Quem sabe até deva concluir que, se penso, então também sou um outro. Por isso só o outro pensa, só é, interessante o pensamento enquanto potência de alteridade (CASTRO, 2008, p. 117-118).

Há na ideia do "perspectivismo ameríndio" um múltiplo desafio, e uma ironia desconcertante, afinal, são os índios que podem nos ensinar, aos brasileiros, a potência do pensamento livre, um incancelável desejo de liberdade e autonomia. Pensamento que não se apequena porque radicalmente outro, porque radicalmente capaz de superar as dicotomias natureza-cultura, sujeito-objeto, ciência-filosofia, política-poesia. Como diz Eduardo Viveiros de Castro:

> vejo o perspectivismo como um conceito da mesma família política e poética que a antropofagia de Oswald de Andrade, isto é, como uma arma de combate contra a sujeição cultural da América Latina, índios e não-índios confundidos, aos paradigmas europeus e cristãos. O perspectivismo é a retomada da antropofagia oswaldiana em novos termos (CASTRO, 2008, p. 129).

Tem algo de *non sense* a recorrente suspeita, ou certeza, que tem acometido gerações de brasileiros sobre nossa capacidade de pensar, de filosofar, de teorizar. Um capítulo recente dessa trágica derrisão foi relatada no livro recente de Paulo

Margutti, *História da Filosofia do Brasil, O Período Colonial (1500-1822)*, de 2013, quando, ainda ele professor de Filosofia da Faculdade de Filosofia da Universidade Federal de Minas Gerais, tomou conhecimento de parecer de comissão de avaliação do MEC, que sugeriu, o que foi acatado pelo colegiado do curso, suprimir o curso de Filosofia Brasileira do currículo do curso de Filosofia daquela Faculdade, ao mesmo tempo que se incluía mais um curso de Lógica (MARGUTTI, 2013, p. 9-10).

O suposto dessa decisão, explicitamente ou não, seria a inépcia do objeto. Afinal, existiria pensamento filosófico brasileiro, e ainda mais, existiriam "condições da possibilidade" de existência de filosofia no Brasil? Antes de avançar, registre-se algo de grotescamente paradoxal contido nessas indagações, que é o fato óbvio e quase pueril fato de que a simples indagação sobre a existência de filosofia no Brasil, de suas fragilidades ou inconsistências, são, em si mesmos, problemas filosóficos, que responder, de algum modo à essas questões, é fazer filosofia.

Essa suspeita sobre nossa capacidade de pensar nunca grassou entre nossos juristas. É perfeitamente aceito, entre nós, a existência de uma forte e antiga tradição jurídica, que vindo de Coimbra, aclimatou-se vigorosamente no País, dando ao País, a partir de 1827, duas importantes vertentes de pensamento jurídico: em Olinda/Recife, a partir de viés filosófico; em São Paulo, sob viés estatista (BEVILAQUA, 1977; MACHADO NETO, 1969; VENÂNCIO FILHO, 2005).

Não recebeu igual aceitação a existência de um pensamento político brasileiro. Raymundo Faoro publicou, em 1994, um livro com o seguinte título – *Existe um Pensamento Político Brasileiro?* (FAORO, 1994). Este livro é parte de um debate, que aberto com um texto publicado em Estudos CEBRAP, n. 3, 1973, e que depois foi capítulo de livro de Roberto Schwarz, sobre Machado de Assis, *Ao Vencedor as Batatas*, de 1977 (SCHWARZ, 1977). O capítulo em questão, "As ideias fora do lugar", suscitou um debate em que se envolveram vários autores, a partir de perspectivas e campos de conhecimento diversos.

As ideias fora do lugar surpreenderam, no Brasil do século XIX, o cediço do liberalismo brasileiro assentado na dominação, "impolítica e abominável", do trabalho escravo. Desse descompasso, entre a realidade nacional e as ideias liberais importadas da Europa, teceu-se uma trama ideológica em tudo distinta da europeia. Diz Schwarz:

> Cada um a seu modo, estes autores refletem a disparidade entre a sociedade brasileira, escravista, e as ideias do liberalismo europeu. Envergonhando a uns, irritando a outros, que insistem na sua hipocrisia,

estas ideias – são referências para todos. Sumariamente está montada uma comédia ideológica, *diferente da europeia*. É claro que a liberdade do trabalho, a igualdade perante a lei e, de modo geral, o universalismo eram ideologia na Europa também; mas lá correspondiam às aparências, encobrindo o essencial – a exploração do trabalho. Entre nós, as mesmas ideias seriam falsas num sentido diverso, por assim dizer, original (SCHWARZ, 1977, p. 13-14).

Logo depois de ser publicado, "As Ideias fora de lugar", tornou-se o centro de importante debate, em que, estava-se ainda sob a ditadura militar, o que efetivamente estava em jogo, nem sempre podia ser inteiramente explicitado. Fernando Henrique Cardoso, comentando o debate, em 1977, e se colocando ao lado de Schwarz, disse que o texto de Schwarz fora criticado por "puristas" e "rigorosos" (CARDOSO, 1980, p. 18). Em 1976, nos *Cadernos de Debate, História do Brasil*, n. 1, da Editora Brasiliense, Maria Sylvia Carvalho Franco deu entrevista em que diz que "As ideias estão no lugar", por uma única decisiva razão, que é o fato do Brasil estar inserido no sistema mundial, em que "a produção e a circulação de ideias só podem ser concebidas como internacionalmente determinadas, mas com o capitalismo mundial pensado na forma indicada, sem a dissociação analítica de suas partes" (…). Isto é: "colônia e metrópole não encobrem modos de produção essencialmente diferentes, mas são situações particulares que se determinam no processo interno da diferenciação do sistema capitalista mundial, no movimento imanente de sua constituição e diferenciação." (FRANCO, 1976, p. 62).

Raymundo Faoro escreveu seu livro já nos anos 1990. A ditadura militar já não mais existia, a Nova República já tinha vivido duas eleições diretas para a Presidência da República, e, no entanto, a democracia brasileira parecia ressequida. Para Faoro, a ausência de uma efetiva tradição liberal no Brasil, desde o período colonial até aquela parte, tinha produzido uma espécie de monstro. De fato, Faoro dirá que existiu sim, pensamento político no Brasil, desde sua época colonial, o qual experimentou variadas reformas desde a ação pombalina. O que singularizou, no entanto, esse pensamento político é que ele interditou o liberalismo, que tendo sido soterrado continuou existindo, como um elo perdido, como corrente subterrânea que irrompe "na superfície em momentos de desajuste do sistema e da crise (…)":

"O liberalismo, ao se desenvolver autenticamente, poderia, ao sair da crisálida da consciência possível, ampliar o campo democrático, que lhe é conexo, mas pode ser-lhe antagônico. (…) O Estado seria outro, não o monstro patrimonial-estamental-autoritário que está vivo na realidade brasileira (FAORO, 1994, p. 84-85).

O debate que se estabeleceu a partir de "As Ideias fora do lugar" nem sempre pode deixar claro, pelo contexto repressivo em que se deu, todas as suas efetivas motivações. No caso de Fernando Henrique Cardoso sua intervenção é parte de um conjunto de textos, que visavam, de um lado, afirmar "que pelo menos algumas ideias sobre o desenvolvimento econômico são originais da América Latina (CARDOSO, 1980, p. 18), e de outro lado, num duplo movimento, defender sua versão de "teoria da dependência", que depois acabou sendo chamada de "teoria weberiana da dependência", ao mesmo tempo em que atacava a "teoria marxista da dependência", em particular as ideias de Ruy Mauro Marini.

Trata-se, no caso do desdobramento do debate entre Fernando Henrique Cardoso e Ruy Mauro Marini, de explicitação de divergência radical entre perspectiva que defendia a ruptura revolucionária de ordem capitalista na América Latina, e a crescente moderação acomodatícia, que já marcava a posição de Fernando Henrique Cardoso, então. A posição de Maria Sylvia Carvalho Franco tem uma visada teórica, que busca superar o que se poderia chamar de "dualismo resistente" do pensamento brasileiro e latino americano, da Cepal à teoria da dependência, as ideias de um "interno", um "externo", como realidades estanques, quando, para Maria Sylvia, o que importa considerar é o sistema capitalista como um todo" sem a "dissociação analítica de suas partes" (FRANCO, 1976, p. 62).

A intervenção de Raymundo Faoro no debate tem outras referências teóricas e motivações políticas. Faoro vai argumentar que a rarefação, para não dizer a ausência, da cultura política liberal no Brasil significou o bloqueio de possibilidades democráticas, que sempre são abertas pelo liberalismo, sobretudo pelo que ele permite e estimula de participação popular. Na ausência desta cultura política liberal, diz ele, o Brasil teria cristalizado um Estado "monstruoso", "patrimonial-estamental--autoritário". A veemente pregação liberal de Faoro teve papel importante na luta contra a ditadura militar. Contudo, não é possível acompanhá-lo, inteiramente, na coextensividade que ele vê entre liberalismo e democracia. Com efeito, o liberalismo não é, necessariamente, um caminho para a construção democrática, como se pode ver, por exemplo, na história do Brasil em que os momentos efetivamente democráticos da vida brasileira, foram protagonizados por movimentos populares, do campo e da cidade, que reivindicaram a distribuição da renda, da riqueza e do poder, como os "cabanos" no Pará, os "balaios" no Maranhão, os "sabinos" na Bahia, como a saga de Canudos e do Contestado.

Com efeito, a perspectiva liberal que tem sido o fio condutor da narrativa da história política do Brasil acaba por omitir, ou minimizar, a existência de vários projetos em disputa de construção nacional, durante o século XIX. O fracasso do projeto de construção do Império luso-brasileiro, com sede no Brasil, liderado por D. Rodrigo de Souza Coutinho, Conde de Linhares e José Bonifácio, não significou o abandono do essencial daquele projeto, que era a continuidade da dominação do senhoriato dominante, desde a época colonial.

E assim se fez. O senhoriato colonial tornou-se senhoriato nacional, preservando todos os seus privilégios, a escravidão, o latifúndio, a exclusão social. Depois de um brevíssimo período em que os trabalhos da Constituinte de 1823 prometiam ventos liberais, a Constituinte, outorgada, de 1824, não deixou dúvida quanto ao que se seguiria: "A Constituição reconhece os contratos (sic) entre os senhores e os escravos; o governo vigiará sobre sua manutenção." (PRADO JÚNIOR, 1957, p. 54).

O primeiro reinado nasceu sob uma crise, a *Confederação do Equador*, 1824, e terminou sob outra, a *Abdicação*, de 1831. No intervalo, entre 1831 e 1840, o país experimentou seus anos mais turbulentos e suas mais promissoras expectativas. As chamadas "revoltas provinciais", em alguma de suas versões plebeias e disruptivas, ensaiaram a abolição, a distribuição de terra, a democratização política. Com o golpe da maioridade e a Lei de Interpretação do Ato Adicional, em 1840, os ventos democráticos foram substituídos pela pesada calmaria do 2º Reinado e sua longa vigência, até 1889. A ultra centralização do 2º Reinado, obra do *Tempo Saquarema* (MATTOS, 1987), não foi aceita sem resistências e contestações, a Revolução Liberal, de 1842, foi um dos polos, talvez o mais visível, de uma série de projetos que disputaram a hegemonia política e cultural do País na segunda metade do século XIX, que reuniu, também: o "projeto americanista", cujo representante mais conhecido é Tavares Bastos; as várias correntes no interior do republicanismo positivista – o jacobinismo militar de Benjamin Constant a Nilo Peçanha; o porfiriato civilista representado por Júlio de Castilho; o jacobinismo civilista, de Silva Jardim; o republicanismo dos fazendeiros, que, afinal, governará o país depois de Floriano Peixoto, até 1930. A esses projetos republicanos do senhoriato e seus aliados, a classe média, militar e civil, acrescentem-se, ainda, os Partidos monarquistas, liberal e conservador, responsáveis pela construção do Estado Nacional e das instituições fundamentais da ordem capitalista: o mercado de terras e o mercado de trabalho, por meio da Lei de Terras, de 1850, do Código Comercial, de 1850, da Abolição Gradual – 1850/1871/1885/1888, da Lei de Locação de Serviços, de 1879 (SAES, 1985; CARVALHO, 1981 e 1988; COSTA, 1987).

A essa profusão de projetos nacionais provindos do senhoriato, agreguem-se os projetos nascidos dos movimentos sociais e políticos populares, para compor o complexo e nuançado quadro da vida política brasileira no século XIX.

É a partir desse quadro, que se deve considerar, com certo espanto, as teses que, traindo um colonialismo extremado, se indagam sobre a existência de um autêntico, legítimo, original, pensamento brasileiro. Foi contra isso que se levantou Paulo Margutti e desafiando consensos ou verdades tidas como consabidas disse, que não só existe filosofia no Brasil, desde o seu descobrimento, como esta filosofia é do Brasil. É com um pouco deste espírito lúcido e corajoso de Paulo Margutti, que se vai defender, aqui: 1) que existe pensamento econômico do Brasil, desde, pelo menos, o século XVII; 2) que as referências e motivações desse pensamento confundem-se em suas raízes luso-brasileiras; 3) que existe história do pensamento econômico do Brasil, desde o século XIX.

Raízes do pensamento econômico do Brasil

O pensamento econômico brasileiro, não tem, é certo, a mesma idade da economia brasileira, por duas razões básicas: a primeira razão tem a dimensão do inverificável. Afinal, a presença de comunidades humanas no território que é chamado de Brasil, antecede, de muito, é certamente milenar, a chegada dos europeus ao território nos séculos XV-XVI. A outra razão apresenta, igualmente, dificuldade heurística na medida em que supõe que o Brasil só passou a existir depois de 1822 ou 1831, na medida em que, antes disso, entre 1500 e 1822, o que existiu foi a América Portuguesa. Tal ruptura, em sentido perfeito e isento de ambiguidades, só ocorreu do ponto de vista da modificação jurídico-político do País, que de colônia tornou-se nação independente, sem que isto tenha significado alteração substantiva da condição subordinada da economia brasileira, agora não mais submetida, exclusivamente a Portugal, ao mesmo tempo, que, em decisivos aspectos culturais, Portugal e Brasil continuaram a compartilhar um imenso patrimônio simbólico, referências, valores, para além do idioma. Vale dizer, que muito do que os brasileiros são, muito do que pensam sobre si mesmos, sobre os outros, e sobre o mundo, foi forjado num processo em que as raízes lusas e brasileiras, de tal modo se entrelaçaram, que o resultado é uma quase completa miscibilidade, a cultura luso-brasileira. Esta cultura, como qualquer outra, não supõe homogeneidade ou harmonia, na medida em que expressa interesses e perspectivas diversas. É o que se apresenta quando se considera, por exemplo, as obras de escritores nascidos no Brasil e que se lusitarizaram, e em sentido inverso, de escritores portugueses que se braziliaram: um Tomás Antônio Gonzaga (1744-1812), nascido no Porto e que tão brasileiro se fez; em sentido contrário, um Rocha Pita (1660-1738), historiador baiano – "tão anti-índio, antinegro, pró--escravidão, antijudeu, anti-paulista, anti-Brasil, pró-Portugal", como disse José Honório Rodrigues, em sua *História da história do Brasil*, e citado por Francisco Iglésias (IGLÉSIAS, 2000, p. 34). Contraponto à posição de Rocha Pita, é o que representa o Padre Antônio Vieira (1608-1697), português, também defensor dos interesses do império português, e que, no entanto, entendeu que o melhor modo de servi-lo seria mediante a valorização de sua colônia. Vieira, que se formou no Brasil e se tornou o grande nome da cultura lusófona do século XVII. Veja-se, ainda, o caso do mineiro José Basílio da Gama (1741-1795), tão perfeitamente lusitano e pombalino, entre outros exemplos de complexas mimetizações e interações.

Os primeiros escritos sobre a terra conquistada, em 1500, seja a carta de Caminha, de 1º de maio de 1500, sejam as cartas de Américo Vespúcio, de 1503 e 1504, trazem informações significativas sobre a vida econômica dos habitantes da terra. Vespúcio disse – "não possuem panos de lã, nem de linho, nem mesmo de algodão, porque os não necessitam"; e que "nem têm bens de propriedade. Ao contrário: tudo lhes é comum.", e "vivem juntos, sem rei, nem Império", sendo que "cada qual é senhor de si"; e ainda que "não há entre eles comerciantes, nem comércio" (VESPÚCIO apud ANDRADE, 1941, p. 189).

Também outros observadores estrangeiros, no século XVI, Hans Staden, André Thevet, Jean de Léry, Ramúsio, Peter Cander, John Whithal, Thomas Griges Purser, Edward Fenton & Luke Ward, Francis Pretty, Robert Withrington & Christopher Lister, Andries Battel, Antonie Knivet, James Lancaster. No século XVII, Antônio de Herrera y Tordesilhas publicou, em 1601, "uma história dos feitos dos castelhanos nas ilhas e nas terras da América, que tem grande importância para a história do Brasil" (ANDRADE, 1941, p. 213). Seguiram-se outros relatos: em 1603, Cornélio Wytfliet; em 1611, François Pyrard de Laval; também de 1603, Jean de Laet; em 1621, George Spilburger e Jacob Le Maire; em 1624, Van Dort. Em 1625/26, surgiu a famosa coleção de viagens de Samuel Purchas, em 5 volumes, "condensando o que sabia dos descobrimentos marítimos e dos povos recém-

-descobertos no oriente e no ocidente." (ANDRADE, 1941, p. 214). Entre outros registros relevantes, sobre a vida brasileira, têm destaque no século XVII, o que foi produzido no âmbito da dominação holandesa por Gaspar Barleus, Guilherme Piso e George Marcgrav (ANDRADE, 1941, p. 217-219).

No século XVIII continuou intensa a produção de relatos sobre os temas brasileiros, a esses relatos de viajantes devem ser somados a profusa literatura dos missionários sobre o Brasil, desde o século XVI, com destaque para os documentos jesuíticos.

Os estudos de historiografia do Brasil costumam, depois de referência à carta de Caminha, deterem-se nas primeiras crônicas sobre a terra escritas na segunda metade do século XVI. Entre os cronistas desse momento – Pero de Magalhães Gândavo, Fernão Cardim e Gabriel Soares de Souza – há consenso em reconhecer o *Tratado descritivo do Brasil em 1587*, de Gabriel Soares de Souza, texto que permaneceu inédito até o século XIX, como o mais meritório. No século XVII, a obra de Frei Vicente do Salvador, de 1627, permanece legível, informada e útil, até hoje. Publicada apenas em 1887, a história do Frei Vicente descreve o essencial da história do Brasil da conquista até o início do século XVII:

> trata das lutas entre índios e o colonizador, com certa simpatia pelos dominados. Aponta os defeitos da colonização, no mau trato aos nativos, na subjugação dos brasileiros, nas práticas administrativas desonestas como o furto, o abuso do poder (IGLÉSIAS, 2000, p. 30).

Um pouco antes do livro de Frei Vicente do Salvador, em 1618, foi redigido um livro, *Diálogos das Grandezas do Brasil*, que foi publicado, em edição parcial e truncada, em 1845. Só em 1900 o livro apareceu em edição completa e adequada, fruto do trabalho de Capistrano de Abreu, que, também, elucidou a controvérsia sobre autoria do livro, atribuída com segurança a Ambrósio Fernandes Brandão (BRANDÃO, 1956).

Francisco Iglésias, diz, com razão, que *Diálogos das Grandezas do Brasil*, fonte para a história do Brasil, não é, exatamente, uma obra historiográfica. Com efeito, o livro de Ambrósio Fernandes Brandão deve ser visto como um livro de economia política, contemporâneo de outras obras pioneiras do pensamento econômico português, como são os *Discursos sobre los Comercios de las Indias*, de 1622, e *Alegación en favor de la Compañia de la India Oriental*, de 1628, de autoria de Duarte Gomes Solis (falecido circa 1630). Solis, representante do pensamento mercantilista português, teria defendido:

> Além de outras medidas preconizadas também por Manuel Severino de Faria (...) a criação de novos empregos, mediante o fomento industrial, aplicado as pessoas nos trabalhos da seda, dos lavores e das passamanarias. A promoção das artes mecânicas", evitando, "a saída de divisas e metais, obstando ao desemprego, e sendo uma arma contra a ociosidade (GOMES, 1999, p. 487).

António Sérgio, grande nome da historiografia e do ensaísmo português, muito procurou fazer para realçar algo que tem passado despercebido, por várias gerações de historiadores e analistas, qual seja a centralidade do pensamento econômico como campo privilegiado da construção nacional. Na *Antologia de Economistas Portugueses (Século XVII)*, organizada por António Sérgio, ele reúne as obras: *Diálogos do sítio de Lisboa*, 1608, de Luís Mendes de Vasconcelos; *Dos Remédios para a Falta de Gente* (1655), de Manuel Severim de Faria; e *Sobre a Introdução das Artes*, 1675, de Duarte Ribeiro de Macedo (SÉRGIO, 1974). Para Sérgio, esses economistas, já no século XVII, haviam detectado o mal de raiz, a causa primordial da crise portuguesa, que se seguiu à efetiva hegemonia econômica exercida por Portugal, no século XV. Para Sérgio a crise crônica portuguesa, que seria velha, então, de três séculos, tinha, não só, sido apreendida por estes economistas do século XVII, quanto os meios de superá-la tinham sido identificados. Diz Sérgio:

> Em resumo estes três autores seiscentistas iniciaram a doutrina da política de Fixação, contra a política do Transporte: e o reformismo português, desde aí até agora, será o desenvolvimento dos princípios que defenderam em suas obras. Em Luís Mendes de Vasconcelos é a Fixação pela agricultura; em Severim de Faria, pela agricultura e pelas indústrias; em Ribeiro de Macedo, finalmente, são as minúcias de um programa de fomento, industrial (SÉRGIO, 1974, p. 24).

Em outro texto, Sérgio precisou o que chamou de Política de Transporte e Política de Fixação:

> Podemos chamar as duas escolas, portanto, a "política de Fixação" e a "política de Transporte"; a política da produção e a política da circulação; a política da estabilidade e a política do aventurismo; a política nuclear e a política periférica; a política de D. Pedro e a política de D. Henrique; a política da boa e a política do mau capelo (SÉRGIO, 1972, p. 70).

Mas, a expertise dos economistas portugueses do século XVII não se restringiu à essa época, que foram significativas as contribuições de economistas portugueses de outros períodos sobre complexas e embaraçosas questões econômicas, muitas delas enredadas em proibições canônicas e dificuldades técnicas, como são os casos das letras de câmbio, da cobrança de juros (a usura), e da operação da bolsa de valores. Há uma polêmica sobre o pioneirismo de Portugal no lançamento das letras de câmbio. De qualquer modo, foram dois canonistas-casuistas portugueses, Fernão Rebelo (1547-1608), jesuíta, e Manuel Rodrigues (1545-1613), franciscano, importantes teóricos sobre câmbios. Fernão Rebelo, em seu *De Contractibus*, classificou e analisou os tipos de câmbio, que ele dividia em *real e seco*, afirmando a existência de "três modos, gerais e lícitos, de câmbio real, segundo uma tríplice utilidade, que podia advir da troca de moeda." (RAU, 1968, p. 213). Em perspectiva semelhante trabalhou Frei Manuel Rodrigues que "tratou da usura e dos câmbios" (RAU, 1968, p. 217). A questão aqui é, a severidade das proibições do direito canônico e da legislação secular, não impediram que as transações financeiras se dessem, em grande medida, porque a casuística e a interpretação das operações com câmbio, realizados por Rebelo e Rodrigues, subsidiaram a monarquia portuguesa em suas políticas, como se vê no dito por Virginia Rau:

> Mas, se os soberanos do século XVI promulgavam na sua legislação que era pecaminoso emprestar dinheiro a juros, tal fato nunca impediu "a Coroa de levantar dinheiro por empréstimo com interesses, às vezes bem elevados", praticando diferentes operações financeiras ou até contratos de crédito (RAU, 1968, p. 227-228).

Outro nome importante de economista financeiro português é José Penso, ou José de la Vega (falecido em 1692). "Primeiro teórico das operações da *bolsa*, a ponto de a sua obra ainda hoje ser compulsada, Penso de la Vega foi um prático, um comerciante, um financeiro, e a sua *Confusion de Confusiones* (1688) espelha uma experiência de *jogador* na bolsa de Amsterdã. O contributo de Vega é especulativo, teórico e oposto ao prático, assumindo que a *verdade do valor* pode residir, por acordo, em algo que não é o mesmo valor." (...) "Complementar de Vega, mas afeito a um pragmatismo imediatista, é o contributo do lisbonense Gabriel de Souza Brito (falecido circa 1719), autor de dois textos mercantilistas, ambos de 1606: *Epítome Cosmográfico*, e *Norte Mercantil*, no último dos quais define uma aritmética mercantilista e especulativa, contendo as regras e os segredos da arte dos câmbios, e das moedas europeias." (...) "Tanto Vega como Brito foram precursores do luso-holandês Isaac Pinto (falecido circa 1787), financeiro e administrador da Companhia das Índias, conviva de David Hume, de quem recebeu óbvias influências, e pertinaz apologista do ramo sefardita, na onda de estrangeirização que afetou as comunidades judaicas." (...) "Próximo, a vários títulos, de Isaac Pinto, encontraram o iluminista Antônio Nunes Ribeiro Sanches, que expôs seu pensamento econômico em dois textos: *Cartas sobre a Educação da Mocidade* (1760) e *Pensamento sobre o Comércio de Portugal*" (...) "A agricultura, o comércio, a indústria, as comunicações e a população ocupam, como vectores econômicos, lugares de relevo nas teses sanchinas." (GOMES, 1999, p. 489-490-491-493).

Nesse passo de lembrar a importância que o pensamento econômico teve em Portugal, vale o registro de José Ferreira Carrato:

> O primeiro ato das reformas pombalinas do ensino não foi, como pode parecer, o Alvará Régio de 28 de junho de 1759, que reestruturou, inteiramente as escolas menores. Foi a criação da primeira Aula de Comércio e de que talvez não haja notícia anterior na Europa de então (CARRATO, 1980, p. 30).

Entre os "estrangeirados" pensadores portugueses, que no século XVIII, sob o influxo do Iluminismo e de ação reformadora de Pombal, impactaram a vida política e cultural de Portugal três se interessaram por questões econômicas: Antônio Nunes Ribeiro Sanches, sobre o qual já se disse alguma coisa, Francisco Solano Constâncio e Luis António Verney. Luis António Verney (1713-1792), autor do *Verdadeiro Método de Estudar*, foi a figura central do grande movimento reformador, que, inspirado no espírito das luzes, buscou atualizar a vida cultural portuguesa. Verney, em grande parte de sua vida morou na Itália, e ali recebeu direta e fortemente as melhores influências do Iluminismo italiano. Amigo íntimo de Antonio Genovesi, o Genuense, foi decisivo divulgador de sua obra filosófica. Sua *Lógica*, formou gerações de estudantes de filosofia no Brasil e em Portugal. Genovesi, além de filósofo, dedicou-se à economia política, tendo sido o primeiro regente de uma cadeira de economia política na Europa, em Nápoles (MONCADA, 1941, p. 89).

Verney assimilou uma das mais ricas e abertas tradições do iluminismo europeu. Na Itália, o iluminismo assumiu uma radicalidade humanista com importante sentido emancipatório. Com Cesare Beccaria, por exemplo, filósofo e economista, o iluminismo se aproximou de uma problemática que era então, e continua sendo, efetivamente democrática e emancipatória: a denúncia da tortura, da opressão, da injustiça, que é o conteúdo do livro de Beccaria *Do Delito e das Penas*, de 1764. Beccaria, Pierro Verri, Galiani, Genovesi, fazem parte da Economia Política clássica italiana, que nada fica a dever, em termos de acuidade analítica, às outras escolas nacionais de economia política, sobretudo por sua firme reivindicação "das coisas concretas, da experimentação e do sentido de intervenção reformista sobre o mundo." (MONCADA, 1941, p. 90).

O outro estrangeirado citado aqui, Francisco Solano Constâncio, dedicou-se, ainda mais, à economia. Médico, filólogo, economista, Constâncio traduziu para o francês, em 1819, *Os Princípios da Economia Política e da Tributação*, de Ricardo, dois anos depois da edição do livro em inglês. Traduziu para o francês no mesmo ano de sua 1ª edição, em inglês, 1820, *Os Princípios da Economia Política*, de Malthus; em 1821, traduziu para o francês a crítica que William Goodwin fizera ao livro de Malthus, colocando-se, firmemente, ao lado de Goodwin, como também foi adepto das ideias de Sismondi. Constâncio defendeu ideias econômicas, que, depois, foram sintetizadas na obra de Friedrich List, de 1841, *Sistema Nacional da Economia Política*, e a proteção da indústria nacional nascente (SILBERT, 1981, p. 123-175).

Sempre haverá surpresas, mas é razoável supor, que, hoje em dia, já não se pense no pensamento mercantilista como uma espécie de condensação de erros e puerilidades. De resto, já também parece ter se difundido a compreensão de que o mercantilismo não é um bloco homogêneo, que não só eles foram vários, mas que se transformaram ao longo do tempo, como se vê no caso português:

> O pensamento mercantilista português passou por três fases distintas. A primeira, estende-se aproximadamente do século XVI a meados do século XVII e foi principalmente influenciado pelos pensadores italianos e espanhóis. A segunda fase, foi mais ou menos de 1650 a 1750, sendo marcada por influências francesa e inglesa. Finalmente, durante a última metade do século XVIII as doutrinas mercantilistas caíram sob o fogo do pensamento liberal inglês e do pensamento fisiocrático francês quando estes se tornaram conhecidos em Portugal (HANSON, 1986, p. 130).

Foi longa, talvez um pouco mais do que em outros países, a hegemonia do pensamento mercantilista no Império Português. Só no final do século XVIII e início do século XIX a economia política clássica vai se incorporar ao ambiente cultural do império, e, em grande medida, pela ação de dois brasileiros, Hipólito da Costa e José da Silva Lisboa. Antes disso, complete-se, ainda que panoramicamente, o quadro do pensamento econômico luso brasileiro, entre os séculos XVII e XIX. Inicie-se com o Padre António Vieira. José Honório Rodrigues viu-o como "doutrinador do Imperialismo Português", o que é muito bem dito (RODRIGUES, 1970). Ao lado do orador sacro, do missionário, do diplomata, do escritor de gênio, deve-se agregar à figura de Vieira sua atuação como economista. Disse José Honório:

> Vieira distinguiu-se especialmente pela defesa dos cristãos novos, contra os processos do Santo Ofício, pela admissão dos judeus dispersos na Europa, para com seu capital, formar duas companhias de comércio, a Oriental e a Ocidental, que, à semelhança das holandesas, desenvolvessem e defendessem o comércio português, na Índia e no Brasil (...). Todo o seu pensar ia aos negócios de Estado (...) como conselheiro político de D. João IV defendeu com convicção algumas ideias fundamentais, procurando vencer os escrúpulos de consciência e o despreparo espiritual que dificultava, ao lado da corrupção administrativa e do tomar o alheio, o florescimento do mercantilismo português (RODRIGUES, 1970, p. 35-36-37).

Um Vieira economista é o que, também, António Sérgio surpreendeu, em alguns de seus sermões (SÉRGIO, S.D.). Em 1656, na matriz do Belém do Pará, Vieira pregou o sermão da primeira oitava da Páscoa, "Sobre as verdadeiras e as falsas riquezas", que é quase um programa econômico. Neste sermão em que Vieira busca consolar os colonos das capitanias do Estado do Maranhão pelo fracasso em descobrir as minas de ouro e prata, há toda uma trama sutil de argumentos, que vão da interpretação do texto bíblico à análise econômica de grande lucidez.

> Vieira inicia seu sermão relendo a passagem do falso presente que Jacob ofereceu a seu pai, dizendo que o ouro e a prata são como aquele presente de Jacob, falso presente. Em primeiro lugar, porque tais presentes despertariam, inevitavelmente, a cobiça estrangeira, as guerras, as invasões. Lembra a seguir que foi a prata hispânica que levou os romanos a ocuparem a península. E conclui "um dos maiores castigos que Deus podia dar a esta cidade e a este Estado era descobrirem-se nele minas. (VIEIRA, *apud* RODRIGUES, 1970).

Deus dá as minas como castigo e não como graça, vejam as terríveis condições de trabalho nas minas de Potosi, diz Vieira. O aumento da burocracia para fiscalizar o trabalho das minas, o abandono dos canaviais, as fugas dos escravos para escapar ao tormento do trabalho nas minas, eis as consequências da mineração na perspectiva de Vieira – As Minas da América espanhola só lhe têm feito despovoar e empobrecer. "Estes cavam e navegam a prata, e os estrangeiros a logram." (VIEIRA *apud* SÉRGIO, S.D., p. 119).

Seria um exercício algo ocioso inventariar as inúmeras contradições e ambiguidades da doutrinação de Vieira. Mais útil, seria, como fez Alfredo Bosi, reconhecer nestas contradições muitas das contradições do sistema colonial, como um todo (BOSI, 1993, p. 119). É ainda de Alfredo Bosi as complexas e reveladoras relações entre o Padre Vieira e um outro jesuíta, Antonil, pseudônimo de João Antonio Andreoni, que se colocando como uma espécie de anti-Vieira, é seu exato complemento. Diz Bosi:

> Neste Andreoni rente ao bom senso, respeitoso de tudo quanto estiesse firme e estabelecido, refratário a utopias e profecias e conciliante e diplomata com senhores de engenho e preadores de índios, escondia-se literalmente o nosso primeiro economista. (...) estrangeiro, não português, já não barroco, um racional e objetivo. (BOSI, 1994, p. 157).

João Antonio Andreoni, Johannes Antonius Andreonius, nascido em Lucca, na Toscana, chegou ao Brasil em 1681, a convite do Padre António Vieira, que o conhecera, quando de sua estadia na Itália. Antonil publicou, em 1711; *Cultura e Opulência do Brasil por suas Drogas e Minas* (ANTONIL, 1966), livro fundamental para a compreensão da economia da colônia, no inicio do século XVIII. Há nesse livro um tal realismo, que, beirando a brutalidade, antecipa a "economia política ciência lúgubre" de que falou Malthus. Antonil não recua frente ao reconhecimento dos interesses dos grandes proprietários. Não se vexa de aprovar punições severas aos escravos, recomendando aos senhores que se eximissem de maus tratos, que pudessem matá-los ou matar os filhos, que as escravas carregassem em seus ventres. A obra de Antonil tem suscitado no Brasil, e fora dele, justo interesse. Publicado, em 1711, com as licenças devidas, o livro foi proibido, logo depois de publicado, por receio da coroa portuguesa da revelação de suas minas recém descobertas. O livro voltou a aparecer, no início do século XIX, em extratos. A partir de 1837, foi publicado, integralmente, algumas vezes. Uma edição integral, antecedida por estudo crítico, assinado por Affonso de Taunay, surgiu em 1923; em 1967, Alice Canabrava, republicou o livro com sua importante introdução; em 1968, saiu a tradução francesa do livro, feita por Andreé Mansuy, que também o enriqueceu com introdução e substanciosas notas; em 1965, apareceu uma edição em fac-símile sob a responsabilidade de José Antônio Gonçalves de Melo Neto (IGLÉSIAS, 2000, p. 37).

Outro contemporâneo de Antonil, e igualmente da Companhia de Jesus, Jorge Benci, publicou, em 1700, livro – *Economia dos Senhores no Governo dos Escravos* – que deve ser considerado como documento importante do pensamento econômico brasileiro, do início do século XVIII (BENCI, 1977). Alfredo Bosi, compulsou documentação na Itália, que mostra a existência de uma aliança entre Antonil e Benci, contra António Vieira, na sensível questão da escravização de indígenas, de que Vieira era um permanente adversário. Diz Bosi:

> Vieira não podia deixar de ressentir-se amargamente com as manobras de Andreoni e Benci reforçadas pelo sacerdote holandês Jacob Roland, que chegaria a escrever uma *Apologia dos paulistas*... O grande lutador queixou-se, mais de uma vez, da política de conluio dos padres estrangeiros, isto é, não portugueses, em tudo oposta à fibra dos jesuítas de São Paulo, sempre ciosos de seus aldeamentos e sempre hostis às incursões rapinosas dos bandeirantes (BOSI, 1994, p. 151).

Fernando Novais, em seu clássico *Portugal e Brasil na crise do Antigo Sistema Colonial (1777-1808)*, insistiu, com razão, na decisiva questão do tráfico de escravos africanos como um dos pilares do Antigo Sistema Colonial. A possibilidade de substituição da escravização dos africanos pela escravização "dos negros da terra", dos índios, teria sido um desastre para os interesses do grande capital mercantil metropolitano." (NOVAIS, 1979).

Com efeito, todas as complexas questões teológicas e políticas que envolveram a proibição da escravização dos índios, a deflagração da guerra justa, ao lado da construção da ideologia do indigenismo no Brasil, devem ser consideradas à luz da centralidade do tráfico de escravos na dinâmica do Antigo Sistema Colonial e deste no processo de acumulação primitiva do capital.

Em meados do século XVIII, dois nomes ainda devem ser lembrados nessa reconstituição panorâmica do pensamento econômico luso-brasileiro, Alexandre de Gusmão e Manoel Ribeiro Rocha. Alexandre de Gusmão (1695-1753), nascido no Brasil, em Santos, é listado entre os economistas brasileiros, que atuaram em Portugal. Um seu biográfo brasileiro, diz: "As ideias mercantilistas de Alexandre de Gusmão são geralmente comprovadas por uma curta memória de sua autoria conhecida pelo título de "Cálculo sobre a perda do dinheiro do reino", elaborada em fins de 1748 ou princípio de 1749. "Este trabalho de Gusmão teve grande êxito e foi muito divulgado na segunda metade do século XVIII e início do XIX, tendo sido reimpresso numerosas vezes". Além deste texto escreveu ainda outras obras econômicas como *A Grande Instrução* (1736) e o *Parecer que o alvará que alterava a programática de 1748* (1750) (LIMA SOBRINHO, 1978, p. 48-52).

Foram já lembrados, aqui, os nomes de Vieira, Antonil, Benci, todos eles jesuítas e todos eles empenhados, como disse Ronaldo Vainfas, na construção de um "projeto escravista-cristão" (VAINFAS, 1986). Outro nome importante deste projeto é o do padre secular, Manuel Ribeiro da Rocha, nascido na Bahia, e que em 1758 publicou *O Etíope resgatado, empenhado, sustentado, corrigido, instruído e liberado* (ROCHA, 1992). Vainfas resumiu assim os propósitos do livro:

> Assim, entre acusações aos comerciantes e senhores que compravam escravos ilegítimos, constrói um vasto plano de regularização destes casos, para a glória de Deus e salvação da alma dos pecadores e restauração das leis. (...) A obra de M. R. da Rocha, que alguns incluem numa espécie de protoabolicionismo frustrado, se nos afigura como um excelente exemplar do discurso escravista cristão que tentou, inclusive, adequar-se à consciência dos senhores – senão na linguagem (jurídico- teológica), ao menos no conteúdo das propostas, inclusive as mais ousadas (VAINFAS, 1986, P. 141-144).

Se a estes nomes, agregar-se, o que será feito mais à frente, o do bispo Azeredo Coutinho, ter-se-á um quadro, que não é equivocado dizer configura o protagonismo da Igreja Católica na construção da "ideologia do colonialismo do Império Português, para ficar com expressão criada por Nelson Werneck Sodré (SODRÉ, 1965).

O século XVIII português pode ser dividido em três grandes momentos: o inicial, de 1706 a 1750, é marcado pela euforia decorrente da descoberta do ouro de Minas Gerais. Oliveira Martins com a costumada indignação e fúria, disse:

> Foi sobre o ouro e os diamantes do Brasil que se levantou o novo trono absoluto de D. Pedro II; foi com ele que D. João V, e todo o reino, puderam entregar-se ao entusiasmo desvairado dessa ópera ao divino, em que desperdiçaram os tesouros americanos. O acaso, pai sem virtudes deste filho pródigo chamado Portugal bragantino, concedeu a um tonto o uso de armas perigosas, abrindo-lhe de par em par as portas dos arsenais; e D. João V, enfatuado, corrompeu e gastou, pervertendo-se também a si e desbaratando toda a riqueza da nação. Tal foi o rei. O povo, pastoreado pelos jesuítas, beato e devasso, arreava-se agora de pompas, para assistir como convinha à festa solene do desbarato dos rendimentos do Brasil (MARTINS, 1913,2° v. p. 150).

O segundo momento do século XVIII português, foi o do consulado pombalino. Entre 1750 e 1777, o marquês/duque tentou reverter o que já se anunciava catastrófico. O reformismo ilustrado; mercantilista e despótico de Pombal, foi equilibrado, e lucidamente, considerado por Francisco Falcon, assim:

> Quando se pensa nas realizações concretas dessa prática ilustrada pombalina logo se destaca o grande avanço conseguido em direção à secularização da sociedade, cujo preço, entretanto, foi bem alto, importando na contestação do poder eclesiástico no geral e no antijesuitismo no particular. A partir desse questionamento, desdobrou-se uma sucessão de medidas que, em diferentes níveis, vieram discutir, limitar ou suprimir, conforme o caso, as bases econômicas (bens, rendimentos e recepção de doações), políticas (presença do governo e ultramontanismo) e jurídico (as doutrinas e o ensino de direito) e, finalmente, ideológicas (as escolas, as universidades, a censura, a Inquisição) desse poder. (...) "Em seu conjunto, não poderia o historiador deixar de ver na prática ilustrada uma enorme variedade de pontos positivos e conquistas efetivas, embora não faltem também as hesitações, os aspectos negativos (FALCON, 1982, p. 487-488).

Positivas que tinham sido as medidas pombalinas, elas não foram capazes de sustar a marcha da crise estrutural, crise do Antigo Regime, no qual Portugal tem papel secundário, mas não irrelevante, na medida de seu ainda considerável império colonial. O terceiro momento de Portugal do século XVIII, pós-1777, foi marcado pela chamada "viradeira", que, na verdade, pouco virou, porque, no essencial, os ventos reformadores continuaram a soprar com igual resultado, isto é, escassos. No específico do pensamento econômico este momento assistiu ao, até então, mais sistemático esforço de enfrentar a crise do império mediante estudos e propostas informadas, que seriam emanadas da Academia de Ciências de Lisboa, criada em 1779, e que recebeu o título de Real, em 1783. O Estatuto da Academia, no seu artigo 1º, dizia:

> O zelo e o amor da pátria, animado com o louvor e o beneplácito de sua Majestade, estabelece em Lisboa, à imitação de todas as nações cultas, esta Academia de Ciências, consagrada à glória e felicidade pública, para adiantamento da Instrução Nacional, perfeição das Ciências e das Artes e aumento da indústria popular (FIGUEIREDO, 1915, p. 299).

Importa a este texto destacar as Memórias Econômicas produzida no âmbito da Academia, que entre 1789 e 1815, foram enfeixadas em 5 volumes (FIGUEIREDO, 1915, p. 300).

Os cinco volumes das *Memórias Econômicas* da *Academia Real de Ciências de Lisboa*, são um extenso repositório das atividades produtivas, rurais e urbanas, da população, do comércio, do dinheiro e dos juros, da metrópole e suas colônias. Diz Joel Serrão, que pela profusão é "impossível enumerar o conjunto de trabalhos que constituem os cinco volumes de *Memórias Econômicas* – publicados nos anos de 1789, 1790, 1791, 1812, 1815) (SERRÃO, 1974, 3º v., p. 214).

Algumas das *Memórias Econômicas* da Academia Real de Ciências de Lisboa abordaram questões importantes da realidade brasileira e devem ser consideradas como fazendo parte do pensamento econômico brasileiro como a *Memória e respeito dos escravos, tráfico da escravatura entre a Costa D'África e o Brasil*, de 1793, de autoria de Luiz Antônio de Oliveira Mendes (MENDES, 1977). Maria Beatriz Nizza da Silva, em *A Cultura Luso-Brasileira da reforma da universidade à independência do Brasil*, de 1999, analisou o papel da *Academia* e de suas *Memórias Econômicas*, no desenvolvimento cultural e material do Brasil (SILVA, 1999). Entre os autores de *Memórias Econômicas* significativos para o Brasil tem particular relevância o bispo Azeredo Coutinho, cuja obra foi compilada e analisada por Sérgio Buarque de Holanda (HOLANDA, 1966).

A recepção da Economia Política no mundo Luso-Brasileiro

A vida cultural, em países de tradição católica, foi, em grande medida, e durante muito tempo, influenciada pela Inquisição e pelas várias restrições às liberdades de expressão e pensamento, que dominaram o consórcio entre catolicismo e absolutismo, quanto à circulação de ideias. Esses constrangimentos são amplamente reconhecidos e são inegáveis. Contudo, se tais restrições tiveram um efetivo poder empobrecedor da vida cultural, não foram capazes de impedir a circulação de ideias, mesmo as mais perigosas para a Igreja e a ordem estabelecida, mesmo em país tido como cioso da ortodoxia, como Portugal.

As fissuras, os espaços livres, que permitiram, apesar da censura e das restrições oficiais, da Igreja e do Estado, a veiculação de ideias devem-se a um complexo de circunstâncias decorrentes de ambiguidades e descuidos da legislação, e da inépcia do aparato repressivo. Inicie-se o exame desta questão pela discussão dos ordenamentos, que regulavam a circulação de livros no mundo católico. Esta matéria foi regulada pelo *Código de Direito Canônico*, resultado de uma longa e intermitente redação, que tendo se iniciado no final do século IV, teve sua estrutura básica definida com "a organização sistemática, nos cinco Livros Conhecidos, que recebeu a aprovação pontifícia na Bula *Rex Pacificus*, em 5 de setembro de 1234, quatro anos depois de haver recebido São Raimundo o encargo de redigi-la" (LOPEZ, ORTIZ, 1957, p. XI). Registre-se que, rigorosamente, o *Código de Direito Canônico* não pode ter, por sua própria natureza, uma redação definitiva, na medida em que a história sempre põe para a Igreja novos problemas e perigos.

O *Código de Direito Canônico*, em seu Livro 3º, *Das coisas*, quarta parte, *Do Magistério Eclesiástico*, em seu capítulo XXIII "Da prévia censura dos livros e de sua proibição", Cânones de 1384 a 1405, regula a circulação de livros, incluídas aí publicações diárias e periódicas, no âmbito do cristianismo. É de se notar que no Cânone 1399, que busca tipificar os livros proibidos, em seus doze tipos, a ênfase recai sobre livros que tratam de matérias religiosas ou morais, sem explícita menção a temas sociais, políticos ou econômicos, os quais seriam proibidos na medida em que incidissem sobre matéria de ordem religiosa, sujeita à interpretação das autoridades religiosas.

É como parte desses dispositivos do "Código de Direito Canônico", que foi elaborado o *Index Librorum Prohibitorum*, também de modo intermitente: em 325, o *Concílio da Nicéia* proibiu o livro *Thalia*, de Ario; o Papa Anastásio (390-402), condenou a obra de Orígenes; o Papa Leão, o Grande (438-440), reprovou os escritos dos Maniqueus; o Papa Pio V (1566-1572), instituiu a Santa Congregação do Índice que incorporou as contribuições dos Papas: Paulo V (1555-1559), Pio IV (1559-1568), Clemente VIII (1592-1602), Alexandre VII (1655-1667), Bento XIV (1740-1758) e Leão XIII (1878-1903). Em 1753, Bento XIV; em 1766, Clemente VIII e 1896, Leão XIII, baixaram normas visando regular os procedimentos a ser seguidos na proibição dos livros (ÍNDICE, 1930, p. VI-VII). De tal modo, que não é exagero dizer que o tema da proibição dos livros teve sempre lugar importante na ação da Igreja.

Apesar disso, apesar da permanente sanha censória, os livros circularam, mesmo os proibidos, no mundo luso-brasileiro.

Um exame, ainda que não muito detido, do Índice de Livros Proibidos, revela surpresas às vezes desconcertantes. Por exemplo: entre os livros proibidos está o livro de Erasmus Darwin, *Zoonomia or the laws of organic life*, mas não o de seu neto Charles Darwin, *A origem das Espécies*. Livros de Fourier, de Saint-Simon, de Considerant, de Proudhon, está lá, mas não qualquer obra de Marx, Engels, ou Bakunin. Livros, especificamente, de economia política aparecem pouco no Índice; está lá: de Bernard de Mandeville – *The fable of the bees, or private vices public benefits*; de Antonio Genovesi – *Lezioni di commercio o sia d'economia civile*; de John Stuart Mill

– *Principles of Political Economy with some of their applications to social philosophy*. Ao que deve ser acrescentado o que de economia política está na *Opera Omnia*, de David Hume. Outros nomes importantes do pensamento econômico aparecem no Índice ainda que os livros proibidos não sejam de economia como: John Locke, Cesare Beccaria, Pietro Verri, Sismondi, Bentham, Condillac, Destutt de Tracy. Um dos destaques do Índice são os iluministas, não só os franceses, que Lessing e Kant também frequentam a lista. Os ilustrados franceses são multidão: Mably, Marmontel, La Mettrie, Raynal, Condorcet, D'Alembert, D'Holbach; Diderot, Montesquieu, Helvetius, Rousseau, Voltaire, além de Descartes, de Pascal, de Montaigne, Spinoza, Hobbes, Grotius, Puffendorf, Jovellanos e o Padre Vieira. Autores com obras voltadas para a realidade colonial também aparecem como o abade de Raynal. No campo literário foram proibidas: Heine, Montalvo, Samuel Richardson e sua *Pamela*, Sterne, Stendhal, Balzac. Desconcertante, talvez, é constatar que se os "libertários" estão todos no Índice, os "libertinos" só aparecem ali na figura de Aretino e do Conde de Mirabeau, omitindo-se as notórias obras de Crébillon Fils, de Restif de La Bretonne e do Marquês de Sade (Donatien-Alphonse-François).

Para bem avaliar a questão é necessário lembrar que a censura da Igreja não foi a única que se exerceu, porque também o Estado português se ocupou da matéria.

A Inquisição foi estabelecida em Portugal, em 1536. A partir daí três forças censórias existiram em Portugal: a do Santo Ofício, a Ordinária e a do Desembargo do Paço, as duas primeiras a serviço da Igreja, a última do Estado. "Em 1551 os censores já dispunham de um índice expurgatório: o *Rol dos livros defesos* elaborado pelo Cardeal Inquisidor Geral, o infante D. Henrique. Em 1581 fez-se um *Index Librorum prohibitorum*." (MORAES, 1979, p. 51).

Este sistema de uma tríplice censura funcionou até 1768, quando, por decisão de Pombal, foi criada a *Real Mesa Censória*, que unificou o sistema de censura. Novamente, em 1787, por decisão de D. Maria I, foi criada a *Comissão Geral para o Exame e a Censura dos Livros*, que continuou a atuar em Portugal, mesmo depois de extinta a Inquisição no País, em 1821 (MORAES, 1979, p. 51).

Sobre esse aparato censório, diz Rubens Borba de Moraes:

> O fato é que entrou no Brasil em todas as épocas, muito livro proibido o que confirma o que toda a gente sabe (salvo os policiais de todos os tempos): a censura, a apreensão ou confisco nunca, em tempo algum, impediram a circulação de livros considerados nocivos. Haja vista o que aconteceu com a *Encyclopédie*, de Diderot e D'Alembert. Proibida

na França, foi vendida na própria França em quantidade tal que enriqueceu os impressores. Uma coleção chegou à Bahia, outra alcançou São João Del-Rei. Passaram incólumes pelas vistas da França, Portugal e Brasil (MORAES, 1979, p. 59-60).

A censura, de fato, não impediu que se formassem no Brasil bibliotecas consideráveis inicialmente pelos jesuítas e outras ordens religiosas, em conventos e seminários, por particulares e finalmente em bibliotecas públicas, a partir de 1811, em Salvador. As bibliotecas dos jesuítas no Brasil, a partir de sua chegada, em 1549, tinham acervos significativos: a biblioteca do Colégio de Santo Alexandre, no Pará, em 1760, tinha mais de 2000 volumes; a do Colégio de Vigia, 1.010; o total de livros nas casas jesuíticas, no Pará e Maranhão, em meados do século XVIII, chegava a 12.000 volumes; o Colégio do Rio de Janeiro tinha 5.434 volumes, nesta mesma época; a maior biblioteca da ordem em Salvador, em 1759, tinha 15.000 volumes; além das bibliotecas de São Paulo, Olinda e Recife (MORAES, 1979, p. 4-5).

Lembre-se que essas bibliotecas não atenderam apenas aos padres e alunos, "mas qualquer pessoa que fizesse o pedido competente." (MORAES, 1979, p. 5). A expulsão dos jesuítas, em 1759, determinou considerável impacto negativo sobre a circulação de livros no Reino:

> Livros retirados dos colégios ficaram amontoados em lugares impróprios, durante anos, enquanto se procedia ao inventário dos bens dos inacianos. Só uma ou outra obra foi incorporada aos bispados, algumas remetidas para Lisboa, a quase totalidade foi dilapidada, roubada ou vendida como papel velho a boticários para embrulhar unguentos. O clima úmido e os insetos deram cabo do restante (MORAES, 1979, p. 6).

Outros religiosos mantiveram em seus conventos bibliotecas. Beneditinos, franciscanos e carmelitas, mantiveram escolas de ensino de primeiras letras e cursos superiores.

Destacam-se entre as instituição de ensino do Brasil, na segunda metade do século XVIII, os Seminários de Mariana, fundado em 1750, e de Olinda, fundado em 1798, pelo bispo Azeredo Coutinho, ambos seminários com excelentes bibliotecas: "Azeredo Coutinho organizou junto ao Seminário uma excelente biblioteca. A livraria do Seminário de Mariana era muito boa a julgar pelo que disseram viajantes estrangeiros em princípios do século passado." (MORAES, 1979, p. 21-22).

Ao lado das bibliotecas dos religiosos, outros letrados mantiveram livrarias significativas no Brasil do século XVIII. É o caso do advogado de Mariana, José Pereira Ribeiro, que nasceu em Congonhas do Campo, em 1764, e morreu em Mariana, em 1798. Bacharel em Leis pela Universidade de Coimbra, em 1787, que, de volta ao Brasil trouxe "livros incendiários", entre eles a obra do abade Raynal. A biblioteca do dr. José Pereira Ribeiro, tinha 201 obras, em 486 volumes, incluindo-se entre elas obras iluministas, revolucionárias e heréticas, como as de D'Alembert, Robertson, Genovesi, Mably, Febronio, Voltaire, Bielfeld, Vattel, Montesquieu, Condillac e Wolf (LEITE, 1995).

Outra biblioteca notável da época, é a do bispo de Mariana, dom frei Domingos da Encarnação Pontével, com 412 títulos e 1066 volumes, "quiçá uma das maiores do período colonial." (VILLALTA, 1992, p. 373).

Entre as bibliotecas dos inconfidentes mineiros a do cônego Luís Vieira da Silva é a mais significativa, pelo tamanho, 241 títulos e 556 volumes, e qualidade. Eduardo Frieiro disse:

> Não é pois arriscado afirmar que os intelectuais da Villa Rica leram tudo o que quiseram ler. Do Cônego Luís Vieira, a julgar pelos livros que possuía, pode-se dizer que foi um mineiro que respirou a plenos pulmões os melhores ares do espírito do tempo (FRIEIRO, 1957, p. 20-21).

A circulação de livros e ideias, na colônia e na metrópole, deu-se apesar da censura e suas idiossincrasias, por assim dizer. É, talvez, essa a expressão mais adequada para caracterizar as restrições que pesavam sobre livros como a *Réflexions sur la métaphysique du calcul infinitésimal*, de Carnot, o *Traité de la manie*, do Dr. Pinel, na mesma medida em que *O Werther*, de Goethe, os *Essais*, de Montaigne, e a *Riqueza das Nações*, de Adam Smith, que só poderiam ser lidas mediante licença (MORAES, 1979, p. 56).

Concentre-se, agora, a análise na recepção da economia política no mundo luso-brasileiro. Uma providência inicial, nesse caso, é, ao buscar caracterizar a consolidação da economia política como campo específico de conhecimento, não desqualificar o pensamento econômico mercantilista, como se faz muitas vezes.

Uma visão abrangente e compreensiva da gênese e características da economia política, é a que nos deu Marx. Para ele a economia política clássica não estava restrita a um período ou a um país. Tendo início no final do século XVII, na Inglaterra e na França, com Petty e Boisguillebert, a economia política foi desenvolvida com brilho nos Estados Unidos, por Benjamin Franklin, teve correntes importantes na

Itália, atingiu seu auge na Grã-Bretanha, com Smith e Ricardo, e na Suíça/França, com Sismondi. As categorias centrais, que caracterizariam a economia política, para Marx, seriam: a centralidade da órbita da produção, a teoria do valor-trabalho, a concepção da economia como sistema econômico baseado em relações entre classes sociais (MARX, 1974).

Para Marx a economia política representou um decisivo avanço na compreensão da sociedade burguesa, no momento mesmo em que se consolidava, com a Revolução Industrial, o que ele chamou de modo de produção especificamente capitalista. Nesse sentido, não há surpresa no fato de que os países foram pioneiros na construção da economia política clássica tenham sido aqueles pioneiros no desenvolvimento do capitalismo. De todo modo, se não se destacaram pela originalidade ou pela força teórica de suas obras, a economia política se espalhou, seus grandes livros e temas se incorporaram ao universo cultural de vários países. Um exemplo disso é a marcha das traduções da obra de Adam Smith, *Riqueza das Nações*, publicada em 1776: neste mesmo 1776, F. Schiller traduziu para o alemão o 1º livro de *Riqueza das Nações*; em 1779, foi a vez da tradução francesa, de Blavet; em 1779, a tradução italiana; entre 1779-80, a tradução dinamarquesa; em 1794, veio a tradução espanhola; de J. A. Ortiz; entre 1802-1806, saía a tradução russa. Em 1792, já tinham sido publicadas quatro traduções francesas do livro de Smith (GONNARD, 1947, p. 157).

Sob o título geral de "Economistas e Arbitristas", Don Marcelino Menéndez y Pelayo listou 30 obras de economia política, publicada na Espanha no século XVIII, com destaque para: *Lecciones de Economia Civil o del Comercio*, de 1779, obra de Don Bernardo Joaquín Danvilla y Villarrasa, que é um partidário de Adam Smith. Em 1784, o doutor D. Lorenzo Normante y Carcaviella, publicou *Discurso sobre la utilidad de los conocimientos econômico políticos y la necessidad de su estudio metódio*, e teria sido o primeiro professor público de Economia Política e Comércio, da Espanha. Em 1796, Dom José Alonso Ortiz, publicou – *Ensayo econômico sobre el sistema del papel-moeda e sobre el crédito público*, além da publicação da tradução da obra de Adam Smith, anotada (MENÉNDEZ Y PELAYO, 1954, 3º v., p. 91-93).

Em 1813, Hipólito José da Costa, traduziu e publicou, no *Correio Brasiliense*, em 9 números do periódico, "longos extratos dos *Principles d'economie politique*, de Simonde de Sismondi (ALMEIDA, 2002, p 367). Em 1832, o professor de Economia Política da Faculdade de Direito de Olinda, Pedro Autran da Mata e Albuquerque, publicou a tradução de *Elementos de Economia Política*, de James Mill (PAULA, 1942, p. 22).

A tradução para o português da obra de Adam Smith, *A Riqueza das Nações*, tem percurso atribulado e impreciso. Uma primeira menção a uma pioneira análise, em português, de *A Riqueza das Nações*, apareceu no *Parnaso Brasileiro*, do Cônego Januário da Cunha Barbosa (1829-1832), e retomado no livro de J. M. Pereira da Silva. *Os Varões Illustres do Brazil*, de 1858, Tomo Segundo, quando diz – "Claudio Manuel da Costa (...) foi o que primeiro escreveu na língua portuguesa acerca da nova ciência de economia política, que acabava de apresentar à Europa o célebre escocês Adam Smith: comentou Cláudio Manuel da Costa o *Tratado da origem das riquezas das nações*, publicado em Edimburgo, e remeteu o seu manuscrito para Lisboa, aonde foram a sua erudição e engenho apreciados e admirados pelos mais ilustrados espíritos da época." (...) (SILVA, 1858, p. 15-16).

Esses escritos de Cláudio Manuel da Costa sobre a *Riqueza das Nações* não teriam sido publicados, mas teriam tido ampla circulação.

Essa tese tem sido contestada por vários autores como: José Veríssimo, João Ribeiro e Sérgio Buarque de Holanda, entre outros. Entre os argumentos usados por Sérgio Buarque de Holanda, um não se sustenta, diz ele: "E a hipótese viesse a conhecer Adam Smith através do francês só pareceria plausível se não soubéssemos que a primeira tradução francesa da *Riqueza das Nações* data de 1794, quando Cláudio Manuel da Costa já não pertencia aos vivos." (HOLANDA, 1991, p. 252).

Parece que se equivocou o grande historiador brasileiro, já que houve tradução para o francês do livro de Adam Smith, em 1779. Sobre a mesma questão opinaram outros estudiosos, uns apoiando-se em Januário da Cunha Barbosa, outros, contrários a ele, negando a tradução de Adam Smith feita por Cláudio Manuel da Costa. De todo modo, não só é consenso a erudição de Cláudio, sua biblioteca, a segunda em tamanho entre os inconfidentes, 99 títulos e 344 volumes, além de ter amplo acesso à biblioteca do Cônego Luís Vieira da Silva, que era seu grande amigo.

Parece, com os dados disponíveis, ser possível aceitar a tese da tradução da *Riqueza das Nações*, por Cláudio Manuel da Costa, o que, se de fato ocorreu, teria ocorrido na década de 1780. Ora, é a data deste possível evento, que merece destaque, mais até que a eventual tradução mesma. Ter se cogitado a tradução da *Riqueza das Nações*, em Minas Gerais, na década de 1780, significa reconhecer uma insuspeitada sintonia cultural entre a colônia e os centros dominantes da alta cultura europeia, e em particular num campo, economia política, que está longe de ser de conhecimento comum. Que um burocrata, poeta, advogado, letrado das Minas Gerais, tenha tomado conhecimento de uma obra publicada em 1776, cujas traduções para idiomas que Cláudio dominava, francês e italiano, deram-se em 1779, e se proposto traduzi-la para o português está longe de ser trivial.

Outra tentativa de tradução para o português, de *Riqueza das Nações*, foi de Antônio de Moraes e Silva, o grande dicionarista e ativo militante da Revolução de 1817, em Pernambuco. Em carta José da Silva Lisboa, disse:

> eu li Smith em Londres, em 1793; mas mui por alto: outras aplicações me desviaram de o resolver de assento, e ponderadamente, fiquei-lhe todavia com a afeição que me obrigou a levar a Bahia a uma tradução que ali mostrei... (SILVA *apud* ROCHA, 1996, p. 34).

Finalmente, foi por instâncias do próprio José da Silva Lisboa, Visconde de Cairu, que seu filho, Bento da Silva Lisboa, traduziu, em 1811, *Compêndio da obra da Riqueza das Nações*, de Adam Smith, que juntamente com a obra de Stuart, em tradução francesa, *Recherches d'economie politique*, e duas obras de José da Silva Lisboa – *Memória econômica sobre a franqueza do commercio dos vinhos do Porto*, publicado no Rio, em 1812, e os *Princípios do Distrito Mercantil*, estavam presentes em várias bibliotecas brasileiras, de então, como a do poeta Manuel Inácio da Silva Alvarenga, participante da Inconfidência Fluminense, de 1795, e que tinha uma enorme biblioteca, para os padrões da época, 1576 volumes (MORAES, 1979, p. 33-35).

Um estudioso brasileiro, particularmente capacitado para a história do pensamento econômico, é Maurício Coutinho. Em artigo ainda inédito, tanto quanto eu sei, "Compêndio da obra da Riqueza das Nações de Adam Smith" (1811); a primeira versão em português da obra de Smith, por Bento da Silva Lisboa", Maurício Coutinho empreendeu análise, que ele chamou de preliminar, mas como sempre criteriosa, da tradução-compediada da obra de Adam Smith, destacando a qualidade da tradução. Diz Maurício:

> Embora não disponhamos de informações mais detalhadas e precisas sobre a formação intelectual e acadêmica de Bento Lisboa, a qualidade final do *Compêndio*, mesmo a informação, disposta nas primeiras páginas, de que se trata de um trabalho executado a partir do original inglês, indica no mínimo a elevada cultura e conhecimento das línguas portuguesa e inglesa do tradutor – para não falarmos na familiaridade com a temática da economia política. Enfim, louve-se a precocidade de Bento Lisboa ou acenda-se um sinal de alerta sobre a verdadeira autoria da tradução (COUTINHO, S.D., p. 2).

Interessante e plausível, a suspeita de Maurício Coutinho, não altera o que se defende neste texto. Se não foi Bento Lisboa o autor da tradução, outra pessoa terá sido, que se não for brasileiro, terá sido morador na colônia, e com perfeito domínio da língua inglesa, do idioma português e de economia política.

No contexto da crise que levou ao radical enfraquecimento do império português, com a vinda da corte para o Brasil, em 1808, o pensamento econômico luso-brasileiro foi marcado por três grandes nomes: o bispo Azeredo Coutinho, José da Silva Lisboa e Hipólito da Costa, todos os três nascidos no Brasil.

José Joaquim da Cunha Azeredo Coutinho, natural de Campos dos Goitacazes, capitania da Paraíba do Sul, em 8 de setembro de 1742, faleceu em 1821, como deputado das cortes pela Província do Rio de Janeiro e último Inquisidor do Reino, nomeado que fora em 1818. Filho de família rica, de senhores de engenho, foi levado para o Rio de Janeiro aos 6 anos de idade, onde aprendeu gramática, retórica, belas-letras, filosofia e teologia. Percorreu as capitanias do Rio de Janeiro e de Minas Gerais. Perdendo o pai aos 26 anos de idade, assumiu os negócios da família. Em 1775, cedeu a administração dos negócios a seu irmão e seguiu para Coimbra, para estudar filosofia e letras. Em 1784, nomeado deputado do Santo Oficio, passou a cursar curso Direito Canônico para obter licenciatura na matéria. Em 1791, publicou tratado sobre o preço do açúcar entre as *Memórias Econômicas da Academia Real das Ciências de Lisboa*. Em 1794 foi eleito bispo de Pernambuco, cargo que relutou firmemente em aceitar. Ainda em 1794, publicou, uma outra "Memória Econômica" – *Ensaio sobre o comércio de Portugal e suas colônias* – que garantiu considerável reconhecimento, inclusive fora do Reino (HOLANDA, 1966).

O *Ensaio sobre o Comércio de Portugal e suas Colônias*, foi traduzido para o inglês, em 1801, e para o alemão, em 1808, e apresenta perspectiva teórica firmemente liberal, contrária a "qualquer ingerência dos governos" na ordem econômica (HOLANDA, 1966, p. 30).

Não é possível saber, com certeza, se Azeredo Coutinho conhecia a obra de Adam Smith, antes da publicação de sua *Memória*, em 1794. Possível é, já que uma tradução francesa da obra, idioma que Azeredo Coutinho dominava, apareceu em 1779.

No ano em que efetivamente assumiu seu bispado, 1798, fundou o Seminário de Olinda, iniciativa que lhe garante lugar de destaque entre os educadores brasileiros, pela qualidade do ensino que ali se ministrou, que se abriu para a filosofia ilustrada (MORAES, 1979, p. 11).

Azeredo Coutinho pouco ficou em Pernambuco, retornando a Portuga,l em 1802, para ser bispo de Bragança e Miranda, cargo que se recusou a ocupar, assumindo, posteriormente, em 1806, o bispado de Elvas. Jamais voltou ao Brasil.

O pensamento econômico de Azeredo Coutinho é exemplo da cultura luso-brasileira, no momento de transição do mercantilismo para a economia política clássica. Vivendo esta transição como tensão e como problema, Azeredo Coutinho combinou, ambiguamente, aspectos mercantilistas e de economia política clássica em sua obra. Foi isto que o tradutor alemão de sua obra constatou, em 1808, diz Sérgio Buarque de Holanda: "Esse conservantismo fundamental de Azeredo Coutinho será assinalado, aliás, em 1808, pelo tradutor alemão de sua obra mais célebre, onde "refuta e retifica" vários pontos de vista do prelado fluminense." Os quais, no seu entender, se

> antes poderiam passar por verdadeiros e justos, já agora hão de parecer insustentáveis e infidedignos, depois que o grande inglês Adam Smith nos revelou os mais puros princípios da política e nos ensinou o único e mais seguro caminho para aumentar-se a riqueza das nações, e, por conseguinte, a felicidade dos povos (HOLANDA, 1966, p. 39).

Se é certo que a economia política, como campo específico do conhecimento, separado da filosofia moral, afirmou-se pelo pragmatismo, pela indiferença que vai cultivar diante do sofrimento humano, se a economia política se afirmou na medida em que se assumiu como "ciência lúgubre", como disse Malthus, então Azeredo Coutinho é um perfeito representante da economia científica. Disse Sérgio Buarque de Holanda:

> Deus acha-se estranhamente ausente da obra desse eclesiástico, salvo talvez onde pareça ajudar a justificar os apetites de alguns poderosos da terra. Em realidade, a ordem civil que apregoa independe de qualquer fundamento sobrenatural, como independe de uma ideia moral mais alta. Não pode assentar na justiça, por exemplo, nem na bondade ou na solidariedade humana – o fellow feeling de Adam Smith – alicerces demasiado frágeis para uma sociedade política (HOLANDA, 1966, p. 153).

Nelson Werneck Sodré, analisando o contexto no qual as obras de Azeredo Coutinho, José da Silva Lisboa e Hipólito da Costa surgiram, isto é, o período de pré-independência brasileira, identifica duas grandes correntes de ideólogos, à direita e à esquerda, que teriam a diferenciá-las o quanto acreditavam possível a conciliação entre

> os interesses da classe dominante colonial com os interesses da Coroa portuguesa. É a corrente da direita, a qual pertence Azeredo Coutinho e também Hipólito da Costa. E há uma corrente, que sente, pelo menos nas proximidades do desenlace, quando o processo atinge a sua fase de acabamento, a que pertence, por exemplo, José Bonifácio, que redige, inclusive, a reforma do regime de trabalho, vislumbrando a possibilidade de levar ao extremo limite a ampliação do mercado interno, o tocando até no regime de propriedade (SODRÉ, 1965, p. 28).

Não é possível acompanhar, inteiramente, Nelson Werneck em sua interpretação de Hipólito da Costa, contudo, sua visão de Azeredo Coutinho apreende o essencial de sua obra. Com efeito, Azeredo Coutinho é um defensor intransigente do Império português e esta defesa, é perfeitamente compatível com a valorização dos interesses das classes dominantes coloniais. Um historiador português, Armando de Castro, viu a obra de Azeredo Coutinho como enquadrada no que ele chamou de "modernidade doutrinal possível", que teria marcado a cultura luso-brasileira, entre 1780/1825, como expressão da reação do Reino à crise agônica do Antigo Regime, sob a forma da Revolução Francesa, da Revolução Industrial, da Independência norte-americana. Impactado por essas revoluções, o Império português reagiu num movimento, que tentou adaptar-se aos novos tempos sem desconstituir as velhas estruturas de mando, os privilégios, a dominação colonial. Teve lugar importante nesse esforço "de modernidade doutrinal possível", Azeredo Coutinho. Armando de Castro resumiu sua visão assim:

> defende o fomento da produção agrícola colonial de que a metrópole poderá reexportar os excedentes, não hesitando em sustentar que as colônias só possam comerciar diretamente com a metrópole e que não possam ter fábricas, sobretudo de têxteis, devendo vestir-se com as manufaturas metropolitana (CASTRO, 1980, p. 29).

Nelson Werneck Sodré havia surpreendido esta mesma visão estratégica em Azeredo Coutinho:

> Sente, em particular, que os interesses de sua classe na colônia, estão sendo prejudicados pela metrópole. O seu zelo se traduz na forma pela qual procura esclarecer a Coroa de que segue o caminho erra-

do. Defende, então, reformas liberais, no terreno econômico, e particularmente no terreno tarifário: a metrópole deve abrir mão de uma parte de seus lucros, para que a colônia cresça e progrida. Assim, uma e outra ficarão melhor, enriquecerão, e continuarão unidas por isso mesmo. Repudia as "francesias" e o que traz qualquer aparência de alteração profunda. Mas prega a acomodação, com interesses atendidos e harmônicos (SODRÉ, 1965, p. 29).

A sonhada consolidação do Império português, no qual os interesses da colônia, do Brasil, estivessem harmonicamente conjugados aos da metrópole, esvaiu-se em 1822. Azeredo Coutinho, deputado às Cortes de Lisboa, representante da capitania do Rio de Janeiro, não assistiu ao malogro de seus sonhos, morreu em 1821.

Azeredo Coutinho é desses personagens que a história parece não simpatizar. Os biógrafos e estudiosos de sua obra não escondem a pouca simpatia que têm pelo personagem. Manoel Cardoso não lhe concedeu sequer mérito especial no referente ao ensino ministrado no Seminário de Olinda, que teria sido inferior, na abertura para as novas ideias ilustradas, que o ensino nos colégios franciscanos do Rio de Janeiro, na mesma época (CARDOSO, 1970, p. 103).

Também negativa é a avaliação de Antonio Estevam de Lima Sobrinho, sobre Azeredo Coutinho, disse ele:

Na realidade o interesse de Estado era confundido com o interesse da grande lavoura. Pode-se julgar, sem exagero, que nos pensadores e nos economistas liberais o que efetivamente elaboraram foram argumentos capazes de favorecer ou fortalecer a ascendência dos grandes senhores de terras (LIMA SOBRINHO, 1978, p. 71).

É possível ter uma ampla concordância com os que criticam Azeredo Coutinho por seu conservadorismo, por seu explícito esforço militante pró-classes dominantes. No entanto, não será outro o juízo que se deverá ter sobre a obra de outros economistas, igualmente conservadores, como Malthus, que, no entanto, não têm suas obras desqualificadas por seus compromissos político-ideológicos? Nesse sentido, não será uma extravagância se se reivindicar tratamento isonômico para o bispo Azeredo Coutinho, que está longe de ser um economista irrelevante.

Hipólito José da Costa Furtado de Mendonça, nasceu na colônia de Sacramento, então pertencente ao Império português, como parte do Brasil, em 25 de março de 1774, e faleceu em 11 de setembro de 1823. Teve papel destacado no processo de Independência do Brasil, como jornalista e estudioso de temas políticos e econômicos. Bacharel em Leis e Filosofia pela Universidade de Coimbra, juntamente com outros brasileiros, foi recrutado por D. Rodrigo de Souza Coutinho, para participar do projeto de construção do Império luso-brasileiro. Em 1798, foi comissionado por D. Rodrigo para missão de estudos nos Estados Unidos e México. Voltou a Portugal, em 1800, imbuído das ideias liberais e filiado à maçonaria. Assumiu a direção da Imprensa Régia e foi enviado à Inglaterra para comprar livros para a Biblioteca e equipamentos para a Imprensa. De volta a Portugal seu crescente envolvimento com a maçonaria valeu-lhe ser preso pela Inquisição. Libertado depois de três anos de prisão, em 1805, seguiu para Londres, de onde não mais se afastou. Em 1808 iniciou a publicação de *Correio Braziliense ou Armazém Literário*, que circulou até 1822, primeiro periódico redigido por um brasileiro, que terá decisivo papel na divulgação de ideias liberais e no combate a instituições do Antigo Regime, vigentes em Portugal. Adepto do projeto do Império luso-brasileiro, só aderiu à tese da Independência depois de explicitadas as intenções das Cortes de recolonização do Brasil. Encarregado por D. Pedro I da representação da nova nação em Londres, faleceu sem ter podido exercer o cargo.

No *Correio Braziliense* publicou vasta matéria de economia e política. Traduziu para o português, em 1801, a *História do Banco da Inglaterra*, de E. Fortune, e *Ensaios Econômicos e Filosóficos*, de B. Rumford. Traduziu e publicou, no *Correio Braziliense*, longos trechos da obra de Sismondi, *Principes d'économie politique*, de 1813. Foi crítico de primeira hora do Tratado da Amizade e Aliança do Tratado de Comércio e Navegação, de 1810, que considerou lesivos aos interesses brasileiros, em postura que se não pode ser considerada protecionista ou industrializante é pelo menos desconfiada do livre-cambismo, da abertura irrestrita dos mercados (ALMEIDA, 2000, p. 345).

Outro tema decisivo da vida brasileira, que Hipólito José da Costa discutiu, foi a escravidão. Em 1815, no *Correio Braziliense*, ele diz: "Está por fim chegado o tempo em que esta questão da escravatura deve ser definida afinal." (...) "Hipólito volta ao tema depois de proclamada a Independência, apontando a contradição entre o objetivo de ter uma nação livre e a nefanda instituição." (...) "Hipólito esperava que o problema da escravidão fosse ser resolvido em poucos anos, ao consolidar-se a autonomia nacional." (ALMEIDA, 2000, p. 356-357).

A construção do Estado nacional brasileiro, diz Hipólito, demandaria a organização de estruturas administrativas capazes de promover a prosperidade do país: como é o caso da repartição pública que sugeriu ser criada, dividida em três seções:

a) correios, estradas, pontes, barcos de passageiros; b) terras, registro de propriedades de raiz e estatísticas do país; c) imigração, colonização, cultura de terras e lavra de minas." (ALMEIDA, 2000, p. 358).

Com efeito, essa proposta de estrutura administrativa de Hipólito da Costa, traduz uma concepção de administração pública, uma visão sobre o papel do Estado e das instituições fundamentais, da ordem capitalista, o mercado de terras e do trabalho, que o Brasil só muito tempo depois assimilou, de maneira seletiva e excludente. Com efeito, é o caso de reconhecer Hipólito da Costa como o mais "progressista", isto é, liberal, antiescravista e "industrializante" dos economistas brasileiros de sua época.

José da Silva Lisboa, o Visconde de Cairu, nasceu em Salvador, em 1756, faleceu em 1835. Apesar de pairarem dúvidas sobre a situação material de sua família, pode não ter sido de maiores dificuldades sua infância. Estudou na Universidade de Coimbra, entre 1774 e 1779, bacharelando-se em filosofia e direito canônico. Foi professor de filosofia e grego em Portugal e, posteriormente, na Bahia, até 1797. Neste mesmo ano foi nomeado deputado e Secretário da Mesa de Inspeção da Agricultura e Comércio de Salvador. Com a chegada da Corte à Bahia, em 1808, teria sugerido ao Regente a "Abertura dos Portos às nações amigas". Por sua, já então, significativa obra no campo de economia foi designado para assumir a *aula* de economia política, no Rio de Janeiro, que foi criada, mas não implementada. Ocupou diversos cargos na administração pública: foi membro da Junta de Diretores da Impressão Régia; Censor Régio; membro da Real Junta de Comércio e Agricultura, Fábricas e Navegação; deputado da Mesa do Desembargo de Paço e da Consciência e Ordens. Foi chanceler da Relação da Bahia; deputado constituinte em 1823, senador vitalício; de 1826 a 1835, notabilizado com o título de barão, em 1825, recebeu, em 1826, o título de Visconde. Foi tradutor, publicando, em 1812, *Extratos da Obra de Edmund Burke*.

Entre as obras significativas sobre Cairu, citem-se: o volume *Cairu*, organizado por E. Vilhena de Moraes, para o Ministério da Justiça e Negócios Interiores, publicado em 1958, na comemoração dos 150 anos da Abertura dos Portos (VILHENA, 1958); o livro de Antonio Paim, *Cairu e o Liberalismo Econômico* (PAIM, 1988); e de João Alfredo de Souza Montenegro – *o Discurso Autoritário de Cairu* (MONTENEGRO, 1982).

Jurista, jornalista, historiador desenvolveu intensa atividade política em perspectiva conservadora, monarquista constitucional, combatendo visões modernizantes como a dos irmãos Andrada, veiculadas no *Revérbero Constitucional Fluminense*. Seu ânimo polêmico voltou-se, também, contra Cipriano Barata, o Padre Feijó e muitos outros.

Mas, é como economista, que José da Silva Lisboa se projetou na vida brasileira. Adepto das ideias de Adam Smith, publicou, em 1804, *Princípios da Economia Política*, que é a primeira obra, em português, a buscar visão de conjunto da economia política. Depois de dois capítulos iniciais, que trazem reconstituição panorâmica da economia política e definições e princípios gerais, o livro vai expor as razões da superioridade da obra de Adam Smith, quando comparada à dos fisiocratas franceses, e à de outros economistas, em particular a James Stewart, cujo nome ele traduz como Jacques Stewart, talvez em função de ter lido a tradução francesa do livro de Stewart, em que o nome do autor, James, também foi traduzido. Depois de expor o sistema smithiano, José da Silva Lisboa, em parte especial do livro, resumiu as opiniões elogiosas à obra de Smith feitas por Dugald Stewart e seu tradutor para o francês, Germain Garnier, quanto reporta as críticas feitas à sua obra, incluídas aí a crítica feita pelo economista português Joaquim José Rodrigues de Brito, em seu livro *Memórias Políticas* (LISBOA, 1956, p. 239).

Princípios de Economia Política, é o segundo livro publicado por José da Silva Lisboa, que estreou em livro com *Princípios de Direito Mercantil*, de 1798. As obras de Cairu, somam dezenas de volumes: 5 livros de estudos históricos; 8 livros de direito; 14 obras de política, 5 livros sobre temas de educação e 8 livros de economia (PAULA, 1942, p. 46-47).

A essas obras deve ser agregado o volume publicado, postumamente, em 1851, "Ensaio Econômico sobre o Influxo da Inteligência Humana na Riqueza e Prosperidade das Nações".

Entre os livros de Cairu, ganharam maior notoriedade, além dos *Princípios*, *Observações sobre a Franqueza da Indústria e Estabelecimentos de Fábricas no Brasil*, publicado originalmente, em 1810, e republicado pelo Senado Federal, em 1999; e *Estudos do Bem Comum e Economia Política*, de 1819, republicado em 1975, pelo IPEA.

Em estudo em que analisam as vicissitudes da interpretação da obra de Cairu no Brasil, Fernando Novais e José Jobson de Andrade Arruda, mostraram que a obra de Cairu experimentaram viradas interpretativas ao longo do tempo. Em paralelo, ao juízo negativo decorrente das posições de Sérgio Buarque de Holanda, Celso Furtado, Emília Viotti da Costa, Déa Fenelon, a obra de Cairu recebeu, também, robustos elogios como os de Alceu Amoroso Lima (LIMA, 1956) e o de José de Almeida, que disse: "José da Silva Lisboa foi o economista brasileiro mais original, mais fecundo e o único que, até agora, produziu uma obra que, pelos conceitos que encerra e pelas doutrinas que divulga, pode ser considerada verdadeiramente imortal." (ALMEIDA, 1975, p. 3-4).

Copioso o elogio que José de Almeida tem um quase exato contraponto em Sérgio Buarque de Holanda. Cáustico, Sérgio Buarque de Holanda desconstituirá, por inepta, a suposta originalidade de Cairu, e seu conceito de "inteligência", que seria sua contribuição pessoal ao rol de determinantes da riqueza. Para Sérgio Buarque, a originalidade de Cairu, decorreria da tradução falha da palavra inglesa *skill*, que Cairu teria traduzido por *inteligência*, por influência da tradução francesa de Germain Garnier, da obra de Adam Smith (ROCHA, 1996, p. 41-42).

Pensador reacionário, José da Silva Lisboa explicitou, em vários momentos, seus compromissos antirrevolucionários, seu apego às ideias de Edmund Burke, que traduziu para o português, seus compromissos com a construção do Estado Nacional Brasileiro como consagração dos interesses do senhoriato, rural e urbano, do País. É a partir desse objetivo básico que a obra deve ser avaliada, como fizeram Fernando Novais e José Jobson: "Portanto, defini-lo como um ideólogo do senhoriato brasileiro descura a questão essencial: a de que foi exatamente este estrato social que, bem ou mal, empenhava-se em organizar a nação. Cairu, foi, efetivamente, o ideólogo do senhoriato brasileiro; mas não apenas isto, pois também pensou as condições possíveis para a construção do Estado nacional." (NOVAIS e ARRUDA, 1999, p. 26).

O pensamento econômico e história do pensamento econômico do Brasil

A vinda da Corte para o Brasil, em 1808 permitiu a aceleração da vida cultural da colônia. A permissão da Imprensa, a abertura de Bibliotecas Públicas, a maior liberdade na circulação de ideias e o incremento da agitação política, transformaram a vida política e cultural do Brasil. Nesse quadro, as ideias econômicas tiveram particular papel de vanguarda. É no debate de ideias econômicas, que o Brasil viu serem catalisados projetos e programas estruturadores da nação.

Idade D'Ouro do Brazil, primeira gazeta publicada na Bahia, a partir de 1811, foi um decisivo veículo de difusão e debate das grandes questões da colônia, então, mediante artigos sobre temas, como: população, povoamento, tráfico de escravos e escravidão, comércio marítimo, manufaturas, comércio, engenhos de açúcar, rebeldia de escravos, associações comunitárias (SILVA, 1978).

Também em 1811, foi fundada a Biblioteca Pública da Bahia, que em 1818, reunia 5361 volumes, além de uma importante coleção de periódicos, entre eles: *The New Annual Register*, de 1806 a 1810; *Repertory of Arts, and Manufactures*, até agosto de 1811; *The Times*, até agosto de 1811, *Morning Chronicle*, até agosto de 1811; *Weekly Messenger*, até agosto de 1811, *L'Ambigu*, até agosto de 1811; *Investigador Português*, junho e julho, de 1811 (SILVA, 1978, p. 116).

Outra instituição importante na dinamização da vida cultural da colônia foi a Tipografia de Manuel Antônio da Silva Serva, fundada na Bahia, em 1811, e que publicou 127 obras, entre 1811 e 1819, continuando a publicar significativamente na década de 1820. Entre as obras publicadas, ou reeditadas, estavam as de: "Bichat, Cabanis, Chateaubriand, Chesterfield, Fourcroy, Genovesi, Racine, Adam Smith, Weikard." (SILVA, 1978, p. 120).

Em 13 de maio de 1808, D. Rodrigo de Souza Coutinho, baixou decreto que criou a Imprensa Régia no Brasil, a qual foi administrada por junta de deputados, entre eles José da Silva Lisboa. Inicialmente voltada para a publicação de atos oficiais, a Imprensa Régia desenvolveu, rapidamente, importante papel na tradução e divulgação da matéria de interesse cultural e científico, destacando-se, em seus primeiros tempos, pela atenção que deu a temas de medicina. Logo em seu primeiro ano de funcionamento, a Impressão Régia lançou, de José da Silva Lisboa, *Observações sobre o comércio franco no Brasil*, 1808-1809, livro que teve grande repercussão. Diz Rubens Borba de Moraes:

> A economia política está bem representada em publicações da Impressão Régia a começar pela *Riqueza das Nações* traduzida por Bento da Silva Lisboa (1811) e pelas inúmeras obras de José da Silva Lisboa comentando e divulgando as doutrinas de Adam Smith. Estava, o futuro visconde de Cairu, convencido de que as teorias do economista inglês fariam a prosperidade do Brasil (MORAES, 1979, p. 114).

Com certeza, a fundação da Faculdade de Direito de São Paulo e Olinda, em 1827, mudou de qualidade do ensino e a pesquisa sobre economia política no Brasil. Uma outra matriz do ensino de economia no Brasil foi a representada pelas Aulas de Comércio. Em 23 de fevereiro de 1808, foi baixado decreto que criava, na cidade do Rio de Janeiro, uma cadeira de Ciências Econômicas, que acabou não sendo efetivada. Em 15 de julho de 1809, um Alvará, entre outras providências, prevê o estabelecimento de aulas de comércio. Em 2 de agosto de 1831, foi implantada uma Aula de

Comércio na capital da Província do Maranhão. A Lei n. 369, de 18 de setembro de 1845, autorizou a reforma da Aula de Comércio da Corte. O Decreto de 6 de julho de 1846, mandou executar o Regimento de Aula de Comércio da cidade do Rio de Janeiro. Em 1854, o decreto 769, autorizou o governo a reformar a Aula de Comércio desta Corte. Em 1856, o Decreto n. 1763, criou o Instituto Comercial do Rio de Janeiro. Em 1861, o Decreto n. 2741, reorganizou o Instituto Comercial do Rio de Janeiro, que teve seu Estatuto alterado pelo Decreto n. 7679, de 28 de fevereiro de 1863 (BUENO, 1964).

A Faculdade de Direito de Olinda, posteriormente transferida para Recife, em 1854, foi instituída em 11 de agosto de 1827, e começou a funcionar em 1828, oferecendo curso de Ciências Jurídicas e Sociais, que contemplava, no 5º ano, a cadeira de Economia Política. Destacaram-se na regência desta cadeira os seguintes professores: Pedro Autran da Mata e Albuquerque (1805-1881), que publicou: em 1848, *Elementos de Economia Política*; em 1851 – *Novos Elementos de Economia Política*; em 1859 – *Preleções de Economia Política*, que saiu em 2ª edição em 1862; em 1880 – *Manual de Economia Política*, também em 1886, *Catecismo de Economia Política* (BEVILAQUA, 1977, p. 305).

O mesmo Clóvis Bevilaqua dá notícia de tradução feita por Pedro Autran, que teria gerado ácida polêmica. Diz Bevilaqua – "Autran, por sua vez, no mesmo ano de 1832, empreendeu a tradução de *Economia Política*, de Stuart Mill, confrontando o original inglês com a versão francesa, e tendo por colaboradores os alunos Álvaro e Sérgio Teixeira Macedo." (BEVILAQUA, 1977, p. 304).

Equivocou-se Clóvis Bevilaqua ao atribuir a Stuart Mill, a autoria do livro escrito por seu pai, James Mill, em 1821. O sucessor de Pedro Autran na regência da cadeira de Economia Política, Lourenço Trigo de Loureiro, que era professor de francês, apontou erros na tradução de Pedro Autran que o deixaram crescentemente agastado. Clóvis Bevilaqua, sem tomar partido sobre a correção da crítica de Loureiro, argumentou que Pedro Autran – "tendo feito o seu curso de Direito em Aix, devia conhecer bem o francês; e Álvaro, educado na Inglaterra, estaria em condições de acompanhar, pelo original inglês, a versão portuguesa." (BEVILAQUA, 1977, p. 304). É ainda Bevilaqua quem reporta a notoriedade e o prestígio acadêmico de Pedro Autran, diz ele:

> As *Preleções de Economia Política*, resumem, com clareza, os princípios dominantes na pátria de Adam Smith, e, se não autorizam a lenda, espalhada entre estudantes, de que o retrato do professor nortista se achava

em uma *Galeria de economistas*, em Londres, ocupando o quinto lugar, entre os grandes mestres da ciência de Ricardo, contendo uma bem organizada exposição da matéria. (BEVILAQUA, 1977, p. 304).

Sucessor de Pedro Autran na Cadeira de Economia Política foi Lourenço Trigo de Loureiro, natural de Portugal, onde nasceu em 1793, e que faleceu em 1870. Loureiro foi obrigado a interromper seu curso de Direito em Coimbra, quando da invasão francesa. Tendo se mudado para o Rio de Janeiro e depois para Olinda, concluiu ali, seu curso de Direito, em 1832, doutorando-se em 1833, passando a lecionar, na Faculdade, interinamente. Alcançou a efetividade em 1840 e a cátedra em 1852. Publicou, em 1828, "*Gramática razoável da língua portuguesa*, no Rio de Janeiro, e em Pernambuco várias obras no campo do Direito. Em 1844 publicou *Elementos de economia política*, que não alcançou o mesmo reconhecimento, que a obra de Pedro Autran, sobre a mesma matéria (BEVILAQUA, 1977, p. 307).

Aprígio Justiniano da Silva Guimarães, nasceu em Recife, em 1822, e faleceu em 1880. Professor grandemente festejado pelos alunos, Aprígio deixou obra sobre economia política – *Estudos de Economia Política* – publicado posteriormente, em 1902 (PAULA, 1942, p. 2324).

José Joaquim Tavares Belford, nasceu no Maranhão, em 1840, e faleceu em 1887. Professor, deputado jornalista, Tavares Belford, publicou, em 1872 – "Discurso proferido na abertura do curso de Economia Política." (PAULA, 1942, p. 24-25).

Alfredo Alves da Silva Freyre, também professor de Economia Política na Faculdade de Recife, publicou "Socialismo – Coletivismo – História e Crítica", na *Revista da Faculdade de Direito do Recife*, ano XLII, 1938 – *Algumas considerações sobre sociedade econômica*, anos XLIV e XLVI) (PAULA, 1942, p. 25).

Ilustre jurista, Clóvis Bevilaqua dedicou-se, também, à economia política. Sua explícita adesão à uma rigorosa demanda científica o levou a desacreditar na existência no Brasil, de sua época, escreveu em 1886, de pensamento econômico autóctone. Diz ele – "Além disso quantos livros brasileiros existem sobre a ciência de Adam Smith? Seria impróprio fazer referências à uma literatura econômica brasileira. Não é uma nebulosa em via de formação: é um mito." (BEVILAQUA, 1902, p. XI).

Sua concepção de economia política a queria "científica", sem nebulosidades sentimentais, sem ilusões. Esta opção o levou a valorizar Marx, "pelo seu cunho científico", que ele resumiu, assim:

Marx queria um *socialismo científico*, tomando por base os trabalhos de Darwin, a anatomia, a antropologia, etc., e distanciando-se muito das teorias anteriores de Saint Simon, Fourier, Cabet, Proudhon e Louis Blanc. Infelizmente suas doutrinas parece que têm mais um caráter revolucionário do que construtor. (BEVILAQUA, 1902, p. 22).

Esta caracterização da obra de Marx, espantosa no geral, perfilhada por um dos grandes nomes da cultura jurídica brasileira, dá conta das dificuldades de recepção da economia política no Brasil, e mais ainda da crítica da economia política, indistintamente associada à uma cultura "cientificista" positivista-evolucionista.

A mesma estrutura curricular prevaleceu nos cursos da Faculdade de Direito de Olinda e São Paulo. Assim, também no 5º ano, em São Paulo, era oferecido o curso de Economia Política, que teve como primeiro regente – Carlos Carneiro de Campos, nascido na Bahia, em 1805, e que faleceu em 1878. Foi o terceiro Visconde de Caravelas. Professor, deputado, senador, foi Presidente da Província de Minas Gerais, por três vezes; foi Inspetor do Tesouro, Diretor do Banco do Brasil, ministro dos Negócios Estrangeiros e da Fazenda, além de ter dirigido a Faculdade de Direito de São Paulo (PAULA, 1942, p. 26). "Carneiro de Campos era, no dizer de Almeida Nogueira, senhor das doutrinas econômicas e as desenvolvia com proficiência e com raro fulgor de exposição." (VENÂNCIO FILHO, 2005, p. 42). Carneiro de Campos não deixou obra sistemática de Economia Política. Sua produção no campo da economia, vasta e diversificada, concentrou-se em relatórios, estudos e pareceres em que deu mostras de grande conhecimento prático sobre temas econômicos (PAULA, 1942, p. 26).

João da Silva Carrão, nasceu em Curitiba, em 1810, e faleceu em 1888. Professor, deputado, presidente das Províncias de São Paulo e do Pará, foi Ministro da Fazenda em 1865. Tornou-se catedrático em 1858, regeu a cátedra de Economia Política de 1880 a 1881, quando foi jubilado. Influenciado por Henri MacLeod, Silva Carrão marcou gerações de estudantes, em particular J. L. de Almeida Nogueira, que, em 1913, publicou *Curso Didático de Economia Política ou Ciência do Valor*, em que é dito – "Todo este livro é inspirado pelos ideais do mais puro liberalismo, na melhor acepção da palavra. Somos sectários da escola inovadora de MacLeod." (NOGUEIRA, 1920, 1º v., p. 8).

Tal como Carneiro de Campos, Silva Carrão não deixou obra sistemática de economia política. Diferente dos anteriores foi o magistério do sucessor de Silva Carrão, Joaquim José Vieira de Carvalho, nascido em Santos, em 1842, que se bacharelou em 1862, e doutorou-se em 1863. Magistrado, deputado, senador estadual, advogado e professor, substituindo Silva Carrão como catedrático de Economia Política, em 1881. Foi jubilado em 1896. As ideias econômicas que ensinava em seu curso eram influenciadas por autores italianos como Antonio Ciccone e Luigi Cossa (PAULA, 1942, p. 28).

José Luís de Almeida Nogueira, nasceu em São Paulo, no município de Bananal, em 1851, e faleceu em 1914. Realizou seus estudos preparatórios na França, onde cursou humanidades, de volta ao Brasil, bacharelou-se pela Faculdade de Direito de São Paulo, em 1874. Jornalista, deputado, escritor, tornou-se catedrático em 1891, e designado para a cadeira de Economia Política e Ciência das Finanças, em 1896. É autor do "Curso Didático de Economia Política", que era considerado, até 1942, o melhor livro da matéria publicado no Brasil (PAULA, 1942, p. 28). Além deste livro, de 1913, em 2 volumes, publicou ainda, no campo da economia política, *Economia Política. Estudo sobre a denominação "Economia Política"*, São Paulo, 1905; *Economia Política. A taxa do câmbio e a a economia nacional*, São Paulo, 1910. Sucessor de Almeida de Nogueira, José Joaquim Cardoso de Melo Neto, catedrático de Economia Política, nomeado em 1918, foi governador e interventor federal no Estado de São Paulo, além de exercer outros cargos na administração pública. Seu curso era ministrado com base no livro de Almeida Nogueira (PAULA, 1942, p. 29).

A outra matriz do ensino de economia política no Brasil foi a Escola Nacional de Engenharia, Antiga Escola Central, que teve seu regulamento aprovado em 1864, tendo como primeiro regente da cadeira de Economia Política, o Visconde do Rio Branco, que lecionou a disciplina até 1877. José Maria da Silva Paranhos, Visconde do Rio Branco, formado em matemática pela Escola Militar, nasceu na Bahia em 1819, faleceu no Rio de Janeiro, em 1880. Ocupou vários cargos de relevo no Império, foi ministro da Fazenda, da Marinha e dos Estrangeiros e ocupou a presidência da Província do Rio de Janeiro, foi diplomata, conselheiro do Estado, senador. Não deixou obra sistemática de economia política.

Luiz Rafael Vieira Souto, nasceu no Rio de Janeiro, em 1849, e faleceu, na mesma cidade, em 1922. Estudou, inicialmente, na Escola Militar, passando, em seguida, para a Escola Central, onde se diplomou em Engenharia, em 1871. Em 1876, mediante concurso, tornou-se catedrático de Economia Política da Escola Politécnica, com a tese – *As aplicações do Cálculo das Probabilidades ao Estudo das Leis Estatísticas*. Publicou vários livros de economia: em 1901, *A Situação Econômica*; 1902, *Relatório da Fazenda*; 1906, *A caixa de conversão*; 1916, *Economia Política* (1º volume),

Introdução e Produção; 1925, *O Papel Moeda e o Câmbio*; 1927, *Notes sur le commerce international, le navigations et les finances du Brèsil*.

Aarão Leal de Carvalho Reis, nasceu em Belém do Pará, em 1853, e faleceu em 1936, no Rio de Janeiro. Diplomou-se em Engenharia Civil pela antiga Escola Central, em 1874. Foi o engenheiro-chefe da Comissão Construtora que elaborou o plano de construção da nova capital de Minas Gerais, em 1892. Iniciou sua carreira docente em 1889, obteve, em 1914, a cátedra de Economia Política da Escola de Engenharia, regendo a cadeira até 1925, quando se jubilou.

Aarão Reis publicou, em 1918, o livro *Curso de Economia Política*, 1º volume, obra projetada para sair em quatro volumes. O primeiro volume, único que foi publicado, traz uma introdução geral e a parte referente à produção. Nos três livros que se seguiriam seriam tratados os temas da circulação, distribuição e consumo. Estes temas apareceram, de forma resumida, no seu livro *Direito Administrativo Brasileiro*, "que é, sem favor, um dos mais notáveis tratados dessa disciplina publicados em língua portuguesa. Esses estudos estão agrupados sob o título genérico: "Serviços públicos da promoção de prosperidade material. Capítulo da obra referida" (PAULA, 1942, p. 31-32).

Tobias Lacerda de Martins Moscoso, nasceu no Rio de Janeiro, em 1879, faleceu, em 1928. Tornou-se catedrático de Economia Política, em 1925, tendo sido pioneiro no Brasil, em estudos de estatística matemática (PAULA, 1942, p. 32).

O sucessor do professor Tobias Moscoso, na cátedra de Economia Política, foi o professor Jorge Felipe Kafuri, nascido no Espírito Santo, em 1904, catedrático de Economia Política, Finanças e Estatística, a partir de 1930 (PAULA, 1942, p. 32-33).

A partir da República, implantou-se no Brasil o ensino livre, que ensejou o surgimento de várias Faculdades e Escolas Superiores, em vários Estados do País. Em 1905, pelo decreto legislativo n. 1339, de 9 de janeiro, sancionado pelo Presidente Rodrigues Alves, foi instituído o ensino superior de economia. O bacharelado em Ciências Econômicas assim instituído, era cursado em três anos com as seguintes disciplinas: Matemática Superior, I e II, Economia Política, Contabilidade Mercantil, Direito Comercial, Tecnologia industrial e Mercantil; Ciência das Finanças, Geografia Comercial, Direito Comercial – Falências; Contabilidade Mercantil – Banco Modelo, Italiano, Estatística, Contabilidade de Estado, História do Comércio e da Indústria, Direito Comercial Marítimo, Direito Internacional – Diplomacia, Alemão. A profissão de economista foi regulamentada no Brasil, em 1951, mediante a

Lei n. 1411, de 13/8/51, e pelo Decreto n. 31.794, de 17/11/1952, que regulamentou o exercício da profissão.

Em 1926, houve uma reforma do Curso Superior de Economia. Em 1931, a chamada Reforma do Ensino de Francisco Campos, criou o Curso Superior de Administração e Finanças, que teve vigência até 1945. Em 1933, foi criada a Escola Livre de Sociologia e Política de São Paulo, que passou a oferecer o curso de Ciências Políticas e Sociais, em que pela primeira vez, aparece, no Brasil, a cadeira de História da Doutrina Econômica, ministrado pelo professor Antonio Piccarolo (PAULA, 1942).

Em 1891, foi fundada a Faculdade de Direito da Bahia, que, em seus primeiros anos teve os seguintes professores de Economia Política: Jaime Lopes Vilas Boas; Augusto Ferreira França; Joaquim Aguiar Costa Pinto; Augusto Alexandre Machado (PAULA, 1942). A Faculdade de Direito de Minas Gerais, fundada em 1892, teve os seguintes professores de Economia Política, em seus primeiros tempos: Afonso Pena; David Campista; Bernardino de Lima; Gudesteu de Sá Pires; Teófilo Ribeiro, Magalhães Drumond; José Bonifácio Olinda de Andrada; Estevam Pinto; José Pinto Antunes e Washington Peluso Albino de Souza (REVISTA DA FACULDADE DE DIREITO, 1959).

A Faculdade de Direito do Rio Grande do Sul, é de 1900, e seus primeiros professores de Economia Política, foram: Francisco Rodolpho Simch; Alberto de Brito e Edgard Schneider. A Faculdade de Direito do Ceará, é de 1903, e seus primeiros professores de Economia Política, foram: Thomaz Pompeu de Souza Brasil; Lionel Serafim Leite Chaves; Manuel Antônio de Andrade Furtado; Waldemar Cronwell do Rego Falcão; Benedito Sudá de Andrade (PAULA, 1942).

A partir dos anos 1920, a vida cultural brasileira ganhou um significativo enriquecimento como resultado da intensificação dos processos de modernização, urbanização e industrialização. Nomes como Oliveira Vianna, como Manoel Bonfim, como Caio Prado Júnior, como Gilberto Freyre, como Sérgio Buarque de Holanda, vão estabelecer novas referências para o pensamento social brasileiro. No campo dos estudos econômicos isto também se deu com as obras de Pandiá Calógeras, Eugênio Gudin, Roberto Simonsen, Victor Vianna, Lemos Brito (IGLÉSIAS, 1959).

Destacam-se entre estes trabalhos pioneiros entre os estudos econômicos do Brasil, a obra de João Pandiá Calógeras, *A Política Monetária do Brasil*, de 1910 (CALÓGERAS, 1960) e *Princípios de Economia Monetária*, de Eugênio Gudin (GUDIN, 1943), obras que dão mostras de domínio da matéria que nada fica a dever aos seus pares estrangeiros de primeira linha, marcando, de fato, o início da maturidade do moderno pensamento econômico no Brasil.

Antes que as faculdades de ciências econômicas tivessem começado a atuar de maneira sistemática nos campos do ensino e da pesquisa em economia, no Brasil, várias instituições, técnicas e profissionais já vinham veiculando material e promovendo debates sobre temas de interesse para a comunidade de estudos econômicos, como são: a Ordem dos Economistas de Pernambuco; o Instituto de Economia, Finanças da Bahia; o Instituto da Ordem dos Economistas do Rio de Janeiro; a Ordem de Economistas de São Paulo; o Instituto de Ciências Econômicas de Porto Alegre; o Instituto dos Economistas de Pelotas; a Sociedade Brasileira de Economia Política; a Sociedade de Estudos Econômicos de São Paulo; a Revista de Ciências Econômicas, de São Paulo; a Revista de Economia e Finanças, da Bahia; o Boletim do Institueo de Ciências Econômicas, de Porto Alegre;, a Revista Brasileira de Estatística;, o Boletim do Ministério do Trabalho, Indústria e Comércio; o Boletim do Conselho Federal de Comércio Exterior; Economia (revista); O Economista (revista); Observador Econômico e Financeiro (PAULA, 1942, p. 51).

Em 1902, são reconhecidas como instituições de ensino superior de economia, a Academia de Comércio do Rio de Janeiro, e a Escola Prática do Comércio de São Paulo, que depois passou a se chamar Escola Álvares Penteado (PAULA, 1942, p. 36-37).

Em 1909, foi fundada a Faculdade de Ciências Econômicas da Universidade Federal do Rio Grande do Sul (CORAZZA, 2009). Em 1938 foi fundada a Faculdade de Ciências Econômicas do Ceará (PAULA, 1942, p. 56).

Também em 1938, no Rio de Janeiro, foi criada a Faculdade de Ciências Econômicas e Administrativas do Rio de Janeiro, por iniciativa da Ordem dos Economistas do Rio de Janeiro e da Sociedade Brasileira de Economia Política, que reunia nomes como Eugênio Gudin, Octávio Gouveia de Bulhões e Daniel de Carvalho. Em 1946, mediante o Decreto-Lei n. 8815, de 24 de janeiro, a FCEARJ foi incorporada à Universidade do Brasil, passando a se chamar Faculdade Nacional de Ciências Econômicas, que, em 1965, passou a se chamar Faculdade de Economia e Administração. Com a Reforma Universitária, em1968, houve a criação das estruturas departamentais nas Faculdades. Em 1996, o Departamento de Economia da UFRJ, antiga Universidade do Brasil, fundiu-se com o Instituto de Economia Industrial, dando origem ao Instituto de Economia da UFRJ.

Em 1941, 20 de dezembro, foi fundada a Faculdade de Ciências Econômicas da Universidade Federal de Minas Gerais (PAULA, 2016). Em 1946, foi fundada a

Faculdade de Economia e Administração da Universidade de São Paulo (CANABRAVA, 2 vols., 1984).

Em 1945, o decreto-lei n. 7988, de 22 de setembro, extinguiu o Curso Superior de Administração e Finanças, e estabeleceu as normas para a criação dos cursos de Ciências Econômicas e Ciências Contábeis e Atuariais, marco inicial da modernização do ensino de economia no Brasil.

Antes disso, em 1944, outra iniciativa do governo federal, a criação, em 20 de dezembro de 1944, da Fundação Getúlio Vargas, fez mudar de patamar a pesquisa em economia no Brasil. Tendo como primeiro presidente Luis Simões Lopes, a FGV, inicialmente voltada para estudos e pesquisas no domínio da administração pública e privada, promovendo a formação de recursos humanos para o exercício dessas atividades, vai, já em 1946, desenvolver importante atuação no campo da pesquisa sobre economia, mediante a criação de núcleo de economistas, liderado por Eugênio Gudin, que vai promover, em pouco tempo, efetiva atualização do ensino e da pesquisa em economia no Brasil, pela intensa interação que passou a ter com alguns dos economistas e centros de estudos econômicos mais importantes daquela época. Com frequência, pelo prestígio internacional de Eugênio Gudin, a FGV recebeu nomes de primeira linha do pensamento dominante como Jacob Viner, Gottfried Haberler, Ragnar Nurkse, Hans Singer, entre outros, que não só proferiram palestras e seminários como publicaram textos na *Revista Brasileira de Economia*, fundada pela FGV, em 1947. Neste mesmo ano, foi também criada a revista *Conjuntura Econômica*. Em 1951, o núcleo de economistas da FGV, veio a se constituir o Ibre, Instituto Brasileiro de Economia, que vai concentrar suas atividades no estudo da economia brasileira, sendo responsável pelo levantamento das contas do governo federal e pela elaboração de índices de preços. Em 1960, a FGV deu início ao primeiro esforço sistemático, bem sucedido, de implantar o ensino de pós-graduação em economia no Brasil, com a criação do CAE, Curso de Aperfeiçoamento de Economistas, que funcionou entre 1961 e 1965, e foi substituído, em 1966, pela EPGE, Escola de Pós-Graduação em Economia, sob a liderança de Mário Henrique Simonsen. Na primeira metade dos anos 1960, em São Paulo, a FEA-USP, sob a liderança de Antônio Delfim Netto, implementou a segunda experiência de consolidação da pós-graduação em economia no Brasil, com a criação, em 1964, do IPE/USP. Esses dois centros, EPGE/FGV, IPE/USP, com o apoio da Fundação Ford, vão organizar, em 1966, seminário na cidade de Itaipava, no Rio de Janeiro, em que serão traçadas as linhas básicas de uma política de pós-graduação em economia no Brasil, em sintonia com as tendências dominantes na academia anglo-saxã.

Com efeito, a consolidação e a profissionalização da economia no Brasil coincidiu com a hegemonização do ensino de economia a partir da perspectiva neoclássica, tal como praticada no mundo anglo-saxão. Os traços principais dessa profissionalização do ensino da economia estão consagrados na tradição dos manuais de economia, que vão dominar a formação dos profissionais de economia, a partir dos anos 1950. O marco inicial dessa tradição é o manual de Paul Samuelson, *Introdução à Análise Econômica*, lançado em 1948, traduzido para o português em 1952, e que formou gerações de economistas, no mundo inteiro, a partir da perspectiva neoclássica. O sucesso do manual de Samuelson motivou a publicação de vários textos concorrentes como, por exemplo, o dos ingleses Alfred W. Stonier e Douglas C. Hague, *Teoria Econômica*, lançado em 1953. Mas, nenhum outro texto conseguiu se equiparar ao sucesso do livro de Samuelson, até o lançamento do livro de N. Gregory Mankiw, *Introdução à Economia*, publicado nos Estados Unidos em 1998, e que se tornou uma espécie de Samuelson do século XXI. A influência do manual de Samuelson sobre a maneira de pensar e atuar dos economistas profissionais, na segunda metade do século XX, em grande parte do mundo, foi decisiva, ao ponto de se impor, para muitos, como verdade incontrastável. Vários críticos disseram, mais de uma vez, que o principal problema do pensamento crítico em economia era desconstituir fenômenos, que, na consciência comum dos economistas formados na tradição neoclássica, são tomados como fatos naturais. É o caso de dizer, com Joan Robinson, que, depois de introjetada a visão neoclássica de economia, os economistas terão grandes dificuldades em reconhecer a possibilidade de outras explicações para os mesmos fenômenos. Foi a crítica dessa "obsoleta mentalidade mercantil" uma das grandes contribuições do grande economista, antropólogo, historiador húngaro Karl Polanyi (POLANYI, 2012). Não é propósito desse texto listar todas as críticas ao pensamento econômico neoclássico, basta dizer que elas foram muitas e abarcaram aspectos teóricos, metodológicos, empíricos e históricos. Citem-se dois exemplos de crítica ao pensamento neoclássico em sua inépcia para tratar dos problemas econômicos dos países periféricos: o artigo de Dudley Seers – *As Limitações do Caso Especial*, publicado em 1963 (SEERS, 1984); e a tentativa de dois economistas brasileiros, Antônio Barros de Castro e Carlos Lessa, de oferecerem um manual alternativo ao neoclássico, que foi o livro *Introdução à Economia, Uma Abordagem Estruturalista*, publicado em 1967.

Na verdade, os manuais de introdução à economia, à moda de Samuelson, abriram caminho para a consolidação do ensino de economia a partir de livros textos de macroeconomia e microeconomia. No caso do Brasil o ensino de macroeconomia considerado atualizado era o que se fazia a partir do livro de G. Ackley, *Teoria macroeconômica*, de 1961. Em 1966, apareceu outro manual de macroeconomia de referência, que foi *Análise Macroeconômica*, de Edward Shapiro. No campo da microeconomia houve maior profusão de manuais referência como é o caso de *Teoria Microeconômica*, de Henderson e Quandt, de 1958; de *Teoria Microeconômica*, de C. E. Ferguson, de 1972; de *Preços e Mercados*, de Robert Dorfman, de 1972. Mesmo antes da publicação desses últimos textos o Brasil já contava com um manual de microeconomia, *Teoria Microeconômica*, de Mário Henrique Simonsen, em quatro volumes, publicados em 1968/1969, que nada ficava a dever aos manuais estrangeiros.

Um testemunho importante sobre esse período e do significado de alguns economistas-chave para a consolidação da hegemonia neoclássica no pensamento econômico brasileiro é o de Raul Eckerman, falando sobre Delfim Neto, ele diz:

> Entre 1962 e 1965, Delfim reunia estudantes interessados em estudar teoria econômica. No ano de 1964, em que participei do grupo de estudos, o programa era intenso: diariamente das 7h30min às 8h30min se estudava o texto de Allen, *Mathematical analysis for economists*; das 14h às 15h, alternadamente, os textos que na época eram *dernier-cri*: Henderson e Quandt, *Microeconomic Theory* e Ackley, *Macroeconomy Theory*; das 18h às 19h, textos de periódicos, internacionais, também os últimos lançamentos da estação (ECKERMAN, 1989, p. 124).

Tanto Delfim Neto, quanto Mário Henrique Simonsen tiveram um decisivo papel na criação dos primeiros cursos de pós-graduação em economia no Brasil, na Fundação Getúlio Vargas do Rio de Janeiro e na Faculdade de Economia e Administração da Universidade de São Paulo. É de Eleutério Prado a análise que se segue sobre a implantação da pós-graduação em economia no Brasil:

> Em 1966, um grupo de importantes economistas, alguns ligados à ditadura militar implantada havia dois anos, procurou encontrar os caminhos da consolidação do ensino de economia no país, nos moldes anteriormente aludidos. Reunidos no Encontro de Itaipava (RJ), Antônio Delfim Netto, Mário Henrique Simonsen, Isaac Kerstenetsky, entre outros, traçaram novas normas para o desenvolvimento da ciência econômica no país, visando emancipá-las do domínio até então exercido por outras disciplinas como Sociologia, Direito, Administra-

ção etc. Determinaram, então, como principais objetivos reformular os currículos dos cursos de Economia e iniciar a formação e treinamento de professores para esses cursos mediante a criação de centros de pós-graduação no Brasil, e treinamento de estudantes e docentes, inclusive por meio de realização de doutorado no exterior, especialmente nos Estados Unidos. (...) Para atingir esse objetivo, no final dos anos 60 e começo dos 70 foram enviados dezenas de jovens graduados em Economia para estudar no exterior, muitos deles financiados por recursos ligados ao Acordo do MEC-USAID (PRADO, 2001, p. 14).

Ao mesmo tempo que estudantes e professores foram estudar no exterior professores estrangeiros vieram trabalhar em instituições de ensino de economia no Brasil, financiados com recursos de agências como a Fundação Ford. Não há propósito xenófobo ou ânimo conspiratório ao reconhecer que a hegemonia que o pensamento econômico neoclássico assumiu no Brasil está longe de ser apenas um evento acadêmico, fruto apenas da excelência do padrão anglo-saxão de ensino e pesquisa em economia.

Criada em 1973, a Associação Nacional de Centros de Pós-Graduação em Economia, ANPEC, sinalizou o crescimento e a maturidade do ensino de pós-graduação em economia no Brasil. A complexificação da economia como campo do conhecimento, bem como o crescimento e consolidação de subáreas do conhecimento, determinaram o surgimento de associações específicas: de historiadores da economia, ABPHE; de econometristas, SBE; de economia heterodoxa, SEP; de economistas pós-keynesianos, de economistas que trabalham com questões agrícolas, etc. Nesse mesmo contexto foi criada a ANGE, Associação Nacional de Cursos de Graduação em Economia, que reúne cursos de graduação em economia.

A ANPEC reunia, em seus primeiros dez anos de funcionamento, os seguintes programas de pós-graduação em economia: o IEPE, Centro de Estudos e Pesquisas Econômicas da UFRGS, criado em 1953; o CAEN, Curso de Mestrado em Economia da UFC, criado em 1964 como Centro de Aperfeiçoamento de Economistas do Nordeste; o IPE/USP, Instituto de Pesquisas Econômicas da USP, criado em 1964; a EPGE, Escola de Pós-Graduação em Economia da FGVRJ, criada em 1966; o PIMES, Programa Integrado de Mestrado em Economia e Sociologia da UFPE, criado em 1966; o CEDEPLAR, Centro de Desenvolvimento e Planejamento Regional da UFMG, criado em 1967; o Curso de Pós-Graduação em Economia da UnB, criado em 1973; o Curso de Mestrado em Economia da UFBa, criado em 1973; o Núcleo de Altos Estudos Amazônicos NAE/UFPa, criado em 1973; o Programa de Pós-Graduação em Economia do DEPE/UNICAMP, criado em 1974; o Programa de Mestrado em Economia do Setor Público, da PUC-RJ, criado em 1977; o Curso de Mestrado em Economia do IEI/UFRJ, criado em 1979.

Uma visão de conjunto sobre o ensino e a pesquisa em economia no Brasil terá que começar reconhecendo tanto a significativa expansão e profissionalização da atividade quanto a diversidade teórica e metodológica com que a disciplina tem se desenvolvido no Brasil. Se há hegemonia da corrente neoclássica, se essa corrente tem conseguido relativo êxito em seu autoatribuído monopólio da racionalidade e da excelência em economia, e com isso tem se beneficiado na distribuição de recursos para bolsas e financiamento de pesquisas, além do prestígio social e acadêmico que tem acumulado, isso não significou o aplastamento de outras correntes e perspectivas, que são também fortes no Brasil, em contraponto à hegemonia neoclássica, referenciando cursos de graduação e pós-graduação com programas de pesquisa e linhas de publicações consistentes, de tal modo, que no Brasil o pensamento econômico heterodoxo, que o marxismo, que o pensamento crítico, são presenças fortes no pensamento econômico brasileiro (MALTA, 2011).

Não parece trivial o que se constata, quando se busca traçar o surgimento da história do pensamento econômico do Brasil, em, pelo menos, dois aspectos importantes: 1) por sua relativa longevidade; 2) e, em segundo lugar, pelo veículo em que surgiu, um livro de História da Literatura. Em 1888, Silvio Romero publicou sua *História da Literatura Brasileira* que em sua "Segunda época ou Período de Desenvolvimento Autonômico" (1750-1830), no capítulo VIII, discutiu economia política, jornalística, eloquência parlamentar, biografia, teologia, linguística, como gêneros literários, destacando nomes, como: Antonil, Azeredo Coutinho, José da Silva Lisboa, Hipólito José da Costa, Antônio de Morais Silva (ROMERO, 1949, Tomo II, p. 295).

Sílvio Romero empreendeu análise criteriosa dos economistas listados, demonstrando significativas acuidade e informação. Sobre Antonil deixa juízo elogioso: "Há poucos livros do Brasil colonial tão dignos de ser consultados como este, de que dei rápida notícia." (ROMERO, 1949, Tomo II, p. 314). A análise que Sílvio Romero empreendeu do bispo Azeredo Coutinho é equilibrada, reconhecendo as suas ambiguidades doutrinárias. Em conclusão, diz sobre a obra de Azeredo Coutinho:

> Seu Ensaio econômico sobre o comércio de Portugal e suas colônias contém ideias que por infelicidade não foram realizadas e que seriam ainda hoje de altíssimo proveito, se fossem postas em prática, tanto em Portugal como no Brasil (ROMERO, 1949, Tomo II, p. 320).

Em 1942, L. Nogueira de Paula publicou *Síntese da Evolução do Pensamento Econômico no Brasil*, que foi amplamente usado neste texto, e é uma referência importante sobre os primeiros tempos do pensamento econômico no Brasil (PAULA, 1942).

A tentativa seguinte mais sistemática de historiar o pensamento econômico do País veio com a revista *Digesto Econômico*, publicação da Associação Comercial de São Paulo e da Federação do Comércio do Estado de São Paulo, que passou a circular em 1944. É nas páginas dessa revista que se esboçou uma tentativa de reportar tanto o pensamento econômico do Brasil, quanto o pensamento econômico estrangeiro. Basílio Magalhães, manteve uma seção na revista – "Economistas Brasileiros" –, que trouxe perfis dos seguintes economistas: Alexandre de Gusmão, José Joaquim da Cunha Azeredo Coutinho, José Bonifácio de Andrada e Silva, José da Silva Lisboa (DIGESTO ECONÔMICO, Índice, ns. 1 a 80, 1946).

Ao lado da seção de Basílio Magalhães, outra seção – *Mestres da Economia* – sob a responsabilidade de S. Harcourt – Rivington, da Sociedade Real de Economia de Londres, especialmente para a revista, trouxe artigos sobre: Adam Smith, Alfred Marshall, Turgot, David Hume, David Ricardo, Conde Saint-Simon, Aristóteles, F. List, F. Quesnay, H. C. Carey, Henry George, Sismondi, John Stuart Mill, Marx, Proudhon, Keynes (DIGESTO, Índice, n. 1 a 80, 1946).

Em 1957, Paul Hugon, publicou "A Economia Política no Brasil", que é capítulo do 2º volume de *As Ciências no Brasil*, organizado por Fernando Azevedo (HUGON, 1957). Em 1959, Francisco Iglésias publicou, *Introdução à Historiografia Econômica*, que tendo como objeto a história econômica alcançou nomes importantes do pensamento econômico do Brasil como Ambrósio Fernandes Brandão, Antonil, Roberto Simonsen, Caio Prado Júnior, Celso Furtado (IGLÉSIAS, 1959).

Igualmente valioso é o livro de Heitor Ferreira Lima, *História do Pensamento Econômico no Brasil*, publicado em 1976 (LIMA, 1978). O mesmo Heitor Ferreira Lima tem duas outras obras sobre pensamento econômico do Brasil: de 1963, *Mauá e Roberto Simonsen. Dois Pioneiros do Desenvolvimento* (LIMA, 1963); e *3 Industrialistas Brasileiros. Mauá - Rui Barbosa - Simonsen* (LIMA, 1976).

O pensamento industrial é objeto, também, dos livros de Humberto Bastos, *O Pensamento Industrial no Brasil* (BASTOS, 1952); e de Edgard Carone – *O Pensamento Industrial no Brasil (1880-1945)* (CARONE, 1977).

Em 1979/81, Dorival Teixeira Vieira, publicou, no volume 3, de *História das Ciências no Brasil*, organizado por Mário Guimarães Ferri e Shozo Motoyama, o capítulo "A história da Ciência Econômica no Brasil" (VIEIRA, 1979-81). Em 1986, Diva

Benevides Pinho e Helena Fanganiello, publicaram – *Aspectos do Pensamento Econômico do Brasil* (1940-1960) (PINHO E FANGANIELLO, 1986). Em 1984, saía a primeira edição de *A Economia Política Brasileira*, de Guido Mantega (MANTEGA, 1984). Em 1978, Guido Mantega e Maria Moraes, publicaram um Caderno Especial do *Jornal Em Tempo*, Caderno do Presente, a plaquete – *A economia política brasileira em questão (1964-1975)* (MANTEGA E MORAES, 1978). Em 1988, Ricardo Bielschowsky publicou: *Pensamento Econômico Brasileiro. O Ciclo Ideológico do Desenvolvimento* (BIELSCHOWSKY, 2000). Em 2001, Tamás Szmrecsányi, organizou Dossiê especial para a revista *Estudos Avançados*, da USP, "Pensamento Econômico no Brasil Contemporâneo", com artigos de Eleutério F. S. Prado, Renato Perim Colistete, Maurício Chalfin Coutinho, Mário Ferreira Presser, Rodolfo Hoffmann, Flávio Azevedo Marques de Saes, Ricardo Bielschowsky, Fausto Saretta, Fernando Cardoso Pedrão, Rubens Penha Cysne (SZMRECSÁNYI, 2001). Em 2011, Maria Mello da Mata, organizou livro, *Ecos do Desenvolvimento. Uma história do Pensamento Econômico Brasileiro*, com artigos de Angela Ganen, Bruno Borja, Cláudio Salm, Hélio de Lima Júnior, Marco Antônio da Rocha, Pablo Bielschowsky, Rodrigo Castelo e Victor Leandro C. Gomes (MALTA, 2011).

Incluam-se ainda outros dois livros, que embora foquem aspectos mais circunscritos da história do pensamento econômico do Brasil, têm relevância para uma apreciação conjunta do pensamento econômico do Brasil. São os livros, *A controvérsia do Planejamento da Economia Brasileira*, Roberto Simonsen e Eugênio Gudin (SIMONSEN e GUDIN 1977), e *Os Boêmios Cívicos. A assessoria econômica-política de Vargas (1951-54)*, organizado por Marcos Costa Lima (LIMA, 2013).

Sem ser explícita tentativa historiográfica o artigo de Raul Eckerman, "A Comunidade de economistas do Brasil: dos anos 50 aos dias de hoje", é uma muito útil descrição da formação da comunidade de economistas brasileiros e "seus modos de fazer", a partir dos anos 1950 (ECKERMAN, 1989).

Encerre-se esta já muito longa resenha, com uma homenagem. Tamás Szmrecsányi, tem para todos os que o conhecemos, o lugar do afeto e da admiração, pela generosidade e pela sabedoria sem ostentação. Como fundador da Associação Brasileira de Pesquisadores em História Econômica, e primeiro editor de sua revista, Tamás procurou, diretamente, e mediante encomendas e sugestões, fazer da revista, também um veículo para divulgação da pesquisa em história do pensamento econômico do qual era mestre, com trabalhos significativos sobre Quesnay, Keynes, Edith Penrose, Celso Furtado. Este texto é para o Tamás, com saudade e reconhecimento.

Bibliografia

ALMEIDA, Anna Luiza Ozório de (org.). *Clássicos de Literatura Econômica*. 2ª edição, Rio de Janeiro, Instituto de Pesquisa Econômica Aplicada, IPEA, 1992.

ALMEIDA, José. "Atualidade das Ideias Econômicas do Visconde de Cairu". In LISBOA, José da Silva (Visconde de Cairu). *Estudos do Bem Comum e Economia Política*. Rio de Janeiro, IPEA/INPES, 1975.

ALMEIDA, Paulo Roberto de. "O nascimento do pensamento econômico brasileiro". In: *Hipólito José da Costa e o Correio Braziliense*. Volume XXX, Tomo 1, Estudos. São Paulo/Brasília: Imprensa Oficial do Estado de São Paulo/Correio Braziliense, 2002.

AMADEO, Edward J. (Org.). *Ensaios sobre Economia Política Moderna: teoria e história do pensamento econômico*. São Paulo: Editora Marco Zero, 1989.

ANDRADE, Almir. *Formação de Sociologia Brasileira*. v. I. Os Primeiros estudos sociais no Brasil. Séculos XVI, XVII e XVIII. Rio de Janeiro: Livraria José Olympio Editora, 1941.

ANTONIL (João Antonio Andreoni). *Cultura e Opulência do Brasil por suas drogas e minas* (1711). 2ª edição. São Paulo: Companhia Editora Nacional, 1966.

BASTOS, Humberto. *O Pensamento Industrial no Brasil*. São Paulo: Livraria Martins Editora, 1952.

BENCI, Jorge. *Economia cristã dos senhores no governo dos escravos* (Livro brasileiro de 1700), São Paulo: Editorial Grijalbo, 1977.

BEVILAQUA, Clóvis. *Estudos de Direito e Economia Política*, 2ª edição. Rio de Janeiro/Paris: H. Garnier, Livreiro-Editor, 1902.

_____, Clóvis. *História da Faculdade de Direito do Recife*. 2ª edição, Brasília: INL/CFE/MEC, 1977.

BIANCHI, Ana Maria. *Pré-história da Economia. De Maquiavel a Adam Smith*. São Paulo: Hucitec, 1988.

BIELSCHOWSKY, Ricardo. *Pensamento Econômico Brasileiro. O Ciclo Ideológico do Desenvolvimentismo*. 4ª Edição. Rio de Janeiro: Contraponto, 2010.

BORNHEIM, Gerd. "Reflexões sobre o meio ambiente – Tecnologia e Política" in STEIN, Ernildo e BONI, Luís de A. (org.). *Dialética & Liberdade. Festschrift em homenagem a Carlos Roberto Cirne Lima*. Porto Alegre/Petrópolis: EUFRGS/Vozes, 1993.

BOSI, Alfredo. *Dialética da Colonização*. São Paulo: Companhia das Letras, 1994.

BRANDÃO, Ambrósio Fernandes. *Diálogos das Grandezas do Brasil (1618)*, Salvador: Livraria Progresso Editora, 1956.

BUENO, Luiz de Freitas. *Coletânea de Legislação do Interesse das Faculdades de Ciências Econômicas*. v. III. Legislação Federal, Faculdade de Ciências Econômicas e Administrativas da Universidade de São Paulo, 1964, v. 1, 1º Brasil Império.

CALÓGERAS, J. Pandiá. *A Política Monetária do Brasil*. Trad. port., 2ª edição, São Paulo, Companhia Editora Nacional, 1960.

CANABRAVA, Alice (org.). *História da Faculdade de Economia e Administração da Universidade de São Paulo (1946-1981)*, 2 vols. São Paulo: USP, 1984.

CARDOSO, Fernando Henrique. *As Ideias e seu lugar*. Ensaios sobre as Teorias do Desenvolvimento, Cadernos CEBRAP n. 33. Petropólis: Editora Vozes, 1980.

CARDOSO, Manoel. "Azeredo Coutinho e o Fermento Intelectual de sua Época" in KEITH, Hennry H. e EDWARDS, S. F. (orgs.). *Conflitos e Continuidade na Sociedade Brasileira. Ensaios*, Trad. port., Rio de Janeiro: Civilização Brasileira, 1970.

CARNEIRO, Ricardo (org.). *Os Clássicos da Economia*. 2 vols. São Paulo: Editora Ática, 1997.

CARONE, Edgard. *O Pensamento Industrial no Brasil (1880-1945)*. Rio de Janeiro/São Paulo: Difel, 1977.

CARPEAUX, Otto Maria. *História da Literatura Ocidental*, v. III. Rio de Janeiro: Edições O Cruzeiro, 1961.

CARRATO, José Ferreira. *O Iluminismo em Portugal e as Reformas Pombalinas do Ensino*. São Paulo: FFLCH/USP, 1980.

CASTRO, Armando de. *O Pensamento Econômico no Portugal Moderno*. Venda Nova – Amadora, 1980.

CASTRO, Eduardo Viveiros de. *Encontros*, organização Renato Sztutman. Rio de Janeiro: Beco do Azougue, 2008.

_____, Eduardo Viveiros e DANOWSKI, Déborah. "Diálogos sobre o fim do mundo", Eliane Brum, 25/9/2014.

CARVALHO, José Murilo de. *A Construção da Ordem. A Elite Política Imperial*. Brasília: EUnB, 1981.

_____, José Murilo. *Teatro de Sombras: A Política Imperial*. Rio de Janeiro: Edições Vèrtice/UPERJ, 1988.

CORAZZA, Gentil (Org.). *História Centenária da Faculdade de Ciências Econômicas*. 1909-2009. Porto Alegre: EUFRGS, 2009.

COSTA, Emília Viotti da. *Da Monarquia à República. Momentos Decisivos*. 5ª edição, São Paulo: Editora Brasiliense. 1987.

COUTINHO, Maurício Chalfin. *Lições de Economia Política Clássica*. São Paulo: Editora HUCITEC/EUNICAMP, 1993.

_____, Maurício C. "Compêndio da Obra da Riqueza das Nações de Adam Smith" (1811): *A Primeira Versão em Português da obra de Smith*, por Bento da Silva Lisboa". (mimeo), S.D.

DIGESTO ECONÔMICO, Índice do Digesto Econômico, n.s 1 a 80, São Paulo: Editora Comercial, 1946.

ECKERMAN, Raul. "A comunidade de economistas do Brasil: dos anos 50 aos dias de hoje". *Revista Brasileira de Economia*, v. 43, n. 2, abril/junho, 1989.

FALCON, Francisco José Calazans. *A Época Pombalina*. São Paulo: Editora Ática, 1982.

FAORO, Raymundo. *Existe um pensamento Político Brasileiro?* São Paulo: Editora Ática, 1994.

FENELON, Dea Ribeiro. *Cairu e Hamilton. Um Estudo Comparativo*. Belo Horizonte: FAFICH/UFMG, 1973.

FIGUEIREDO, Fidelino de. "O que é a Academia (Real) das Ciências de Lisboa (1779-1915)". *Revista de História*, Sociedade Política dos Estudos Históricos. Livraria Clássica Editora, Lisboa. Ano IV, outubro/dezembro, 1915.

FRANCO, Maria Sylvia Carvalho. "As ideias estão no lugar". *Cadernos de Debates 1. História do Brasil*. 2ª edição. São Paulo: Editora Brasiliense, 1976.

FRIEIRO, Eduardo. *O Diabo na Livraria do Cônego e outros estudos*. Belo Horizonte: Editora Itatiaia, 1957.

GOMES, Pinharanda. *História da Filosofia Portuguesa. A Filosofia Hebraico-Portuguesa*. Lisboa: Guimarães Editores, 1999.

GONNARD, René. *Histoire des Doctrines Économiques*. 5ª edição, Paris : Librairie Générale de Droit et de jjurisprudence, 1947.

GRIZIOTTI, Jenny Ketschmann. *História de las Doctrinas Económicas*. Trad. esp., Córdoba/Argentina: Editorial Assandri, 1951.

GUDIN, Eugênio. *Princípios de Economia Monetária*. Rio de Janeiro: Editora Civilização Brasileira, 1943.

HANSON, Carl A. *Economia e Sociedade no Portugal Barroco. 1668. 1703*. Trad. port., Lisboa: Publicações Dom Quixote, 1986.

HEGEL, G. W. F. *Introdução à História da Filosofia*, 2ª edição Trad. port., Coimbra: Armênio Amado, Editora, Sucessor, 1961.

HERDER, J. G. *Ideas para una Filosofia de la historia de la humanidad*. Trad. esp., Buenos Aires: Editorial Losada, 1959.

HOLANDA, Sérgio Buarque de. "Apresentação" de COUTINHO, J. J. da Cunha de Azeredo. *Obras Econômicas (1794-1804)*. São Paulo: Companhia Editora Nacional, 1966.

HUGON, Paul. "A Economia Política no Brasil". AZEVEDO, Fernando (Org.). *As Ciências no Brasil*, v. II, São Paulo: Edições Melhoramentos, 1957.

HUGON, Paul. *História das Doutrinas Econômicas*. 11ª edição. São Paulo: Editora Atlas, 1790.

IGLÉSIAS, Francisco. "Introdução à Historiografia Econômica". Belo Horizonte: Faculdade de Ciências Econômicas da Universidade de Minas Gerais, 1959.

_____, Francisco. *Historiadores do Brasil. Capítulos da historiografia brasileira*. Rio de Janeiro: Editora Nova Fronteira/EUFMG, 2000.

ÍNDICE DEI LIBRI PROIBITI, Riveduto e Pubblicato per ordine di Sua Santitá Pio Papa XI. Vaticano: Tipografia Poliglota Vaticana, 1930.

KEYNES, John Maynard. *Teoria General de la ocupación, el interés y el dinero*. 3ª edição. Trad. esp., México, Buenos Aires: Fondo de Cultura Económica, 195.

KIRSCHNER, Tereza Cristina. *José da Silva Lisboa, Visconde de Cairu, Itinerários de um Ilustrado Luso-brasileiro*. São Paulo: Alameda, 2009.

LEITE, Paulo Gomes. "Revolução e heresia na Biblioteca de um advogado de Mariana". *Acervo*, v. 8, jan,/dezembro, vols. 1-2, 1995.

LIMA, Heitor Ferreira. *Mauá e Roberto Simonsen. Dois Pioneiros do Desenvolvimento*. São Paulo: Editora IDAGHI, 1963.

_____, Heitor Ferreira. *3 Industrialistas Brasileiros. Mauá - Rui Barbosa – Simonsen*. São Paulo: Editora Alfa-Ômega, 1976.

_____, Heitor Ferreira. *Histórias do Pensamento Econômico no Brasil*, 2ª edição. São Paulo: Companhia Editora Nacional, 1978.

LIMA, Marcos Costa (org.). *Os boêmios cívicos. A assessoria econômico-política de Vargas (1951-54)*. Rio de Janeiro: Centro Internacional Celso Furtado de Política para o Desenvolvimento/Banco do Nordeste/e-papers, 2013.

LIMA SOBRINHO, Antonio Estevam de. *Etapas das Ideias Econômicas no Brasil*. Rio de Janeiro/Brasília: Tempo Brasileiro/EUnB, 1978.

LISBOA, José da Silva. Visconde de Cairu. *Princípios da Economia Política*. Em Comemoração ao Bicentenário do Nascimento de Cairu – 175-1556. Rio de Janeiro: Pongetti, 1956.

LÓPEZ ORTIZ, José. "Prólogo". *Código de Derecho Canónico y legislacion complementaria*. Texto Latino y Versión Castellana, 6ª edição, Madrid: BAC, 1957.

LUKÁCS, Georg. *El Asalto a la Razón*, Trad. esp., México/Buenos Aires: Fondo de Cultura Económica, 1959.

MACHADO NETO, A. L. *História das Ideias Jurídicas no Brasil*. São Paulo: Editorial Grijalbo, 1969.

MALTA, Maria Mello de (org.). *Ecos do Desenvolvimento. Uma história do pensamento econômico brasileiro*. Rio de Janeiro: IPEA/Centro Internacional Celso Furtado de Políticas para o Desenvolvimento, 2011.

MALTHUS, Thomas Robert. *Princípios de Economia Política*. Trad. esp., México: Fondo de Cultura Económica, 1946.

MANDEL, Ernest. *A Formação do Pensamento Econômico de Karl Marx*. De 1843 até a redação de *O Capital*. Trad. port., Rio de Janeiro: Zahar Editora, 1968.

MANTEGA, Guido. *A Economia Política Brasileira*. 2ª edição, São Paulo/Petrópolis: Polis/Vozes, 1984.

_____, Guido e MORAES, Maria. *A economia política brasileira em questão: 1964-1975*. Cadernos do Presente, 3ª edição, Editora Aparte, 1978.

MARGUTTI, Paulo. *História da Filosofia do Brasil. O período colonial (1500-1822)*. São Paulo: Edições Loyola, 2013.

MARSHALL, Alfred. *Princípios de Economia*. Trad.port., Rio de Janeiro, EPASA, 1946.

MARTINS, J. P. Oliveira. *História de Portugal*, 8ª edição, 2º Tomo, Lisboa: Parceria Antonio Maria Pereira, 1913.

MARX, Karl. "Para a crítica da Economia Política". *Manuscritos Econômico-Filosóficos e outros textos escolhidos*. Trad. port., Os Pensadores. São Paulo: Abril Cultural, 1974.

_____, Karl. "Para a crítica da Economia Política." *Manuscrito de 1861-1863. Cadernos de I a V Terceiro Capítulo. O Capital em Geral*. Trad. port. Belo Horizonte: Autêntica Editora, 2010.

_____, Karl. *Teorias sobre la Plusvalia*. Vols. I, II, III, Trad. esp., 2ª edição, 2ª edição, 1ª edição, México: Fondo de Cultura Económica, 1987, 1987, 1980.

MATTOS, Ilmar Rohloff de. *O Tempo Saquarema*. São Paulo: Editora HUCITEC/INL, 1987.

MENDES, Luiz António Oliveira. *Memória a Respeito dos Escravos e Tráfico da Escravatura entre a Costa D'África e o Brazil*. Apresentada à Real Academia de Ciências de Lisboa, 1793, Porto: Publicações Escorpião, 1977.

MENENDEZ y PELAYO, D. Marcelino. *La Ciencia Española*. Edições Nacional de las obras completas de Menéndez y Pelayo, v. LX, Santander: Aldus S.A. de Artes Gráficas, 1954, v. III.

MILL, John Stuart. *Princípios de Economia Política*. Trad. esp., México: Fondo de Cultura Económica, 1943.

MONCADA, L. Cabral de. *"Um "Iluminista" Português do Século XVIII: Luiz Antônio Verney"*. Porto: Livraria Acadêmica Saraiva e Cia. Editores, S. Paulo, 1941.

MORAES, Rubens Borba de. *Livros e Bibliotecas no Brasil Colonial*. São Paulo: Livros Técnicos e Científicos Editora SCCT/SP, 1979.

MÜLLER, Marcos Lutz. "Exposição e Método Dialético em "O Capital". *Boletim SEAF*, n. 2, Belo Horizonte, 1982.

NOGUEIRA, J. L. de Almeida. *Curso Didáctico de Economia Política ou Sciencia do Valor*. 2ª edição, 2 vols., Rio de Janeiro: Editor Jacintho Ribeiro dos Santos, 1920.

NOVAIS, Fernando A. *Portugal e Brasil na crise do Antigo Sistema Colonial (1777-1808)*, São Paulo: Editora HUCITEC, 1979.

_____, Fernando Antônio e ARRUDA, José Jobson de Andrade. "Introdução. Prometeus e Atlantes na Forja da Nação". LISBOA, José da Silva. (Visconde de Cairu). *Observações sobre a Franqueza da Indústria e Estabelecimento de Fábricas no Brasil*. Brasília: Coleção Biblioteca Básica Brasileira, Senado Federal, 1899.

PAULA L. Nogueira de. *Síntese de Evolução do Pensamento Econômico do Brasil*, Rio de Janeiro: Serviço de Estatística da Presidência, Trabalho M.T.I.C., 1942.

PAULA, João Antonio de. *Crítica e Emancipação Humana. Ensaios marxistas*. Belo Horizonte: Autêntica Editora, 2014.

_____, João Antonio de. *Instituições do Desenvolvimento e Planejamento de Minas Gerais. 55 Anos do BDMG, 50 anos do Cedeplar*. Belo Horizonte: mimeo, 2016.

PINHO, Diva Benevides e FANGANIELLO. *Aspectos do Pensamento Econômico do Brasil (1940-1960)*. São Paulo: IPE/USP, FAPESP, 1986.

POLANYI, Karl. *A subsistência do homem e ensaios correlatos*. Trad. port., Rio de Janeiro: Contraponto, 2012.

PRADO JÚNIOR, Caio. *Evolução Política do Brasil e outros Estudos*. 2ª edição, São Paulo: Editora Brasiliense, 1957.

PRADO, Eleutério I. S. "A ortodoxia neoclássica". *Estudos Avançados*, USP, n. 41, v. 15, jan/abril, 2001.

QUEIROZ, Eça. "Civilização". *Obras de Eça de Queiroz*, vol I, Porto Bello & Irmão Editores, 1958.

RAU, Virginia. *Estudos de História*. 1º v., Porto: Editorial Verbo, 1968.

REGO, José Márcio (Org.). *Retórica na Economia*. São Paulo: Editora 34, 1996.

REVISTA DA FACULDADE DE DIREITO DA UNIVERSIDADE DE MINAS GERAIS. *Memória Histórica*. Belo Horizonte: FDUMG, outubro de 1958 – Março de 1959.

RIBEIRO, Maria Alice Rosa e SAES, Flávio Azevedo Marques (Orgs.). *História Econômica & História de Empresas*. v. XI, n. 2, julho/dezembro 2008.

RICARDO, David. *Princípios de Economia Política e de Tributação*. 2ª edição, Trad. port., Lisboa: Fundação Calouste Gulbenkian, 1978.

ROCHA, Antonio Penalves. *A Economia Política na Sociedade Escravista* (Um Estudo dos textos econômicos de Cairu). São Paulo: HUCITEC/USP, 1996.

ROCHA, Manuel Ribeiro. *Etíope Resgatado. Empunhado, sustentado, corrigido, instruído e libertado. De Curso Teológico Jurídico sobre a libertação dos escravos no Brasil de 1758*. São Paulo: Vozes/CEHILA, 1992.

RODRIGUES, José Honório. "Antonio Vieira, doutrinador do imperialismo português." In *História Historiográfica*. Petrópolis: Vozes, 1970.

ROMERO, Silvio. *História da Literatura Brasileira*. 4ª edição, Tomo segundo, Rio de Janeiro: Livraria José Olympio Editora, 1949.

ROSDOLSKY, Roman. *Gênese e Estrutura de O capital de Karl Marx*. Trad port., Rio de Janeiro: EDUERJ, Contraponto, 2001.

RUBIN, Isaak Illich, *Ensayos sobre la Teoria Marxista del Valor*. Buenos Aires: Cuadernos Pasado y Presente, n. 53, 1974.

RUBIN, Isaac. I. *História do Pensamento Econômico*. Trad. port., Rio de Janeiro: EUFRJ, 2014.

SAES, Décio. *A Formação do Estado Burguês no Brasil (1888-1891)*. Rio de Janeiro: Paz e Terra, 1985.

SCHWARZ, Roberto. *Ao Vencedor as Batatas*. São Paulo: Livraria Duas Cidades, 1977.

SCHUMPETER, Joseph A. *História da Análise Econômica*. Trad. port., 3 vols., Rio de Janeiro: Fundo de Cultura, 1964.

SEERS, Dudley. "As limitações do caso especial" in *Literatura Econômica*, IPEA, v. 6, outubro de 1984.

SÉRGIO, António (org.). *Prosa Doutrinal de Autores Portugueses*. Lisboa: Portugália. S.D.

SÉRGIO, António. *Obras Completas. Ensaios. Tomo II*. Lisboa: Livraria Sá da Costa, 1972.

_____, António (org.). *Antologia dos Economistas Portugueses* (século XVII). Lisboa: Livraria\Sá da Costa, 1974.

SERRÃO, Joaquim Veríssimo. *A Historiografia Portuguesa. Doutrina e Crítica*. III v. Século XVIII, Lisboa: Editorial Verbo, 1974.

SILBERT, Albert. *Do Portugal de Antigo Regime ao Portugal Oitocentista*. 3ª edição, Trad.port., Lisboa: Livros Horizontes, 1981.

SILVA, J. M. Pereira de. *Os varões Illustres do Brazil durante os tempos coloniaes*. Tomo 2º, Paris: Livraria de A. Franck e Livraria Guillaumin, 1858.

SILVA, Maria Beatriz Nizza da. *A Primeira Gazeta da Bahia: Idade d'Ouro do Brasil*. São Paulo: Editora Cultrix, 1978.

SILVA, Maria Beatriz Nizza da. *A Cultura Luso-Brasileira. Da reforma da universidade à independência do Brasil*. Lisboa: Editorial Estampa, 1999.

SILVEIRA, Antonio Maria da. *Filosofia e Política Econômica: o Brasil doutoritarismo*. 2ª edição, Rio de Janeiro: PNPE/IPEA, 1992.

SIMONSEN, Roberto e GUDIN, Eugênio. *A controvérsia do planejamento na Economia Brasileira*. Rio de Janeiro: IPEA/INPES, 1977.l

SMITH, Adam. *A Riqueza das Nações*. Trad. port., 2 vols., São Paulo, Abril Cultural, Os Economistas, 1983.

SODRÉ, Nelson Werneck. *A ideologia do colonialismo*. 2ª edição, Rio de Janeiro: Civilização Brasileira, 1963.

SPANN, Othmar. *História de las Doctrinas Económicas*. Trad. esp., Madrid: Editorial Revista del Derecho Privado. 1934.

SZMRECSÁNYI, Tamás (org.) "Dossiê e Pensamento Econômico no Brasil Contemporâneo". *Estudos Avançados,* USP, v. 15, n. 41, janeiro/abril 2001.

TOLIPAN, Ricardo. *A Ironia na História do Pensamento Econômico*. Rio de Janeiro: INPES/IPEA, 1990.

VAINFAS, Ronaldo. *Ideologia e Escravidão. Os letrados e a sociedade escravista no Brasil Colonial*. Petrópolis: Vozes, 1986.

VENÂNCIO FILHO, Alberto. *Das arcadas ao bacharelismo. 150 anos de ensino jurídico no Brasil*. 2ª Edição, São Paulo: Editora Perspectiva, 2005.

VIEIRA, Dorival Teixeira. "A História da Ciência Econômica no Brasil". FERRI, Mário Guimarães e MOTOYAMA, Shozo (orgs.). *História das Ciências no Brasil*. São Paulo: EDUSP/EPU, 1979-81.

VILLALTA, Luiz Carlos. "O diabo na livraria dos inconfidentes". NOVAES, Adauto. (org.). *Tempo e História*. São Paulo: SMC/Companhia das Letras, 1992.

História Econômica Geral: balanço e perspectivas para um amplo campo de conhecimento

Luiz Carlos Soares[1]

Considerações sobre a História Econômica Geral

Ao aceitar o convite para elaborar este artigo sobre a "História Econômica Geral" – como um campo do conhecimento histórico econômico, que vem sendo frequentado pelos pesquisadores brasileiros e está sempre presente nos eventos organizados pela Associação Brasileira de Pesquisadores em História Econômica (ABPHE) – logo imaginamos que estaríamos diante de uma difícil tarefa de sistematização de dados e elementos para tal elaboração. Obviamente, a primeira ideia que nos vem à mente é que a "História Econômica Geral" corresponde a tudo que se pode estudar ou investigar acerca dos fenômenos econômico-sociais ao longo de toda a História e que essa denominação é bastante genérica e imprecisa, além de esconder as infinitas possibilidades de delimitação de objetos de estudo e suas respectivas periodizações.

---

1 Professor Titular Aposentado do Departamento de História da Universidade Federal Fluminense e Professor Colaborador do Programa de História da Ciência da Técnica e Epistemologia da Universidade Federal do Rio de Janeiro. Presidente da ABPHE entre 1997-1999.

De certo modo, essa primeira ideia tem um fundamento correto, mas, do mesmo modo, poderíamos fazer uma série de considerações críticas à "História Econômica do Brasil" e às "Histórias Econômicas Nacionais", à "História Econômica da Europa", à "História Econômica das Américas", à "História Econômica da América Latina", à "História Econômica da África", à "História Econômica do Oriente", à "História Econômica da Oceania", etc. Certamente, argumentos não nos faltariam para questionar estas classificações estabelecidas consensualmente pelos historiadores, muitas vezes de forma acrítica e naturalizada através de um senso comum historiográfico, referenciado muitas vezes em noções anacrônicas e reificadoras da ideia de "nação" ou em uma visão eurocêntrica, colonizadora e imperialista.

Portanto, o que se coloca para a reflexão neste trabalho é a possibilidade de dialogar com uma noção genérica de "História Econômica Geral", questioná-la e tentar elaborar outro campo semântico-conceitual baseado numa perspectiva relativizadora dos processos histórico-econômicos anteriores e posteriores à grande expansão comercial e marítima europeia, a partir do século XVI. Esta expansão foi responsável pelo início do processo de formação de uma economia mundial capitalista, que articulou comercial e economicamente regiões desconhecidas para os europeus ou que estavam conectadas apenas localmente, mas as quais eles não tinham acesso direto. Em síntese, uma coisa é falar de uma "História Econômica Geral" em períodos históricos de grande "regionalização" econômico-comercial e outra é falar desta a partir da formação do mercado mundial, que foi o pressuposto para a estruturação de uma economia global capitalista. Evidentemente, este aspecto foi observado profundamente por Karl Marx n'*O Capital* e em seus outros escritos econômicos (MARX, 1973, especialmente v. 1 e 1974). Mas, numa perspectiva diferente de interpretação, Max Weber também não deixou de observar a importância da formação do mercado mundial para aquilo que ele chamava de "capitalismo moderno", que levaria à autonomização do mercado e da economia em relação às demais esferas da vida social e, consequentemente, a uma maior "racionalidade" das sociedades que adotavam esta organização econômica. Cabe notar que uma das mais importantes obras de Max Weber se intitula *História Econômica Geral* e, na nossa compreensão, o "geral" aqui se referia à expansão da "economia de mercado" e da "racionalidade capitalista" com a sua propensão para atingir diversas regiões do planeta e se tornar um fenômeno global (WEBER, 1997).

Uma contribuição mais contemporânea e importante para este debate nos foi apresentada pelo historiador mexicano (já falecido), Leopoldo Zea. De acordo com este historiador, a expansão comercial europeia – que trouxe em seu bojo o contato direto com os povos africanos e asiáticos e a colonização do continente americano – significou o início de um processo de *"universalização da história"*, com o fim das histórias estritamente "locais" ou "regionais" (ZEA, 1991, p. 5-6).[2] A ação do capital comercial europeu resultou na articulação, em uma rede mercantil global ou mundial, de países ou regiões conhecidos, mas sem nenhum contato ou intercâmbio direto, ou países ou regiões completamente desconhecidos – como todo o continente americano –, que foram incorporados ao domínio das potências emergentes no Velho Mundo (MARX, 1973, cap. XXIV – volume I; cap. XX – volume III).

A ideia de "universalização" de Leopoldo Zea nos parece muito mais adequada do que a denominação de "internacionalização da história" para este processo que se verificou a partir dos séculos XV e XVI, como defendem muitos autores (BARAN & SWEEZY, 1974),[3] pois a transformação das potências europeias em "nações" foi um fenômeno que ocorreu posteriormente, a partir das Revoluções Francesa e Industrial, e esteve vinculado à plena instituição da sociedade capitalista e do projeto burguês de Estado nos países da Europa Ocidental. Entretanto, a expansão comercial europeia teve como resultante, já no século XVI, o início de um processo de articulação econômica de diversas regiões e continentes do planeta. Por isso, preferimos denominar este processo como uma *"mundialização" ou "globalização da história"* que se intensificou nos séculos seguintes, sobretudo a partir da Revolução Industrial, com a subordinação do mercado mundial à lógica da produção capitalista.[4]

Por outro lado, a própria expansão comercial europeia e o início deste processo de *"mundialização" ou "globalização da história"* se deram com a guerra e se desenvolveram por meio dela. As diversas potências europeias (inicialmente Portugal e Espanha, e posteriormente, além destes países, Holanda, França e Grã-Bretanha) travaram diversas guerras de conquista na tentativa de dominação dos territórios

---

2 Estas ideias de ZEA foram apresentadas originalmente num ensaio de nossa autoria. Ver: Luiz Carlos SOARES (2010, p. 16-17).

3 Estes autores afirmam que a história do capitalismo é a história de um "sistema internacional" desde os seus primórdios: "Desde seus inícios na Idade Média, o capitalismo foi sempre um sistema internacional. E foi sempre um sistema hierárquico, com uma ou mais metrópoles líderes na cúpula, colônias totalmente dependentes na base e muitos graus de super-ordenação e subordinação no meio" (BARAN & SWEEZY, 1974, p. 180).

4 Sobre a expansão comercial europeia e o processo de formação do capitalismo, ver: Karl Marx (1973, capítulo XXIV), Carlo M. Cipolla (1984, cap. X); Michel Beaud (1984, "The long journey toward capitalism" e "The century of the three revolutions"); e Fernand Braudel (1980, volume III, "Les temps du monde").

encontrados e desenvolveram uma intensa competição, que as levava frequentemente a conflitos armados, na tentativa de controle das rotas comerciais, áreas produtoras coloniais e mercados consumidores.[5]

Assim, entre os séculos XVI e XIX, verificou-se uma série de guerras entre as potências europeias ocidentais cujo objetivo maior, por parte de cada uma delas, era o estabelecimento de uma hegemonia comercial e política no mercado mundial, o que transformou qualquer guerra travada, mínima que fosse, em conflitos cujos efeitos (na vitória ou derrota das potências beligerantes) recaiam imediatamente sobre este mercado mundial e afetavam a vida das mais diversas populações espalhadas pelo "globo terrestre". Isso nos faz repensar uma série de processos históricos e reformular a ideia de que conflitos globais ou mundiais teriam acontecido somente no século XX.[6]

Desse modo, devemos considerar que conflitos como a Guerra dos Trinta Anos (1618-1648), a Guerra da Sucessão Espanhola (1701-1714), a Guerra dos Sete Anos (1756-1763) e as Guerras Napoleônicas (1800-1815) tiveram dimensões não apenas europeias, mas dimensões globais ou mundiais. Ou seja, foram "guerras totais" no sentido de conflitos armados de grandes proporções, travados em busca do controle ou hegemonia comercial, e que tiveram um enorme impacto sobre o desenvolvimento de diferentes povos em diversos pontos do planeta. Nesse sentido, podemos admitir que foram guerras mundiais que antecederam aos dois grandes conflitos globais do século XX.

Certamente, a guerra é um dos aspectos desta "História Econômica Geral" globalizada que acompanha a formação e o desenvolvimento do capitalismo como um sistema de produção, comercialização, distribuição e consumo de mercadorias de natureza mundial, sendo que os grandes conflitos bélicos acabam por expressar a natureza da competição entre os grandes centros concentradores e centralizadores de capital pelo controle de mercados consumidores e fontes produtoras de matérias-primas e alimentos. Assim, os estudos de "História Econômica Geral" se tornam cada vez mais "gerais", no sentido de que este termo se reveste de uma significação globalizada ou globalizante que se refere, por sua vez, à característica estrutural do mercado mundial na formação e no desenvolvimento do capitalismo.

---

5   Uma excelente síntese da expansão comercial europeia e das guerras travadas pelas potências europeias pela conquista de mercados, entre os séculos XV e XVII, é apresentada por Carlo M. Cipolla (1989).
6   As ideias contidas neste e no próximo parágrafo também foram originalmente apresentadas em nosso ensaio já citado (SOARES, 2010, p. 17-18).

Por outro lado, essa perspectiva de "História Econômica Geral" alargou as bases para o entendimento deste campo de conhecimento (e poderíamos dizer também para toda a História Econômica) com a incorporação de uma série de aspectos da vida social, não estritamente econômicos, para as investigações realizadas pelos historiadores econômicos contemporâneos. Cabe o entendimento de que a economia como um todo, os sistemas produtivos, as atividades econômicas específicas, não existem por si só e se inter-relacionam com uma série de práticas e relações sociais não estritamente econômicas que são fundamentais para a sua existência. Desse modo, os historiadores econômicos contemporâneos (e também historiadores de outras esferas da vida social) têm a necessidade de articular suas investigações com outros campos de estudos histórico-sociais, em virtude do caráter inter ou multidisciplinar que se coloca como um elemento necessário para o conhecimento da própria vida social, nos seus elementos gerais ou mais específicos. Portanto, para nós historiadores econômicos, há uma pluralidade de temas ou objetos de estudos que se constituem a partir das investigações sobre as características dos sistemas produtivos e seus modos de comercialização, distribuição e consumo, passando pelas especificidades destes setores da vida econômica, até abordar as suas relações com a política, as ideologias, as mentalidades coletivas, as religiões e o conhecimento.

De certo modo, os fundadores da Escola dos *Annales*, Marc Bloch e Lucien Febvre, e outros membros expoentes desta corrente, como Fernand Braudel e Pierre Vilar, já tinham também abordado este aspecto da pluralidade de objetos e da inter-relação das diversas esferas da vida social, sobretudo quando são estudadas realidades sociais cada vez mais globalizantes.[7]

Para nós, essas considerações são importantes no sentido de que certas correntes da historiografia econômica contemporânea (que buscam seus fundamentos numa forte tradição liberal) ainda procuram focalizar os estudos econômicos numa perspectiva de isolamento ou especificidade total da economia diante das outras esferas da vida social. Estas correntes argumentam, principalmente, que, nas sociedades capitalistas modernas, os fenômenos econômicos adquirem uma autonomia absoluta, pois a lógica de organização racional do mercado e da produção mercantil praticamente estabelecem uma auto-referência ou uma forma autossuficiente de existência, não dependendo das outras esferas sociais para a sua plena realização.

---

7 Sobre os fundadores da Escola dos *Annales* e os seus sucessores mais importantes, ver: Guy Bourdé e Hervé Martin (1983, capítulo VII).

Obviamente, nas economias ou nos sistemas "pré-capitalistas" as realidades seriam diferentes visto que elementos das esferas políticas, ideológicas, religiosas, etc., funcionariam como limitadores da produção mercantil e do próprio mercado, interferindo diretamente na organização econômica.[8]

Mas, voltando às nossas considerações acima apresentadas, a "História Econômica Geral" corresponderia, primeiramente num sentido mais restrito, ao estudo de temas ou objetos específicos diversos relacionados à economia mundial ou global. Num sentido mais amplo, ela poderia se constituir num próprio referencial de abordagem para entendermos o caráter global ou mundial dos fenômenos econômicos, mesmo que estes sejam estudados ou focalizados na sua dimensão mais particular ou específica das atividades produtivas, comerciais e financeiras desenvolvidas num país ou nas suas regiões. Faríamos, aqui, um exercício infindável se fossemos detalhar os diversos objetos ou áreas temáticas que poderíamos incluir no âmbito da "História Econômica Geral", mas convém assinalar que a perspectiva de globalidade para o nosso referencial de abordagem procura se distanciar da ideia de "globalização" que muitos historiadores econômicos, economistas, cientistas sociais, jornalistas, etc., adotam ao designar sob o signo desta palavra os processos de financeirização da economia ou da nova ordem produtiva, comercial e financeira que se desenvolveram a partir das últimas décadas do século XX. Reiteramos que o sistema capitalista de produção e seus modos de comercialização, distribuição e consumo de mercadorias sempre tiveram uma natureza global desde a sua formação, passando pela sua instituição plena a partir da Revolução Industrial, intensificado pelo processo de concentração, centralização e formação do capital financeiro e dos grandes grupos monopolistas, até chegar à hegemonia plena do capital financeiro no âmbito mundial, a partir das últimas décadas do século XX.[9]

A História Econômica Geral nos eventos promovidos pela ABPHE

A História Econômica Geral sempre esteve presente nos congressos e eventos organizados pela ABPHE, desde a sua fundação no início de setembro de 1993. Na realidade, esta entidade foi fundada na ocasião do 1º Congresso Brasileiro de His-

---

[8] A perspectiva de análise weberiana se associa a esta forte tradição liberal para explicar a formação do "capitalismo moderno" como um momento de autonomização da esfera econômica em relação às demais esferas sociais, o que não acontecia na "época pré-capitalista" (WEBER, 1997, capítulo III e IV).

[9] Sobre a financeirização da economia em escala global, ver: François Chesnais (1996 e 1998).

tória Econômica, que se realizou na Faculdade de Economia e Administração da Universidade de São Paulo. Simultaneamente, realizava-se também a 2ª Conferência Internacional de História de Empresas e, a partir daí os dois eventos sempre foram realizados conjuntamente pela entidade. É importante indicar que a 1ª Conferência Internacional de História de Empresas realizou-se em 1991, em Niterói, no antigo Hotel Bucsky, no bairro do Gragoatá (nas proximidades do campus da Universidade Federal Fluminense), quando se iniciou um amplo movimento para o fortalecimento dos estudos de História Econômica e também um processo que resultou na organização dos dois eventos em 1993, em São Paulo, e a fundação da ABPHE, numa concorrida assembleia geral, em 10 de setembro daquele ano.

Num reconhecimento da relevância da 1ª Conferência Internacional de História de Empresas para a criação da nossa entidade, estabeleceu-se a tradição dos dois eventos conjuntos, embora o campo da História de Empresas tenha se tornado um importante "módulo" entre os seis "módulos" constituintes da organização dos Congressos Brasileiros de História Econômica. Na organização dos eventos mais recentes, estes seis "módulos" são denominados da seguinte forma: 1) Brasil Colônia; 2) Brasil Império, 3) Brasil República; 4) História de Empresas e História da Tecnologia; 5) História do Pensamento Econômico, Historiografia e Metodologia; 6) História Econômica Geral e Economia Internacional.

Portanto, a História Econômica Geral também está associada a diversos temas de Economia Internacional, que, por suas abordagens e perspectivas analíticas, possuem uma natureza muito mais histórica e formam parte integrante daquele primeiro e tradicional campo dos estudos de História Econômica.

Para uma avaliação da importância da História Econômica Geral, e da Economia Internacional como seu desdobramento, nos eventos da ABPHE, nos debruçamos nos Cadernos de Programação, nos Cadernos de Resumos e nos Anais Eletrônicos (distribuídos em CD-Rom, a partir de 1999) dos Congressos Brasileiros de História Econômica e das Conferências Internacionais de Histórias de Empresas. Uma primeira constatação se refere ao fato de que, muitíssimas vezes, os trabalhos organizados no módulo "História Econômica Geral e Economia Internacional" assim o são por conta de suas temáticas de estudo mais associadas diretamente a este campo. Na realidade, podemos encontrar temáticas e estudos que poderiam se situar no campo da História Econômica Geral e da Economia Internacional em outros módulos que agrupam mais especificamente os trabalhos de "Brasil" Colônia, Império ou República, "História de Empresas e História da Tecnologia" e "História do Pensamento Econômico, Historiografia e Metodologia". Certamente, muitos trabalhos nestes módulos não somente focalizam amplas problemáticas, como também abordam suas temáticas específicas num quadro de referências mais gerais, pensando o fenômeno nacional ou local num contexto mais sistêmico, global ou internacional.

Elaboramos uma primeira tabela que mostra o total de trabalhos apresentados nos eventos, entre 1993 e 2015, assim como os trabalhos que classificamos como de "História Econômica Geral e Economia Internacional", baseados na perspectiva mais ampla acima apresentada. Como podemos depreender da Tabela I, a participação dos estudos de "História Econômica Geral e Economia Internacional" sempre foi expressiva. Dos 1.364 trabalhos apresentados em todos os congressos do período citado, 347 deles foram classificados no referido módulo ou campo de conhecimento, correspondendo a cerca de um quarto do total (25,43 %). Pode-se ressaltar que em alguns momentos a participação de trabalhos do módulo foi menos expressiva, como em 1996, com apenas 18 e um percentual de 18,75 % do total (96). Outras vezes, essa participação foi muito mais expressiva como em 1999 e 2001: no primeiro ano, os trabalhos do módulo chegaram a 47 e a um percentual de 32, 86 % num total de 147; no segundo ano, chegaram a 40 e a um percentual de 33,05 % num total de 121. Ou seja, em 1999 e 2001, os trabalhos do módulo em tela corresponderam a cerca de um terço dos trabalhos apresentados nos eventos daqueles anos. (Ver Tabela I)

Talvez, isso possa ter alguma relação com os acontecimentos vivenciados naquele momento, no Brasil e no mundo, que estimularam os historiadores econômicos a refletir e escrever não apenas sobre os assuntos que estavam na ordem do dia, mas também a realizar reflexões sobre diversas temáticas no campo da História Econômica. Não resta a menor dúvida de que grandes acontecimentos históricos são estimulantes para o desenvolvimento das Ciências Humanas e Sociais, renovando seus interesses temáticos, abordagens e perspectivas teórico-metodológicas. Portanto, o campo da História Econômica também é sensível à influência destes grandes acontecimentos.

Na esteira da crise asiática de 1997 e da crise russa de 1998, a então nova moeda brasileira adotada em 1994, o Real, enfrentava a sua primeira crise de desvalorização, em janeiro de 1999, e esta crise de estenderia por todo o ano, repercutindo nos anos seguintes. Os ataques do 11 de setembro de 2001, nos Estados Unidos, também provocaram fortes impactos na economia e na política internacionais, redirecionando a ação norte-americana para uma política de confrontos diretos com grupos terroristas fundamentalistas islâmicos (a Al-Qaeda e seus associados).

Por outro lado, deve-se ressaltar que, na virada do século, a China despontava como uma grande potência econômica e do comércio mundial, ficando claro que o seu desenvolvimento recente se baseava numa diversificação industrial, que incluía desde uma produção de produtos mais simples até aqueles de tecnologia mais sofisticada. O crescimento chinês, com elevadas taxas anuais, também teria impacto sobre as economias de diferentes países, em diversos continentes, demandando destes países matérias primas e insumos fundamentais para as suas indústrias. Não podemos esquecer que o crescimento da China também resultou no aumento das exportações de produtos industriais para todo o mundo, que eram vendidos a baixos preços, provocando em muitos países um impacto negativo sobre suas indústrias e, até mesmo, uma progressiva desindustrialização, por conta da sua incapacidade de enfrentar a concorrência dos produtos chineses, produzidos em larguíssima escala e preços bastante inferiores, principalmente em virtude da baixíssima remuneração da mão-de-obra empregada na indústria do país. Obviamente, o Brasil seria impactado pelo crescimento chinês nas direções acima mencionadas.

Outra participação expressiva dos trabalhos do módulo "História Econômica Geral e Economia Internacional", em eventos, se deu em 2009, quando foi alcançado o recorde de participação total de trabalhos, chegando estes a 170. Deste total, os trabalhos apresentados no módulo chegaram a 37 e a um percentual de 21,76 %. Em termos absolutos era um percentual bem mais baixo do que em 1991 e 2001, mas deve-se assinalar que o número de trabalhos do módulo, em 2009, ocupava a quarta posição no cômputo geral. Mais uma participação expressiva dos trabalhos do módulo se deu em 2013, quando estes chegaram a 38 e a um percentual de 28,35 % do total de 134 trabalhos apresentados, ocupando a terceira posição no cômputo geral. (Ver Tabela I)

Acreditamos, mais uma vez, que as participações expressivas dos trabalhos do módulo nos eventos de 2009 e 2013 talvez possam ser relacionadas a um maior interesse dos pesquisadores de "História Econômica Geral e Economia Internacional" a divulgarem os resultados de suas investigações, motivados pelos acontecimentos do momento. Em 2009, vivia-se os mais fortes efeitos da crise financeira que começou nos Estados Unidos, em setembro de 2008, com a falência do Banco Lehman Brothers, provocando uma série sucessiva de falências naquele país e depois na Europa, espalhando-se pelo mundo. Desde o "crash" da Bolsa de Nova York, em 1929, que os países capitalistas ocidentais não assistiam a uma crise financeira tão profunda, que provocou falências não apenas no setor bancário, mas em diversos setores econômicos, reduzindo a atividade produtiva e implicando em demissões massivas de trabalhadores. Pode-se dizer que, ainda hoje, os efeitos da crise iniciada em setembro de 2008 são sentidos em muitos países.

TABELA I. Trabalhos de História Econômica Geral e Economia Internacional apresentados nos Congressos Brasileiros de História Econômica e nas Conferências Internacionais de História de Empresas: 1993-2015

EVENTO – ANO	TOTAL DE TRABALHOS	TRABALHOS DE HEG-EI	PERCENTAGEM DE HEG-EI
1º CBHE-2ª CIHE – 1993	93	22	23,65 %
2º CBHE-3ª CIHE – 1996	96	18	18,75 %
3º CBHE-4ª CIHE – 1999	143	47	32,86 %
4º CBHE-5ª CIHE – 2001	121	40	33,05 %
5º CBHE-6ª CIHE – 2003	113	27	23,89 %
6º CBHE-7ª CIHE – 2005	117	34	29,05 %
7ª CBHE-8ª CIHE – 2007	109	25	22,93 %
8º CBHE-9ª CIHE – 2009	170	37	21,76 %
9º CBHE-10ª CIHE – 2011	147	30	20,40 %
10º CBHE-11ª CIHE – 2013	134	38	28,35 %
11º CBHE-12ª CIHE – 2015	121	29	23,96 %
TOTAIS GERAIS	1.364	347	25,43 %

FONTES: *Cadernos de Programação e Anais dos Congressos Brasileiros de História Econômica e das Conferências Internacionais de História de Empresas*. Para os anos 1993, 1996, 1999, 2001, 2003, 2005, 2007, 2009, 2011, 2013 e 2015.

Portanto, em 2013, os efeitos daquela crise ainda podiam ser percebidos no Brasil, como também o famoso "ciclo das commodities", que animou o comércio mundial a partir do grande crescimento econômico da China, começava a dar os primeiros sinais de arrefecimento. A desaceleração do crescimento chinês determinou, por seu turno, a redução das importações de matérias-primas e insumos para suas indústrias e isso começou a impactar negativamente as exportações de diversos países fornecedores do mercado chinês. Certamente, o Brasil sentiu este impacto e começou a se verificar nas ruas uma série de protestos, organizados por grupos políticos diversificados, que contestavam a política econômica adotada pelo Primeiro Governo da Presidente Dilma Rousseff, criticavam o alto custo de vida e exigiam serviços públicos melhores e mais abrangentes. Estamos falando, aqui, das manifestações chamadas de "Jornadas de Junho", que começaram com o "Movimento Passe Livre", em São Paulo, e se espalharam pelas grandes cidades brasileiras. Embora muitas das reivindicações apresentadas nas "Jornadas de Junho" fossem justas, pode-se dizer que, nestas manifestações, começaram a aparecer grupos políticos e organizações ligados a ideais assumidamente de direita e extrema direita, que teriam um protagonismo importante nas manifestações de rua que embalaram o processo para o impedimento da Presidente Dilma Rousseff, mais recentemente.

Com certeza, a associação de uma expressiva participação dos trabalhos do módulo "História Econômica Geral e Economia Internacional", nos eventos da ABPHE, a acontecimentos ou fatores relevantes da conjuntura mundial e nacional é uma ideia estimulante e poderá nos servir como uma futura hipótese investigativa. Realizamos um levantamento minucioso acerca dos temas de trabalho apresentados neste módulo, mas, infelizmente, não teremos tempo e espaço para fazer uma análise mais direta dos resultados deste levantamento, na perspectiva da hipótese investigativa que apresentamos acima.

Por enquanto, mostraremos na Tabela II os resultados mais gerais acerca do cômputo dos grupos temáticos dos trabalhos apresentados nos eventos entre 1993 e 2015, o que já nos permite ter uma boa ideia sobre a variedade temática do módulo "História Econômica Geral e Economia Internacional". Evidentemente, a classificação destes grupos temáticos não é aleatória, mas foi realizada a partir dos nossos referenciais analíticos pessoais, não podendo ser considerada como um procedimento consensual entre os historiadores econômicos.

Os números da Tabela II indicam a existência de 8 grupos temáticos que podem ser considerados como os maiores concentradores dos trabalhos apresentados. Estes são, pela ordem: "Economia de Países Latino-Americanos" com 63; "Temas de Economia Internacional" com 52; "Abordagens e Perspectivas Analíticas" com 45; "Economia de Países Europeus" com 37; "Comércio, Internacionalização e Empresas Multinacionais" com 27; "Estudos Econômicos Comparados entre o Brasil e Países da América Latina" com 27; "Relações Econômicas do Brasil com Países da Europa" com 19; e "Economia de Países Asiáticos" com 11.

No grupo temático "Economia de Países Latino-Americanos", encontramos trabalhos sobre a História Econômica dos mais diversos países latino-americanos, com uma grande predominância de estudos relativos à Argentina, mas, neste grupo, também estão México, Chile, Uruguai, Colômbia, Venezuela e Cuba. Em "Temas de Economia Internacional", encontramos, na realidade, uma pluralidade de temas, onde se destacam industrialização, crescimento econômico, globalização, sistema monetário internacional, cambio e crises econômicas. Em "Abordagens e Perspectivas Analíticas", também existe uma variedade temática muito grande, destacando-se discussões teórico-metodológicas, correntes de pensamento econômico, abordagens interpretativas de fenômenos econômicos que levam em consideração fenômenos relacionados à economia internacional. Em "Economia de Países Europeus", estão trabalhos voltados para alguns importantes países do "Velho Mundo", em momentos históricos distintos, destacando-se Portugal, Espanha, França, Grã-Bretanha, Itália e Alemanha.

Dando continuidade aos mais importantes grupos temáticos, podemos dizer que, em "Comércio, Internacionalização e Empresas Multinacionais", também se manifesta a diversidade, mas o maior número de trabalhos se vincula ao comércio internacional ou mundial, ao processo de internacionalização das empresas e à organização e atuação das empresas multinacionais, sendo um grupo temático mais característico daqueles trabalhos do subcampo da História de Empresas. Já em "Estudos Econômicos Comparados entre o Brasil e Países da América Latina", predominam aqueles trabalhos que comparam aspectos do desenvolvimento econômico, da industrialização, das políticas econômicas, das relações de trabalho, da organização dos trabalhadores, entre o Brasil e a Argentina, mas existem também aqueles estudos que fazem comparações de processos ou fenômenos econômicos brasileiros com outros países do continente em particular ou análises comparativas mais generalizantes, envolvendo o conjunto de países latino-americanos. Em "Relações Econômicas do Brasil com Países da Europa", destacam-se trabalhos que abordam as relações comerciais, o comércio exportador, o intercâmbio tecnológico, etc., com o grupo de países formado por Portugal, Espanha, França, Grã-Bretanha, Itália e Alemanha. Por fim, no grupo temático "Economia de Países Asiáticos", destacam-se os estudos relativos à China, mas também aparecem aqueles trabalhos que focalizam a economia do Japão, da Coreia do Sul e da Índia.

Sem a mesma magnitude numérica dos 8 grupos acima mencionados, também se destacam, num segundo plano, outros seis grupos temáticos pelo número de trabalhos apresentados. Estes são, pela ordem: "Sistemas Econômicos" com 9 (onde discute-se a natureza ou as características do capitalismo, socialismo ou mesmo da escravidão); "Relações Econômicas do Brasil com Países da América Latina" com 7 (aqui o destaque é novamente em relação à Argentina); "Economia dos EUA" com 6 (focalizando-se o desenvolvimento econômico-industrial, o "crack" da bolsa de Nova York em 1929 e a recente crise de 2008); "Estudos Econômicos Comparados entre Países da América Latina" com 6 (destacando-se estudos comparativos entre diversos países, não envolvendo o Brasil); "Relações Econômicas do Brasil com os EUA" com 6 (sendo relevantes estudos sobre as relações comerciais e a "política da boa vizinhança"); e "Relações Econômicas de Países da América Latina com Países da Europa" com 5 (abordando as relações comerciais e intercâmbios de países latino-americanos, excetuando-se o Brasil, com importantes países do "Velho Mundo". (Ver Tabela II)

TABELA II. Grupos Temáticos dos trabalhos de História Econômica Geral e Economia Internacional apresentados nos Congressos Brasileiros de História Econômica e nas Conferências Internacionais de História de Empresas: 1993-2015.

GRUPOS TEMÁTICOS GERAIS	NÚMEROS
Abordagens e Perspectivas Analíticas	45
Comércio, Internacionalização e Empresas Multinacionais	27
Economia de Países Africanos	3
Economia de Países Asiáticos	11
Economia do Canadá	1
Economia de Países Europeus	37
Economia de Países Latino-Americanos	63
Economia dos EUA	6
Estudos Econômicos Comparados entre Países do Continente Americano (Incluindo América do Norte)	1
Estudos Econômicos Comparados entre Países da América Latina	6
Estudos Econômicos Comparados entre Países da América Latina e os EUA	2
Estudos Econômicos Comparados entre Países da América Latina e da Europa	1
Estudos Econômicos Comparados entre Países da América Latina e da Oceania	1
Estudos Econômicos Comparados entre o Brasil e Países da América Latina	27
Estudos Econômicos Comparados: entre o Brasil e Países da América Latina, da Europa e da Ásia	1
Estudos Econômicos Comparados entre o Brasil e Países da América Latina e da Europa	1
Estudos Econômicos Comparados entre o Brasil e Países da Ásia	3
Estudos Econômicos Comparados entre o Brasil e Países da Europa	1
Estudos Econômicos Comparados entre o Brasil e os EUA	1
Estudos Econômicos Comparados entre Países da Europa e da Ásia	1
Relações Econômicas entre Países da América Latina	1
Relações Econômicas de Países da América Latina com Países da Europa	5
Relações Econômicas de Países da América Latina com os EUA	3
Relações Econômicas do Brasil com Países da América Latina	7
Relações Econômicas do Brasil com Países da África	2
Relações Econômicas do Brasil com Países da Ásia	1
Relações Econômicas do Brasil com os EUA	6
Relações Econômicas do Brasil com Países da Europa	19
Relações Econômicas de Países da Europa com Países da África	3
Sistemas Econômicos	9
Temas de Economia Internacional	52
TOTAL GERAL	347

FONTES: *Cadernos de Programação e Anais dos Congressos Brasileiros de História Econômica e das Conferências Internacionais de História de Empresas.* Para os anos 1993, 1996, 1999, 2001, 2003, 2005, 2007, 2009, 2011, 2013 e 2015.

Certamente, os números das duas tabelas acima refletem a diversidade e o vigor que os trabalhos de "História Econômica Geral e Economia Internacional" vêm apresentando nos Congressos Brasileiros de História Econômica e nas Conferências Internacionais de História de Empresas. Como mencionamos, estes trabalhos representam cerca de um quarto do total de trabalhos apresentados em todos os eventos já realizados e esperamos que este percentual se mantenha ou, até mesmo, possa se elevar nos futuros eventos.

A História Econômica Geral na revista *História Econômica & História de Empresas*

A revista *História Econômica & História de Empresas* é a principal publicação da ABPHE e vem se constituindo como um importante fator de identidade e unidade da nossa associação desde que seu primeiro número foi lançado, no segundo semestre de 1998. Desde então, até o segundo semestre de 2015, foram publicados 35 números desta revista, lançados ao final de cada semestre. Em cada um destes números, fizemos um levantamento sobre o total de artigos publicados e os artigos específicos de "História Econômica Geral e Economia Internacional", levando em consideração o mesmo referencial mais amplo que utilizamos para analisar a participação deste campo nos eventos da entidade.

Podemos dizer que a participação dos artigos do campo "História Econômica Geral e Economia Internacional" sempre foi expressiva na trajetória deste periódico, como evidenciam os dados da Tabela III. Entre o segundo semestre de 1998 e o segundo semestre de 2015, foram publicados 209 artigos, sendo que aqueles vinculados ao mencionado campo corresponderam a 68 artigos, número este que equivale a 32,53 % do total mencionado (ou a quase um terço deste total). Em alguns números, não encontramos artigos deste campo publicados, tais como no 2º semestre de 1998 (número inaugural), no 1º semestre de 2007, no 2º semestre de 2008,[10] no 2º semestre de 2009 e no 1º semestre de 2012. Mas, há também aqueles momentos de excepcional participação dos artigos do campo, como no 1º semestre de 2006, quando atingiu 66,66 % (ou dois terços) do total publicado, e no 1º semestre de 2013, quando esta participação chegou a 57,14 % (pouco mais da metade). Em outras três ocasiões,

---

10 O número de HE&HE do segundo semestre de 2008, mas lançado em 2009, contém 10 artigos em homenagem ao saudoso Prof. Tamás Szmrecsányi, que foi um dos fundadores e o primeiro presidente da ABPHE, falecido em fevereiro daquele ano de 2009.

esta participação também foi elevada e chegou a 50 % (metade) dos artigos publicados, como no 1º semestre de 2000, no 1º semestre de 2003 e no 2º semestre de 2007.

Por outro lado, os dados da Tabela III, mostram a regularidade periódica de *História Econômica & História de Empresas*, desde o seu primeiro número, no 2º semestre de 1998, o que se constitui num fator relevante para a sua indexação em organismos nacionais e internacionais para classificação dos periódicos. Entretanto, os dados desta mesma tabela mostram uma tendência geral de inconstância da quantidade de artigos publicados em cada número, não existindo um padrão numérico de longo prazo. Julgamos este aspecto preocupante no sentido de que a regularidade numérica (associada à regularidade periódica) é um dos fatores importantes para que o periódico da nossa associação possa ser reconhecido e indexado pelos mais importantes organismos nacionais e internacionais de classificação. Certamente, já estamos adequados a outros fatores importantes de indexação, tais como a manutenção de um Conselho de Redação de alta qualidade e diversificado institucionalmente e a avaliação dos artigos (submetidos) pelos pares e especialistas (*blind peer review*), mas aproveitamos a oportunidade para indicar às Diretorias da entidade e às Comissões Executivas a necessidade de estabelecimento de uma quantidade regular e fixa de artigos em cada número, mesmo que esta quantidade seja ampliada criteriosamente no futuro, atendendo às demandas de adequação do nosso periódico às necessidades existentes.

TABELA III. Artigos de História Econômica Geral e Economia Internacional Publicados na Revista *História Econômica & História de Empresas*: 1998-2015.

ANO/Semestre	TOTAL DE ARTIGOS	ARTIGOS DE HEG-IE	PERCENTAGEM DE HEG-IE
1998			
2º Semestre	6	0	0 %
1999			
1º Semestre	7	2	28,57 %
2º Semestre	6	3	50 %
2000			
1º Semestre	4	2	50 %
2º Semestre	7	3	42,85 %
2001			
1º Semestre	5	1	20 %
2º Semestre	5	2	40 %
2002			
1º Semestre	6	3	50 %
2º Semestre	6	2	33,33 %
2003			
1º Semestre	6	3	50 %
2º Semestre	6	2	33.33 %
2004			
1º Semestre	6	2	33,33 %
2º Semestre	6	2	33.33 %
2005			
1º Semestre	6	1	16,66 %
2º Semestre	6	3	50 %
2006			
1º Semestre	6	4	66,66 %
2º Semestre	6	1	16,66 %
2007			
1º Semestre	5	0	0 %
2º Semestre	4	2	50 %
2008			
1º Semestre	5	1	20 %
2º Semestre	10	0	0 %
2009			
1º Semestre	5	2	40 %
2º Semestre	3	0	0 %
2010			
1º Semestre	6	2	33.33 %
2º Semestre	6	2	33.33 %
2011			
1º Semestre	5	2	40 %
2º Semestre	5	2	40 %
2012			
1º Semestre	5	0	0 %
2º Semestre	6	1	16,66 %
2013			
1º Semestre	4	1	25 %
2º Semestre	6	3	50 %
2014			

1º Semestre	9	3	33,33 %
2º Semestre	9	4	44,44 %
2015			
1º Semestre	7	4	57,14 %
2º Semestre	9	3	33,33 %
TOTAIS GERAIS	**209**	**68**	**32,53 %**

FONTES: *História Econômica & História de Empresas*. Para os Anos 1998 (2º Semestre) – 2015 (2º Semestre).

Para identificar os artigos do campo "História Econômica Geral e Economia Internacional" publicados em *História Econômica & História de Empresas*, utilizamos os mesmos referenciais de identificação dos grupos temáticos utilizados para trabalhos apresentados nos eventos. Naturalmente, a dimensão ou magnitude dos artigos publicados na revista é bem menor do que a totalidade dos trabalhos dos eventos, mas a nossa avaliação constatou não apenas uma grande variedade de grupos temáticos naqueles primeiros, como também um elevado nível de concentração tal como o que verificamos nestes últimos.

A Tabela IV apresenta a distribuição dos artigos da HE&HE pelos grupos temáticos e podemos perceber que a maior concentração se dá no grupo "Economia de Países Latino-Americanos", com 21 artigos, seguido dos seguintes grupos: "Economia de Países Europeus", com 7 artigos; "Temas de Economia Internacional", com 7 artigos; e "Sistemas Econômicos", com 6 artigos. Temos, aí, um subtotal de 41 artigos em 4 grupos temáticos, enquanto os 27 artigos restantes são distribuídos pulverizadamente em 17 outros grupos. (Ver Tabela IV)

Contudo, vamos nos concentrar apenas nos 4 grupos temáticos mais numerosos da Tabela IV. No grupo temático "Economia de Países Latino-Americanos", tal como nos trabalhos dos eventos, encontramos artigos sobre a História Econômica de diversos países latino-americanos, porém com grande destaque de artigos sobre a Argentina, tendo o México em segundo lugar. Em "Economia de Países Europeus", os artigos se relacionam também a estudos sobre a economia dos países da Europa Ocidental, mas o destaque é Portugal. Em "Temas de Economia Internacional", o foco dos artigos recai sobre industrialização, sistema monetário e relações de trabalho. Enquanto em "Sistemas Econômicos", o foco está em desenvolvimento capitalista, escravidão, socialismo soviético e modo de produção asiático.

Esta nossa avaliação dos artigos publicados em HE&HE nos permite afirmar, com segurança, que a ABPHE edita uma revista de excelente qualidade científica, que abarca uma grande diversidade de temas e objetos de investigação, muitos deles com aspectos bastante renovadores em termos de abordagem teórico-metodológica ou analítico interpretativa. O potencial para crescimento deste periódico é enorme, assim como são necessárias mudanças e readequações, mas ele vem se consolidando, inegavelmente, como a principal referência brasileira – e uma das principais referências latino-americanas – no campo da História Econômica e da História de Empresas.

TABELA IV. Grupos Temáticos dos artigos de História Econômica Geral e Economia Internacional Publicados na revista *História Econômica & História de Empresas*: 1998-2015.

GRUPOS TEMÁTICOS GERAIS	NÚMEROS
Comércio, Internacionalização e Empresas Multinacionais	3
Economia do Mundo Antigo	2
Economia Europeia Medieval e do Início dos Tempos Modernos	2
Economia de Países Asiáticos	2
Economia de Países Europeus	7
Economia de Países Latino-Americanos	21
Economia dos EUA	2
Estudos Econômicos Comparados entre Países da América Latina e da Europa	1
Estudos Econômicos Comparados entre o Brasil e Países da América Latina	2
Estudos Econômicos Comparados entre o Brasil e Países da Europa	1
Estudos Econômicos Comparados entre o Brasil e os EUA	2
Estudos Econômicos Comparados entre o Brasil, os EUA e Países da Europa	1
Gênero, Famílias e Empresas	2
Relações Econômicas dos Países da América Latina com Países da Europa	1
Relações Econômicas dos Países da América Latina com os EUA	1
Relações Econômicas do Brasil com Países da África	1
Relações Econômicas do Brasil com Países da Ásia	1
Relações Econômicas do Brasil com os EUA	2
Relações Econômicas do Brasil com Países da América Latina	1
Sistemas Econômicos	6
Temas de Economia Internacional	7
TOTAL GERAL	**68**

FONTES: *História Econômica & História de Empresas*. Para os Anos 1998 (2º Semestre) – 2015 (2º Semestre).

Considerações finais

Nosso objetivo maior, neste trabalho, foi apresentar inicialmente uma discussão mais geral acerca da natureza da História Econômica Geral, que tem como variante a Economia Internacional, campos estes bastante importantes nos principais eventos promovidos pela ABPHE e na revista desta entidade, *História Econômica & História de Empresas*.

Num segundo momento, procuramos identificar os trabalhos apresentados nos eventos que se relacionavam ao módulo "História Econômica Geral e Economia Internacional", detalhando também os seus grupos temáticos. Percebemos a concentração maior dos trabalhos em 8 destes grupos, mas verificamos também a existência de uma grande diversidade de grupos temáticos, o que indica a amplitude do campo de estudo em pauta. Vale a pena, ainda, reiterar a constatação da importância da participação dos trabalhos de "História Econômica Geral e Economia Internacional" nos eventos da entidade, entre 1993 e 2015, correspondendo a um quarto do total de trabalhos, distribuídos em seis módulos congressuais.

Num terceiro momento, realizamos o mesmo procedimento em relação à revista HE&HE, identificando os artigos publicados, entre o 2º semestre de 1998 e o 2º semestre de 2015, que se relacionavam ao campo da História Econômica Geral e da Economia Internacional. Obviamente, o universo de artigos publicados na revista é bem menor do que o dos trabalhos apresentados nos eventos da entidade, mas, mesmo assim, percebemos um percentual mais elevado de participação de artigos deste campo, correspondendo a quase um terço do total de artigos publicados no período mencionado. Além disso, verificamos a concentração de artigos em quatro grupos temáticos, mas há também uma diversidade de grupos, embora esta seja bem menor do que aquela dos trabalhos apresentados no evento.

Esperamos que este balanço sobre o campo da História Econômica Geral e da Economia Internacional possa ser útil para fornecer informações, ao conjunto dos historiadores econômicos, acerca da natureza, da dimensão e da importância do referido campo na trajetória de 25 anos da ABPHE. O balanço realizado poderá também se colocar como um elemento de atração para jovens pesquisadores que, por sua vez, poderão assim participar de um processo de renovação deste campo de estudo, introduzindo novos interesses temáticos e novas perspectivas analítico-interpretativas.

Referências bibliográficas

BARAN, Paul A. e SWEEZY, Paul M. *Capitalismo monopolista. Ensaio sobre a ordem econômica e social americana*. Rio de Janeiro, Zahar Editores, 1974.

BEAUD, Michel. *A history of capitalism, 1500-1980*. Londres, MacMillan Press, 1984.

BOURDÉ, Guy BOURDÉ e MARTIN, Hervé. "L'école des 'Annales'" (Capítulo VII). *Les écoles historiques*. Paris, Éditions du Seuil, 1983.

BRAUDEL, Fernand Braudel. *Civilisation matérielle. Economie et capitalisme*, Volume III ("Les temps du monde"). Paris, Armand Collin, 1980.

CHESNAIS (Org.). *A mundialização financeira: gênese, custos e riscos*. São Paulo, Xamã Editora, 1998.

_____, François. *A mundialização financeira*. São Paulo, Xamã Editora, 1996.

CIPOLLA, Carlo M. "A mudança no equilíbrio do poder econômico na Europa". *História econômica da Europa pré-industrial*. Lisboa, Edições 70, 1984.

_____, Carlo M. *Canhões e velas na primeira fase da expansão europeia: 1400-1700*. Lisboa, Gradiva Publicações, 1989.

MARX, Karl. *Contribuição para a crítica da economia política*. Lisboa, Editorial Estampa, 1974.

_____, Karl. *El capital: crítica de la economía política*. México-DF, Fondo de Cultura Económica, 1973.

MAX WEBER. *História económica general*. México-DF, Fondo de Cultura Económica, 1997.

SOARES, Luiz Carlos. "A guerra capitalista permanente". SOARES, Luiz Carlos & TEIXEIRA DA SILVA, Francisco Carlos. *Reflexões sobre a guerra*. Rio de Janeiro, FAPERJ – Editora 7 Letras, 2010.

ZEA, Leopoldo. "El descubrimiento de América y la universalización de la historia". ZEA, Leopoldo (Org.). *El descubrimiento de América y su impacto en la historia*. México (DF), Fondo de Cultura Económica, 1991.

História de Empresas no Brasil: entre os desafios teóricos e os estudos de caso

Armando Dalla Costa[1]

> O historiador, pela própria natureza de seu trabalho, deve interessar-se pela mudança. O que favoreceu a mudança! Por que ela se deu em tal momento e de tal maneira! Para quem estuda a história das empresas nos Estados Unidos, essas perguntas podem ser um pouco mais precisas. O que no passado americano deu aos empresários a oportunidade ou criou-lhes a necessidade de mudar o que estavam fazendo ou o modo de fazê-lo! (CHANDLER, 1998, p. 19).

Introdução

As empresas existem para cumprir uma série de finalidades, sobretudo para resolver problemas práticos de nosso dia-a-dia, como produzir pasta e escova para es-

---

1 Professor no Departamento de Economia e no Programa de Pós-Graduação em Desenvolvimento Econômico da Universidade Federal do Paraná e Presidente da ABPHE entre 2011 e 2013.

covarmos os dentes, fazer pão e manteiga para nosso café da manhã, fabricar camas, colchões, lençóis e cobertores para dormirmos melhor, carros para nos deslocarmos mais facilmente, e assim por diante.

Estudamos a história de empresas para "matar nossa curiosidade" a respeito da origem e desenvolvimento de tais conglomerados empresariais, assim como para entendermos o papel das firmas, tanto para a produção de mercadorias e riqueza, empregabilidade das pessoas, geração de impostos, e sua contribuição para o desenvolvimento econômico das nações.

No que se refere à curiosidade, basta mencionarmos alguns casos, como o da Nintendo, fundada em 1889 no Japão, para produzir cartas. Durante 67 anos esse foi o principal e único produto da gigante de videogames.[2] Foi só em 1974, no entanto, que os jogos eletrônicos apareceram na história da marca japonesa, com o lançamento de uma caixa chamada "Color TV Game Machine", desenvolvida em parceria com a compatriota Mitsubishi Electric. Sua primeira versão continha 6 jogos.

A Avon, foi fundada em 1886, nos EUA, por David H. McConnel, mas não com a intenção de criar uma companhia de produtos de beleza. Na verdade, ele era vendedor de livros que viajava oferecendo seus produtos de porta em porta. Quando fechava uma venda para uma mulher, costumava entregar um pequeno frasco de perfume como brinde. Com o tempo, reparou que sua clientela feminina estava mais interessada no "mimo" que recebia do que nos livros. Com essa percepção, fundou a Avon, em 1886 e, vendo que muitas mulheres "se entediavam em casa enquanto os maridos trabalhavam", criou o sistema de vendas porta-a-porta, liderado por mulheres.

A Coca-Cola, foi fundada em 1892, nos EUA, por John Pemberton. Reza a lenda que ele pretendia desenvolver um novo tônico quando misturou aromatizante cor de caramelo com água gaseificada. Deu no que deu. No começo, a Coca-Cola era vendida na porta da farmácia onde Pemberton trabalhava, em Atlanta. O copo custava 5 centavos. No primeiro ano de criação da bebida, os ganhos ficaram em torno dos US$ 50, o que representava uma perda, já que o investimento para produzi-la era de mais de US$ 70. Se Pemberton não sabia como fazer sua criação se tornar um sucesso, outro farmacêutico sabia. Em 1897, Asa Candler fez uma oferta de US$ 2.300 pelo refrigerante. O acordo foi fechado e, menos de três anos depois, a Coca-Cola havia se tornado conhecida nos Estados Unidos.

---

[2] Informações a respeito das empresas mencionadas a seguir, disponível em: http://epocanegocios.globo.com/Inspiracao/Empresa/noticia/2013/07/cinco-historias-que-voce-nao-conhece-de-grandes-empresas.html Acesso em 15 ago. 2016.

Poderíamos elencar uma série de outros casos, também curiosos e interessantes... Voltando ao tema deste capítulo, lembramos que seu objetivo é apresentar o que foi feito em termos de pesquisa e divulgação da história de empresas no Brasil. Para dar conta do objetivo, o texto está organizado da seguinte maneira. Além da introdução, tem uma parte que discute o marco teórico inicial e o desenvolvimento das teorias que buscam explicar a história das empresas. A sequência apresenta a história das firmas tal como está sendo realizada no Brasil para continuar falando de estudos de caso sobre empresas e empresários. Menciona algumas referências tradicionais sobre a industrialização no Brasil para terminar falando das multinacionais que aqui atuam e das que aqui se constituíram e tornaram-se nas multilatinas descritas pela literatura recente. Nas conclusões, além de um breve balanço, o texto busca descrever uma agenda de trabalhos que permanecem pendentes e representam um futuro desafio para os pesquisadores desta área.

História de empresas: marco teórico inicial, desenvolvimento e novas perspectivas

A história de empresas não se apresenta como uma disciplina totalmente definida, mas como um campo de estudos híbrido, que se encontra enredado nas fronteiras epistemológicas da História, Economia e Sociologia (VALDALISO, LOPEZ, 2003, p. 37). Todavia, seu lócus preferencial, como buscaremos demonstrar neste capítulo, é como uma especialização da História Econômica, sem esquecer os diálogos necessários com a História Cultural e Social (BARBERO, 2006, p. 153).

O objeto de estudo da história empresarial é justamente a análise das empresas e dos empresários em uma perspectiva histórica, desnudando suas estratégias de ação, os limites à sua intervenção e o meio institucional em que atuam ou atuaram. Rege a pesquisa a noção de que empresas e empresários não estão restritos à condição de objetos, mas assumem o papel de sujeitos históricos, que têm a possibilidade de se fazer presentes no processo de desenvolvimento econômico (BARBERO, 2006, p. 153).

A definição de empresa, ou firma, que adotamos vem de Penrose ([1959], 2006, p. 61), que a compreende como "... um conjunto de recursos produtivos, humanos e materiais, cuja disposição entre diversos usos e através do tempo é determinada por decisões administrativas".[3] A complementar esta definição podemos entender que as

---

3 O fato de adotarmos a definição de firma empregada por Penrose (1959) não significa que ignoremos outras definições da firma, como a de Marshall no trabalho *Industry and Trade*; a definição

empresas são organizações guiadas pela busca do lucro, que possuem uma estrutura administrativa responsável por delinear uma estratégia econômica. Ademais, nas firmas vemos a formação de redes cooperativas; de rotinas produtivas, gerenciais e, mesmo jurídicas; o desenvolvimento de pesquisas, além da produção de bens e serviços, atributos que fazem da empresa um estoque de capacidades cognitivas, equipamentos materiais e capitais líquidos (BARBERO, 2006, p. 154).

A história empresarial permite o estudo de uma firma a partir de um dos aspectos acima levantados. Por sua vez, o empresário pode ser observado em uma perspectiva micro que elucide sua trajetória individual e seus resultados no controle da empresa. Também pode ser a partir de uma visão macro que valorize, por exemplo, as relações do empresariado com outros grupos sociais, com o poder político e o Estado (BARBERO, 2006, p. 154). O estudo do empresário e dos condicionantes de sua atuação econômica, bem como sociopolítica, torna possível a desconstrução de versões hagiográficas sobre a história de empresas e de decisões tomadas a partir de uma lógica empresarial em que, muitas vezes, o empresário prescindia de sua ação (VALDALISO, LOPEZ, 2003, p. 41).[4] A partir desta visão, a história empresarial pode aclarar pontos obscuros na trajetória econômica de empresários e suas firmas.

A evolução da História Empresarial e o marco teórico Chandleriano

O esforço intelectual no sentido de apreender a atuação das grandes empresas foi institucionalizado no mundo acadêmico norte-americano na década de 1920, quando a disciplina história de empresas passou a integrar os estudos da Graduate School of Business Administration da Universidade de Harvard, a partir de criação, no ano de 1926, da Business Historical Society (BHS) com o intuito de preservar os arquivos empresariais.[5] No ano posterior foi criada a primeira cátedra

---

neoclássica de firma; a visão dos custos de transação com Coase em seu artigo *The nature of the firm* (1937); a definição da firma gerencial de Berle e Means (1932) em The Modern Corporation and Private Property. No entanto, entendemos que Penrose é a primeira autora a destacar a ação da firma não limitada a funções de produção predefinidas, tendo a autora o mérito de entender as empresas a partir de suas capacidades e recursos (FEIJÓ, VALENTE, 2004).

4 No caso das biografias de empresários, é interessante notar que, muitas vezes são esclarecedoras e complementares à reconstrução histórica das firmas. Destacamos aqui apenas dois casos em que empresários descreveram sua atuação ao longo da carreira, uma vez que analisaremos outras biografias mais adiante. Um é o caso de Malczewski (2015), co-fundador da Bematech, mencionando acertos e erros ao construir uma firma. Outro é Sloan (2001) relatando seus anos como principal executivo da General Motors, durante os quais a firma transformou-se na maior montadora mundial.

5 O desenvolvimento inicial da história de empresas nos Estados Unidos, sobretudo considerando-a como um ramo da história econômica, guarda relação com o vulto dos estudos econômicos

de história de empresas, sendo que, ainda em 1927, a BHS iniciou a publicação de um boletim que, a partir de 1954, transformou-se na Business History Review, atualmente o mais importante periódico norte-americano que aborda a história empresarial (BARBERO, 1993, p. 7).

A mesma Harvard foi onde se instalou Joseph Schumpeter em 1932 –permanecendo até sua morte em 1950 – impulsionando o estudo de firmas e empresários em uma perspectiva histórica. O aporte teórico de Schumpeter em sua obra *A Teoria do Desenvolvimento Econômico* ([1911], 1982, p. 43-66) realça o papel do empresário como inovador, o agente responsável por promover e/ou aprimorar produtos ou processos e, fundamentalmente, torná-los viáveis ao mercado. Estas inovações teriam preponderância no desenvolvimento econômico, compreendido como mudanças endógenas que retiram a economia de seu estado estacionário (fluxo circular) e a reorganiza. Para Schumpeter, este rearranjo constante da economia capitalista, com um rol de empresários inovadores a substituir indivíduos e processos produtivos obsoletos, seria sintetizado pelo conceito de destruição criadora (SCHUMPETER, [1942], 1984, p. 112-114).

No período que vai dos anos 1920 até a década de 1950, o debate da história empresarial em Harvard tinha nas bases lançadas por Schumpeter os parâmetros das análises. O foco recaía sobre o estudo dos empresários em uma perspectiva histórica, sua capacidade inovadora e a contribuição, ou não, destes agentes ao desenvolvimento econômico nacional. Para consolidar esta vertente, Schumpeter e o historiador Arthur Cole ajudaram na criação do Research Center in Entrepreneurial History (RCEH), na Universidade de Harvard, centro que funcionou entre 1948 e 1958, e que intentava promover e aglutinar os trabalhos sobre a função empresarial, considerando que desde a década de 1920 diversos estudos de caso haviam sido produzidos a partir de arquivos empresariais (BARBERO, ROCCHI, 2004, p. 105).

Na década de 1960 é que se constituiu o principal marco teórico que ainda hoje tem grande relevância nas análises de história de empresas em diversas universidades. Os trabalhos acadêmicos de Chandler na Universidade de Harvard, onde se graduou e obteve o título de doutor em História em 1952, foram fortemente influenciados pelos diálogos estabelecidos no âmbito do RCEH, que mesclavam à história empresarial os debates da sociologia funcionalista, com os trabalhos de Talcott Par-

---

na historiografia francesa da Escola dos Annales, principiando na década de 1930 com Bloch e Febvre e, atingindo a maturidade com Braudel, como demonstra Peter Burke em A Escola dos Annales (1929-1989): a revolução francesa da historiografia.

sons. Esta influência fica evidente na trajetória intelectual de Chandler ao considerarmos sua busca por elaborar modelos explicativos do desenvolvimento das firmas.

No livro *Strategy and Structure* (1962), uma coletânea de artigos publicados entre 1956-1959, Chandler volta seu olhar para as mudanças administrativas realizadas nas grandes empresas norte-americanas nas décadas iniciais do século XX, mostrando que estas firmas multidivisionais constituíram estruturas administrativas descentralizadas, em que executivos (administradores) distribuem tarefas e coordenam o trabalho de gerentes e supervisores (executores). No diagrama de uma moderna empresa descentralizada, os executivos gerais e assessores técnicos situam-se no escritório central, a cúpula administrativa; abaixo se localiza o escritório de cada divisão, responsável por supervisionar os diversos departamentos (manufatura, vendas, compras, produção, engenharia, pesquisa, finanças...); e, na base, a estrutura tem as unidades de campo que dirigem uma fábrica, um escritório regional de vendas, de compras, ou uma sucursal. Chandler aponta que o crescimento econômico das modernas empresas norteamericanas se fez junto a um rearranjo em suas estruturas administrativas, que permitiu a estas firmas atuarem dispersas geograficamente, englobarem novas funções (integração vertical) e se aproveitarem das oportunidades geradas pela pujante economia estadunidense.

Já em *The Visible Hand* (1977), o autor define o que vem a ser grande empresa moderna norte-americana: detentora de várias unidades operacionais distintas e administrada por uma hierarquia de executivos assalariados de primeira e segunda linha. Este modelo de empresa suplantara as firmas familiares pela sua maior eficiência gerencial e produtiva, que permitia internalizar atividades anteriormente designadas a outras empresas – como a produção da matéria-prima ou distribuição do produto –, possibilitando às firmas modernas libertarem-se dos mecanismos de mercado. Chandler demonstra que este modelo, inexistente nos Estados Unidos por volta de 1840, era predominante dentre as maiores empresas estadunidenses em meados do século XX, firmas estas compostas por diversos acionistas, milhares de empregados e com lucros bilionários. Esta forma de organização empresarial permitiu a reunião de enormes massas de capitais para a constituição de vultosas plantas industriais e de fortes conglomerados, por exemplo, dentre as empresas ferroviárias.[6]

---

6 "... as ferrovias, com suas vultosas despesas de capital, seus custos operacionais fixos, seu grande contingente de mão-de-obra e pessoal administrativo, afora a complexidade técnica de suas operações, inauguravam novas formas de concorrência oligopolista e de gestão em escala, profissionalizada e burocratizada" (Chandler, Ensaios, 1998, p. 40). O artigo foi originalmente publi-

O peso destas empresas na economia norte-americana lhes permitia coordenar o fluxo de bens por meio dos processos de produção e distribuição, além da possibilidade de estocar ou levantar recursos financeiros e humanos para a produção e distribuição a médio e longo prazo. Dessa forma, a mão invisível que Adam Smith imputou às forças de mercado, que mantinha seu papel como fornecedora da demanda por bens e serviços, era substituída pela mão visível da moderna empresa comercial e de seus *managers*.

Por fim, no livro *Scale and Scope* (1990), faz um estudo de história comparada abordando o desenvolvimento industrial dos Estados Unidos, Inglaterra e Alemanha baseando-se na análise das duzentas maiores empresas entre 1913-1973. Novamente, o referencial teórico é o da grande empresa multidivisional e gerenciada por uma hierarquia de executivos de primeira e segunda linha. Estas firmas obtinham reduções de custo e usavam de maneira mais eficiente seus recursos através da adoção de economias de escala, escopo ou pela diminuição dos custos de transação. Porém, mais do que similaridades entre o desenvolvimento econômico destes países, o que Chandler evidenciou foi o predomínio do capitalismo competitivo gerencial dos Estados Unidos, apoiado na hegemonia da grande empresa moderna. Ao passo que, na Inglaterra ele via a dominância de um capitalismo pessoal permeado por firmas tradicionais que não conseguiam adotar o modelo multidivisional e multidepartamental estadunidense. Enquanto que, as firmas alemãs, em que pese a adaptação ao modelo norte-americano, apresentavam uma tendência aos acordos para controle de mercado, característica de um capitalismo gerencial cooperativo que carece de acirrada concorrência, traço marcante das empresas estadunidenses que, no afã de superar suas congêneres, buscavam inovações produtivas e gerenciais que promoviam um maior desenvolvimento econômico daquele país frente às duas nações analisadas.

O método chandleriano de análise da história empresarial se calca em um processo indutivo: inicia pela reconstrução da trajetória das empresas tentando responder a algumas questões (que?, como?, quando?, onde? e porquê?); uma análise comparativa desta trajetória com a de outras firmas; e, a elaboração final de conceitos (BARBERO; ROCCHI, 2004, p. 106). Este modelo chandleriano, que ressalta o papel da grande empresa moderna no desenvolvimento econômico dos Estados Unidos,

---

cado na Business History Review, 33:1-31, Spring, 1959, e republicado em CHANDLER, Alfred. *Ensaios para uma teoria histórica da grande empresa*. Rio de Janeiro: FGV, 1998, p. 35-66.

ainda tem muita relevância no campo acadêmico da história das firmas, justamente por fornecer aos estudos empresariais um importante referencial teórico caracterizado por ferramentais conceituais de vasta aplicação como: estratégia e estrutura, os modelos de organização empresarial e uma visão completa da relação entre empresas, empresários e os mercados, sobretudo se comparada à teoria neoclássica e sua visão de firma (BARBERO, 1993, p. 15).[7] Todavia, isto não impediu que algumas lacunas do modelo fossem expostas.

Os Grupos Econômicos como explicação ao desenvolvimento industrial nos países emergentes

No campo da história de empresa,[8] o paradigma chandleriano foi consolidando seu predomínio a partir da década de 1960, constituindo-se como síntese explicativa da ascensão das grandes empresas norte-americanas, que formavam a base da hegemonia econômica dos Estados Unidos àquela altura. Mas, pontos obscuros permaneciam neste modelo, em questões que foram pouco desenvolvidas, deixadas de lado por Chandler e/ou que tiveram uma explicação insuficiente: o olhar pouco atento às relações entre Estado – e suas políticas econômicas – e empresas; o menor peso analítico às firmas médias e pequenas, além das empresas familiares; e, a proclamação do modelo estadunidense de firma como paradigmático da modernidade e eficiência, pressuposto criticado na academia europeia desde os anos 1960 (TONINELLI, 1996, p. 25-46).

As críticas europeias ao paradigma chandleriano levaram os trabalhos de história de empresas elaborados naquele continente a valorizar aspectos como: formação das elites empresarias, das redes familiares e sociais, das redes empresariais, compreendendo a firma como um ambiente no qual, e partir do qual, são estabelecidas relações sociais. Ademais, foi enfatizada a importância das firmas familiares como

---

7 A relevância das obras de Chandler para os estudos de Administração no Brasil ainda é considerável, pois, de 309 teses defendidas entre os anos 2000-2010, quase 15% (14,89) fizeram referências a alguma obra de Chandler, tendo o livro *Strategy and Structure* (1962) a maior recorrência de citações (OLIVEIRA, MASIERO, 2011).

8 Entendemos que a contribuição dos neoschumpeterianos/evolucionistas ao entendimento das firmas, como Nelson e Winter, volta-se mais ao processo de inovação empresarial e seu papel na dinâmica econômica, com conceitos extraídos da Biologia, como adaptação. Esta corrente teórica resgata o conceito de inovação e destruição criadora de Schumpeter, mas pouco dialoga com a visão chandleriana da história de empresas, não sendo a reconstrução histórica das firmas seu ponto principal (TIGRE, 1998).

modelo gerencial alternativo ao da grande empresa moderna chandleriana (BARBERO, ROCCHI, 2004, p. 107).

Ao mesmo tempo em que o atrelamento do modelo chandleriano como raiz explicativa do desenvolvimento das firmas estadunidenses não dava conta de circunstâncias características ao processo similar na Europa, estas incongruências se acentuavam quando se tentava compreender a trajetória das grandes empresas dos países emergentes, principalmente a partir de meados do século XX e início do XXI. Para tanto, uma nova forma de compreensão das grandes empresas foi se revelando desde a década de 1970, mas com maior difusão e estudos a partir dos anos 1990: as empresas organizadas enquanto grupos econômicos.

Chesnais (1996, p. 74-75) aponta que os pesquisadores franceses buscaram um alargamento do conceito de grande empresa que pudesse abarcar firmas diversificadas e que atuavam em diversos setores e, por se tratar de grupos, haviam se tornado multinacionais com muitas subsidiárias espalhadas pelo globo e controladas pela matriz (holding).

Entretanto, segundo Colpan, Hikino e Lincoln (2010), os grupos econômicos se fizeram mais presentes como forma organizacional das empresas de economias hoje tidas como emergentes e, principalmente, na segunda metade do século XX e no começo e decorrer do século XXI, tendo um papel destacado no processo de industrialização de países como Brasil, Argentina, Chile, Coreia do Sul, China, Índia, México e outros. Apesar de não haver uma unanimidade em torno do conceito de grupo econômico, teve grande adoção por parte dos estudos de história empresarial que abordam as firmas enquanto grupos econômicos, a definição de Khanna e Yafeh:

Esses grupos normalmente compostos de empresas juridicamente independentes, que operam em várias indústrias (muitas vezes não relacionadas), que são ligados entre si por persistentes laços formais (por exemplo, patrimônio) e informais (por exemplo, família) (KHANNA e YAFHE, 2007, p. 331).

No início da década de 1990, Gonçalves (1991, p. 181) definiu os grupos econômicos de forma parecida à de Khanna e Yafeh, ao dizer que "o grupo econômico é definido como o conjunto de empresas que, ainda quando juridicamente independentes entre si, estão interligadas, seja por relações contratuais, seja pelo capital, e cuja propriedade (de ativos específicos e, principalmente, do capital) pertencente a indivíduos ou instituições, que exercem o controle efetivo sobre este conjunto de empresas".

Uma das vantagens do estudo das empresas a partir de sua definição enquanto grupos econômicos está na amplitude da análise da firma, que extravasa o modelo chandleriano e a teoria da firma de Penrose ([1959], 2006) ao não cercear sua expansão à formação de um corpo administrativo ou a decisões intra-firma de diversificação produtiva, ou seja, encerrando a expansão da empresa às relações firma-e--empresário e imputando a ele o sucesso, ou fracasso.

A análise dos grupos econômicos deve contemplar diversos aspectos intra e extra-firma, indicando para o relacionamento do grupo com seus concorrentes e o Estado, que pode ser um fomentador do crescimento industrial apoiando os grupos econômicos atuantes no país. Neste sentido, algumas diretrizes devem ser intentadas ao contemplar a pesquisa com os grupos econômicos: como é a estrutura do grupo (grau de integração e diversificação de atividades); o tipo de propriedade e controle (familiar ou não; existência ou não de holdings); estratégias e capacidade de concorrência; a importância das redes sociais/relacionamento na formação e atuação do grupo; os vácuos institucionais (assimetria de informações, regulação inadequada, sistemas judiciais ineficientes); e suas relações com o Estado (marcos regulatórios, políticas públicas) (GRANOVETTER, 1995, p. 93-130; GRANOVETTER, 2005, p. 429-450; BARBERO, 2011, p. 3-5).

Valdaliso afirma que os grupos econômicos são formados por um grande número de empresas, geralmente sociedades anônimas, formalmente independentes umas das outras, que operam em diversos setores de atividades, porém sob o controle empresarial e financeiro de uma matriz, uma holding, um banco ou, simplesmente, de uma ou várias famílias. O autor vai mencionando outras características destes *business groups*, como o fato de o controle ser exercido através de uma parte do capital, raramente a totalidade. Ao mesmo tempo as famílias controladoras estão presentes nos Conselhos de Administração e/ou nos Conselhos Executivos das principais firmas do grupo (BORN, 2008). O autor menciona que "as empresas que fazem parte destes grupos geralmente têm um grande poder de mercado" (VALDALISO, 2002, p. 583). Por fim, Valdaliso (2002, p. 583) menciona que, em alguns casos, os business groups têm seu próprio banco ou mantêm uma relação muito próxima com determinadas instituições financeiras.

Para Guillén (2000 e 2001), os empresários criam business groups se as condições políticas e econômicas lhes permitem adquirir e manter a capacidade de combinar recursos – insumos, conhecimentos e mercados – para entrar em novos setores de atividades. A capacidade para combinar de forma rápida e eficiente estes recursos é genérica (na medida em que pode ser empregada para entrar em qualquer setor) e, ao mesmo tempo, muito específica de cada grupo. Inclui aspectos intangíveis: contatos, acesso a linhas de crédito privilegiadas e *know how*, e tangíveis: serviços, fatores e produtos, que podem proporcionar vantagens às empresas que já pertencem ao grupo.

História de empresas no Brasil

Como veremos ao longo do texto, a História de Empresas no Brasil se desenvolveu a partir da segunda metade do século passado. No entanto, ainda não alcançou a maturidade, sobretudo do ponto de vista do desenvolvimento de uma teoria e metodologia próprias, como aconteceu nos Estados Unidos e Europa. Outros países da América Latina, com destaque para Argentina, Colômbia e México também tiveram um avanço significativo no estudo de empresas e grupos econômicos não conseguindo, a exemplo do que acontece aqui, entretanto, caminhar para o desenvolvimento de uma teoria e uma metodologia de análise própria e adequada para nossas realidades (exceção feita a tentativas teóricas de explicação dos business groups de países emergentes). Nos últimos anos algumas iniciativas possibilitaram o surgimento e a atuação de diversos grupos e instituições que estão contribuindo na construção de pesquisas e publicações em business history, como veremos a seguir.

Associação Brasileira de Pesquisadores em História Econômica - ABPHE

Assim como no caso da Espanha (OLIVARES, 2008, P. 17-46) e de vários países da América Latina: Barbero (2008), para o caso argentino; Jacob (2008) analisando a experiência uruguaia; Marichal (2008) falando do caso mexicano; no Brasil, a constituição da Associação Brasileira de Pesquisadores em História Econômica também significou um marco para o avanço da História de Empresas. "A ABPHE foi fundada na Cidade de São Paulo no dia 10 de setembro de 1993, ao término do I Congresso Brasileiro de História Econômica e II Conferência Internacional de História de Empresas".[9] O evento conjunto consolidou-se, ao longo do tempo, como um importante espaço de divulgação e debate da produção recente em história econômica e história das empresas.

No mesmo site consta a informação de que a Primeira Conferência Internacional de História de Empresas foi realizada em Niterói em 1991, sob a coordenação da Profa. Maria Bárbara Levy. Em 1993, ao se propor a realização do I Congresso Brasileiro de História Econômica, decidiu-se agregar a esse evento a Conferência Internacional de História de Empresas. Sua realização se fez principalmente por ini-

---

9 Página da ABPHE in: www.abphe.org.br/abphe-breve-historico. Acesso em: 26 maio 2016.

ciativa do Prof. Tamás Szmrecsányi, em setembro de 1993 na FEA-USP, juntamente com a 2ª Conferência. Na sessão de encerramento daquele evento foi proposta e aprovada a fundação da ABPHE que teve, como seu primeiro presidente o Prof. Tamás Szmrecsányi. Desde então, os congressos e as conferências realizaram-se regularmente (primeiro, a cada três anos; depois, a cada dois anos).

Dentro de cada módulo dos congressos e conferências, as pesquisas têm eleito alguns temas preferenciais, como podemos notar pelo exemplo da História de Empresas: a história de empresas tem como campo de pesquisa, trajetórias de firmas multinacionais na América Latina, inovação tecnológica, empresas de serviços públicos, estudos de casos.

Outro elemento importante tanto na divulgação das pesquisas realizadas em História de Empresas, como para a formação de futuros profissionais na área foi a constituição, desde 2002, do *Encontro de Pós-Graduação em História Econômica*, que reúne mestrandos, doutorandos e alunos de iniciação científica, com pesquisas no campo da História Econômica e História de Empresas. Este evento é promovido pela ABPHE a cada dois anos, no intervalo dos encontros de História Econômica & História de Empresas. O primeiro, de 2002, foi realizado na Unesp/Araraquara, seguido pelos de 2004, na UFF/Niterói e de 2006 na Unicamp/Campinas-SP. A partir de 2006, em Campinas o Encontro de Pós-Graduação em História Econômica passou a realizado bienalmente em conjunto com a Conferência Internacional de História Econômica, em que conferencistas internacionais divulgam pesquisas e problemáticas, especialmente apontando linhas para ensino e investigação em pós-graduação.

Assim como o *Congresso Brasileiro de História Econômica e a Conferência Internacional de História de Empresas*, os *Encontros de Pós-Graduação* também têm gerado interesse no meio acadêmico: o primeiro, realizado em Araraquara (FCL/UNESP) em 2002, contou com pouco mais de 50 trabalhos; em 2004, na UFF (Niterói) já foram apresentados mais de 80 textos; nos encontros que se seguiram – em 2006 na Unicamp (Campinas-SP) e em 2008, na FEA/USP (São Paulo-SP), – mais de cem trabalhos foram selecionados para inclusão nos eventos. Na sequência os encontros se realizaram na Unicamp, em 2010; na FEA e FFLCH da USP, em 2012; na UFF em 2014, quando foram selecionados 82 trabalhos e, por fim, em 2016, na FEA-USP onde foram apresentados 39 trabalhos de pós-graduação e 9 de iniciação científica (este evento foi realizado concomitantemente ao V Cladhe).[10]

---

[10] Além da organização dos congressos, a ABPHE deu outra contribuição importante para a história econômica e história de empresas através da publicação da revista *História Econômica &*

Ao longo dos 11 encontros da ABPHE, de 1993 a 2015 (Tabela 1) foram apresentados, na sessão *História de Empresas e História da Tecnologia*, 213 trabalhos, ou seja, uma média de 19,36 textos a cada congresso, com destaque para o encontro da Unicamp, em 2009, quando foram apresentados 29 artigos nesta sessão. Portanto, os congressos da ABPHE constituíram-se num espaço privilegiado de discussão e apresentação de resultados de pesquisa no que se refere à história de empresas.

Tabela 1 - Trabalhos apresentados nos congressos da ABPHE - 1993-2015

Período Tema	I CBHE 2a CIHE 7- 10/09/1 993 São Paulo FEA/U SP	II CBHE 3a CIHE 13- 16/10/9 6 Niteroi UFF	III CBH E 4ª CIHE 29/08- 01/09/ 1999 Curitiba UFPR	IV CBH E 5ª CIHE 2 a 05/09/ 2001 São Paulo FEA-USP	V CBH E 6ª CIHE 7 a 10/09/ 2003 Caxambu UFMG	VI CBH E 7ª CIHE 4 a 7/09/2 005 Conservatória UFF, UFRJ, UFMG	VII CBH E 8ª CIHE 2 a 5/09/2 007 Aracaju UFS	VIII CBH E 9ª CIHE 6 a 8/09/2 009 Campinas UNICAMP	IX CBH E 10ª CIHE 7 a 9/09/2 011 Curitiba UFPR	X CBHE 11ª CIHE 8 a 11/09/2 013 Juiz de Fora UFJF	XI CBHE 12ª CIHE 14- 16/09/20 15 Vitória UFES(v)
Brasil Colônia	17	(ii)	(iii)	9	16	16	15	23	17	14	6(vi)
Brasil Império	16	(ii)	(iii)	9	10	22	24	32	21	29	28(vi)
Brasil República	16	(ii)	(iii)	20	22	23	24	36	37	38	32(vi)
Brasil Pós-1930	18										
História Econômica Geral e Economia Internacional		(ii)	(iii)	18	15	16	16	21	19	21	15
História do Pensamento Econômico e Metodologia	4(i)	(ii)	(iii)	15	12	16	8	27	26	19	27
História de Empresas e História da Tecnologia	22	22	19	19	23(iv)	18	19	29	15	13	14
Total	93	96	129	90	98	111	116	168	135	134	122

(I) Debate Geral: 4.
(II) O evento de 1996 foi organizado a partir da seguinte distribuição de temas: História Agrária: 22;

História de Empresas. Esta publicação tornou-se a mais importante a nível nacional para divulgar trabalhos nestas duas áreas. Além das revistas surgiram, recentemente, sites que contribuem para divulgar a história econômica e de empresas, como o *Boletin Red de Estudios de História de Empresas*, cujos números podem ser consultados em: https://redhistoriaempresas.org

Urbanização e industrialização: 25; Economia Internacional: 4; História de Empresas: 22; Políticas Públicas e Finanças: 14; História do Pensamento Econômico: 9 (Anais do evento em 5 volumes).

(III) O evento de 1999 foi organizado a partir da seguinte distribuição de temas: Economia Agrária: 21; Economia Urbano Industrial: 17; Economia Internacional: 21; Economia do Trabalho: 17; Políticas Governamentais e Finanças: 21; História de Empresas: 19; Pensamento Econômico no Brasil: 7; Metodologia da História Econômica: 6.

(IV) No congresso houve duas sessões de Brasil República/Indústria. Se os trabalhos destas duas sessões forem contados em História de Empresas, acrescentam-se oito trabalhos e retiram-se os mesmos oito de Brasil República.

(V) Neste congresso foram apresentados 19 posters de Iniciação Científica, dentre os quais 5 tratavam de História de Empresas.

(vi) As sessões deste congresso foram organizadas a partir dos seguintes temas: Brasil e América Latina Coloniais: 6; Brasil e América Latina séculos XIX: 28; Brasil e América Latina Séculos XX e XXI: 32. As demais sessões seguiram os mesmos nomes.

Fonte: Elaboração própria a partir dos anais e cadernos de resumos dos congressos da ABPHE.

Atualmente a ABPHE é integrante da Associação Latino-Americana de História Econômica (CLADHE) e da Associação Internacional de História Econômica (IEHA). Além disso é filiada à Associação Internacional de História Econômica desde 1996 e desenvolve atividades com as demais associações latinoamericanas.

Congresso Latinoamericano de História Econômica – CLADHE

A nível continental, a partir de 2007 começaram a ser organizados os Congressos Latinoamericanos de História Econômica. Estes eventos são importantes tanto para congregar pesquisadores latinoamericanos, norteamericanos e europeus como para discutir questões teóricas e analisar casos práticos de história de empresas.

Os Congressos Latinoamericanos de História Econômica foram concebidos e são organizados pelas oito Associações de História Econômica dos países da América Latina.[11] O primeiro encontro foi realizado em dezembro de 2007 em Montevidéu (Uruguai). O segundo foi organizado na cidade do México (México), em 2010. O terceiro em Bariloche (Argentina), em 2012. O quarto na cidade de Bogotá (Colômbia) e o quinto foi realizado na Universidade de São Paulo (Brasil), em julho de 2016.

A partir do evento de Bariloche foi proposto um Simpósio intitulado: *Investimento Direto Estrangeiro e Empresas Multinacionais na América Latina (1900-2010)*,

---

11 Associación Argentina de Historia Económica; Associação Brasileira de Pesquisadores em História Económica; Associación Chilena de Historia Económica; Associación Colombiana de Historia Económica; Associación de Historia Económica del Caribe; Associación Mexicana de Historia Económica; Associación Peruana de Historia Económica; Associación Uruguaya de Historia Económica.

no qual foram aprovados e apresentados 17 textos de história de empresas. No IV Cladhe, em Bogotá, no mesmo simpósio foram aprovados e apresentados 15 textos, enquanto no Cladhe V (19 a 21 de julho de 2016), na USP foram aceitos e apresentados 16 trabalhos. Para termos uma ideia da participação internacional, dos artigos apresentados na USP, neste simpósio, 5 eram provenientes de autores brasileiros; 4 de pesquisadores argentinos; 4 foram escritos em co-autoria entre pesquisadores de nacionalidades diferentes: um de autoria Brasil-Espanha; um de autor brasileiro e norte americano; um de professores do Peru e Reino Unido; um de autores do Uruguai e Brasil. Outros três de autores da Venezuela, Espanha e Estados Unidos.

No V Cladhe (USP-2016) foram organizados 4 simpósios ligados à temática da história empresarial: i) História Bancária da América Latina: a formação de bancos nacionais e bancos centrais (séculos XIX e XX), organizado por Carlos Marichal (Colégio do México) e Thiago Gambi (Unifal-MG), com 22 trabalhos; ii) Investimento Direto Estrangeiro e Multinacionais na América Latina (1900-2014), organizado por Armando Dalla Costa (UFPR-Brasil), Norma Lanciotti (UNR-Argentina) e Martin Monsalve Zanatti (UP-Peru), com 16 trabalhos; iii) Empresas e financiamento público e privado, seu impacto no desenvolvimento econômico latinoamericano no longo prazo, organizado por Maria Eugenia Romero Ibarra (UNAM-México), Javier Moreno Lázaro (Universidad de Valladolid-Espanha), Etna Mercedes Bayona Velásquez (Universidad del Magdalena-Colômbia), com 14 trabalhos e; iv) História empresarial comparada e historiografia da empresa na América Latina: Colômbia, Centro América e México, 1850-1950, organizado por Joaquin Viloria de la Hoz (Banco de la República-Colômbia), Luis Anaya Merchant (Universidad Autónoma-México), com 13 trabalhos, totalizando 65 textos relacionados com história de empresas.[12]

Workshop Empresa, Empresários e Sociedade - WEES

A rede de pesquisadores *Empresa, Empresários e Sociedade* reúne mais de 120 investigadores das ciências sociais e de áreas afins que analisam o universo empresarial em suas diversas dimensões e em interrelações com a esfera política, econômica e social. Tais pesquisadores encontram-se periodicamente para aprofundar o debate científico e ampliar a divulgação de pesquisas realizadas no país e no exterior.

A décima edição deste workshop deu sequência a uma série de reuniões científicas realizadas ao longo dos últimos 20 anos por um grupo de pesquisadores que

---

12 Fonte: Caderno de Programação do V Cladhe. ABPHE/FEA-USP, 19 a 21 de julho de 2016, 100 p.

investigam as firmas a partir da perspectiva das ciências sociais. Esta rede tem como objetivo promover o debate interdisciplinar e aprofundar o conhecimento empírico e teórico acerca das empresas e organizações empresariais e de suas relações com a sociedade contemporânea.

Os encontros bianuais que acontecem desde 1998 e reúnem pesquisadores de Sociologia, Ciência Política, Antropologia, Economia, História, Administração... têm como objeto de suas pesquisas os agentes econômicos, as empresas e os empresários em perspectiva histórica e conjuntural, contemplando tanto questões teóricas e metodológicas das Ciências Sociais, quanto injunções políticas e econômicas da realidade atual.

A diversidade institucional dos membros da rede se evidencia na circulação do WEES por várias universidades. Em 1998 e 2000, pesquisadores da Universidade Federal do Rio de Janeiro e da Universidade Federal Fluminense organizaram as primeiras edições do evento que definiram a natureza da rede e propiciaram a continuidade da realização dos workshops ao longo do tempo.

O primeiro evento ocorreu em 1988, organizado por pesquisadores da UFRJ e da UFF e representou o mapeamento dos estudos realizados no Rio de Janeiro, São Paulo e Minas Gerais sobre a inserção dos empresários na conjuntura de consolidação democrática e de liberalização econômica brasileira. O segundo workshop, realizado na Universidade Federal Fluminense, priorizou estudos que enfocavam a globalização e seus reflexos sobre as firmas. Além dos pesquisadores brasileiros, o evento contou com palestrantes do Chile, México, França e Itália. As demais edições ocorreram em 2002 na Universidade Federal do Paraná; em 2004, na Universidade Federal de Juiz de Fora; em 2006, na Pontifícia Universidade Católica do Rio Grande do Sul; em 2008 na Universidade Federal Fluminense; em 2010, na Universidade Federal de Santa Catarina; em 2012, na Universidade Federal do Paraná, com participação da Pontifícia Universidade Católica do Paraná; em 2014, na Universidade Federal Fluminense. Em 2016, o evento retornou a Porto Alegre, desta vez organizado e realizado na Universidade Federal do Rio Grande do Sul, com o tema: "Tempos de turbulência e estagnação".

Os eventos sempre se caracterizaram pela diversidade teórica e institucional de seus participantes, inclusive estrangeiros, e pela presença e participação de agentes públicos ligados às atividades relacionadas às empresas, bem como dos próprios empresários. Seu formato de *workshop* permite a todos os participantes, sejam ou não do meio acadêmico, uma intensa troca de informações e a atualização nos resultados de pesquisas e nos debates teóricos e metodológicos associados às empresas, aos empresários e sua inserção na economia, na sociedade e na política. Como forma de dar continuidade e fomentar o desenvolvimento deste campo de pesquisa, o evento comporta uma sessão especialmente voltada para jovens pesquisadores.

Os trabalhos apresentados nas edições anteriores dos *workshops* resultaram na publicação de vários livros e artigos em revistas. Os livros publicados foram: Ana Maria Kirschner e Eduardo R. Gomes (Orgs.). *Empresa, Empresários e Sociedade*, Rio de Janeiro, Sette Letras, 1999; Ana Maria Kirschner; Eduardo R. Gomes; Paola Cappellin. (Orgs.). *Empresa, empresários e globalização*. Rio de Janeiro, Relume Dumará, 2002; Wagner T. Iglecias; Maria Antonieta P. Leopoldi; Wagner Pralon Mancuso (orgs.) *Estado, empresariado e desenvolvimento no Brasil. Novas teorias, novas trajetórias*. São Paulo, Editora de Cultura, 2010.

Em 2008, com trabalhos apresentados na edição do *workshop* deste mesmo ano, foi publicado o dossiê: *As empresas e as Ciências Sociais na crise da modernidade*, no volume 18, número 31 da *Revista de Sociologia e Política*. Em 2010, a revista *Política & Sociedade*, volume 9, número 17 publicou o dossiê: *Empresariado, Estado e Poder*, com artigos resultantes dos trabalhos apresentados na edição deste mesmo ano do *Workshop*, realizado na Universidade Federal de Santa Catarina. Em suma, as edições do evento vêm resultando em publicações que divulgam com agilidade a produção dos pesquisadores que delas participam, fazendo com que suas contribuições possam ser utilizadas por todos os interessados.

Por fim, como os eventos admitem a participação de mestrandos e doutorandos, contribuem para a formação de futuros pesquisadores no âmbito da história de empresas.

Merece ainda destaque, para o avanço das pesquisas e publicações em Business History, o *First World congress on Business History*, cujo tema foi: Business History around the World: Today & Tomorrow. O evento foi organizado junto com o 20th Congress of the European business History Association e ocorreu em Bergen, na Noruega, entre os dias 25 a 27 de agosto de 2016. Quase como um retrato do que ocorre com a história de empresas na América Latina, só havia um representante do Brasil, mas vários participantes de outros países, como Argentina, Chile, Colômbia, Peru e, sobretudo, do México. O evento contou com a seleção e apresentação de 242 trabalhos, todos na área de Business History.[13] O próximo congresso deste grupo será realizado no Japão, em 2020.

Estudos de casos sobre empresas e empresários no Brasil

As biografias de personalidades tornaram-se um filão para escritores e editoras no mundo todo e o mesmo fenômeno repete-se no Brasil.[14] É comum encontrarmos nas livrarias, assim como online, uma grande quantidade de novas biografias retratando trajetórias de firmas individuais e/ou de seus principais empreendedores. Neste caso, existe um pouco de tudo, desde estudos encomendados que geralmente servem mais para destacar o papel dos próprios líderes empresariais, assim como biografias de excelente qualidade, que reconstróem a vida dos empreendedores e suas firmas contextualizando-as no momento histórico em que surgiram e se desenvolveram.

No caso brasileiro há uma série de estudos desde o período colonial até o momento atual. Do ponto de vista da importância dos empreendedores, podemos destacar o barão de Mauá, no tempo do império e do conde Matarazzo, na Primeira República. Irineu Evangelista de Souza (1813-1889), o visconde de Mauá foi industrial, banqueiro, político e diplomata, símbolo dos capitalistas empreendedores do século XIX. Iniciou seus negócios em 1846 com uma pequena fábrica de barcos em Niterói dando início a uma carreira que o tornaria o maior industrial do país. Atuava na produção de caldeiras para máquinas a vapor, engenhos de açúcar, gruas, prensas, armas e tubos para canalização de águas. Foi pioneiro no campo dos serviços públicos, organizou companhias de navegação a vapor desde o Rio Grande do Sul até o Amazonas. Em 1852 construiu a primeira ferrovia brasileira entre Petrópolis e o Rio de Janeiro. Em sociedade com capitalistas ingleses e plantadores de café de São Paulo, participou na construção da Recife e São Francisco Railway Company, a Companhia Ferroviária Dom Pedro II (atual Central do Brasil) e a São Paulo Railway (Santos-Jundiaí). Foi responsável pela instalação dos primeiros cabos telegráficos ligando o Brasil à Europa. No final da década de 1850 fundou o Banco Mauá, com filiais em várias capitais brasileiras, além de Londres, Nova York,

---

13 Fonte: Caderno de Programação do First World Congress on Business History & 20th congress of the European Business History Association, University of Bergen, 55 p.

14 Em texto anterior, fizemos uma discussão mais pormenorizada sobre esta questão. Ver DALLA COSTA, Armando. La historia de empresas en Brasil en el comienzo del Tercer Milenio. In: BARBERO, Maria Ines e JACOB, Raúl (orgs.). *La nueva historia de empresas en América Latina y España*. Buenos Aires: Tema Editorial, 2008, p. 83-108.

Buenos Aires e Montevideo. Liberal, abolicionista e contrário à Guerra do Paraguai, tornou-se *persona non grata* no Império. Suas fábricas, assim como o Banco Mauá foram à falência e ele foi obrigado a vender tudo para quitar as dívidas,[15] mantendo apenas seus bens no Uruguai.[16]

Outro expoente da industrialização brasileira foi Francesco Antonio Maria Matarazzo, nascido em castellabate em 9 de março de 1854 e falecido em São Paulo em 10 de dezembro de 1937. Foi este empresário ítalo-brasileiro que criou o maior complexo industrial da América Latina no início do século XX.

Chegando ao país aos 27 anos, iniciou atividades com uma empresa de produção de banha de porco em Sorocaba, no interior de São Paulo. Em 1890 mudou-se para a capital do estado onde fundou, com seus irmãos Giuseppe e Luigi, a empresa Matarazzo & Irmãos. Em 1891 esta empresa foi substituída pela Companhia Matarazzo S.A. que, além dos irmãos, contava com outros 43 acionistas minoritários.

Em 1900 o fundador conseguiu financiamento do London and Brazilian Bank para construir um moinho em São Paulo. Desde então, suas atividades empresariais se expandiram e ele chegou a contar com 365 fábricas no Brasil. A renda bruta do conglomerado era a quarta maior do país e, 6% da população de São Paulo dependia de suas fábricas que, em 1911, passaram a chamar-se Indústrias Reunidas Francisco Matarazzo, uma sociedade anônima.[17]

Após a crise de 1929, tanto os empreendedores como suas empresas diversificaram-se e aumentaram muito no Brasil. A partir de então, muitas iniciativas podem ser mencionadas para entender tanto as próprias firmas como seus empreendedores. Entre os diversos autores podemos mencionar Marcovitch (2003, 2005 e 2007)[18] que

---

15 Entre os diversos escritos sobre o barão de Mauá, recomendamos o livro de Jorge Caldeira: *Mauá: Empresário do Império*. São Paulo: Companhia das Letras, 1995.

16 Para uma visão das diversas facetas deste empreendedor ver o texto de Ricardo Timm de Souza e Nelson Costa Fossatti (orgs.). *Mauá: Paradoxos de um visionário. Obra comemorativa dos 200 anos de nascimento do visconde de Mauá*. Porto Alegre: Letra & Vida, 2013.

17 Assim como no caso de Mauá, a biografia de Francisco Matarazzo foi pesquisada e publicada por diversos autores. Entre eles indicamos o ótimo texto de Ronaldo da Costa Couto. *Matarazzo. A travessia*. São Paulo: Planeta do Brasil, 2004, v. I e *Matarazzo. Colosso brasileiro*. São Paulo: Planeta do Brasil, 2004, v. II, no final dos quais o autor resgata a bibliografia mais significativa sobre o empresário.

18 Jacques Marcovitch (2003, 2005, 2007), com estes três volumes, traça um perfil dos principais empreendedores brasileiros neste período. Menciona, ainda, a trajetória de algumas famílias e fala da preservação de documentos que possibilitaram o surgimento de vários centros de memória empresarial. No site www.usp. br/pioneiros, além das resenhas dos textos pode-se acessar a documentação iconográfica de cada empreendedor mencionado na coleção.

fala dos "pioneiros e empreendedores" na segunda metade do século XIX a meados do século XX. Outra atividade desenvolvida na Universidade de São Paulo foi coordenada por Cleber Aquino e ficou conhecida como *História Empresarial Vivida: Depoimento de Empresários Brasileiros Bem Sucedidos*, organizada e realizada na FEA/USP a partir de 1985. Neste programa foram incluídos depoimentos dos principais empresários contemporâneos, que foram publicados em livros[19] e servem como acervo para o conhecimento e pesquisa sobre as empresas contemporâneas.

Além das já mencionadas biografias de Mauá e Matarazzo, existe uma série de outros autores que colaboram no entendimento dos empreendedores brasileiros e suas firmas. Destacamos os textos de Fernando Morais pela reconstituição que faz de seus personagens, inserindo-os no contexto histórico nacional. Em *Chatô. O rei do Brasil* (1994), Morais resgata o histórico de um dos maiores empreendedores nacionais no setor das telecomunicações. Assis Chateaubriand começou com diversos jornais, conhecidos como *Diários Associados*, continuou com a atuação no rádio, montando diversas rádios nas décadas de 1940 e 1950 consideradas o "peíodo de ouro do rádio" e complementou seu império no ramo das comunicações trazendo a televisão para o Brasil.

Já com *Montenegro* (2006) Morais faz a reconstituição histórica do general responsável pela implantação do Instituto Tecnológico da Aeronáutica, escola que vem formando sistematicamente turmas de engenheiros aeronáuticos desde o início dos anos 1950. Graças às pesquisas desenvolvidas nesta escola, assim como pela contribuição de seus ex-alunos, surgiu a Embraer[20] que colocou o Brasil entre as grandes potências mundiais na fabricação de aeronaves.[21]

---

19 Por exemplo, num dos textos, volume V: Aquino, Cleber (comp.). *História Empresarial Vivida: Depoimentos de Empresários Brasileiros bem Sucedidos*. São Paulo: Atlas, 1991, foram publicados os depoimentos de Norberto Odebrecht, Leon Feffer, Sheun Ming Ling e Attilio Fontana.

20 Para um histórico da Embraer ver, entre outros, Rodengen, Jeffrey L. *The history of Embraer*. N.P.: Write Stuff (Sic) Enterprises, Inc., 2009; Silva, Ozires. *A decolagem de um grande sonho: a história da criação da Embraer*. Rio de Janeiro: Elsevier, 2009. FURTADO, Paulo. *História da Embraer*. São Paulo: Embraer, 2006; MATTOS, Bento. *História da Embraer*. São Paulo: Embraer, 2006; SERRA, Paulo R. *História da Embraer*. São Paulo: Embraer, 2006; SILVA, Ozires. *A decolagem de um sonho: a história da criação da Embraer*. São Paulo: Lemos Editorial, 2005; SILVA, Ozires; FISCHETTI, Decio. *Casimiro Montenegro Filho: a trajetória de um visionário, vida e obra do criador do ITA*. São Paulo: Bizz Editorial, 2006.

21 Para um debate mais amplo sobre a importância das biografias, dos arquivos e fontes para a história empresarial pode-se consultar, entre outros, Dalla Costa, Armando. História e historiografia empresarial: acesso e utilização de arquivos e fontes. In: Dalla Costa, Armando; Graf, Márcia (orgs.). *Estratégias de desenvolvimento urbano e regional*. Curitiba: Juruá, 2004.

Há uma série de outros autores que trabalharam com arquivos e fontes primárias que colaboram para o entendimento do desenvolvimento industrial no Brasil, com diferentes enfoques. Suzigan (2000), além de resgatar as teorias que buscam explicar o início da industrialização no país, retrata a trajetória dos diversos setores empresariais no final do Império e da Primeira República.

Dean (1971) e Silva (1995) destacam a contribuição do café, tanto no desenvolvimento industrial do estado de São Paulo como do Brasil. Estes trabalhos pioneiros geraram, em seguida, uma série de outras pesquisas relacionadas com o tema do café e a industrialização do país.

Werner Baer foi um autor de destaque nos estudos a respeito da industrialização do país. Além de uma série de artigos e capítulos de livros e organização de conferências internacionais, escreveu dois destacados livros sobre o assunto. O primeiro: *The Development of the Brazilian Steel Industry*,[22] no qual fala sobre o desenvolvimento tardio desta indústria no país que se deu, sobretudo, depois da Segunda Guerra Mundial. O autor analisa o impacto da indústria do ferro e aço na economia brasileira, sua produtividade e a eficácia dos custos de produção. Ele também discute a eficiência do padrão de localização desta indústria e projeta o padrão futuro de oferta e demanda para o aço brasileiro no mercado mundial. Sua análise baseia-se em fontes primárias, em dados estatísticos oficiais, consultados e organizados na sua permanência no país entre 1965 e 1968.

O segundo texto: *A Industrialização e o Desenvolvimento Econômico no Brasil*,[23] foi reeditado diversas vezes. Nele, o autor afirma que "foi somente depois da II Guerra Mundial que o Brasil empenhou-se em um surto de industrialização deliberado, geral e continuado, que alterou acentuadamente a estrutura de sua economia" (BAER, 1988, p. 9). O objetivo deste volumoso livro é examinar o processo de industrialização do Brasil, com destaque para o período que se inicia na década de 1940. O autor trata, no entanto, das fases prévias de industrialização, que tiveram sua origem ainda no final do século XIX, até no final da primeira década do século XXI. Destaca a importância e a influência da industrialização no processo de desenvolvimento econômico nacional.

---

22 BAER, Werner. *The Development of the Brazilian Steel Industry*. Nashville, Tennessee: Vanderbilt University Press, 1969, 202p.

23 BAER, Werner. *A Industrialização e o Desenvolvimento Econômico no Brasil*. 7.ed. aumentada. Rio de Janeiro: FGV,1988 (Tradução de Paulo de Almeida Rodrigues), 665p.

Explorando fontes primárias, além de fazer um resgate historiográfico, outros trabalhos destacam o desenvolvimento da industrialização brasileira a partir setores empresariais, como o trabalho de Saes (2010).[24] As disputas analisadas entre empresas de capital nacional, a Companhia Brasileira de Energia Elétrica e internacional, a Light, nas cidades do Rio de Janeiro, São Paulo e Salvador aconteceram num período decisivo para a formação do capitalismo brasileiro. Como destaca o autor, as disputas entre as empresas, nas duas primeiras décadas do século XX, tinham como objetivo assumir um setor novo e estratégico para a urbanização e industrialização das principais cidades brasileiras: o provimento da energia elétrica, tanto para a tração dos bondes, mas sobretudo para fins industriais.

O sistema ferroviário foi um dos temas bastante estudados na historiografia de empresas brasileira. Merecem destaque, os já clássicos trabalhos de Saes (1981 e 1986), apresentando um apanhado geral da situação das ferrovias no estado de São Paulo, desde a segunda metade do século XIX até meados do século XX.[25] Seguem-se outros trabalhos mais recentes, como o de Guilherme Grandi: *Estado e Capital Ferroviário em São Paulo. A Companhia Paulista de Estradas de Ferro entre 1930 e 1961*, que tornou-se um livro de referência para a compreensão das empresas ferroviárias.[26] Na apresentação do texto, destaca-se que, partindo da análise sobre o início do estabelecimento da infraestrutura terrestre em São Paulo durante o período colonial, o autor avança na cronologia histórica ao discutir a origem e a implantação da Cia. Paulista, a política e a legislação ferroviária, os Planos Nacionais de Viação e os diversos conflitos de interesses envolvendo o Estado brasileiro, os dirigentes da Paulista e seus funcionários.[27]

Há ainda uma série de outros trabalhos gerais, entre os quais destacamos a contribuição de Colin Lewis (1999), com seu texto em que analisa a história empre-

---

24 Saes, Alexandre M. *Conflitos do capital. Light versus CBEE na formação do capitalismo brasileiro (1898-1927)*. Bauru: EDUSC, 2010.
25 SAES, Flávio. *As ferrovias de São Paulo 1870-1940*. São Paulo: Hucitec, 1981 e SAES, Flávio. *A grande empresa de serviços públicos na economia cafeeira*. São Paulo: Hucitec, 1986.
26 GRANDI, Guilherme. *Estado e capital ferroviário em São Paulo: A Companhia Paulista de Estradas de Ferro entre 1930 e 1961*. São Paulo: Alameda, 2013.
27 Outros autores trabalharam o tema das ferrovias, como GOULARTI FILHO, Alcides; QUEIROZ, Paulo (orgs.). *Transporte e formação regional: contirbuições à história dos transportes no Brasil*. Dourados: Editora da UFGD, 2011. GOULARTI FILHO, Alcides. *Portos, ferrovias e navegação em Santa Catarina*. Florianópolis: Editora da UFSC, 2013. QUEIROZ, Paulo. *Uma ferrovia entre dois mundos: a E.F.Noroeste do Brasil na primeira metade do século XX*. Bauru: Esusc; Campo Grande: Edditora da UFMS, 1999. No final destes textos encontra-se uma ampla bibliografia sobre o tema das ferrovias e do transporte em geral no Brasil.

sarial do Brasil, desde meados do século XIX até meados do século XX ou seu outro trabalho (Lewis, 2002) onde estuda este mesmo fenômeno na América Latina.

Houve também trabalhos coletivos a partir de pesquisas organizadas pelo IPEA – Instituto de Planejamento Econômico e Social e INPES – Instituto de Pesquisas que desenvolveram uma coleção de trabalhos sobre a industrialização no Brasil. Destacamos aqui, aleatoriamente, um destes trabalhos, a "monografia n. 28", coordenada por Wilson Suzigan e intitulada *Indústria: política, instituições e desenvolvimento*, contendo oito capítulos, retratando a situação da indústria nacional até a década de 1970. Fala sobre a formulação da política industrial, a política tecnológica, o desempenho da indústria nos anos 1970, o padrão de crescimento entre as grandes empresas do setor, a questão da absorção da mão-de-obra pela indústria e a indústria de bens de capital.

Realizaram-se também Fóruns Nacionais para debater a industrialização, como o *Fórum Nacional Ideias para a Modernização do Brasil*. Num dos encontros foi discutida A Nova Estratégia Industrial e Tecnológica: O Brasil e o Mundo da III Revolução Industrial. Tais debates foram publicados num livro com o mesmo título, coordenado por João Paulo dos Reis Velloso que tratou de organizar e sistematizar ideias para uma estratégia industrial e tecnológica, assim como de uma política econômica e estratégia industrial. Descreveu, ainda, as diretrizes de uma política científica e tecnológica e o papel da pesquisa científica no desenvolvimento industrial. Tratou, por fim, dos novos padrões tecnológicos, da competitividade industrial e dos novos vetores tecnológicos, tais como a microeletrônica, os novos materiais e a biotecnologia.

Na década de 1990 realizou-se um estudo sobre a competitivdade da indústria brasileira, coordenado por Luciano Coutinho e João Carlos Ferraz e viabilizado pelo Ministério da Ciência e Tecnologia. O estudo diagnosticou a competitividade da indústria nacional, identificou limitações e potencialidades de práticas competitivas nas empresas, delineou estratégias e sugeriu linhas de ação e instrumentos para enfrentar e superar os desafios industriais. Transformou-se num processo direto de discussão com os atores sociais relevantes para a competitividade: empresários, trabalhadores, autoridades governamentais, servidores públicos e acadêmicos.

No livro de Coutinho e Ferraz (1995) foram divulgados alguns resultados deste trabalho, mencionando a dimensão sistêmica da competitividade, assim como as infra-estruturas necessárias para sua implementação. Destacou-se a dimensão empresarial da competitividade, falando sobre o novo modelo de empresa, as estruturas vitoriosas e as deficiências nas firmas nacionais. Mencionou-se ainda a dimensão estrutural da competitividade, assim como as diretrizes para o desenvolvimento competitivo da indústria brasileira.

Ferraz, Kupfer e Haguenauer (1997) em *Made in Brazil. Desafios competitivos para a indústria*, aproveitaram o estudo sobre a competitividade da indústria brasileira realizado entre 1992 e 1993 para explorar uma multiplicidade de fatores que influenciam o desempenho competitivo de empresas e setores industriais no país. No projeto foram selecionados para análise 34 setores, responsáveis por cerca de 50% da produção industrial. Tendo como referência as melhores práticas internacionais, estes estudos avaliaram o desempenho das empresas brasileiras e os fatores determianates da competitividade.

Wilson Cano (1985) apresenta uma visão geral da industrialização no Brasil entre 1930 e 1970. Ele divide este tempo em dois sub-períodos, o de 1930 a 1955, quando se altera o padrão de acumulação de capital e ingressamos no processo de industrialização 'restringida' e, a fase de 1956-1970 quando o padrão se altera pela implantação dos setores industriais produtores de bens de produção e de consumo durável, a chamada industrialização 'pesada'.

Obras de referência sobre a industrialização no Brasil

Já diversos autores elaboraram listas de livros de Pensadores do Brasil, enumerando obras que se tornaram clássicas para entender o país. O mesmo exercício repetiu-se para "entender a industrialização brasileira", como nos lembra Suzigan (2000), em cujo texto nos inspiramos para a relação que segue e apresenta uma listagem de obras que colaboram para entender a industrialização do país até a virada do século XX para o XXI.

Sobre a evolução da indústria no Brasil, há uma ampla bibliografia que trata de aspectos políticos, institucionais, econômicos, de política econômica, tecnológica, regionais, de financiamento e de relações internacionais. Recomendam-se três textos gerais, a saber: Wilson Suzigan, *Indústria Brasileira: Origem e Desenvolvimento*, editora Brasiliense, São Paulo, 1986; Pedro Malan, Rogério Regis Bonelli, Marcelo Abreu e José Eduardo de Carvalho Pereira, *Política Econômica Externa e Industrialização no Brasil, 1939/52*, IPEA/INPES, Rio de Janeiro, 1977; Regis Bonelli, *Ensaios sobre Política Econômica e Industrialização do Brasil*, SENAI/CIET, Rio de Janeiro, 1995.

Suzigan (2000) agrega outros textos, destacando: *Estudo da Competitividade da Indústria Brasileira*, coordenado por Luciano Coutinho e João Carlos Ferraz, Papirus/Unicamp, 1994; *Made in Brazil. Desafios Competitivos da Indústria Brasileira*, de João Carlos Ferraz, David Kupfer e Lia Haguenauer, Campus, Rio de Janeiro, 1995; *Em Busca do Futuro: Competitividade no Brasil*, compilado por Carlos Aníbal Nogueira da Costa e Carlos Alberto Arruda, Campus, Rio de Janeiro, 1999; *Competitividade: fatores sistêmicos e política industrial. Implicações para o Brasil*, de Mário Possas, in Antonio Barro de Castro e Adriando Proença (orgs.), *Estratégias Empresariais na Indústria Brasileira: Discutindo Mudanças*, Forense Universitário, Rio de Janeiro, 1996; *Política e Industrialização Brasileira*, de Maria Antonieta Leopoldi, Paz e Terra, Rio de Janeiro, 2000.

A respeito dos impactos da abertura comercial sobre a indústria, destaque para o trabalho de Maurício Mesquita Moreira: *A Indústria Brasileira nos anos 1990. O que já se pode dizer?*, in F. Giambiagi e M. Moreira (orgs.). *A Economia Brasileira nos Anos 1990*, BNDES, Rio de Janeiro, 1999. As mudanças na estrutura produtiva e o modelo de desenvolvimento industrial foram avaliados por Regis Bonelli e Robson Gonçalves em *Padrões de Desenvolvimento Industrial no Brasil: Passado e Futuro*, in CNI, *O Futuro da Indústria no Brasil e no Mundo*, Campus, Rio de Janeiro, 1999 (cap. 6). Este mesmo livro contém o capítulo *Esgotamento Versus Continuidade na Indústria Brasileira*, de Antonio Barros de Castro (cap. 7). Neste contexto de mudanças, discutem-se aspectos relacionados à especialização produtiva e a desnacionalização da indústria, vinculados ao ingresso da investimento direto estrangeiro com Luciano Coutinho em *A especialização regressiva: um balanço do desempenho industrial pós-estabilização*, in João Paulo dos Reis Velloso (org.), *Brasil: Desafios de um país em transformação*, José Olympio, rio de Janeiro, 1977; Mariano Laplane e Fernando Sarti em *Novo Ciclo de Investimentos e Especialização Produtiva*, in João Paulo dos Reis Velloso (org.), *O Brasil e o Mundo no Limiar do Novo Século*, José Olympio, Rio de Janeiro, 1998, v. II.

Entre os trabalhos que analizam os efeitos da privatização na indústria, destacam-se os de Marcelo Pinho e José Maria da Silveira: "*Privatização e Estratégias Corporativas: uma Análise da Experiência Brasileira no período 1990-1994*", em *Nova Economia*, 8 (2), dezembro de 1998 e "*Os Efeitos da Privatização sobre a Estrturura Industrial da Siderurgia Brasileira*", em *Economia e Sociedade*, junho de 1998.

No que se refere às questões regionais, do ponto de vista da distribuição geográfica da produção industrial: Wilson Cano, "*Concentração e Desenvolvimento Regional no Brasil, 1970-1995*", em *Economia e Sociedade*, 6 (1), julho de 1997; Clélio Campolina Diniz, "*Desenvolvimento Poligonal no Brasil: nem Desconcentração, nem*

Contínua Polarização", em *Nova Economia*, 6 (1), julho de 1996; Carlos Cavalcanti e Sérgio Prado, *Aspectos da Guerra Fiscal no Brasil*, FUNDAP, São Paulo, 1997.

Os impactos das reformas econômicas e institucionais sobre o emprego, produtividade, relações de trabalho, distribuição de renda e pobreza, são discutidos, entre outros, em: Marcio Pochmann, *O Trabalho e as recentes transformações Econômicas no Brasil*, in Carlos Aníbal Nogueira da Costa e Carlos Alberto Arruda (orgs.). *Em Busca do Futuro: Competitividade no Brasil*, Campus, Rio de Janeiro, 1999 (cap. 9); José Márcio Camargo, Marcelo Néri e Maurício cortez Reis, *Emprego e Produtividade no Brasil na década de 1990*, in Renato Baumann (org.). *Brasil: Uma Década em Transição*, Campus, Rio de Janeiro, 1999 (cap. 7).

A multinacionalização das empresas brasileiras

Quando se tratava de entender o processo de internacionalização das empresas em relação à América Latina e ao Brasil, buscava-se compreender a vinda de multinacionais europeias, japonesas, norte-americanas... que se instalaram nesta parte do continente. Nos últimos anos, temos assistido ao fenômeno da formação de multilatinas que também passaram a ter uma atuação no cenário mundial. Levantamento feito pela consultoria Boston Consulting Group mostrou que em 2010 havia 115 multinacionais de origem latina, com receitas totais acima de 500 milhões de dólares cada uma. O Brasil liderava a lista, com 37 empresas, seguido por grupos do México e Argentina.[28]

---

28 www.exame.abril.com.br/revista-exame/edicoes/104402/noticias/a-vez-das-multilatinas Consultado em 15 ago. 2016. Já existe também uma extensa bibliografia analisando o papel das multilatinas. Entre este material destacamos os que seguem e que, nas bibliografias mencionadas nos respectivos textos, complementam as publicações a respeito. ANDREFF, Wladimir. *Multinacionais Globais*. Bauru: Edusc, 2000; BISANG, Roberto; FUCHS, Mariana; KOSACOFF, Bernardo. *Internacionalización y desarollo industrial: inversiones externas directas de empresas industriales argentinas*. Documento de trabajo, 1992, n. 43; CASANOVA, Lourdes. *Las multinacionales emergentes globales de Latinoamérica*. In. MALAMUD, Carlos et al. (ed.). Anuario Iberoamericano. Madrid: Editorial Pirámide, 2010, p. 35-47; CEPAL. *La inversión extranjera en América Latina y el Caribe*. Santiago: Cepal, 2006; CHUDNOVSKY, Daniel; LÓPES, Andrés. *Las empresas multinacionales de América Latina. Características, evolución y perspectivas*. In CHUDNOVSKY, Daniel; KOSACOFF, Bernardo; LÓPES, Andrés (ed.). *Las multinacionales latinoamericanas: suas estrategias en un mundo globalizado*. Buenos Aires: FCE, 1999, p. 350-385; CUERVO-AZURRA, Alvaro. *Liberalización económica y multilatinas. Globalization, competitiveness and governability*, v. 1, n. 1, 2007, p. 66-87; DALLA COSTA, Armando; GELINSKY JUNIOR, Eduardo; WICHINEVSKY, Mariana. *Multinationals from emerging countries: Internationalization of Brazilian Companies Between 1970 to 2013*. Apuntes, v. XLI, 2014, p. 9-46; DALLA COSTA, Armando; GARCIA, Junior Ruiz; SOUZA SANTOS, Elson; ATHIA, Felipe. *Internacionalização de empresas brasileiras. Teoria e experiências*. Curitiba: Juruá, 2012; FERREIRA RIBEIRO, Fernanda Cecília. *Born Globals Brasi-*

Como vimos nas citações acima, diversos pesquisadores de diferentes nacionalidades interessaram-se em pesquisar e publicar a respeito do processo de internacionalização das multilatinas. No caso brasileiro, formaram-se centros de pesquisa com diversas finalidades. Ao mesmo tempo em que se preocupam com a formação de lideranças, através de cursos lacto e stricto sensu, também buscam criar indicadores, promover eventos de pesquisa e divulgação do conhecimento, assim como editar livros e revistas especializadas na área de internacionalização de empresas. Destacamos aqui apenas três exemplos: a Fundação Dom Cabral, o COPPEAD e a SOBEET.

Fundação Dom Cabral

A Fundação Dom Cabral – FDC – foi criada em Belo Horizonte em 1976, como instituição autônoma e sem fins lucrativos. Comprometida com a excelência na educação executiva, a FDC exerce suas atividades no Brasil e no exterior, muitas vezes em cooperação com instituições locais, por meio da sua rede de alinaças internacionais.[29]

De acordo com informações de seu site, a FDC é uma escola de negócios brasileira com padrão e atuação internacionais de desenvolvimento e capacitação de executivos, empresários e gestores públicos. Em 2016 a FDC foi eleita, pelo 11º ano consecutivo, a melhor escola de negócios da América Latina, segundo o ranking de educação do jornal britânico *Financial Times*. O mesmo veículo destacou que a FDC ocupa o 17º lugar no ranking geral que classifica as melhores escolas de negócios do mundo, alcançando a 10ª colocação nos programas abertos e a 28ª posição nos programas customizados.

---

leiras: *O estudo da internacionalização de empresas de base tecnológica*. Tese de doutorado. FEA/USP, 2012; GONÇALVES, Reinaldo. *Empresas transnacionais e internacionalização da produção*. Petrópolis: Vozes, 1992; HABERER, Pablo; KOHAN, Adrian. *Building global champions in Latin America*. The Mackinsey Quarterly. Special edition: Shaping a new agenda for Latin America. 2007, p. 1-9; KOSACOFF, Bernardo. *El caso argentino*. In CHUDNOVSKY, Daniel; KOSACOFF, Bernardo; LÓPES, Andrés (ed.). *Las multinacionales latinoamericanas: sus estrategias en un mundo globalizado*. Buenos Aires: FDC, 1999, p. 67-164; MARTINEZ, Alonso; SOUZA, ivan; LIU, Francis. *Multinationals vs. Multilatinas: Latina America's great race*. Strategy and Business, n. 32, 2003, p 1-12; SANTOS, Leandro. *Estado, industrialização e os espaços de acumulação das multilatinas*. Tese de doutorado. Universidade Estadual Paulista, 2012; SPOSITO, Eliseu; SANTOS, Leandro. *O capitalimo industrial e as multinacionais brasileiras*. São Paulo: Outras Expressões, 2012; WELLS, Christopher. *Brazilian multinationals*. Columbia Journal of World Business, v. 23, n. 4, 1988, p. 13-23; WHITE, Eduardo; CAMPOS, Jaime; ONDARTS, Guillermo. *Las empresas conjuntas latinoamericanas*. Instituto para la integración de América Latina, n. 1, 1977, p. 1-26.

29 www.fdc.org.br/sobreafdc/conhecaafdc/Paginas/default.aspx Consultado em 15 ago. 2016.

Para desenvolver pesquisas a respeito da internacionalização das empresas a FDC possui alianças internacionais com duas escolas de negócios: INSEAD, na França e Kellogg School of Management, nos Estados Unidos, além de promover a cooperação com diversas outras escolas em todos os continentes.[30] Atualmente, cerca de 35 mil executivos de empresas de médio e grande portes passam pelos Programas da FDC, que são ofertados nos diferentes campi da instituição em todo país, através da rede de associados regionais, cujos endereços e contatos podem ser acessados no site da instituição.

Do ponto de vista da pesquisa, a FDC colabora, entre outras pesquisas e publicações, com a elaboração do *Ranking FDC das Multinaicionais Brasileiras*, elaborado pelo *Núcleo de Estratégia e Negócios Internacionais*. A pesquisa apresenta um panorama da internacionalização das empresas brasileiras, mostrando os países e as regiões onde elas estão presentes, o respectivo desempenho e as expectativas futuras, além das tendências quanto à expansão, estabilidade ou retração das operações. Seu conteúdo pode ser acessado em: www.fdc.org.br/blogespacodialogo/Documents/2015/ranking_fdc_multinacionais_brasileiras2015.pdf

COPPEAD

O Instituto de Pós-Graduação e Pesquisa em Administração da Universidade Federal do Rio de Janeiro – COPPEAD, Escola de Negócios foi concebido por um grupo de professores do Programa de Engenharia de Produção da Coordenação de Programas de Pós-Graduação em Engenharia (Coppe/UFRJ), fruto de um projeto de criação, no Brasil, de uma escola de pós-graduação em negócios. Está localizado em edifício próprio no campus Ilha do Fundão da UFRJ e formou mais de 7.000 gestores, 1.300 mestres e 60 doutores em seus programas. É a única escola de negócios associada a uma universidade pública brasileira que detém certificação internacional, cujo mestrado, público e gratuito, é o único da América Latina listado entre os 100 melhores do mundo pelo ranking do jornal inglês Financial Times.[31]

Em 1982 lançou o primeiro MBA Executivo de longa duração no Brasil e, em 1989 passou a oferecer seu programa de Doutorado em tempo integral. Em 1994

---

30 No endereço: www.fdc.org.br/sobreafdc/conhecaafdc/Paginas?Aliancas-Internacionais.aspx podem ser consultadas as diversas escolas e programas com os quais a FDC mantém parcerias internacionais e seus respectivos conteúdos.

31 Outras informações a respeito do COPPEAD podem ser obtidas em seu site: www.coppead.ufrj.br/upload/documentos/fatos_numeros_2015.pdf

lançou cursos de especialização em marketing, finanças, logística, saúde e energia. Em 2006 o Coppead deu um passo decisivo no seu processo de internacionalização conquistando o selo de certificação internacional European Quality Improvement System. Tornou-se, em 2008, membro da Alianza Latinoamericana de Escuelas de Negocios, com o objetivo de difundir conhecimento das especificidades do ambiente de negócios lationamericano.

Se de um lado o COPPEAD oferece cursos de capacitação, tanto no âmbito lacto como stricto sensu, de outro, realiza pesquisas e divulga o conhecimento através de diversos canais, como: I) Boletim Economia e Conjuntura; II) Revista Latin American Business Review; III) livros; IV) Panorama Logístico; V) Relatórios Coppead; vi) assim como as demais instituições que oferecem cursos stricto sensu, disponibiliza as dissertações e as teses online para consulta pública.

SOBEET

A SOBEET – Sociedade Brasileira de Estudos de Empresas Transnacionais e Globalização Econômica é uma entidade civil, apartidária, sem fins lucrativos e de caráter técnico-científico. "Sua missão é elaborar análises que se tornem referência para os debates acadêmicos e da opinião pública acerca dos efeitos do processo de globalização produtiva sobre a economia brasileira".[32]

Foi fundada em agosto de 1994, no Rio de Janeiro, por um grupo de pesquisaodres, como os economistas Octávio de Barros, Renato Baumann e Carlos Mussi, além de profissionais da área pública e privada, diplomatas, empresários, técnicos de sindicatos e representantes de Câmaras de Comércio, entre outros. O grupo tinha como objetivo estabelecer um fórum permanente de debates, estudos e reflexão sobre a questão da inserção internacional de diferentes economias, notadamente daquelas em desenvolvimento. Inescapavelmente, o Brasil é o espaço econômico onde a maior parte dos interesses de análise converge. Não obstante, a intenção foi construir um fórum de reflexão que concentra suas atividades no debate sobre as tendências do processo de globalização econômica e seus impactos sobre as economias nacionais indiscriminadamente. Neste sentido, um dos principais objetos de estudo e de debate são as empresas transnacionais e os fluxos financeiros, tecnológicos e comerciais por elas veiculados.

---

32 www.sobeet.org.br/index.php?option=com_content&view=article&Itemid=2 consultado em 15 ago. 2016.

Entre as atividades principais da SOBEET destacam-se: a Carta da Sobeet, uma publicação bimestral que faz estudos aprofundados de temas referentes à globalização e ao acompanhamento do balanço de pagamentos e dos fluxos internacionais de capitais nas suas diferentes modalidades, recebida por leitores no Brasil e no exterior. Seu conteúdo pode ser acessado em: www.sobeet.org.br/index.php?option=com_content&view=article&id=5&Itemid=16

Outra atividade é a publicação mensal do Boletim Sobeet, voltado para temas de conjuntura relativos ao setor externo, tais como fluxos de investimentos estrangeiros e de balança comercial. Dessa forma, o universo temático da publicação inclui a avaliação das contas externas brasileiras, os movimentos gerais da conjuntura econômica internacional que repercutem na solvência externa do Brasil, além de eventuais análises sobre o desempenho externo de alguns países que traga potenciais desdobramentos sobre a economia brasileira. Seu conteúdo pode ser acessado em: www.sobeet.org.br/index.php?option=com_content&view=article&id=5&Itemid=17

Uma terceira atividade é a publicação de livros, dentre os quais destacam-se: i) *Internacionalização das empresas brasileiras: motivações, barreiras e demandas de políticas públicas*; ii) *Internacionalização de empresas: experiências selecionadas*; iii) *Internacionalização de empresas brasileiras*; iv) *Desnacionalização: mitos, riscos e desafios*; v) *O Brasil e os desafios da globalização*; vi) *O Brasil e a economia global*. Todo este material pode ser consultado em: www.sobeet.org.br/index.php?option=com_content&view=article&id=5&Itemid=18

Trata-se de livros originários de pesquisas empíricas e voltados, sobretudo, para atender a demandas específicas de setores empresariais, mas também servem para entender o papel, a importância e a atuação das empresas brasileiras no cenário global.

A atividade de pesquisa é outra vertente do trabalho da SOBEET. Como exemplo pode-se mencionar o livro intitulado: *Multinacionais Brasileiras. O Ranking das mais Internacionalizadas*. O material retrata o comportamento tecnológico das empresas, destacando o papel da internacionalização das firmas brasileiras.

A SOBEET também realizou uma série de eventos, como: I) Apresentação do World Investment Report 2013 – Unctad/Sobeet, em junho de 2013; II) Internacionalização de Empresas Brasileiras – Amcham/Sobeet, Janeiro de 2013; III) O Brasil em meio às transformações do cenário internacional – Fecomércio/Sobeet, em novembro de 2012; IV) Conjuntura externa e desafios da internacionalização – Sobeet, em maio de 2009.

Considerações finais: balanço e agenda pendente

O conteúdo das páginas precedentes permite-nos concluir que a história de empresas no Brasil não só se desenvolveu, como consolidou-se em um importante campo de estudos, pesquisas, centros de produção e divulgação deste conhecimento. No comparativo com o âmbito internacional, o desenvolvimento da história de empresas no Brasil, ganhou contornos que podem comparar nossos estudos com o que é feito nos demais países da América Latina, com destaque para o México, a Colômbia e a Argentina, apesar de, nestes três países, a historiografia empresarial estar mais detalhada e aprofundada contando, ainda, com um volume mais relevante de estudos feitos.

Merecem destaque também a contribuição de centros de pesquisa, instituições públicas e/ou privadas que colaboraram, recentemente, com o desenvolvimento da história empresarial. Como vimos ao longo do texto, sobressaem-se a ABPHE e as demais associações latinoamericanas que promoveram não só pesquisas, como a organização de congressos nacionais e internacionais e a publicação de livros e revistas. Do ponto de vista da qualificação de executivas(os) e da organização de dados práticos, assim como de indicadores, destacam-se o COPPEAD, a Fundação Dom Cabral e a SOBEET.

Não foi discutido no texto mas os estudos monográficos provenientes dos cursos de pós-graduação stricto sensu nas áreas de economia, história, administração, engenharia, entre outros, deram uma importante contribuição, nos anos recentes, para o estudo do histórico das firmas brasileiras, assim como para seu processo de internacionalização. Como estes centros de pós-graduação, tanto de universidades públicas como particulares, em parte pelas exigências da Capes, buscam a excelência, apresentam-se como um caminho importante no campo dos estudos de caso e, quem sabe, na elaboração de teorias e metodologias próprias para a análise da história de empresas a partir de nossa realidade.[33]

Apesar destes avanços, creio que permanecem diversos dilemas e questões pendentes.[34] Houve muitos estudos de caso, incentivados tanto pelos novos programas de pós-graduação em história, economia, ciências sociais, administração, engenharia, entre outros, como por estudos de empresas e/ou empresários individuais. Estes

---

33 Tais Dissertações de Mestrado assim como as Teses de Doutorado podem ser consultadas nos sites dos respectivos programas de Pós-Graduação das instituições de ensino.
34 Boa parte destas reflexões finais seguiram, em alguma medida, as conclusões do texto de Maria Inés Barbero (2008, p. 63-65).

estudos de caso são muito úteis no âmbito da reflexão sobre problemas concretos, como espaços nos quais se podem perceber claramente as estratégias dos atores, inclusive com acesso a fontes empíricas, mas também têm suas limitações. Uma delas é que sempre existe o risco de que não passem de simples descrições. Outra é que, somente a partir de uma perspectiva comparada torna-se possível perceber a relevância e a especificidade de cada caso. Os estudos organizados a partir de temas tornariam possível aprofundar as análises das formas de propriedade, organização e gestão das empresas, das relações sociais no seio das firmas, das culturas da empresa, dos processos de inovação e diversas outras questões.

Também seria útil a comparação de trajetórias de firmas dentro de um mesmo setor. Os trabalhos de síntese permitiram pensar a história das empresas e empresários em uma perspectiva de longo prazo e integrar os estudos do Período Colonial e da Primeira República com os estudos das empresas do tempo da "substituição de importações", da implantação da indústria pesada no país e do período mais recente quando, diversas multinacionais brasileiras inseriram-se no âmbito internacional acompanhando a experiência de outras multilatinas.

Em segundo lugar, seria positivo aprofundar a interação entre a história de empresas e a teoria. Isso requer um maior interesse do conjunto dos pesquisadores na análise de aspectos teóricos e metodológicos, porém também uma maior disposição para usar conceitos, checar sua validade para elaborar marcos analíticos que reflitam as características próprias da análise local, ou seja, das empresas brasileiras. Para que esta reflexão teórico-metodológica seja possível, seria necessário fortalecer os vínculos com outras historiografias tanto latino-americanas, norte-americanas, europeias, asiáticas, cujo trabalho está sendo facilitado pelas publicações de novas e importantes revistas, como por livros inovadores, assim como pelo acesso cada vez mais disponível de documentos, arquivos e materiais nos meios de comunicação online.

Há também assuntos e temas que permanecem por ser estudados. Ou por falta de informações primárias (dados) ou por uma predominância no estudo de grandes empresas ou conglomerados industriais ou da área de serviços. Entre os temas pendentes, podemos mencionar estudos pormenorizados a respeito das micro e pequenas empresas. Estas, além de serem a grande maioria no conjunto total das firmas, também são responsáveis pela produção de mercadorias e serviços chaves para nosso dia-a-dia, assim como respondem por um significativo número de empregos formais diretos e indiretos.

Discutiu-se e estudou-se pouco, no Brasil, sobre o setor terciário da economia e as empresas envolvidas nele. Como exemplo, podemos mencionar as empresas do setor de comunicações (exceção feita à biografia de Assis Chateaubriand, de Fernando Morais), as companhias de seguros, as firmas ligadas ao turismo, às áreas da saúde, do transporte aéreo (apesar de haver alguns estudos neste caso), da construção civil, da mineração.

Tampouco se estudaram com a devida profundidade necessária as empresas e empresários do mundo rural e do agronegócio. Há, evidentemente, estudos sobre as antigas fazendas de açúcar, café e mineração, mas as novas empresas do agronegócio recente, como soja, algodão, milho, trigo, café, gado bovino, aves, produção de peixes... carecem de estudos melhor elaborados, tanto "dentro da porteira", das fazendas em si mesmas, como "fora da porteira", das firmas que fornecem máquinas, insumos e ferramentas para a produção agrícola e agropecuária e das empresas que transformam os produtos primários do agronegócio em alimentos prontos para o consumo.

O setor de transportes e logística foi estudado sobretudo a partir das ferrovias. No entanto, as rodovias e o sistema aquaviário (rios e navegação costeira, assim como navegação internacional) ainda dependem de pesquisas mais elaboradas e que contribuam tanto para entender o fenômeno dos transportes a nível nacional e internacional, como para elaborar sugestões de políticas governamentais, a nível nacional, estadual e municipal para uma integração mais eficiente entre os diferentes modais logísticos.

Fenômenos característicos das últimas décadas, várias firmas recuperadas e muitas vezes transformadas em cooperativas ou gerenciadas por antigos funcionários também não foram suficientemente estudadas. Igualmente insuficientes são os estudos a respeito das firmas da economia informal. Também permanece ainda o desafio da produção de boas e muitas biografias de empresários. As que existem, na sua maioria são escritas por jornalistas (falta a contribuição de historiadores, economistas, sociólogos, engenheiros...) ou encomendadas pelos próprios empresários. Os dicionários biográficos, do mesmo modo, são muito escassos no Brasil.

Outro exercício salutar seria o de comparar os temas investigados a nível local com aqueles que se desenvolvem em outros países. Isso permitira constatar que algumas questões que ocupam um lugar de destaque na agenda internacional de pesquisas, como o estudo sobre a cultura da firma, gênero e empresa, governança corporativa, firmas de consultoria, escolas de negócios estão sendo pouco estudados no Brasil (salvo algumas exceções).

Mencionamos, por fim, a falta de estudos em fontes primárias disponibilizadas pelas grandes empresas através dos Centros de Memória Empresarial. Nas últimas décadas grandes filiais de multinacionais, como Bunge, Nestlé, Volkswagen, Bosch, para citar apenas algumas, assim como grandes conglomerados nacionais, a exemplo de Votorantim, Rede Globo, Itaú, Gerdau, Odebrecht, Weg, novamente citando apenas os mais conhecidos, assim como as estatais Petrobras, Banco do Brasil, entre outras, ou então centros de memória por área de atuação a exemplo do Centro de Memória da Anfávea, que congrega documentos de todas as empresas do setor automotivo, constituíram verdadeiros *centros de memória*. Tais documentações estão disponíveis, em parte online, mas na sua grande maioria em papel, imagens (fotos, filmes), revistas internas das empresas, livros diversos sobre as firmas, atas, relatórios anuais, entre outros. Este tipo de documentação apresenta dois gêneros de desafios. O primeiro está relacionado ao acesso a estes documentos. No entanto, a ABPHE tem feito um esforço de aproximação com estes centros de memória e diversos estão dispostos a pemitir acesso à documentação para fins de pesquisas históricas. O segundo desafio é o trabalho que dá acessar esta documentação e fazer a devida crítica às fontes e, depois, transformar dados primários brutos em tabelas, gráficos, quadros, mapas, organogramas que possam contribuir na reconstituição da história de nossos maiores conglomerados econômicos.

A ABPHE poderia, quem sabe, encabeçar um grande projeto a nível nacional, junto aos principais centros de pós-graduação em história, economia, sociologia, administração, antropologia... e produzir dezenas, quem sabe centenas, de dissertações e teses. Esta pesquisa permitiria uma série de trabalhos monográficos a partir de fontes primárias que, num segundo momento possibilitaria avanços mais significativos na comparação com outros países da América Latina e avanços na discussão teórico metodológica de ferramentas mais apropriadas para a compreensão das empresas individuais, dos grupos econômicos brasilerios e lationamericanos.

Referências bibliográficas

ALDRIGHI, D. M.; POSTALI, F. A. S. *Business groups in Brazil*. In: COLPAN, A. M.; HIKINO, T.; LINCOLN, J. R. *The Oxford Handbook of business groups*. Oxford University Press, Oxford, 2010.

BAER, Werner. *The Development of the Brazilian Steel Industry*. Nashville, Tennessee: Vanderbilt University Press, 1969.

_____, Werner. *A Industrialização e o Desenvolvimento Econômico no Brasil*. 7.ed. aumentada. Rio de Janeiro: FGV, 1988.

BARBERO, M. I. *Historiografía y problemas de la historia de empresas*. In: BARBERO, M. I. *Historia de empresas*: aproximaciones historiográficas y problemas en debate. Buenos Aires: Centro Editor de América Latina, 1993.

_____, M. I.; ROCCHI, F. *Cultura, Sociedade, economia y nuevos sujetos de la historia: empresas y consumidores*. In: BRAGONI, B. *Microanálisis*: ensayos de historiografía argentina. Buenos Aires: Prometeo Libros, 2004.

_____, M. I. *La historia de empresas em la Argentina*: trayectoria y temas em debate en las últimas dos décadas. In: GELMAN, J. *La historia económica argentina en la encrucijada*. Buenos Aires: Prometeo Libros, 2006.

_____, Maria Inés; JACOB, Raúl (eds.). *La nueva historia de empresas en América Latina y España*. Buenos Aires: Temas Grupo Editorial, 2008.

_____, M. I. *Los grupos económicos en la Argentina en una perspectiva de largo plazo (siglos XIX y XX)*. In: JONES, G.; LLUCH, A. *El Impacto Histórico de la globalización en Argentina y Chile: empresas y empresarios*. Buenos Aires: Temas, 2011.

CANO, Wilson. *Desequilíbrios regionais e concentração industrial no Brasil 1930-1970*. São Paulo: Global/Campinas: Unicamp, 1985.

CHANDLER, A. D. *Strategy and structure: chapters in the history of the industrial enterprise*. Cambridge: The MIT Press, 1962.

_____, A. D. *The visible hand: the managerial revolution in American business*. Cambridge, MA: Belknap Press, 1977.

_____, A. D. *Scale and scope: the dynamics of industrial capitalism*. Cambridge, Mass.: Belknap Press of Harvard University Press, 1990.

_____, A. D. *Alfred Chandler: Ensaios para uma teoria histórica da grande empresa*. Thomas K. Mc Craw (org.). Rio de Janeiro: Fundação Getúlio Vargas, 1998.

CHESNAIS, François. *A mundialização do capital*. São Paulo, SP: Xamã, 1996.

COLPAN, A. M.; HIKINO, T.; LINCOLN, J. R. *The Oxford Handbook of business groups*. Oxford University Press, Oxford, 2010, Introduction.

COSTA COUTO, Ronaldo. *Matarazzo. A travessia*. São Paulo: Planeta do Brasil, 2004, v. I.

_____, Ronaldo. *Matarazzo. Colosso brasileiro*. São Paulo: Planeta do Brasil, 2004, v. II.

COUTINHO, Luciano; FERRAZ, João Carlos (coord.). *Estudo da competitividade da indústria brasileira*. 3.ed. Campinas: Papirus/Editora Unicamp, 1995.

DALLA COSTA, Armando. *História e historiografia empresarial: acesso e utilização de arquivos e fontes*. In: DALLA COSTA, Armando; GRAF, Márcia E.C. (orgs.). *Estratégias e desenvolvimento urbano e regional*. Curitiba: Juruá, 2004, p. 121-141.

_____, Armando. *La historia de empresas en Brasil en el comienzo del tercer milenio*. In: BARBERO, María Inés; JACOB, Raúl (eds.). *La nueva historia de empresas en América Latina y España*. Buenos Aires: Temas Grupo Editorial, 2008, p. 83-108.

_____, Armando; SBICCA FERNANDES, Adriana; SZMRECSÁNYI, Tamás (orgs.). *Empresas, empresários e desenvolvimento econômico no Brasil*. São Paulo: ABPHE/Hucitec, 2008.

_____, Armando; GARCIA, Junior Ruiz; SOUZA SANTOS, Elson; ATHIA, Felipe. *Internacionalização de empresas brasileiras. Teoria e experiências*. Curitiba: Juruá, 2012.

_____, Armando; GELINSKY JUNIOR, Eduardo; WICHINEVSKY, Mariana. *Multinationals from emerging countries: Internationalization of Brazilian companies between 1970 to 2013. Apuntes*, v. XLI, 2014, p. 9-46.

FEIJÓ, C. A.; VALENTE, E. A firma na teoria econômica e como unidade de investigação estatística evolução nas conceituações. *Revista de Economia Contemporânea*, Rio de Janeiro, v. 8(2), 2004, p. 351-376.

DEAN, Warren. *A Industrialização de São Paulo*. São Paulo: Difel, 1971.

FERRAZ, João Carlos; KUPFER, David; HAGUENAUER, Lia. *Made in Brazil. Desafios competitivos para a indústria*. Rio de Janeiro: Campus, 1997.

GONÇALVES, R. Grupos econômicos: uma análise conceitual e teórica. *Revista Brasileira de Economia*, v. 45, n. 4, p. 491-518, out./dez. 1991.

GRANOVETTER, M. Coase Revisited: Business Groups in the Modern Economy. *Industrial and Corporate Change*, v. 4, number 1, 1995.

_____, M. *Business Groups*. In: SMELSER, N.; SWEDBERG, R. *The Handbook of Economic Sociology*, Princeton University Press, Princeton, 2. Ed., 2005.

KHANNA, T.; YAFEH, Y. Business Groups in Emerging Markets: Paragons or Parasites? *Journal of Economic Literature* v. XLV (June), 2007, p. 331–372.

KIM, D.; KANDEMIR, D.; CAVUSGIL, S. T. The role of family conglomerates in emerging markets: what western companies should know. *Thunderbird international business review*, v. 46, 2004, p. 13 – 38.

LEWIS, Colin M. "A indústria na América Latina, 1850-1930", in: BETHL, L. (ed.). *História da América Latina, 1870-1930*. São Paulo: Edusp, 2002, p. 111-117.

_____, Colin M. "Business History in Brazil from the Mid-Ninenteenth century to 1945" in: DÁVILA, Carlos; MILLER, Roy (eds.). *Business History in Latin America: The Experience of Seven Countries*. Liverpool: Liverpool University Press, 1999.

MALCZEWSKI, Marcel. Cofundador da empresa Bematech S/A. *Diário de um empreendedor*. São Paulo: Évora, 2015.

_____, Jacques. *Pioneiros & Empreendedores. A saga do desenvolvimento no Brasil*, v. III São Paulo: Saraiva/Edusp, 2007.

_____, Jacques. *Pioneiros & Empreendedores. A saga do desenvolvimento no Brasil*, v. II. São Paulo: Saraiva/Edusp, 2005.

_____, Jacques. *Pioneiros & Empreendedores. A saga do desenvolvimento no Brasil*, v. I. São Paulo: Saraiva/Edusp, 2003.

MARICHAL, Carlos. La nueva historiografia sobre las empresas en México. In: BARBERO, Maria Ines; JACOB, Raúl (orgs.). *La nueva história de empresas en América Latina y España*. Buenos Aires: Temas Grupo Editorial, 2008, p. 141-168.

MORAIS, Fernando. *Chatô. O rei do Brasil*. São Paulo: Companhia das Letras, 1994.

_____, Fernando. *Montenegro*: as aventuras do marechal que fez uma revolução nos céus do Brasil. São Paulo: Editora Planeta, 2006.

OLIVARES, Javier Vidal. La historia empresarial en España y sua desarollo recien-te: un enfoque historiografico. In: BARBERO, Maria Inés; JACOB, Raúl (eds.). *La nueva historia de empresas en América Latina y España*. Buenos Aires: Temas Grupo Editorial, 2008, p. 17-46.

OLIVEIRA, V. R. F.; MASIERO, G. As referências a Alfred Chandler Jr. na produção científica de Administração no Brasil: um estudo bibliométrico das teses da FEA/USP e EAESP/FGV (2000-2010). *XIV SemeAd*, FEA-USP, outubro de 2011.

PENROSE, E. *A teoria do crescimento da firma*. Campinas, SP: Editora da UNICAMP, [1959], 2006.

REIS VELOSO, João Paulo dos (org.). *A nova estratégia industrial e tecnológica: o Brasil e o mundo da III Revolução Industrial*. Rio de Janeiro: José Olympio, 1990.

SCHUMPETER, J. A. *Capitalismo, socialismo e democracia*. [1942] Rio de Janeiro, Zahar, 1984.

SILVA, S. *Expansão cafeeira e origens da indústria no Brasil*. 8.ed. São Paulo: Alfa--ômega, 1995.

SLOAN, Alfred. *Meus anos com a General Motors*. São Paulo: Editora Negócio, 2001.

SUZIGAN, W. *Indústria Brasileira: origem e desenvolvimento*. São Paulo: Hucitec/Ed. Unicamp, 2000.

_____, Wilson. Industrialização brasileira em perspectiva histórica. *História Econômica & História de Empresas*. Hucitec/Abphe, São Paulo, v. III, 2000, p. 7-27.

_____, Wilson (ed.). *Indústria: política, instituições e desenvolvimento*. Rio de Janeiro: IPEA/INPES, 1978.

TIGRE, P. B. Inovação e teorias da firma em três paradigmas. *Revista de economia contemporânea*, n. 3 jan. – jun. de 1998.

TONINELLI, P. A. *Business history as a field of research*: the european perspective. In: Szmrecsanyi, T.; Maranhão, R. *História de empresas e desenvolvimento econômico*. São Paulo: Hucitec; FAPESP, 1996.

VALDALISO, J. M.; LOPEZ, S. ¿Sirve para algo la historia empresarial? In: ERRO, C. *Historia Empresarial*: Pasado, Presente y Retos de Futuro. Barcelona: Ariel Empresa, 2003.

Anexos

I. DIRETORIAS (1993-2017)

Diretoria 2015-2017

Alexandre Macchione Saes
Presidente
Luiz Fernando Saraiva
Vice-Presidente
Guilherme Grandi
1º Secretário
Rita de Cássia da Silva Almico
2ª Secretário
Cláudia Alessandra Tessari
1ª Tesoureira
Walter Luiz Carneiro de Mattos Pereira
2º Tesoureiro

Conselho de Representantes

Região Centro-Oeste
Hamilton Afonso de Oliveira
Teresa Cristina de Novaes Marques
Paulo Roberto Cimó de Queiroz
Região Sudeste
Rogério Naques Faleiros
Carlos Eduardo Suprinyak
Michel Marson
Região Norte
Siméia de Nazeré Lopes
Região Nordeste
João Rodrigues Neto
Luiz Eduardo Simões de Souza
Região São Paulo
Felipe Pereira Loureiro
Fábio Alexandre dos Santos
Fábio Antonio Campos
Região Sul
Alcides Goularti Filho
Pedro Antônio Vieira
Maria Heloisa Lenz

Diretoria 2013-2015

Ângelo Alves Carrara
Presidente
Alexandre Macchione Saes
Vice-Presidente
Thiago Fontelas Rosado Gambi
1º Secretário
Felipe Pereira Loureiro
2º Secretário
Afonso Alencastro de Graça Filho
1º Tesoureiro

Cláudia Tessari
2ª Tesoureira

Conselho de Representantes
Região Norte
Siméia de Nazeré Lopes
Fábio Carlos da Silva
Região Centro-Oeste
Hamilton Afonso de Oliveira
Paulo Roberto Cimó de Queiroz
Teresa Cristina de Novaes Marques
Região Nordeste
João Rodrigues Neto
Ana Paula Sobreira Bezerra
Região Sudeste
Carlos Eduardo Suprinyak
Rita de Cássia da Silva Almico
Rogério Naques Faleiros
Região São Paulo
Fábio Alexandre dos Santos
Cláudia Heller
Fábio Antonio Campos
Região Sul
Maria Heloisa Lenz
Alcides Goularti Filho
Ary César Minella

Diretoria 2011-2013
Armando Dala Costa
Presidente
Ângelo Alve Carrara
Vice-Presidete
Alcides Goularti Filho
1ª Secretário

Thiago Fontelas Rosado Gambi
2º Secretário
Pedro Antonio Vieira
1º Tesoureiro
Afonso de Alencastro Graça Filho
2º Tesoureiro

Conselho de Representantes
Região Norte
Fábio Carlos da Silva
Lucas Araújo Carvalho
Região Nordeste
João Rodrigues Neto
Ana Paula Sobreira Bezerra
Região Centro-Oeste
Paulo Roberto Cimó Queiroz
Teresa Cristina de Novaes Marques
Suplente: Dulce Portilho Maciel
Região Sudeste
Alexandre Mendes Cunha
Fernando Carlos Greenhalgh de Cerqueira Lima
Suplente: Daniel do Val Cosentino
Região São Paulo
Alexandre Macchione Saes
Cláudia Heller
Suplente: Cláudia Alessandra Tessari
Região Sul
Fernando Franco Netto
Maria Heloisa Lenz
Suplente: Pedro César Dutra Fonseca

Diretoria 2009-2011
Pedro Paulo Zahluth Bastos
Presidente

Armando Dalla Costa
Vice-Presidente
Ligia Maria Osório Silva
1ª Secretária
Alcides Goularti Filho
2º Secretário
Eduardo de Barros Mariutti
1º Tesoureiro
Pedro Antonio Vieira
2º Tesoureiro

Conselho de Representantes
Região Norte
Fábio Carlos da Silva
Roberto Araújo de Oliveira Santos
Região Nordeste
Luís Fernando Saraiva
Rita de Cássia da Silva Almico
Região Centro-Oeste
Paulo Roberto Cimó Queiroz
Teresa Cristina de Novaes Marques
Dulce Portilho Maciel
Região Sudeste
Alexandre Mendes Cunha
Alexandre Macchione Saes
Região São Paulo
Pedro Ramos
Cláudia Heller
Luciana Suarez Lopes
Região Sul
Fernando Franco Netto
Maria Heloisa Lenz
Pedro César Dutra Fonseca

Diretoria 2007-2009

Josué Modesto dos Passos Subrinho
Presidente
Flávio Azevedo Marques de Saes
Vice-Presidente
Maria Lúcia Lamounier
1ª Secretária
Ligia Maria Osório Silva
2º Secretária
Maria Alice Rosa Ribeiro
1ª Tesoureira
Pedro Paulo Zahluth Bastos
2º Tesoureiro

Conselho de Representantes

Região Norte
Roberto Oliveira Santos
Fábio Carlos da Silva
Região Centro-Oeste
Maria Tereza Ribeiro de Oliveira
Paulo Roberto Cimó Queiroz
Suplente: Tereza Cristina de N. Marques
Região Nordeste
Luiz Fernando Saraiva
Cesare Galvan
Suplente: Amilcar Baiardi
Região Sudeste
Sonia Regina de Mendonça
Eduardo Motta Albuquerque
Suplente: Ângelo Alves Carrara
Região São Paulo
Pedro Ramos
Pedro Puntoni
Suplente: Fausto Saretta

Região Sul
Alcides Goularti Filho
Pedro Antonio Vieira
Suplente: Fernando Franco Neto

Diretoria 2005-2007

Carlos Gabriel Guimarães
Presidente
Josué Modesto dos Passos Subrinho
Vice-Presidente
Fania Fridman
1ª Secretária
Fernando Cardoso Pedrão
2º Secretário
Théo Lobarinhas Piñeiro
1º Tesoureiro
Amilcar Baiardi
2º Tesoureiro

Conselho de Representantes

Região Nordeste
Denise Mattos Monteiro
Manuel Correia de Oliveira Andrade
Suplente: Cesare Giuseppe Galvan
Região Centro-Oeste
Maria Teresa Andrade Ribeiro de Oliveira
Teresa Cristina Novaes Marques
Suplente: Dulce Portilho Maciel
Região Sudeste
Alexandre Mendes Cunha
Hugo Eduardo Araujo da Gama Cerqueira
Suplente: Elisa Maria de Oliveira Müller
Região São Paulo
Flávio Azevedo Marques de Saes

Ligia Maria Osório Silva
Suplente: Maria Lúcia Lamounier
Região Sul
Armando João Dalla Costa
Maria Heloisa Lenz
Suplente: Ary Cesar Minella

Diretoria 2003-2005

João Antonio de Paula
Presidente
Carlos Gabriel Guimarães
Vice-Presidente
Hugo Eduardo Araujo da Gama Cerqueira
1º Secretário
Elisa Maria de Oliveira Müller
2ª Secretária
Alexandre Mendes Cunha
1º Tesoureiro
Théo Lobarinhas Piñeiro
2º Tesoureiro

Conselho de Representantes

Região Nordeste
Fernando Cardoso Pedrão
Josué Modesto dos Passos Subrinho
Suplente: Manuel Correia de Oliveira Andrade
Região Centro-Oeste
Ricardo Bielschowsky
Flávio Rabelo Versiani
Suplente: Maria Teresa Andrade Ribeiro de Oliveira
Região Sudeste
Roberto Borges Martins
Sonia Regina de Mendonça
Suplente: Sérgio de Oliveira Birchal

Região São Paulo
Flávio Azevedo Marques de Saes
Maria Alice Rosa Ribeiro
Suplente: Maria Lúcia Lamounier
Região Sul
Maria Heloisa Lenz
Pedro Cesar Dutra Fonseca
Suplente: Jorge Luiz da Cunha

Diretoria 2001-2003

Wilson Suzigan
Presidente
Clélio Campolina Diniz
Vice-Presidente
Maria Alice Rosa Ribeiro
1ª Secretária
Sérgio de Oliveira Birchal
2º Secretário
Flávio Azevedo Marques de Saes
1º Tesoureiro
Douglas Cole Libby
2º Tesoureiro

Conselho de Representantes

Região Nordeste
Josemir José Camilo
Cesare Giuseppe Galvan
Suplente: Fernando Cardoso Pedrão
Região Centro-Oeste
Flávio Rabelo Versiani
Maria Teresa Andrade Ribeiro de Oliveira
Suplente: Barsanufo Gomides Borges
Região Sudeste
Carlos Gabriel Guimarães

Maria Yedda Leite Linhares
Suplente: Fania Fridman
Região São Paulo
Maria Lúcia Lamounier
Lígia Maria Osório Silva
Suplente: Maria Lúcia Caira Gitahy
Região Sul
Fábio Dória Scatolin
Victor Manuel Pelaez Alvares
Suplente: José Gabriel Porcile Meirelles

Diretoria 1999-2001

Carlos Roberto Antunes dos Santos
Presidente
Wilson Suzigan
Vice-presidente
Fábio Dória Scatolin
1º Secretário
Maria Alice Rosa Ribeiro
2ª Secretária
Victor Manoel Pelaez Alvarez
1º Tesoureiro
Flávio Azevedo Marques de Saes
2º Tesoureiro

Conselho de Representantes

Região Nordeste
Amilcar Baiardi
Daniel Rodriguez de Carvalho Pinheiro
Fernando Cardoso Pedrão
Região Centro-Oeste
Lúcia Salsa Corrêa
Valmir Batista Corrêa
Fernando Tadeu Miranda Borges

Região Sudeste
Carlos Gabriel Guimarães
Eulália Maria Lahmeyer Lobo
Luiz Carlos Delorme Prado
Região São Paulo
Lígia Maria Osório Silva
Maria Lúcia Caira Gitahy
Região Sul
Ronaldo Herrlein Júnior
Pedro Cezar Dutra Fonseca
Luiz Roberto Pecoits Targa

Diretoria 1997-1999

Luiz Carlos Soares
Presidente
Carlos Roberto Antunes dos Santos
Vice-presidente
Carlos Gabriel Guimarães
1º Secretário
Fábio Dória Scatolin
2º Secretário
Hildete Pereira de Melo
1º Tesoureiro
Ramón V. García Fernández
2º Tesoureiro

Conselho de Representantes

Região Nordeste
Manuel Correia de Andrade
Amilcar Baiardi
Denise de Mattos Monteiro
Região Centro-Oeste
Valmir Batista Corrêa
Lúcia Salsa Corrêa

Paulo Roberto Cimó de Queiroz
Região Sudeste
Almir Pitta Freitas Filho
Eulália Maria Lahmeyer Lobo
Sonia Regina de Mendonça
Região São Paulo
Wilson Suzigan
José Roberto do Amaral Lapa
Maria Alice Rosa Ribeiro
Região Sul
Pedro Cezar Dutra Fonseca
Sandra Jatahy Pesavento
Ary César Minella

Diretoria 1995-1997
Tamás József Márton Károly Szmrecsányi
Presidente
Eulália Maria Lahmeyer Lobo
Vice-presidente
Flávio Azevedo Marques de Saes
1º Secretário
Cezar Teixeira Honorato
2º Secretário
Wilson Suzigan
1º Tesoureiro
Sonia Regina de Mendonça
2ª Tesoureira

Conselho de Representantes
Região Sudeste
Caio César Boschi
Maria Yedda Leite Linhares
Luiz Carlos Soares
Região Nordeste
Fernando Cardoso Pedrão

Manuel Correia de Andrade
Maria da Guia S. Gareis
Região Centro-Oeste
Maria Teresa Andrade Ribeiro de Oliveira
Valmir Batista Corrêa
Fernando T. de Miranda Borges
Região São Paulo
Fernando Antonio Novais
José Jobson de A. Arruda
José Ribeiro Júnior
Região Sul
Carlos Roberto Antunes dos Santos
Ary César Minella
Jorge Luiz da Cunha

Diretoria Provisória 1993-1995

Tamás József Márton Károly Szmrecsányi
Presidente
Francisco José Calazans Falcon
Jacques Marcovitch
Flávio Rabelo Versiani
Vice-presidentes
José Jobson de Andrade Arruda
Eulália Maria Lahmeyer Lobo
Secretários-Executivos
Clélio Campolina Diniz
Wilson Suzigan
Tesoureiros

Conselho de Representantes Provisório

Região Norte
Francisco de Assis Costa
Roberto Araujo de Oliveira Santos
Região Nordeste
Manuel Correia de Andrade

Fernando Cardoso Pedrão
Região Centro-Oeste
Janaina Amadao
Dércio Garcia Munhoz
Região Sudeste
Caio César Boschi
Douglas Cole Libby
Região Sul
Ary César Minella
Sandra Pesavento

II. INFORMAÇÕES SOBRE OS EVENTOS NACIONAIS DA ABPHE

CONGRESSOS BRASILEIROS DE HISTÓRIA ECONÔMICA E CONFERÊNCIAS INTERNACIONAIS DE HISTÓRIA DE EMPRESAS

I CONGRESSO BRASILEIRO DE HISTÓRIA ECONÔMICA/ 2ª CONFERÊNCIA INTERNACIONAL DE HISTÓRIA DE EMPRESAS

São Paulo,SP – Campus da USP – 7 a 10 de setembro de 1993
Comissão Organizadora: Tamás Szmrecsányi (coord.), Fernando A. Novais, Flávio A.M. de Saes, José R. do Amaral Lapa, José Sebastião Witter, Ricardo Maranhão, Sergio S. Silva, Wilson Suzigan.
Sessão de abertura: conferencista – Frédéric Mauro
Módulos Temáticos:
A) História Econômica do Brasil
Período Colonial: 17
Independência e Império: 16
Primeira República: 20

Período pós 30: 18
B) História de Empresas: 22
C) Debate Geral: 4

Alguns pesquisadores estrangeiros participantes: Guillermo Palacios, Stuart Schwartz, Colin Lewis, Heraclio Bonilla, Roberto Cortés-Conde, Steven Topik, Carlos Marichal, Pier Angelo Toninelli, Steven Tolliday, Barbara Weinstein, Hubert Kiesewetter, Mira Wilkins, Peter Hertner, Eddy Stols, Alain Caillé, Bruno Bezza, Giandomenico Piluso, Raúl Jacob, Jorge Silva Riquer, Albert Broder, Joan Carles Manubens, Michael Hall, Douglas Libby,

Fonte: *I Congresso Brasileiro de História Econômica/2ª Conferência Internacional de História de Empresas. Programa e Resumos*

II CONGRESSO BRASILEIRO DE HISTÓRIA ECONÔMICA/ 3ª CONFERÊNCIA INTERNACIONAL DE HISTÓRIA DE EMPRESAS

Niterói, RJ – UFF – 13 a 16 de outubro de 1996
Comissão Organizadora: Eulália Maria Lahmeyer Lobo (coord.), Cezar Teixeira Honorato, Sonia Regina de Mendonça, Carlos Gabriel Guimarães, Theo Lobarinhas Piñeiro, Newton A.C. de Oliveira, Almir Pita Freitas Filho.
Sessão de abertura: Conferencista – Anibal Villela
Módulos Temáticos: História Agrária: 22
Urbanização e Industrialização: 25
Economia Internacional: 4
Políticas Públicas e Finanças: 14
História do Pensamento Econômico: 9
História de Empresas: 22

Alguns pesquisadores estrangeiros participantes: Horacio Crespo, Myriam Stanley, Irene Molinari, Magdalena Bertino, Gail Triner, Guillermina Del Valle Pavón

Fonte: *II Congresso Brasileiro de História Econômica/3ª Conferência Internacional de História de Empresas. Anais (5 volumes)*

III CONGRESSO BRASILEIRO DE HISTÓRIA ECONÔMICA / 4ª CONFERÊNCIA INTERNACIONAL DE HISTÓRIA DE EMPRESAS

Curitiba, PR – UFPR – 29 de agosto a 1º de setembro de 1999
Comissão Organizadora: Carlos Roberto Antunes dos Santos (Presidente), Fábio Dória Scatolin, Victor Manoel Pelaez Alvarez.
Sessão de Abertura: Conferencista – Eulália Maria Lahmeyer Lobo
Conferencistas: Patrick O'Brien, Albert Broder, Roberto Cortés Conde
Módulos Temáticos:
Economia Agrária: 21
Economia Urbano Industrial: 17
Economia Internacional: 21
Políticas Governamentais e Finanças: 21
Pensamento Econômico no Brasil: 7
Economia do Trabalho: 17
Metodologia da História Econômica: 6
História de Empresas: 19.

Mesas redondas: 1) Economia do Trabalho – José Henrique de Faria, Liana Carleial, Hildete Pereira de Melo, Geraldo Beauclair Mendes de Oliveira. 2) Economia Agrária – Tamás Szmrecsányi, Noemi Girbal Blacha, Fernando Cardoso Pedrão; 3) História de Empresas – Sérgio Soares Braga, Raúl Jacob, Flávio Saes, Sérgio Birchal; 4) Políticas Governamentais e Finanças – Renato Perissinotto, Ary Minella, Maria Antonieta Leopoldi, Fausto Saretta; 5) Economia Urbano Industrial – Francisco Magalhães Filho, Wilson Suzigan, Ismenia Martins, Colin Lewis; 6) Economia Internacional – José Gabriel Porcile Meirelles, Luis Bértola, Luiz Carlos Delorme Prado, Steven Topik; 7) Brasil 500 anos – Carlos Antunes dos Santos, José Jobson Arruda, Antonio Oliveira Ramos.

Outros pesquisadores estrangeiros participantes: Eduardo Ameghino, Christian Poncet, Daniel Campi, Richard Jorba, Aníbel Jauregui, Gabriela Gressores, Eduardo Madrid, Cristina Luchine, Silvia Severini, Teodoro Blanco, Angel Cerra, Ana Pffeifer, Monica Campins, Adriana Kindgard, José Alberto Pierri
Fonte: *III Congresso Brasileiro de História Econômica/IV Conferência Internacional de História de Empresas. Programação e Caderno de Resumos*

IV CONGRESSO BRASILEIRO DE HISTÓRIA ECONÔMICA / 5ª CONFERÊNCIA INTERNACIONAL DE HISTÓRIA DE EMPRESAS

São Paulo, SP – FEA-USP – 2 a 5 de setembro de 2001
Comissão Organizadora: Wilson Suzigan (coord.), Tamás Szmrecsányi, Maria Alice Rosa Ribeiro, Maria Lúcia Lamounier, Flávio Saes, Amaury Patrick Gremaud.
Sessão de Abertura: Conferencista – Roberto Cortés-Conde
Conferencistas: Eddy Stols, Jaime Reis,
Módulos Temáticos:
Brasil Colônia e Império: 18
Brasil República: 20
História Econômica Geral: 18
Metodologia, Historiografia e Pensamento Econômico: 15
História de Empresas: 19
Comunicações de Teses e Dissertações: 11

Mesas Redondas: 1) O impacto da globalização na América Latina: Fernando Pedrão, Ricardo Bielschowsky, Wilson Cano; 2) História de Empresas – Arquivos de Empresas e Acesso às Fontes: Armando Dalla Costa, Elisabeth von der Weid, Maria Inés Barbero; 3) A economia colonial-escravista revisitada – Jacob Gorender, José Flávio Motta, Manolo Florentino; 4) História Econômica e Economia Institucional: Flávio Versiani, Ramón Garcia Fernández, Stephen Haber; 5) Crise da dívida externa: Carlos Marichal, Marcelo de Paiva Abreu, Maria Teresa Ribeiro de Oliveira; 6) Pensamento Econômico: o liberalismo de Cairu em questão: Antonio Penalves Rocha, José Luís Cardoso, José Jobson Arruda, Fernando Novais.
Sessão Especial ABPHE/IPEA/IBGE: Roberto Martins, Wasmália Bivar, Aline Rodrigues.

Outros pesquisadores estrangeiros participantes: Anne Hanley, Lilián Galán, Adrián Zarrilli, Myriam Stanley, Alberte Martinez Lopez, Noemi Girbal Blacha, Mario Cerutti, Armando Alonzo, Jordi Maluquer, Raúl Jacob, Maria Inés Moraes, Susana Bandieri, Albert Broder, Luis Bértola, Daniel Campi, Richard Jorba, Horacio Garcia Bossio, Rita Giacalone, Leonor Costa, William Summerhill.
Fonte: IV Congresso Brasileiro de História Econômica/5ª Conferência Internacional de História de Empresas. Programação e Caderno de Resumos.

V CONGRESSO BRASILEIRO DE HISTÓRIA ECONÔMICA / 6ª CONFERÊNCIA INTERNACIONAL DE HISTÓRIA DE EMPRESAS

Caxambu, MG – UFMG (org.) – 7 a 10 de setembro de 2003
Comissão Organizadora: João Antonio de Paula (coord.), Wilson Suzigan, Clélio Campolina Diniz, Flávio Saes, Maria Alice Rosa Ribeiro, Sérgio Birchal.
Sessão de Abertura: Conferencista – Emília Viotti da Costa
Conferencistas: Maria Yedda Linhares, Francisco Falcón, Tamás Szmrecsányi, Antonio Gómez Mendoza
Módulos Temáticos:
Brasil Colônia e Império: 26
Brasil República: 22
História Econômica Geral e Economia Internacional: 15
História do Pensamento Econômico, Metodologia da Pesquisa em História Econômica e Historiografia: 12
História de Empresas: 23
Mesas Redondas: 1) Empresas, Empresariado e Desenvolvimento Regional: Brasil, México, Portugal e Espanha (1870-2000): Luis German Zubero, José Amado Mendes, Artur Carrillo Rojas, Ana Maria Kirschner; 2) Empresas, Inovação e Tecnologia na América Latina: Paulo Furquim de Azevedo, Victor Peláez; 3) Qual o Projeto Nacional? – Clélio Campolina Diniz, Francisco de Oliveria; 4) Dois momentos da hegemonia liberal: 1898-1902: John Schulz, Amaury Patrick Gremaud; 5) Sistemas escravistas comparados: João Fragoso, Flávio Versiani, Manolo Florentino, Roberto Borges Martins; 6) A Construção do Estado na América Latina: Wilma Peres Costa, Juan Carlos Garavaglia, Lígia Osório Silva, Cecília Helena de Salles Oliveira, Maria Verónica Secreto

Outros pesquisadores estrangeiros participantes: Leonor Freire Costa, Maria Manuela Rocha, Rita Martins de Sousa, José Luís Cardoso, Maria Eugenia Romero Ibarra, Maria Eugenia Mata, Laura Tavares, Gustavo Guzman, John F. Wilson, Mario Cerutti, Hernán Ramirez, Alda Mourão Filipe, Colin Lewis, Ramón Guajardo Quiroga, Luís Bértola, Jeffrey Williamson, William Summerhill, Jaime Reis, Juan Ignacio Barragán, Raúl Jacob, Maria Ines Barbero.

Fonte: *V Congresso Brasileiro de História Econômica/6ª Conferência Internacional de História de Empresas. Programação e Caderno de Resumos*

VI CONGRESSO BRASILEIRO DE HISTÓRIA ECONÔMICA / 7ª CONFERÊNCIA INTERNACIONAL DE HISTÓRIA DE EMPRESAS

Conservatória, RJ – UFMG, UFF, UFRJ (orgs.) – 4 a 7 de setembro de 2005

Comissão Organizadora: João Antonio de Paula (Presidente), Carlos Gabriel Guimarães (coord.), Elisa Maria de Oliveira Muller, Theo Lobarinhas Piñeiro, Hugo Eduardo A. da G. Cerqueira, Alexandre Mendes Cunha.

Sessão de Abertura: Conferencista – Ricardo Bielschowsky

Módulos Temáticos:

Brasil Colônia: 16

Brasil Império: 22

Brasil República: 23

História Econômica Geral e Economia Internacional: 16

Metodologia, Historiografia e Pensamento Econômico: 16

História de Empresas: 18

Mesas Redondas: 1) A Época da Revolução Industrial (1750-1850): Inglaterra, França, Portugal, Espanha, América Espanhola e Brasil – José Jobson Arruda, Javier Cuenca Estabán, Joseph Inikori; 2) Vargas e a Industrialização: Pedro Dutra Fonseca, Maria Antonieta Leopoldi, Marli Motta; 3) O Tráfico Negreiro Luso Brasileiro ma África Ocidental e Oriental: Joseph Miller, José Capela, Roquinaldo Ferreira; 4) A Hegemonia Americana no Século XXI: Elder Andrade de Paula, Carlos Pinkusfeld Bastos, Aloísio Teixeira; 5) Crédito e Bancos no Brasil, séculos XIX e XX: Ary Minella, William Summerhill, Paulo Roberto Beskow.

Outros pesquisadores estrangeiros participantes: Cláudia Kedar, Maria Eugénia Mata, Laura Tavares, Javier Balsa, Caroline Shaw, Alda Mourão Filipe, Roy Hora,

Fonte: *VI Congresso Brasileiro de História Econômica/7ª Conferência Internacional de História de Empresas. Guia de Programação e Caderno de Resumos*

VII CONGRESSO BRASILEIRO DE HISTÓRIA ECONÔMICA / 8ª CONFERÊNCIA INTERNACIONAL DE HISTÓRIA DE EMPRESAS

Aracaju, SE – UFS – 2 a 5 de setembro de 2007

Comissão Organizadora: Josué Modesto dos Passos Subrinho (coord.), Carlos Gabriel Guimarães, Mário Resende, Sheyla Farias Silva, Maria Joselita dos Santos Guimarães, Elaine Cristina Santos do Carmo, Maria Conceição Machado, Eraldo Vasconcelos de Araújo.

Sessão de Abertura: Conferencista – Fernando Antônio Novais

Conferencista: Luís Felipe de Alencastro

Módulos Temáticos:

Brasil Colônia: 15

Brasil Império: 24

Brasil República: 24

História Econômica Geral e Economia Internacional: 16

História do Pensamento Econômico: 6

Metodologia do Pensamento Econômico: 4

Metodologia da Pesquisa em História Econômica: 3

Historiografia do Pensamento Econômico: 5

História de Empresas: 19

Mesas Redondas: 1) Nordeste e o desenvolvimento regional: Maria José Rapassi. Roberto Smith; 2) História e Historiografia Latino americana: Susana Bandieri; Tamás Szmrecsányi; 3) A abertura dos portos e seu impacto para o Brasil e Portugal: José Jobson Arruda, Pedro Lains, Ernest Pijning; 4) A administração fazendária e a América colonial: Ângelo Alves Carrara, Rita Martins de Souza, Luís Jauregui.

Outros pesquisadores estrangeiros participantes: Anne Hanley, Jaime Reis, Roy Hora.

Fonte: *VII Congresso Brasileiro de História Econômica/8ª Conferência Internacional de História de Empresas. Livro de Resumos.*

VIII CONGRESSO BRASILEIRO DE HISTÓRIA ECONÔMICA / 9ª CONFERÊNCIA INTERNACIONAL DE HISTÓRIA DE EMPRESAS

Campinas,SP – IE/Unicamp – 6 a 8 de setembro de 2009
Comissão Organizadora: Pedro Paulo Zaluth Bastos (coord.), Josué Modesto dos Passos Subrinho, Maria Lúcia Lamounier, Flávio Saes, Lígia Osório Silva, Ismênia Lima Matins, Vera Ferlini, Eduardo Barros Mariutti, Pedro Puntoni.
Sessão de Abertura: Homenagem a Tamás Szmrecsányi – Wilson Suzigan
Conferencista: Peter Cain
Conferencistas: Jonathan Israel, Colin Lewis.
Módulos Temáticos:
Brasil Colonial: 23
Brasil Império: 32
Brasil República: 36
História Econômica Geral e Economia Internacional: 21
História do Pensamento Econômico: 27
História de Empresas e História da Técnica: 29

Mesas Redondas: 1) Bancos de desenvolvimento na América Latina: Hildete Pereira de Melo, Marcelo Rougier, José Carlos Braga; 2) Cento e vinte anos de República: Márcio Pochmann, Pedro Dutra Fonseca, Décio Saes; 3) Questão agrária e mercado de trabalho no Brasil: Guilherme Delgado, Eduardo Girardi, Cláudio Dedecca; 4) Celso Furtado – 50 anos de Formação Econômica do Brasil: Carlos Mallorquin, Carlos Pinkusfeld Bastos, Wilson Cano.

Outros pesquisadores estrangeiros participantes: Ines Pelger, Nicolas Grinberg, Luís Bértola, Cecilia Castelnovo, Henry Willebald, Jaime Gabriel Yaffé Espósito, Óliver Mora Toscano, Stella Venegas Calle, Daniel Moyano, Juan Luís Martiren, Leticia Santiago Guerrero, Maria Eugenia Romero Ibarra.

Fonte: *VIII Congresso Brasileiro de História Econômica/9ª Conferência Internacional de História de Empresas. Programação e Trabalhos (CD)*

IX CONGRESSO BRASILEIRO DE HISTÓRIA ECONÔMICA / 10ª CONFERÊNCIA INTERNACIONAL DE HISTÓRIA DE EMPRESAS

Curitiba, PR – UFPR – 7 a 9 de setembro de 2011
Comissão Organizadora: Armando Dalla Costa (Presidente), Pedro Paulo Z. Bastos, Fábio Scatolin, João Basílio Pereima Neto, Marco Antonio Rias Cavalieri, Fernando Motta Correia, Laura Valente, Eduardo Gelinski Jr, Alcides Goularti Filho, Pedro Einloft, Pedro Lopes Marinho, Ricardo Nascimento, Patrícia Ramos, Helena Dill.
Sessão de Abertura: Conferencista – Colin Lewis
Conferencista: Malcolm Ruhterford
Módulos Temáticos:
Brasil Colônia: 17
Brasil Império: 21
Brasil República: 41
História Econômica Geral/Economia Internacional: 20
História do Pensamento Econômico, Historiografia e Metodologia: 31
História das Empresas e História da Tecnologia: 19

Mesas redondas: 1) A importância dos Centros de Memória como fonte de pesquisa: Armando Dalla Costa, Flávia Borges Pereira, Luciana Amaral, Clarissa Schmidt, Isabel Regina Félix, Miriam Collares Figueiredo, Silvia Fiuza; 2) A obra de Alice Canabrava: José Jobson Arruda, Flávio Saes, Nelson Nozoe; 3) Nelson Werneck Sodré e o Pensamento Latino americano: João Antonio de Paula, Gabriel Porcile Meirelles, Cézar Honorato; 4) Celso Furtado e o Plano Trienal: Rosa D'Aguiar, Pedro Paulo Bastos, Pedro Dutra Fonseca; 5) História do Pensamento Econômico no Brasil e no Mundo: tendências: Hugo Cerqueira, Rogério Arthmar, Pedro Garcia Duarte.

Outros pesquisadores estrangeiros participantes: Mirian Kaminishi, Kevin Hoover.

Fonte: *IX Congresso Brasileiro de História Econômica/10ª Conferência Internacional de História de Empresas. Programação/Caderno de Resumos.*

X CONGRESSO BRASILEIRO DE HISTÓRIA ECONÔMICA / 11ª CONFERÊNCIA INTERNACIONAL DE HISTÓRIA DE EMPRESAS

Juiz de Fora, MG – UFJF -   de setembro de 2013
Comissão Organizadora: Angelo Alves Carrara (coord.), Afonso Alencastro Graça Filho, Thiago Fontelas Rosado Gambi, Armando Dalla Costa, Alcides Goularti Filho, Pedro Antonio Vieira, Carla Maria Carvalho de Almeida.
Conferência de abertura: Luís Bértola
Conferencista: Teresa Lopes
Módulos Temáticos:
Brasil Colônia: 14
Brasil Império: 29
Brasil República: 38
História Econômica Geral e Economia Internacional: 21
História do Pensamento Econômico, Metodologia e
Historiografia: 19
História de Empresas e História da Tecnologia: 13

Mesas redondas: 1) A obra e a contribuição da professora Eulália Lobo para a História Econômica e Social Brasileira: Bernardo Kocher, Ismênia Martins, Eduardo Navarro Stotz; 2) Novos enfoques sobre a economia mineira setecentista: tráfico negreiro e comércio intercapitanias: Afonso Alencastro Graça Filho, Tarcísio Rodrigues Botelho, Antonio Carlos Jucá de Sampaio; 3) A Grande Depressão de 1929 e a Crise Financeira Mundial de 2008 – uma comparação: José Luiz Oreiro, Fernando Cardim de Carvalho, Luiz Fernando Rodrigues de Paula.

Outros pesquisadores estrangeiros participantes: Daniel Franken, Alda Mourão, Carlos M. Rozas, Veremundo Carrillo Reveles, Juan Luis Martiren, Martin Stawski, Miguel Taroncher, Daniel Moyano, Claudio Llanos Reyes, Ferdinando Mazzarella, Andrea Lluch, Norma Lanciotti, Laura Irene Totonelli, Juan Manuel Navia, Alexander Quintero Bonilla, Juan Lucas Gómez.

Fonte: *X Congresso Brasileiro de História Econômica/XI Conferência Internacional de História de Empresas. Programação e Caderno de Resumos*

XI CONGRESSO BRASILEIRO DE HISTÓRIA ECONÔMICA / 12ª CONFERÊNCIA INTERNACIONAL DE HISTÓRIA DE EMPRESAS

Vitória, ES – UFES – 14 a 16 de setembro de 2015
Comissão Organizadora: Rogério Naques Faleiros (presidente), Maurício de Souza Sabadini, Ana Carolina Giuberti, Rogério Arthmar, Ednilson Silva Felipe, Jaqueline Carolino, Angelo Alves Carrara, Alexandre Macchione Saes, Luiz Fernando Saraiva.
Sessão de abertura: Conferencista – José Jobson Arruda
Conferencistas: Paulo Nakatani, Heraclio Bonilla
Módulos Temáticos:
Brasil e América Latina Coloniais: 6
Brasil e América Latina século XIX: 28
Brasil e América Latina Séc. XX e XXI: 32
História Econômica Geral e Economia Internacional: 15
História do Pensamento Econômico, Historiografia e
Metodologia: 27
História de Empresas e História da Tecnologia: 14
Iniciação Científica: 19

Mesas redondas: 1) Entre Marx e Braudel – diálogos possíveis e impossíveis: Pedro Tosi, João Antonio de Paula, Pedro Antonio Vieira; 2) A Economia Mundial no período entre guerras (1919-1939): Maria Alice Ribeiro, Flávio Saes, Luiz Carlos Soares; 3) Dimensões da industrialização brasileira: políticas, setores, regiões: Fábio Antonio de Campos, Ednilson Silva Felipe, Pedro Dutra Fonseca; 4) Ciro Flamarion Cardoso – uma trajetória: André Velasco Pereira, Virgínia Fontes, Fábio Frizzo.

Outros pesquisadores estrangeiros participantes: Bernardo Wjuniski, E. Martin Cuesta, Carlos Newland, Juan Lucas Gómez, Mauricio Herrera-Jaramillo
Fonte: *XI Congresso Brasileiro de História Econômica/12ª Conferência Internacional de História de Empresas. Anais, Programação e Caderno de Resumos.*

III. CRÉDITO DOS RETRATOS E DAS IMAGENS

Caio Prado Júnior, 1926. IEB/ USP- Acervo CPJ. Cedido por Maria Cecília Naclério Homem.
Celso Furtado, 1979. Centro Celso Furtado. Fotógrafo Fernando Rabelo.

Sérgio Buarque de Holanda Disponível em: http://calaabocajornalista.blogspot.com.br/2012/09/sergio-buarque-de-holanda-raizes-do.html Acesso em 04 mar. 2017.

Roberto Simonsen. Disponível em: http://jornalggn.com.br/noticia/roberto-simonsen-e-a-falta-de-liderancas-intelectuais-e-politicas-por-moacir-de-freitas-jr Acesso em 06 mar. 2017.

Alice Piffer Canabrava, década de 1920. IEB/USP-Acervo APC. Cedido por Lúcia Carvalho.

Francisco Iglésias, anos 1950. CEDEPLAR/UFMG.

Nícia Vilela Luz. Digitalização do original.

Olga Pantaleão. Digitalizado de BLAY, E. A.; LANG, B. S. G. . Mulheres na USP: Horizontes que se abrem. 1ª. ed. São Paulo: Humanitas, 2004. Cedido por Eva Alterman Blay e Beatriz Silva Gordo Lang.

Mafalda Zemella, 1943. Formatura em Geografia e História. CAPH/FFLCH/USP.

Myriam Ellis, 1992. Academia Paulista de Letras. Disponível em: http://www.academiapaulistadeletras.org.br/ Acesso em: 25 fev. 2017

Emília Viotti da Costa. Disponível em: http://www.companhiadasletras.com.br/autor.php?codigo=00571 Acesso em 06 mar. 2017.

Maria Thereza Schorer Petrone com dois dos seus três filhos, Teresa Antonieta e Francisco. Primeiro semestre de 1961. Fotógrafo Pascale Petrone. Cedido por Francisco Schorer Petrone.

Suely Robles Reis de Queiroz. Digitalizado de QUEIROZ, Suely Robles Reis de. Escravidão negra em São Paulo. Um estudo das tensões provocadas pelo escravismo no século XIX. Rio de Janeiro: MEC/José Olympio, 1977. Cedido por Suely Robles Reis de Queiroz.

Eulália Lahmeyer Lobo, 1952. Cedida por Luiza Lobo e Lucia Lobo.

Tamás Szmrecsányi. Digitalizado da revista *História Econômica & História de Empresas*, v. 11 (2), 2008.

Carlos Roberto Antunes dos Santos. Disponível em: http://www.ufpr.br/portalufpr/blog/noticias/ex-reitor-da-ufpr/ Acesso em 02 mar. 2017.

Alameda nas redes sociais:

Site: www.alamedaeditorial.com.br
Facebook.com/alamedaeditorial/
Twitter.com/editoraalameda
Instagram.com/editora_alameda/

Esta obra foi impressa em São Paulo no inverno de 2017. No texto foi utilizada a fonte Minion Pro em corpo 10,25 e entrelinha de 15,5 pontos.